BUCHNERS

KOMPENDIUM POLITIK

Politik und Wirtschaft für die Oberstufe

C.C. Buchner

KOMPENDIUM POLITIK

Politik und Wirtschaft für die Oberstufe

Bearbeitet von
Martina Tschirner (Kapitel 1)
Max Bauer (Kapitel 2.1–2.5)
Steffen und Susanne Kailitz (Kapitel 3 und 4)
Hartwig Riedel (Kapitel 5, 2.6)
Peter Brügel (Kapitel 6)

3. Auflage 3 ³ 2014
Die letzte Zahl bedeutet das Jahr dieses Druckes.

Alle Drucke dieser Auflage sind, weil untereinander unverändert, nebeneinander benutzbar.

Dieses Werk folgt der reformierten Rechtschreibung und Zeichensetzung. Ausnahmen bilden Texte, bei denen künstlerische, philologische oder lizenzrechtliche Gründe einer Änderung entgegenstehen.

Gestaltung und Satz: creo Druck & Medienservice GmbH, Bamberg / Julia Weismantel, Bamberg
Druck und Bindung: Stürtz GmbH, Würzburg

www.ccbuchner.de

ISBN 978-3-7661-**6880**-1

Vorwort

Buchners Kompendium Politik ist ein kompaktes Unterrichtswerk für einen zeitgemäßen Politik- und Wirtschaftsunterricht.
Basis der Konzeption ist ein stark ausgeweiteter Darstellungsteil, der das gesamte abiturrelevante Politikwissen vermittelt. Diese umfassende Einbeziehung systematischer Informationstexte, die von Schülern auch eigenständig erarbeitet werden können, strafft die Phase der Informations- bzw. Faktenvermittlung.
Jedes Kapitel beginnt mit einem ausführlichen, verständlich geschriebenen Darstellungsteil; im Anschluss folgen ausgewählte vertiefende und problematisierende Materialien zu diesem Themenkreis sowie spezifische Arbeitsaufträge, die eine lebendige, diskursive Auseinandersetzung mit den jeweiligen Fragestellungen anregen. Neben der Aneignung politischen Basiswissens bietet Buchners Kompendium Politik so auch den Raum für die Einbeziehung aktueller politischer Ereignisse.
Gerade in der Oberstufe des neuen G8 erweist es sich als großer Vorteil, fundiertes Wissen zu allen potenziellen Abiturthemen in einem Band verfügbar zu haben. Aufgrund der umfassenden Darstellung der relevanten Themenfelder eignet sich das Kompendium gleichermaßen als Arbeitsbuch wie auch als Nachschlagewerk.

1 Die moderne Gesellschaft in Deutschland

2 Grundlagen der Wirtschaftspolitik

3 Politische Theorie und Staatsformen

4 Das politische System der Bundesrepublik Deutschland

5 Die Europäische Union

6 Internationale Politik

1 Die moderne Gesellschaft in Deutschland

1 Individuum und Gesellschaft

1.1 Soziales Handeln und der Prozess der Sozialisation

Leitfragen	Warum wird der Mensch als soziales Wesen bezeichnet?	Was beeinflusst unser Handeln?	Wie werden wir befähigt, in der Gesellschaft zu leben?	Was bedeutet der Begriff der „sozialen Rolle?“

Was prägt unser Verhalten?

Bedingungen sozialen Handelns

Im soziologischen Sinne werden wir nicht als Menschen geboren, sondern erst dazu gemacht. Uns werden zwar mit der Geburt alle lebensnotwendigen Anlagen mitgegeben, aber ohne unsere mitmenschliche Umwelt wären wir kaum überlebensfähig. Anders als andere Lebewesen erleben Menschen eine zweite, **sozial-kulturelle Geburt**, bei der sie ihre grundlegenden menschlichen Eigenschaften und Fähigkeiten ausbilden. Das neugeborene Kind ist auf andere Menschen angewiesen, die es pflegen und ernähren, mit ihm sprechen, sich ihm emotional zuwenden. Indem es zunehmend bewusst auf die Zuwendung reagiert, lernt es sozial – d.h. auf andere Menschen bezogen – zu handeln. Mit sozialem Handeln ist also ein Verhalten gemeint, für das wir uns bewusst entscheiden, das nicht instinktiv ist. Da es sich immer um einen wechselseitigen Vorgang handelt, spricht man auch von **sozialer Interaktion.**

Soziologie

„... Soziologie bedeutet wörtlich übersetzt die kundige Rede (logos) über den Gesellen beziehungsweise Genossen (socius), einfacher ausgedrückt: über den Menschen als Gefährten anderer Menschen. Dem entspricht die Vorstellung von Soziologie als einer Gesellschafts- und Sozialwissenschaft, wobei unter Gesellschaft zunächst ganz einfach das *Beisammensein von Lebewesen* verstanden werden kann.“ (Alfred Bellebaum, Soziales Handeln und soziale Normen, Paderborn 1983, S. 7). Die Soziologie beschäftigt sich demnach mit dem gesellschaftlichen Verhalten und Handeln der Menschen, mit sozialen Gruppen und Institutionen, mit den gesellschaftlichen Strukturen und ihren Veränderungen und mit den Ideen von Gesellschaftsformen.

Normen

Im Alltag beherrschen wir eine Vielzahl von sozialen Verhaltensweisen, ohne dass wir permanent darüber nachdenken müssen. Uns erscheint es als selbstverständlich, dieses oder jenes von anderen Menschen zu erwarten oder selbst so oder so zu handeln. Die Erwartungen an das Handeln von Menschen innerhalb einer Gesellschaft bezeichnet man auch als **soziale Normen**. Normen sind bestimmte Regeln, die von der Allgemeinheit anerkannt werden: einander bekannte Menschen grüßen sich, bei Theateraufführungen und Konzerten verhält man sich ruhig usw. Alle diese Normen werden als selbstverständlich befolgt, ohne dass sie schriftlich fixiert sind. Der junge Mensch, der Schritt für Schritt in die eigene Kultur hineinwächst, übernimmt dabei die herrschenden Normen mehr oder weniger automatisch, ohne sie ausdrücklich lernen zu müssen.

Normen können zwischen verschiedenen Gesellschaften, aber auch innerhalb einer Gesellschaft von Gruppe zu Gruppe variieren und unterliegen einem historischen Wandel. Ein gutes Beispiel hierfür ist das Rauchen: War es in der 1950er Jahren gesellschaftlich noch vollständig anerkannt und unproblematisch, in öffentlichen Räumen eine Zigarette anzuzünden, werden Raucher heutzutage auf Raucherzonen verwiesen. Die Trennung zwischen Raucher- und Nichtraucherzonen galt damals noch nicht als Norm. Viele Normen sind als Gesetze oder Verordnungen schriftlich fixiert und dadurch formalisiert. Ein solches Normensystem nennen wir **Recht**.

Werte

Von der Norm zu unterscheiden sind die gesellschaftlichen Werte, die als Grundprinzipien oder als Leitbilder der Handlungsorientierung dienen. Die Werte beinhalten die in einer Gesellschaft oder auch innerhalb einer bestimmten Gruppe anerkannten gemeinsamen Zielsetzungen. So ist beispielsweise die Demokratie als Wert weithin anerkannt. Um diesen Wert zu verwirklichen, sind bestimmte Normen erforderlich. Dazu zählen u. a. Mehrparteiensystem, Gewaltenteilung, rechtsstaatliche Verfahren, freie und geheime Wahlen usw.

Was bedeutet Sozialisation?

Der Sozialisationsprozess

Wie werden die Menschen zu dem, was sie sind? Wie werden sie durch ihre Lebensbedingungen in ihrem Denken, in ihrem Handeln, in ihren Empfindungen beeinflusst? Wie lernen sie, sich von anderen zu unterscheiden, wie werden sie besondere und einzigartige Individuen? Für diese Fragestellungen steht der Begriff der **Sozialisation**.

„Der Ausdruck Sozialisation bezeichnet in sehr allgemeiner Weise das Hereinwachsen des Menschen in seine Gesellschaft, die Aneignung all der Kenntnisse und Fertigkeiten, der Wertmaßstäbe und Verhaltensregeln, die er braucht, um sich in der gesellschaftlichen Umwelt zurechtzufinden. Dieser Vorgang, auch ‚Vergesellschaftung' genannt, hat sein Schwergewicht während der Kindheit und des Jugendalters, wiederholt sich aber im Prinzip, wann immer jemand sich in einer neuen Position zurechtfinden muss."

Peter Stromberger/Will Teichert, Einführung in soziologisches Denken, Weinheim/Basel 1978, S. 129

Sozialisation unterscheidet sich deutlich von dem pädagogischen Begriff der **Erziehung**, der vor allem die bewusst geplanten und zielgerichteten Bemühungen von Eltern und Lehrern meint, die Persönlichkeitsentwicklung eines Kindes zu beeinflussen. Die Sozialisation schließt den Prozess der Erziehung mit ein und umfasst alle auch ungeplanten und die Persönlichkeit prägenden Lernvorgänge, die sowohl das Kind als auch der Jugendliche und später der Erwachsene durch eigene Erfahrung machen.

Phasen und Instanzen der Sozialisation

Die Sozialisation eines Menschen findet an unterschiedlichen Schauplätzen statt. Viele Personen und Organisationen sind daran beteiligt. Diese **Sozialisationsinstanzen** spielen unterschiedliche Rollen: Sie können sich bei der Sozialisation eines Menschen unterstützen, sich aber auch gegenseitig hemmen. Die wichtigsten Sozialisationsinstanzen sind neben der Familie die Gleichaltrigengruppe (peer-group), die Schule und die Medien. Gewöhnlich wird der Prozess der Sozialisation in drei Phasen unterteilt:

- die **primäre Sozialisation**: Herausbildung der Grundstrukturen der Persönlichkeit, Entwicklung von Grundmustern für soziales Verhalten. **Instanzen**: Eltern bzw. Familie, Kindergarten, Vorschule;

- die **sekundäre Sozialisation**: Erlernen von neuen und Weiterentwicklung bestehender Verhaltensweisen (Rollen). **Instanzen**: Schule, peer groups, kirchliche oder berufliche Gruppierungen, Medien;

- die **tertiäre Sozialisation**: Weiterentwicklung im Berufs- und Privatleben („lebenslanges Lernen"). **Instanzen**: Berufsgruppen, politische Organisationen, Medien.

Die primäre Sozialisation wird als wichtigste Phase angesehen, weil in ihr alle entscheidenden Weichen für die spätere Entwicklung gelegt werden. Das Kind übernimmt Werte und Normen des Elternhauses, wobei die Vermittlung über die Sprache eine zentrale Rolle spielt. Da die Beziehungen zwischen Erwachsenen und Kindern in der Regel asymmetrisch sind – d. h. die Kinder sind den Erwachsenen untergeordnet –, sammeln die Kinder in den **peer-groups** erste Erfahrungen mit gleichberechtigten Beziehungen. So verinnerlichen Kinder bis zum Eintritt in das Schulalter eine Vielzahl von Normen, Werten und Überzeugungen, wobei sie häufig auch ihre eigenen Vorstellungen, ihre spezifischen Normen und Werte entwickeln, die sie mit Gleichaltrigen teilen. Die Entscheidung, welche Normen und Werte in verschiedenen Situationen zu berücksichtigen sind, ist nicht immer leicht zu treffen. Die Fähigkeit, solche Entscheidungen zu treffen, ist jedoch zentral für das **Rollenhandeln** im Erwachsenenleben. Die Sozialisation in der peer-group ist auch wichtig für die Ausbildung einer **eigenen Identität**. Zum Ausdruck der Identität werden eine Reihe von Symbolen – z.B. Kleidung, Musik, Sprache – sowie symbolische Handlungen entwickelt.

Obwohl sich in der modernen **Informationsgesellschaft** eine Vielzahl moderner Medien und Kommunikationsformen herausgebildet hat, hat von allen vermutlich das Fernsehen nach wie vor den größten Einfluss auf die Entwicklung der Kinder und Jugendlichen. Das Fernsehen kann die Internalisierung (Verinnerlichung) sozialer Normen und Werte fördern, indem es von den Kindern verlangt, das Wissen über Fiktion und Wirklichkeit, über Gut und Böse auch anzuwenden. Umgekehrt kann Fernsehen aber auch die intellektuelle Entwicklung fördern, wenn Erwachsene und Kinder geeignete Sendungen gemeinsam ansehen und den Inhalt diskutieren.

Daneben ist auch die **Schule** eine wichtige Sozialisationsinstanz; sie ist damit mehr als ein Ort der abstrakten Wissensvermittlung. Schule vermittelt kulturelle Werte und Einstellungen, die für das Leben als Erwachsener wichtig werden. Auch im **Berufsleben** werden die Menschen mit Sozialisationsproblemen konfrontiert. Jeder Eintritt in eine neue Funktion oder Institution erfordert die Aneignung weiterer Fähigkeiten oder Rollen; der Sozialisationsprozess setzt sich somit das gesamte Leben hindurch fort. Dabei sind die Übergänge von einer Lebensphase in die andere von besonderer Bedeutung, wie z.B. Heirat oder Familiengründung. Die Sozialisation des Individuums wird entscheidend durch die **Gesellschaftsstrukturen** bestimmt. So gibt es in einer Gesellschaft unterschiedliche Sozialisationsmuster: Mädchen/Frauen und Jungen/Männer werden unterschiedlich sozialisiert, Kinder aus unteren sozialen Schichten anders als Kinder der Mittelschicht usw.

Rollenhandeln

Soziale Rolle

Die „soziale Rolle“ ist einer der zentralen Begriffe der modernen Soziologie. Soziologische Rollentheorien beschreiben, wie und warum Menschen ihr soziales Verhalten an den Erwartungen orientieren, die die Gesellschaft an sie heranträgt, wie gesellschaftlich vorgegebene Rollen erlernt, verinnerlicht, ausgefüllt und verändert werden. Wir sprechen davon, dass „jemand aus der Rolle fällt“ oder „keine Rolle mehr spielt“, von einer eindeutigen „Rollenverteilung“ innerhalb einer Organisation usw. Soziale Rollen haben eine allgemeine soziale Ordnungsfunktion. Das klassische Rollenkonzept setzt sich aus folgenden Elementen zusammen:

- Rollen sind entweder zugeschrieben (etwa durch Geburt) oder erworben (z.B. durch Leistung).
- Rollenerwartungen können sich auf Eigenschaften und Merkmale des Rollenträgers und auf sein Rollenverhalten beziehen.
- Ein sog. Rollensatz setzt sich aus der Gesamtheit alle Teilrollen zusammen, die eine Person einnimmt. Die Rolle des Lehrers besteht z.B. aus den Rollenerwartungen der Schüler, des Kollegiums, der Eltern, des Schulleiters und der Referendare. Diese jeweiligen Teilrollen werden auch als Rollensegmente bezeichnet.

Rollenkonflikte

In den Sozialwissenschaften werden zwei Arten von Rollenkonflikten unterschieden. Man spricht von **Intrarollenkonflikten**, wenn einzelne Rollensegmente nicht vereinbar sind, d.h. wenn die Erwartungen unterschiedlicher Personengruppen an eine bestimmte Rolle gegensätzlich sind. Um einen **Interrollenkonflikt** handelt es sich, wenn die Erwartungen verschiedener Rollen einer Person in Konflikt miteinander geraten bzw. unvereinbar sind.

M1 Jugendzeit ist Schulzeit

Vereinfacht lässt sich sagen: *Die Jugendzeit in den modernen Industriegesellschaften ist zur Schulzeit geworden.* [...] Die Schule bestimmt praktisch bis an das Ende des zweiten Lebensjahrzehnts für die große Mehrheit der Jugendlichen den täglichen Lebensrhythmus. Wegen der hohen Bedeutung, die hochwertige Schulabschlüsse haben, bestimmt die Sozialisationsinstanz Schule natürlich nicht nur den zeitlichen Tages-, Wochen- und Jahresrhythmus, sondern auch die soziale Orientierung. Die Schule ist der „Arbeitsplatz“ der Jugendlichen, an dem sich über eine lange Spanne der Lebenszeit hinweg wichtige Gedanken und Planungsvorstellungen orientieren. Der hohe Stellenwert der Schule als Sozialisationsinstanz im Jugendalter erscheint uns heute selbstverständlich, doch er hat sich erst in jüngerer Geschichte herausgebildet. Noch zur Zeit der Industrialisierung war die Schule faktisch nur für einen kleinen Teil der Jugendlichen ein wichtiger Aufenthaltsraum, da es die Familie war, die neben sonstigen Aufgaben der Erziehung auch die Einweisung in berufliche und gesellschaftliche Qualifikationen vornahm. Diese Funktion hat die Familie inzwischen vollständig an die Spezialinstitution Schule abgegeben. [...] In Untersuchungen an der Universität Bielefeld wurden [...] seit Mitte der 80er-Jahre mehrere Studien durchgeführt, die sich auf die subjektive Auseinandersetzung von Jugendlichen mit der Schule und die sozialen, psychischen und gesundheitlichen Konsequenzen für die Jugendlichen beziehen, wenn schulischer Erfolg oder Misserfolg eintritt. In einem fallstudienartig angelegten Projekt wurde die Untersuchung von subjektiven Einstellungen und Bewertungen der eigenen Schullaufbahn von zu Beginn der Untersuchung 14-jährigen Jugendlichen über einen Zeitraum von insgesamt 8 Jahren vorgenommen. [...] Aus den Interviews mit den 14- bis 21-jährigen Jugendlichen ergibt sich insgesamt das folgende Bild von der Schule als Sozialisationsinstanz:

- Die entscheidende Bestimmung der Aufgaben schulischer Bildung wird von der Mehrzahl der befragten Schülerinnen und Schüler [...] in der „Vorbereitung auf das spätere Leben“ gesehen.
- Der Schule wird ein subjektiv nachvollziehbarer Sinn für die eigene Lebensplanung zugesprochen, soweit sie etwas für die Gestaltung und Bewältigung der Zeit nach der Schule, also einer ferneren Zukunft, leistet.
- Die gesellschaftliche Auslese- und Platzierungsfunktion der Schule wird von den Jugendlichen erkannt und auch für notwendig und legitim gehalten.
- Damit zusammen hängt ihre Einschätzung, dass das Abschlusszeugnis das eigentlich wichtige Resultat der Lernvorgänge in der Schule sei. Dem Abschlusszeugnis wird eine Art „Tauschwert“ für den Eintritt in das „Leben nach der Schule“ zugesprochen, das mit der Berufs- und Erwerbstätigkeit gleichgesetzt wird.
- Je nach Qualität des Abschlusszeugnisses verfügt man – so die Sichtweise der Jugendlichen – über eine mehr oder weniger gute Ausgangsbasis für den Eintritt in das Berufsleben. [...]
- In der Schulzeit muss man sich als Jugendlicher nach diesem Interpretationsmuster unter Zurückstellung eigener Bedürfnisse und Interessen intellektuell trainieren lassen, um sich [...] eine geeignete Startposition für den Einstieg in den Beruf anzueignen.

Dieses Deutungsmuster ist bei der Mehrheit der Schülerinnen und Schüler verbreitet. Es zwingt die Schülerinnen und Schüler zu einer instrumentellen Sicht der Schule: Der Wert des schulischen Bildungsprozesses drückt sich demnach maßgeblich oder sogar ausschließlich in dem Wert des Abschlusszertifikats aus. Die Schüler bewältigen die Zumutungen einer instrumentellen Orientierung, indem sie die schulische Tätigkeit

wie eine industrielle, quasi den Gesetzen von Lohnarbeit folgende, definieren und gestalten. Der Lohn ist für sie das Zeugnis mit seinem Tauschwert für vermeintlich erfüllendere Lebensbereiche.

Klaus Hurrelmann, Lebensphase Jugend, München [8]2005, S. 105ff.

M2 Die Bedeutung der Gleichaltrigengruppe

Die Frage „Wer bin ich denn eigentlich?" ist heute die Leitfrage des Jugendalters, andere, ebenso schwere wie „Was will ich mit meinem Leben?" und „Wo braucht mich die Welt?" kommen hinzu. Das bedeutet, dass sich in diesem Lebensalter alle Risiken und Überforderungen des Individualisierungsprozesses wie durch ein Brennglas bündeln; besteht doch ein extremer Entscheidungsdruck gleichzeitig darin, dass jene Ich-Identität noch gar nicht vorhanden ist, sondern in diesem Lebensalter erst gebildet werden muss. Es wird heute von Jugendlichen etwas verlangt, wofür die persönlichen Voraussetzungen – eben die Selbstfindung – noch gar nicht gegeben sind; aber, Grundgesetz allen Lernens: Gerade in dieser Spannung muss sich jene Selbstfindung vollziehen. [...] Dieser Weg bleibt hoch riskant und prinzipiell gefährdet, und es stellt sich in jeder Jugendbiografie immer wieder neu die Frage, ob diese Überforderung den jungen Menschen zerbricht oder gerade sein Ich heraustreibt. [...] Wie es scheint, gibt es in dieser Situation einen Selbstschutz der Jugendlichen, hinter den sie sich flüchten können, wenn die Offenheit ihrer Entwicklungssituation sie zu dekomponieren droht: Das ist nicht mehr die Familie, die es ja zu verlassen gilt [...], sondern die Gleichaltrigengruppe mit ihrer Subkultur. Hier werden außerhalb der Erwachsenengesellschaft und gemeinsam eigene Ordnungen und Strukturen, Verhaltensregeln und Orientierungen über „richtige" Zukunft gebildet. [...] Die Jugendsubkultur muss als höchst produktiver Beitrag der Jugendlichen zu der geschilderten Situation betrachtet werden: Zwar führt sie zweifellos nicht unmittelbar zur Individualisierung – der Gruppenzwang kann ungeheuer sein –, aber sie zeigt, wie angesichts fehlender allgemein verbindlicher Normen eigene Normen entstehen und „von unten" gebildet werden können. Die Jugendkultur ist ein Entwicklungsschritt auf dem Weg zur Selbstfindung, ambivalent, aber in vielen Fällen wohl die entscheidende Stütze in der allgemeinen Auflösung der bisher geltenden Welt.

Michael Brater, Schule und Ausbildung im Zeichen der Individualisierung, in: Ulrich Beck (Hg.), Kinder der Freiheit, Frankfurt/M. [2]1997, S. 151f.

Aufgaben

1. In der aktuellen bildungs- und familienpolitischen Diskussion wird die Forderung immer lauter, die Sozialisation von jüngeren Kindern stärker zu steuern, z. B. durch die Kindergartenverpflichtung oder eine verpflichtende Vorschule. Setzen Sie sich mit dieser Forderung auseinander.
2. Erörtern Sie die These, dass die Massenmedien als Sozialisationsinstanz die Rolle der Familie im Sozialisationsprozess ablösen.
3. Erstellen Sie eine Liste mit unterschiedlichen Phasen der Sozialisation. Unterscheiden Sie dabei die frühkindliche (bis 2 J.) und kindliche Sozialisation (2–6 J.), die schulkindliche und jugendliche (14–18 J.) und die Sozialisation des Heranwachsenden sowie die verschiedenen Phasen im Leben Erwachsener und älterer Menschen jenseits der Berufstätigkeit.
4. Inwieweit fühlen Sie sich durch die Sozialisationsinstanz „Schule" auf Ihr weiteres Leben vorbereitet? Finden Sie sich in den Befunden aus M1 wieder?

1.2 Die Bedeutung von Gruppen

Leitfragen	Wodurch zeichnen sich Gruppen aus?	Welche Gruppentypen gibt es?	Welche Bedeutung haben Gruppen für den Einzelnen?

Merkmale von Gruppen

Die sozialen Gruppen sind die Bausteine der Gesellschaft. Typische Merkmale einer sozialen Gruppe sind:

- **gemeinsame Interessen und Ziele**
- ein **gemeinsames Normen- und Wertesystem**
- unterschiedliche **aufeinander bezogene Rollen** und Positionen
- ein **„Wir-Gefühl"**.

Gruppentypen

Von den unzähligen Gruppentypen sei hier nur auf diejenigen hingewiesen, die in der modernen Soziologie besondere Bedeutung erlangt haben: **die Primär- und Sekundärgruppen** und die **formellen und informellen Gruppen.**

- **Primärgruppen** werden durch gefühlsmäßige und persönliche Bindungen der Mitglieder zueinander charakterisiert. Die bedeutendste Primärgruppe ist die Familie, in der das Individuum seine grundlegenden sozialen Erfahrungen macht. Andere Beispiele sind die Nachbarschaftsgruppe oder die Clique.

- In den **Sekundärgruppen** sind die Beziehungen der Mitglieder zueinander stärker durch rechtliche und formale Regelungen bestimmt. Die sozialen Beziehungen sind unpersönlicher und zweckorientiert. Sekundärgruppen sind aufgrund ihrer z.T. großen Mitgliederzahl in der Regel für den Einzelnen unübersichtlich. Wir finden sie in Betrieben, Schulen und in Organisationen wie Gewerkschaften oder Parteien.

- Die Unterscheidung in **formelle und informelle Gruppen** hat ihren Ursprung in der modernen Industrie- und Organisationssoziologie. Industriebetriebe oder auch andere Organisationen sind in erster Linie formal strukturiert. Jeder hat seinen festen Platz, das gemeinsame Ziel ist die Leistungserbringung, die dem Prinzip der Wirtschaftlichkeit folgt. Innerhalb dieser formalen Organisationen existieren vielfältige weitere, informelle Gruppen. Sie basieren auf persönlicher Zuneigung oder gemeinsamen Interessen. Diese Gruppen bilden sich in der Regel spontan und verlaufen häufig quer durch den Betrieb. Wenn die informellen Gruppen dem Unternehmen gegenüber positiv eingestellt sind, tragen sie viel zum Erfolg bei. Sie sind wichtig für das Betriebsklima. Umgekehrt können sie aber auch dysfunktional wirken.

Gruppenrollen

Die Mitglieder einer Gruppe nehmen i.d.R. unterschiedliche gruppentypische Positionen bzw. Rollen ein. So gibt es z.B. Anführer, Beliebte, Mitläufer, Sündenböcke, Außenseiter. Man darf sich Gruppen aber nicht als statische Gebilde vorstellen vielmehr befinden sie sich in einem stetigen Prozess der Veränderung, der Entwicklung oder des Konflikts. Man spricht deshalb auch von **Gruppendynamik**. Sie beschreibt die vielfältigen sozialen Interaktionen zwischen den Gruppenmitgliedern und wird durch mehrere Faktoren bestimmt (Größe, Zusammenhalt, Führung der Gruppe). Gruppen grenzen sich von anderen ab. **Gruppengrenzen** haben die Funktion, Mitglieder innerhalb und Nichtmitglieder „draußen" zu halten. Diese Grenzen werden auch markiert oder durch Symbole dargestellt. Oft bildet sich innerhalb einer Gruppe ein spezielles Vokabular heraus, das ebenfalls zur Abgrenzung und zur Stärkung des „Wir-Gefühls" beiträgt. Daneben hilft ein „gemeinsamer Gegner", die Zusammengehörigkeit zu stärken. Sportgruppen funktionieren auf diese Weise, auch die häufig zu beobachtenden Rivalitäten von Dorfgemeinschaften im ländlichen Raum folgen diesem Prinzip.

M1 Das Asch-Experiment

Ein bekanntes Experiment, das den sogenannten Konformitätsdruck durch die Gruppe belegte, wurde 1956 von dem polnisch-amerikanischen Sozialpsychologen Solomon Asch (1907–1996) durchgeführt. Er wollte feststellen, was den Einzelnen dazu veranlasst, Gruppendruck nachzugeben oder ihm zu widerstehen.

Der Versuch:

Eine Strecke (in der Abbildung links) wurde auf eine Leinwand projiziert. Rechts davon wurden drei Vergleichsstrecken gezeigt. Die Versuchsperson sollte nun von den Strecken auf der rechten Seite die benennen, die in ihrer Länge derjenigen auf der linken Seite entspräche. (Die Unterschiede der Strecken auf der rechten Seite waren sehr eindeutig.) Der Versuch wurde natürlich mit unterschiedlich langen Strecken mehrmals wiederholt. Im Raum befand sich neben der einzelnen Versuchsperson noch eine Gruppe von „eingeweihten" Helfern des Versuchsleiters. Die Versuchsperson wurde in dem Glauben gelassen, dass es sich bei dieser Gruppe um weitere Versuchsteilnehmer handle. Alle Personen im Raum (Versuchsperson und Helfer des Versuchsleiters) wurden nun aufgefordert, ihre Urteile über die „richtige" Linie öffentlich abzugeben. Die instruierten Helfer gaben absichtlich als Antwort falsche Vergleichslinien an. Die Versuchsperson stand nun in der Situation, dass ihrem eindeutigen (richtigen) Sinneseindruck von der Gruppe der anderen einhellig widersprochen wurde.
Die Versuchsperson stand nun unbewusst vor der Frage: Benenne ich meinen Sinneseindruck, von dem ich glaube, dass es der richtige ist, oder passe ich mich dem Gruppendruck an und wähle die falsche Vergleichslinie?

Ergebnisse:

Bei 12 Versuchswiederholungen
- passte sich ein Drittel der Versuchspersonen in mehr als 6 Wiederholungen der Gruppenmeinung an,
- widersetzte sich ein Viertel der Versuchspersonen in allen 12 Wiederholungen dem Gruppeneinfluss.

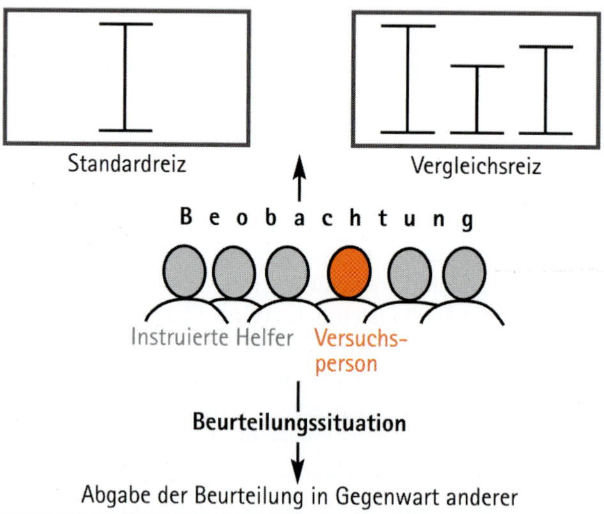

Nach: Alexander Thomas, Grundriss der Sozialpsychologie, Göttingen 1992, S. 97 ff.

M2 Das alltägliche Selbstsein und das Man

Ein fiktives Interview mit dem Philosophen Martin Heidegger (1889–1976).

Schüler: Herr Heidegger, Sie gehören zu den bedeutendsten Vertretern der Existenzphilosophie. In Ihrem Hauptwerk Sein und Zeit haben Sie über das „Man" geschrieben. Was ist darunter zu verstehen?

Heidegger: Ich unterscheide zwei Weisen, wie wir als Menschen existieren: das eigentliche Selbstsein und die Existenzweise des Man. Die Art und Weise, wie wir alltäglich existieren, ist bestimmt durch das Man: Wir genießen und vergnügen uns, wie man genießt und sich vergnügt, wir urteilen über Literatur, Kunst und Musik, wie man urteilt, wir finden empörend, was man empörend findet, tun, was sich gehört usw.

Schüler: Heißt das, dass die Anderen über mein Leben bestimmen?

Heidegger: Richtig! In der alltäglichen Existenzweise sind wir gar nicht wir selbst, sondern leben so, wie Andere es vorgeben. Diese Anderen sind aber nicht bestimmte Andere, es könnte jeder Andere sein – deshalb habe ich dafür den anonymen Ausdruck „Man" geprägt. Indem ich so lebe, wie man lebt, trage ich dazu bei, dass sich die Macht des Man verfestigt. Das Man übt eine Diktatur aus, wie man leicht am Diktat der Mode erkennen kann, dem sich viele Menschen unterwerfen. Die Macht des Man zeigt sich darin, dass es um jede sich vordrängende Ausnahme wacht. Das heißt, wer sich nicht so verhält, wie man sich verhält, bekommt den Druck der Gruppe zu spüren.

Schüler: Gibt es eine Erklärung dafür, warum das Man so mächtig ist?

Heidegger: Was die Meisten tun, wird ja wohl auch für mich richtig sein. Indem ich mich danach richte, brauche ich keine eigene Entscheidung zu treffen, bin ich der Qual der Wahl enthoben. Und ich brauche auch keine Verantwortung zu tragen, denn wenn gefragt wird, wer für etwas Bestimmtes verantwortlich ist, kann ich immer sagen: die Anderen, denn ich habe nur getan, was sie getan haben.

Schüler: Und wie entkomme ich der Diktatur des Man?

Heidegger: Indem ich mich darauf besinne, was ich selber eigentlich will und es gegebenenfalls gegen die Anderen durchsetze. Dadurch finde ich zu mir selbst [...].

Aus: Bernd Rolf, Das alltägliche Selbstsein und das Man, Originalbeitrag nach: Martin Heidegger, Sein und Zeit, Tübingen 1963, S. 126f.

Aufgaben

1. Stellen Sie dar, dass die Merkmale sozialer Gruppen auch für eine Gruppe gelten, der Sie selbst angehören!
2. Erläutern Sie die Bedeutung der sozialen Gruppe am Beispiel der Ausführungen des Soziologen F. Tenbruck: „Unsere Stellung in und zu der Gesellschaft als Ganzem bemisst sich nach unserer Zugehörigkeit zu ihren Gruppen. [...] Wer in keiner Gruppe Anerkennung, Zuneigung, Lob findet, beginnt an seinem Selbstwert zu zweifeln, mit eventuell schweren und dauernden psychischen Schäden." Stellen Sie diese Aussage dem Text M2 gegenüber.
3. Diskutieren Sie Anordnung und Ergebnisse des Asch-Experiments (M1): Es gab insgesamt 32 % Fehlurteile unter Gruppendruck und 68 % richtige Urteile entgegen der Gruppenmehrheit.

2 Aspekte gesellschaftlichen Wandels

2.1 Demografischer Wandel

Leitfragen

- Welche Bereiche sind vom sozialen Wandel betroffen?
- Welche Faktoren verursachen gesellschaftliche Veränderungen?
- Durch welche Merkmale zeichnet sich die „moderne Gesellschaft" aus?
- Wie könnten zukünftige Entwicklungen aussehen?

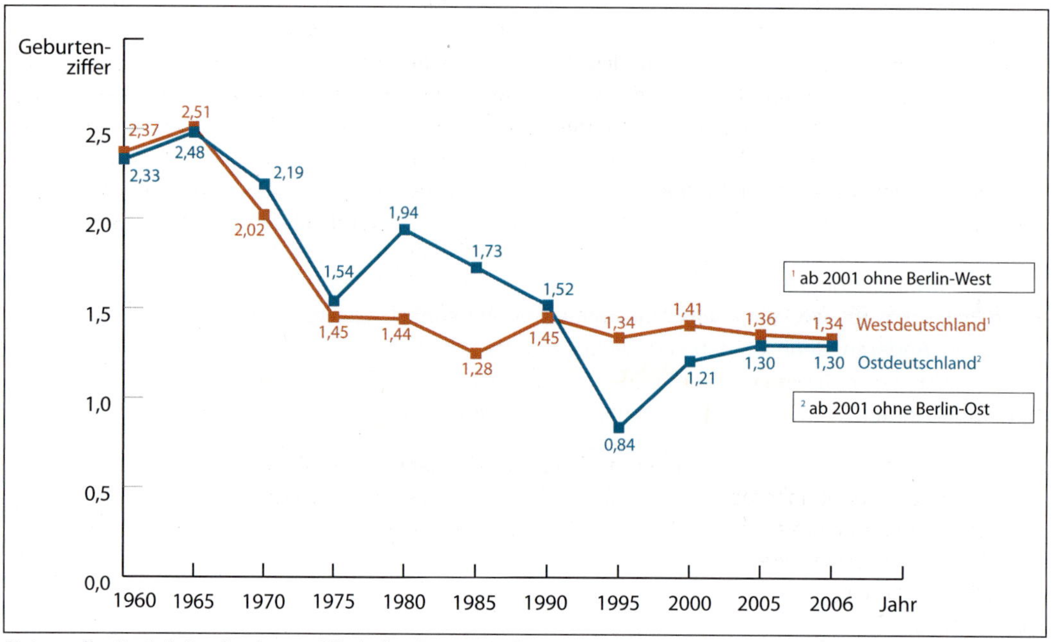

Datenquelle: Statistisches Bundesamt, Wiesbaden, Pressemitteilungen, Lizenz: Creative Commons by-nc-nd/2.0/de; Stand: 2007

Bestimmungsfaktoren der Bevölkerungsstruktur

Spätestens seit dem Jahr 1998, als das Wort „Rentnerschwemme" zum Unwort des Jahres gekürt wurde, man immer häufiger von der „demografischen Zeitbombe" hören konnte, „Rentnerberge" prognostiziert wurden und der bevorstehende „Krieg der Generationen" angekündigt wurde, ist der **Wandel der Bevölkerungsstruktur** aus der öffentlichen Diskussion nicht mehr fortzudenken. Diese Schlagworte beschreiben die demografischen Veränderungen, die man nicht nur in Deutschland, sondern auch in vielen Gesellschaften Europas und Nordamerikas in ähnlicher Form feststellen kann. Diese Veränderungen betreffen drei Faktoren, welche die Bevölkerungsstruktur bestimmen:

- **Geburten** (generatives Verhalten: Geburtenzahlen, Anzahl der Kinder pro Frau);
- **Lebensdauer** (Lebenserwartung, Sterblichkeit);
- **Migration** (Zu- und Abwanderung).

Geburtenrückgang

Seit der Industriellen Revolution im 19. Jahrhundert sind die Geburtenraten in Deutschland und den meisten Industrienationen ständig gefallen. Unterbrochen wurde dieser historische Trend durch den so genannten Baby-Boom, der unmittelbar auf die Folgen des Zweiten Weltkriegs zurückzuführen ist und in Deutschland Ende der 1950er Jahre ausbrach. Dieser dauerte bis zur Mitte der 1960er Jahre an („Pillenknick"). Seit über zwei Jahrzehnten hat Deutschland eine der **weltweit niedrigsten Geburtenraten** – und das, obwohl sich Umfragen zufolge mehr als 80 Prozent der bundesdeutschen Bevölkerung ein Kind wünschen. Die Ursachen für diese Entwicklung sind vielfältig (s. Übersicht).

In der DDR lagen die Geburtenraten deutlich über den westdeutschen; mit dem Ende des sozialistischen Systems 1989/90 gingen die Geburtenziffern schlagartig zurück. Ähnlich verhielt es sich auch mit der Anzahl der Heiraten und Scheidungen.

Alterung der Gesellschaft

Der **Anstieg der Lebenserwartung** ist ein zweiter Trend, den man beim demografischen Wandel einbeziehen muss. Als Ursachen gelten

- der medizinische Fortschritt,
- die verbesserte Hygiene,
- die verbesserte Gesundheitsversorgung der Bevölkerung und
- die allgemeine Steigerung des Wohlstands.

Die durchschnittliche Lebenserwartung der Frauen liegt derzeit bei 82,1 Jahren gegenüber 68,5 Jahren im Jahr 1950, die Lebenserwartung der Männer stieg von 64,5 Jahren (1950) auf 76,6 Jahre für Kinder, die im Jahr 2008 geboren wurden. Die höhere Lebenserwartung der Frauen lässt sich nicht eindeutig erklären. Eine mögliche Ursache liegt im gesundheitsbewussteren Lebensstil, den Frauen eher als die Männer pflegen; aber auch Arbeitsbedingungen spielen bei der Lebenserwartung eine Rolle, üben Männer doch häufiger als Frauen gefährliche und belastende Berufe aus.

Mögliche Gründe für den Geburtenrückgang in Deutschland

Persönliche Gründe

- Erwerbstätigkeit und Emanzipation der Frau
- Gestiegener Bildungsgrad
- Lange Ausbildungszeiten
- Allgemeine Lebenslage
- Lebensstandard
- Fehlender Partner
- Zukunftseinschätzung
- Kind als Störung, Last
- Erfüllung des Kinderwunsches wurde zu lange herausgeschoben

Medizinische Gründe

- Empfängnisverhütung
- Alter (von Mann / Frau)
- Erkrankung

Politische Gründe

- unzureichende staatliche Leistungen (Kindergeld, Elterngeld)
- unzureichende Kinderbetreuungsangebote (Kindergärten, Ganztagsschulen)
- Familienleitbild

Gesellschaftliche/wirtschaftliche Gründe

- Steigerung der Lebensansprüche
- Hohe Kosten für Bildung und Ausbildung der Kinder
- Wohnungsgröße
- Geringes Familieneinkommen
- Arbeitslosigkeit

Nach: Wochenschau Sekundarstufe I, Heft 3 / 4 2005, Sozialer Wandel, S. 105

Halten die beiden beschriebenen Trends an, so ist damit zu rechnen, dass es sowohl zu einer **Überalterung** als auch zu einer **Schrumpfung der Gesellschaft** in der Bundesrepublik kommt, die bereits heute Auswirkungen auf die sozialen Sicherungssysteme hat (→ Kapitel 1.5).

- Der Anteil der jüngeren Menschen an der Gesamtbevölkerung nimmt ab, während der Anteil der Älteren und damit auch das Durchschnittsalter insgesamt steigen. Auch die Zuwanderung wird an dieser Entwicklung wenig ändern, zumal viele europäische Länder mit ähnlichen Problemen zu kämpfen haben. Für die Lebensplanung bedeutet die zunehmende Lebenserwartung, dass für das **Leben und Wohnen im Alter** zunehmend neue Modelle entwickelt werden müssen.

- Die Menschen werden länger Rente beziehen, die Anzahl der Pflegebedürftigen wird ansteigen. Das bedeutet **steigende Kosten für Gesundheitsversorgung und Alterssicherung.**

- Diese Entwicklung kann den **Generationenvertrag** erheblich belasten. Derzeit kommen 100 Erwerbstätige für die soziale Absicherung von 32 Rentnern auf, Schätzungen des Statistischen Bundesamts zufolge müssten sie im Jahr 2050 doppelt so viele über 65-Jährige versorgen. Deshalb wird in diesem Zusammenhang auch von einen möglichen Generationenkonflikt, von Verteilungskämpfen zwischen Jung und Alt gesprochen und mehr Gerechtigkeit für die jüngere Generation gefordert, damit diese nicht allein die Lasten dieser Entwicklung zu tragen hat.

Generationenvertrag

Politische Bezeichnung für das Grundprinzip der gesetzlichen Rentenversicherung in Deutschland, dem zufolge immer der gerade (i.d.R. nicht-selbstständig) arbeitende Teil der Bevölkerung für die Rentenzahlungen an den nicht mehr arbeitenden Teil aufkommt, d.h. die im Laufe eines Erwerbslebens gezahlten Rentenbeiträge summieren sich nicht zu einem Kapitalstock, von dem die spätere Rente bezahlt wird; vielmehr wird durch die gezahlten Rentenbeiträge lediglich eine Anwartschaft auf Rentenzahlung erworben.

Klaus Schubert/Martina Klein: Das Politiklexikon. 4., aktual. Aufl., Bonn 2006

Viele Gesellschaftswissenschaftler zweifeln aber an diesen Prognosen, weil man heute überhaupt noch nicht absehen könne, wie sich die Bevölkerungsstruktur entwickle. Bevölkerungsprognosen seien nur Modelle, und unvorhergesehene Umstände könnten die Situation schlagartig ändern. So habe man in der Vergangenheit weder die Weltkriege noch die Entdeckung der Anti-Baby-Pille oder die Einwanderung von Arbeitsmigranten absehen können, und diese hätten die demografische Entwicklung der vergangenen 50 Jahre in Deutschland entscheidend geprägt.

Es werden in den gesellschaftspolitischen Diskussionen der jüngsten Zeit immer häufiger die Chancen betont, die mit dem demografischen Wandel verbunden sind, denn die längere gesunde und aktive Lebensspanne der Bevölkerung eröffnet nicht nur für die Wirtschaft zusätzliche Wachstumspotenziale, da viele Menschen auch im Alter noch arbeiten können und wollen. Der demografische Wandel wird sich auch auf die Siedlungsstrukturen und das Zusammenleben der Menschen auswirken, d.h., **Sozial- und Infrastrukturen** verändern sich nachhaltig. Gerade diese Entwicklung gilt es rechtzeitig zu erkennen und zu gestalten, denn sonst werden die „Schreckensszenarien" von entvölkerten Stadtteilen und verödeten Landschaften Wirklichkeit.

Reaktionen der Politik

Seit geraumer Zeit versucht die Politik, auf den gesellschaftlichen Wandel zu reagieren und die Veränderungen zu gestalten. Maßnahmen sind z.B.:

- Reform der Alterssicherung (Renten- und Pflegeversicherung, Förderung der Eigenvorsorge → Kapitel 1.5);

- Stärkere Anreize für die Familiengründung (Kindergeld, Ausbau der Kindergartenplätze, Steuerfreibeträge, Erziehungsurlaub, Elterngeld, flexiblere Arbeitszeitmodelle → Kapitel 1.3);

- Öffentliche Debatte und Aufklärung;

- Kontrollierte Zuwanderung (z.B. Zuwanderungsgesetz von 2005 → Kapitel 1.2.3).

Der deutsche Lebensbaum im Wandel

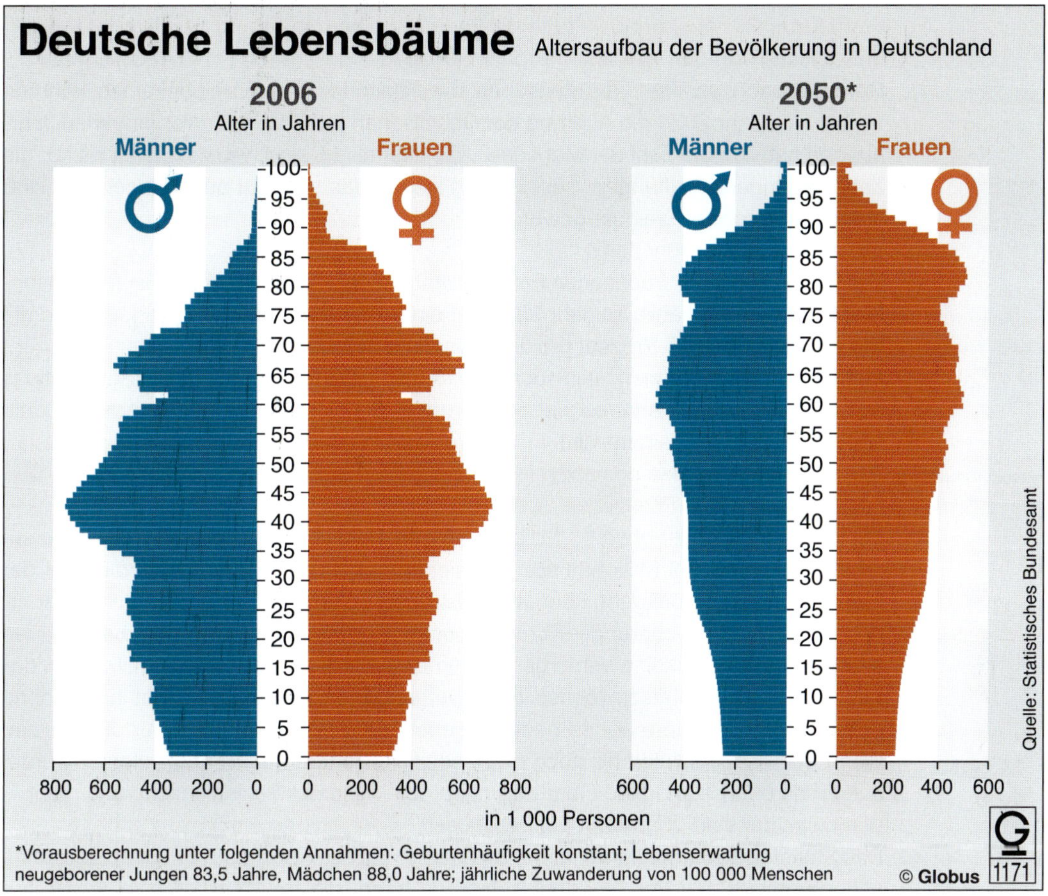

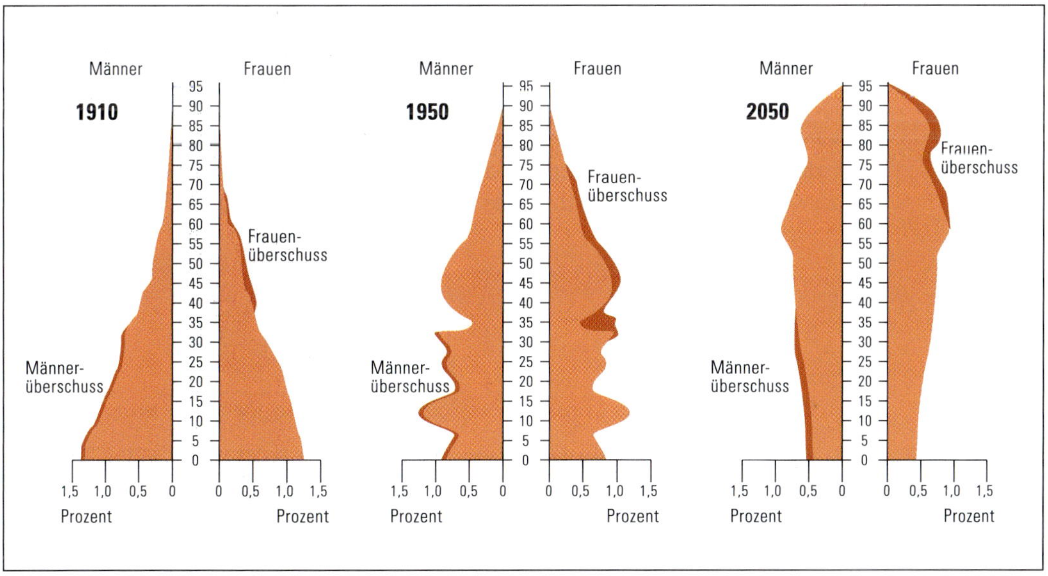

Bundesinstitut für Bevölkerungsforschung (BIB), Bevölkerung, Sonderheft, 2004, S. 60

M „Der Kuchen wird größer, und jeder kann ein Stück abbekommen"

Frankfurter Rundschau: Lenkt die Politik mit der Dramatisierung der demografischen Entwicklung von den wirklichen Problemen ab?

Gerd Bosbach: Ja. Wenn die Menschen, die arbeiten wollen, Arbeit bekämen, könnten wir bis zum Jahr 2030 die Alterung der Gesellschaft auffangen. Im vergangenen Jahrhundert hat sich die Zahl der Menschen, die älter als 65 sind, verdreifacht. Das hat die Zahl der jüngeren auffangen müssen, und sie hat das sehr gut aufgefangen. Wir sind nicht ärmer, sondern reicher geworden.

Wie konnte das geschehen?

Der Schlüssel ist die wachsende Produktivität. Im Jahr 1900 hat ein Bauer in Deutschland acht Leute ernährt, im Jahr 2000 hat ein Bauer 80 Leute versorgt. [...] Wenn die Produktivität um 1,25 Prozent pro Jahr zunähme, würde in 50 Jahren jeder 80 Prozent mehr produzieren können. Der Kuchen wird also größer, und jeder kann davon etwas mehr haben. Es sei denn, es gibt eine Gruppe, die sich ein besonders großes Stück vom Kuchen abschneiden will.

Trotzdem wird uns das Sozialversicherungssystem um die Ohren fliegen, wenn weniger Junge die Alten finanzieren müssen?

[...] Wir haben derzeit etwa 51 Millionen Erwerbsfähige im mittleren Alter. Von denen arbeiten aber nur 27 Millionen sozialversicherungspflichtig. D. h., wenn die Zahl der Erwerbsfähigen zurückgeht, kann man das ausgleichen, wenn man die Zahl jener erhöht, die sozialversicherungspflichtig arbeiten. Könnten beispielsweise mehr Frauen arbeiten, hätten wir keine Versorgerprobleme. Außerdem leiden die Sozialkassen daran, dass Produktivitätszuwächse in den vergangenen zehn Jahren nicht in die Löhne geflossen sind. Höhere Löhne bedeuten eben auch höhere Beiträge für die Kassen. Wenn man Kapitaleinkünfte auch noch sozialversicherungspflichtig machen würde, hätte man überhaupt keine Finanzierungsprobleme in der Sozialversicherung mehr.

Wie belastbar sind überhaupt [...] Prognosen?

Das Statistische Bundesamt hat nur drei Jahre nach seiner letzten Prognose jetzt eine neue vorgelegt. [...] Vor drei Jahren hieß es noch, die Bevölkerungszahl werde auf 75 Millionen sinken, jetzt heißt es 69 bis 74 Millionen. Das ist doch eine gravierende Änderung. Das zeigt doch, dass die Prognosefähigkeit gering ist. Es könnte ja auch besser werden.

Wie könnte es denn besser werden?

[...] Erstens: Ein Hauptproblem ist, dass viele, die arbeiten wollen, nicht arbeiten können. Es ist unlogisch, über künftige Versorgerprobleme zu jammern, wenn man den heutigen und den potenziellen Versorgern keine Gelegenheit gibt, ihrer Aufgabe jetzt und künftig nachzukommen. Zweitens: Wir haben heute die Generation auf der Schulbank, die uns 2050 ernähren wird. Aber wir bieten ihr nur eine unzureichende Bildung und zu wenige Ausbildungsplätze. Das gefährdet die Steigerung der Produktivität.

Frankfurter Rundschau online vom 08.11.2006

Aufgaben

1. Wie können die Auswirkungen des demografischen Wandels gelenkt werden?
2. Welche Anforderungen entstehen daraus an den Staat, an die Wirtschaft und an die Bürger?
3. Bewerten Sie die Vorschläge des Statistikprofessors Gerd Bosbach (M). Entwickeln Sie weitere Ideen, wie negativen Folgen der Bevölkerungsentwicklung entgegengewirkt werden könnte.

2.2 Wandel des Geschlechterverhältnisses

Leitfragen

Welche Fortschritte in der Gleichberechtigung der Geschlechter wurden erreicht?

In welchen Bereichen sind Frauen noch immer benachteiligt und warum?

Rechtliche Verankerung der Gleichberechtigung

In Deutschland ist die **Gleichberechtigung der Geschlechter** als gesellschaftliches Prinzip in der Verfassung verankert. Art. 3 GG schreibt fest: „Männer und Frauen sind gleichberechtigt." Das Grundgesetz wurde 1994 dahingehend ergänzt, dass die Förderung der „tatsächlichen Durchsetzung" der Gleichberechtigung von Frauen und Männern und die „Beseitigung bestehender Nachteile" zur **Aufgabe des Staates** erklärt wurde (Art. 3 GG). Es dauerte aber noch bis zum Jahr 2006, bis ein Allgemeines Gleichbehandlungsgesetz (**Antidiskriminierungsgesetz**) vom Bundestag verabschiedet wurde. Dieses Gesetz hat zum Ziel, ungerechtfertigte Benachteiligungen aus Gründen der ethnischen Herkunft, des Geschlechts, der Religion, der Weltanschauung, einer Behinderung, des Alters oder der sexuellen Identität zu verhindern und zu beseitigen. So müssen zum Beispiel Stellenanzeigen in Zeitungen so abgefasst werden, dass sich grundsätzlich jede Interessentin bzw. jeder Interessent auf die Stelle bewerben kann.

Bestehende Benachteiligungen

Trotz dieser rechtlich formalen Gleichberechtigung der Geschlechter erleben Frauen in vielen Bereichen der Gesellschaft nach wie vor deutliche Benachteiligungen. Obwohl Mädchen und junge Frauen die Gewinnerinnen der Bildungsexpansion sind und ihre männlichen Altergenossen bei den höher qualifizierten Schulabschlüssen überholt haben, können sie ihre besseren Bildungschancen vielfach nicht in bessere Berufschancen umsetzen. Die **Situation berufstätiger Frauen** ist oft gekennzeichnet durch

- schlechtere Arbeitsbedingungen,
- geringere Bezahlung,
- Arbeitsplätze mit niedrigerem Sozialprestige und
- ein höheres Armuts- und Arbeitsplatzrisiko.

Hinsichtlich der beruflichen Aufstiegschancen gilt nach wie vor: Je höher die berufliche Position und je höher das Gehalt sind, desto geringer ist der Frauenanteil. Auch wenn die Frauen zunehmend Leitungspositionen einnehmen, sind die meisten Führungsetagen in Wirtschaft und Verwaltung nach wie vor reine Männerdomänen. Selbst in den traditionell weiblich besetzten Berufssparten – etwa im Bildungs- und Gesundheitswesen – werden die meisten Führungspositionen von Männern ausgeübt.

Die **Ursachen** hierfür sind vielschichtig:

- **Die klassische Rollenteilung** in der Familie ist nach wie vor ein großes Hindernis für eine weibliche Karriere. Frauen tragen immer noch die Hauptverantwortung für Kindererziehung und Haushaltsführung und verzichten oft zugunsten der Familie auf eine berufliche Karriere.

- Auch infolge der oft **schwierigen Vereinbarkeit von Familie und Beruf** steigen viele qualifizierte Frauen vorübergehend aus dem Beruf aus oder wechseln in eine Teilzeitbeschäftigung, während ihre männlichen Altersgenossen Karriere machen.

- Die **Berufswahl** vieler Frauen verläuft weiterhin nach klassischen Mustern: Sie entscheiden sich nach wie vor häufig für „typisch weibliche" Ausbildungsgänge und Studienfächer, die traditionell oft gesellschaftlich weniger anerkannt und schlechter bezahlt sind als typische „Männerberufe".

Wandel der Rollenbilder

Trotz der häufig zu beobachtenden Festlegung der Geschlechter auf ihre traditionellen Rollen in West- wie in Ostdeutschland lässt sich beobachten, dass diese langsam in Bewegung geraten und Veränderungen vor allem im Selbstverständnis der Männer spürbar werden:

- Zunehmend begreifen auch Männer die Betreuung ihrer Kinder als persönliche Bereicherung und nehmen die Elternzeit für sich in Anspruch;
- Beide Elternteile teilen sich Haushalt und Kindererziehung und sind teilzeitberufstätig;
- Immer mehr Männer erkennen, dass die Gleichberechtigung der Geschlechter eine notwendige und positive Entwicklung für die gesamte Gesellschaft darstellt.

Diese Männer kämpfen aber häufig noch um Anerkennung und werden oft als Ausnahmen wahrgenommen, weil die traditionellen männlichen Lebensentwürfe nach wie vor dominieren. Sie machen nicht selten die Erfahrung, dass ihr „Abweichen" von der traditionellen Rollenzuweisung mit Ausgrenzung und einem Karrierebruch einhergeht. Noch haben sich neue männliche Leitbilder gesellschaftlich nicht durchgesetzt.

Die Politik hat, wenn auch häufig nur zögerlich, auf die ungleichen Chancen der Geschlechter mit Gleichstellungsgesetzen und Frauenförderplänen reagiert, sodass zumindest im Staatsdienst die deutliche Unterrepräsentanz von Frauen mittlerweile rückläufig ist. Nach wie vor fehlt es aber in vielen Bereichen an einer zielgerichteten geschlechtergerechten Personalplanung.

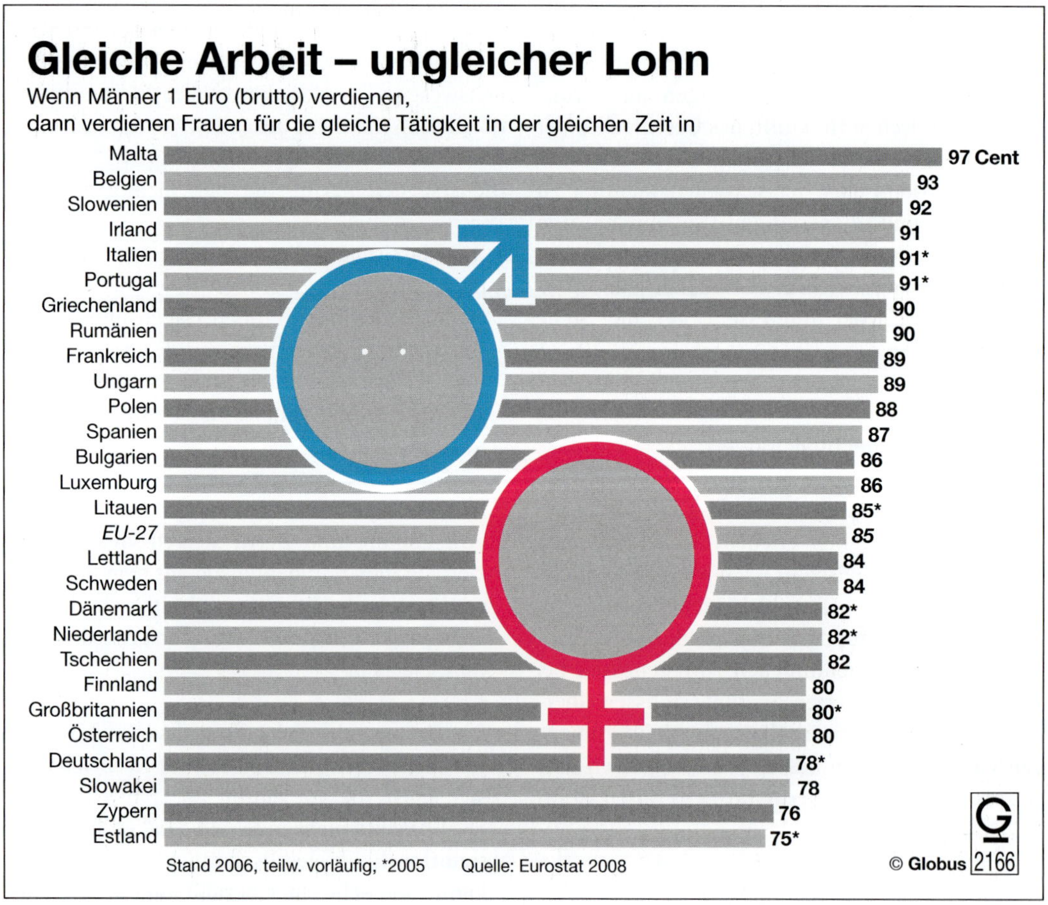

Gender mainstreaming

Seit Ende der 1990er Jahre gibt es mit dem **gender mainstreaming** eine neue Strategie in der Politik für eine geschlechtergerechte Gesellschaft. Gender mainstreaming bedeutet, in alle Entscheidungssituationen die Perspektive des Geschlechterverhältnisses einzubringen und alle Entscheidungen im Sinne der Gleichstellung der Geschlechter zu fällen. Geschlechterpolitik meint also **Politik für Männer *und* Frauen** und das Verhältnis zwischen ihnen. Die Geschlechterrollen werden als historisch gewachsen und damit auch als politisch gestaltbar begriffen.

Nach dieser Stratgie sollen alle Lebensbereiche „gender-gerecht" gestaltet werden. So müssen beispielsweise Politiker bei der Förderung des Sports durch die Vergabe von Fördergeldern genau darauf achten, ob Angebote für beide Geschlechter gemacht werden, ob die unterschiedlichen Bedürfnisse beider Geschlechter berücksichtigt werden, ob es familiengerechte Angebote gibt usw.

Männer und Frauen heute

Derzeit sind in Deutschland rund 60 Prozent der Frauen **berufstätig**. Bei Männern sind es 70 Prozent. 20 Prozent der berufstätigen Frauen arbeiten **weniger als 20 Stunden** pro Woche, bei den Männern sind es nur 3 Prozent. In Vollzeit berufstätige Frauen verdienen im Schnitt **23 Prozent weniger** als Männer, der Abstand ist einer der höchsten in Europa. Im Bundestag sitzen doppelt so viele männliche wie weibliche Abgeordnete. In den **Natur- und Ingenieurwissenschaften** sind weniger als ein Viertel der Studenten Frauen. In den 50 größten Unternehmen der EU stellen Frauen 11 Prozent der **Spitzenmanager**.

Spiegel online (12.08.2008)

Plaßmann / CCC,www.c5.net

M Warum nur deutsche Männer Karriere machen

Er hatte es sicher nur gutgemeint. Doch als „Focus"-Chefredakteur Helmut Markwort auf den Münchner Medientagen Anke Schäferkordt als erste Frau in der Elefantenrunde der TV-Chefs und Medienbosse vorstellte, guckte sie etwas gequält. Wenn die RTL-Chefin eines nicht mehr hören kann, dann sind es Fragen zu ihrem Geschlecht. „Niemandem würde einfallen, einen Mann zu fragen, wie es ist, als Mann Karriere zu machen." Sie aber muß das bei fast jedem Interview beantworten. Schäferkordt selbst findet ihr Merkmal „Frau" für ihren Erfolg recht belanglos. Damit steht sie ziemlich allein da. „Solange für andere die Tatsache, daß ich als Frau Karriere gemacht habe, ein wichtiges Thema ist, sieht man, daß etwas nicht stimmt in unserer Gesellschaft."

[...] Mag die Welt sich durch die Globalisierung auch rasend verändern, so sind die Top-Etagen der Konzerne nach wie vor in beachtlicher Gleichmacherei besetzt: Der Durchschnittsmanager ist männlich, deutsch, verheiratet, christlicher Konfession, zwischen Ende 30 und Anfang 50. Das entspricht nicht dem Selbstbild. Deutschland möchte eigentlich ein aufgeschlossenes, weltoffenes Land sein. Doch auch nach jahrzehntelanger Emanzipationsbewegung, Gleichstellungs- und Integrationspolitik ist die Realität eine andere. Vor dem Gesetz sind alle Menschen zwar gleich, die Chancen sind in diesem Land aber keineswegs fair verteilt. [...] „Es gibt noch immer Diskriminierung in deutschen Unternehmen", sagt Gertraude Krell, Professorin für Betriebswirtschaftslehre an der Freien Universität Berlin. In einer Studie hat sie bewiesen, daß schon die Einstiegschancen ins Berufsleben wenig von der Qualifikation abhängen. Ihr Team erfand vier hochqualifizierte Diplomkaufleute, die sich in ihren Merkmalen ausschließlich dadurch unterschieden, daß es sich um einen türkischen Mann, eine türkische Frau, einen deutschen Mann und eine deutsche Frau handelte. Von allen vieren wurden über Online-Formulare Bewerbungen an Unternehmen verschickt. Ergebnis: 15 Prozent der Rückmeldungen des deutschen Mannes waren positiv, elf Prozent der deutschen Frau, sechs Prozent des türkischen Mannes und drei Prozent der türkischen Frau. „Es ist ernüchternd, daß solche Ergebnisse heute noch möglich sind", sagt Krell.

Insbesondere Frauen scheitern an einem wilden Mix aus Vorurteilen. Denn während bei Migranten der Faktor Qualifikation eine große Rolle spielt, sind deutsche Frauen meist sogar besser ausgebildet als ihre deutschen männlichen Wettbewerber. Zwar sind 58 Prozent der Hochschulabsolventen weiblich, den Weg nach ganz oben schaffen aber nur die wenigsten. Krell: „Irgendwann ist für die meisten die Glasdecke erreicht, an der es nicht weitergeht." Natürlich gibt es Ausnahmen. Eine davon ist Petra Schubert, einziges weibliches Mitglied der siebenköpfigen Geschäftsleitung der Kienbaum Management Consultants. [...] Trotz ihres Erfolgs glaubt sie nicht an Chancengleichheit im deutschen Management. „Für Frauen im gebärfähigen Alter kann eine potentielle Schwangerschaft schnell zum Einstellungshemmnis werden." Wer eine Führungsposition innehabe, könne sich keine Mutterschaftsunterbrechung leisten, erst recht keine Elternzeit. Schubert selbst hat sich bislang gegen Kinder entschieden. „Das würde ich zeitlich einfach nicht hinbekommen."

Kinder oder Karriere? Diese Frage stürzt viele Frauen in ein kaum lösbares Dilemma. Kinderbetreuungsplätze sind rar, und selbst wer einen ergattert, kämpft mit Öffnungszeiten, die nicht zu einem Vollzeitjob passen. Die Konsequenz sind sinkende Geburtenraten. [...] Eine Vorzeigemutter möchte das gern ändern. Ursula von der Leyen, Familienministerin und Mutter von sieben Kindern, will die Vereinbarkeit von Familie und Beruf fördern. Bereits seit Anfang Februar können berufstätige Eltern einen Teil

der Kinderbetreuungskosten steuerlich absetzen. Sukzessive soll außerdem das Betreuungsangebot der unter Dreijährigen ausgebaut werden. [...] Ein guter Ansatz ist das, keine Frage. Glaubt man den Forschungsergebnissen von Sonja Bischoff, werden Steuererleichterungen, Betreuungsplätze und Elterngeld allein den Frauen bei der Karriere jedoch kaum helfen. Seit 1986 untersucht die Professorin an der Universität Hamburg in einer Langzeitstudie die Aufstiegschancen von Frauen in Führungspositionen. Ihr Ergebnis: Die Chancen haben sich seit 20 Jahren kaum verbessert. „Größtes Karrierehindernis sind keinesfalls Kinder, sondern die Vorurteile, mit denen Frauen zu kämpfen haben", sagt Bischoff. Sie seien zu emotional, zuwenig durchsetzungsstark oder zuwenig karriereorientiert. Eben diese Vorwürfe werden zur selbsterfüllenden Prophezeiung. „Weil die Leistungen der Frauen nicht gebührend anerkannt werden, sind viele ab einem gewissen Punkt nicht mehr bereit, noch mehr zu arbeiten."

Denn die Gehälter differieren je nach Geschlecht beträchtlich. Ökonom Wolfgang Mayrhofer bildete in einer Langzeitstudie unter 1.000 Absolventen der Wirtschaftsuniversität Wien insgesamt 52 virtuelle Zwillingspaare. Sie unterschieden sich nur in ihrem Geschlecht, beinah identisch waren dagegen ihre soziale Herkunft, der Studienerfolg, die Persönlichkeitsstruktur sowie ihr karrieretaktisches Verhalten. Trotzdem verdienten die Männer nach zehn Jahren per annum durchschnittlich 18.000 Euro mehr als die Frauen. „Von Gleichberechtigung kann keine Rede sein. Das gilt für Österreich genauso wie für Deutschland", sagt Mayrhofer.

Tina Kaiser, auf: Welt online vom 05.03.2006

Aufgaben

1. Untersuchen Sie Beispiele für Geschlechtergerechtigkeit bzw. -ungleichheit in Ihrem eigenen Umfeld, z. B. in Ihrer Schule.
2. Entwickeln Sie Beispiele, wie gender mainstreaming im Bereich der Schule aussehen könnte.
3. Eine weitere Möglichkeit zur Förderung von Geschlechtergerechtigkeit im öffentlichen Leben wird in der Einführung von Frauenquoten gesehen. Diskutieren Sie Chancen und Grenzen von Frauenquoten.
4. **Projektvorschlag:** Männer- und Frauenbilder in der Werbung – zurück zum alten Klischee?
5. In jüngster Zeit wird das männliche zunehmend als das „schwache Geschlecht" bezeichnet: Jungen leiden häufiger als Mädchen unter psychischen Störungen, sind schlechter in der Schule, neigen eher zu Aggression und Gewalt. Daher wird immer häufiger eine stärkere Jungenförderung eingefordert. Wie beurteilen Sie diese Forderung?
6. Diskutieren Sie die unterschiedlichen Ursachen, die im Text für den ungleichen Karriereerfolg von Männern und Frauen angegeben werden. Wo stimmen Sie zu, welche Argumente erscheinen Ihnen problematisch (M)?

2.3 Migration und Integration

Leitfragen	Wer wandert ein und warum?	Kann die Zuwanderung das demografische Problem lösen?	Wo liegen Chancen und Probleme der Integration?

Wer sind die Migranten?

Die Migration ausländischer Arbeitnehmer („Gastarbeiter") hat entscheidend zum sozialen Wandel in Deutschland beigetragen. Lebten 1960 noch knapp 700.000 Ausländer in Deutschland, sind es mittlerweile ca. 7,4 Millionen – das entspricht ca. 9 % der Bevölkerung. In manchen Großstädten liegt der Ausländeranteil bei über 20 %, in Frankfurt am Main beispielsweise ist jeder dritte Einwohner nichtdeutscher Herkunft.

Die große Vielfalt der deutschen Gesellschaft sprachlich richtig darzustellen, ist nicht einfach. Wir sprechen von einer „multiethnischen Gesellschaft" und von Menschen mit „Migrationshintergrund", denn der Begriff Ausländer schließt zum Beispiel die Angehörigen nichtdeutscher Gruppen aus, die die deutsche Staatsbürgerschaft erworben haben.

Der multiethnische Teil unserer Gesellschaft zeigt sich als äußerst dynamisch und vielschichtig: Neben den in den 1960er Jahre angeworbenen „Gastarbeitern" und ihren Familien, die jetzt in der zweiten und dritten Generation hier leben, schließt er Flüchtlinge, die aus den Krisengebieten der Welt vor Krieg, Elend und Unterdrückung fliehen, ebenso ein wie alle Deutschen nichtdeutscher Herkunft. Es handelt sich somit um **sehr unterschiedliche Gruppen** mit zum Teil gänzlich verschiedenen Lebens- und Arbeitsbedingungen:

- **EU-Bürger** (Freizügigkeit als eine der vier Freiheiten des EU-Binnenmarktes);
- **Spätaussiedler** (deutsche Volkszugehörige hauptsächlich aus Osteuropa);
- **Asylbewerber**, die vor politischer Verfolgung in ihrem Heimatland geflohen sind;
- **Angehörige** von in Deutschland lebenden Ausländern (Familiennachzug);
- **Hochqualifizierte Arbeitnehmer** aus dem Ausland, die mit der „Green Card" in Deutschland leben;
- Arbeitnehmer aus Staaten außerhalb der EU (**Arbeitsmigranten**, etwa Saisonarbeiter);
- **Bürgerkriegsflüchtlinge** mit befristeter Aufenthaltsgenehmigung sowie anerkannte und illegale Flüchtlinge.

Waren die Arbeitsmigranten der ersten Generationen überwiegend als Un- oder Angelernte beschäftigt, konnte die zweite Generation ihre berufliche und soziale Situation deutlich verbessern. Ende der 1990er Jahre waren nur noch 20 % von ihnen als Un- oder Angelernte beschäftigt. Viele Menschen mit Migrationshintergrund haben ihren Platz in der so genannten Nischenökonomie gefunden: Sie betreiben als Selbständige z. B. Lebensmittelläden und kleine Dienstleistungsunternehmen und haben sich so im Mittelstand etabliert.

Migration und Bevölkerungsentwicklung

Der Zuzug von Migranten macht Deutschland zu einem wichtigen **Einwanderungsland.** Nach zahlreichen Maßnahmen zur Begrenzung der Zuwanderung (z. B. Verschärfung des Asylrechts) wird sie heute zunehmend als Chance gesehen, der Schrumpfung und Überalterung der deutschen Gesellschaft zu begegnen. Auch der Fachkräftemangel in vielen Bereichen der deutschen Wirtschaft trägt zu einem Umdenken bei.

Um die Probleme abzumildern, die durch den demografischen Wandel entstehen, müssten nach Berechnungen der UNO langfristig über eine halbe Million Menschen pro Jahr nach Deutschland einwandern. Diese Zahlen werden nicht annähernd erreicht.

Phasen der Ausländerpolitik	
1955–1973 Anwerbung	Arbeitskräfte aus Mittelmeerländern werden aufgrund des Arbeitskräftemangels in Deutschland angeworben; etwa 14 Mio. Ausländer kommen, etwa 11 Mio. kehren zurück (Rotationsprinzip). Amtlich als Ausländer bezeichnet, werden sie in der Öffentlichkeit „Gastarbeiter" genannt. 1956 wird das erste Ausländergesetz verabschiedet; 1973 erfolgt ein Anwerbestopp wegen Ölkrise und Wirtschaftsrezession.
1973–1980 Konsolidierung	Durch Familiennachzug und Geburten steigt die ausländische Wohnbevölkerung an, obwohl die Arbeitnehmerzahl unter 2 Mio. sinkt; teilweise besteht Interesse an Einwanderung.
1980–1998 Abwehr und Begrenzung	Deutschland ist Ziel von Flüchtlingen aus internationalen Krisengebieten; 1980 gibt es 108.000 Asylbewerber. Kriegs- und Bürgerkriegsflüchtlinge kommen in den 1990er Jahren vor allem aus Bosnien-Herzegowina und aus dem Kosovo. In Deutschland werden Begrenzungsmaßnahmen diskutiert, das Asylrecht wird 1993 eingeschränkt („Drittstaatenregelung"); die Einbürgerung wird erleichtert (Rechtsanspruch nach 15 Jahren Daueraufenthalt). Die Zahl der erwerbstätigen Ausländer steigt zwischen 1987 und 1993 von 1,8 auf 3 Mio.

Schülerduden Politik, Berlin 2005, S. 328

Soziale Ungleichheit

Die **sozialen Ungleichheiten** zwischen den Zugewanderten und der deutschen Mehrheitsgesellschaft sind nach wie vor erheblich. Sie schlagen sich in deutlichen Unterschieden etwa in der Arbeitslosenquote, im Einkommen und im Armutsrisiko sowie in der Wohnsituation nieder. Eine wichtige Rolle bei der sozialen Integration spielt die **Bildung.** Hier gelang es der zweiten Einwanderergeneration, viele Defizite abzubauen, auch wenn in diesem Bereich noch viel zu tun ist. Der Anteil der nichtdeutschen Abiturienten steigt kontinuierlich, während sich gleichzeitig der Anteil der Hauptschüler unter den ausländischen Jugendlichen verringert. Dennoch haben die Pisa-Studien gezeigt, dass Kinder und Jugendliche mit Migrationshintergrund häufig über erhebliche sprachliche Defizite verfügen und einen Rückstand in der Lesekompetenz aufweisen. Pisa hat aber auch zutage gefördert, dass Jugendliche mit Migrationshintergrund im Vergleich zu ihren einheimischen Altersgenossen wesentlich geringere Chancen haben, eine Realschule oder ein Gymnasium zu besuchen, auch wenn sie derselben sozialen Schicht angehören. Deutlich schlechtere Chancen haben diese Jugendlichen auch in der **Berufsausbildung.** So hatten im Jahr 2006

Asylrecht

Politisch Verfolgte haben nach dem Grundgesetz ein Recht auf Asyl. Allgemeine Notsituationen wie Armut, Bürgerkriege, Naturkatastrophen oder Arbeitslosigkeit werden als Gründe für eine Asylgewährung ausgeschlossen. Eine Neuregelung im Zuwanderungsgesetz (2005) anerkennt fortan jedoch geschlechtsspezifische und nichtstaatliche Verfolgung als Grund für Asylrecht. Bei den Debatten um die Einwanderungspolitik kommt das Thema „Asylbewerber" kaum noch vor. Das wundert nicht, wenn man sich die Statistik anschaut. Seit Jahren geht die Zahl der Asylanträge zurück. Sie ist von 1994 bis 2006 auf ein Sechstel gefallen. Im letzten Jahr musste das Bundesamt für Migration und Flüchtlinge über 30 759 Asylschicksale entscheiden. Noch nicht einmal ein Prozent wurde als berechtigt anerkannt. Knapp vier Prozent erhielten Abschiebungsschutz.

Nach: Globus Infografik, 18.01.2007

39 % der Migranten zwischen 25 und 65 Jahren keinen beruflichen Abschluss, bei der einheimischen Bevölkerung waren dies hingegen lediglich 12 %. Ursächlich dafür sind die oft schlechten schulischen Voraussetzungen (insbesondere mangelnde Sprachkenntnisse) und teilweise zu geringe Förder- und Integrationsangebote.

Die Organisation für wirtschaftliche Zusammenarbeit und Entwicklung (OECD) fordert verstärkte Anstrengungen im Kampf gegen verdeckte Diskriminierung von Zuwanderern am deutschen Arbeitsmarkt. Besonders auffällig ist die Benachteiligung bei im Ausland geborenen Menschen mit hohem Bildungsstand: Bei ihnen liegt die Arbeitslosenquote mit 12,5 Prozent deutlich über dem Wert von Akademikern, die in Deutschland geboren wurden.

Integrationspolitik

Migranten tragen viel zur wirtschaftlichen Entwicklung Deutschlands bei und bereichern das Zusammenleben auch kulturell. Die Integration ist eine dauerhafte Aufgabe sowohl für Zugewanderte als auch für die Aufnahmegesellschaft. Faktisch ist die Bundesrepublik seit den 1960er Jahren aus ökonomischen und demografischen Gründen ein Einwanderungsland, auch wenn die Politik diese Tatsache lange Zeit nicht anerkannt hat. Deshalb hat man es versäumt, frühzeitig über ein **tragfähiges Konzept zur Integration** der Einwanderer in die deutsche Gesellschaft nachzu-

Plaßmann / CCC,www.c5.net

Qualifikation und Erwerbstätigkeit der Bevölkerung mit und ohne Migrationshintergrund, im Vergleich

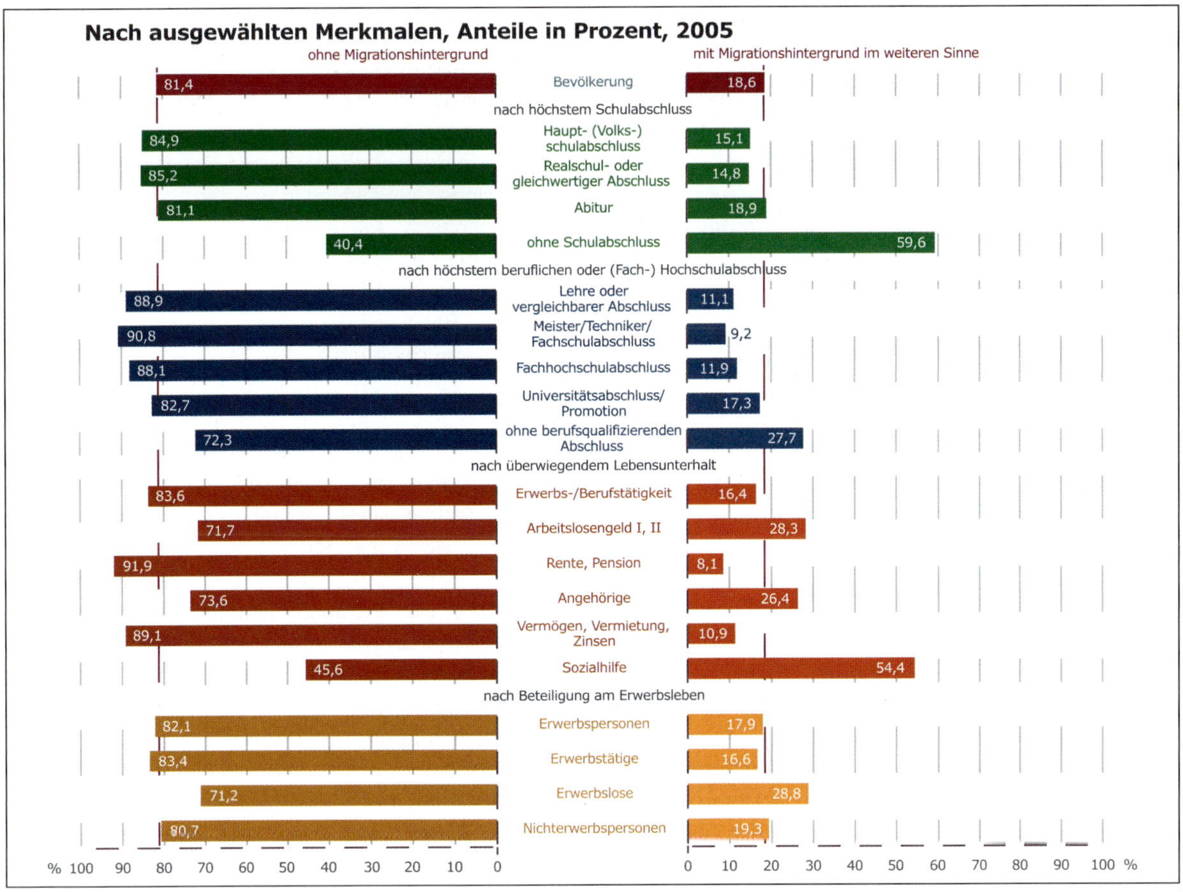

Statistisches Bundesamt: Mikrozensus, Stand: 2007, auf: www.bpb.de (03.12.2008)

denken. So mussten die Städte und Gemeinden als Orte der sozialen Integration in der Einwanderungsgesellschaft die Aufgabe der Integration selbständig meistern. Es gibt trotz unübersehbarer sozialer Brennpunkte mittlerweile eine Vielzahl von Beispielen und langjährig erprobten Konzepten gelungener Integration im kommunalen Bereich.

Mittlerweile hat man aber auch erkannt, dass man Integration politisch steuern kann und muss. Seit 2005 gibt es in Deutschland ein **Zuwanderungsgesetz**, das den Aufenthalt, die Erwerbstätigkeit und die Integration von Ausländern in Deutschland regeln soll. Kernstück des Gesetzes sind die **Integrationskurse**, welche die Integration der Migranten im Sinne gesellschaftlicher Teilhabe und Chancengleichheit fördern sollen. Dies soll durch Sprachkurse, die Vermittlung von Wissen zur Orientierung im Alltag und von Kenntnissen über die Rechtsordnung und die Geschichte geschehen. Weiterhin entscheidet auch das Bestehen eines **staatsbürgerkundlichen** Tests über die Einbürgerung. Diese Tests sind nach wie vor umstritten. Weitere Neuregelungen des Zuwanderungsgesetzes betreffen das Asylrecht.

Die politische Debatte über eine gelingende Integration ist noch lange nicht abgeschlossen. Es geht dabei im Kern um die Verteilung gleicher Chancen zur Teilhabe in allen gesellschaftlichen Bereichen. Dafür sind umfangreiche Sprachkenntnisse, Bildung und Weiterbildung, Zugang zum Arbeitsmarkt, ausreichende Wohnverhältnisse und ein angemessenes Wohnumfeld Grundvoraussetzungen. Integrationsprozesse sind darüber hinaus aber auch langwierige **wechselseitige Kultur- und Sozialprozesse**, in denen es einerseits um die Integrationsbereitschaft der Migranten, andererseits um die Bereitschaft zum Umgang mit kultureller Differenz in der „Mehrheitsgesellschaft“ geht.

M1 Integrationspolitik

Im späten 20. und frühen 21. Jahrhundert sind Zuwanderung und Integration – nicht nur in Deutschland – zu Sorgenthemen ersten Ranges geworden, insbesondere auf kommunaler Ebene. Dabei wird hierzulande freilich oft einseitig, nämlich nur im Blick auf mangelnde Integrationsbereitschaft der Einwanderer und nicht auch auf mangelhafte Integrationspolitik des Einwanderungslandes, skandalisiert und übertrieben, wird der Blick auf die größtenteils friedliche Entwicklung in unseren Städten oft durch Konzentration auf abschreckende Szenarien wie Zwangsheiraten, ‚Ehrenmorde', Schulskandale und angeblich allenthalben wuchernde ‚Parallelgesellschaften' verstellt. [...]

Was oft fehlt, ist der offene, nüchterne Blick auf die gesellschaftliche Wirklichkeit, das heißt auf die Situation der Einwanderer, der auch eigene Versäumnisse und nicht nur solche der Zuwandererbevölkerung wahrnimmt. Im Lichte historischer Entwicklungen kann die Einwanderungssituation in Deutschland noch immer als unauffällig beschrieben werden, wenngleich es größer werdende und keinesfalls zu verharmlosende Spannungsfelder gibt. Das gilt zum Beispiel für die Politik und das Handeln von Behörden gegenüber schon lange und immer wieder vergeblich angemahnten Problemen im schulischen Bereich [...]. Schulische Brennpunkte wie die vielgescholtene Rütli-Hauptschule im Berliner Problembezirk Neukölln, aber auch die nicht minder vielgeziehene Leistikow-Schule im Berliner Villenviertel Zehlendorf, sind nur Beispiele dafür. Viel zu lange wurden einschlägige Warnungen von Experten der Wissenschaft und der Praxis überhört oder als bloße Dramatisierung abgetan. [...]

Mitunter wird aber übersehen, dass im Licht historischer Erfahrungen das, was die Mehrheitsgesellschaft ohne Migrationshintergrund oft voreilig als ‚Desintegration' oder gar ‚Ghettobildung' beschreibt, im langläufigen Integrationsprozess eine Zwischen- und Übergangsphase bilden kann: Kultur ist, auch in der Einwanderungsgesellschaft, kein Zustand, sondern ein Prozess. Darin findet jede Zeit ihre besondere Form. Unzureichend bewusst ist vielen Zeitgenossen auch, dass in diesem Zusammenhang Integration grundsätzlich zu Veränderungen auf beiden Seiten führt: bei der Mehrheitsgesellschaft ohne Migrationshintergrund wie bei der Zuwandererbevölkerung. Parallelkulturen als fließende Übergangserscheinungen gab und gibt es in vielen Prozessen der Einwanderung. Soziale und kulturelle Parallelitäten sind darüber hinaus prägend für Entwicklungslinien und Beschreibungsformen der modernen Gesellschaft insgesamt. Sie ist zwar vielgestaltiger und damit auch unübersichtlicher geworden, aber deshalb nicht – etwa im Sinne von zivilisationskritischen bzw. kulturpessimistischen, politischer Romantik verpflichteten Perspektiven – als schieres Zerfallsprodukt zu verstehen.

‚Parallelgesellschaften' im strengen Sinne – das heißt mit klar abgrenzbarer ethno-kultureller Identität, bewusster sozialer und ökonomischer Abkapselung und eigenen, die staatlichen ersetzenden Institutionen – gibt es in Deutschland kaum. Zu den wenigen Ausnahmen gehören die von der deutschen Justiz in einem interkulturellen Missverständnis zu lange mit Samthandschuhen behandelten, zum Teil schwerstkriminellen mafiotischen Großfamilien und Ethno-Clans in unseren Städten, die insbesondere von Drogen-, Menschenhandel und Schutzgelderpressung leben. Diese Clans haben in der Tat schon lange in vollem Umfang abgeschottete parallelgesellschaftliche Strukturen ausgebildet, was mitunter bis zu eigenen so genannten Friedensrichtern und Strafvollziehern geht, die an die Stelle von Recht und Gesetz treten. [...] Soziale Brennpunkte entstehen auch nicht automatisch dort, wo sich Einwanderer konzentrieren, sondern dort, wo ethnische mit sozialen Problemen zusammentreffen und sich gegenseitig verschärfen.

Klaus J. Bade, Integration und Politik – aus der Geschichte lernen?, in: Aus Politik und Zeitgeschichte, 40–41/2006, S. 4ff.

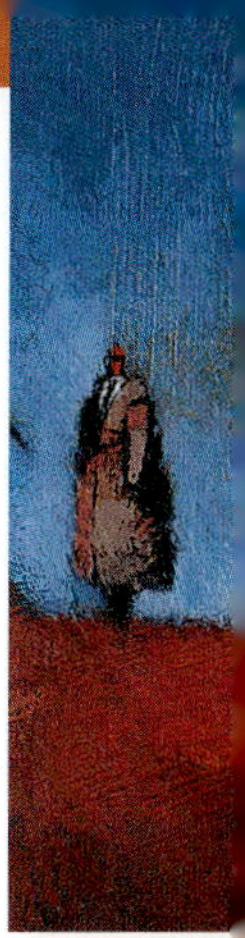

M2 Deutschlands Verlierer

Eine neue Studie zeigt, wie sehr die Chance auf Wohlstand mit der Nationalität zusammenhängt.

Von den Parteien umworben, gelobt als Rückgrat des Staats: Das ist die deutsche Mittelschicht. Jetzt wirft eine Studie des Bonner Instituts für Wirtschaft und Gesellschaft (IWG) einen neuen Blick auf die anonyme Masse. Der vielzitierte Schwund der Mittelschicht ist der Studie zufolge vor allem auf den Abstieg von zwei Bevölkerungsgruppen zurückzuführen: Migranten und Alleinerziehende.

Besonders alamierend ist die Entwicklung bei Migranten: Der Anteil der einkommensschwachen Zuwanderer stieg zwischen 1986 und 2006 von 28 auf 44 Prozent – bei den Deutschen blieb er unterdessen annähernd konstant bei 20 Prozent. Als einkommensschwach gilt dabei, wer weniger als 70 Prozent des durchschnittlichen Nettoeinkommens zur Verfügung hat. Besonders drastisch zeigt sich diese Entwicklung bei jenen Migranten, die zwischen 1996 und 2006 nach Deutschland gekommen sind: In dieser Zeit hat sich die Zahl der Einwanderer um 3,5 Millionen erhöht. Davon gehörten 2,9 Millionen zur Gruppe der Einkommensschwachen – ein Anteil von 83 Prozent.

Als Gründe dieser Entwicklung nennen die Autoren der Studie die schlechte Integration in Gesellschaft und Arbeitsmarkt. Die Folgen sind höhere Arbeitslosigkeit und niedrigere Löhne. So stieg die Arbeitslosenquote der Ausländer zwischen 1986 und 2006 um 70 Prozent auf ein Niveau von 23,6 Prozent. Zum Vergleich: Unter den Deutschen stieg die Quote im selben Zeitraum um 28 Prozent auf 11,1 Prozent.

Die Verfasser der Studie kritisieren insbesondere, dass diese Entwicklung in der bisherigen politischen Diskussion kaum Berücksichtigung fand. „Integrationspolitik muss eine höhere Priorität haben", sagte eine der drei Autoren, Stefanie Wahl [...]. „Wenn die Politik nicht handelt, wird die Einkommensungleichheit zunehmen und die Mittelschicht weiter erodieren". Von dieser Entwicklung wären Zuwanderer besonders stark betroffen. „Das hat immensen Sprengstoff", sagte Wahl.

Die Forscher fordern daher ein „umfassendes bevölkerungspolitisches Konzept" insbesondere in der Integrationspolitik. Unter anderem müsse sich Deutschland seine Einwanderer stärker auswählen, qualifizierten Zuwanderern „den roten Teppich ausrollen", so die Wissenschaftlerin. „Es fehlt noch immer das Bewusstsein, dass wir ein Einwanderungsland sind."

Kathrin Haimerl, in: Süddeutsche Zeitung online vom 10.08.2008

Aufgaben

1. Recherchieren und stellen Sie dar, wie in Ihrer Stadt oder Gemeinde die Integration der Migranten kommunalpolitisch umgesetzt wird. Auskunft erteilen zum Beispiel die kommunalen Ausländerbeiräte.

2. Migration wird von vielen Gesellschaftspolitikern auch unter dem Aspekt der demografischen Notwendigkeit gesehen. Diskutieren Sie die Chancen und Risiken einer gezielten Einwanderungspolitik unter diesem Aspekt.

3. Überlegen Sie, welche Kriterien die Zuwanderung von Ausländern nach Deutschland regeln sollten.

4. Welche Erfolge konnten hinsichtlich der Integration von Zugewanderten erreicht werden, wo sehen Sie noch Defizite? Beziehen Sie in Ihre Bewertung M1 und M2 ein.

2.4 Strukturwandel der Arbeitswelt

Leitfragen	Welche aktuellen Entwicklungen bedingen den Wandel in der Arbeitswelt?	Welche Folgen ergeben sich daraus für den Arbeitnehmer?	Welche arbeitsmarktpolitischen Maßnahmen steuern den Wandel?

Veränderungen der Arbeitswelt

Arbeit als bezahlte Erwerbsarbeit erfüllt in unserer Gesellschaft eine zentrale Funktion: Sie sichert nicht nur die Existenz, sondern gibt dem Leben darüber hinaus Struktur und Sinn und verleiht soziale und personale Identität. Diese Vorstellung von Arbeit ist unmittelbar mit der Herausbildung der modernen Industriegesellschaft verbunden.

Kennzeichen der Arbeit in der Industriegesellschaft, die ihren Höhepunkt in Deutschland ungefähr zwischen 1850 und den 1950er und 1960er Jahren erlebte, war die deutliche Trennung von Arbeitsplatz und Familie bzw. Lebensort. Die Industrie und nicht mehr Landwirtschaft und Rohstoffgewinnung prägte das gesellschaftliche Leben. Die Erwerbsarbeit war durch Tarifverträge und Sozialversicherung in hohem Maße sozial abgesichert.

Entwicklung zur Dienstleistungs- und Informationsgesellschaft

Mit der zunehmenden **Automatisierung und Digitalisierung** durch den Einsatz neuer Technologien wandelte sich auch der Charakter der Arbeit. Computergesteuerte Arbeitsvorgänge traten an die Stelle menschlicher (Hand-)Arbeit, hoch entwickelte und vielseitig einsetzbare Maschinen übernahmen in vielen Bereichen komplett die menschliche Arbeit. Menschliche Arbeitskraft wird seither zunehmend durch intelligente Technologie ersetzt.

Die Veränderungen in der Arbeitswelt gingen einher mit dem **Strukturwandel der Wirtschaft,** der auch als Wandel von der Industrie- zur Dienstleistungs- und Wissensgesellschaft beschrieben wird (→ Kapitel 2.6).

Die Erwerbstätigkeit im Dienstleistungs- und Wissenssektor weist gegenüber der „alten", industriell geprägten Tätigkeit deutliche Veränderungen auf. Folgende Merkmale sind für den Wandel der Arbeitswelt kennzeichnend:

- **Flexibilität,** d.h. eine zeitliche und räumliche Verfügbarkeit, die zunehmend von den Arbeitnehmern gefordert wird. Die bislang vorhersehbare Einteilung des Arbeitstages und die Ausführung von vorgegebenen Arbeitsschritten weichen einer Tätigkeit, die auf erfolgreiche Problemlösung in flexibler Arbeitszeit ausgerichtet ist. Arbeit erhält immer häufiger einen anderen zeitlichen, räumlichen und auch sozialen Zuschnitt.
- **Berufliche Mobilität** ist Arbeitsmarktanalysen zufolge die zentrale Anforderung an die Arbeitnehmer geworden. Die Sozialwissenschaftler sprechen in diesem Zusammenhang auch von der **„Erosion des Normalarbeitsverhältnisses"**. Dazu gehört auch, dass man im Laufe eines Berufslebens nicht nur den Arbeitsplatz, sondern auch die Tätigkeit mehrmals wechselt. Die klassischen Berufsbiografien, die von der Schule über Ausbildung bzw. Studium in ein bis zur Rente fortbestehendes Arbeitsverhältnis führten, werden zunehmend von anderen Lebensläufen abgelöst.
- **Lebenslanges Lernen** im Sinne ständiger Qualifizierung und mehrmaliger Wechsel der Beschäftigungsverhältnisse wird zur Normalität. In diesem Zusammenhang spricht man auch von der **„fragmentierten Erwerbsbiografie"**.
- **Internationalisierung:** Die weltweite Vernetzung und Arbeitsteilung in der globalisierten Welt bedingt die Verlagerung ganzer Arbeitsbereiche in andere Länder mit Hightech-Stand-

Sozialer Wandel: von der Agrargesellschaft zur Wissensgesellschaft

	Vormoderne Agrargesellschaft	Moderne Industriegesellschaft	Moderne postindustrielle (Wissens- und Dienstleistungs-) Gesellschaft
Bevölkerung	Heiratsbeschränkungen; maximale Anzahl von Geburten in Ehen; hohe Sterblichkeit; geringe Bevölkerungsvermehrung	Erster demografischer Übergang: wenige Geburten, längere Lebenserwartung, „sparsame" Bevölkerungsweise; sporadische Außenwanderungen; geringe Bevölkerungsvermehrung	Zweiter demografischer Übergang: Geburtendefizit; Alterung; systematische Zuwanderung
Haushalte	Das „ganze Haus" dominiert; Arbeiten und Wohnen am gleichen Ort	Zwei Generationen-Kernfamilie dominiert. Urbanisierung; Trennung von Arbeiten und Wohnen; Männer erwerbstätig, Frauen im Haushalt	Weniger und spätere Heiraten; spätere Geburten; geringe Stabilität von Ehen; mehr Frauen sind erwerbstätig; Pluralisierung von Lebensformen
Bildung	Grundbildung nur für Teile der Bevölkerung; Bildungschancen formell von Standeszugehörigkeit abhängig	Massenbildung für alle; formale Chancengleichheit zur Erlangung von Bildungsabschlüssen; soziale Stellung immer mehr an Bildungsgrad gebunden	a) Bildungsexpansion; weiterführende Bildung für viele; systematische Weiterbildung; b) organisatorische Ausdifferenzierung des Bildungssystems; c) mehr faktische Chancengleichheit
Erwerbstätigkeit	Die Landwirtschaft dominiert; Arbeit und Freizeit sind wenig getrennt	Der Landwirtschaftssektor schrumpft. Der Produktionssektor dominiert. Der Beruf ist die Schlüsselstellung der Menschen. Spezialisierung und Maschinenbedienung setzen sich durch. Lohnabhängigkeit dominiert. Trennung von Arbeit und Freizeit; standardisierte Arbeitsverhältnisse in arbeitsteiligen Großunternehmen (Fabriken)	a) Zunehmende Erwerbstätigkeit, vor allem von Frauen; sinkende Arbeitslosigkeit; b) Landwirtschafts- und Produktionssektor schrumpfen. Tertiarisierung: Der Dienstleistungssektor dominiert. Höherqualifizierung der Arbeitenden; Flexibilisierung von Karrieren, Arbeitsverhältnissen und Arbeitsbedingungen; c) steigende Wirtschaftsleistung und wachsender Wohlstand

Stefan Hradil, Die Sozialstruktur Deutschlands im internationalen Vergleich, 2. Aufl., Wiesbaden 2006, S. 30

orten oder billigeren Produktionsbedingungen („Outsourcing").

Die von den Arbeitnehmern geforderte Flexibilität und Mobilität wird häufig als Chance für eine individuellere Gestaltung der Lebens- und Arbeitzeit, als Ausdruck eines individualisierten Lebensstils begriffen. Viele Beschäftigte sehen darin einerseits eine Chance auf mehr Selbstverwirklichung. Andererseits beklagen viele Menschen in den „neuen Beschäftigungsverhältnissen" den Verlust sozialer Bindungen und finanzieller Sicherheit, und sie empfinden die neue Eigenverantwortung im Beruf auch als Überforderung und Quelle von Stress und gesundheitlicher Belastung.

Arbeitslosigkeit

Die strukturell bedingte Arbeitslosigkeit ist eine große gesellschafts- und wirtschaftspolitische Herausforderung – manche Sozialwissenschaftler sprechen bereits vom „Ende der Arbeitsgesellschaft". Man unterscheidet folgende Erscheinungsformen der Arbeitslosigkeit: strukturelle, saisonale, konjunkturelle, friktionelle und verdeckte Arbeitslosigkeit (→ Kapitel 2.2.2). Bestimmte Bevölkerungsgruppen sind von Arbeitslosigkeit besonders betroffen: Frauen, Migranten, Geringqualifizierte und auch Bürger in den neuen Ländern weisen höhere Arbeitslosenquoten auf als der Bevölkerungsdurchschnitt.

Arbeitsmarktpolitik

Die Strategien zur Bekämpfung der Arbeitslosigkeit sind umstritten. Folgende Konzepte werden diskutiert und teilweise umgesetzt:

- **Deregulierung:** Lockerungen im Arbeits- und Tarifrecht (Arbeitszeitregelungen, Kündigungsschutz), Erleichterungen von Existenzgründungen, Privatisierung von Märkten zwecks Wettbewerbssteigerung (z. B. Aufhebung von Monopolen etwa bei der Post oder Energieversorgung);
- **Arbeitszeitverkürzung** als Konzept der Gewerkschaften zielt darauf ab, das knapper werdende Gut der Arbeitsplätze gerechter unter Arbeitnehmern und Arbeitslosen zu verteilen.

Weitere arbeitsmarktpolitische Maßnahmen betreffen die Reform der Arbeitslosenhilfe: verschärfte Zumutbarkeitsregelungen, Ein-Euro-Jobs, Verschmelzung von Arbeitslosen- und Sozialhilfe zum Arbeitslosengeld II (Hartz IV), Arbeitsvermittlung durch private Agenturen (Jobcenter).

Daneben entstanden neue Beschäftigungsformen, z. B. Leih- und Zeitarbeit und befristete Stellen ebenso wie Midi- und Minijobs oder abhängige Selbständigkeit. Diese Beschäftigungsverhältnisse bezeichnet man auch als prekäre Arbeit, weil sie die Existenz nicht dauerhaft sichern können.

Arbeitslosigkeit – das Problem in Deutschland

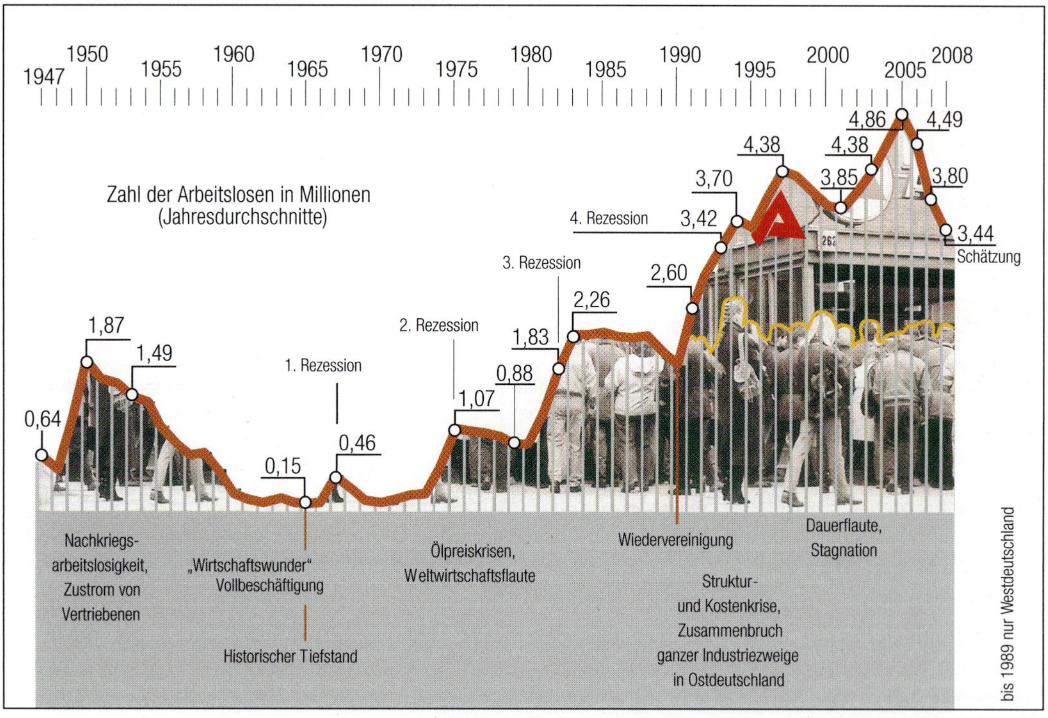

Globus-Grafik 9747, Quelle: Bundesagentur für Arbeit BMWA, DIW Berlin

Folgen der Arbeitslosigkeit

Folgen für den Einzelnen	Folgen für den Staat
▶ Wohlstandseinbußen und finanzielle Schwierigkeiten	▶ Steigende Ausgaben für Arbeitslosengeld, Arbeitsbeschäftigungsmaßnahmen (ABM) und Umschulungen
▶ Verlust von Selbstwertgefühl und Lebenssinn	▶ Fehlende Steuereinnahmen
▶ Gefahr von Ausgrenzung und Vereinsamung, Depression	▶ Verlust an Produktivität und internationaler Wettbewerbfähigkeit
▶ Langeweile und Orientierungslosigkeit	▶ Wachsende Staatsausgaben

Veränderung der Arbeitswelt

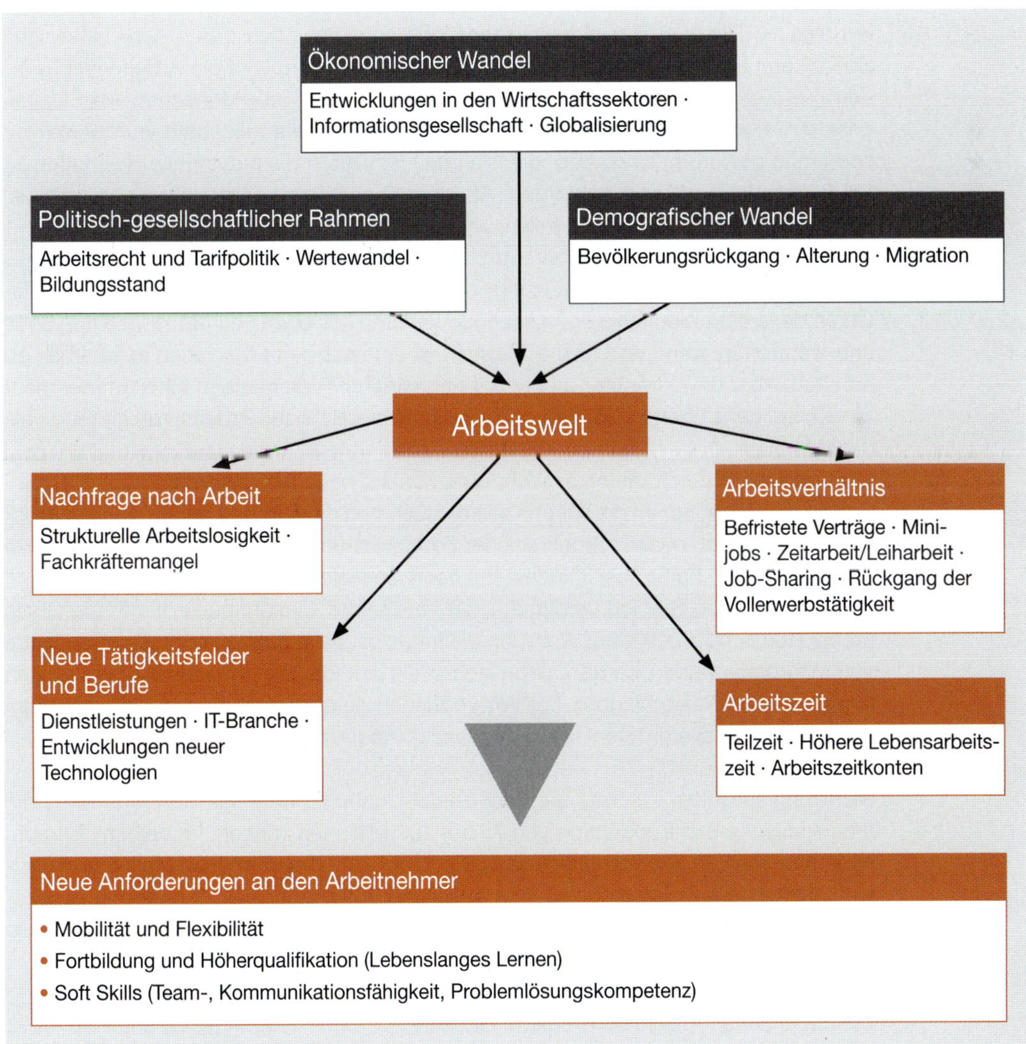

M Langfristig wird die Arbeit verschwinden

Ein Interview mit dem US-amerikanischen Wirtschaftswissenschaftler Jeremy Rifkin.

Stuttgarter Zeitung: Herr Rifkin, eines Ihrer Bücher heißt: „Das Ende der Arbeit“. Das meinen Sie doch nicht wörtlich, oder?

Jeremy Rifkin: Allerdings meinte ich das wörtlich. Als ich dieses Buch 1995 schrieb, waren weltweit 800 Millionen Menschen arbeitslos oder unterbeschäftigt. 2001 waren es schon mehr als eine Milliarde. Die Entwicklung ist eindeutig.

Aber es gibt doch Gewinner. In Europa gilt England als Vorbild. China wächst in irrem Tempo. Und in Ihrem Land läuft es auch gut. Die amerikanische Arbeitslosenquote ist doch traumhaft niedrig.

Das können Sie alles vergessen. Unsere Quote ist niedriger als Ihre, das stimmt. Aber zu welchem Preis? Das schmutzige Geheimnis hinter dem US-Wirtschaftsboom in den 90er Jahren ist die wahnsinnige Verschuldung der privaten Haushalte. Die Verbraucherkredite haben jedes Jahr um neun Prozent zugenommen. Die Mehrzahl der Amerikaner hat heute nicht mal 1.000 Dollar an Rücklagen. [...]

Bleibt China. Keine Wirtschaft wächst so stark wie die der Chinesen.

China ist faszinierend, ja. Aber schauen Sie mal genau hin. In den letzten sieben Jahren sind 15 Prozent aller chinesischen Jobs verschwunden. Auch der chinesische Boom kann an der Wahrheit nichts ändern. [...] Langfristig wird die Arbeit verschwinden. [...] Zehntausend Jahre haben sich Menschen andere Menschen als Sklaven gehalten. Nun reden wir uns gern ein, dass die Sklaverei abgeschafft wurde, weil wir so human geworden sind. Aber die Wahrheit ist: Durch die industrielle Revolution ist die Sklaverei überflüssig geworden. Ab einem bestimmten Zeitpunkt war es billiger, den Ofen eines Kohleofens zu füllen, als den Mund eines Sklaven.

Und da sehen Sie Parallelen zu heute?

Wir sind mitten in einer Umwälzung, die die industrielle Revolution noch übertrifft. Durch die ersten Mechanisierungsschübe verloren Millionen von Menschen ihre Jobs und wanderten vom Land in die Städte, um dort mit den Maschinen zusammen zu arbeiten. Aber die Computer und Informationstechnik von heute machen immer mehr Menschen ganz überflüssig. Selbst die billigste menschliche Arbeitskraft ist teurer als die Maschine.

Aber entstehen durch die neue Technik nicht auch neue Arbeitsplätze?

Das ist die Hoffnung, an die wir uns seit Jahrzehnten geklammert haben. Die kapitalistische Logik sagt, dass technologischer Fortschritt und gesteigerte Produktivität alte Jobs vernichtet, dafür aber mindestens genauso viele schaffen. Aber die Zeiten sind vorbei. [...] Sehen Sie, ich verdiene einen Teil meines Einkommens damit, die Chefs großer Konzerne zu beraten. Wenn ich die frage, ob sie in Zukunft noch Zehntausende von Mitarbeiter haben werden, dann lachen die laut los. Die Wirtschaftsführer wissen längst, wo die Reise hingeht. [...] Wir vollziehen gerade einen Wandel hin zu einem Markt, der zum allergrößten Teil ohne menschliche Arbeitskraft funktioniert. [...]

Das klingt unglaublich.

Nicht unglaublicher, als was wir schon erlebt haben. Von 1982 bis 2002 stieg die amerikanische Stahlproduktion von 75 auf 102 Millionen Tonnen. Im selben Zeitraum nahm die Zahl der Stahlarbeiter von 289.000 auf 74.000 ab. In den 20 größten Volkswirtschaften der Erde sind zwischen 1995 und 2002 mehr als 30 Millionen Arbeitsplätze abgebaut worden. Wohin Sie schauen, dasselbe Bild: Die Produktion steigt, die Produktivität steigt, aber die Arbeitsplätze nehmen ab.

Aber was ist mit Service, mit Dienstleistungen, mit hochqualifizierten Jobs?

Die haben längst dasselbe Problem. Die amerikanische Telefongesellschaft Sprint ist seit Jahren dabei, menschliche Vermittler durch Spracherkennungsprogramme zu er-

setzen. 2002 sprang die Produktivitätsrate bei Sprint um 15 Prozent nach oben, der Gewinn stieg um 4,3 Prozent, und 11.500 Jobs wurden abgebaut. [...]

Wie kann so etwas funktionieren?

Dank Internet, Satellitentechnik und Breitbandleitungen kann die Information heute praktisch mit Lichtgeschwindigkeit um den Globus rasen. Es gibt da eine nette Formulierung von Paul Saffo vom Institut für die Zukunft in Kalifornien. Er sagt, dass sich das Geschäft in den 80ern darum drehte, dass Menschen mit Menschen reden. Jetzt geht es um Maschinen, die mit Maschinen reden. Der Mensch wird überflüssig. [...]

Sehen Sie sich eigentlich als Apokalyptiker?

Weil ich das Ende der Arbeit vorhersage? Nein. Erstens: Ich ziehe nur logische Schlüsse aus Dingen, die ich in der Wirtschaft jeden Tag beobachten kann. Und zweitens: Ich halte das Ende der Arbeit durchaus für eine positive Sache.

Aber was sollen all die Leute denn machen, wenn sie keine Arbeit mehr haben?

Sehen Sie, so verbogen sind wir heute. Ich sage, die Menschen werden für den Produktionsprozess nicht mehr gebraucht und Sie fragen, was sie dann bloß machen sollen. Als ob es die Erfüllung des Menschen wäre, Tag für Tag dieselbe stupide Tätigkeit auszuführen. Dasselbe Blech zu formen oder dieselben Fragen am Telefon zu beantworten. So eng definieren wir uns. Ich sage: Lasst die Maschinen das übernehmen. Aber viele Leute können sich einfach nicht vorstellen, was sie ohne Arbeit anfangen sollen. Das ist traurig.

Entschuldigen Sie, aber die Frage ist doch nicht, was die Menschen mit ihrer freien Zeit anfangen, sondern mit welchem Geld sie ihre Miete und ihr Essen bezahlen, wenn alle Jobs verschwinden.

Sie haben ja Recht. Also, es gibt verschiedene Ansätze. Besonders wichtig ist der so genannte Nonprofitsektor. Gemeint sind hier Aktivitäten von der Sozialarbeit über die Wissenschaft, Kunst, Religion bis hin zum Sport. In den Niederlanden sind heute bereits 12,6 Prozent aller Vollzeitstellen im Nonprofitsektor angesiedelt. In Deutschland sind es erst 4,9 Prozent. Hier gibt es ein Potenzial für Millionen von Arbeitsplätzen.

Aber wie soll dieser Nonprofitsektor finanziert werden?

Durch Steuerumschichtung. 90 Prozent der Regierungseinnahmen weltweit stammen aus der Besteuerung von Arbeit und Kapital. Wir müssen viel stärker zur Besteuerung von natürlichen Ressourcen kommen. Warum sollen sich die Unternehmen einfach frei bedienen? Eine Besteuerung von Ressourcen würde sowohl zur Schonung der Umwelt führen wie zur Senkung von Unternehmensgewinnen. Die Steuereinnahmen könnten dann in den Nonprofitsektor fließen und dort Mehrbeschäftigung stimulieren. Man könnte auch über etwas anderes nachdenken. Wenn Maschinen immer mehr Menschen ersetzen, warum sollte es in Zukunft nicht genau so eine Maschinensteuer geben, wie es heute eine Einkommenssteuer gibt?

Aus: Stuttgarter Zeitung vom 29.04.2005

Aufgaben

1. Erläutern Sie die Auswirkungen, die die berufliche Flexibilität und Mobilität auf das Leben des Einzelnen bzw. das Leben in der Familie haben können.
2. Im Text wird das „Ende der Arbeit" prognostiziert. Diskutieren Sie diese These und überlegen Sie, inwieweit dies unser Bild von Mensch und Gesellschaft verändern würde (M).
3. Überlegen Sie, wie eine Gesellschaft finanziert werden könnte, in der immer weniger Menschen bezahlter Erwerbsarbeit nachgehen. Beziehen Sie dabei den Vorschlag von Jeremy Rifkin und weitere Modelle wie etwa das sog. Bürgergeld ein (M).

3 Familie im Wandel

3.1 Familie und Pluralisierung der Lebensformen

Leitfragen				
	Was sind Merkmale und Funktionen der Familie?	Welche Faktoren haben den Wandel von Ehe und Familie beeinflusst?	Inwieweit hat sich die Bedeutung der Familie in den vergangenen Jahrzehnten verändert?	Ist die Familie ein Auslaufmodell?

Merkmale und Funktionen von Familien

Was ist überhaupt eine Familie? Früher war die Beantwortung dieser Frage einfach: Eine Familie ist ein Ehepaar, das zusammen mit seinen Kindern in einem gemeinsamen Haushalt lebt. In der vorindustriellen Zeit dominierte das Ideal der mehrere Generationen, Verwandte und auch familienfremde Personen umfassenden **Großfamilie.** Seit dem 18. Jahrhundert entwickelte sich die **bürgerliche Kleinfamilie** zum Leitbild. Im letzten Drittel des 20. Jahrhunderts haben sich die Familienformen grundlegend verändert. Bis zum Anfang der 1970er Jahre war die Kernfamilie, bestehend aus einem verheirateten Elternpaar mit zwei oder drei Kindern weit verbreitet.

Heute sind die gesellschaftliche Wirklichkeit und mit ihr auch die Lebensformen viel komplexer geworden. Der soziale Wandel in Deutschland hat die Lebens- und Familienformen stark verändert. Die Familie übernimmt als besondere soziale Gruppe wichtige Aufgaben für die Gesellschaft.

Diese **Funktionen der Familie** sind in nahezu allen Gesellschaften und Kulturen gleich, auch wenn Familienformen von Gesellschaft zu Gesellschaft variieren und einem historischen Wandel unterliegen.

- Familie übernimmt die **Befriedigung emotionaler Bedürfnisse** durch Schutz und Geborgenheit;
- Die Familie regelt die **biologische Reproduktion** einer Gesellschaft und ermöglicht als **primäre Sozialisationsinstanz,** dass die Kinder den sozialen Ansprüchen und Erwartungen der Gesellschaft gerecht werden;
- Sie ermöglicht ihren Mitgliedern die **soziale Platzierung,** d. h., die Familie sorgt dafür, dass ihre Mitglieder in dem komplizierten Netz der Rollen und Positionen innerhalb der Gesellschaft in der Lage sind, unterschiedliche Rollen zu übernehmen und diese auszufüllen. Darüber hinaus bestimmt die Familie in hohem Maße die soziale Position, die ein Mensch in der Gesellschaft einnimmt.

Familie und Lebensformen im Wandel

Der tiefgreifende Wandel von familiären und anderen Lebensformen umfasst folgende Aspekte:

- Geburtenrückgang,
- veränderte Rolle der Ehe und
- Pluralisierung der Lebensformen.

Die verringerte Geburtenrate geht einher mit dem Rückgang der Ehehäufigkeit und dem Anstieg der Scheidungsrate. Nicht nur in Deutschland, sondern auch in vielen anderen westlichen Industriestaaten hat die Zahl der **nichtehelichen Lebens-**

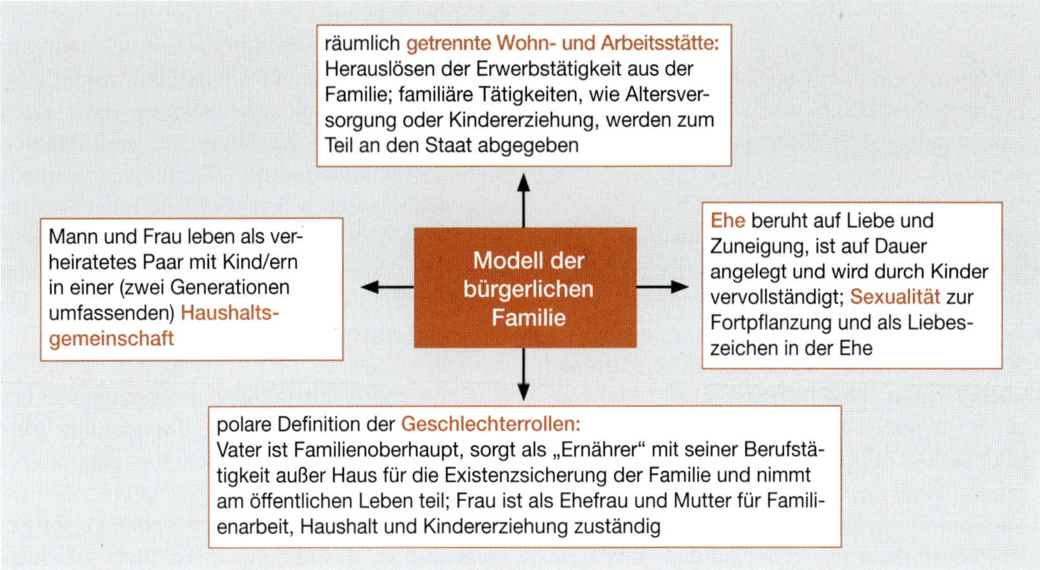

gemeinschaften in den vergangenen 20 Jahren deutlich zugenommen. Die Eheschließung findet später statt und hat immer mehr mit der Erfüllung des Kinderwunsches und einer Schwangerschaft zu tun. Die Zunahme der nichtehelichen Lebensgemeinschaften muss aber auch im Zusammenhang mit strukturellen Veränderungen gesehen werden: Die Ausbildungszeiten insbesondere der Akademiker sind lang, die Berufsaussichten werden aber dadurch nicht automatisch besser; der Arbeitsmarkt fordert immer mehr Mobilität, was die gemeinsame Lebensführung deutlich erschwert und häufig zu Wochenendbeziehungen führt.

Der **Anstieg der Frauenerwerbstätigkeit** seit dem Ende der 1960er Jahre hat Millionen von Frauen die finanzielle Unabhängigkeit gebracht und ist auch Ausdruck eines tiefgreifenden gesellschaftlichen Wertewandels, der die Einstellung zur Familie deutlich verändert hat. Die Familie ist ein Ort, der partnerschaftliche Beziehungen, Unabhängigkeit und Selbstentfaltung ermöglichen soll und die Selbstaufopferung der Frau für die Familie in der Regel abgeschafft hat. An die Ehe werden dadurch immer neue und höhere Anforderungen gestellt. Sie wird häufig nicht mehr als eine Lebensgemeinschaft auf Dauer gesehen, sondern vielmehr als Lebensabschnittspartnerschaft. Die Ehe hat als Lebensform nicht an Bedeutung verloren, lediglich ist die Bereitschaft der Menschen geringer geworden, eine unglückliche Ehe weiterzuführen.

Neben der Ehe und dem „klassischen" Familienleben haben sich auf diese Weise vielfältige neue Formen des Zusammenlebens etabliert. Die Soziologen sprechen deshalb von der **Pluralisierung der Lebensformen.**

Lebensformen

Der Begriff der Lebensformen bezeichnet die verschiedenen Arten unmittelbaren Zusammenlebens von Menschen. Eine Lebensform ist die Zwei-Eltern-Familie ebenso wie die Ein-Eltern-Familie, das kinderlose Paar mit oder ohne Trauschein usw. Auch Arten des Nicht-Zusammenlebens, beispielsweise als Single, bezeichnet man als Lebensformen.

[...] interessant ist die Bestandsaufnahme der verschiedenen Lebensformen und ihrer Verbreitung, die wir unterteilt haben nach familialen Lebensformen und nicht-familialen Lebensformen. Das Unterscheidungsmerkmal ist dabei das Vorhandensein von Kindern – der Soziologe redet immer dann von Familie, wenn mindestens ein Erwachsener und mindestens ein von diesem versorgtes Kind in die Lebensform involviert sind. Eine allein erziehende Mutter und ihr Kind sind in diesem Sinne eine Familie, ein kinderloses Ehepaar hingegen nicht.

Eng mit der Lebensform verbunden – allerdings nicht mit ihr identisch – ist der Haushalt. Einen Privathaushalt bilden Menschen, die in einer gemeinsamen Wohnung leben und gemeinsam wirtschaften.

www.schader-stiftung.de (12.08.2008)

Es gibt

- Patchwork-Familien (zusammengesetzte Lebensgemeinschaften wie Stief- oder Fortsetzungsfamilien, freie Wohn- und Lebensgemeinschaften),
- Wochenendfamilien,
- gleichgeschlechtliche Lebensformen,
- verheiratete und unverheiratete Paare mit getrennter oder gemeinsamer Wohnung,
- alleinerziehende Mütter und Väter und
- Menschen, die aus unterschiedlichen Gründen allein leben und häufig pauschal als Singles bezeichnet werden. In Deutschland waren im Jahr 2007 bereits 38,7 Prozent aller Haushalte so genannte Einpersonenhaushalte.

Die Lebensformen neben der bürgerlichen Kernfamilie sind so häufig geworden, dass man sie längst nicht mehr als unkonventionell bezeichnet, auch wenn die Familie mit Kindern immer noch die relative Mehrheit der Lebensformen bildet. Abweichungen vom traditionellen Familienmodell finden sich überdurchschnittlich häufig in Großstädten und in höheren Bildungsschichten. Die Familiensoziologen beobachten seit einigen Jahren auch eine Zunahme der **multilokalen Mehrgenerationenfamilie.** Zu dieser Familienform gehören neben den Mitgliedern der Kernfamilie auch die Großeltern, die zwar nicht im selben Haushalt, aber in erreichbarer Nähe wohnen und sich um die Kinder kümmern, weil beide Elternteile berufstätig sind.

Auch die Politik hat auf die Pluralisierung der Lebensformen in Deutschland reagiert. Im Jahr 2001 wurde per Gesetz die Institution der **„eingetragenen Lebenspartnerschaft“** geschaffen, die die rechtliche Stellung der nichtehelichen Lebensgemeinschaften der Ehe annähert. Viele gleichgeschlechtliche Paare haben diese Neuregelung begrüßt, auch wenn sie nach wie vor keine Kinder adoptieren dürfen und auch steuerlich nicht wie Ehepaare behandelt werden.

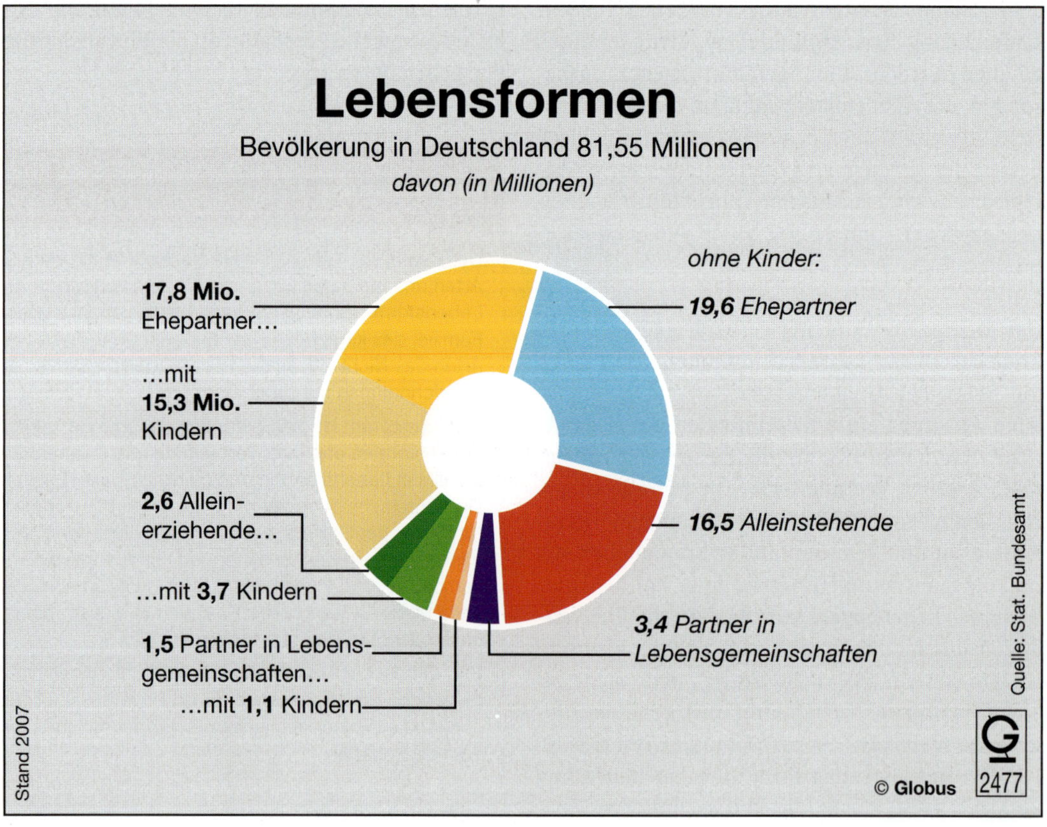

M1 Die Zukunft der Familie

Ehe und Familie – so die Diagnose in manchen wissenschaftlichen Abhandlungen und Medienberichten – befinden sich aufgrund des Anstiegs der Scheidungsraten, der hohen Zahl der nichtehelichen Lebensgemeinschaften, der Abnahme der Eheschließungen und Geburtenquoten sowie der wandelnden Rolle der Frau vor einem „Scheideweg". Sie haben – so das Fazit – keine Zukunftschance mehr und werde als „Auslaufmodell" apostrophiert. Andere Autoren teilen diesen Pessimismus, was die Zukunft von Ehe und Familie angeht, fordern aber alle gesellschaftlich relevanten Gruppen (vor allem Repräsentanten des Schul- und Bildungssystems, der Kirchen und der Politik) auf, dieser Entwicklung entgegen zu steuern. Nicht nur klammern sie sich an das bürgerliche Ehe- und Familienideal, sie sehnen sich auch nach der Einhaltung und Verfestigung traditioneller Werte und Familienformen [...]. Heute stehen diese jedoch zudem im Widerspruch zu anderen gesellschaftlich anerkannten Lebensidealen und -werten, z. B. zur Gleichberechtigung der Geschlechter, zur Aufhebung personenbezogener Abhängigkeiten und zur Freiheit individueller Entscheidungen.
Man darf sich von diesen düsteren Prognosen und einem nostalgischen Familienideal nicht irreführen lassen. Gestiegen ist in den letzten Jahrzehnten die Toleranz in weiten Teilen der Bevölkerung gegenüber alternativen Lebensformen und Lebensstilen [...], wie Umfragen immer wieder bestätigen. Doch diese liberalere Einstellung resultiert nicht etwa aus einer „Abkehr" von Ehe und Familie. Nach wie vor stehen Ehe und Elternschaft, überhaupt das Familienleben, hoch im Kurs; ja, Ehe und Familie rangieren sogar an oberster Stelle der Lebensziele. Beide haben, anders als in den Medien häufig zu hören ist, in Deutschland nicht an Bedeutung eingebüßt. Verändert haben sich die Strukturen und die Erwartungen, die an sie gerichtet werden: Sie sind pluralistischer geworden und werden sich in Zukunft weiter verändern. Aber das bedeutet nicht den „Untergang" von Ehe und Familie.
Wie immer man zu dem Lamento über „verlorene Werte" und den Rückgang einer bestimmten Familienform stehen mag, für eine demokratische Gesellschaft ist es wichtig, die gesellschaftlichen Rahmenbedingungen (z. B. die Arbeitszeitstrukturen, die Infrastruktureinrichtungen für die Kinder- und Altenbetreuung) so zu verändern, dass die Menschen Ehe und Familie miteinander verbinden und sie in einer Partnerschaftsform, die sie sich selbst wünschen, „leben" können.

Rosemarie Nave-Herz/Corinna Onnen-Isemann, Familie, in: Hans Joas, Lehrbuch der Soziologie, Frankfurt/M.-New York ²2003, S. 307f.

M2 Wie stehen Jugendliche heute zur Familie?

Jugendliche räumen der Familie einen hohen Stellenwert ein. So geben 70 % der Jugendlichen an, dass man eine Familie zum Glücklichsein braucht. Bei weiblichen Jugendlichen ist die Zustimmung dazu noch größer und beträgt 75 %. Dies ist ein Wert, der annähernd in allen Altersgruppen bei weiblichen Jugendlichen erreicht wird. Bei männlichen Jugendlichen hingegen ist die Zustimmung mit 66 % niedriger und fällt von 70 % bei den 12- bis 14-Jährigen auf 63 % bei den 22- bis 25-Jährigen.
Heiraten ist für die Jugendlichen hingegen nichts Selbstverständliches. Zwar verneint mit 13 % nur jeder Achte die Frage, ob man heiraten sollte, wenn man mit einem Partner zusammenlebt. Aber auf der anderen Seite bejaht auch nur jeder dritte Jugendliche (34 %) diese Frage. Mehr als die Hälfte der Jugendlichen (52 %) ist bei dieser Frage unentschieden. Sie machen die Frage nach dem Heiraten abhängig von den jeweiligen Umständen.

Hinsichtlich der Geschlechter bestehen bei der Frage nach dem Heiraten interessanterweise keine Unterschiede. Ansonsten fällt auf, dass bei älteren Jugendlichen und solchen aus den alten Bundesländern Heiraten eher in Frage kommt. Bei der sozialen Schichtung ergibt sich der Effekt, dass sowohl Jugendliche aus der Ober- als auch Unterschicht sich Heiraten eher vorstellen können als Jugendliche aus der Mittelschicht. [...]

Mit dem hohen Stellenwert, den die Jugendlichen der Ehe beimessen, stellt sich die Frage, inwiefern die Jugendlichen sich vorstellen können, in ihrem eigenen Leben Kinder zu haben. Gefragt wurden hierzu Jugendliche ab 16 Jahre, die noch keine eigenen Kinder haben. In der Altersgruppe der 16- bis 25-Jährigen sind dies 96 %. Nur 4 % der Jugendlichen in diesem Alter haben bereits eigene Kinder, wobei der Anteil bei den weiblichen Jugendlichen mit 7 % im Vergleich zu 1 % bei den männlichen Jugendlichen deutlich höher ist.

Von den Jugendlichen im Alter von 16 bis 25 Jahren ohne eigene Kinder verneinen nur 5 % den Wunsch nach eigenen Kindern. Während 28 % es noch nicht wissen, geben mit 67 % zwei Drittel der Jugendlichen an, später eigene Kinder haben zu wollen.

Hinsichtlich des Kinderwunsches unterscheiden sich die Jugendlichen zum Teil recht deutlich. Mit zunehmendem Alter verringert sich aber nur der Anteil der Unentschlossenen mit der Konsequenz, dass der Anteil der Befragten mit Kinderwunsch mit zunehmendem Alter steigt. Ebenso unterscheiden sich die Jugendlichen entlang des Geschlechts und der regionalen Herkunft. Weibliche Jugendliche und solche aus den neuen Bundesländern bejahen deutlich häufiger die Frage nach dem Kinderwunsch, als dies männliche Jugendliche bzw. solche aus den alten Bundesländern machen.

Ruth Linssen u. a., Wachsende Ungleichheit der Zukunftschancen? Familie, Schule und Freizeit als jugendliche Lebenswelten, in: Deutsche Shell (Hg.): Jugend 2002. 14. Shell-Jugendstudie, Frankfurt/M. 2002, S. 58

Aufgaben

1. Erläutern Sie die Aufgaben der Familie. Welche erscheinen Ihnen am wichtigsten und warum?
2. Formulieren Sie in eigenen Worten eine Definition von Familie. Welche Kriterien sind für Sie wichtig?
3. Diskutieren Sie, inwiefern Kinderlosigkeit ein eher gesellschaftliches oder ein eher individuelles Problem ist.
4. Erörtern Sie, welche gesellschaftlichen Einflüsse zur Pluralisierung der Lebensformen geführt haben, und diskutieren Sie Vor- und Nachteile dieser Entwicklung.
5. Inwiefern finden Sie sich in den in M2 dargestellten Befunden wieder? Führen Sie in Ihrem Kurs / in Ihrem Jahrgang eine Umfrage durch, die nach dem Stellenwert der Familie und nach Heirats- und Kinderwünschen fragt.

3.2 Der Staat und die Familie

Leitfragen	Inwiefern ist Familienpolitik Aufgabe des Staates?	Wer ist für familienpolitische Fragen zuständig?	Was sind Leistungen des Staates für Familien?	Wie sehen neuere Entwicklungen in diesem Bereich aus?

Familienpolitische Aufgaben des Staates

„Ehe und Familie stehen unter dem besonderen Schutze der staatlichen Ordnung", heißt es in Artikel 6 des Grundgesetzes. Aus dieser besonderen Verantwortung des Staates gegenüber der Ehe und Familie leitet sich die **staatliche Familienpolitik** ab. Allgemein versteht man darunter alle politischen Aktivitäten, die dem Schutz und der wirtschaftlichen und sozialen Förderung der Familie dienen. Familienpolitik wird auch als **Querschnittsaufgabe** bezeichnet, weil sie kein abgegrenztes Politikfeld ist und wirtschafts-, sozial-, bildungs- sowie wohnungsbaupolitische Themen aufgreift. Aufgrund des föderalen Staatsaufbaus „teilen" sich Bund, Länder und Gemeinden die **familienpolitischen** Aufgaben bzw. ergänzen sich in manchen Bereichen.

Seitens des Bundes ist das Ministerium für Familie, Senioren, Frauen und Jugend (BMFSFJ, gegründet 1953) für Familienpolitik zuständig, in den Ländern und Kommunen sind damit die Länderministerien, kommunale Beratungsstellen, Kirchen und Sozialverbände betraut. Zu den primären familienpolitischen Aufgaben des Bundes zählen beispielsweise:

- die Zahlung von Kindergeld, Erziehungsgeld, Elterngeld;
- die Gewährung von Kinderfreibeträgen sowie des Familien- bzw. Ehegattensplittings in der Steuergesetzgebung;
- die Gewährung und Finanzierung der so genannten „Vätermonate";
- die Regelung des Kündigungsschutzes für Mütter in der Schwangerschaft und Eltern in der Elternzeit im Arbeitsrecht;
- Anerkennung von Kindererziehungszeiten bei Berechnung der Rente;
- die Zahlung von Leistungen nach dem Bundesausbildungsförderungsgesetz (BAföG).

Länder und Gemeinden sorgen u.a. für

- Wohnungsversorgung und Gestaltung eines kinder- und familiengerechten Wohnumfeldes;
- Kinderkrippen und Kindergärten;
- Schulen und Ganztagseinrichtungen;
- öffentliche Spielplätze und Sportstätten;
- Beratungs- und Hilfeeinrichtungen für die erziehenden Eltern und Kinder und Jugendliche.

Aufgrund der unterschiedlichen Regelungen in den Bundesländern kommt es insbesondere bei der Versorgung mit Kinderbetreuungseinrichtungen zu regionalen Unterschieden. So gibt es in den östlichen Bundesländern deutlich mehr Krippenplätze als im Westen.

Entwicklungen in der Familienpolitik

Während Altbundeskanzler Gerhard Schröder die Familienpolitik zu Beginn der rot-grünen Bundesregierung (1998) noch als „Gedöns" bezeichnete, ist sie mittlerweile zu einem **Kernbereich der Gesellschafts- und Sozialpolitik** geworden. Ein wichtiger Grund dafür war die niedrige Geburtenrate. Man erkannte, dass die familienpolitischen Rahmenbedingungen in anderen europäischen Ländern deutlich günstiger waren und nach wie vor sind. Die mit dem Regierungsantritt der Großen Koalition (2005) eingeleitete **„familienpolitische Wende"** hat in erster Linie zum Ziel, die Vereinbarkeit von Familie und Beruf zu fördern und junge Familien durch das neu eingeführte Elterngeld und den Ausbau der Kinderbetreuungseinrichtungen zu unterstützen. Ein „Politik-Mix" soll Eltern unterstützen durch:

- mehr Zeit (Elternzeit auch für Väter);
- Ausbau der Infrastruktur (Kinderbetreuung in Kindergärten und Krippen, Tagespflege);

- verstärkte finanzielle Hilfen (Mutterschaftsgeld, Kindergeld, Kinderzuschlag, Elterngeld).

So soll bis 2013 für jedes Kind unter drei Jahren ein Krippenplatz zur Verfügung stehen. Die Kosten für die Einrichtung der neuen Kinderkrippen wollen sich Bund, Länder und Gemeinden teilen. Kinder ab dem dritten Lebensjahr haben schon länger einen Rechtsanspruch auf einen Kindergartenplatz. Das 2007 eingeführte Elterngeld zeigte relativ schnell erste Wirkungen, denn bereits im ersten Jahr nach seiner Einführung nahmen immer mehr Väter die so genannten „Vätermonate“ in Anspruch und setzen so mindestens zwei Monate den Beruf aus, um sich um die Kinder zu kümmern. Während vor der Einführung des Elterngeldes nur drei Prozent der Väter die Elternzeit nahmen, waren es 2007 bereits 18,5 %. Die Vätermonate, die einst als „Wickelvolontariat“ verspottet wurden, sollen künftig ausgeweitet werden.

Familienpolitik hat noch weitere Dimensionen. Auch wenn Ehe und Familie unter dem besonderen Schutz des Staates stehen, erkennt das Grundgesetz die „Pflege und Erziehung der Kinder“ als das „natürliche Recht und die wichtigste Pflicht der Eltern“ an (Art. 6 Abs. 2 GG). Einerseits wird so die **Familie vor Eingriffen des Staates geschützt** und den Eltern bleibt es freigestellt, wie sie ihre Kinder erziehen. Andererseits „wacht die staatliche Gemeinschaft“ (Art. 6 Abs. 2 GG) über die Erziehungstätigkeit der Eltern.

Die kommunalen Jugendämter, denen diese Aufgabe in erster Linie obliegt, bieten dazu Beratung, Hilfe und Unterstützung an. Sie sind aber vor allem in jüngster Zeit vermehrt in die Kritik geraten, weil immer häufiger Fälle misshandelter, psychisch-sozial verwahrloster und getöteter Kinder in der Öffentlichkeit bekannt wurden. Hier wird immer wieder die Frage gestellt, ob „Vater Staat“ in diesen Fällen nicht versagt habe, weil man die Kinder nicht von den Eltern getrennt hat. Dabei ist es sehr schwierig zu entscheiden, wo zum Beispiel die Verwahrlosung beginnt. Hier muss sehr genau abgewogen werden zwischen der im Grundgesetz festgelegten und auch durch Art. 6 bestätigten freiheitlichen Gesellschaftsordnung einerseits und dem Kindeswohl andererseits.

Plaßmann / CCC,www.c5.net

Leistungen des Staates für Familien

Welche Leistungen?	Was wird gefördert?
Mutterschutz	Die Mutterschutzfrist beginnt sechs Wochen vor dem Geburtstermin und endet im Normalfall acht Wochen nach der Entbindung. Während die werdende Mutter in der Schutzfrist vor der Geburt weiter arbeiten darf (sofern sie sich hierzu ausdrücklich bereit erklärt), besteht nach der Entbindung ein absolutes Beschäftigungsverbot. Es gelten zudem ein besonderer Kündigungsschutz und Mutterschutzvorschriften am Arbeitsplatz.
Mutterschaftsleistungen	Während des Mutterschutzes besteht für die gesetzlich krankenversicherte Arbeitnehmerin Anspruch auf Mutterschaftsgeld sowie den Arbeitgeberzuschuss. Zusammen entsprechen diese Leistungen in der Regel der Höhe des durchschnittlichen Nettogehalts.
Elternzeit	Erwerbstätige Eltern können nach der Geburt ihres Kindes insgesamt drei Jahre Elternzeit in Anspruch nehmen. Die Elternzeit kann sowohl allein als auch gemeinsam genommen werden.
Elterngeld	Eltern, die sich in den ersten 14 Lebensmonaten ihres Kindes vorrangig selbst der Betreuung des Kindes widmen wollen, können Elterngeld erhalten. Die Eltern haben insgesamt Anspruch auf zwölf Monatsbeträge, die für Lebensmonate des Kindes gezahlt werden. Sie können die Beträge unter sich aufteilen; grundsätzlich kann ein Elternteil für mindestens zwei und höchstens zwölf Monate Elterngeld beantragen. Anspruch auf zwei zusätzliche Monate haben die Eltern, wenn beide Elterngeld in Anspruch nehmen und das Elterngeld als Ersatz für wegfallendes Erwerbseinkommen gezahlt wird (Partnermonate). Alleinerziehende können diese zusätzlichen Monate ebenfalls nutzen. Ersetzt werden mindestens 67 Prozent des wegfallenden Erwerbseinkommens. Das Elterngeld beträgt jedoch höchstens 1.800 Euro monatlich. Den Mindestbetrag von 300 Euro im Monat erhalten auch Eltern, die vor der Geburt nicht erwerbstätig waren. Teilzeitarbeit ist bis zu 30 Stunden in der Woche zulässig.
Kindergeld und Freibeträge	Je 184 Euro Kindergeld pro Monat erhalten Eltern für die ersten zwei Kinder. Für das dritte Kind zahlt der Staat 190 Euro, für alle weiteren 215 Euro. Kindergeld gibt es: • für alle Kinder bis zum 18. Geburtstag • für arbeitslose Kinder bis zum 21. Lebensjahr • für Kinder, die sich in der Ausbildung befinden und nicht mehr als 7.680 Euro verdienen, bis zum 25. Geburtstag Bei der Veranlagung zur Einkommensteuer prüft das Finanzamt von Amts wegen, ob mit dem gezahlten Kindergeld das Existenzminimum der Kinder steuerfrei bleibt. Erreicht das Kindergeld nicht die steuerliche Wirkung der Freibeträge für Kinder, so werden diese vom Einkommen abgezogen und das bereits erhaltene Kindergeld verrechnet. In diesem Fall beschränkt sich der Familienleistungsausgleich auf die gebotene Steuerfreistellung. Soweit das Kindergeld darüber hinausgeht, dient es der Förderung der Familien, und zwar vornehmlich der Familien mit geringerem Einkommen und mehreren Kindern.
Kinderbetreuung	Es gibt bei der Einkommensteuer Möglichkeiten für Eltern, die Kinderbetreuungskosten wie Betriebsausgaben, wie Werbungskosten, als Sonderausgaben oder im Rahmen von haushaltsnahen Dienstleistungen geltend zu machen.

www.familien-wegweiser.de/wegweiser/service/leistungen-im-ueberblick.html (31.03.2010)

M Der Ernährer hat ausgedient

Die Menschen wünschen sich, dass die Geburtenrate in Deutschland endlich wieder steigt. Kürzlich setzte die Ministerin [Familienministerin von der Leyen, *Anmerkung der Redaktion*] gegen den anfänglich heftigen Widerstand der Konservativen das neue Elterngeld durch, das erstmals auch zwei Monate Erziehungszeit exklusiv für die Väter vorsieht. Schon ist die Rede vom Paradigmenwechsel. Selbst die politische Altherrenriege ist auf einmal mit der modernen Maßnahme einverstanden. Eine Hoffnung vereint sie alle: Jetzt kommen sie endlich, die fehlenden Kinder.

Doch genau das könnte ein Trugschluss sein. „Man kann nicht die Geburtenrate ändern, indem man nur einen Parameter in der Politik ändert", sagt Jan Hoem, Direktor am Max-Planck-Institut [MPI] für demografische Forschung in Rostock. Das Elterngeld sei ein richtiger Anfang. Doch dass dies allein wirke, sei keinesfalls sicher. Als Norwegen 1978 ein Erziehungsgeld auf Einkommensniveau einführte, stieg dort zwar die Zahl der Zweit- und Drittgeburten, jedoch ohne die Gesamtzahl der Geburten merklich zu erhöhen. In Finnland und Dänemark hoben ähnliche Regelungen hingegen nachweisbar die Geburtenrate – in Dänemark sogar deutlich.

Dass Familienpolitik wirkt, wird in der Wissenschaft wenig bestritten, unklar ist nur, wie und unter welchen Rahmenbedingungen. Nötig scheint die richtige Kombination aus Politik, Staatsform und der günstigen Mentalität zu sein. Deutschland ist von seinem besten Mix offenbar noch weit entfernt. Doch dass es ihn gibt, zeigen die skandinavischen Länder. In Schweden, Dänemark, Norwegen oder Finnland liegen die endgültigen Geburtenraten um zwei Kinder pro Frau. [...] Doch nicht alles, was dort hilft, hilft auch hier. Das primäre Ziel der skandinavischen Wohlfahrtsstaaten war nicht, die Geburtenrate zu erhöhen. Das Ziel war eine Gesellschaft zu schaffen, die auf Gleichberechtigung basiert.

„Die Deutschen glauben vielleicht, dass sie familienfreundlich sind", sagt der Demograf Jan Hoem, „doch in Wirklichkeit sind sie es nicht. Weil sie es jungen Frauen so schwer machen." Denn deren Vorstellungen von einem glücklichen Leben mit Kind würden in Deutschland immer noch diskriminiert. Das Bild von der Rabenmutter sei noch lange nicht aus den Köpfen verschwunden. Hierzulande diskutiere man noch die völlig falsche Frage: nämlich, ob es Frauen neben ihren anderen Pflichten auch erlaubt sein sollte, arbeiten zu gehen. Wenn die Deutschen wirklich von Skandinavien lernen wollten, dann müssten sie als Erstes das Prinzip akzeptieren, dass arbeitende Frauen auch Kinder haben dürfen. „Die deutsche Politik ist geradezu darauf ausgerichtet, Frauen davon abzuhalten, arbeiten zu gehen", sagt der MPI-Direktor und meint damit nicht nur den Mangel an Kinderbetreuung. Krippen, Kindergärten und Horte seien zwar unbedingt notwendig. Entscheidend sei aber, dass in Deutschland die Gleichberechtigung der Geschlechter bisher nicht viel mehr als eine Illusion sei. So herrsche immer noch das altbackene Familienleitbild vom männlichen Alleinernährer vor, nicht nur in der Bevölkerung, sondern vor allem in der Politik. „Hört endlich mit dieser offensichtlichen Diskriminierung der Frauen auf", rät der Norweger.

Der Deutsche schluckt und ist erstaunt: Deutschland diskriminiert seine Frauen? Steigt die Zahl der arbeitenden Frauen nicht seit langem? Haben wir nicht jahrelang gestritten und unser Land erfolgreich zu einem der egalitärsten der Welt gemacht? Leider nein. Im europäischen Vergleich liegt Deutschland mit einer Frauenerwerbsquote von 64,6 Prozent nur im Mittelfeld. An der Spitze liegen Schweden (75,4 Prozent) und Dänemark (75,1 Prozent) – die Länder mit den höchsten Geburtenraten. Um die Frauenarbeit steht es in Deutschland sogar noch schlechter, als die Erwerbsquote erwarten lässt. Tatsächlich hat die Zahl der vollbeschäftigten Frauen seit 1991 um 1,6 Millionen abgenommen. Die Frauenquote ging nur hoch, weil gleichzeitig 1,8 Millionen Frauen mehr in Teilzeit arbeiteten.

Doch steigt mit der Frauenerwerbsquote zwangsläufig die Geburtenrate? Am Beispiel Schweden lässt sich zeigen, dass die Wahrscheinlichkeit für zweite und weitere Kinder umso größer ist, je mehr sich die Einkommen der Eltern gleichen. Und wenn der sächsische Ministerpräsident Georg Milbradt in der öffentlichen Debatte um die Familienpolitik polemisiert, es ginge um mehr Geburten und nicht „darum, wer spült", dann lässt sich das sogar direkt widerlegen. So zeigte die US-amerikanische Soziologin Berna Miller Torr, dass amerikanische Frauen häufiger ein zweites Kind bekommen, wenn der Mann im Haushalt hilft. Erledigt die Frau die Hausarbeit überwiegend allein, liegt die Wahrscheinlichkeit für das zweite Kind bei 51 Prozent. Wenn auch der Mann kocht, putzt, bügelt, einkauft – und spült –, steigt sie auf 81 Prozent. Im Umkehrschluss heißt das, wo die Gleichberechtigung der Geschlechter auf der Strecke bleibt, kann es auch mit dem Kindersegen nicht klappen. „Das bürgerliche Arrangement funktioniert nicht mehr", sagt Johannes Huinink, Familiensoziologe an der Universität Bremen. Was passiere, wenn die liberalen Ansprüche moderner Frauen auf eine männerdominierte Rollenverteilung stoßen, sehe man gerade in Italien, wo die Frauen sich erst spät emanzipierten. Dort fiel in den letzten Jahren die Geburtenrate rasant. Doch deshalb die Emanzipation der Frau rückgängig machen zu wollen, in der Hoffnung, dass dann auch wieder die Kinder kämen, sei Unsinn, sagt Johannes Huinink. „Eine Retraditionalisierung der Familie und der Geschlechter ist ausgeschlossen. Jeder Ansatz, der das beschwört, muss scheitern."

Der Schritt zum liberaleren Geschlechterverständnis fällt hierzulande schwer. Tief ist das traditionelle Familienbild im deutschen Rechts-, Steuer- und Sozialsystem verankert. Nicht umsonst klassifizieren Sozialwissenschaftler der so genannten vergleichenden Wohlfahrtsstaatsforschung die Bundesrepublik als „konservativen Wohlfahrtsstaat" mit „starkem Ernährermodell". Ein Prinzip, sagt Jan Hoem, das im deutschen Selbstverständnis fest verdrahtet sei: „Was man in anderen Ländern als altbackenes Ideal betrachtet, steht in Deutschland sogar im Grundgesetz: Der Schutz der ehelichen Familie." Nun blättern die jungen Deutschen natürlich nicht in der Verfassung, bevor sie sich gegen ein Kind entscheiden. Doch das Familienbild des Grundgesetzes schlägt sich nieder in einer Vielzahl ehezentrierter staatlicher Regelungen. Forscher aus der Disziplin des Gender Mainstreaming weisen seit langem darauf hin, dass allem voran das steuerliche Ehegattensplitting das männliche Ernährermodell begünstigt. Und die Summen, die der Staat in die Ehe steckt, sind gewaltig: 20 Milliarden Euro kostet ihn das Ehegattensplitting jährlich. [...] Zum Vergleich: Für Krippen, Kindergärten und Horte werden jährlich rund acht Milliarden Euro ausgegeben. Doch ist das Geld in die Ehe nicht vielleicht gut investiert? Laufen wir nicht Gefahr, dass mit dem traditionellen Familienbild auch die Familie selbst zerbricht?

Das geschieht bereits. Die Normalfamilie ist ein Auslaufmodell. Seit 30 Jahren sinkt der Anteil der Ehe im Vergleich zu anderen Familienformen. Eine wachsende Zahl von Kindern wird inzwischen nichtehelich geboren: In den alten Bundesländern heute jedes fünfte Kind – in den Siebzigern war es gerade mal jedes zwanzigste. Im Osten sind nichteheliche Geburten mit über 50 Prozent inzwischen sogar der Normalfall. Gleichzeitig etablieren sich neue Familienformen. Im Jahr 2000 gab es in Deutschland 1,8 Millionen Alleinerziehende, um die Hälfte mehr als noch Mitte der Siebziger. Der Anteil der nichtehelichen Lebensgemeinschaften hat sich seitdem im Westen sogar verzwölffacht. Und auch die eheliche Familie ist nicht mehr das, was sie einmal war. Weil inzwischen fast jeder zweite Bund geschieden wird, viele aber erneut heiraten, nimmt die Zahl der Stieffamilien zu. Heute sind das bereits sieben Prozent aller Lebensgemeinschaften mit Kindern. Dass ein solcher „Verlust der Familie" zu weniger Geburten führt, ist aber ein Mythos. Die sozialwissenschaftliche Analyse der demografischen Daten lässt eher auf das Gegenteil schließen. Dass die ostdeutsche Geburtenrate seit 1994 wieder ansteigt, ist einer Zunahme der nichtehelichen Geburten

zu verdanken. Und Eltern in Stieffamilien bekommen wahrscheinlich sogar mehr Kinder als solche in ungeschiedenen Ehen, wie die amerikanische Soziologin Elizabeth Thomson herausfand. Für verschiedene europäische Länder wies sie nach: Geschiedene mit Kindern wollen mit ihrem neuen Partner noch weitere Kinder bekommen, auf die sie sonst verzichtet hätten. Offenbar, sagt die Soziologin, sei es ein Grundbedürfnis, auch mit dem neuen Partner wieder eine „richtige Familie" zu gründen. Es scheint fast so, als ob mehr Familienformen auch zu mehr Familien führen – und nicht zu weniger.

„Die Familie ist – nur, weil sie in ihrer traditionellen Form jetzt zu scheitern beginnt – ja nicht als solche gescheitert", sagt Familienforscher Johannes Huinink. Für den Menschen sei sie nach wie vor die umfassendste Beziehung, die er erfahren könne. „Wir sind zwar heute nicht mehr triebhaft Nachwuchs generierend", sagt der Soziologe, „aber es käme schon einem evolutionären Sprung gleich, wenn dieses menschliche Bedürfnis plötzlich nicht mehr existiert." [...] Johannes Huinink hält ein anderes Szenario für realistischer: Auch nach der Familie kommt die Familie. Aber es ist eine andere Familie. Welche der vielen möglichen Formen sie haben wird, ist offen und jedem Paar selbst überlassen. Sicher scheint dem Soziologen allerdings zu sein: Eheliche Familien wird es immer weniger geben. Wenn die Politik endlich auch hierzulande faire Bedingungen für alle Gemeinschaften mit Kind schaffte, dann könnte es schließlich auch wieder mehr Geburten geben, glaubt Huinink – ausreichende Maßnahmen zur Vereinbarkeit von Beruf und Elternschaft vorausgesetzt.

Dass Entwicklung Not tut, weiß auch Familienministerin Ursula von der Leyen: „Wir haben in den vergangenen Jahrzehnten eine Mauer um die Familie gezogen. In der Hoffnung, wenn alles so bleibt wie in den fünfziger Jahren, dann bleibt vielleicht auch Familie. Das ist falsch. Wir müssen Familie, wenn wir sie erhalten wollen, unter modernen Bedingungen leben."

Björn Schwentker, in: Die Zeit Nr. 27/2006

Aufgaben

1. Erläutern Sie am Beispiel selbst gewählter Politikbereiche, warum Familienpolitik eine Querschnittsaufgabe ist.
2. Diskutieren Sie, inwieweit die Kritik berechtigt ist, wonach das neue Elterngeld besser verdienende Familie bevorzuge.
3. Immer wieder wird in der familienpolitischen Diskussion die Forderung erhoben, die Zahlung und die Höhe des Kindergeldes von der Höhe des Familieneinkommens abhängig zu machen. Diskutieren Sie diese Forderung.
4. Im Zusammenhang mit der Einführung des Elterngeldes wurde auch diskutiert, ob man das Geld nicht besser in den Ausbau der Infrastruktur für Kinderbetreuung und Ganztagsschulen investieren sollte. Erörtern Sie diesen Vorschlag.
5. Wie weit darf Ihrer Meinung nach der Staat in das Familienleben eingreifen?
6. Welche familienpolitischen Maßnahmen ergeben sich aus den Befunden des Textes (M)?

4 Soziale Ungleichheit und Sozialstruktur

4.1 Begriff und Dimensionen sozialer Ungleichheit

Leitfragen	Was ist soziale Ungleichheit und wie lässt sie sich erfassen?	Welche Formen sozialer Ungleichheit werden aktuell am stärksten diskutiert?	Was versteht man unter Chancengleichheit, und inwieweit ist sie realisiert?

Soziale Ungleichheit

Zu allen Zeiten waren manche Menschen innerhalb der Gesellschaft besser gestellt als andere. Diese Unterschiede beziehen sich in den modernen Industrie- und Dienstleistungsgesellschaften nicht nur auf die Verfügbarkeit von Einkommen, sondern auch auf die Position, die ein Einzelner innerhalb seiner sozialen Beziehungen einnimmt (z.B. in der Familie, am Arbeitsplatz oder in anderen gesellschaftlichen Gruppen). Unabhängig von der Persönlichkeit des Individuums sind mit dieser sozialen Position bestimmte Lebens- und Handlungsbedingungen verbunden, aber auch Rahmenbedingungen, die die Person nicht selbst beeinflussen kann.

So sind manche Berufgruppen angesehener als andere, unterscheiden sich die gesellschaftlichen Positionen von Männern und Frauen, In- und Ausländern usw. Diese Differenzen, die Menschen innerhalb des gesellschaftlichen Gefüges günstige oder ungünstige Lebensbedingungen zuweisen, bezeichnet man als **soziale Ungleichheit.**

In modernen Gesellschaften offenbaren sich mehrere **Dimensionen sozialer Ungleichheit.** So unterscheidet man

- **vertikale Ungleichheiten** in Bildungsabschlüssen, Einkommen, Erwerbschancen, Teilhabe an Macht und Prestige, die die Lebenschancen der Individuen prägen und ihr Verhalten bestimmen. Mit dem Zusatz „vertikal" soll zum Ausdruck kommen, dass man mit diesen Merkmalen die Gesellschaft in „Oben und Unten" unterteilen kann.
- Darüber hinaus gibt es **horizontale Ungleichheiten.** Die Soziologen nennen in diesem Zusammenhang Arbeits-, Freizeit-, Wohn-, Umwelt- und Gesundheitsbedingungen und bezeichnen diese als „neue soziale Ungleichheiten", weil ihnen in der modernen soziologischen Forschung immer größere Bedeutung zukommt. Horizontale Ungleichheit existiert z.B. zwischen Männern und Frauen, verschiedenen Generationen und Regionen (Ost und West), zwischen Menschen unterschiedlicher Nationalität, Verheirateten und Unverheirateten, Kinderlosen und Kinderreichen.

Die horizontalen Ungleichheiten haben einen starken Einfluss auf die Lebensbedingungen und den sozialen Status eines Menschen. So genannte „Statusinkonsistenzen" (inkonsistent = unzusammenhängend, unbeständig) werden dabei immer mehr zur Regel; z.B. hängt ein hoher Bildungsstand nicht mehr zwangsläufig mit hohem Einkommen oder guten beruflichen Chancen zusammen, so wie dies noch vor einigen Jahrzehnten der Fall war. So sind Menschen mit einem hoch qualifizierten Bildungsabschluss materiell nicht automatisch besser gestellt, wenn sie keine angemessene berufliche Anstellung finden. Umgekehrt gibt es aber auch genügend Beispiele dafür, dass Menschen mit geringer qualifizierten Schulabschlüssen oder gebrochenen Bildungsbiografien gesellschaftlich hohes Ansehen genießen und zu materiellem Reichtum gelangen (z. B. Fußballprofis).

Zentrale Dimensionen sozialer Ungleichheit in entwickelten Gesellschaften sind:

- Materieller Wohlstand (Einkommen und Vermögen),
- Erwerbstätigkeit (auch: Verteilung der Erwerbschancen),
- Wertschätzung (z. B. im Beruf),
- Macht und Prestige bzw. Einflussmöglichkeiten,
- Bildung,
- Möglichkeiten der Teilhabe (an Gesellschaft, Wirtschaft, Kultur → M1).

Einkommensverteilung

Um die Schichtung der Einkommensunterschiede zu ermitteln, setzen die Statistiker beim so genannten **Nettoäquivalenzeinkommen** an. Das ist das verfügbare Haushaltseinkommen, das je nach Anzahl und Alter der einzelnen Haushaltsmitglieder gewichtet wird. So werden das erste erwachsene Mitglied einer Haushaltsgemeinschaft mit dem Faktor 1 und die weiteren Mitglieder mit den Faktoren 0,7 bzw. 0,5 gewichtet. Die Teilung des gesamten Haushaltseinkommens durch die Summe aller Personengewichte ergibt das Nettoäquivalenzeinkommen. Die Bevölkerung wird in Einkommenssegmente eingeteilt, und aufgrund der Abstände zum durchschnittlichen Nettoäquivalenzeinkommen („mittleres Einkommen") lassen sich jetzt Aussagen über die Einkommensverteilung und -entwicklung machen.

Schichtung der Bevölkerung nach relativen Einkommenspositionen 1992–2006

Aktuelle bedarfsgewichtete Monatseinkommen[1] der privaten Haushalte bezogen auf regionale Mittelwerte[2], Datenbasis: SOEP

	Bruchteile bzw. Vielfache des durchschnittlichen Nettoäquivalenzeinkommens						
	unter 0,50 (Relative Armut)	0,50–0,75 (Prekärer Wohlstand)	0,75–1,00 (Untere bis mittlere Einkommenslage)	1,00–1,25 (Mittlere bis gehobene Einkommenslage)	1,25–1,50 (Gehobene Einkommenslage)	1,50–2,00 (Relativer Wohlstand)	über 2,00 (Höherer Wohlstand)
alte Bundesländer							
1992	7,5	23,5	28,1	20,0	10,1	7,8	3,1
1996	9,8	23,1	28,4	18,7	8,7	7,6	3,8
2000	8,7	22,5	29,0	16,1	10,5	9,7	3,6
2004	10,7	24,2	25,8	17,3	9,5	8,0	4,5
2006	10,9	25,3	24,4	17,7	8,3	8,3	5,1
neue Bundesländer							
1992	5,5	19,3	32,7	24,1	12,0	5,8	1,5
1996	4,1	19,9	29,7	27,1	10,9	6,1	2,1
2000	6,3	19,0	30,8	23,6	10,7	7,5	2,1
2004	7,6	24,7	23,3	21,9	11,7	8,1	2,7
2006	10,1	22,4	22,1	23,1	11,6	7,6	3,1
Deutschland							
1992	8,7	24,7	27,9	17,3	10,4	7,9	3,1
1996	8,6	23,1	28,9	18,3	10,0	6,9	4,1
2000	8,8	22,7	30,3	15,1	10,9	8,9	3,3
2004	10,6	23,6	25,8	18,0	9,8	7,7	4,5
2006	11,4	25,0	25,2	16,1	9,5	8,1	4,7

1) Neue OECD-Äquivalenzskala
2) Bezugnahme der jeweiligen Haushaltseinkommen auf das durchschnittliche Einkommen in den alten Bundesländern, neuen Bundesländern bzw. Gesamtdeutschland

Deutsches Institut für Wirtschaftsforschung (2008), Arbeitstabellen aus dem SOEP, Berlin

Die Verteilung von Vermögen und Einkommen ist ein wichtiger **Indikator für soziale Gerechtigkeit** in einer Gesellschaft. Hinsichtlich der Einkommen gibt es gravierende Unterschiede zwischen den Bildungs- und Berufsgruppen.

Auch **regionale Abweichungen** sind nach wie vor bedeutsam: So haben sich in den ostdeutschen Bundesländern bezüglich der Verteilung der Einkommensunterschiede zwar „westliche“ Verhältnisse eingestellt, der Lebensstandard hat sich aber noch nicht angeglichen (→ Kapitel 2.4.2).

Armut

Als arm gilt nach der Definition der Europäischen Union, wer weniger als 60 Prozent des durchschnittlichen Einkommens zur Verfügung hat. In Deutschland liegt die so errechnete Armutsrisikogrenze bei € 781,00 netto im Monat (2008). Im Jahr 2005 galt noch derjenige als arm, der weniger als € 938,00 netto im Monat zur Verfügung hatte. Die Differenz ergibt sich, weil die Durchschnittseinkommen in den letzten Jahren kontinuierlich gesunken sind. Daneben unterscheidet man zwischen absoluter und relativer Armut: Absolute Armut bedroht die Existenz, relative Armut bedeutet das Unterschreiten des in der jeweiligen Gesellschaft geltenden soziokulturellen Existenzminimums.

Armut in Deutschland

Die Kluft zwischen Armut und Reichtum in Deutschland ist größer geworden, wie die Armuts- und Reichtumsberichte der Bundesregierung belegen. 13 Prozent der bundesdeutschen Bevölkerung gelten nach dem dritten Armuts- und Reichtumsbericht (2008) als arm und leben am Rande der Gesellschaft. Sie sind **relativ arm.**

Relative Armut bedeutet für die Betroffenen

- ein geringes Einkommen,
- eingeschränkte Teilhabe am kulturellen und sozialen Leben,
- ein erhöhtes Krankheitsrisiko und
- eine geringere Lebenserwartung.

Weitere 13 Prozent der Bevölkerung werden nur durch sozialstaatliche Leistungen (z. B. Hartz IV) vor dem Fall unter die Armutsgrenze bewahrt. Das **höchste Armutsrisiko** tragen

- Migranten,
- Arbeitslose,
- Alleinerziehende,
- kinderreiche Familien sowie
- Kinder und Jugendliche unter 24 Jahren.

Nach wie vor sind Arbeitslose am stärksten von Armut betroffen. Aber auch Erwerbstätige drohen zunehmend an die Armutsgrenze abzurutschen, denn sie kommen mit ihrem Einkommen oft nicht mehr aus. Diese Entwicklung ist neu; bislang entfaltete sich Armut immer außerhalb der geregelten Beschäftigungsverhältnisse. Dies hat eine gesellschaftspolitische Diskussion über die Ein-

führung gesetzlicher Mindestlöhne in Gang gesetzt (→ Kapitel 2.4.2). Mittlerweile arbeitet jeder fünfte Beschäftigte in Deutschland im Niedriglohnbereich, der bei einem Stundenlohn von 9,13 Euro brutto liegt (Gesamtdeutschland 2008).

Der Einkommensbereich, für den der Begriff der relativen Armut verwendet wird, wächst sowohl in West- als auch in Ostdeutschland an; dies kann als ein Anzeichen für das Anwachsen der Einkommensunterschiede in Deutschland gesehen werden. So vergrößert sich sowohl der Anteil der Einkommensstarken als auch jener der Armutsgefährdeten an der Gesellschaft, d. h., die Schere zwischen Arm und Reich öffnet sich zunehmend.

Als **Ursachen der Armut** gelten

- die hohe Arbeitslosigkeit (insbesondere die wachsende Zahl der Langzeitarbeitslosen),
- die zunehmende Anzahl Alleinerziehender als Folge des individualisierten Lebensstils (→ Kapitel 1.3.1) sowie
- Defizite im sozialen Sicherungssystem (z. B. mangelnde Unterstützung kinderreicher Familien).

Soziologen zufolge hat die **Zunahme der Einkommensungleichheit** in Deutschland dazu geführt, dass sich trotz zeitweise positiver wirtschaftlicher Entwicklung immer mehr Menschen um ihre Zukunft sorgen. Die Angst vor Armut und sozialem Abstieg sei vom Rand in die Mitte der Gesellschaft gerückt.

Kinderarmut

Die Armut betrifft zunehmend auch Kinder. Das **Armutsrisiko** von Kindern und Jugendlichen ist seit Ende der 1990er Jahre angestiegen, nach Angaben des Bundesfamilienministeriums und des Kinderhilfswerks Unicef ist jedes sechste Kind in Deutschland von Armut bedroht; das sind 2,4 Millionen Kinder. Soziologen sprechen bereits von einem Prozess der **Infantilisierung der Armut.** Da Kinder von Alleinerziehenden, Migranten und Hartz-IV-Empfängern besonders armutsgefährdet sind, besteht ein hohes „Vererbungsrisiko" von Armut.

Armut hat weitreichende Auswirkungen auf das weitere Leben. So weisen arme Kinder und Jugendliche überdurchschnittlich häufig chronische Krankheiten, Übergewicht und Verhaltensauffälligkeiten auf, Bildungschancen und Schulerfolg sind im Schnitt geringer als bei Kindern aus wohlhabenden Familien.

Die Experten sind sich einig, dass bei der Bekämpfung von (Kinder-)Armut ein Zusammenspiel von Einzelmaßnahmen in unterschiedlichen Politikbereichen – z. B. in der Beschäftigungs-, Familien-, Bildungs-, Gesundheits- und Stadtentwicklungspolitik – Not in vielen Bereichen lindern könnte. Die betroffenen Familien einzig mit mehr Geld auszustatten, greife dabei zu kurz.

Beschäftigung

Erwerbstätigkeit und ungleiche Erwerbschancen zählen zu den zentralen Dimensionen sozialer Ungleichheit (→ Kapitel 1.2.4). Voraussetzung für einen angemessenen Lebensstandard, für Ansehen, finanzielle Sicherheit und gesellschaftliche Teilhabe ist in der Regel die Erwerbstätigkeit. Erwerbstätigkeit trägt auch zur persönlichen Selbstentfaltung bei. Arbeitslosigkeit mindert hingegen Lebensstandard und -qualität und zehrt am Selbstwertgefühl des Betroffenen. Die Spannbreite zwischen Vollzeiterwerbstätigkeit einerseits und Arbeitslosigkeit andererseits erstreckt sich in unserer Gesellschaft über eine Vielzahl von so genannten **prekären (schwierigen) oder atypischen Beschäftigungsverhältnissen** ohne Sozialversicherungspflicht. Dazu zählen

- unfreiwillig oder freiwillig befristete Beschäftigung,
- unfreiwillige oder freiwillige Teilzeitbeschäftigung,
- geringfügige Beschäftigungsverhältnisse („400-Euro-Jobs") und
- Leiharbeitsverhältnisse.

Diese Beschäftigungsverhältnisse haben in den vergangenen Jahren deutlich zugenommen. Ältere Arbeitnehmer (ab 50 Jahren) sind deutlich häufiger von der Arbeitslosigkeit bedroht als jüngere, wobei sie zwar einerseits durch längere Betriebszugehörigkeit und Kündigungsschutzbestimmungen geschützt werden, andererseits aber kaum eine neue Anstellung finden, wenn sie einmal arbeitslos sind. Auch wenn junge Menschen unter 24 Jahren ein hohes Risiko tragen, arbeitslos zu werden, gelten sie insgesamt noch nicht als Risikogruppe, da sie in der Regel nur kurze Zeit ohne Beschäftigung sind. Deutliche Ungleichheiten beim Arbeitslosigkeitsrisiko gibt es sowohl zwischen Ost- und Westdeutschland als auch zwischen einzelnen Bundesländern.

In den neuen Bundesländern ist das Risiko der **Frauenerwerbslosigkeit** deutlich höher als das der Männer, auch wenn im Bundesdurchschnitt Frauen etwas weniger von der Arbeitslosigkeit betroffen sind. Als besonders schwierig erweist sich hingegen die Arbeitsmarktsituation der **Menschen mit geringer oder keiner (Aus-)Bildung.** Sie stellen die problematischste Gruppe auf dem Arbeitsmarkt dar, zumal die ohnehin wenigen Arbeitsplätze für gering Qualifizierte künftig noch weniger werden. Zu den **Problemgruppen** auf dem Arbeitsmarkt zählen weiterhin

- Menschen mit gesundheitlichen Beeinträchtigungen und Schwerbehinderte und
- Menschen mit nichtdeutscher Staatsangehörigkeit. Waren zwischen 1960 und 1970 mehrere Hunderttausend Ausländer als „Gastarbeiter" angeworben worden, sehen sich viele Migranten heute besonderen Problemen auf dem Arbeitsmarkt ausgesetzt. Sie unterliegen einem höheren Entlassungsrisiko und haben aufgrund ihrer oft geringeren sprachlichen und beruflichen Qualifikation verminderte Einstellungschancen.

Bildung

Ein formaler Bildungsabschluss ist heutzutage nicht nur die Voraussetzung zur Aufnahme einer qualifizierten Berufstätigkeit, sondern auch die Grundlage für gesellschaftliche und politische Teilhabe. Bildung ist die wichtigste Grundlage für den materiellen, aber auch den kulturellen und ideellen Reichtum einer Gesellschaft. Umgekehrt ermöglicht aber erst der materielle Reichtum einer Gesellschaft den jahrelangen Besuch von teuren Bildungseinrichtungen. Die Entwicklung Deutschlands zur modernen Industrie- und Dienstleistungsgesellschaft bzw. zur Wissens-

Bildungsexpansion – Schulbesuch (7. Klasse) an verschiedenen Schularten 1952 und 2002/2003

Früheres Bundesgebiet 1952

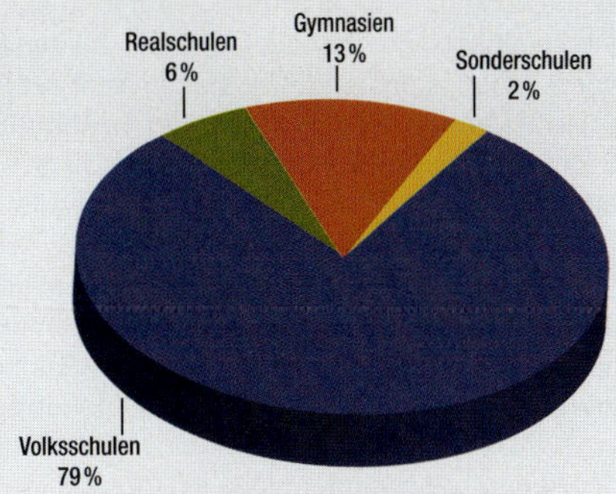

Deutschland 2002/2003

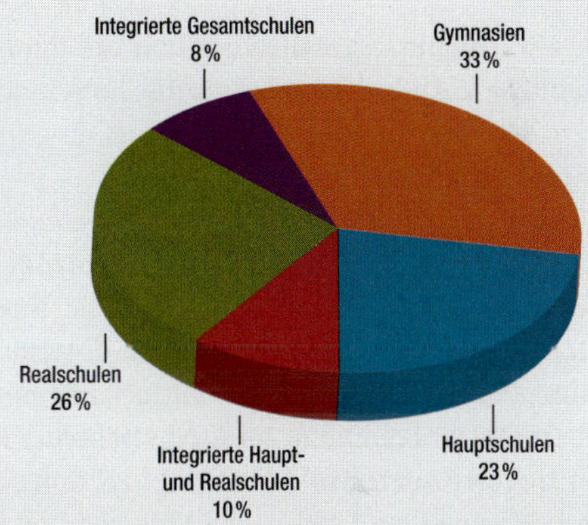

Schülerinnen und Schüler der 7. Klassenstufen im Schuljahr 2004/2005

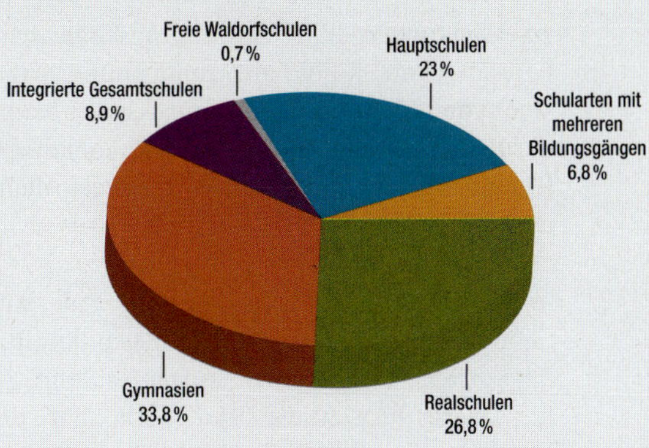

Nach: Rainer Geißler, Die Sozialstruktur Deutschlands, Wiesbaden 2006, S. 275f. und Datenreport 2006

Statussymbole

„Immer wenn äußerlich erkennbare Gegebenheiten den Prestigestatus eines Menschen anzeigen (sollen), dann hat man es mit Statussymbolen zu tun. Statussymbole können in äußerst vielfältigen Erscheinungsformen auftreten. Sie zeigen sich in Rangabzeichen an Uniformen, Wohngegenden, Haustypen und Wohnungseinrichtungen, Konsumgütern bestimmter Art (Autotyp, Uhr usw.), Lebensstilen, Sprachstilen, bestimmten Arten, sich zu kleiden, Sportarten (Golf, Snowboarding,...), Gesten, Ritualen, Titeln u.a.m. Statussymbole können formell (offiziell) festgelegt sein oder sich informell eingespielt haben. Sie können in allen Gruppen einer Gesellschaft oder sogar über mehrere Länder hinweg Geltung haben [...]; sie können aber auch nur in Teilgruppen gültig und nur für deren Angehörige erkennbar sein (z. B. das Verfügen über einen Telefonapparat mit weltweitem Außenanschluss oder über einen reservierten Parkplatz ab Positionen bestimmter Höhe in Unternehmen)."

Stefan Hradil, Soziale Ungleichheit in Deutschland, Wiesbaden 2005, S. 292f.

und Informationsgesellschaft und die damit verbundenen Anforderungen an die Individuen haben seit den 1960er Jahren zu einer enormen **Bildungsexpansion** geführt.

Gewinnerinnen dieser Bildungsexpansion sind eindeutig Mädchen und junge Frauen. Im allgemein bildenden Schulwesen bis einschließlich zum Abitur haben sie die Jungen mittlerweile überholt. Im Schuljahr 2005/06 strebten 55% aller Schülerinnen das Abitur an, bei den Jungen waren es 47%; 54% aller Abiturienten waren junge Frauen. Im berufsbildenden Bereich und an den Hochschulen sind aber die Männer nach wie vor erfolgreicher als die Frauen. Frauen holen aber auch dort immer stärker auf. Die Anhebung des Gesamtbildungsniveaus führte jedoch nicht zu einer Umverteilung der Bildungschancen. Insbesondere die Kinder der ungelernten Arbeiter sind vom Bildungsboom kaum erfasst worden; die Beamtenkinder konnten ihren Vorsprung an Gymnasien und Universitäten hingegen deutlich ausbauen.

In kaum einem anderen Land der Erde ist der Schulerfolg eines Kindes so stark abhängig von der sozialen Herkunft wie in Deutschland. Auch die letzte Pisa-Studie von 2008 hat dieses Ergebnis wieder bestätigt. Die Studie hat auch festgestellt, dass Migranten in ihren Bildungschancen benachteiligt sind und zuwenig Förderung erfahren.

Macht und Prestige

Der Dimension ungleicher Machtverteilung wird bei der Betrachtung sozialer Ungleichheit besondere Bedeutung beigemessen. Macht im soziologischen Sinn bedeutet die Überlegenheit von Menschen über andere und damit die Chance, den eigenen Willen (zum Beispiel in Entscheidungssituationen) gegenüber anderen durchzusetzen. In modernen Gesellschaften geht Macht in geregelten Formen von Machtpositionen aus. Die Inhaber von Spitzenfunktionen werden auch als Machteliten bezeichnet (→ Kapitel 1.4.2).

Die Zuweisung von Prestige fällt von Gruppe zu Gruppe unterschiedlich aus. Ein typisches Beispiel hierfür ist der Besitz eines großen PKW. Dieser kann an bestimmten Stellen großen Eindruck machen, in anderen Situationen aber auch zu Ablehnung führen.

Rauschenbach / CCC,www.c5.net

M1 Spaltung der Gesellschaft durch soziale Exklusion

Gemeinsam ist diesen verschiedenen Beobachtungen und Erfahrungen, dass sie vom sozialen Ausschluss handeln [...]. Die Frage ist nicht, wer oben und wer unten, sondern wer drinnen und wer draußen ist. Diese Menschen leiden darunter, dass ihnen Zugänge verwehrt werden, dass sie Missachtung erfahren und dass sie vom Gefühl der Unabänderlichkeit und Aussichtslosigkeit gelähmt sind. Die Soziologie hat dafür einen neuen Begriff geprägt: Es geht nicht allein um soziale Ungleichheit, auch nicht nur um materielle Armut, sondern um soziale Exklusion. Der Bezugspunkt dieses Begriffs ist die Art und Weise der Teilhabe am gesellschaftlichen Leben, nicht der Grad der Benachteiligung nach Maßgabe allgemein geschätzter Güter wie Einkommen, Bildung und Prestige. [...] Soziale Exklusion [...] ist weder auf gesellschaftliche Benachteiligung zu reduzieren noch durch relative Armut zu erfassen. Sie betrifft vielmehr die Frage nach dem verweigerten oder zugestandenen Platz im Gesamtgefüge der Gesellschaft. Sie entscheidet darüber, ob Menschen das Gefühl haben, dass ihnen Chancen offenstehen und dass ihnen ihre Leistung eine hörbare Stimme verleiht, oder ob sie glauben müssen, nirgendwo hinzugehören, und dass ihnen ihre Anstrengung und Mühe niemand abnimmt. Für die Exkludierten gilt der [...] Grundsatz „Leistung gegen Teilhabe" nicht mehr. Was sie können, braucht keiner, was sie denken, schätzt keiner, und was sie fühlen, kümmert keinen. Sie stellen daher eine Provokation für jede „anständige Gesellschaft" dar. Denn sie führen der saturierten* Mehrheit vor Augen, dass aufgrund bestimmter sozialer Mechanismen Menschen vor der Türe stehengelassen, aus ihren sozialen Kreisen aussortiert oder nach Ableistung ihres Beitrags zum Ganzen ihrem Schicksal überlassen werden. In der Bundesrepublik haben wir solche Phänomene des sozialen Ausschlusses lange Zeit als Randgruppenproblematik behandelt. [...] Wir reden hier [jedoch] nicht von einigen Zehntausend unglückseliger und verlorener Existenzen, die zweifellos ein erhebliches soziales Problem darstellen, sondern von Millionen von Ausgeschlossenen, die einen Keil durch unsere Gesellschaft treiben. Kinder, die in Verhältnissen aufwachsen, wo es für keinen Zoobesuch, keinen Musikunterricht und nicht für Fußballschuhe reicht, junge Leute ohne Hauptschulabschluss, die sich mit Gelegenheitsjobs zufrieden geben müssen, Frauen und Männer im mittleren Alter, die „freigesetzt" worden sind und keine Aussicht auf eine Wiederbeschäftigung haben, Scheinselbständige und Projektmitarbeiter ohne soziale Rechte und politische Stimme, Minijobber und Hartz-IV-Aufstocker, denen es kaum zum Leben reicht, Kunden der Bundesagentur für Arbeit, die in einer Maßnahmenkarriere verloren gegangen sind [...]. Gemeinsam ist ihnen, dass sie für sich keine Perspektive mehr sehen, dass sie den Mut verloren haben und zu der Überzeugung gelangt sind, dass es auf sie nicht mehr ankommt. [...] So ziehen sich die unregelmäßigen, aber unmissverständlichen Linien der sozialen Spaltung durch unsere Gesellschaft. Auf der einen Seite stehen diejenigen, die den sozialen Wandel verkörpern und den Takt vorgeben, und auf der anderen diejenigen, die zurückbleiben und aus dem Rhythmus kommen. Das passiert auf allen Ebenen und in den verschiedenen Milieus unserer Sozialwelt: In den Milieus der Unterprivilegierten genauso wie in den Arbeitnehmermilieus der Mitte, im psychosozialen Mittelstand der Ärzte, Therapeuten und Lehrer genauso wie im Bildungsbürgertum der Professoren, Pfarrer und Rechtsanwälte, in der Manager- und Bankerklasse genauso wie in den Reihen des Besitzbürgertums. Die Milieus teilen sich in relative Gewinner und relative Verlierer. Es ist im Zweifelsfall eine Frage der Energie, des Geschicks und der Berechnung, aber auch eine der Gelegenheiten und des Glücks, ob die Leute in ihrem jeweiligen Viertel auf der sonnigen oder auf der schattigen Seite der Straße landen. Denn der soziale Raum ordnet sich entlang von zwei Dimensionen: entlang der vertikalen Dimension der sozialen Stufenleiter und entlang der horizontalen der Fühlung mit dem sozialen Wandel.

Weil vom Wechsel der funktionalen Arbeitsteilung, von der veränderten Zusammensetzung der Bevölkerung durch Einwanderung, vom Umbau des Wohlfahrtsstaats und von der Entstandardisierung der Lebenslaufregimes keine Lebenswelt und kein Sozialsystem unberührt bleibt, lässt sich die Dynamik des sozialen Ausschlusses nicht auf einen bloßen Algorithmus der Armut reduzieren. Das Ausmaß der Spaltung zwischen denen, die sich sicher sein können, dass ihre Stimme zählt, und denen, die von dem Gefühl beherrscht sind, dass es auf sie nicht mehr ankommt, befindet über das „gute Leben", das eine Gesellschaft ihren Mitgliedern ermöglicht. Wenn die vermittelnde Kommunikation zwischen denen, die drinnen sind, und denen, die draußen bleiben, abbricht, zerreißt die soziale Spaltung das soziale Band des Zusammenlebens.

Aus: Heinz Bude, Die Ausgeschlossenen. Das Ende vom Traum einer gerechten Gesellschaft, München 2008, S. 13ff.

** saturiert = satt, zufrieden*

M2 Soziale Auslese im Bildungssystem

Wo liegen die Ursachen der fortdauernden hohen sozialen Selektivität im Bildungssystem? Eine häufig gehörte Erklärung lautet: Es liegt an der Auslese nach Leistung – wer tüchtig und leistungsfähig ist, setzt sich durch. Diese Erklärung enthält einen richtigen Kern, ist aber einseitig und unvollständig. Bildungssoziologie und Sozialisationsforschung haben in vielen Untersuchungen zweierlei herausgearbeitet: zum einen, dass Leistungsunterschiede mit Unterschieden in Sozialisationsmilieus zusammenhängen (und auch damit, wie man Leistung definiert und misst), und zum anderen, dass die Auslese im Bildungssystem nicht nur Auslese nach Leistung ist, sondern dass dabei auch leistungsunabhängige soziale Kriterien eine Rolle spielen.
Neuere Untersuchungen zeigen, dass die komplexen Ursachen für das Wirken des „sozialen Filters" – das Zusammenspiel von schichttypischen Sozialisationsvoraussetzungen im Elternhaus mit schichttypischen Auslesemechanismen in den Schulen – auch heute noch vorhanden sind. Das Leistungspotenzial der Kinder wird unter den Sozialisationsbedingungen im oberen Bereich der Gesellschaft und auch im mittleren Bereich im Durchschnitt besser entwickelt als im unteren. Natürlich gibt es ein „einheitliches Sozialisationsmilieu" weder in Arbeiterfamilien noch in Mittel- oder Oberschichtfamilien. Die Sozialisationsbedingungen variieren von Familie zu Familie. Dennoch erleichtert das Aufwachsen in Familien von Ärztinnen, Lehrern oder Leitenden Angestellten in der Regel eine erfolgreiche Bildungskarriere (in der Regel – nicht in allen Einzelfällen! – höhere Bildungsansprüche, höherer materieller und geistiger Anregungsgehalt, stärkerer Glaube an die eigene Leistungsfähigkeit sowie weniger Orientierungs-, Motivations- und auch Finanzierungsschwierigkeiten). Die sozialisatorischen Schichteffekte werden in ihrer Wirkung verstärkt durch eine teilweise leistungsunabhängige soziale Auslese im Bildungssystem. Etwas pointiert lässt sich dieser leistungsunabhängige soziale Filter wie folgt beschreiben: Leistungsstarke Unterschichtenkinder bringen es im Bildungssystem nicht einmal so weit wie leistungsmittelmäßige Kinder aus anderen Schichten. Eine entscheidende Weiche in der Bildungskarriere wird beim Übergang von der Grundschule in das viergliedrige System der Sekundarstufe gestellt. Eine Untersuchung von 13.000 Hamburger Fünftklässlern aus dem Jahr 1996 ging der Frage nach, welchen Einfluss die Schichtzugehörigkeit (hier gemessen am Bildungsniveau der Väter) und die Leistungsfähigkeit der Kinder (gemessen an einem standardisierten Leistungstest) auf die Empfehlungen der Grundschullehrerinnen für den Besuch eines Gymnasiums haben. Nur 16 Prozent der Kinder von Vätern ohne Hauptschulabschluss erhielten eine Empfehlung für das Gymnasi-

um, aber 40 Prozent der Kinder von Vätern mit Realschulabschluss und 70 Prozent der Kinder von Vätern mit Abitur. Diese Unterschiede waren nur zum Teil auf Unterschiede in den Leistungen zurückzuführen. Die Studie belegt, dass bei Kindern aus bildungsschwachen Familien strengere Maßstäbe gelten, um eine Gymnasialempfehlung zu erhalten, als bei Kindern aus bildungsstarken Familien. Damit eine Gymnasialempfehlung wahrscheinlich wird, mussten Kinder von Vätern ohne Hauptschulabschluss 98 Punkte im Schulleistungstest erzielen. Hatte der Vater Realschulabschluss, dann reichten 77 Punkte aus, und Kinder von Vätern mit Abitur benötigten lediglich 65 Punkte; eine Elternentscheidung für das Gymnasium wurde in diesen Familien bereits bei 50 Testpunkten wahrscheinlich. Für die Gymnasialempfehlung der Grundschule brauchten die Kinder aus der bildungsschwächsten Schicht also eine Testleistung, die um circa 50 Prozent höher lag als bei den Kindern aus der bildungsstärksten Schicht.

Die Hamburger Studie bestätigte wieder einmal schichttypische Weichenstellungen am Ende der Grundschulzeit, die seit langem aus älteren Studien bekannt sind: Unterschichtenkinder mit guten Leistungen erhalten erheblich seltener eine Empfehlung für Gymnasien als andere Kinder derselben Leistungsstärke, und ihre Eltern machen zudem von den selteneren Empfehlungen auch noch seltener Gebrauch.

Die PISA-Studie hat die leistungsunabhängige soziale Auslese beim Übergang ins Gymnasium erneut belegt: Bei gleichen Fähigkeiten (kognitive Grundfähigkeiten, Lesekompetenz) sind die Chancen von Kindern aus den mittleren und höheren Dienstleistungsschichten, ein Gymnasium statt eine andere Schulform zu besuchen, um das 3,7-Fache größer als bei Arbeiterkindern. Der leistungsunabhängige soziale Filter ist dann beim Übergang in die Universitäten erneut wirksam: Arbeiterkinder mit guten Leistungen auf dem Gymnasium wollen seltener studieren (43 Prozent) als Oberstufenschüler und -schülerinnen der mittleren Leistungsstufe, die aus Familien von Selbstständigen (55 Prozent), Beamten (50 Prozent) oder Angestellten (44 Prozent) stammen. Erst an den Hochschulen ist der soziale Filter außer Kraft gesetzt. Die vergleichsweise wenigen Studierenden aus Arbeiterfamilien haben zwar überdurchschnittlich häufig mit Finanzierungsproblemen sowie mit Orientierungs- und Motivationsschwierigkeiten zu kämpfen, aber ihr Durchhaltevermögen an den Hochschulen ist genauso gut (oder schlecht) wie das von Studierenden mit anderer sozialer Herkunft.

Rainer Geißler, in: Sozialer Wandel. Informationen zur Politischen Bildung, Heft 269 (2004), S. 44f.

Aufgaben

1. Der Mainzer Sozialforscher Stefan Hradil hat angesichts der sich weiter verschärfenden Einkommensungleichheit von der um sich greifenden Angst gesprochen, die mittlerweile die „Bürotürme hinaufkrieche“. Erläutern Sie diese These auch unter Einbeziehung von M1.

2. Skizzieren Sie Maßnahmen in unterschiedlichen Politikbereichen, die dazu beitragen könnten, die zunehmende (Kinder-)Armut in Deutschland einzudämmen.

3. Nehmen Sie kritisch Stellung zu der These, die ungleiche Einkommensverteilung und die sich öffnende Schere zwischen Arm und Reich gefährde auf Dauer die soziale Stabilität in unserer Gesellschaft. Welche weiteren Faktoren sind bedeutsam für den Zusammenhalt einer Gesellschaft, und warum (M1)?

4. Im Zusammenhang mit der sozialen Ungleichheit wird immer wieder auch die Frage nach der sozialen Gerechtigkeit erörtert. Recherchieren Sie dazu die Bedeutung der Begriffe „Leistungsgerechtigkeit“, „Bedarfsgerechtigkeit“, „Verteilungsgerechtigkeit“, „Chancengerechtigkeit“. Welche dieser Dimensionen sollte aus Ihrer Sicht innerhalb der Gesellschaft vorrangig beachtet werden?

5. Erörtern Sie, inwiefern die Schulen zur Reproduktion sozialer Ungleichheiten beitragen (M2).

4.2 Soziale Mobilität

Leitfragen	Was meint der Begriff der sozialen Mobilität?	Was sagt das Ausmaß sozialer Mobilität über eine Gesellschaft aus?

Dimensionen der Mobilität

Als soziale Mobilität bezeichnet man die sozialen Auf- und Abstiegsprozesse einer Gesellschaft, vor allem zwischen Schichten oder Berufsgruppen. **Horizontale Mobilität** nennt man die Bewegungen zwischen Positionen, die sich nach ihrer Art, nicht aber ihrem Rang unterscheiden, z. B. Wechsel des Wohnortes oder des Familienstandes. Die Veränderung des sozialen oder beruflichen Status wird demgegenüber als **vertikale Mobilität** beschrieben. Für das Thema der sozialen Ungleichheit ist die vertikale Mobilität von größerer Bedeutung. Sie umfasst Inter- und Intragenerationenmobilität.

- **Intergenerationenmobilität:** Sie meint den sozialen Auf- und Abstieg zwischen den Generationen bzw. das Ausmaß, in dem die Kindergeneration andere berufliche Positionen erreichen kann als die Elterngeneration.
- **Intragenerationenmobilität** oder Karrieremobilität beschreibt den Verlauf des eigenen Fortkommens, d.h. die Beweglichkeit innerhalb des eigenen Lebenslaufs.

Die Mobilitätsforschung untersucht, inwieweit es Kindern aus ungünstigen Herkunftsbedingungen gelingt, eine gute Berufsposition zu erlangen bzw. inwieweit berufliche Positionen „weitervererbt" werden. Die Erforschung der sozialen Mobilität gibt Aufschluss über das Maß der **Chancengleichheit** innerhalb einer Gesellschaft. Eine ausgeprägte soziale Mobilität ist somit **Ausdruck von Chancengleichheit und sozialer Gerechtigkeit** und führt zum Abbau sozialer Gegensätze. Für Deutschland sind gegenwärtig folgende **Entwicklungen** feststellbar:

- Die **Intergenerationenmobilität** ist in den vergangenen Jahrzehnten geringfügig gestiegen.
- Die im internationalen Vergleich insgesamt geringe **Karrieremobilität** hat zugenommen.
- Bei der Mobilität überwiegt **Kurzstreckenmobilität** in benachbarte Positionen.
- Allgemein sind **Bildungspositionen und -schichten** offener zugänglich als Besitzpositionen und -schichten.
- Die Sozialstruktur veränderte sich weniger durch hohe Ab- und Zustromquoten als durch eine **Anhebung des Gesamtniveaus.**

Trotz der Betonung der Chancengleichheit im Bildungswesen und des Leistungsgedankens in der Berufswelt gilt nach wie vor: Je höher der soziale Status der Eltern, umso wahrscheinlicher ist der Besuch einer weiterführenden Schule durch die Kinder und die **Vererbung des beruflichen und sozialen Status.**

Chancengleichheit

„Unter Chancengleichheit wird in der Regel verstanden, dass alle – entsprechend ihren Fähigkeiten und Leistungen – gleiche Chancen zum Erwerb mittlerer oder höherer Ausbildungsabschlüsse erhalten. Leistungsfremde Kriterien – wie zum Beispiel Geschlecht, soziale Herkunft, Wohnort, Religion oder Nationalität – sollen bei der notwendigen Auslese im Bildungssystem keine Rolle spielen."

Rainer Geißler, a.a.O., S. 43

Eliten

Untersuchungen zum Thema Elitenbildung und Führungsgruppen haben an Stellenwert gewonnen. Machteliten finden sich in nahezu allen Bereichen der modernen Gesellschaften: Politik, Verwaltung, Justiz, Wirtschaft, Gewerkschaften, Massenmedien, Wissenschaft und Bildung, Kultur, Kirche, Militär. Dieser kleine Personenkreis übt bei zentralen Entscheidungen, die viele oder manchmal auch alle Mitglieder der Gesellschaft betreffen, großen Einfluss aus. Die Machteliten spiegeln weder die Struktur der Gesamtgesellschaft, noch sind sie eine in sich geschlossene Gruppe. Etwa die Hälfte aller Elitenangehörigen

Vererbungsraten – Anteil von Männern und Frauen, die die gleiche berufliche Position einnehmen wie ihre Väter, nach sozialer Herkunft

	Westdeutschland			Ostdeutschland	
	1976–1980	1981–1990	1991–2002	1991–1992	2000–2002
	in %				
Männer					
Leitende Angestellte, höhere Beamte, freie Berufe	31	32	30	–	–
Qualifizierte Angestellte, gehobene Beamte	43	38	36	38	39
Einfache, mittlere Angestellte und Beamte	34	33	31	28	29
Selbstständige	23	31	24	–	36
Landwirte	20	20	20	–	–
Facharbeiter, Meister	43	43	41	59	51
Un-/angelernte Arbeiter	24	22	23	–	–
Frauen					
Leitende Angestellte, höhere Beamte, freie Berufe	12	17	21	–	–
Qualifizierte Angestellte, gehobene Beamte	24	25	32	34	36
Einfache, mittlere Angestellte und Beamte	66	67	65	54	52
Selbstständige	15	13	16	–	–
Landwirte	10	6	7	–	–
Facharbeiter, Meister	7	6	5	18	18
Un-/angelernte Arbeiter	38	33	28	–	–

– Fallzahlen zu gering
Datenbasis: ALLBUS, SOEP, ZUMA-Standarddemografie, 1976–2002

hat Väter, die selbst zu den Machteliten gehören. In Ostdeutschland hat sich in den vergangenen Jahren der Einfluss der sozialen Herkunft deutlich vergrößert. **Kennzeichen der Eliten** in Deutschland sind:

- ein meist **hohes Bildungsniveau;**
- eine relativ hohe Rekrutierung aus sozial und beruflich **privilegierten Bevölkerungsschichten;**
- eine eher **geringe Homogenität** aufgrund der verschiedenen Wirkungsbereiche und der dezentralen Struktur der Bundesrepublik (pluralistische Eliten).

Als **Probleme der Elitenbildung** gelten u. a.:

- die **soziale Selektivität** bei den Aufstiegschancen in die Eliten;
- die **mangelnde Zirkulation** zwischen den Eliten verschiedener Bereiche;
- der **geringe Frauenanteil** an den Führungszirkeln;
- **Ausmaß und Einfluss** von Elitenetzwerken.

Randgruppen

In unserer Gesellschaft gibt es Bevölkerungsgruppen, die zwar nicht im Hinblick auf alle Dimensionen sozialer Ungleichheit schlecht gestellt sind, aber dennoch soziale Benachteiligungen erfahren und von der Teilhabe am gesellschaftlichen, kulturellen und politischen Leben ausgeschlossen sind, d.h., sie sind nicht oder nur unzureichend in die Kerngesellschaft integriert. Angesichts der großen Vielfalt und Vielgestaltigkeit von sozialen Problemgruppen ist es nicht immer zutreffend, sie gleich dem gesellschaftlichen Rand zuzuordnen. Es müssen sich in der Regel erst bestimmte ungünstige Faktoren anhäufen, bevor man von Randständigkeit sprechen kann. **Zu den sozialen Randgruppen in Deutschland** zählen

- Wohnsitzlose,
- Drogenabhängige,
- Strafentlassene,
- Langzeitarbeitslose,
- Entlassene aus stationärer psychiatrischer Behandlung,
- Patienten in psychiatrischen Krankenhäusern.

Weiterhin werden unter bestimmte Bedingungen auch Teile der älteren Menschen und der ausländischen Bevölkerung und der Alleinerziehenden zu Randgruppen gerechnet. Randgruppen weisen meist folgende **Merkmale** auf:

- **Defizite** in gesellschaftlich wichtigen Bereichen, etwa bei der wirtschaftlichen Leistungsfähigkeit (Einkommen) oder bei Bildung und Sprache;

- **Diskriminierung oder Benachteiligung,** z. B. durch verweigerte Chancengleichheit im Bildungsbereich;

- Weitgehende **Einflusslosigkeit** in Gesellschaft und Politik.

Einige Randgruppen zeichnen sich dadurch aus, dass sie die innerhalb der Kerngesellschaft geltenden Normen und Werte (z. B. Streben nach Wohlstand und Reichtum) wenig bis gar nicht anerkennen und von dieser wiederum als Bedrohung der gesellschaftlichen Ordnung empfunden werden. Deshalb sind sie häufig **Ziel von Vorurteilen und Stigmatisierungen.**

Die Zugehörigkeit zu gesellschaftlichen Randgruppen ist in der Regel auf folgende Ursachen zurückzuführen:

- schlechte materielle Lebensbedingungen (z. B. Armut, Wohnsitzlosigkeit);

- schwierige Beziehungen zur übrigen Bevölkerung (z. B. Vorurteile, Diskriminierung);

- ein besonderes Verhältnis zu staatlichen Einrichtungen (z. B. Strafvollzug, staatliche Betreuung).

Plaßmann / CCC,www.c5.net

M Fusel oder Premier cru

Die „Wissensgesellschaft", von der alle reden, ist eine schöne Sache. Sie eröffnet neue Chancen, aufregende Perspektiven, erlebnisreiche Räume, zusätzliche Optionen – allerdings lediglich für diejenigen, die über Bildung, Wissen, Kompetenz, Kontakte verfügen. Zwar leidet bekanntermaßen derzeit auch die „Generation Praktikum" an den Unwägbarkeiten des Übergangs von der Universität in eine vergleichbar fest kalkulierbare berufliche Anstellung, doch insgesamt sind diejenigen mit akademischem Zertifikat unzweifelhaft die Gewinner der deregulierten Wissensgesellschaft. Wissen, so bilanzieren es nüchtern etliche soziologische Befunde, beschleunigt und vertieft die Polarisierung in der Gesellschaft.

Polarisierung ist überhaupt der Begriff, mit dem man in den nächsten Jahren, wahrscheinlich Jahrzehnten die postindustrielle Gesellschaft beschreiben wird. In der spätindustriellen Gesellschaft – bis etwa Mitte der 1970er Jahre – hatten die Polaritäten noch deutlich abgenommen. Die Schichten nivellierten sich zwar nicht, aber die Spannung zwischen ihnen wurden sozialstaatlich eingehegt, die großen Differenzen gemildert, Ungleichheiten stärker reduziert. Doch mittlerweile sind die klassischen Ungleichheitserfahrungen mit Aplomb – und weltweit – zurückgekehrt. [...]

Auch das durchaus noch reiche Deutschland ist in diesem Prozess keine Oase einer sozial befriedeten Gesellschaft geblieben. Etliche hunderttausend Bundesbürger drängen Tag für Tag in die Suppenküchen der Wohlfahrtsverbände. [...]

Die sozialen Abschließungstendenzen nehmen wieder erheblich zu, während über Jahrzehnte Öffnung und Durchlässigkeit gewachsen waren. Die Deutschen verlieben sich, wie schon in den Jahrzehnten zwischen Bismarck und Adenauer, innerhalb der eigenen Sozialschicht, sie heiraten klassenintern und sie wohnen sozial gleichsam mit sich selbst zusammen. Noch berühren sich in Deutschland die städtischen Viertel unterschiedlicher sozialkultureller Struktur, aber die Einwohnerschaften zwischen ihnen mischen sich kaum noch. Die soziale Spaltung des urbanen Raums schreitet massiv voran. In den einen Stadtquartieren wächst der Wohlstand, nehmen Lebens- und Freizeitqualität zu, während andere Stadtteile verwahrlosen, abrutschen, veröden und vergammeln.

Die Republik birgt, was schon überwunden zu sein schien: die Gleichzeitigkeit des Ungleichen, eine höchst brisante Spannung also für den Zusammenhalt einer Gesellschaft. Der fühl- und sichtbare Gegensatz von Gewinnern und Verlierern ist im Deutschland des Jahres 2006 jedenfalls größer und elementarer als im Jahr 1996 oder 1986 oder 1976 oder 1966. Die einen kaufen im Billigmarkt, die anderen im italienischen Feinkostgeschäft. Die einen betäuben sich mit Fusel, die anderen entspannen sich bei einem Gläschen Premier cru. Die einen nächtigen in noblen 5-Sterne-Wellnesshotels, für die anderen steht oft genug nicht einmal ein eigener Balkon zur Verfügung.

Gewiss, dergleichen Kontrastierungen klingen ziemlich klischeehaft. Doch man braucht nur einen flüchtigen Blick in die Erhebungen unserer Jugendforschungsinstitute zu werfen, um zu sehen, dass die soziale Realität solchen Stereotypen deprimierend entspricht. Kinder aus den niedrigen Schichten verfügen faktisch über keinerlei Erfahrungen mit Ausflügen, Reisen, Radtouren. Gleichaltrige aus den bürgerlichen Quartieren haben dagegen schon die Welt gesehen, Sprachkurse im Ausland absolviert und internationale Schüleraustauschprogramme mitgemacht, mit den Eltern am Mittelmeer so gut wie an skandinavischen Fjorden geurlaubt. [...] Einige Sozialwissenschaftler charakterisieren das dauerarbeitslose Neuproletariat gar als Klasse der „Überflüssigen" oder der „Verlorenen". [...]

Die neuen Unterschichten der Überflüssigen haben [keine] kollektive Zusammengehörigkeit, kein Selbstbewusstsein, keine Idee von sich selbst, keine Potentiale für Organisation, für politische Projekte und für disziplinierte, langfristige Aktionen. Sie mögen

in Zeiten weiterer sozialer Verschlechterung zum Treibsand und Resonanzboden für strohfeuerartig aufflammende Affekte gegen „die Reichen da oben“ taugen, aber sie werden schwerlich zu einem zielbewussten politischen Träger organisierten Protests. Erfolgreicher politischer Protest wird, wie wir aus der Geschichte wissen, in aller Regel von anderen sozialen Gruppen initiiert und angeführt. Fast durchweg handelt es sich um enttäuschte, wenn man so will: von ihrer primären Klasse abgefallene Eliten. Die Kritik an der neuen Klassengesellschaft und sozialen Desintegration wird nur dann Kraft, Zielstrebigkeit und Originalität bekommen, wenn sie von blockierten Gegeneliten aufgenommen wird. Solche ausgebremsten Gegeneliten sind stets die Fahnenträger, Ideenlieferanten und Organisatoren großer sozialer Unmutsbewegungen. Und immer sind es enttäuschte Erwartungen, eine verbarrikadierte Zukunft, frustrierte Hoffnungen, was Gegeneliten in das Bündnis mit den Schwachen treibt – nicht etwa Altruismus, Menschenliebe, Herzenswärme.

Es ist der verbitternde Gegensatz zwischen hohem Zukunftsanspruch und geringer gesellschaftlicher Position, der die Revolte anstachelt. Insofern könnte auch die moderne Wissensgesellschaft, die mehr verspricht als sie für alle realisieren kann, sich ihre sozialen Kontrahenten am Ende selbst produzieren. Es ist jedenfalls nicht so sicher, dass die Apathie marktgesellschaftlicher Alternativlosigkeiten und die Domestizierung* des – auch akademischen – Subproletariats auf ewig anhalten.

Franz Walter, auf: Spiegel online vom 07.05.2006

** Domestizierung = Zähmung*

Aufgaben

1. Die bundesdeutsche Gesellschaft wird vielfach auch als „offene Gesellschaft“, also als eine Gesellschaft mit vertikaler Mobilität bezeichnet. Diskutieren Sie, inwiefern diese Annahme zutrifft.
2. Recherchieren und erklären Sie, wie durch die Durchlässigkeit des Schulsystems in Ihrem Bundesland vertikale Mobilität durch einen „Bildungsaufstieg“ ermöglich wird.
3. Welche Faktoren hemmen, welche fördern die vertikale Mobilität in unserer Gesellschaft?
4. Erörtern Sie die Behauptung, wonach unser Bildungssystem einerseits durch mehr Bildungschancen, andererseits durch wenig Bildungsgerechtigkeit gekennzeichnet sei.
5. „Eliten bilden einen Gegensatz zur Demokratie.“ Diskutieren Sie diese These des Eliteforschers Michael Hartmann.
6. „Wer hat, dem wird gegeben werden.“ Inwiefern ist Ihrer Einschätzung nach das so genannte „Matthäus-Prinzip“ charakteristisch für die Chancenverteilung in unserer Gesellschaft?
7. Erläutern Sie, was F. Walter unter der „Gleichzeitigkeit des Ungleichen“ versteht und wie sich diese äußert (M).
8. Diskutieren Sie die politischen Konsequenzen, die der Autor aus seiner Analyse der sozialen Ungleichheit in Deutschland zieht (M).

4.3 Modelle sozialer Ungleichheit in Deutschland

Leitfragen

- Welche Modelle zur Analyse der Sozialstruktur gibt es?
- Inwiefern sind sie jeweils geeignet, gesellschaftliche Strukturen zu erklären?

Klasse und Schicht

Mit der starken Ausprägung der sozialen Gegensätze in der Phase der Industrialisierung seit dem ausgehenden 18. Jahrhundert und der Einsicht, dass soziale Ungleichheit nicht gottgewollt oder natürlichen Ursprungs, sondern auch veränderbar ist, begannen Menschen über die Ursachen der ungleichen Verteilung von Lebenschancen nachzudenken. Seitdem sind die Analyse der sozialen Ungleichheit und die Erforschung des Denkens und Verhaltens von Menschen in unterschiedlichen Bevölkerungsgruppen und sozialen Schichten ein fester Bestandteil der Gesellschaftswissenschaften. Zur Analyse sozialer Ungleichheit waren in der Soziologie lange zwei Theorien vorherrschend: die **Klassen-** und die **Schichtungstheorie.** Sowohl in der Klassen- als auch in der Schichtungstheorie werden Menschen ähnlicher sozioökonomischer Lage zusammengefasst.

Soziale Schichtung

Soziale Schichtung beschreibt die hierarchische, vertikale Gliederung einer Gesellschaft in größere Bevölkerungsgruppen, die nach gemeinsamen Merkmalen zusammengefasst werden. Die Schichtungstheorie wurde in der Bundesrepublik bis weit in die 1970er Jahre als die zentrale Theorie zur Analyse sozialer Ungleichheit herangezogen. In vereinfachenden Modellen wurden anhand bestimmter Kriterien – etwa Beruf, Einkommen, Werte – soziale Ungleichheiten erfasst. Bekannt sind die zwiebelförmige Beschreibung der bundesdeutschen Gesellschaft der 1960er Jahre und das „Hausmodell“ des Soziologen Ralf Dahrendorf. Entstanden in den 1960er Jahren, wird dieses Modell immer weiterentwickelt (→ S. 65). Die Schichtungsmodelle, die die vertikale Ungleichheit deutlich betonen, gewinnen angesichts der weiterhin hohen Arbeitslosigkeit in Deutschland wieder mehr an Bedeutung.

Klassentheorie

Die älteste Theorie der sozialen Ungleichheit geht auf **Karl Marx** (1818–1883) zurück. Seine Klassentheorie erklärte die soziale Ungleichheit mit der Stellung im Produktionssystem. So unterteilte Marx die Gesellschaft in die Klasse der Produktionsmittelbesitzer (**Kapitalisten**) und die Klasse derer, die vom Besitz der Produktionsmittel ausgeschlossen waren (**Arbeiter, Proletarier**). Die Zugehörigkeit zur jeweiligen Klasse bestimmt nach dieser Theorie die soziale Lage der Menschen, ihre Einstellungen und auch die gesellschaftlichen Machtverhältnisse. Aufgrund ihrer unterschiedlichen Interessen stehen sich die beiden Klassen als Gegner gegenüber. Der daraus entstehende Klassenkonflikt ist der Motor aller gesellschaftlichen Entwicklungen.

Schichtungstheorie

Die Schichtungstheorie des 20. Jh. folgt der Tradition **Max Webers** (1864–1920), zwischen sozialen Rangordnungen zu unterscheiden. Die Schichtungstheoretiker (z. B. auch Talcott Parsons, 1902–1979) setzen ebenfalls bei den ökonomischen Bedingungen an. Sie unterscheiden aber **mehrdimensionale Schichtungen** innerhalb der Gesellschaft, wobei wesentliche Merkmale der Zugehörigkeit zu einer Schicht der Beruf, das Einkommen und die Bildung, also der Status des Individuums sind.

Soziale Schichten	Soziale Lagen	Soziale Milieus
entwickelt in den 1930er Jahren	entwickelt in den 1980er Jahren	entwickelt in den 1980er Jahren
Vertikale soziale Ungleichheiten zwischen oben und unten	Vertikale und horizontale soziale Ungleichheiten	Kultursoziologischer Ansatz
Unterschiede in den objektiven Lebensbedingungen wie Beruf, Einkommen, Ausbildung, Einfluss, Sozialprestige	Unterschiede in den objektiven Lebensbedingungen und bei horizontalen Kriterien wie Alter, Geschlecht, Kinderzahl, Region	Unterschiede in den Wertorientierungen und Einstellungen zur Arbeit, zu Konsum, Familie und Partnerschaft, zur Politik sowie Unterschiede in den Lebensstilen

Schülerduden Politik, Berlin 2005, S. 277

Soziale Lagen

Soziale Lagen werden insbesondere in der Wohlfahrtsforschung untersucht; sie beschreiben die Lebenschancen und die Lebensqualität einzelner Bevölkerungsgruppen. Bei der Zuordnung der Lebenslagen werden unterschiedliche Faktoren wie Beruf, Einkommen, Arbeitsplatzsicherheit, Bildung, Freizeitgestaltung und Zufriedenheit berücksichtigt. Der Vorzug der „Lagenmodelle" liegt darin, dass sie sowohl die horizontalen wie auch die vertikalen Ungleichheiten berücksichtigen und auf diese Weise zu einem **mehrdimensionalen Bild der Gesellschaft** gelangen. So unterscheiden Soziologen z. B. Machteliten, Bildungseliten, Manager, Experten, Studenten, „Normalverdiener" (mit geringen, mittleren und hohen Risiken), Rentner, Arbeitslose, Arme und Randgruppen.

Soziale Milieus

Spätestens seit den 1980er Jahren wurden sowohl die **horizontalen Ungleichheitsmerkmale** wie Alter und Geschlecht als auch **subjektive Faktoren** der Lebensbedingungen verstärkt in die Analyse der Sozialstruktur einbezogen. Nach Ansicht von Kritikern sind die Klassen- und Schichtungstheorien mit ihrer eindeutigen Orientierung an der vertikalen Ungleichheit viel zu starr, um die Lebenswirklichkeit der Individuen angemessen zu erfassen. Neben den Begriff der Schicht traten die Begriffe **„Milieu"** und **„Lebensstil"** zur Analyse sozialer Ungleichheit. Anders als die Schichtungs- und Klassentheorie liefern diese Ansätze eher Beschreibungen als Erklärungen für soziale Ungleichheit. Die Milieuforschung entstand aus der Markt- und Wahlforschung und arbeitet mit repräsentativen Interviews.

Als **„soziale Milieus"** werden Gruppen von Gleichgesinnten verstanden, die große Ähnlichkeiten in ihrer Lebensführung, in den Beziehungen zu den Mitmenschen, in ihren Werthaltungen und Einstellungen aufweisen. Die Milieutheorien nehmen für sich in Anspruch, die soziale Ungleichheit in Deutschland besser als andere Ansätze beschreiben zu können, weil sie sowohl vertikale als auch horizontale Merkmale sozialer Ungleichheit berücksichtigen. So werden unabhängig von der beruflichen Stellung die Lebensstile der Individuen erfasst. Die Grundlage der **Lebensstilanalyse** bildet die Erforschung von Geschmack und Verhalten, von Freizeitgestaltung und Konsumgewohnheiten. Sehr bekannt sind beispielsweise die so genannten „Sinus-Milieus". Insbesondere die **Markt- und Parteienforschung** ist an den Untersuchungen interessiert, da mit den Ergebnissen eine präzisere Ansprache der Zielgruppen möglich ist.

Neuere Forschungsansätze

Neuerdings nimmt die Diskussion neuer Schichten- und Klassenmodelle innerhalb der Gesellschaftswissenschaften wieder zu, da der Zusammenhang zwischen der sozialen Herkunft, den Bildungsabschlüssen und der wirtschaftlichen Stellung der Bürger in jüngsten Studien deutlich

Soziale Schichtung der westdeutschen Bevölkerung (2002)

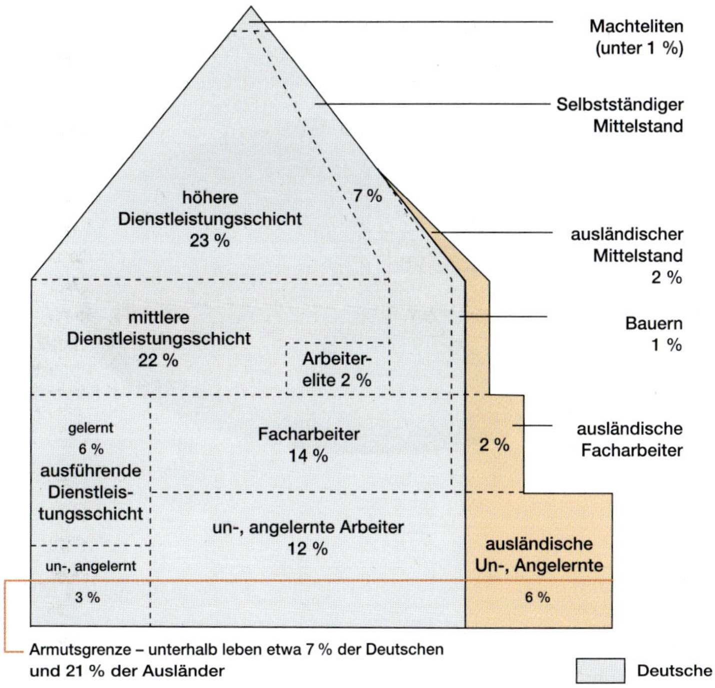

Quelle: R. Geissler, Die Sozialstruktur Deutschlands, 2002

herausgestellt wurde. Den „neuen" Schichtungs- und Klassentheoretikern zufolge stellt die wirtschaftliche Situation eines Einzelnen die zentrale Grundlage bei der Verteilung der Lebenschancen und -risiken dar.

Für großes Aufsehen sorgte eine **Studie der Friedrich-Ebert-Stiftung** aus dem Jahr 2006 zur politischen Einstellung und dem Wahlverhalten der Angehörigen unterschiedlicher sozialer Schichten. Die Untersuchung basiert auf einem Milieukonzept, das die Milieus auf der Grundlage von Wertvorstellungen einerseits und der sozialen Lage andererseits einteilt. Seitdem gibt es eine breite öffentliche Diskussion über soziale Ungleichheit, in der immer wieder Begriffe wie „abgehängtes Prekariat" (eine Wortkombination aus prekär und Proletariat), Prekarität, Ausgrenzung und „neue Unterschicht" auftauchen. Die Infratest-Studie im Auftrag der Friedrich-Ebert-Stiftung unterscheidet folgende Gruppen (s. S. 66):

- **Leistungsindividualisten:** hohes Haushaltsnettoeinkommen; Gegner von Regulierung; oft FDP-Wähler.
- **Etablierte Leistungsträger:** leitende Angestellte und Facharbeiter; höchstes Haushaltseinkommen; Unions-Wähler.
- **Kritische Bildungseliten:** viele Beamte; eher großstädtisches Milieu; größte berufliche Mobilität.
- **Engagiertes Bürgertum:** hoher Frauenanteil, freie Berufe und öffentlicher Dienst; gesellschaftlich engagiert.
- **Zufriedene Aufsteiger:** überwiegend einfache Schulbildung; höchste berufliche und finanzielle Zufriedenheit.
- **Bedrohte Arbeitnehmermitte:** Angst, Lebensstandard nicht halten zu können; fühlen sich vom Staat allein gelassen; ausgeprägte SPD-Orientierung.
- **Selbstgenügsame Traditionalisten:** einfache Schulbildung; eher im ländlichen Raum; viele Kirchgänger.
- **Autoritätsorientierte Geringqualifizierte:** viele Rentner; ungelernte Tätigkeit; häufig arbeitslos; große Distanz zu Politik und Politikern.
- **Abgehängtes Prekariat:** höchster Arbeitslosenanteil; größte berufliche und finanzielle Unsicherheit (prekäre Lage); vor allem im Osten; Protestwähler.

Politische Milieus im Schichtgefüge, 2006
(Grundgesamtheit: Wahlberechtigte Bevölkerung in Deutschland)

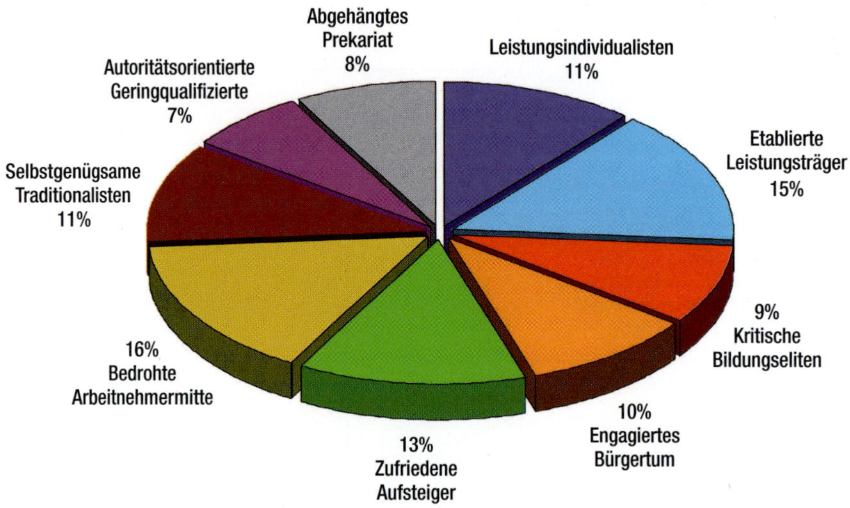

Friedrich-Ebert-Stiftung (TNS Infratest Sozialforschung Berlin), Gesellschaft im Reformprozess, Bonn 2006

„Die sogenannten **Sigma-Milieus** bilden ein weiteres Modell sozialer Schichtung. Es gibt die gegenwärtigen Milieustrukturen in Deutschland, einschließlich der derzeitigen Milieugröße, wieder.

Etabliertes Milieu: Konservatives Elitemilieu mit traditioneller Lebensführung. Selbstverständnis als Führungsschicht und Leistungsträger-Bewusstsein. Die Angehörigen des Etablierten Milieus sehen sich häufig als Wahrer kultureller und moralischer Werte und Traditionen. [...]
Wichtig: distinguierter Lebensstil, gute Umgangsformen, Understatement und Diskretion.

Traditionelles bürgerliches Milieu: Milieu, das an traditionellen Werten, Moralvorstellungen, sozialen Regeln und Konventionen festhält. [...]
Wichtig: geordnete finanzielle und familiäre Verhältnisse, Sicherheit, angemessener (bürgerlicher) Lebensstandard.

Traditionelles Arbeitermilieu: Industriegesellschaftlich geprägtes Arbeitermilieu, teilweise noch mit starker gewerkschaftlicher Bindung. Häufig sozial und politisch autoritär eingestellt (Verteidigung des Erreichten). [...]
Wichtig: materielle und soziale Sicherheit, Solidar- und Gemeinschaftswerte, bescheidener Wohlstand.

Konsum-materialistisches Milieu: Milieu der wirtschaftlich und sozial Randständigen mit geringen Chancen am Arbeitsmarkt [...]: Alte wie auch neue Armut. Dem Zauber der Schönen, Reichen und Berühmten der Regenbogenpresse, die man hier besonders schätzt, steht das zumeist von materiellen Sorgen geprägte Alltagsleben [...] gegenüber. [...]
Wichtig: sozial und wirtschaftlich den Anschluss an den gesellschaftlichen Mainstream nicht verlieren, Geld und Konsum.

Aufstiegsorientiertes Milieu „New Money": Erreichen des Lebensstandards „gehobener Schichten" als Maßstab für Erfolg. Das Erreichte stellt man gerne zur Schau (nicht selten auch über den limits des eigenen Geldbeutels). [...] Beruflicher Erfolg steht auf ihrer Werteskala ganz oben, ist aber kein Selbstzweck, sondern ermöglicht einen aufwändigen Lebensstil mit Fernreisen und Nobelsportarten. [...]
Wichtig: Prestige, Zugehörigkeit zu den „Reichen und Schönen", Luxuskonsum.

Liberal-Intellektuelles Milieu: Liberales Bildungsbürgertum und moderne Funktionseliten mit postmaterialistischer Orientierung. Hoher Stellenwert von Selbstverwirklichung und Ich-Identität in Beruf und Freizeit. Ablehnung von

Die SIGMA-Milieus[1] in Deutschland 2006

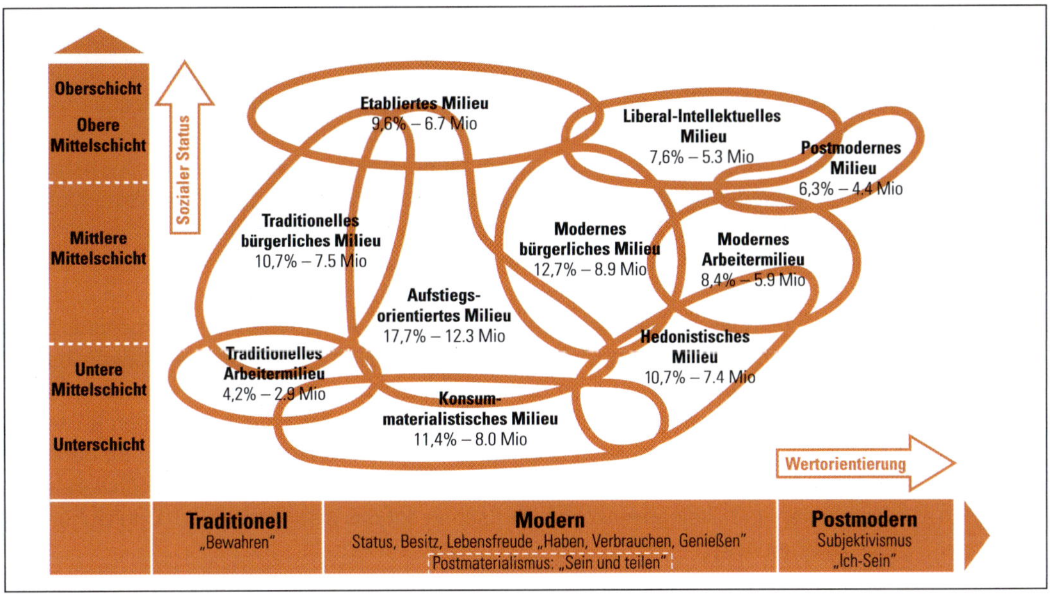

[1] *Die Sigma-Milieuforschung operiert weltweit und will auf den globalen Märkten vergleichbare Wertestrukturen und Konsumorientierungen abbilden. Sie orientiert sich an den Erfordernissen globaler Zielgruppenforschung. Zu den Auftraggebern und Kunden gehören u.a. viele große Autokonzerne.*

Äußerlichkeitswerten (man schätzt aber das Edle, Echte, Auserlesene). Gediegene Altbauwohnung, gepflegter Lebensstil – und zu Jahresende eine Spende für amnesty international. [...]
Wichtig: Verantwortungsbewusster Umgang mit sich und der Welt, soziale Gerechtigkeit, ökologische und politische Korrektheit.

Modernes bürgerliches Milieu: Harmonieorientiertes Milieu, man strebt ein ausgeglichenes, angenehmes und behütetes Leben an, ohne Risiken und Extreme, hoher Stellenwert von sozialen Beziehungen. In dieser Lebenswelt schlägt heute das Herz Deutschlands. [...] Thema Nummer Eins: Familie und Kinder – darum kreist das Leben und Denken dieses Milieus [...].
Wichtig: Lebensqualität, Sicherheit, materielles wie auch emotionales Wohlergehen, die soziale Mitte als selbstverständlicher Platz in der Gesellschaft.

Modernes Arbeitnehmermilieu: Vielfach jüngere blue-, white- und no-collars in „neuen" Branchen (IT, moderne Dienstleistungen). Aufgeschlossen für Neues (Erfahrungen, Erlebnisse, Lebensweisen, Konsum). Jung, flexibel, ambitioniert, konsumfreudig, so zeigen sich die meisten Angehörigen dieses [...] Milieus. [...]
Wichtig: Lebensfreude (Ausgleich zwischen Arbeit, Freizeit und Familie), soziale Kontakte, individualisierter Konsum.

Hedonistisches Milieu: Jugendkulturelles, ausgesprochen konsum-hedonistisch eingestelltes Milieu mit unkonventionellen Lebensformen. [...] Nährboden neuer Moden und Geschmackskulturen. Freiheit, Ungebundenheit und Spontaneität [...] sind zentrale Werte dieses Milieus. Normen, Konventionen und Verhaltenserwartungen der Gesellschaft [...] werden – teilweise aggressiv – zurückgewiesen. [...] Man möchte das Leben genießen [...], aus den Zwängen des Alltags ausbrechen.
Wichtig: Coolness, „Fun and Action", Abwechslung, starke Reize.

Postmodernes Milieu: Junges, formal zumeist hoch gebildetes Avantgarde-Milieu mit Schwerpunkt in den Metropolen. Lebensstil-Trendsetter mit radikal subjektivistischer Lebensphilosophie: Der Einzelne als „Ingenieur" seines persönlichen Universums. [...]
Wichtig: Identität von Ich und Außenwelt (z.B. Marken, Produkte), Toleranz von Widersprüchen, multiple Identitäten."

nach: Carsten Ascheberg, Milieuforschung und Transnationales Zielgruppenmarketing, in: Aus Politik und Zeitgeschichte 44–45/2006, S. 19ff.

M Deutschland, eine Klassengesellschaft?

Lebten wir in den USA oder in Großbritannien, würden wir selbstverständlich mit Ja antworten, „wir leben in einer Klassengesellschaft". Gegenstimmen gäbe es keine, überrascht wäre niemand. Working-class und upper class sind dort akzeptierte Begriffe. Anders in Deutschland: Den Begriff „Arbeiterklasse" hören wir nicht mehr, nur selten wird „Kapitalismus" in den Mund genommen, dann aber nicht als Bezeichnung einer Klassengesellschaft. Ist es tatsächlich so? Gibt es in Deutschland keine Klassen mehr? [...]

[Zugleich] bestreitet niemand, dass in Deutschland erhebliche Ungleichheiten bestehen und dass diese sogar größer werden. Die Ungleichheit der Einkommen und Vermögen nimmt zu, die Reichen werden reicher, die Armen mehr – die Arbeitslosigkeit liegt seit Jahren über zehn Prozent, und der Anteil der Langzeitarbeitslosen wächst. Es ist eine räumliche Verteilung der Arbeitslosigkeit entstanden. In den neuen Bundesländern hat in manchen Landstrichen ein Drittel der Erwerbspersonen keine Arbeit. Auch finanzielle Ungleichheiten zwischen Familien mit Kindern und Kinderlosen sind bekannt, zwischen Männern und Frauen, zwischen Personen aus Einwandererhaushalten und alteingesessenen Deutschen. Ist das also der Befund: Ungleichheiten ja – Klassen nein?

So könnte man es sehen, doch alles hängt davon ab, wie man Begriffe wie „Klasse" und „Schicht" definiert. Über derartige Definitionen nachzudenken ist keine akademische Spielerei, denn dabei klärt sich, was wir für bedeutend halten und was nicht. Von einer Klasse oder Schicht können wir reden, wenn drei Kriterien erfüllt sind: Die soziale Lage ist kein Einzelschicksal, sie wird also mit anderen geteilt; sie ist dauerhaft; und sie wird an die Kinder weitergegeben. Der Unterschied von Klasse und Schicht kommt durch weitere Elemente zustande. Klassen unterscheiden sich nach ihren Interessen, die sich aus ihrer Stellung in der Gesellschaft ergeben. Aus den Klasseninteressen kann Klassenbewusstsein erwachsen, und das ist eine Größe, die schon mehrmals Geschichte gemacht hat. Stehen Klassen antagonistisch zueinander, so kann die benachteiligte Klasse auf gesellschaftliche Veränderung drängen – so kam es zu den Bauernkriegen oder zur Arbeiterbewegung. Schichten hingegen werden je nach Einkommen und gesellschaftlichem Status definiert; wer von Schichten spricht, sieht diese Menschengruppen eher als Teil eines gesellschaftlichen Ganzen; eine „Unterschichtsbewegung" gibt es nicht. Messen wir die Kriterien anhand der deutschen Wirklichkeit:

- Es besteht ein enger Zusammenhang zwischen sozialer Herkunft und Bildungschancen. [...] Bildungschancen werden nach wie vor „vererbt", von den Eltern an die Kinder weitergegeben. [...]
- Etwa zehn Prozent eines Jahrganges können als „bildungsarm" bezeichnet werden, weil die Schüler keinen Hauptschulabschluss erreichen. Mehr als zehn Prozent unserer 15-jährigen sind zudem „funktionale Analphabeten", können also lesen und schreiben, haben aber den Umgang mit Sprache verlernt und liegen unterhalb der niedrigsten „Kompetenzstufe" von Pisa. Fast ein Viertel der Altersgruppe gilt als Risikogruppe, weil es über diese Kompetenzstufe nicht hinauskommt. Stammen die Jugendlichen aus Einwandererfamilien, so liegen die Anteile wesentlich höher. Gerade hier, im unteren Bildungsbereich, wird Bildung sozial vererbt: Bereits die Eltern hatten wenig Bildung, den eigenen Söhnen und Töchtern wird es ähnlich ergehen. Die soziale Lage ist dauerhaft.
- Bildung ist nicht nur eine Chance zur Selbstentdeckung und Selbstentfaltung, sondern Bildung ist auch wesentlich für die Integration in die Arbeitswelt, die ihrerseits das Einkommen bestimmt. Und umgekehrt gilt: Arbeitslosigkeit konzentriert sich

auf bestimmte Bildungsgruppen. Personen mit Fachhochschul- und Hochschulausbildung tragen von jeher das geringste Arbeitslosigkeitsrisiko und liegen mit einer Quote von vier Prozent deutlich unter dem Durchschnitt. Demgegenüber ist von den Personen ohne Ausbildung in den alten Bundesländern bald jeder Vierte arbeitslos, in den neuen Bundesländern jeder Zweite. Diese Anteile haben sich in den vergangenen drei Jahrzehnten mehr als verdreifacht. Die soziale Lage wird mit anderen geteilt.

Das also ist unser Befund: Nach wie vor ist es schwer, aus bildungsfernen Elternhäusern zu hohen Qualifikationen zu finden. Und je mehr Bildungsarmut und Arbeitslosigkeit einhergehen, desto schwieriger wird es für die Kinder, sich zu qualifizieren und in eine eigene Arbeitswelt hineinzufinden. Unsere Gesellschaft hat diese Form strukturierter Ungleichheit nicht hinter sich gelassen. Im Gegenteil, sie nimmt zu – und sie scheint sich zu verfestigen. [...]
Leben wir also in einer „Klassengesellschaft"? Nein und ja. Nein, wenn man Klassen im Marxschen Sinne fasst, denn es existieren nicht nur zwei bestimmende Großklassen – Kapitalisten und Arbeiter. Ja indes, wenn man die drei Kriterien gemeinsame soziale Lage, Dauerhaftigkeit und Vererbung anlegt. Die Solidarisierung der von dauerhafter Ausgrenzung Betroffenen oder Bedrohten wird allerdings von der vorherrschenden gesellschaftlichen Denkweise erschwert: Die Position des Einzelnen erscheint ihm als individuelles Schicksal oder Versagen. Es ist derzeit unwahrscheinlich, dass sich aus der gemeinsamen Lage der sozial Benachteiligten ein Bewusstsein entwickelt, das zur politischen Aktion drängt.
Wollen wir, dass sich etwas an den Ungerechtigkeiten ändert, so können wir daher nicht auf die Entstehung einer von den Unterprivilegierten getragenen Dynamik hoffen. Stattdessen müssen sich die Bürger unabhängig von ihrer Schicht- oder Klassenzugehörigkeit fragen: Müssen wir soziale Ungleichheit verringern, und wenn ja, dann wie? Wie kann man den dauerhaften Ausschluss ganzer Bevölkerungsgruppen aus dem Arbeitsmarkt und aus der Gesellschaft verhindern? Werden sie, wenn sich ihre Lage verfestigt, womöglich zu einem gesellschaftlichen Risiko? Wir sollten uns nicht zurücklehnen und abwarten, bis in Deutschland die Vorstädte brennen.

Jutta Allmendinger und Christine Wimbauer, in: ZEIT Wissen 04/2006

Aufgaben

1. Klasse – Schicht – Milieu – Lebensstil – Lebenslage. Erklären Sie die Begriffe, indem Sie sie voneinander abgrenzen. Warum spricht man heute wieder vermehrt von Schichten?
2. Erläutern Sie an konkreten Beispielen der Sigma-Milieus oder der Studie der Friedrich-Ebert-Stiftung, weshalb die Auftraggeber von Lebensstil- und Milieustudien häufig politische Parteien, Unternehmen und gesellschaftlich relevante Gruppen sind.
3. Erörtern Sie, inwiefern es sich bei den Modellen zur Sozialstrukturanalyse um wissenschaftliche Konstrukte oder um die Beschreibung der gesellschaftlichen Realität handelt.
4. Diskutieren Sie auf der Grundlage von M, ob bzw. inwiefern Deutschland eine Klassengesellschaft ist. Welche Auswirkungen hätte eine politische Anerkennung dieses Befundes für die Politik?

5 Sozialstaat und Sozialpolitik

5.1 Der Sozialstaat und das System sozialer Sicherung

Leitfragen	Worin liegen die zentralen Aufgaben des Sozialstaats?	Inwiefern sichert das Grundgesetz den Sozialstaat?	Welche Bereiche und Maßnahmen umfasst Sozialpolitik?	Was versteht man unter den sozialethischen Prinzipien von „Solidarität“ und „Subsidiarität“?

Das Sozialstaatsgebot

In Art. 20, Abs. 1 des Grundgesetzes wird die Bundesrepublik Deutschland als „demokratischer und sozialer Bundesstaat“ definiert. Art. 28, Abs. 1 führt näher aus: „Die verfassungsmäßige Ordnung in den Ländern muss den Grundsätzen des republikanischen und sozialen Rechtsstaates im Sinne dieses Grundgesetzes entsprechen.“

Aufgrund dieses **Sozialstaatsgebots** (auch: Sozialstaatsprinzip) des Grundgesetzes formulierten die Richter des Bundesverfassungsgerichts zwei Aufgaben für alle staatlichen Organe:

1. durch entsprechende politische Maßnahmen ist für **sozialen Ausgleich** und
2. für die **Sicherung der sozialen Existenz** der Bürger zu sorgen.

Konkret bedeutet dies:

- Schutz vor Not,
- die Sicherung gegen Wechselfälle des Lebens (z.B. Einkommensausfall infolge von Alter, Krankheit, Invalidität oder Arbeitslosigkeit),
- die Bekämpfung großer sozialer Ungleichheit,
- die Mehrung des Wohlstandes insgesamt.

Die Wege zur Erreichung dieser Ziele werden der Gestaltung durch demokratische Mehrheiten überlassen (Offenheit des Sozialstaatsprinzips). Das Ordnungsprinzip des Sozialstaatsgebotes zählt zu dem unveränderlichen **Verfassungskern** des Grundgesetzes.

Das Ziel des Sozialstaats besteht darin, soziale Sicherheit, soziale Gerechtigkeit und soziale Integration für alle Gesellschaftsmitglieder zu ermöglichen.

Nicht gemeint ist hingegen die Errichtung eines allumfassenden Wohlfahrtsstaates, der die Menschen zum Objekt umfassender staatlicher Fürsorge macht und die Freiheit zur eigenverantwortlichen Lebensführung in unangemessener Weise einschränkt. Zur Sozialpolitik gehören auch Regelungen zur Gestaltung der Arbeitsordnung (Arbeitszeit, Arbeitsschutzbestimmungen etc.), Maßnahmen im Bereich Gesundheit und Wohnen sowie das Bildungswesen.

Maßnahmen und Bereiche der Sozialpolitik

Sozialpolitik umfasst jene Maßnahmen des Staates, der Sozialversicherungen und der Betriebe, die allen Gesellschaftsmitgliedern Schutz vor Not- und Mangellagen gewährleisten sollen.

Das **System sozialer Sicherung** gilt als Kernstück der Sozialstaatlichkeit. In diesem Rahmen ist die **Sozialversicherung** zentral. Sie ist ein gesetzlich geregeltes Pflicht-Vorsorgesystem für nahezu die gesamte Bevölkerung und nicht nur für die Benachteiligten der Gesellschaft. Ziel der Sozialversicherung ist es, durch Beitragszahlungen der Versicherten wichtige Lebensrisiken und ihre Auswirkungen finanziell auszugleichen oder zumindest zu begrenzen. Zudem sollen besonders für sozial Schwache Verbesserungen ihrer materiellen Situation und damit die Bedingungen für mehr **soziale Gerechtigkeit** erreicht werden, womit sich die Ziele des Sozialstaatsgebots – **Existenzsicherung und sozialer Ausgleich** – vermischen.

Versicherungspflichtig sind in der Regel alle Arbeitnehmer, deren Bruttoeinkommen unterhalb der so genannten Versicherungspflichtgrenze liegt. Mit geringfügigen Schwankungen liegen die Beiträge seit Mitte der 1990er Jahre bei ca. 40 % des Bruttoarbeitslohns. 20 % werden den Arbeitnehmern direkt vom Lohn abgezogen, die Arbeitgeber überweisen noch einmal die gleiche Summe an die Sozialversicherung (paritätische Finanzierung).

Bestimmte Personengruppen tragen aber nicht zur Finanzierung der Sozialversicherung bei. Das sind neben allen Selbständigen – mit Ausnahme der Landwirte – und Arbeitnehmern, die mehr verdienen, als die Versicherungspflichtgrenze vorgibt, auch Beamte (z.B. Richter), Geistliche und Soldaten.

Grundsätze sozialer Sicherung

- **Versicherungsprinzip:** Danach sind alle Mitglieder der gesetzlichen Sozialversicherung gegen allgemeine Lebensrisiken abgesichert. Die Leistungen der Rentenversicherung erhalten die Versicherten nach dem **Äquivalenzprinzip** – je höher die Einzahlung, desto höher die Leistung. In der gesetzlichen Kranken- und Pflegeversicherung erhalten alle Versicherten unabhängig von der Höhe ihres Einkommens und damit auch ihrer Beiträge die gleichen Leistungen. Hier greift das **Solidarprinzip:** Darunter versteht man die Umverteilung von Lasten und Leistungen zugunsten der materiell schwächer gestellten Bevölkerungsgruppen **(Umlageverfahren)**. So sind Singles mit Familien solidarisch, Junge mit Alten, Gesunde mit Kranken usw.

- **Versorgungsprinzip:** Alle diejenigen, die für die staatliche Gemeinschaft besondere Leistungen erbringen oder besondere wirtschaftliche Nachteile erfahren, erhalten Unterstützung aus Steuermitteln.

Soziale Gerechtigkeit

Dieses Grundanliegen möchte eine möglichst ausgewogene Verteilung von Lebens- und Entfaltungschancen, von Anstrengungen, Belastungen, Kosten und Belohnungen auf alle Mitglieder einer Gesellschaft erreichen. Die Vorstellungen über Art und Umfang sozialer Gerechtigkeit gehen erheblich auseinander.

- **Fürsorgeprinzip:** Wenn in einer individuellen Notlage alle anderen sozialen Sicherungssysteme nicht greifen, erhalten Bedürftige vom Staat Unterstützung aus dem Steueraufkommen. Die Lage einer Person muss aber so prekär sein, dass eine menschenwürdige Lebensführung nicht mehr möglich ist. Dies muss bei einer Bedürftigkeitsprüfung festgestellt werden.

- Vom **Subsidiaritätsprinzip** als dem Gegenprinzip zum Solidarprinzip spricht man, wenn eine gesellschaftliche oder staatliche Aufgabe erst dann von der nächsthöheren Einheit übernommen wird, wenn sie von der unteren nicht mehr wahrgenommen werden kann. Dadurch sollen Sach- und Personennähe sowie die Effektivität von Maßnahmen gesteigert und eine unnötige Regelungsdichte verhindert werden.

- **Eigenvorsorge und Selbsthilfe:** Mit zunehmender Überlastung der Sozialversicherungssysteme wird die private Vorsorge und Absicherung der Bürger wichtiger.

	Renten-versicherung	Gesetzliche Kranken-versicherung	Pflege-versicherung	Arbeitslosen-versicherung	Unfall-versicherung
Pflicht-versicherte	Angestellte, Arbeiter, manche Selbständige, Kindererziehende, Pflegepersonen	Angestellte und Arbeiter bis zu einem Jahres-einkommen von 49.500 €	Angestellte und Arbeiter bis zu einem Jahreseinkommen von 49.500 €	Angestellte und Arbeiter bis zu einem Monatsein-kommen von 5.500 € / West 4.800 € / Ost	Alle Arbeitnehmer, Schüler, ehren-amtlich Tätige
Träger	Versicherungs-anstalten	Krankenkassen	Pflegekassen der Krankenkassen	Bundesagentur für Arbeit	Berufsgenossen-schaften, Unfallkasssen
Leistungen	Renten bei verminderter Erwerbsfähigkeit im Alter, Finanzierung von Rehabilitations-maßnahmen, Hinterbliebenen-rente	Medizinische Hilfe, Maßnahmen zur Vermeidung und Früherkennung von Krankheiten, Krankengeld	Geld- und Sachleistungen je nach Grad der Pflege-bedürftigkeit	Arbeitslosengeld, berufliche Aus- und Fortbildung, Umschulung, Arbeits-vermittlung	Behandlungs-kosten und Förderungsmaß-nahmen, evtl. Rente bei Unfällen am Arbeitsplatz und auf dem Weg dorthin sowie Berufskrankheiten
Pflichtbei-träge in % des Brutto-verdienstes	19,9 % je zur Hälfte Arbeit-nehmer und Arbeitgeber	Arbeitgeber 7,3 %, Arbeitnehmer 8,2 % plus mögliche Zusatz-beiträge der Kassen (= 15,5 % allgemeiner Beitragssatz)	1,95 % je zur Hälfte Arbeit-nehmer und Arbeitgeber (Ausnahme Sachsen) + 0,25 % für Kinderlose	3,0 % je zur Hälfte Arbeitgeber und Arbeitnehmer	Pflichtbeiträge der Arbeitgeber; Höhe je nach Gefahren-klasse und Betriebsgröße

Stand: 01.01.2011

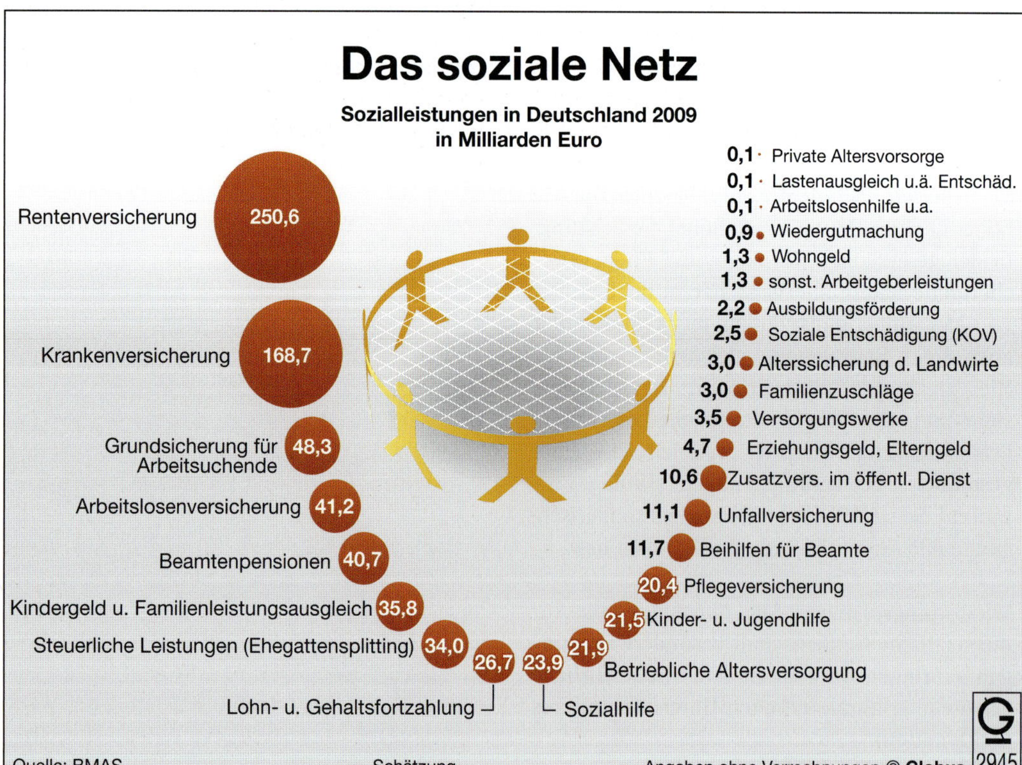

M Der Sozialstaat ist kein Kostgänger der Volkswirtschaft

Allerdings gilt auch, dass soziale Leistungen, Einrichtungen und Dienste über Abzüge vom Markteinkommen finanziert werden müssen und nur das verteilt werden kann, was auf dem Markt auch produziert und erwirtschaftet worden ist. Ein hohes Einkommens- und Wohlfahrtsniveau setzt eine hohe Effizienz im Wirtschaftsprozess voraus. Die Voraussetzungen dafür sind schwieriger geworden. Die Weltmarktkonkurrenz hat sich deutlich verschäft, ganze Volkswirtschaften mit ihren Sozialstandards befinden sich in Konkurrenzbeziehungen. [...] Gleichwohl sind bislang noch keine Anzeichen dahin gehend zu erkennen, dass Länder mit ausgebauten sozialstaatlichen Systemen in diesem verschäften Konkurrenzkampf zu unterliegen drohen. International vergleichende Analysen zeigen, dass es zwischen den Variablen Sozialleistungsniveau einerseits, Wachstumsrate, Beschäftigungs- und Arbeitslosigkeitsniveau andererseits keine eindeutigen Zusammenhänge gibt. Die These, ein möglichst niedriges Niveau an sozialen Leistungen und Standards mit einer entsprechend geringen Steuer- und Abgabenbelastung sowie ein flexibler und deregulierter Arbeitsmarkt verbunden mit einer großen Ungleichverteilung von Einkommen und Vermögen seien die besten Voraussetzungen für eine günstige Position auf dem Weltmarkt und für ein hohes Wachstums- und Beschäftigungsniveau, hält einer empirischen und theoretischen Überprüfung nicht stand. Vielmehr spricht viel für die These, dass soziale Unsicherheit in einer (welt-)wirtschaftlichen Situation, die die Betriebe und die Beschäftigten unter einen radikalen Modernisierungsdruck stellt, den wirtschaftlichen Strukturwandel behindert und sich als Leistungs- und Motivationsbremse auswirkt. Der Sozialstaat ist kein unproduktiver „Kostgänger" einer Volkswirtschaft, sondern wirkt als produktiver Faktor positiv auf die wirtschaftliche Leistungsfähigkeit zurück: Eine breit angelegte Ausbildung der Erwerbsbevölkerung und eine hohe Arbeitsproduktivität sind bei Angst vor sozialem Abstieg, Ausgrenzung und Armut nicht gewährleistet. [...]
Der Sozialstaat hat immer auch normative, d.h. soziale und humane Ziele, auch jenseits der Maßstäbe der engen ökonomischen Funktionalität. Der Umgang mit sozial Schwachen, mit Älteren, Behinderten, Familien und Kindern, das qualitative Niveau der gesundheitlichen Versorgung, die Schaffung von gleichberechtigten Lebenschancen für die gesamte Bevölkerung – all diese Elemente haben einen eigenen Wert, der nicht durch den Hinweis auf ökonomische Effizienzverluste, verminderte Rentabilität oder entgangene Wachstumsraten außer Kraft gesetzt wird.

Aus: Gerhard Bäcker u.a., Sozialpolitik und soziale Lage in Deutschland, Band 1, Wiesbaden[4] 2008, S. 81

Aufgaben

1. Nennen Sie mögliche Gründe für die Entscheidung des parlamentarischen Rates, das Sozialstaatsprinzip im Unterschied zu den anderen Ordnungsprinzipien des Grundgesetzes so offen zu formulieren.
2. Die Erhöhung des Renteneintrittsalters auf 67 Jahre ist gesellschaftspolitisch nach wie vor umstritten. Erörtern Sie die Vor- und Nachteile dieser Neuregelung.
3. Belegen Sie an Beispielen die Aussage, soziale Sicherungspolitik sei keine „Arme-Leute-Sicherung", sondern Politik für die Bevölkerungsmehrheit.
4. Erläutern Sie, weshalb man die Sozialpolitik als produktiven Faktor innerhalb einer Volkswirtschaft begreifen kann (M).

5.2 Aktuelle Herausforderungen für den Sozialstaat

Leitfragen

Welche Ursachen sind für die aktuellen Probleme unseres Sozialstaates verantwortlich?

Wie können zukünftige Entwicklungen aussehen – wird aus dem einstigen Vorzeigemodell ein Auslaufmodell?

Ursachen für die Belastung des Sozialstaates

Die gesellschaftlichen Realitäten haben sich in den vergangenen drei Jahrzehnten deutlich gewandelt, und der Sozialstaat ist immer mehr unter Druck geraten. Eine vergleichbare Situation zeigt sich in vielen europäischen Staaten. Folgende Faktoren gelten als **Ursachen** für die Belastung des Sozialstaates:

- Der **demografische Wandel** führt gegenwärtig zu einer deutlichen Minderung der Einnahmen und zur Steigerung der Ausgaben der Sozialversicherungssysteme. Das Verhältnis zwischen Beitrag zahlenden Erwerbstätigen und Rentnern gerät aus dem Gleichgewicht, der **Generationenvertrag** wird brüchig (→ Kapitel 1.2.1).
- Eine seit den 1970er Jahren fast kontinuierlich ansteigende **Arbeitslosigkeit** und das verlangsamte Wirtschaftswachstum zur Jahrtausendwende trugen nicht nur zu Einnahmeausfällen in den Sozialversicherungssystemen bei, sondern zur sozialen „Schieflage" insgesamt.
- Die **Globalisierung** führt zunehmend zur Verlagerung von Arbeitsplätzen ins Ausland und trägt z. T. zu steigenden Arbeitslosenzahlen bei.
- Eine Zunahme **neuer Formen von Arbeit**, die nicht sozialversicherungspflichtig sind, verstärkt den Einnahmeschwund der Sozialversicherungen.
- Die **Kosten der deutschen Einheit** haben den Sozialstaat stark belastet (hohe Transferleistungen zwecks Angleichung der Lebensverhältnisse in Ost und West).
- Die Pluralisierung der Lebensformen und die Veränderungen in den Familienstrukturen bedeuten deutlich **weniger „Wohlfahrtsproduktion" innerhalb der Familie** und damit neue Anforderungen an die staatliche Sozialpolitik. So wird etwa die Pflege älterer Menschen häufig nicht mehr in der Familie geleistet, sondern in Pflegeheime verlagert.

Reaktionen der Politik

Die Politik hat in den vergangenen Jahren mit einer kaum noch überschaubaren Vielzahl von Einzelmaßnahmen, Gesetzen und Neuregelungen auf die veränderten gesellschaftlichen Bedingungen reagiert. Dabei lassen sich folgende Entwicklungen feststellen:

- Sowohl in der Renten- wie auch in der Arbeitslosenversicherung kam es zum **Abbau finanzieller Leistungen** für die Leistungsbezieher.
- In der Krankenversicherung entstanden durch **Erhöhung der Zuzahlungen, Leistungskürzungen** und **höhere Beitragslasten** für die Versicherten erhebliche finanzielle Mehrbelastungen. Die Grundprinzipien der Solidarität und Parität wurden dadurch geschwächt.
- In der **Pflegeversicherung** gab es zwar keine direkten Leistungsreduzierungen oder Beitragssatzerhöhungen, die Leistungen wurden aber nicht den allgemeinen Preissteigerungen angepasst. Faktisch ist das eine Leistungsminderung.
- Es gibt einen Trend zum **Ausbau der privaten Versicherung** (z. B. in der Rentenversicherung).
- Ein zentrales Motiv für alle Reformen, denen die Sozialversicherungen in den vergangenen Jahren unterzogen wurden, lag in der Verbilligung des Faktors Arbeit durch eine **Senkung der Lohnnebenkosten,** um so den Wirtschaftsstandort Deutschland attraktiver zu machen.

Perspektiven

Die jüngste sozialpolitische Diskussion um die **Grenzen des Sozialstaates** wird von der Frage dominiert, ob nicht der fürsorgende und vorsorgende Sozialstaat endgültig ausgedient habe und der „aktivierende Sozialstaat" zum neuen Leitbild erhoben werden sollte. „Fördern und Fordern" heißt das Credo derjenigen Reformer, die den Sozialstaat auf diese Weise verändern möchten. Gemeint ist damit der teilweise Rückzug des Staates aus der Leistungserbringung und die Stärkung der Eigenverantwortung der Bürger, wie sie z.B. bereits in den Regelungen zum Arbeitslosengeld II deutlich wird. Das heißt auch, dass hier das Subsidiaritätsprinzip gegenüber dem Solidarprinzip eine deutliche Aufwertung erfährt.

In der Diskussion um diese „Neujustierung" des Sozialstaates wird hervorgehoben, der auf mehr Eigenverantwortung setzende Sozialstaat befreie die „bevormundeten" Bürger von Zwangsmitgliedschaften und gebe ihnen das Recht, ihr Kapital dort zu investieren, wo sie es für richtig und notwendig erachten. Gegner dieses Konzepts betonen, dass die soziale Sicherheit eine Grundvoraussetzung für die Wahrnehmung von bürgerlichen Freiheitsrechten sei. Sozialstaatliche Demokratie bedeute für alle die Freiheit, über ihr Leben selbst bestimmen zu können und letztlich auch die Freiheit, nicht unabhängig von jeder beruflichen Qualifikation jede Tätigkeit annehmen zu müssen. Die Rückverlagerung von Verantwortung auf die Individuen und die Familien, die Standardrisiken wieder selbst tragen zu müssen, komme einer **Entsolidarisierung** gleich und leiste möglicherweise einer **Polarisierung der Gesellschaft** Vorschub.

Die Grundsatzdiskussion über Abbau, Umbau und Reform des deutschen Sozialstaates ist noch lange nicht abgeschlossen und wird die gesellschaftspolitischen Debatten auch in den kommenden Jahren bestimmen.

Plaßmann / CCC,www.c5.net

Überblick über Lösungsansätze zum Umbau des Sozialstaates

Problem	Lösungsansätze	Beispiel
Hohe Kosten für ein umfassendes Versorgungssystem, in dem fast jeder mit allen Risiken erfasst ist	• Überlassung tragbarer Risiken der Eigenvorsorge der Bürger • Beteiligung der Sozialversicherten an den Kosten bei der Inanspruchnahme von Leistungen • Kürzungen von wohlfahrtsstaatlichen Leistungen	• Riester-Rente • Praxisgebühr • Arzneimittel-Zuzahlung • Arbeitslosengeld II
Ausrichtung der Sozialpolitik auf eine konsumtive* Reaktion, z. B. durch finanziellen Ausgleich im Falle der Arbeitslosigkeit	Neuausrichtung der Sozialpolitik in Richtung Prävention, z. B. durch Verhinderung von Arbeitslosigkeit oder Krankheit	• Aktive Arbeitsmarktpolitik • (Aus-)Bildungsprogramme • Vorsorge in der Gesundheitspolitik durch Prävention und Gesundheitsförderung
Belastung der Arbeitgeber durch hohe Lohnnebenkosten	• Ersetzung des Arbeitgeberanteils durch eine „Maschinensteuer“, die menschliche Arbeit verbilligt • Ersetzung des Arbeitgeberanteils durch eine Steuer auf den Ressourcenverbrauch (Energie, Rohstoffe, Umwelt)	• Ökosteuer
Finanzielle Belastung durch Sozialleistungen	• Förderung der Familienselbsthilfe, des sozialen Ehrenamtes in Wohlfahrtseinrichtungen und Nachbarschaften zur Entlastung der öffentlich finanzierten professionellen Dienste • Soziale Erwerbsarbeit statt Arbeitslosigkeit • Sozialpflichtdienst („Soziales Pflichtjahr“)	• Absicherung der pflegenden Personen in der Sozialversicherung • Zivildienst
Rückkehr zur Vollbeschäftigung in der Zukunft	• Garantiertes Mindesteinkommen statt „Recht auf Arbeit“	
Intergenerationenkonflikte durch die ungleiche Lastenverteilung und steigende Abgabenlast	Größere finanzielle Verantwortung für Kinderlose	

* *konsumtiv: für den Verbrauch bestimmt*

M Der asoziale Sozialstaat

Wie kann das sein? Eine Million Menschen stehen regelmäßig Schlange, um kostenlos Brot, Butter und Obst zu bekommen. Sie sind zu arm, um sich diese Lebensmittel leisten zu können. Schwerkranke bekommen dringend benötigte Medikamente nicht, weil die Kasse sie nicht bezahlen will. Lehrer sammeln Spendengeld, um Schulessen zu finanzieren. Gleichzeitig gibt der Staat in Deutschland jedes Jahr 700 Milliarden Euro für Soziales aus. Wie ist das möglich? Wieso zahlen wir so viel für unseren Sozialstaat und müssen trotzdem hilflos zusehen, wie die Kinderarmut wächst, die Bildungsarmut ganze Stadtviertel bedroht und auch die Altersarmut in naher Zukunft wieder unausweichlich scheint? Wie kommt es, dass der Regierung trotz 15 Jahren intensivster Reformdebatte offenbar keine wirkungsvolle Sozialpolitik gelingt? [...] Der Sozialstaat wächst, aber er wird nicht besser, zumindest nicht aus Sicht der Armen. Und auch die Mittelschicht fühlt sich mehr denn je vom Absturz bedroht. Zwischen 1998 und 2005 stieg der Anteil der Armen in der Bevölkerung von 12 auf 18 Prozent. [...] Ein wachsender Teil der Bevölkerung ist also wirklich bedroht, wirtschaftlich und sozial abgehängt zu werden. Diese Einsicht hat die Gesellschaft mit großer Verspätung und großer Wucht erfasst. Aber sie hat bis heute daraus nicht die richtigen Konsequenzen gezogen. Stattdessen macht die Regierung wieder Sozialpolitik wie in alten Zeiten, als bei jeder Forderung nach mehr Gerechtigkeit reflexhaft mehr Geld verteilt wurde: Das Bafög soll steigen und das Kindergeld. Wohngeld, Rente und Arbeitslosengeld werden erhöht. Die SPD will die Frühverrentung weiter fördern, die CSU den Pendlern helfen, Nordrhein-Westfalens CDU einen Rentenzuschlag für Geringverdiener einführen und Umweltminister Sigmar Gabriel Sozialtarife für Strom und Gas. [...] Längst unterhält die Bundesrepublik einen der teuersten Sozialstaaten der Welt, wie der Kölner Wirtschaftsprofessor Winfried Fuest vorrechnet – und dennoch wächst im Land die Armut. [...] Zahlen des Deutschen Instituts für Wirtschaftsforschung zeigen, dass die Kluft zwischen Arm und Reich in Deutschland tatsächlich über Jahre gewachsen ist. [...] Zur Spaltung hat die Langzeitarbeitslosigkeit beigetragen, die Globalisierung, der technische Fortschritt, der vor allem einfache Jobs vernichtet. Die beiden größten Armutsrisiken aber werden häufig unterschätzt: Die mit Abstand größten und am schnellsten wachsenden Gruppen unter den Armen sind Migranten und Alleinerziehende. Die Zahl der Einkommensschwachen ist nach einer Untersuchung des Instituts für Wirtschaft und Gesellschaft in den vergangenen zehn Jahren um 4,1 Millionen gestiegen, drei Millionen davon haben einen Migrationshintergrund. Ein Fünftel der neuen Armen sind Alleinerziehende. [...] All diese Probleme passen nicht so recht zu unserem Sozialstaat, der einst als Arbeiterversicherung entstand, für Zeiten der Vollbeschäftigung und Familien mit einem männlichen Alleinernährer. Hinzu kommt, dass die heutigen Sozialpolitiker noch im alten Denken verhaftet sind. Sie schauen mehr auf die Lage der arbeitenden Mitte als auf die wirklich Armen. Deswegen ist der Sozialstaat oft nicht sozial. [...] Dabei gibt es Hunderte verschiedener Sozialleistungen. So viele, dass die Bundesregierung eine neue Chipkarte einführen will, um die Papierflut zu verringern, wenn jemand Kindergeld oder Elterngeld beantragt, Krankengeld, Wohngeld, Mutterschaftsgeld, Bafög, Arbeitslosengeld, Übergangsgeld oder Verletztengeld. Inzwischen ist die Zahl der Menschen, die von staatlichen Leistungen leben, ebenso groß wie die Zahl der Arbeitnehmer, die Sozialversicherungsbeiträge bezahlen. Ist das nun ein Zeichen von Not oder von großzügigen Sozialgesetzen? Beides. Der deutsche Sozialstaat ist allgegenwärtig, aber er ist nicht überall dort wirkungsvoll, wo er gebraucht wird. [...] Horst Seehofer [...] ist der erfahrenste Sozialpolitiker der Republik. [...] Er kennt [...] die Versuchungen und Sündenfälle der Sozialpolitik genau. [...] Weil nicht für alles und jeden Geld da sei, greife der typische Sozialpolitiker zu zwei Krücken. Das eine Zauberwort heiße „Stichtagsregelung“, das andere „Einkom-

mensgrenze". Die Sonderregeln bedeuten, dass nur bestimmte Gruppen vom neuen Gesetz profitieren. So führt das schlechte Gewissen der Politiker dazu, dass der Sozialstaat komplizierter wird. Auch das macht ihn unsozial, weil so schwer zu verstehen ist, was wichtig und was verzichtbar ist. Er kenne niemanden, sagt Seehofer, der die Verteilungswirkung des Sozialstaats durchschaue. Kein Politiker, kein Experte wisse, welche Gruppe wie profitiere. „Das Schlimme ist, dass die Sozialpolitik immer additiv ist", sagt Seehofer. „Wir erfinden neue Leistungen, aber wir schaffen zu wenig Überholtes ab." Additive Sozialpolitik – das ist eine harmlose Formulierung für die Tatsache, dass der Staat planlos Geld verteilt und falsche Prioritäten setzt. Drei Beispiele: Der Staat gibt Milliarden aus, um mit der Altersteilzeit den Vorruhestand zu erleichtern, was vor allem Besserverdienende nutzen. Alten Hartz-IV-Empfängern dagegen wird die Unterstützung gekürzt, sobald sie für ein paar Tage ins Krankenhaus müssen. Sie erhalten dort ja warme Mahlzeiten umsonst.

Das höhere Kindergeld wird als große familienpolitische Leistung gefeiert, doch arbeitslosen Eltern wird jeder Cent Kindergelderhöhung von der Stütze abgezogen. An den Bedürftigsten geht die vermeintliche Wohltat also glatt vorbei.

Ausgaben für elitäre Privatschulen dürfen Eltern von der Steuer absetzen, für die in Hauptschulen abgeschobenen Bildungsverlierer aber tut sich wenig. Allen Sonntagsreden zum Trotz sank der Anteil der 18- bis 24-Jährigen, die weder über einen Schulabschluss noch über eine Berufsausbildung verfügen, in den vergangenen zehn Jahren nicht, sondern er stieg. Gleichzeitig wurden die Stellen in der Jugendsozialarbeit um fast ein Drittel gekürzt. Dabei ist die Rechnung ganz einfach: Nur wenn weniger Geld für die Starken ausgegeben wird, bleibt mehr für die Schwachen. Dabei besteht gute Armutspolitik nicht allein im Geldverteilen an Bedürftige. Denn pure Sozialtransfers wirken oft nur wie Schmerzmittel: Der Patient fühlt sich erst einmal besser, aber er wird nicht gesund. Dafür braucht er eine andere Medizin. Wer gegen die Armut vorgehen will, muss Geld in Bildung stecken – Deutschland führt zwar im internationalen Vergleich bei seinen Sozialausgaben, rangiert bei den Bildungsausgaben aber im hinteren Drittel der Industrieländer. [...] Mehr Geld für Bildung, für die Förderung von Kindern und Jugendlichen sowie ein Abgabensystem, das Anstrengungen stärker belohnt – das wäre nötig. Dafür müsste der Staat seine knappen Mittel stärker konzentrieren. [...] Doch noch ist es weit zu einer Politik, die die Bedürftigen tatsächlich erreicht.

Elisabeth Niejahr und Kolja Rudzio, in: Die Zeit vom 26.06.2008

Aufgaben

1. In der sozialpolitischen Diskussion wird u. a. auch die Forderung nach Einführung eines ausreichend hohen Grundeinkommens oder Bürgergeldes erhoben, das ohne Bedingungen an alle Bürger gezahlt werden und alle staatlichen Sozialleistungen ersetzen soll. Recherchieren Sie solche Bürgergeldmodelle und diskutieren Sie Vor- und Nachteile.

2. Recherchieren Sie arbeitsteilig auf den Homepages der politischen Parteien und einiger Wohlfahrtsverbände – z. B. Arbeiterwohlfahrt (www.awo.de), Deutscher Caritas Verband (www.caritas.de), Diakonisches Werk (www.diakonie.de) – die programmatischen Aussagen zur Sozialpolitik und führen Sie in Ihrem Kurs eine sozialpolitische Debatte durch.

3. Welche Bedeutung haben sozialpolitische Maßnahmen für den Einzelnen und für die Gesellschaft insgesamt? Erörtern Sie, ob und wenn ja, inwiefern Sozialstaat und Freiheit in einem Spannungsverhältnis zueinander stehen.

4. „Längst unterhält die Bundesrepublik einen der teuersten Sozialstaaten der Welt – und dennoch wächst im Land die Armut." Diskutieren Sie, welche Widersprüche in der gegenwärtigen Gestaltung der Sozialpolitik angelegt sind (M). Welche Forderungen für eine Umstrukturierung des Sozialstaats leiten Sie daraus ab?

2 Grundlagen der Wirtschaftspolitik

1 Wirtschaftsordnungen zwischen Freiheit und Gleichheit

1.1 Aufgaben einer Wirtschaftsordnung

Leitfragen	Wie kann die Güterversorgung moderner Volkswirtschaften sichergestellt werden?	Welche grundlegenden Wirtschaftsordnungen können unterschieden werden und was sind ihre Grundprinzipien?

Kartoffeln und Brot für Millionen – aber wie?

„Man stelle sich einmal das Problem der täglichen Versorgung einer Millionenstadt mit allen Gütern vor, deren ihre Bewohner zur Fristung, Verschönerung und Erheiterung des Lebens bedürfen: soundsoviele Tonnen Mehl, Butter, Fleisch, soundsoviel Millionen Zigaretten und Zigarren, soundsoviel tausend andere Dinge müssen täglich beschafft werden, ohne dass an der einzelnen Ware Mangel oder Überfluss herrscht. Sie müssen stündlich, täglich, monatlich oder jährlich – je nach Charakter der Ware – in Menge und Qualität auf die Nachfrage der Millionenbevölkerung abgestimmt werden. Dieser ungeheuer ausgedehnte Prozess kann nur vonstatten gehen, wenn alles in jedem Augenblick so sehr aufeinander abgestimmt ist, dass größere Unordnung vermieden wird. Wäre das nicht der Fall, so wäre die Versorgung von Millionen mit einem Schlage gefährdet."

Wilhelm Röpke

Jede Volkswirtschaft steht vor der Aufgabe, das Grundproblem des Wirtschaftens lösen zu müssen: Wie kann – ausgehend von einer prinzipiell angenommenen Knappheit der Güter im Vergleich zu den nahezu unendlichen Bedürfnissen der Konsumenten – eine große Bedürfnisbefriedigung für alle sichergestellt werden?

Die Welt der Knappheit und der Homo Oeconomicus

Die Welt der Ökonomen ist von wenigen grundlegenden Prinzipien bestimmt. Das Knappheitsprinzip ist das Kernprinzip allen Wirtschaftens. Während wir grenzenlose Bedürfnisse und Wünsche haben, sind die verfügbaren Ressourcen begrenzt. Von einem Gut mehr zu haben, bedeutet in der Regel, von einem anderen Gut weniger zu haben. Knappheit erzeugt Kosten: Die Wahl einer Alternative bedingt, dass die zweitbeste Alternative nicht genutzt werden kann. Die dadurch entstehenden Kosten bezeichnet man als Opportunitätskosten. Sie entsprechen dem Nutzen, der einem dadurch entgeht, dass man die alternative Aktivität nicht ausführen kann.

In wirtschaftlichen Entscheidungssituationen werden also ständig Kosten und Nutzen in Relation gesetzt (Handeln nach dem Kosten-Nutzen-Prinzip). Gewählt wird immer die Alternative, die einen zusätzlichen Nutzen verspricht, der zumindest marginal höher ist als die zusätzlichen Kosten.

Aus diesen Erkenntnissen hat die Wirtschaftswissenschaft die **ökonomische Verhaltenstheorie** abgeleitet. Im Zentrum dieser Theorie steht der **Homo Oeconomicus** als idealtypisches Menschenbild. In der klassischen Volkswirtschaftslehre ist der Homo Oeconomicus ein Modell für die Erklärung menschlichen Verhaltens in Entscheidungssituationen. Er wird beschrieben als individueller, rationaler und egoistischer Nutzenmaximierer. Doch immer mehr melden sich auch

Wirtschaftswissenschaftler zu Wort, die dieses Bild für zu wirklichkeitsfern halten, die davon überzeugt sind, dass die tatsächlich wirtschaftlich Handelnden auch von anderen Motiven geleitet werden können: von Fairness, Vertrauen, Solidarität, ja manchmal sogar vom Gegenteil des Egoismus: von Altruismus. Somit gerät der Mensch als komplexes Wesen ins Blickfeld moderner Wirtschaftstheorien – als rationales und als emotionales Wesen.

„Eine Erkenntnis zum menschlichen Verhalten wird durch das Spiel mit dem Namen **Ultimatum** deutlich. Es geht so: Freiwillige, die einander im Übrigen fremd sind, werden zu einem Spiel aufgefordert, durch das sie insgesamt 100 € gewinnen können. Vor dem Spiel lernen sie die Regeln. Das Spiel beginnt mit einem Münzwurf, durch den die Spieler ihre Rollen A und B bekommen. Nach einem Vorschlag des Spielers A zur Aufteilung der 100 € entscheidet der Spieler B, den Vorschlag anzunehmen oder abzulehnen. Sofern B ablehnt, gehen beide mit null aus dem Spiel. Das Spiel ist damit in jedem Fall zu Ende. Denken Sie vor dem Weiterlesen darüber nach, wie Sie sich in dieser Situation verhalten würden. Wenn Sie Spieler A wären: Welche Aufteilung der 100 € würden Sie vorschlagen? Welche Vorschläge würden Sie als Spieler B annehmen?

Die konventionelle Theorie unterstellt in dieser Situation, dass die beiden rationale Wohlfahrtsmaximierer sind. Diese Unterstellung führt zu einer einfachen Voraussage: Spieler A sollte vorschlagen, dass er 99 € und Spieler B 1 € erhält. Und Spieler B sollte den Vorschlag akzeptieren, da er durch die Zahlung von 1 € besser als vorher gestellt ist. Spieler A hat wiederum keine Veranlassung, mehr als 1 € zu bieten, da er sich sicher ist, dass Spieler B in seinem eigenen Interesse den Vorschlag von A akzeptieren wird. Die 99 : 1 Aufteilung ist das Nash-Gleichgewicht. Wenn jedoch experimentelle Ökonomen das Ultimatum-Spiel mit wirklichen Menschen spielen, weichen die Ergebnisse deutlich von der Voraussage ab. Spieler B lehnt eine Zahlung von nur 1 € erfahrungsgemäß ab, und Spieler A weiß das. Er gibt ihm also mehr – bis hin zu einer Aufteilung 50 : 50. Häufiger sind Vorschläge von A an B, diesem 30 € oder 40 € auszuzahlen. In diesen Fällen nimmt B meist an. Was geht da vor sich? Die nahe liegende Interpretation ist, dass die Menschen zum Teil von einem angeborenen Sinn für Fairness angetrieben werden. Eine Aufteilung 99 : 1 wird als unfair wahrgenommen. [...] Einige Ökonomen haben vorgeschlagen, dass die wahrgenommene Fairness in die Entlohnung von Beschäftigten einfließen sollte. Sofern die Unternehmung ein gutes Jahr hat, können die Arbeiter (Spieler B) die Zahlung eines fairen Anteils erwarten. Die Unternehmung (Spieler A) könnte sich entscheiden mehr zu bezahlen, damit die Unternehmung nicht „bestraft" wird durch verringerte Anstrengungen, Streik oder sogar Ausschreitungen."

N. Gregory Mankiw, Grundzüge der Volkswirtschaftslehre, 3. Aufl., Stuttgart 2004, S. 531f.

Steuerungsverfahren in modernen Volkswirtschaften: Individuelle Entscheidungen oder Gesamtplan

Arbeitsteilung und Spezialisierung sind kennzeichnend für moderne Volkswirtschaften, in denen nahezu jede Arbeitsleistung nicht zur eigenen, sondern zur Bedarfsdeckung anderer erbracht wird. Soll nicht völliges Durcheinander ausbrechen, muss das Wirtschaften für den ausschließlichen Fremdbedarf nach einem bestimmten Steuerungsverfahren ablaufen, das in modernen Volkswirtschaften folgende Aufgaben zu erfüllen hat:

- Die Nachfrage nach Gütern muss mit dem Angebot an Gütern abgestimmt werden.
- Es muss festgelegt werden, welche Güter in welcher Menge hergestellt werden.
- Die knappen Ressourcen müssen effizient eingesetzt werden.
- Das erwirtschaftete Sozialprodukt soll gerecht auf die Mitglieder der Volkswirtschaft verteilt werden.
- Der vorhandene Kapitalstock, d. h. der volkswirtschaftliche Bestand an Produktionsmitteln wie Maschinen oder Fabrikanlagen, muss ersetzt und erweitert werden.
- Vollbeschäftigung ist anzustreben.

Wirtschaftsliberalismus

Der wirtschaftliche Liberalismus, dessen theoretische Grundlagen durch Adam Smith entwickelt wurden, geht von der freien wirtschaftlichen Betätigungsmöglichkeit jedes Einzelnen aus. Smith behauptet, dass das freie Spiel der Marktkräfte eine harmonische Ordnung ergebe. Gerade eigennütziges Verhalten aller Wirtschaftssubjekte führte unter wettbewerblichen Rahmenbedingungen zu einer bestmöglichen Güterversorgung und zur Vermehrung von Reichtum und Wohlstand sowohl für den Einzelnen als auch für die Gesellschaft insgesamt. Quasi als „unsichtbare Hand" lenke der Wettbewerb eigennütziges Verhalten [...] in eine auch gesellschaftlich vorteilhafte Richtung. Staatliche Eingriffe in die Wirtschaft werden deshalb vom Liberalismus abgelehnt. Der Liberalismus befürwortet eine freie Marktwirtschaft als Wirtschaftsordnung mit allen wirtschaftlichen Freiheiten wie Gewerbefreiheit, freie Preisbildung und Wettbewerbsfreiheit. Der Staat hatte im Modell des klassischen Wirtschaftsliberalismus lediglich Ordnungsfunktionen zu erfüllen („Nachtwächterstaat").

Nach: Krol/Schmid, Volkswirtschaftslehre, Tübingen 2002, S. 24f., und Das Lexikon der Wirtschaft, Bonn 2004, S. 30

Grundsätzlich bieten sich zwei Möglichkeiten an, diese Aufgaben zu bewältigen: die dem politischen Leitbild des Liberalismus verpflichtete **marktwirtschaftliche Wirtschaftsordnung**, in der der Wirtschaftsprozess durch die individuellen Entscheidungen einer Vielzahl von Wirtschaftssubjekten (private Haushalte, Unternehmen, Staat) gesteuert wird, und die am Sozialismus orientierte Wirtschaftsordnung der **Zentralverwaltungswirtschaft**, die nach einem einzigen Wirtschaftsplan gesteuert wird. In den Wirtschaftsordnungen sind die Grundlagen und Rahmenbedingungen formuliert, die die Verhaltensweisen der Wirtschaftsakteure (private Haushalte, Unternehmen, Staat) bestimmen. Wichtige Beurteilungsmaßstäbe für Wirtschaftsordnungen sind Gerechtigkeit und Leistungsfähigkeit.

In der **freien Marktwirtschaft** haben die privaten Entscheidungen der Wirtschaftsakteure Vorrang. Der Staat hat lediglich die Aufgabe, ein Zahlungsmittel bereitzustellen und das Rechtssystem zu erhalten. Die Konsumenten entscheiden frei über Art, Umfang und Rangfolge der Bedürfnisse. In der Zentralverwaltungswirtschaft hingegen werden alle wirtschaftlichen Entscheidungen von staatlichen Stellen geplant (→ Kapitel 2.1.2).

Eine weitere Wirtschaftsform ist die **soziale Marktwirtschaft.** In ihr soll die Selbststeuerung der Marktwirtschaft auf der Grundlage des Privateigentums grundsätzlich über den Markt erfolgen. Das Prinzip des freien Marktes soll aber mit dem Ziel des sozialen Ausgleichs verbunden werden. Der Staat soll zu diesem Zweck aktiv in das Wirtschaftsgeschehen eingreifen (Regulierung von Monopolen, Sicherung der Geldwertstabilität etc.)

Markt und Marktwirtschaft

Der Markt ist der Ort, an dem Angebot und Nachfrage nach Gütern und Leistungen aufeinandertreffen. Im Wirtschaftsleben gibt es eine unübersehbare Vielzahl von Märkten. Sie bilden sich für jedes Gut und jede Leistung. Die Vielzahl der Marktarten fasst man üblicherweise zusammen in (Konsum-)Gütermärkte und (Produktions-)Faktormärkte. Für das System der Marktwirtschaft ist der Markt als Lenkungsinstrument von grundlegender Bedeutung.

VERTIEFEN UND PROBLEMATISIEREN

M John Rawls: Merkmale einer gerechten Wirtschaftsordnung

Die Gerechtigkeit eines Gesellschaftsmodells hängt wesentlich davon ab, wie die Grundrechte und -pflichten und die wirtschaftlichen Möglichkeiten und sozialen Verhältnisse in den verschiedenen Bereichen der Gesellschaft bestimmt werden.
Wir wollen uns also vorstellen, dass diejenigen, die sich zu gesellschaftlicher Zusammenarbeit vereinigen wollen, in einem gemeinsamen Akt die Grundsätze wählen, nach denen Grundrechte und -pflichten und die Verteilung der gesellschaftlichen Güter bestimmt werden. Die Menschen sollen im Voraus entscheiden, wie sie ihre Ansprüche gegeneinander regeln wollen und wie die Gründungsurkunde ihrer Gesellschaft aussehen soll. Ganz wie jeder Mensch durch vernünftige Überlegung entscheiden muss, was für ihn das Gute ist, d. h. das System der Ziele, die zu verfolgen für ihn vernünftig ist, so muss eine Gruppe von Menschen ein für allemal entscheiden, was ihnen als gerecht und ungerecht gelten soll. Die Entscheidung, die vernünftige Menschen in dieser theoretischen Situation der Freiheit und Gleichheit treffen würden, bestimmt die Grundsätze der Gerechtigkeit. (Wir nehmen für den Augenblick an, dass dieses Entscheidungsproblem eine Lösung hat.)
In der Theorie der Gerechtigkeit als Fairness spielt die ursprüngliche Situation der Gleichheit dieselbe Rolle wie der Naturzustand in der herkömmlichen Theorie des Gesellschaftsvertrags. Dieser Urzustand wird natürlich nicht als ein wirklicher geschichtlicher Zustand vorgestellt, noch weniger als primitives Stadium der Kultur. Er wird als rein theoretische Situation aufgefasst, die so beschaffen ist, dass sie zu einer bestimmten Gerechtigkeitsvorstellung führt.
Zu den wesentlichen Eigenschaften dieser Situation gehört, dass niemand seine Stellung in der Gesellschaft kennt, seine Klasse oder seinen Status, ebenso wenig sein Los bei der Verteilung natürlicher Gaben wie Intelligenz oder Körperkraft. Ich nehme sogar an, dass die Beteiligten ihre Vorstellung vom Guten und ihre besonderen psychologischen Neigungen nicht kennen. Die Grundsätze der Gerechtigkeit werden hinter einem Schleier des Nichtwissens festgelegt. Dies gewährleistet, dass dabei niemand durch die Zufälligkeiten der Natur oder der gesellschaftlichen Umstände bevorzugt oder benachteiligt wird. Da sich alle in der gleichen Lage befinden und niemand Grundsätze ausdenken kann, die ihn aufgrund seiner besonderen Verhältnisse bevorzugen, sind die Grundsätze der Gerechtigkeit das Ergebnis einer fairen Übereinkunft oder Verhandlung. Denn in Anbetracht der Symmetrie aller zwischenmenschlichen Beziehungen ist dieser Urzustand fair gegenüber den moralischen Subjekten, d.h. den vernünftigen Wesen mit eigenen Zielen und – das nehme ich an – der Fähigkeit zu einem Gerechtigkeitsgefühl. Den Urzustand könnte man den angemessenen Ausgangszustand nennen, und damit sind die in ihm getroffenen Grundvereinbarungen fair.

John Rawls, Eine Theorie der Gerechtigkeit, Frankfurt/M. 2003

Aufgaben

1 Entwerfen Sie die Verfassung für eine gerechte Wirtschaftsordnung. Schreiben Sie in Artikeln die Grundsätze nieder, die Sie für eine gerechte Wirtschaftsordnung für wichtig und notwendig halten.

2 Beachten Sie dabei die Bedingungen des Urzustandes, wie er im Text von Rawls beschrieben wird (M).

1.2 Freie Marktwirtschaft und Zentralverwaltungswirtschaft als Idealformen

Leitfragen

- Welche Bedeutung hat die Preisbildung im marktwirtschaftlichen Modell?
- Welches sind die Merkmale der Zentralwirtschaft?

Das Modell „Freie Marktwirtschaft"

Markt und Preis

„Jeder Einzelne bemüht sich darum, sein Kapital so einzusetzen, dass es den größten Ertrag erbringt. Im Allgemeinen wird er weder bestrebt sein, das öffentliche Wohl zu fördern, noch wird er wissen, inwieweit er es fördert. Er interessiert sich nur für seine eigene Sicherheit und seinen eigenen Gewinn. Und gerade dabei wird er von einer unsichtbaren Hand geleitet, ein Ziel zu fördern, das er von sich aus nicht anstrebt. Indem er seine eigenen Interessen verfolgt, fördert er das Wohl der Gemeinschaft häufig wirksamer, als wenn er es beabsichtigt hätte."

Adam Smith, Der Reichtum der Nationen, 1776

Der britische Nationalökonom Adam Smith (1723 – 1790) war fasziniert von der Erkenntnis, dass marktwirtschaftliche Systeme „selbstregulierende Systeme" sind, die im Laufe der Menschheitsentwicklung entstanden sind.

Das Modell der freien Marktwirtschaft basiert auf seinen Gedanken und fordert die wirtschaftliche Handlungsfreiheit der Wirtschaftssubjekte, die selbstständig und eigenverantwortlich eine unübersehbare Anzahl von Wirtschaftsplänen aufstellen – die privaten Haushalte Konsumpläne und die Unternehmen Produktionspläne. Einzelpläne ergeben aber noch keine Ordnung. Sie müssen aufeinander abgestimmt werden. Diese Steuerung erfolgt nicht über eine zentrale Planungsbehörde, sondern dezentral am Markt. Ein Markt im wirtschaftlichen Sinne ist jeder Ort, an dem Güter getauscht werden. Der Wochenmarkt auf einem festgelegten Platz ist ebenso ein Markt wie Internetverkaufsbörsen, bei denen Güter angeboten oder nachgefragt werden. Der Markt ist das Nervenzentrum der Wirtschaft, dort treffen die Wünsche und Absichten von Konsumenten und Produzenten aufeinander, von Arbeitgebern und -nehmern, von Vermietern und Mietern – kurz: von Angebot und Nachfrage. Die Marktteilnehmer verfolgen unterschiedliche, aber immer ihre eigenen egoistischen Ziele: Der Konsument möchte möglichst billig einkaufen, der Produzent möglichst teuer verkaufen. Der Ausgleich der Interessen erfolgt durch den Markt- bzw. Preismechanismus. Auf natürliche Weise, wie von einer „unsichtbaren Hand" gesteuert, treibt das Verhalten der Käufer und Verkäufer die Märkte zum Gleichgewicht.

Die Haushalte streben Nutzenmaximierung an, d. h., sie wollen ihr Einkommen so ausgeben, dass möglichst viele Wünsche erfüllt werden können. Wenn der Preis eines Gutes steigt, werden deshalb die Konsumenten die Nachfrage nach diesem Produkt verringern, im umgekehrten Fall steigern. Weil die Unternehmen sich das Ziel der Gewinnmaximierung gesetzt haben, sind sie bereit, bei höheren Preisen und somit höheren Verkaufserlösen auch mehr anzubieten als bei niedrigen. Beim Gleichgewichtspreis, bei dem die angebotene mit der nachgefragten Menge übereinstimmt, bieten die Verkäufer die Menge an, die die Käufer zu diesem Preis kaufen wollen. Bei höheren Preisen ergibt sich ein Angebotsüberschuss mit der Folge eines Preisdrucks. Umgekehrt führen niedrigere Preise zu einem Nachfrageüberschuss. Dies bewirkt steigende Preise. Den Käufern, die eigentlich einen höheren Preis als den Gleichgewichtspreis zu zahlen gewillt sind, entsteht eine Konsumentenrente in Höhe der Ausgabenersparnis. Entsprechend fällt denjenigen Verkäufern eine Produzentenrente zu, die aufgrund ihrer Kostenstruktur zu einem niedrigeren als dem Marktpreis anbieten könnten. Der bewegliche Marktpreis gewährleistet, dass Angebot und Nachfrage zur Übereinstimmung kommen. Er zeigt aber vor allem an, ob an bestimmten Gütern Knappheit oder

Überfluss herrscht. Das Funktionieren des Preismechanismus setzt einen vollkommenen Markt mit Wettbewerb und Konkurrenz (vollkommene Konkurrenz) voraus, auf dem es viele Anbieter und Nachfrager gibt, die als Einzelne keinen Einfluss auf den Marktpreis haben.

Die Preisbildung bei vollkommener Konkurrenz im mathematischen Modell

Von vollkommener Konkurrenz spricht man, wenn

- sich am Markt eine sehr große Zahl von Anbietern und Nachfragern gegenüberstehen, die ein praktisch identisches Gut handeln (Bedingung der Homogenität),
- vollkommene Marktübersicht herrscht,
- die Anpassungsprozesse am Markt unendlich schnell ablaufen und
- es auch ansonsten keinen Grund gibt, einen Marktteilnehmer einem anderen vorzuziehen (keine persönlichen, sachlichen und räumlichen Präferenzen).

Bei vollkommener Konkurrenz verfolgen die Anbieter das Ziel der Gewinnmaximierung, die Nachfrager streben Nutzenmaximierung an. Fehlt eine der Bedingungen, handelt es sich um einen unvollkommenen Markt. Vollkommene Märkte sind in der Realität nicht zu finden. Am ehesten erfüllen Wertpapier- und Devisenmärkte die Prämissen des vollkommenen Marktes. Die Preisbildung bei vollkommener Konkurrenz entspricht dem Ideal der freien Marktwirtschaft. Sie lässt sich mithilfe von mathematischen Modellen darstellen und untersuchen. Das Verhalten der Anbieter und Nachfrager wird durch Kurven innerhalb eines Koordinatensystems dargestellt. Die Nachfragekurve zeigt, wie die Nachfragemenge eines Gutes vom Preis abhängt. Dabei wird unterstellt, dass nach dem Gesetz der Nachfrage die nachgefragte Menge bei sinkendem Preis zunimmt – die Nachfragekurve hat daher eine negative Steigung. Andere Einflussgrößen der Nachfrage sind etwa die Einkommen oder die Bedürfnisse der Haushalte. Wenn sich eine dieser Einflussgrößen ändert, kommt es zu einer Verschiebung der Nachfragekurve.

Schaubild a)

Das Gleichgewicht von Angebot und Nachfrage. Das Gleichgewicht findet man da, wo sich Angebots- und Nachfragekurve schneiden. Beim Gleichgewichtspreis entspricht die angebotene Menge der nachgefragten Menge. Hier beträgt der Gleichgewichtspreis € 2,– (je Kugel Eiscreme): Zu diesem Preis werden 7 Kugeln Eiscreme angeboten und 7 Kugeln Speiseeis nachgefragt.

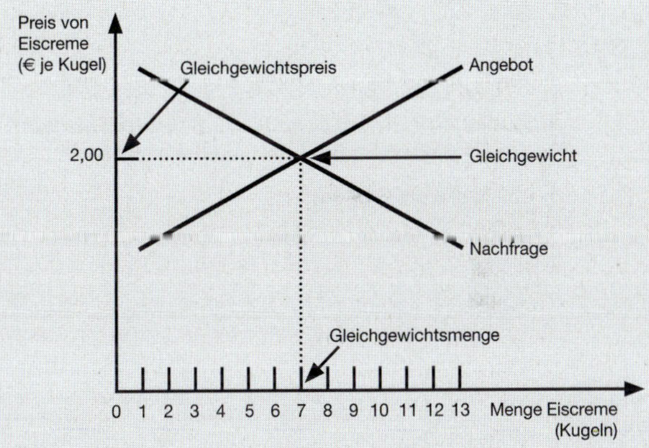

Schaubild b)

Märkte abseits des Gleichgewichts. Im Diagramm b) herrscht ein Angebotsüberschuss. Da der Marktpreis von € 2,50 über dem Gleichgewichtspreis liegt, übersteigt die angebotene Menge (10 Kugeln) die nachgefragte Menge (4 Kugeln). Die Anbieter versuchen, den Absatz durch Preissenkungen zu steigern; und dies verändert den Preis in Richtung auf den Gleichgewichtspreis.

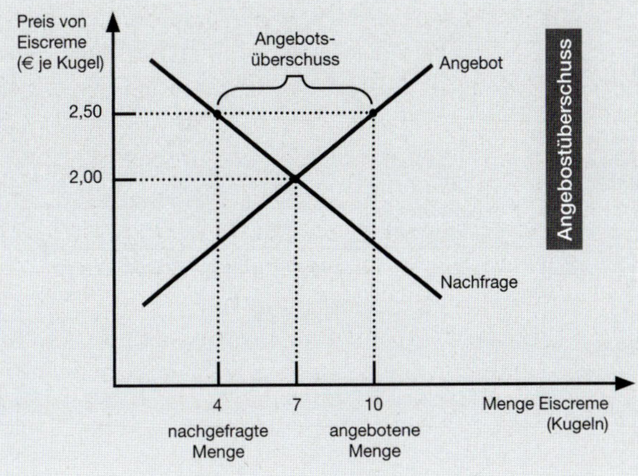

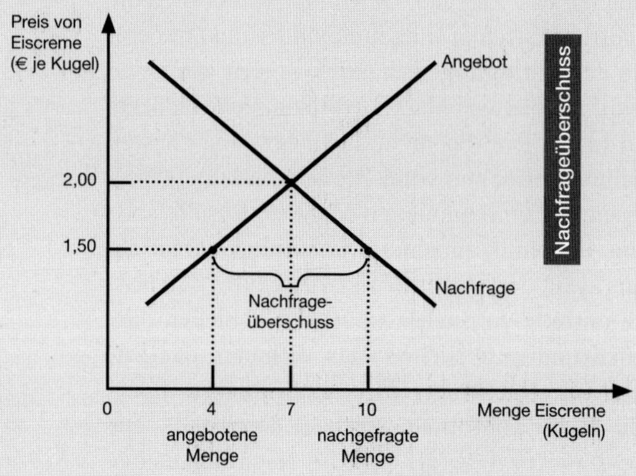

Schaubild c)

Märkte abseits des Gleichgewichts. Im Diagramm c) herrscht ein Nachfrageüberschuss. Da der Marktpreis von € 1,50 unter dem Gleichgewichtspreis liegt, übersteigt die nachgefragte Menge (10 Kugeln) die angebotene Menge (4 Kugeln). Da allzu viele Käufer Jagd auf die zu geringe Gütermenge machen, können die Anbieter die Knappheitslage ausnutzen und den Preis erhöhen. So führen Anpassungsbewegungen in beiden Fällen zum Marktgleichgewicht hin.

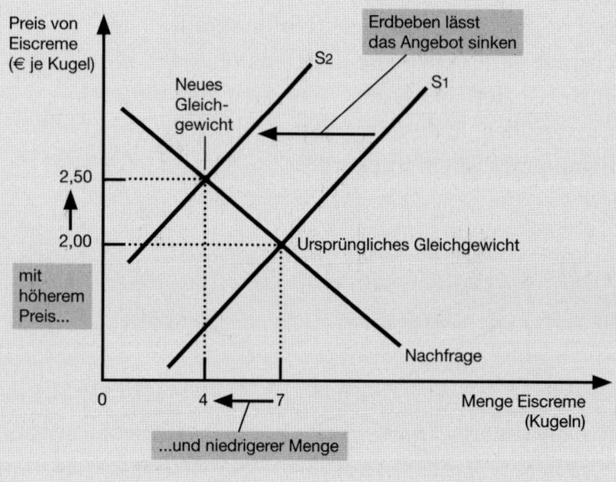

Schaubild d)

Wie ein Angebotsrückgang das Gleichgewicht verändert. Ein Ereignis, das die Angebotsmenge zu jedem beliebigen denkbaren Preis vermindert, bewirkt eine Linksverschiebung der Angebotskurve. Der Gleichgewichtspreis steigt und die Gleichgewichtsmenge sinkt. Annahmegemäß habe ein Erdbeben die Angebotskurve von S1 nach S2 verschoben und dadurch den Gleichgewichtspreis von € 2,– auf € 2,50 ansteigen sowie die Gleichgewichtsmenge von 7 auf 4 Stück absinken lassen.

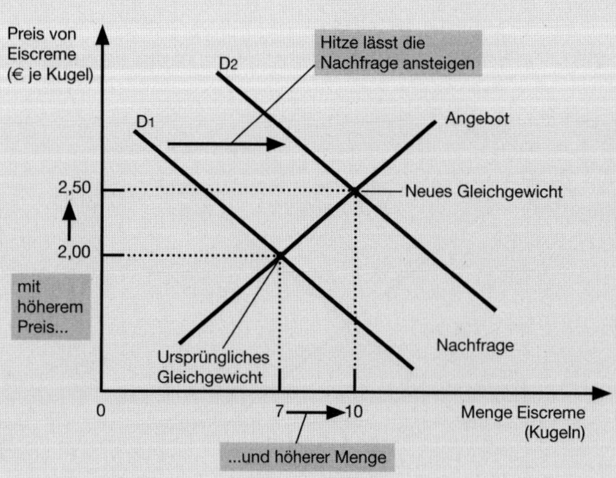

Schaubild e)

Wie eine Nachfragesteigerung das Gleichgewicht verändert. Ein Ereignis, das die Nachfragemenge zu beliebigen denkbaren Preisen erhöht, bewirkt eine Rechtsverschiebung der Nachfragekurve. Sowohl der Gleichgewichtspreis als auch die Gleichgewichtsmenge steigen. Hier habe annahmegemäß ein ungewöhnlich heißer Sommer zur Rechtsverschiebung der Nachfragekurve von D1 nach D2 sowie zur Preissteigerung von € 2,– auf € 2,50 und zur Mengensteigerung von 7 auf 10 Stück geführt

N. Gregory Mankiw, a. a. O., S. 82 ff.

Die Angebotskurve zeigt, wie die Angebotsmenge eines Gutes vom Preis des Gutes abhängt. Nach dem Gesetz des Angebots nimmt die angebotene Menge bei steigendem Preis zu. Die Angebotskurve hat daher eine positive Steigung. Wenn sich andere Einflussgrößen des Angebots ändern, kommt es zu einer Verschiebung der Angebotskurve. Der Schnittpunkt von Angebots- und Nachfragekurve bestimmt das Marktgleichgewicht.

Funktionen der Märkte

- **Koordinationsfunktion:** Die Einzelpläne der Wirtschaftssubjekte werden durch den Preismechanismus abgestimmt (koordiniert).
- **Signalfunktion:** Die Marktpreise signalisieren die Knappheit eines Gutes. Steigt der Preis, so wird deutlich, dass sich das Güterangebot bei gleichbleibender Nachfrage verknappt hat.
- **Allokationsfunktion:** Die Produktionsfaktoren (z.B. Arbeit und Kapital) werden auf diejenigen Märkte gelenkt, auf denen die größte Nachfrage (Knappheit) herrscht und deshalb die höchsten Gewinne erzielt werden können. Der Preis lenkt die Produktionsfaktoren zu ihrer effizientesten Verwendung. Eine über Preisschwankungen angezeigte Veränderung der Knappheitsverhältnisse führt zu einer Umlenkung der Produktionsfaktoren.
- **Zuteilungs- und Auslesefunktion:** Auf der Nachfrageseite teilen die Preise das Angebot den Nachfragern zu, die bereit sind, den jeweiligen Angebotspreis zu akzeptieren. Auf der Angebotsseite können nur diejenigen bestehen, die zumindest kostendeckend anbieten. Anbieter mit über dem Marktpreis liegenden Kosten werden verdrängt.

Weitere Bedingungen des Modells Marktwirtschaft

- **Wettbewerbsprinzip:** Auf den Märkten herrscht Konkurrenz auf Anbieter- und Nachfragerseite, d.h. die Marktmacht des Einzelnen ist so gering, dass er keinen Einfluss auf die Preise hat und den Preismechanismus nicht außer Kraft setzen kann.
- **Privateigentum:** Der Preismechanismus kann nur funktionieren, wenn Haushalte und Unternehmen eigenverantwortlich über die Verwendung der Produktionsfaktoren und Güter bestimmen können. Ein Unternehmen wird nur dann gegründet, wenn der Unternehmer über seine Maschinen und seinen Gewinn verfügen kann. Haushalte fragen nur solche Güter nach, über deren Verwendung sie selbst bestimmen können. Entscheidend ist daher, dass die Eigentumsrechte bei den Wirtschaftssubjekten liegen.
- **Freiheitsverbürgungen:** Vertragsfreiheit, Freiheit der Berufs- und Arbeitsplatzwahl, Gewerbefreiheit, Produktions- und Konsumfreiheit müssen garantiert sein.
- **Passive Rolle des Staates:** In der freien Marktwirtschaft haben private Entscheidungen der Wirtschaftssubjekte Vorrang. Der Staat, verstanden als die Summe der Gebietskörperschaften und der Sozialversicherung, hält sich weitestgehend aus dem Wirtschaftsgeschehen heraus, er übernimmt lediglich Aufsichts- und Ordnungsfunktionen. Die wirtschaftliche Aktivität des Staates ist im Wesentlichen auf die Bereitstellung öffentlicher Güter und solcher Produktionen beschränkt, die – wie z.B. die Wasserversorgung – nicht wettbewerblich angeboten werden können oder sollen.

Die Zentralverwaltungswirtschaft

Historischer Hintergrund

„In den Kohlen- und Eisenbergwerken arbeiten Kinder von 4, 5, 7 Jahren; die meisten sind indes über 8 Jahre alt. Sie werden gebraucht, um das losgebrochene Material von der Bruchstelle nach dem Pferdeweg oder Hauptschacht zu transportieren ... Die gewöhnliche Arbeitszeit ist 11 – 12 Stunden, oft länger, in Schottland bis zu 14 Stunden, und sehr häufig wird doppelte Zeit gearbeitet, so dass Arbeiter 24, ja nicht selten 36 Stunden hintereinander unter der Erde sind ..."

Kinderarbeit nach Berichten der königlichen Englischen Kommission, 1844

Kinderarbeit und das Elend von Hunderttausenden von Fabrikarbeitern im frühkapitalistischen England waren für Karl Marx (1818 – 1883) und Friedrich Engels (1820 – 1895) Beleg dafür, dass die Verwirklichung der liberalen, marktwirtschaftlichen Ordnung zu wirtschaftlichen Krisen und einer ungerechten Verteilung von Vermögen, Einkommen und wirtschaftlicher Macht führt. Sie sahen in der Verfügungsgewalt über die Produktionsmittel das zentrale Problem und forderten die Enteignung der privaten Produktionsmittel und ihre Überführung in Kollektiveigentum. Da damit nicht mehr die Eigentümer den Betrieb beherrschen, sondern – zumindest theoretisch – die im Betrieb arbeitenden Menschen, ist nach Marx eine Ausbeutung der Arbeiter nicht mehr möglich. Die Ideen von Marx sind die Grundlage der Zentralverwaltungswirtschaft, auch Planwirtschaft genannt. Dem Idealtyp der Zentralverwaltungswirtschaft entsprachen in der historischen Ausprägung am ehesten die Sowjetunion nach der Oktoberrevolution von 1917 und nach dem Zweiten Weltkrieg die anderen osteuropäischen Länder. Seit Ende der 1980er Jahre wurde in fast allen Ländern die Planwirtschaft in Richtung Marktwirtschaft reformiert oder ganz durch die marktwirtschaftliche Ordnung abgelöst. In der Gegenwart gibt es nur noch wenige planwirtschaftlich organisierte Staaten. Dazu gehören etwa Nordkorea und Kuba.

Merkmale des Modells

In der Zentralverwaltungswirtschaft werden alle wirtschaftlichen Entscheidungen von staatlichen Stellen im Rahmen eines Gesamtplans zentral festgelegt. Der Staat ermittelt den Gesamtbedarf der Volkswirtschaft und setzt die Prioritäten über Art, Umfang und Rangfolge der zu befriedigenden Bedürfnisse fest. Die Preise werden staatlich reglementiert, ebenso die Investitionen, der von Staatsgesellschaften betriebene Außenhandel und die behördlich festgelegten Löhne. Märkte, nach denen sich Angebot und Nachfrage über bewegliche Preise einpendeln können, gibt es nur in rudimentärer Form, illegal als Schwarzmärkte oder gar nicht. Eine wichtige Bedingung der Zentralverwaltungswirtschaft besteht darin, dass die Verfügungsgewalt über die Produktionsmittel Boden und Kapital in der Hand des Staates liegt. Daher gibt es in Zentralverwaltungswirtschaften kein Privateigentum an Produktionsmitteln. Die Koordination von Bedarfs- und Produktionsplanung orientiert sich der Theorie nach am Bedarf.

Grundlegende Probleme der Zentralverwaltungswirtschaft entstehen dadurch, dass sich aufgrund der zentralen Planung Informationsdefizite über vorhandene Ressourcen und Konsumentenwünsche ergeben – dauernde Anpassungsschwierigkeiten und erhebliche Fehlinvestitionen sind die Folge. Zudem fehlen Leistungsanreize für die Wirtschaftsakteure. Dies führt insgesamt zu einer mangelnden Innovationsfähigkeit dieser Wirtschaftsordnung.

Warteschlange vor einem Lebensmittelgeschäft in Ostberlin, 1982. Den Planungsbehörden gelang es nicht, die Konsumbedürfnisse der Bevölkerung richtig zu prognostizieren.

M Märkte sind gewöhnlich gut für die Organisation des Wirtschaftslebens

Der Zusammenbruch des Kommunismus in der Sowjetunion und in Osteuropa war wohl die bedeutendste Veränderung der Welt in den letzten fünfzig Jahren. Kommunistische Länder arbeiteten unter der Prämisse, dass zentrale Planer der Regierung bestens befähigt wären, die Volkswirtschaft zu leiten. Die Planer entschieden, welche Waren und Dienstleistungen produziert wurden, wie viel davon hergestellt wurde und wer diese Güter produzierte und konsumierte. Hinter der Zentralplanung stand eine Theorie, wonach nur die Regierung volkswirtschaftliche Aktivitäten auf eine Art und Weise organisieren konnte, die der sozialen Wohlfahrt des Landes insgesamt dienlich war. Heutzutage haben die meisten Planwirtschaften das System abgeschafft und den Versuch unternommen, Marktwirtschaften zu werden. In einer Marktwirtschaft werden die Entscheidungen der zentralen Planungsbehörden durch Millionen Einzelentscheidungen von Unternehmungen und Haushalten ersetzt.

Unternehmungen entscheiden, welche Leute sie einstellen und was sie produzieren. Haushalte oder Familien entscheiden darüber, wo sie arbeiten und was sie mit ihren Einkommen kaufen wollen. Diese Unternehmungen und Haushalte wirken auf den Märkten zusammen, wobei sie durch Preise und Eigeninteressen bei ihren Entscheidungen geleitet werden.

Auf den ersten Blick ist der Erfolg von Marktwirtschaften rätselhaft. Man hat zunächst den Eindruck, die dezentralen Entscheidungen von Millionen von Haushalten und Unternehmungen würden im Chaos enden. Dies ist jedoch nicht der Fall. Marktwirtschaften haben sich als bemerkenswert erfolgreich bei der Aufgabe erwiesen, Volkswirtschaften zu organisieren und zugleich die soziale Wohlfahrt zu fördern.

In seinem 1776 erschienenen Buch „The Wealth of Nations" machte Adam Smith die berühmte und höchst bedeutsame Aussage: Haushalte und Unternehmungen wirken auf Märkten zusammen, als ob sie von einer „unsichtbaren Hand" zu guten Marktergebnissen geführt würden. [...] Beim Studium der Volkswirtschaftslehre werden Sie begreifen, dass Preise die Instrumente sind, mit denen die unsichtbare Hand die wirtschaftliche Aktivität dirigiert. Die Preise spiegeln beides: den gesellschaftlichen Wert des Gutes und die sozialen Kosten der Produktion. [...] Es gibt eine logische Folgerung aus der Leistungsfähigkeit der unsichtbaren Hand bei der Selbststeuerung der Volkswirtschaft: Wenn die Regierung die Preise daran hindert, sich auf natürliche Weise an Nachfrage und Angebot anzupassen, behindert sie die Koordination der Millionen Einzelentscheidungen von Haushalten und Unternehmungen, die eine Volkswirtschaft ausmachen. Dies erklärt auch die noch viel größeren Schäden, die eine direkte staatliche Preispolitik – etwa bei Pacht und Zins – verursacht. Und es erklärt das Scheitern der kommunistischen Zentralverwaltungswirtschaft. In den kommunistischen Staaten wurden die Preise von oben diktiert. Die Planer konnten gar nicht die Informationen haben, die in freien Marktpreisen stecken. Die Zentralplaner versuchten, die Volkswirtschaft zu betreiben, indem sie eine Hand auf dem Rücken festbanden – die unsichtbare Hand des Marktes.

N. Gregory Mankiw, a. a. O., S. 10ff.

Aufgaben

1. Stellen Sie die Merkmale der freien Marktwirtschaft und Zentralverwaltungswirtschaft tabellarisch zusammen.
2. Bewerten Sie freie Marktwirtschaft und Zentralverwaltungswirtschaft hinsichtlich individueller Freiheit, Leistungsfähigkeit und Sicherheit. Berücksichtigen Sie insbesondere die Bedeutung des Marktes als Koordinationsfunktion.
3. Erläutern Sie die Bedeutung von Privateigentum für die Wirtschaft und Gesellschaft eines Landes.

1.3 Die soziale Marktwirtschaft

Leitfragen | Welche Bedeutung hat das Wettbewerbsprinzip? | Schreibt das Grundgesetz eine bestimmte Wirtschaftsordnung vor?

Das Leitbild der sozialen Marktwirtschaft

„Die Freiheit des Marktes mit sozialer Verantwortung verbinden. Primäres Koordinationsprinzip bleibt der Wettbewerb."

Alfred Müller-Armack

Das Leitbild der sozialen Marktwirtschaft entstand gegen Ende des Zweiten Weltkriegs und griff Elemente des Liberalismus und der christlichen Soziallehre auf. Geistige Väter des Konzepts waren Walter Eucken (1891 - 1950), Professor für Volkswirtschaftslehre, und Alfred Müller-Armack (1901 - 1978), später Abteilungsleiter im Bundesministerium für Wirtschaft. Diese Wirtschaftsordnung wurde in der Bundesrepublik Deutschland insbesondere durch den späteren Bundeskanzler Ludwig Erhard (1897 - 1977) politisch durchgesetzt. In ihr kommt dem Staat die Aufgabe zu, die sozial unerwünschten Auswirkungen der Marktwirtschaft zu verhindern oder wenigstens anzumildern. „Sozial" steht für soziale Gerechtigkeit und Sicherheit, „Marktwirtschaft" steht für wirtschaftliche Freiheit.

Wirtschaftliche Freiheit bedeutet, dass Verbraucher frei entscheiden können, welche Güter sie kaufen (Konsumfreiheit). Unternehmer haben das Recht auf Eigentum an Produktionsmitteln und die Freiheit, Güter nach ihrer Wahl zu produzieren und abzusetzen. Das geltende Wettbewerbsprinzip garantiert eine Abstimmung der Wirtschaftspläne über Angebot und Nachfrage, so dass die Wirtschaft nahezu wie von selbst ihren bestmöglichen Zustand erreicht. Es sollen keine marktbeherrschenden Unternehmen entstehen, die den Marktmechanismus außer Kraft setzen. Die **Marktfreiheit** soll durch den Staat dort beschränkt werden, wo sie die soziale Gerechtigkeit und die soziale Sicherheit gefährdet. Der Wirtschaftspolitik kommt z.B. die Aufgabe zu, die negativen Folgen von Konjunkturschwankungen wie etwa Arbeitslosigkeit zu dämpfen. Die Einkommens- und Vermögensverteilung soll mit dem Ziel einer größeren Gleichmäßigkeit staatlich korrigiert werden.

Der Staat übernimmt auch Aufgaben, die über den Markt nur sehr eingeschränkt wahrgenommen werden können, wie etwa struktur- und bildungspolitische Aufgaben.

Die soziale Marktwirtschaft hält grundsätzlich am **Ideengut des Individualprinzips** fest. Die Handlungsfreiheit des Einzelnen sollte allerdings dort aufhören, wo fundamentale Rechte und Lebensinteressen anderer eingeschränkt werden. Die Aufgabe der sozialen Marktwirtschaft ist es, auf Grundlage der Marktwirtschaft das Prinzip der Freiheit mit sozialer Gerechtigkeit zu verknüpfen. Damit liegt die Wirtschaftsordnung zwischen den beiden Extremen der auf dem Individualprinzip aufgebauten freien Marktwirtschaft und der auf dem Kollektivprinzip beruhenden Zentralverwaltungswirtschaft.

Das Wettbewerbsprinzip: Fundament der Wirtschaftsordnung und Wohlstandsmotor

In der Marktwirtschaft steht der Unternehmer idealerweise im Dienst des Kunden. Dazu bringen ihn nicht Demut oder staatliche Vorgaben, sondern die disziplinierenden Kräfte der Konkurrenz. Im Monopol ist der Anbieter König. Er hält zum Nachteil der Kunden die Menge knapp, damit der Preis einen lukrativen Gewinnzuschlag zulässt. Damit sichert sich der Monopolist einen Einkommensanteil, der unter Wettbewerbsbedingungen nicht sein dürfte.

Aber wie kann gewährleistet werden, dass einerseits Menschen wirtschaftlich frei agieren können, andererseits jedoch keine privaten Monopol- und Machtstellungen entstehen? Walter Eucken setzte dabei auf den **Wettbewerb** als zentrales Instrument zur Verhinderung allzu dominanter wirtschaftlicher Macht. Zur Realisierung des Wettbewerbsprinzips muss ein funktionierender Preismechanismus die tatsächlichen Knappheitsverhältnisse am Markt anzeigen. Dazu ist es notwendig, dass sich der Staat aus dem Wirtschaftsprozess heraushält und nicht durch Subventionen das Preisgefüge verzerrt. Vielmehr ist der Staat gefordert, Unternehmensfusionen und Kartelle zu verhindern. In der Bundesrepublik wurde daher das Gesetz gegen Wettbewerbsbeschränkungen erlassen und das Bundeskartellamt mit Sitz in Bonn geschaffen, dessen Aufgabe es ist, einerseits den Wettbewerb auf den Märkten zu sichern, andererseits unerwünschte Monopolbildungen zu verhindern. Da nur stabile Preise die Knappheitsverhältnisse unverfälscht darstellen, kommt der Sicherung der Geldwertstabilität ein besonders hoher Stellenwert im Rahmen der Wettbewerbsordnung zu, in der freier Marktzutritt und Vertragsfreiheit weitere zentrale Elemente sind. Das Wettbewerbsprinzip leistet noch mehr. Es hält die Kosten in Schach und zwingt die Unternehmen zum sparsamen Einsatz der knappen Ressourcen. Der Produzent, der billiger anbietet, ist auf dem Markt erfolgreich und zwingt den Konkurrenten ebenfalls zur Senkung der Produktionskosten. Der Wettbewerb zwingt aber auch zur permanenten Suche nach neuen Produkten und Verfahren. Im Idealfall belohnt es Einsatzwillen, Leistungsbereitschaft und Begabungen. Es ist nicht zu übersehen, dass der Wettbewerb die Produktivität erhöht, qualitativ hochwertige Leistungen erbringt, die Rationalisierung fördert und damit die entscheidende Voraussetzung für Wachstum und Wohlstand ist. Aber auch das ist Wettbewerb: Der Chance auf Gewinn steht das Risiko des Verlustes gegenüber. Das Wettbewerbsprinzip sorgt für eine strenge Auslese der am Wirtschaftsprozess Beteiligten, wenn keine marktgerechten Leistungen angeboten werden.

Grundgesetz und Wirtschaftsordnungen

Schreibt das Grundgesetz (GG) die soziale Marktwirtschaft zwingend vor?

GG Art. 2, 9, 11, 12, 14 Abs. I

- Freie Entfaltung der Persönlichkeit, Handlungsfreiheit, mit besonderer Bedeutung auf ökonomischem Gebiet
  - Unternehmens- und Gewerbefreiheit
  - Wettbewerbsfreiheit
  - Vertragsfreiheit
- Vereinigungs- und Koalitionsfreiheit
- Freizügigkeit
- Freie Berufs- und Arbeitsplatzwahl
- Recht auf Eigentum

GG Art. 109

- Gesamtwirtschaftliches Gleichgewicht als Zielvorgabe
- Konkretisiert durch das „Gesetz zur Förderung der Stabilität und des Wachstums der Wirtschaft"
- Kein allgemeines Recht auf Arbeit, aber Recht auf soziale Sicherung

GG Art. 14 Abs. II., 15, 20

- Soziale Verpflichtung des Eigentums
- Recht zur Enteignung zu Gunsten des Allgemeinwohls
- Möglichkeit zur Sozialisierung im Rahmen der Verfassung
- Sozialstaatsgebot

Die soziale Marktwirtschaft ist verfassungsrechtlich zwar nicht vorgeschrieben, **aber** der Gesetzgeber ist an die Grundrechte, das Sozial- und das Rechtsstaatsgebot gebunden, d. h. die soziale Marktwirtschaft entspricht am ehesten freiheitlichen und demokratischen Prinzipien.

M Unsozial oder zu sozial – ein Streitgespräch

Der FDP-Ehrenvorsitzende Otto Graf Lambsdorff und der SPD-Linke Ottmar Schreiner im Streitgespräch über die soziale Marktwirtschaft.

WirtschaftsWoche: Herr Schreiner, haben Sie die soziale Marktwirtschaft positiv oder negativ empfunden?

Schreiner: [...] Die soziale Marktwirtschaft war ohne Zweifel die ökonomische Grundlage für eine Gesellschaft, die sozialen Aufstieg für die anbot, die wollten und die geistigen Voraussetzungen mitbrachten. Ich habe jedoch große Zweifel, ob dies heute noch der Fall ist.

Lambsdorff: [...] Im Gegensatz zu Herrn Schreiner bin ich jedoch der Ansicht, dass diese Gesellschaftsordnung heute zu sozial geworden ist. Der Sozialstaat hat die Marktwirtschaft in weiten Teilen außer Kraft gesetzt.

Zu sozial oder zu unsozial, was gilt denn nun?

Schreiner: Unsozial ist die hohe Arbeitslosigkeit. Unsozial ist, dass Millionen Menschen arbeiten, ohne selbst ihr Existenzminimum erwirtschaften zu können. Unsozial ist auch das wachsende Gefälle zwischen Arm und Reich. Und dass die Arbeitnehmerschaft seit zehn, zwölf Jahren von der allgemeinen Wirtschaftsentwicklung abgekoppelt wird. Wer dennoch [...] das Wort „sozial“ in den letzten Jahren zum Unwort erklärte, hat der sozialen Marktwirtschaft schweren Schaden zugefügt [...].

Lambsdorff: [...] Wir können uns Sozialpolitik nur leisten, wenn wir erfolgreich wirtschaften. Ohne eine erfolgreiche Wirtschaftspolitik gibt es auch nicht genügend Arbeitsplätze. Zu viel Sozialleistungen belasten dagegen die Unternehmen und nehmen den Bürgern auch den Antrieb, sich selbst zu helfen. Da halte ich es mit John F. Kennedy, der einst sagte: „Wenn du nach einer helfenden Hand suchst, dann sieh erst mal an deinem rechten Arm nach, bevor du nach der Hand des Staates greifst.“

Schreiner: Trotzdem brauchen wir einen starken Sozialstaat mehr denn je. Die Armut greift in Deutschland um sich, jeder Vierte gilt bereits als armutsgefährdet. Ludwig Erhard (*der erste Wirtschaftsminister der Bundesrepublik, Anm. der Redaktion*) wollte „Wohlstand für alle“ und nicht „Armut für immer mehr“.

Lambsdorff: Erhard verstand unter „Wohlstand für alle“ aber nicht, dass man sein Geld aus der Staatskasse abholt. Bei 700 Milliarden Euro staatlicher Umverteilung, einem Drittel des Bruttosozialproduktes, sind wir in einem System, von dem sich Erhard mit Grausen abgewendet hätte.

Schreiner: Ich kann nicht akzeptieren, wenn Sie eine Umverteilung von einem Drittel für übertrieben halten. Diese Umverteilung ist der wichtigste Beitrag der sozialen Marktwirtschaft zur politischen Stabilität unserer Demokratie. Und dieser Beitrag von einem Drittel des BIPs ist seit den Siebzigerjahren konstant – trotz der Wiedervereinigung.

Ging es nach dem Mauerfall mit der sozialen Marktwirtschaft bergab?

Schreiner: Ich würde die Zäsur etwas später ansetzen. Mitte der Neunzigerjahre begann die Lohnspreizung in Ostdeutschland, die teilweise auch auf den Westen übergegriffen hat. Diese Entwicklung hat die rot-grüne Regierung noch massiv befördert mit ihren Hartz-Gesetzen.

Lambsdorff: Aber die Agenda 2010 hat entscheidend dazu beigetragen, dass wir in Deutschland eine wirtschaftliche Leistungskraft zurückgewonnen haben, um die uns viele Nachbarländer beneiden. Deshalb haben die Liberalen die Agenda 2010 von Anfang an verteidigt.*

Schreiner: [...] Die Agenda 2010 ist alles andere als sozial. Der Schlüsselsatz lautet

darin: Einem Arbeitslosen ist jede Arbeit bei jedem Einkommen zumutbar. Damit haben wir die Arbeitgeber geradezu eingeladen, Arbeit zu Dumpinglöhnen anzubieten. In den vergangenen zwei Jahren ist die Zahl der Beschäftigten, die Bruttolöhne von unter fünf Euro pro Stunde bekommen, von 1,4 auf 1,9 Millionen gestiegen. Davon kann kein Mensch leben. Das ist die Schattenseite. Und wenn auf der Sonnenseite Millionenabfindungen für gescheiterte Manager gezahlt werden, stimmen die Relationen nicht mehr. Das wusste auch Erhard, der die alten Verhältnisse einer kleinen reichen Oberschicht und einer breiten Unterschicht überwinden wollte. Er wollte eine breite Massenkaufkraft. Davon haben wir uns in den vergangenen zehn Jahren weit entfernt.
Lambsdorff: Über die Ausreißer nach oben brauchen wir nicht zu streiten, da gebe ich Ihnen recht. Über die Ausreißer nach unten müssen wir näher reden. Denen müssen wir helfen, mit ergänzender Sozialhilfe. Aber es geht nicht an, dass sich Arbeitsfähige verweigern, zumindest einen Teilbeitrag zu leisten, um sich selbst zu ernähren. Im Übrigen braucht jede Wettbewerbsgesellschaft [...] ein gewisses Maß an Ungleichheit.

Führt nicht genau die gefühlte Ungleichheit zu den Akzeptanzproblemen, die die soziale Marktwirtschaft heute nicht nur in Ostdeutschland hat, sondern inzwischen auch im Westen?
Lambsdorff: Das wundert mich nicht, denn wenn man die Bürger fragt, was sie lieber wollen – Freiheit oder Sicherheit –, entscheiden sie sich lieber für die vom Staat gewährte Sicherheit. Das war schon zu Erhards Zeiten so. Politiker müssen deshalb, dies lehrt uns die Geschichte der sozialen Marktwirtschaft, gelegentlich auch unpopuläre Maßnahmen ergreifen. Ohne Leistungsbereitschaft und Eigenverantwortung geht es nicht.
Schreiner: [...] Wenn gerade mal 15 Prozent der Deutschen sagen, dass es in diesem Lande noch sozial gerecht zugeht, muss die Politik doch reagieren. Die sozialen Spaltungsprozesse erreichen allmählich demokratiegefährdende Ausmaße. Es war immer ein Grundkonsens in der Bundesrepublik, dass es einen sozialen Ausgleich gibt.

Wie schätzen Sie die Zukunftsaussichten unserer sozialen Marktwirtschaft ein?
Schreiner: Der Mittelstand war einmal die tragende Säule der sozialen Marktwirtschaft. Jetzt ist [er] die am meisten gebeutelte Gruppe. [...] Wir müssen die unsozialen Reformen der vergangenen Jahre zurückdrehen, dann sehe ich wieder eine Perspektive für eine solidarische Gesellschaft.
Lambsdorff: Es wird Sie nicht wundern, wenn ich sage: Wir brauchen noch mehr Agenda 2010. Denn die demografische Alterung ist eine dramatische Entwicklung, die wir mit unserem heutigen Sozialsystemen nicht meistern werden.

„Helfende Hand am rechten Arm“, Otto Graf Lambsdorff und Ottmar Schreiner im Streitgespräch in: WirtschaftsWoche vom 30.6.2008

* Agenda 2010: Ein politisch umstrittenes Reformpaket, das Bundeskanzler Gerhard Schröder (SPD) im März 2003 verkündete, um eine drastische Mehrfachkrise aus Massenarbeitslosigkeit, Wachstumsschwäche und finanzieller Überforderung des Staates zu beheben.

Aufgaben

1. Greifen Sie eine Sozialleistung heraus, die kürzlich reformiert wurde oder zukünftig reformiert werden soll (etwa die Renten- oder die Krankenversicherung). Stellen Sie Begründungen und Zielsetzungen der Reform zusammen und informieren Sie sich über die Interessenlagen der von der Reform betroffenen gesellschaftlichen Gruppen.
2. So viel Markt wie möglich, so viel Staat wie nötig! Nehmen Sie Stellung zu dieser Aussage und belegen Sie Ihren Standpunkt auch mit Argumenten aus M.

2 Konjunktur und wirtschaftspolitische Zielsetzung

2.1 Die konjunkturelle Entwicklung der Bundesrepublik

Leitfragen

Welche Schwankungen im Wirtschaftsablauf können unterschieden werden?

Wie lassen sich die Schwankungen beschreiben und begründen?

Konjunkturelle Schwankungen

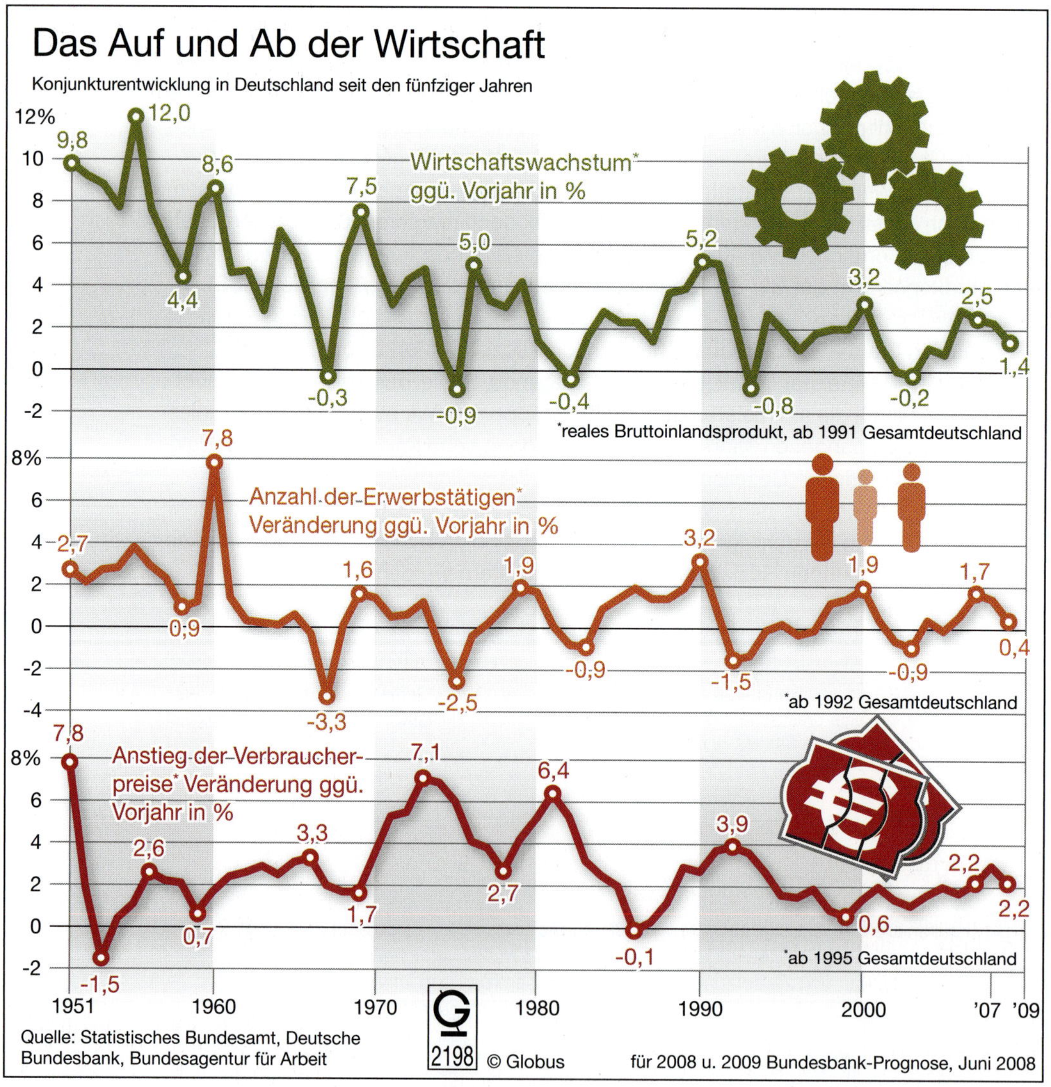

Konjunktur und Konjunkturzyklus

„Siehe, sieben reiche Jahre werden kommen in ganz Ägyptenland. Und nach ihnen werden sieben Jahre des Hungers kommen, so dass man vergessen wird alle Fülle in Ägyptenland. Und der Hunger wird das Land verzehren, dass man nichts mehr wissen wird von der Fülle im Lande vor der Hungersnot, die danach kommt; denn sie wird sehr schwer sein."

Genesis 41, 29–31

Das Phänomen ist dem Menschen seit jeher bekannt: Ob in der Bundesrepublik Deutschland oder weltweit – die wirtschaftliche Entwicklung vollzieht sich nicht regelmäßig, sondern unterliegt einem steten Auf und Ab. Die Auswirkungen dieser Schwankungen bekommt jeder Einzelne von uns zu spüren, sei es durch gute oder schlechte Chancen am Arbeitsmarkt, durch steigende oder fallende Löhne oder wechselnde Kaufkraft des Einkommens. Die mit einer gewissen Regelhaftigkeit auftretenden wirtschaftlichen Wechsellagen werden mit dem Begriff **Konjunktur** bezeichnet. Die Bestimmung der konjunkturellen Lage erfolgt durch das zentrale Messergebnis des Wirtschaftsprozesses, das inflationsbereinigte (reale) Bruttoinlandsprodukt.

Die Untersuchung der ökonomischen Entwicklung der Bundesrepublik zeigt, dass sich wirtschaftliche Schwankungen idealtypisch in einem Grundmuster mit vier Phasen, dem **Konjunkturzyklus**, darstellen lassen. Die Dauer der Zyklen ist unterschiedlich und bewegt sich in der Bundesrepublik zwischen vier und sechs Jahren. Im Einzelnen lassen sich die Konjunkturphasen modellhaft wie folgt charakterisieren:

- Ein **Aufschwung** ist gekennzeichnet durch zunehmende Wachstumsraten des Bruttoinlandsprodukts, steigende Produktion und Investitionstätigkeit der Unternehmen, meist abnehmende Arbeitslosigkeit und Stärkung der Kaufkraft. Das Vertrauen in die wirtschaftliche Entwicklung eines Landes nimmt zu.

- In der **Hochkonjunktur (Boom)** führt die hohe Nachfrage zu Produktionsengpässen mit der Folge von Kosten- und Preissteigerungen.

- Nach einem oberen Wendepunkt folgt die Phase des **Konjunkturabschwungs (Rezession)** mit rückläufiger Produktion, fallenden Wachstumsraten und steigender Arbeitslosigkeit.

- Im **unteren Wendepunkt (Depression)** erreicht die Arbeitslosigkeit ihren höchsten Wert, das Bruttoinlandsprodukt stagniert und weist im Extremfall auch negative Wachstumsraten auf.

Darstellung eines Konjunkturzyklus von vierjähriger Dauer

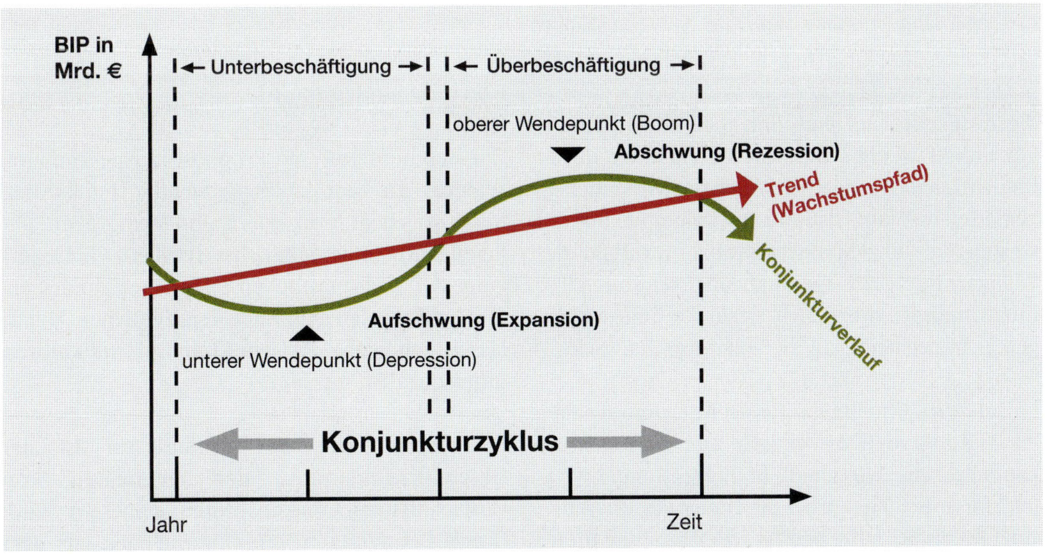

nach: Gernot Hartmann, Volks- und Weltwirtschaft, 22. Aufl., Rinteln 2001, S. 422

Konjunkturwellen

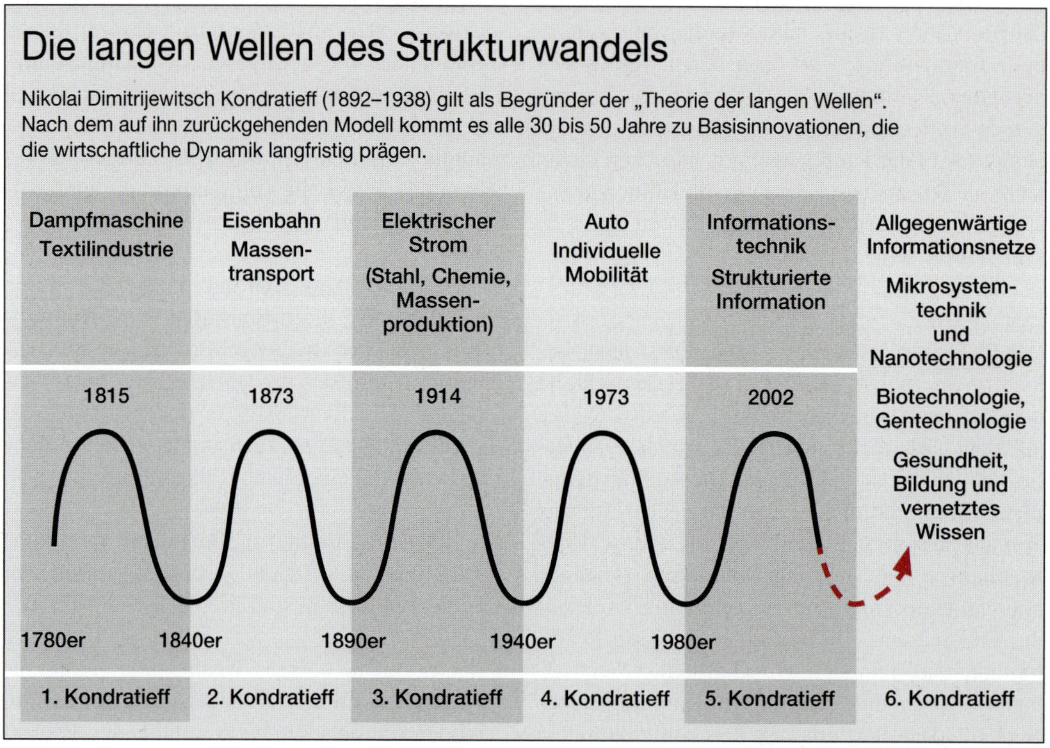

nach: Bundesamt für Sicherheit in der Informationstechnik, BSJ-Jahresbericht 2003

Saisonale und langfristige Schwankungen

Haben die oben beschriebenen Konjunkturschwankungen mittelfristigen Charakter, sind die jährlich auftretenden saisonalen Ausschläge des Wirtschaftsprozesses mit einer Dauer von meist ein bis drei Monaten von kurzfristiger Natur. Sie betreffen nur Teilbereiche der Volkswirtschaft und haben ihre Ursachen in erster Linie im Klimawechsel der Jahreszeiten: Während im Winter die Tätigkeiten auf dem Bau meist deutlich eingeschränkt werden, herrscht im Sommer in der Bauwirtschaft Hochbetrieb. Auch das Verbraucherverhalten löst kurzfristige Schwankungen aus. So steigen die Einzelhandelsumsätze während des Weihnachtsgeschäfts meist erheblich an. Durch ihre Kurzfristigkeit wirken sich saisonale Schwankungen nicht nachteilig auf die Volkswirtschaft aus.

Im Jahre 1926 stellte der russische Ökonom Nikolai D. Kondratieff die Theorie auf, dass sich die kapitalistische Wirtschaft in Form „langer Wellen" fortentwickle, wobei die Dauer dieser Wellen rund 50 bis 60 Jahre beträgt. Die Ursachen dieser sogenannten „Kondratieff-Wellen" liegen in tiefgreifenden strukturellen Wandlungen der Wirtschaft, die durch technische Neuerungen hervorgerufen werden (Dampfmaschine, Eisenbahn, Raumfahrt, Computer).

Konjunkturindikatoren

Zur Beschreibung und Prognose der gesamtwirtschaftlichen Lage ist es notwendig, Indikatoren heranzuziehen. Indikatoren sind Messgrößen, mit deren Hilfe eine möglichst fundierte Einschätzung der wirtschaftlichen Lage eines Landes ermöglicht werden soll. Nach dem zeitlichen Ablauf lassen sich **Früh-, Präsens- und Spätindikatoren** unterscheiden.

Ein charakteristischer Frühindikator ist der Geschäftsklimaindex, der regelmäßig von Wirtschaftsforschungsinstituten gemessen wird. Durch Befragungen von Unternehmen aus dem

Verarbeitenden Gewerbe, dem Bauhauptgewerbe und dem Groß- und Einzelhandel werden die Erwartungen der Unternehmen in Bezug auf Auftragseingänge und Investitionspläne ermittelt. Mit den ermittelten Daten werden Prognosen zur wirtschaftlichen Entwicklung möglich. Als weitere Frühindikatoren gelten die Auftragseingänge oder die Anzahl der Baugenehmigungen.

Präsensindikatoren, wie etwa die Im- und Exporte oder die Produktion, beschreiben die aktuelle wirtschaftliche Lage, während die Spätindikatoren mit einer zeitlichen Verzögerung der konjunkturellen Entwicklung folgen. Zu ihnen zählen etwa die Veränderung des Preisniveaus und die Entwicklung auf dem Arbeitsmarkt, denn bei anziehender Konjunktur stellen Unternehmen nicht sofort Arbeitskräfte ein. Erst werden die Betriebe versuchen, durch Überstunden oder Abbau von Kurzarbeit auf die steigende Nachfrage zu reagieren.

Für alle Indikatoren gilt, dass eine fundierte Aussage zur wirtschaftlichen Entwicklung einer Volkswirtschaft nur dann getroffen werden kann, wenn mehrere, gleichlaufende Indikatoren zur Beurteilung herangezogen werden.

Ursachen von Konjunkturschwankungen

Unterschiedliche **Konjunkturtheorien** versuchen, die zyklische Entwicklung der gesamtwirtschaftlichen Aktivitäten zu erklären.

- **Monetäre Theorien** gehen davon aus, dass Geldmengen- und Zinsveränderungen ursächlich verantwortlich für die Auf- und Abwärtsbewegungen des Bruttoinlandsprodukts sind. Demnach führt eine Ausdehnung der Geldmenge zu einem Aufschwung, der dann in die Rezession mündet, wenn die Zentralbank bei einer Gefährdung des Preisniveaus aufgrund hoher Konsumgüternachfrage durch eine Geldmengenbegrenzung und durch Zinserhöhungen reagiert.

- Die **Unterkonsumtionstheorie** begründet Rezessionen damit, dass die Konsumgüternachfrage hinter den Produktionsmöglichkeiten zurückbleibt, da Löhne und Gehälter nicht im gleichen Umfang steigen wie Güterpreise und Gewinne. Da es den Haushalten an Kaufkraft fehlt, führt die schwache Binnennachfrage zum Abschwung, da die Unternehmen der Nachfragelücke mit Produktionseinschränkungen und der Entlassung von Arbeitskräften begegnen.

- **Exogene (außerwirtschaftliche) Theorien** sehen die Ursachen für konjunkturelle Schwankungen in Gründen, die nicht direkt durch das Wirtschaftsgeschehen beeinflusst werden. Dazu gehören Naturkatastrophen, Kriege, Erfindungen, neue Rohstoffquellen und vor allem psychologische Faktoren, z. B. optimistische oder pessimistische Zukunftserwartungen.

M Die deutsche Wirtschaft – Zeiten und Bilder

Großer Bahnhof in Köln: Der millionste „Gastarbeiter“, der Portugiese Hernando Rodrigues de Sá, wird von Unternehmern feierlich empfangen und bekommt ein Moped und Blumen geschenkt.

Gruß von der Firma Igel & Co.

Karikaturen: Haitzinger/CCC, www.c5.net

Aufgaben

1. Die Bilder in M sind charakteristisch für die wirtschaftliche Entwicklung der Bundesrepublik Deutschland in bestimmten Phasen. Ordnen Sie die Bilder den Daten der Abbildungen auf S. 94 f. zu und recherchieren Sie den jeweiligen wirtschaftlichen und gesellschaftlichen Hintergrund.
2. Skizzieren Sie die Konjunkturzyklen der Bundesrepublik Deutschland und überprüfen Sie Ihr Ergebnis mit dem idealtypischen Grundmuster.
3. Beurteilen Sie die gegenwärtige Konjunkturlage mithilfe geeigneter Indikatoren.

2.2 Wirtschaftspolitische Zielsetzungen

Leitfragen | Was sind die wirtschaftspolitischen Ziele der sozialen Marktwirtschaft? | Wie werden diese Ziele gemessen?

Zielorientierte Stabilitätspolitik

Motive zur Stabilisierung

Nicht erst seit der drastischen Zunahme der Arbeitslosigkeit in den 1970er Jahren in nahezu allen westlichen Industrienationen bildet das Problem der wirtschaftlichen Stabilität einen Schwerpunkt der wissenschaftlichen wie auch der öffentlichen Diskussion. Denn die Erfahrung zeigt, dass die Intensität wirtschaftlicher Tätigkeiten in kapitalistischen Systemen Schwankungen unterworfen ist. War die erste Phase der Entwicklung der sozialen Marktwirtschaft von einer weitgehenden Passivität des Staates gegenüber Konjunkturschwankungen gekennzeichnet – begünstigt durch keine nennenswerten Konjunktureinbrüche im Zuge des stürmischen Wiederaufbaus der Bundesrepublik –, setzte sich mit dem Rückgang von Produktion und Beschäftigung Mitte der 1960er Jahre der Gedanke durch, mit wirtschaftspolitischen Steuerungsmaßnahmen stabilisierend in den Wirtschaftsprozess einzugreifen.

Bedeutung der wirtschaftlichen Stabilität

Warum der wirtschaftlichen Stabilität allerdings eine so große Bedeutung beigemessen wird, ist gar nicht so eindeutig zu beantworten. Gerade die Marktwirtschaft lebt von der Dynamik ständiger Veränderungen. Nicht umsonst charakterisierte der österreichische Nationalökonom Joseph A. Schumpeter die marktwirtschaftliche Ordnung als Prozess der schöpferischen Zerstörung, die mit wechselhaften Wirtschaftsverläufen einhergehe. Dass einer stabilen, berechenbaren wirtschaftlichen Entwicklung dennoch ein so hoher Stellenwert beigemessen wird, liegt vor allem daran, dass instabile Entwicklungen meist mit Planungsschwierigkeiten, Arbeitslosigkeit, Einkommensverlusten und politischen Krisen verbunden sind, welche die Politik vor große Aufgaben stellen.

Das Stabilitäts- und Wachstumsgesetz

Ziele des Gesetzes

1967 wurden deshalb in dem „Gesetz zur Förderung der Stabilität und des Wachstums der Wirtschaft“ **(Stabilitätsgesetz, StabG)** Ziele staatlicher Wirtschaftspolitik formuliert. „Bund und Länder haben bei ihren wirtschafts- und finanzpolitischen Maßnahmen die Erfordernisse des gesamtwirtschaftlichen Gleichgewichts zu beachten. Die Maßnahmen sind so zu treffen, dass sie im Rahmen der marktwirtschaftlichen Ordnung gleichzeitig zur Stabilität des Preisniveaus, zu einem hohen Beschäftigungsstand und außenwirtschaftlichem Gleichgewicht bei einem stetigen und angemessenen Wirtschaftswachstum beitragen.“ (§ 1 StabG)

Die Charakterisierung der stabilitätspolitischen Zielsetzung als „magisches Viereck“ bezieht sich darauf, dass zwischen den Zielen wechselseitige Beziehungen und Zielkonflikte bestehen, die es als unmöglich erscheinen lassen, alle Zielvorgaben gleichzeitig zu erfüllen.

Vom Viereck zum magischen Vieleck

Im Stabilitätsgesetz von 1967 blieben Ziele unberücksichtigt, die heute in der wirtschaftspolitischen Diskussion thematisiert werden.

- 1994 wurde der **Umweltschutz** als allgemeines Staatsziel in das Grundgesetz aufgenommen (Art. 20a), so dass eine umweltverträglich Wirtschaftsentwicklung als weiteres Stabilitätsziel angesehen werden darf.
- Das Ziel einer **gerechten Einkommens- und Vermögensverteilung** zeigt, dass wirtschaftspolitische Ziele oft durch allgemeinere gesellschaftspolitische Werturteile bestimmt sind.

Das magische Vieleck

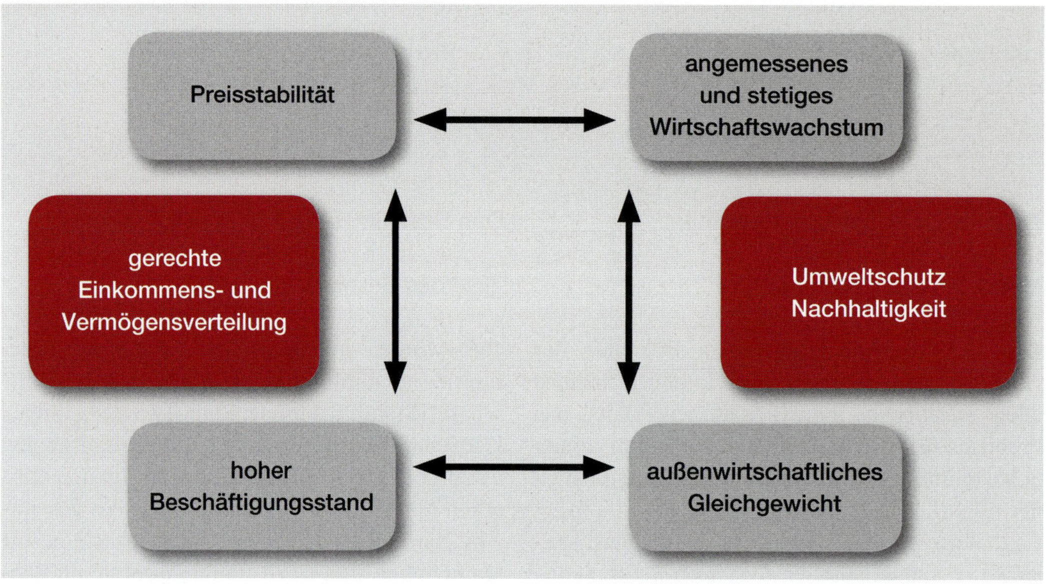

Stetiges und angemessenes Wirtschaftswachstum

Keines der Ziele des magischen Vierecks wird so kontrovers diskutiert wie das des Wirtschaftswachstums. Für die Befürworter bedeutet Wachstum:

- Sicherung und Zunahme von Arbeitsplätzen durch steigende Güterproduktion,
- höheres Einkommen und damit steigenden Lebensstandard,
- leichtere Finanzierung von Infrastrukturmaßnahmen und der sozialen Sicherung durch größeres staatliches Steueraufkommen,
- konfliktfreiere Umverteilung von Einkommenszuwächsen als in einer stagnierenden Wirtschaft.

Gegner dagegen kritisieren angesichts der Endlichkeit der verfügbaren natürlichen Ressourcen und der Umweltbelastungen das vorherrschende Wachstumskonzept mit seiner einseitig auf maximalen materiellen Konsum ausgerichteten Produktionsweise, die der Entwicklung einer gerechten und ökologisch ausgerichteten Gesellschaft entgegenstehe.

Als Zielindikator der quantitativen Ermittlung des Wirtschaftswachstums gilt die Änderungsrate des inflationsbereinigten (realen) Bruttoinlandsprodukts (BIP). Das BIP errechnet sich aus der Summe an Sachgütern und Dienstleistungen, die in einer Periode in einer Volkswirtschaft erzeugt werden und mit Preisen bewertet sind. Das BIP ist die umfassendste Messgröße für die gesamtwirtschaftliche Leistung eines Landes. Will man es als Wohlstandsindikator heranziehen, sind einige Einschränkungen zu beachten. So werden nur Leistungen erfasst, die legal auf Märkten gehandelt werden – die Produktion der privaten Haushalte bleibt ebenso unberücksichtigt wie alle Leistungen der Schattenwirtschaft. Schließlich lässt das BIP auch keine Aussage über die Verteilung der Einkommen und Vermögen sowie über die Höhe der Arbeitslosigkeit zu. Das Stabilitätsgesetz nennt zwar keine in Zahlen ausgedrückte Zielvorgabe; Experten gehen aber davon aus, dass Wachstumsraten von dauerhaft 2 % bis 3 % anzustreben sind, um positive Beschäftigungseffekte zu erreichen.

Stetiges und angemessenes Wirtschaftswachstum

Wirtschaftspolitische Bedeutung

- der Stetigkeit: Vermeidung oder Dämpfung der konjunkturellen Schwankungen von Wachstum und Beschäftigung
- der Angemessenheit: Notwendigkeit eines ausreichenden Wachstums für die Erreichung eines hohen Beschäftigungsgrades in der Zukunft

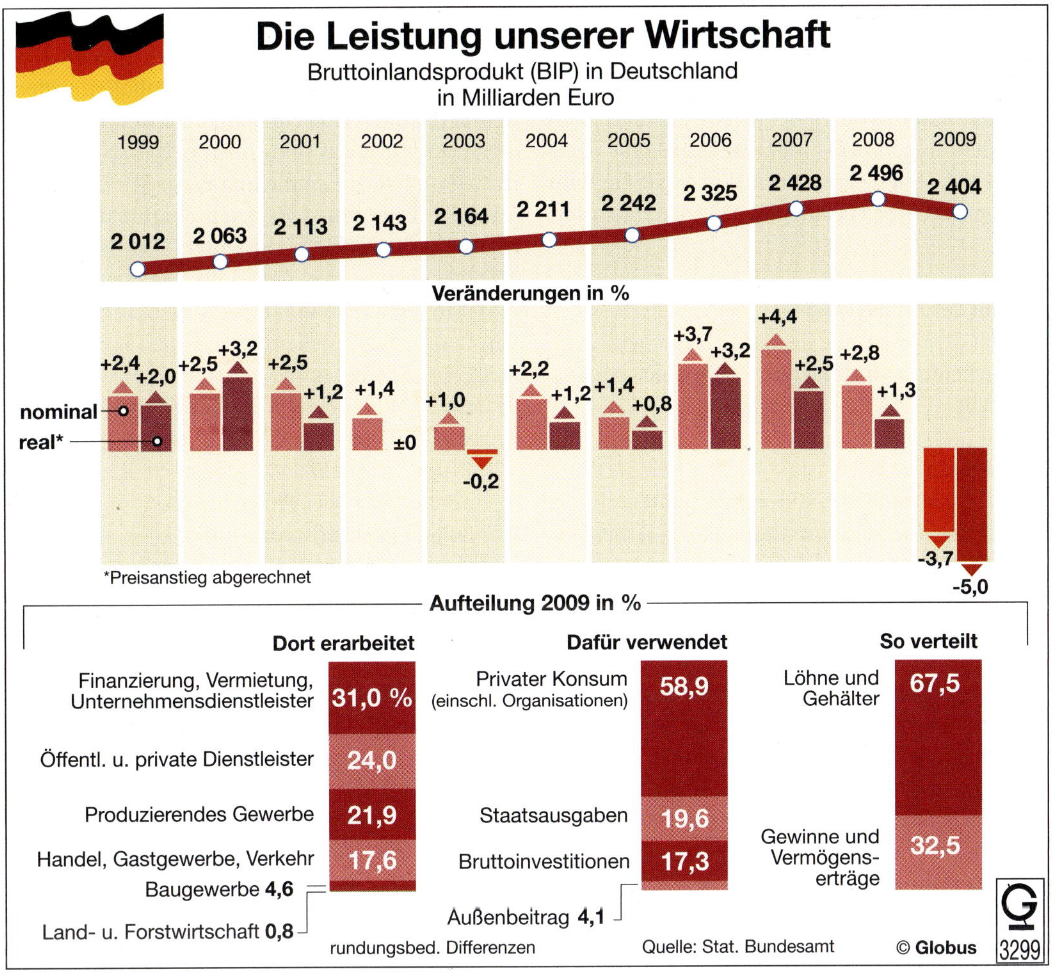

Hoher Beschäftigungsstand

Die Arbeitslosenquote

Der offizielle Indikator zur Messung der Arbeitslosigkeit ist die Arbeitslosenquote. Sie ist in der deutschen Statistik definiert als Anteil der bei den Arbeitsagenturen registrierten Arbeitslosen (AQ reg) an den abhängigen Erwerbspersonen (= abhängige Erwerbstätige (EWT abh) plus registrierte Arbeitslose):

$$AQ = \frac{AL_{reg}}{EWT_{abh} + AL_{reg}}$$

Die AQ ist allerdings nur von begrenzter Aussagefähigkeit. Sie erfasst nur einen Teil der Erwerbslosigkeit, nämlich die bei den Arbeitsämtern registrierten Arbeitslosen. Personen, die eine Arbeit suchen, ohne arbeitslos gemeldet zu sein, werden in der Statistik nicht berücksichtigt. Dieser Teil der Erwerbslosen wird durch den Indikator „Stille Reserve“ ausgedrückt. Dahinter verbergen sich vor allem arbeitssuchende Frauen, Ältere oder auch Personen, die in den Vorruhestand geschickt wurden, aber durchaus arbeiten könnten und wollten. Die AQ berücksichtigt auch nicht die Veränderungen der Arbeitszeit. So wird die Kurzarbeit, häufig eine Vorstufe der Arbeitslosigkeit, nicht berücksichtigt.

Zur besseren Beschreibung der Beschäftigungssituation wird daher zusätzlich der Indikator „offene Stellen“ herangezogen. Er weist die freien Arbeitsplätze aus, die Unternehmen den Arbeitsagenturen melden. Aber auch hier gibt es Einschränkungen, denn die Zahl der tatsächlichen offenen Stellen ist meist deutlich höher als die gemeldeten, da die Arbeitgeber keine Meldepflicht haben. Die Quantifizierung des Ziels hoher Beschäftigungsstand ist äußerst schwierig. Es ist sicher dann erreicht, wenn alle Arbeitsplatzsuchenden auch Beschäftigung finden, wohingegen eine Arbeitslosenquote von null Prozent auf absehbare Zeit nicht nur unrealistisch, sondern sogar nachteilig ist, da einer wachsenden Wirtschaft das dann notwendige Arbeitskräftepotenzial fehlen würde.

Formen der Arbeitslosigkeit

Je nach dem zugrunde liegenden Ursachenbündel unterscheidet man folgende Formen der Arbeitslosigkeit:

- **Saisonale Arbeitslosigkeit** ist bedingt durch Witterungseinflüsse und andere jahreszeitliche Einflüsse, die zu Schwankungen im Arbeitsvolumen führen.

- **Friktionelle Arbeitslosigkeit** entsteht vorübergehend bei dem Wechsel von Arbeitnehmern von einer Arbeitsstelle zur nächsten oder auch durch Umorganisationen einzelner Betriebe. Sie ist meist kurzfristig und notwendig, um den Ausgleich von Arbeitsangebot und -nachfrage am Arbeitsmarkt zu ermöglichen.

- **Konjunkturelle Arbeitslosigkeit** betrifft nahezu alle Branchen einer Volkswirtschaft und entsteht dann, wenn Nachfrageeinbrüche im In- oder Ausland zur Unterauslastung des Produktionspotenzials führen.

- **Strukturelle Arbeitslosigkeit** wird durch Veränderungen der Wirtschaftsstrukturen und die sich dadurch wandelnden Anforderungsprofile für die Beschäftigten verursacht. Entlassungen in der Schwerindustrie laufen parallel zu Arbeitskräftemangel in Branchen der Hochtechnologie. Mangelnde Qualifikation und fehlende Mobilität sind zwei Ursachen struktureller Arbeitslosigkeit, die größte Herausforderung stellt aber heute der weltweite Strukturwandel (umschrieben mit dem Begriff Globalisierung) mit dem Aufkommen einer Vielzahl globaler Produktionsstandorte mit im Vergleich zur Bundesrepublik deutlichen Kostenvorteilen bei der Güterherstellung dar. Es ist davon auszugehen, dass diese Form der Arbeitslosigkeit gegenwärtig die entscheidende Ursache für die Beschäftigungskrise in Deutschand ist.

Folgen der Arbeitslosigkeit

Arbeitslosigkeit stellt für die Betroffenen eine hohe Belastung dar. Finanzielle Einbußen bedeuten persönliche Einschränkungen, und berufliche Perspektivlosigkeit führt nicht selten zu gestörten Beziehungen zu Familie und Freunden und zu einem Rückzug aus dem gesellschaftlichen Leben. Gesamtwirtschaftlich bedeutet Arbeitslosigkeit zurückgehende Einnahmen des Staates aufgrund von Steuermindereinnahmen und Beitragsausfällen der Sozialversicherungen. Hinzu kommen erhebliche Kosten durch passive arbeitsmarktpolitische Maßnahmen wie Lohnersatzleistungen (Arbeitslosengeld) und durch aktive Arbeitsbeschaffungsmaßnahmen. Zudem ist die Binnennachfrage bei hoher Arbeitslosigkeit geringer als bei hohem Beschäftigungsstand.

Stabilität des Preisniveaus

Begriff und Folgen der Inflation

Im November 1923 deponierten Münchner Spengler in dem fertig gestellten Dach des Walchensee-Kraftwerks eine Urkunde mit folgendem Text: „Dieser Turm wurde gedeckt im Jahre 1923 während der Zeit vom Oktober bis November. Der Lohn dieser Zeit betrug für einen Spengler 120 Milliarden Mark in der Stunde. Es kostete in Milliarden: 1 Liter Bier 80, 1 Pfund Brot 36, 1 Pfund Fleisch 200, 1 Liter Milch 80, 1 Ei 15; 1 Paar Schuhe 3,5 Billionen, 1 Anzug nach Maß 70 Billionen, 1 Tafel Kupfer für den Turm 500 Billionen ..."

Damals herrschte in Deutschland eine schier unglaubliche, von Stunde zu Stunde sich beschleunigende Geldentwertung. Riesige Geldvermögen wurden vernichtet.

Der Fachbegriff für die Geldentwertung heißt **Inflation** und beschreibt einen anhaltenden Anstieg des Preisniveaus. Das im Stabilitätsgesetz formulierte Ziel der Preisniveaustabilität, das bei Preissteigerungsraten von weniger als 2 % erreicht ist, bedeutet aber nicht, dass die Preise der einzelnen Güter konstant bleiben müssen, sondern dass sich das durchschnittliche Niveau der Preise nicht ändern soll. Marktwirtschaftlich organisierte Volkswirtschaften fordern geradezu bewegliche Preise, um Angebot und Nachfrage durch den Marktmechanismus auszugleichen.

Vor dem Hintergrund der Erfahrungen von zwei extremen Geldentwertungen – 1948 wiederholte sich, wenn auch in abgeschwächter Form, die Hyperinflation von 1923 – ist die Inflation in der Bundesrepublik konsequent bekämpft worden, und das aus gutem Grund:

Lang anhaltende Preisauftriebe führen zu Einkommensverlusten, denn während sich die Preise fortlaufend erhöhen, werden Transferleistungen (Kindergeld, Sozialhilfe, Bafög) oder Rentenzahlungen – wenn überhaupt – nur mit zeitlichem Abstand angehoben; zudem wird der Kaufkraftverlust durch die Geldanpassung oft nicht voll ausgeglichen. Lohn- und Gehaltsempfänger sind gleichfalls bei einer Inflation benachteiligt, wenn ihr Einkommen nicht im gleichen Maße steigt wie das Preisniveau.

Auf der Verliererseite sind vor allem die Sparer zu finden: Legt beispielsweise ein Sparer 10.000 Euro bei einer Bank an, wird er nach Ablauf des Anlagezeitraums aufgrund des geltenden Nominalwertprinzips wieder 10.000 Euro, also nominal den gleichen Wert, zurückbekommen. Treten während des Anlagezeitraums deutliche Preissteigerungen auf, wird der Sparer für seine 10.000 Euro aber nur einen geringeren Gegenwert an Gütern erhalten, als dies zu Beginn der Geldanlage möglich gewesen wäre. Die Verzinsung wird den Realverlust dann nicht ausgleichen, wenn die Geldentwertungsrate größer ist als der Zinssatz. Als Folge wird die Sparneigung abnehmen und die Flucht in die Sachwerte setzt ein – Gewinner der Inflation sind also Sachvermögensbesitzer (z. B. Hauseigentümer).

Je stärker die Preise steigen, umso geringer wird das Vertrauen der Bevölkerung in die Währung sein. Das Geld verliert dann neben seiner Aufgabe als Wertaufbewahrungsmittel auch nach und nach seine Funktion als Zahlungsmittel. Ersatzwährungen, wie die sog. Zigarettenwährung während der Inflation 1948, übernehmen die Geldfunktion, und der Naturalientausch bestimmt den Güterhandel. Häufig bleibt in derartigen Extremsituationen nur der Weg in eine Währungsreform, bei der die alte Währung durch eine neue ersetzt wird.

Da hohe Preissteigerungen besonders stark Sparer und Arbeitnehmer benachteiligen, sind vor allem untere und mittlere Schichten und damit der größte Teil der Bevölkerung betroffen, da sie am wenigsten in der Lage sind, Sachvermögen zu bilden. Der Sicherung der Geldwertstabilität kommt daher in der wirtschaftspolitischen Zielhierarchie eine entscheidende Bedeutung zu.

Inflationsursachen

Die Theorien über die Ursachen inflationärer Prozesse sind zahlreich und deuten insgesamt darauf hin, dass bei einer Inflation verschiedene Faktoren zusammenwirken, ohne dass ihr genauer Anteil an der Steigerung des Preisniveaus eindeutig bestimmt werden kann. Unstrittig ist, dass eine Inflation langfristig immer ein monetäres Problem ist: Die Geldmenge wächst stärker als die Gütermenge. Kurzfristig kann dieser Zusammenhang durch andere Faktoren überlagert werden.

- Als Ursache des Preisanstiegs ist zunächst die **Nachfrageinflation** zu nennen. Sie tritt auf, wenn bei ausgelasteten Produktionskapazitäten ein Nachfrageüberschuss besteht. Der gestiegenen Nachfrage (z. B. durch verstärkte Ausweitung der Auslands-, Investitions- oder Konsumnachfrage) begegnen die Unternehmen mit Preissteigerungen, wenn kurzfristig keine Möglichkeit besteht, die Kapazitäten zu erweitern.

- Von einer **importierten Nachfrageinflation** spricht man, wenn eine große Auslandsnachfrage zu Preissteigerungen führt. Mit der Theorie der Nachfrageinflation können inflationäre Prozesse in einer konjunkturellen Aufschwungphase oder im Boom erklärt werden.

Daneben gibt es verschiedene Inflationsursachen, die von der **Angebotsseite** ausgelöst werden.

- Bei der **Kosteninflation** führen steigende Produktionskosten – verursacht z. B. durch Lohnerhöhungen oder Verteuerung von Vor- und Zwischenprodukten – zu steigenden Preisen, wenn es den Unternehmen gelingt, die gestiegenen Kosten auf die Preise umzulegen.

- Verteuern steigende Importpreise – etwa für dringend benötigte Rohstoffe wie Erdöl – die Produktionskosten und verursachen Preissteigerungen, spricht man von einer **importierten Kosteninflation.**

Inflationsmessung

Der wichtigste Maßstab für die Kaufkraft des Geldes ist der **Verbraucherpreisindex**. Er will ein umfassendes Bild der Preisentwicklung vermitteln, soweit die privaten Haushalte betroffen sind. Es ist deshalb notwendig, die Verbrauchsgewohnheiten möglichst genau zu erfassen. Es ist aber weder möglich noch erforderlich, die Preise für alle angebotenen und von privaten Haushalten gekauften Güter zu erheben. Es reicht, aus der Gesamtheit der Güter einen repräsentativen **Warenkorb** zusammenzustellen. Dieser enthält etwa 750 Güter und Dienstleistungen, die je nach ihrem Anteil an den gesamten Lebenshaltungskosten gewichtet werden. Die großen Posten sind dabei die Aufwendungen für Nahrungsmittel, die Ausgaben für Freizeit und Unterhaltung und die Wohnraummiete.

Wird der zum jeweiligen Erhebungszeitraum festgestellte Gesamtpreis des Warenkorbs zu dem Preis ins Verhältnis gesetzt, der für den Vormonat bzw. den Vorjahresmonat zu bezahlen war, dann erhält man die monatlichen bzw. jährlichen Inflations- oder Preissteigerungsraten. Wegen sich verändernder Verbrauchergewohnheiten, des Aufkommens neuer Produkte und wechselnder Qualitätsstandards werden die Warenkörbe alle fünf Jahre neu zusammengestellt.

Außenwirtschaftliches Gleichgewicht

Begründung und Definition des außenwirtschaftlichen Gleichgewichts

Der Austausch von Waren und Dienstleistungen mit dem Ausland (Export und Import) ist für die Bundesrepublik von großer Bedeutung, allein deshalb, weil Deutschland ein rohstoffarmes Land ist, das die wichtigsten Rohstoffe einführen muss. Um sie zu bezahlen, braucht Deutschland ausländische Zahlungsmittel (Devisen), die es auf Dauer nur durch die Ausfuhr deutscher Waren ins Ausland verdienen kann. Diese hochgradige Verflechtung der Bundesrepublik mit dem internationalen Handel zeigt die Bedeutung des vierten wirtschaftspolitischen Ziels des Stabilitätsgesetzes, dem „außenwirtschaftlichen Gleichgewicht". Doch was ist damit gemeint? Das Gesetz lässt offen, was darunter tatsächlich zu verstehen ist. Zumeist wird es als ein Zustand definiert, bei dem sich die aus dem internationalen Güter-, Dienstleistungs- und Kapitalverkehr ergebenden Zahlungseingänge und Zahlungsausgänge entsprechen.

Dauerhaft hohe Importüberschüsse bedeuten, dass zur Finanzierung des Imports entweder Devisenreserven abgebaut werden müssen oder es zur Verschuldung im Ausland kommt, mit der Folge künftiger Zins- und Tilgungsleistungen. Exportüberschüsse, wie sie etwa Deutschland seit langen Jahren erzielt, führen hingegen zu einer besseren Kapazitätsauslastung und helfen damit, die eigene Arbeitslosigkeit abzubauen und den Wohlstand zu sichern – allerdings zu Lasten der Defizitländer, denn Exportüberschüsse und die Devisenzunahme eines Landes entsprechen den Importüberschüssen und Devisenverlusten anderer Länder. Tragen sie im Inland zur Stützung der Konjunktur und der Beschäftigung bei, so setzen sie im Ausland Arbeitsplätze frei.

Hinter dem Ziel „außenwirtschaftliches" Gleichgewicht steht also letztlich die Vorstellung einer gleichgewichtigen Entwicklung aller Staaten. Gleichwohl sind aber die hohen Überschüsse Deutschlands im Warenverkehr mit dem Ausland zwingend notwendig, um die Defizite im Dienstleistungsverkehr mit dem Ausland – hier insbesondere im Reiseverkehr – zu finanzieren und auch die Nettozahlungen in den EU-Haushalt und an andere internationale Organisationen aufbringen zu können.

Die Zahlungsbilanz

Die ökonomischen Transaktionen zwischen Inländern und Ausländern, die in einem bestimmten Zeitraum stattgefunden haben, werden in der Zahlungsbilanz erfasst. Sie ist in mehrere Teilbilanzen untergliedert. Die wichtigsten sind:

- **Leistungsbilanz:** Sie erfasst in der Handelsbilanz alle Transaktionen von Waren mit dem Ausland. Die Ausgaben im Reiseverkehr und der weitere Austausch von Dienstleistungen werden in der Dienstleistungsbilanz verbucht. Die Übertragungsbilanz berücksichtigt alle unentgeltlichen Leistungen, wie etwa Entwicklungshilfe oder EU-Zahlungen an das Ausland. Ein Überschuss in der Leistungsbilanz zeigt an, dass das Inland mehr Leistungen an das Ausland erbringt, als es von dort erhält.

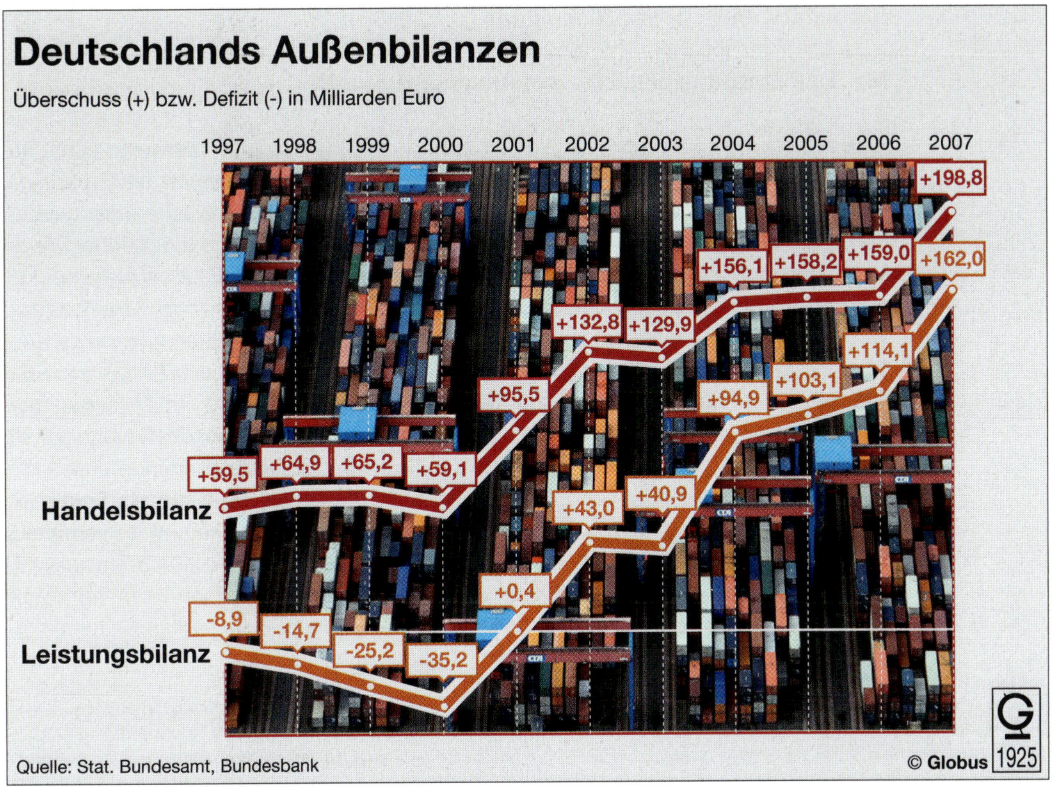

- **Kapitalbilanz:** In ihr werden die Kapitalbewegungen zwischen In- und Ausländern dargestellt. Dazu gehören Direktinvestitionen (u. a. Beteiligungen an Unternehmen, grenzüberschreitender Erwerb von Immobilien), Wertpapieranlagen (Anleihen oder Aktien) oder der Kreditverkehr.

- **Devisenbilanz:** Sie beschreibt die mengenmäßige Veränderung der Währungs- und Goldbestände.

Da alle Transaktionen doppelt gebucht werden, ist die Summe aller Teilbilanzen gleich null – die Teilbilanzen weisen dagegen meist von null abweichende Salden auf. Wenn also davon gesprochen wird, dass sich die Zahlungsbilanz im Ungleichgewicht befindet, dann bezieht sich dies immer auf Teilbilanzen.

Stabilitätspolitik in der Diskussion

M1 Das Stabilitätsgesetz – ein Anachronismus?

Eine am ökologischen und sozialen Umbau der Volkswirtschaft orientierte alternative Wirtschaftspolitik kann nicht das anachronistische Stabilitätsgesetz als Grundlage haben. In dem Zielkatalog des Stabilitätsgesetzes werden ökologische Ziele ausgeklammert. Das gesamtwirtschaftliche Wachstum gilt als entscheidender Fortschritts- und Wohlstandsindikator, obwohl sich hinter dem Zuwachs des Bruttosozialprodukts erhebliche und steigende ökologische und soziale Folgekosten des Wirtschaftens verbergen. Diese Folgeschäden werden nicht als wirtschaftliche Phänomene interpretiert und ausgewiesen. Dabei bedeuten sie zu einem großen Teil den Abbau produktiven Naturvermögens. Auf der Basis des „naturblinden" Stabilitäts- und Wachstumsgesetzes kann der erforderliche ökologische Umbau der Volkswirtschaft nicht initiiert werden. Es liegt u. a. in der Systematik des Stabilitätsgesetzes begründet, dass die Wirtschafts- und die Umweltpolitik voneinander getrennt bleiben. Beide Politikbereiche werden kaum miteinander koordiniert. Der Umweltpolitik kommt im Verhältnis zur Wirtschaftspolitik eine bloß additive sowie nach- und untergeordnete Stellung zu. Die politisch-administrative Aufwertung der Umweltpolitik und ihre Verzahnung mit der Wirtschaftspolitik ist aber eine wesentliche Voraussetzung für eine umweltverträgliche Transformation der Wirtschaft.

Eckard Stratman-Mertens/Rudolf Hickel/Jan Priewe,
Wachstum – Abschied von einem Dogma, Frankfurt/M. 1991, S. 16

M2 Zielkonflikte: Preisniveaustabilität versus hoher Beschäftigungsstand?

Von den vier Zielen des Stabilitätsgesetzes rivalisieren insbesondere die Preisniveaustabilität und der hohe Beschäftigungsstand miteinander. Nachfragebelebende Maßnahmen zur Erhöhung der Beschäftigung können in einigen Sektoren auf Kapazitätsengpässe stoßen und inflationäre Kräfte freisetzen. Nachfragedämpfende Maßnahmen zur Abschwächung eines Preisauftriebs wiederum können in einzelnen Bereichen Arbeitslosigkeit auslösen. Der grundsätzliche Gegensatz zwischen beiden Zielen ist erstmals 1958 von dem englischen Statistiker A. W. Philips untersucht worden. Er kam zu dem Ergebnis, dass eine geringe Arbeitslosenquote mit hohen Lohnsteigerungen und umgekehrt geringe Lohnsteigerungen mit hoher Arbeitslosigkeit einhergingen. Demnach können in Zeiten hoher Beschäftigung auch hohe Lohnforderungen durchgesetzt werden, während in Zeiten starker Arbeitslosigkeit nur geringe Lohnerhöhungen möglich wären. Dies lässt sich grafisch als Philipskurve darstellen. Ob es für die praktische Wirtschaftspolitik tatsächlich eine Entscheidung zwischen höherer Beschäftigung, dafür aber mehr Inflation, oder stabilerem Preisniveau, dafür aber mehr Arbeitslosigkeit gibt, ist umstritten.

Jörn Altmann, Wirtschaftspolitik, Stuttgart 2007, S. 644

Aufgaben

1. Im Stabilitäts- und Wachstumsgesetz ist das Ziel einer stabilen wirtschaftlichen Entwicklung fixiert. Stellen Sie Gründe zusammen, die aus der jeweiligen Sicht des Staates, der Unternehmen und der Haushalte für eine Stabilisierungspolitik angeführt werden können.

2. Prüfen Sie für verschiedene Phasen der wirtschaftlichen Entwicklung der Bundesrepublik, wie sich die Zielgrößen zueinander verhalten. Recherchieren Sie dazu im Internet die entsprechenden Daten.

3. a) Erörtern Sie mögliche Zielkonflikte zwischen ökologischen Zielen und der traditionellen Stabilisierungspolitik, wie sie im Magischen Viereck formuliert wurde (M1, M2).

b) Erläutern Sie, warum das Bruttoinlandsprodukt ein problematischer gesamtwirtschaftlicher Wohlstandsmaßstab ist.

4. Überprüfen Sie den Zusammenhang zwischen Inflation und Arbeitslosigkeit für die Bundesrepublik Deutschland (M2). Tragen Sie dazu in ein Koordinatensystem die entsprechenden Werte ein (Arbeitslosenquote auf der X-Achse: 1% = 1 cm, Preisentwicklung in % auf der Y-Achse: 1% = 2 cm).

2.3 Das Modell des Wirtschaftskreislaufs

Leitfragen

Welche ökonomischen Zusammenhänge werden in den Kreislaufmodellen erfasst?

Wie errechnet sich das Bruttoinlandsprodukt?

Der einfache Wirtschaftskreislauf

Vor Jahrhunderten war das Wirtschaftsleben deutlich leichter zu erfassen als heute: Die Familie oder die Gemeinschaft erzeugte alle lebensnotwendigen Waren selbst (Selbstversorgungs- oder Subsistenzwirtschaft). Durch den Vorgang der Arbeitsteilung verlor die Familie immer mehr die Eigenschaft einer Produktionsstätte, dagegen erhöhte sich ihre Bedeutung als Konsumeinheit. Kennzeichen heutiger („moderner“) Volkswirtschaften ist eine ständig fortschreitende Arbeitsteilung mit einer deutlichen Trennung von Produktion und Konsum. Der damit notwendigerweise einhergehende Gütertausch zwischen Haushalten und Unternehmen führte zur Entstehung von Märkten, auf denen die hergestellten Güter gehandelt werden konnten. Das verwirrende Bild millionenfacher Tauschvorgänge wird übersichtlicher, wenn die vielen Vorgänge in vereinfachter Form dargestellt werden. Die Wirtschaftswissenschaften haben daher das **Modell des Wirtschaftskreislaufs** entwickelt.

Der Wirtschaftskreislauf einer modernen Volkswirtschaft ist äußerst komplex. Durch die Methode der Aggregation (Vereinigung) werden gleichartige ökonomische Transaktionen zu **Strömen** zusammengefasst. Das gilt auch für gleichartige Wirtschaftssubjekte, die zu Sektoren oder Polen vereinigt werden. So kann der Wirtschaftsprozess durch wenige Geld- und Güterströme dargestellt werden. Es erscheint auch nur vernünftig, die Wirklichkeit zunächst radikal zu vereinfachen und sich ihr dann stufenweise anzunähern. In einem ersten Schritt beschränkt man sich daher auf ein Kreislaufmodell, das nur aus den zwei Sektoren Haushalte und Unternehmen besteht. Diesem Modell legt man die Wirklichkeit vereinfachende Annahmen zu Grunde (Prämissen). Mit der Entwicklung hin zum vollständigen Kreislaufmodell werden die Prämissen nach und nach verändert und so immer mehr der Realität angepasst. Damit können ökonomische Zusammenhänge analysiert werden.

Der einfache Wirtschaftskreislauf (ohne ökonomische Beziehungen zum Ausland und ohne staatliche Aktivität) stellt zunächst die wirtschaftlichen Beziehungen zwischen den Wirtschaftssektoren Unternehmen als Produktionseinheiten und den Haushalten als Konsumeinheiten dar. Die Haushalte stellen den Unternehmen Faktorleistungen zur Verfügung (Boden, Kapital, Arbeit). Die Unternehmen produzieren damit Güter und stellen diese den Haushalten zur Verfügung

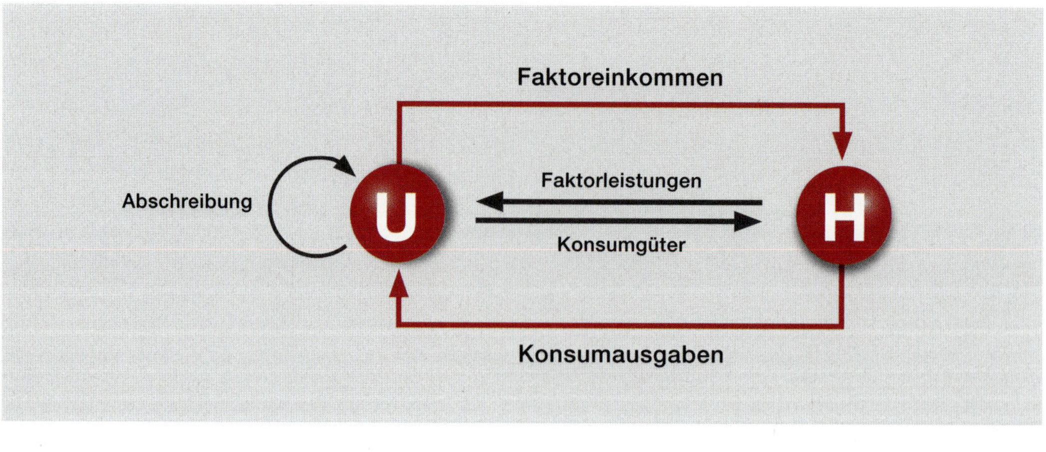

(Güterstrom). Die Haushalte beziehen von den Unternehmen Faktoreinkommen (Löhne, Zinsen, Miete) aus der Überlassung der Faktorleistungen. Dafür bezahlen sie mit diesem Einkommen die von den Unternehmen produzierten Güter (Geldstrom). In Geldwirtschaften entspricht jedem realen Strom ein monetärer Strom, weswegen in komplexeren Modellen nur die Geldströme erfasst werden. Die Ersatzinvestitionen, die nur den abnutzungsbedingten Verschleiß alter Produktionsanlagen ausgleichen, werden in der Kreislauftheorie als In-sich-Strom des Sektors Unternehmen dargestellt. Die Ersatzinvestitionen werden auch Abschreibungen genannt.

Die evolutorische Wirtschaft

Für den einfachen Wirtschaftskreislauf gilt, dass die mit der Produktion entstehenden Einkommen in voller Höhe für den Konsum ausgegeben werden. Tatsächlich verwenden aber die Haushalte nur einen Teil ihres Einkommens für Konsumgüter, einen Teil sparen sie. Ebenso produzieren Unternehmen nicht nur Konsumgüter, sondern auch Investitionsgüter, mit denen sie ihren Kapitalstock erweitern. Durch das Sparen der Haushalte und die Investitionstätigkeit der Unternehmen findet ein Vermögenszuwachs in der Volkswirtschaft statt. Eine solche Wirtschaft wird als evolutorisch bezeichnet. Im Kreismodell wird dies durch die Einführung eines weiteren Sektors, der Vermögensveränderung, berücksichtigt.

Der Kreislauf einer offenen Volkswirtschaft mit staatlicher Aktivität

Werden die wirtschaftlichen Aktivitäten des Staates (Bund, Länder, Gemeinden und deren Gemeinschaftseinrichtungen wie Hochschulen, Schulen oder die Bundeswehr) im Kreislaufmodell berücksichtigt, sind weitere Transaktionen zu unterscheiden:

- **Direkte Steuern:** Einkommens- und Ertragssteuern und (aus Vereinfachungsgründen) auch die Sozialversicherungsbeiträge;
- **Indirekte Steuern:** Mehrwertsteuer und Verbrauchssteuern (z.B. Mineralölsteuer), die von den Unternehmen in die Produktpreise eingerechnet werden;
- **Staatlicher Konsum:** Kauf von Sachgütern und Dienstleistungen bei Unternehmen und Erfassung von Gemeinschaftsgütern (Bildung, Sicherheit, Gesundheit etc.);
- **Transferzahlungen an die Haushalte:** Unterstützungsleistungen wie Kindergeld, Pensionen oder Sozialversicherungsleistungen;
- **Subventionen an Unternehmen:** Geldleistungen z.B. für Forschungszwecke, für den Agrarsektor oder die Steinkohle.

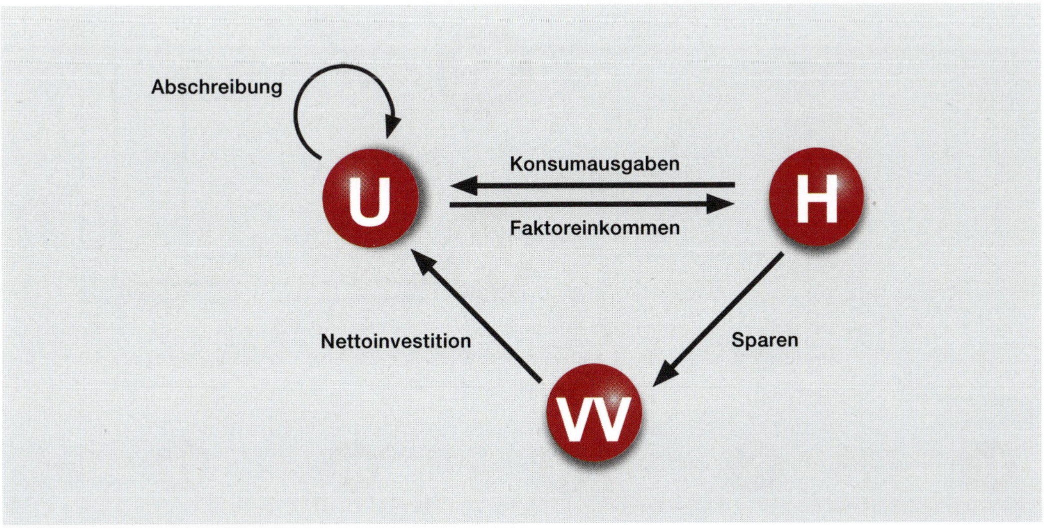

Die positive Differenz aus Einnahmen und Ausgaben des Staates wird als Ersparnis des Staates bezeichnet. Übersteigt dagegen der Ausgabenstrom die Einnahmen, gleicht der Staat den Fehlbetrag durch Kreditaufnahme aus.

Moderne Volkswirtschaften verfügen über eine Vielzahl von Wirtschaftsbeziehungen zum Ausland. Ein nicht unerheblicher Teil der inländischen Produktion wird vom Ausland nachgefragt und als Exporte bezeichnet. Im Gegenzug importiert die inländische Volkswirtschaft Güter aus dem Ausland, die im Inland entweder weiterverarbeitet werden (Rohstoffe) oder zu Konsumzwecken dienen. Durch die Einführung des Sektors Ausland im Kreislaufmodell können die grenzüberschreitenden Transaktionen erfasst werden.

Sind die Exporte größer als die Importe, erhöhen sich im Umfang des Ausfuhrüberschusses die Forderungen des Inlands gegenüber dem Ausland. Umgekehrte Vermögenseffekte treten ein, wenn die Exporte kleiner als die Importe sind. Mit der Einführung des Sektors Ausland ist auch der Saldo der Erwerbs- und Vermögenseinkommen aus der übrigen Welt abzüglich der Erwerbs- und Vermögenseinkommen an die übrige Welt als Geldstrom zum Sektor Unternehmen zu berücksichtigen.

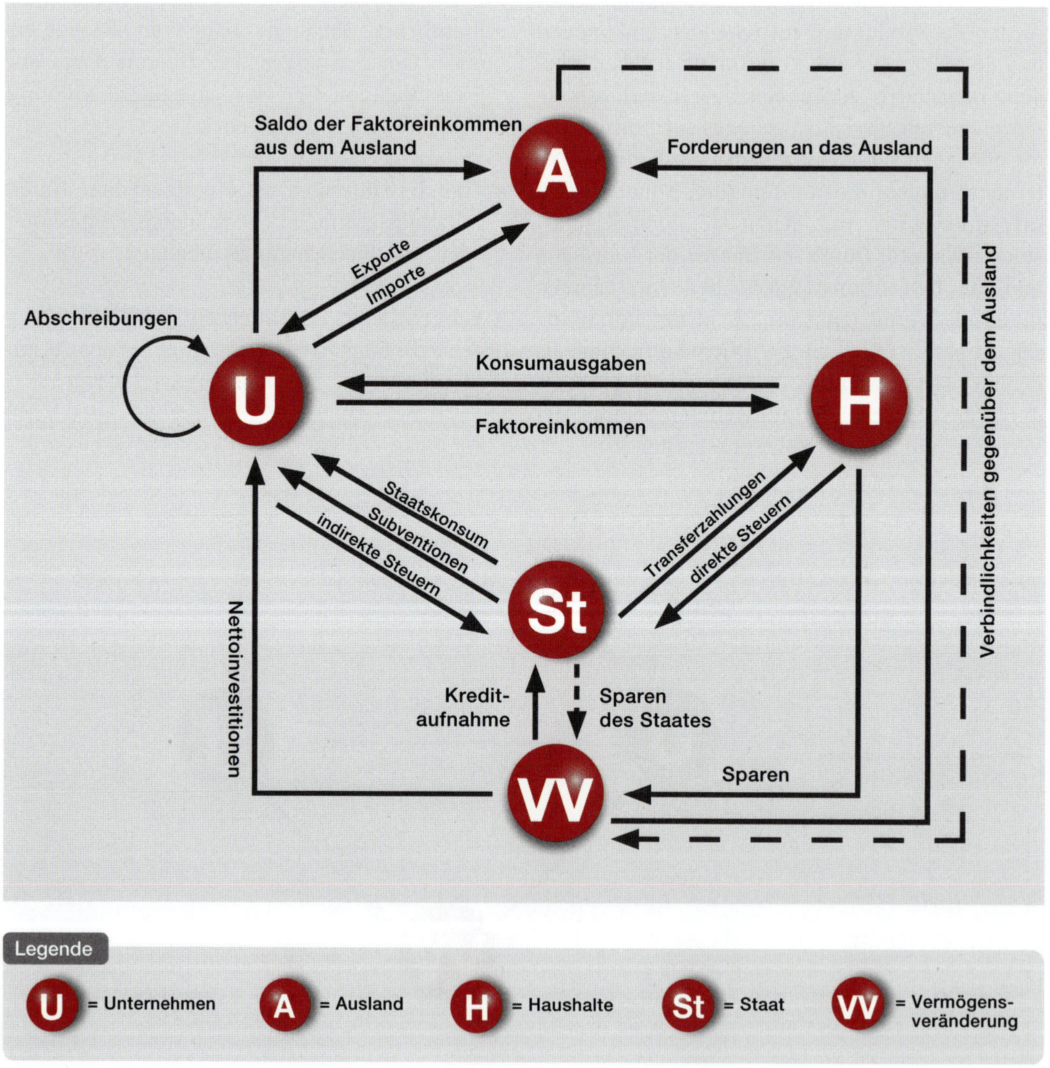

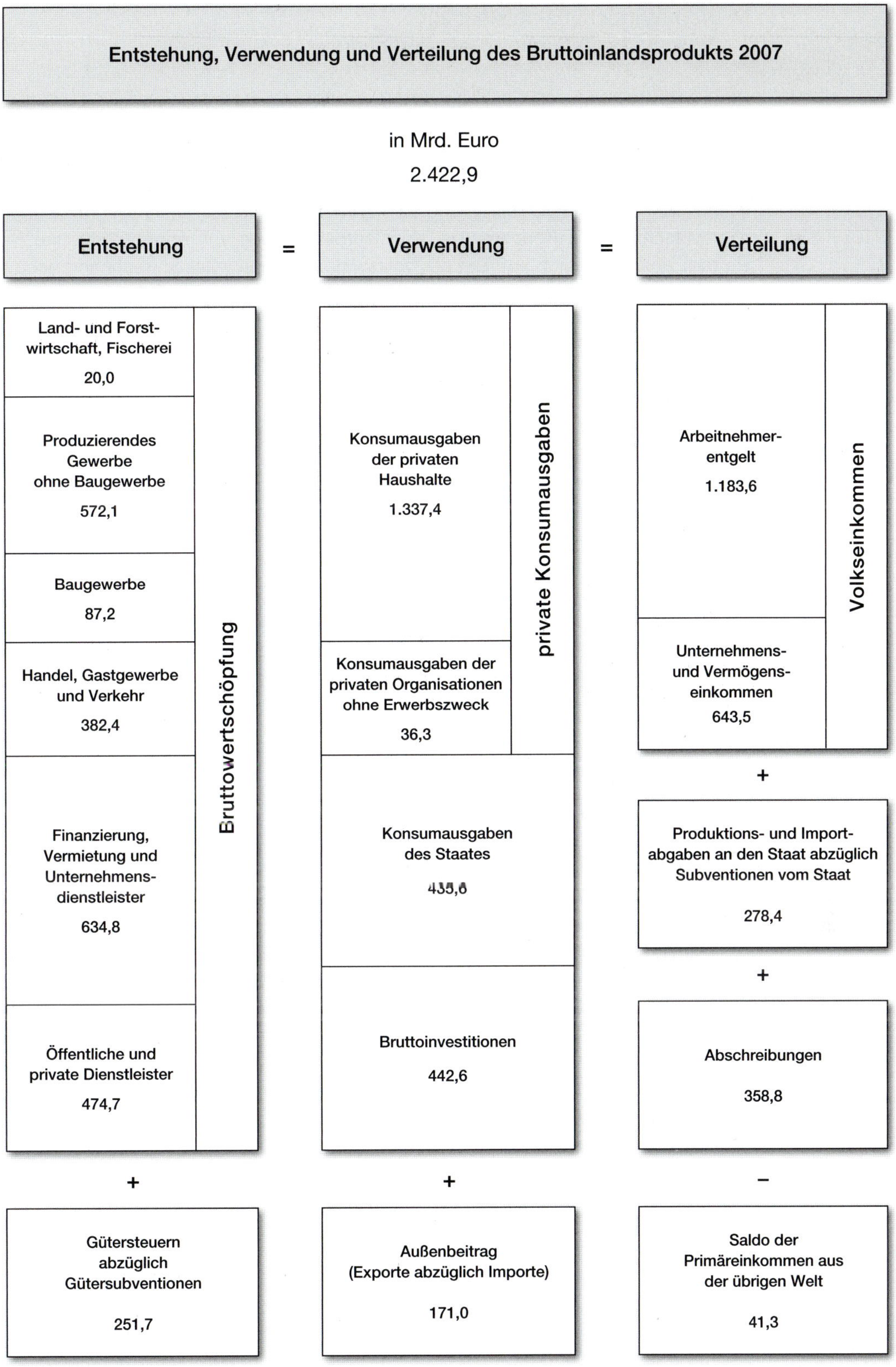

Volkswirtschaftliche Gesamtrechnung. Wichtige Zusammenhänge im Überblick, Statistisches Bundesamt, Wiesbaden 2007, S. 10

M Vom Wirtschaftskreislauf zur Volkswirtschaftlichen Gesamtrechnung

Bruttoinlandsprodukt, Bruttonationaleinkommen und Volkseinkommen sind häufig genutzte Größen, die die Leistungsfähigkeit einer Volkswirtschaft beschreiben. Sie werden im Rahmen der Volkswirtschaftlichen Gesamtrechnung (VGR) ermittelt. Die VGR liefert ein quantitatives Bild des ökonomischen Geschehens einer Volkswirtschaft. Sie steht in enger Beziehung zum Wirtschaftskreislauf. Die VGR greift die gesamtwirtschaftlichen Konzepte der Kreislaufbetrachtung auf, erweitert sie und füllt sie mit Zahlen inhaltlich auf. Bei der Volkswirtschaftlichen Gesamtrechnung handelt es sich um eine rückblickende Betrachtung des wirtschaftlichen Geschehens. Man spricht von einer Ex-post-Betrachtung. Die VGR ist ein umfassendes Instrument der Wirtschaftsbeobachtung und ein Informationssystem für die wirtschaftspolitischen Entscheidungsträger.

Zentrale Größe der VGR ist das Bruttoinlandsprodukt (BIP). Es ergibt sich aus der Summe der Produktionswerte der Wirtschaftssektoren. Um Doppelzählungen zu vermeiden, müssen jeweils Vorleistungen abgezogen werden. Dabei handelt es sich um Güter, die von anderen Unternehmen bezogen und in der gleichen Wirtschaftsperiode im Produktionsprozess eingesetzt werden. Bei der Ermittlung des Bruttoinlandsprodukts zu Marktpreisen geht man vom Inlandskonzept aus: Erfasst werden die Leistungen, die in der Bundesrepublik Deutschland erbracht werden, gleichgültig, ob es sich um inländische oder ausländische Unternehmen handelt. Mit dem BIP wird also das Produktionsergebnis innerhalb der geografischen Grenzen der Volkswirtschaft gemessen.

Es lassen sich drei Grundformen der Berechnung des Bruttoinlandsprodukts unterscheiden:

- Die **Entstehungsrechnung** ermittelt aus den verfügbaren Daten über die Produktion von Gütern und Dienstleistungen, wie hoch das gesamtwirtschaftliche Angebot in einer Periode war.
- Die **Verteilungsrechnung** errechnet den Wert der produzierten Güter aus den Informationen über die bei der Produktion entstandenen Einkommen, die sich auf das Arbeitnehmerentgelt sowie die Unternehmens- und Vermögenseinkommen aufteilen.
- Die **Verwendungsrechnung** fragt, für welche Zwecke die produzierten Güter verwendet werden. Wurden sie investiert, konsumiert oder exportiert? Die Verwendungsrechnung nimmt also die vorhandenen Informationen über die einzelnen Nachfragekomponenten und aggregiert diese zur gesamtwirtschaftlichen Nachfrage. Die Gesamtnachfrage lässt sich aus den Daten der VGR ermitteln und setzt sich aus folgenden Kreislaufgrößen zusammen.
  a) Private Konsumausgaben (C_H)
  b) Konsumausgaben des Staates (C_{ST})
  c) Bruttoinvestitionen (I_{br})
  d) Exporte (X)

Die privaten und staatlichen Konsumausgaben sowie die Bruttoinvestitionen bezeichnet man als „letzte inländische Verwendung“. Addiert man die Exporte, also die Nachfrage des Auslands, gelangt man zur „letzten Verwendung“. Bei dieser Größe stellt sich das Problem, dass die darin enthaltenen Güter und Dienstleistungen nicht ausschließlich im Inland erstellt wurden, sondern zumindest teilweise aus dem Ausland stammen. Um die Nachfrage nach den im Inland produzierten Güter zu ermitteln,

muss man also von der letzten Verwendung die Importe abziehen. Auf diese Weise gelangt man über die Verwendungsrechnung zum Bruttoinlandsprodukt:

$$BIP = C_H + C_{St} + I_{br} + (X - M)$$

Vom BIP ist das Bruttonationaleinkommen abzugrenzen. Es basiert auf dem Inländerkonzept, erfasst also die wirtschaftlichen Leistungen von Personen, die ihren ständigen Wohnsitz im Inland haben, jedoch nicht zwingend ihre Einkommen bzw. Einkommensteile. Um das Bruttonationaleinkommen zu berechnen, muss daher das BIP um den Saldo der Primäreinkommen zwischen Inländern und der übrigen Welt bereinigt werden, d. h. um die vom Ausland erhaltenen Einkommen und die von der EU empfangenen Subventionen erhöht und um die ans Ausland geleisteten Einkommen und die an die EU geleisteten Produktions- und Importabgaben vermindert werden. Durch die Produktion verschleißt der Kapitalstock einer Volkswirtschaft. Diese Wertminderung wird als Abschreibung bezeichnet. Wird sie vom Bruttonationaleinkommen abgezogen, erhält man das Nettonationaleinkommen zu Marktpreisen. Bisher wurden die gesamtwirtschaftlichen Größen zu Marktpreisen bewertet. Damit werden aber Preisbestandteile eingerechnet, die den eigentlichen Wert der produzierten Güter verzerren: Indirekte Steuern (Produktions- und Importabgaben) erhöhen die Güterpreise, Subventionen erlauben es den Unternehmen, ihre Produkte preiswerter anzubieten. Werden die indirekten Steuern vom Nettonationaleinkommen zu Marktpreisen abgezogen und die Subventionen addiert, erhält man das Volkseinkommen.

Die Ableitung des Volkseinkommens

Bruttoinlandsprodukt zu Marktpreisen

+ vom Ausland empfangene Erwerbs- und Vermögenseinkommen
- ans Ausland geleistete Erwerbs- und Vermögenseinkommen
+ empfangene Subventionen von der EU (und der übrigen Welt)
- geleistete Produktions- und Importabgaben an die EU (und an die übrige Welt)

= **Bruttonationaleinkommen zu Marktpreisen**
- Abschreibungen

= **Nettonationaleinkommen zu Marktpreisen (Primäreinkommen)**
- Produktions- und Importabgaben
+ Subventionen

= **Volkseinkommen**

Die Differenz zwischen dem Bruttoinlandsprodukt und dem Bruttonationaleinkommen wird in der neuen Terminologie des Statistischen Bundesamts als **Saldo der Primäreinkommen zwischen Inländern und der übrigen Welt** bezeichnet.

Aufgaben

1. Beschreiben Sie am Beispiel des Sektors Staat die Vorgehensweise bei der Erstellung des Kreislaufmodells und begründen Sie allgemein die Notwendigkeit des Arbeitens mit Modellen in der Volkswirtschaftslehre.

2. Für eine offene Volkswirtschaft mit staatlicher Aktivität liegen folgende Größen (in Mrd. €) vor: Private Konsumausgaben (C_H) = 2.496, Bruttoinvestitionen (I_{br}) = 604, Importe (M) = 735, Konsumausgaben des Staates (C_{St}) = 763, Exporte (X) = 850, Steueraufkommen des Staates (Tges) = 1.350, direkte Steuern (Tdir) = 910, Kreditaufnahme des Staates (Kr_{St}) = 70, Subventionen (Z_U) = 67, Abschreibungen (D) = 390.
Die Erwerbs- und Vermögenseinkommen von Inländern im Ausland beliefen sich auf 30 Mrd. €, die von Ausländern im Inland betrugen 35 Mrd. €.

a) Stellen Sie den Sektor Staat einschließlich aller Zu- und Abflüsse dar.

b) Berechnen Sie das Bruttoinlandsprodukt für diese Volkswirtschaft.

c) Berechnen Sie das Volkseinkommen für diese Volkswirtschaft (empfangene Subventionen von der EU und geleistete Produktions- und Importabgaben an die EU bleiben unberücksichtigt).

d) In der kommenden Wirtschaftsperiode werden die direkten Steuern gesenkt. Beurteilen Sie, ausgehend vom Kreislaufmodell, die Auswirkungen dieser Maßnahme auf private Haushalte, Unternehmen und Staat.

3 Beschäftigungspolitik zwischen Nachfrage- und Angebotsorientierung

Leitfragen	Was sind die zentralen Forderungen der Keynes'schen Theorie?	Ist die traditionelle Nachfragetheorie ein geeignetes Konzept zur Steuerung der Konjunktur?	Auf welches Instrumentarium zur Lösung der Beschäftigungskrise baut die angebotsorientierte Wirtschaftspolitik?	Was sind die Gründe für die hohe Arbeitslosigkeit, und auf welche Lösungsstrategien setzen Wissenschaft und Politik?

Nachfrageorientierte Wirtschaftspolitik

Die Keynes'sche Revolution: Die Steuerung der gesamtwirtschaftlichen Nachfrage

Das Problem der hohen Arbeitslosigkeit beherrscht seit etwa drei Jahrzehnten immer wieder die wirtschaftspolitische Diskussion in Deutschland. Lösungsvorschläge zur Bewältigung der Beschäftigungskrise greifen dabei meist auf die beiden **wirtschaftspolitischen Grundkonzeptionen der Nachfrage- und Angebotstheorie** zurück.

Unter dem Eindruck der hohen Arbeitslosigkeit während der Weltwirtschaftskrise der 1930er Jahre entwickelte der britische Nationalökonom **John Maynard Keynes** eine Wirtschaftstheorie, die die Wirtschaftspolitik revolutionieren sollte. Keynes widersprach der bis dahin vorherrschenden klassischen Wirtschaftstheorie, nach der eine den freien Marktkräften überlassene Volkswirtschaft automatisch zu Vollbeschäftigung führe. Die Klassiker der Nationalökonomie wie etwa Adam Smith oder Jean Baptist Say argumentierten, dass die Beschäftigung von der Lohnhöhe abhänge. Bei Arbeitslosigkeit – also einem Überangebot an Arbeitskräften – müsse der Lohnsatz nur tief genug fallen, bis die Unternehmen die nun billiger gewordene Arbeit in größerem Umfang nachfragten und damit die Unterbeschäftigung abgebaut würde. Keynes hielt dem entgegen, dass die Senkung der Löhne kaum möglich sei, da die Gewerkschaften sich dagegen wehren würden und dies zudem zu einer Verringerung der Konsumnachfrage der privaten Haushalte führe.

Keynes erkannte, dass zur Beseitigung von Arbeitslosigkeit die Marktkräfte nicht ausreichen. Anders als die Klassiker verlangte er die **aktive Rolle des Staates** bei der Steuerung der Konjunktur: Ist die gesamtwirtschaftliche Nachfrage wegen fehlender privater Nachfrage (bezogen auf das gesamtwirtschaftliche Angebot) zu gering, muss der Staat die fehlende Nachfrage der privaten Haushalte durch die **Erhöhung seiner Staatsausgaben** ausgleichen. Deshalb sind staatliche Beschäftigungsprogramme aufzulegen, um zusätzliche Nachfrage zu schaffen.

Antizyklische Haushaltspolitik

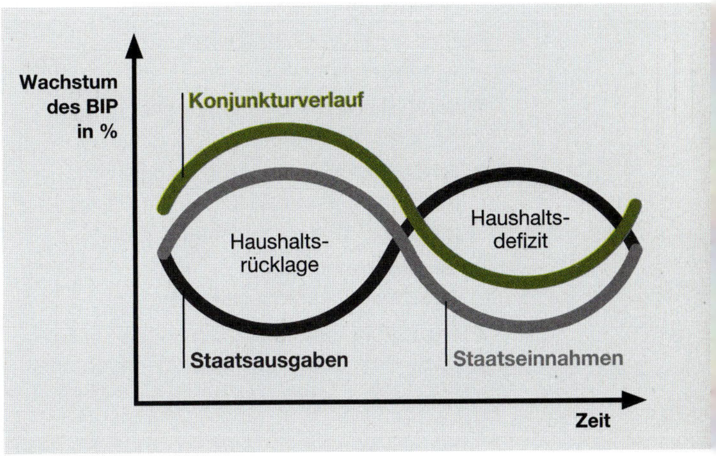

Über die Initialzündung höherer Staatsinvestitionen soll ein positiver, sich selbst verstärkender Wirtschaftsprozess in Gang gesetzt werden. Der Staat hat also seine Ausgaben **antizyklisch zum Konjunkturverlauf** zu gestalten. In der Rezession sind sie kreditfinanziert (= deficit spending) zu erhöhen, im Boom sind höhere Steuereinnahmen zur Rückzahlung der Staatsschulden oder zur Bildung von Rücklagen zu verwenden.

Mögliche Maßnahmen nach dem Stabilitätsgesetz

Die Grundgedanken der Keynes'schen Theorie wurden im Jahr 1967 in das „Gesetz zur Förderung der Stabilität und des Wachstums der Wirtschaft", kurz **Stabilitätsgesetz** genannt, aufgenommen. Darin sind eine Reihe von Instrumenten enthalten, die es dem Staat ermöglichen, dem Konjunkturverlauf entgegenzusteuern und eine antizyklische Wirtschaftspolitik zu betreiben (→ Kapitel 2.2).

Die Nachfragetheorie in der Kritik

- **Unkalkulierbare Wirkungsverzögerungen:** Zwischen wirtschaftspolitischen Entscheidungen und ihren Wirkungen können erhebliche zeitliche Verzögerungen (time lags) liegen. Gründe sind zeitraubende politische Entscheidungsprozesse und der Umstand, dass getroffene Maßnahmen nicht sofort greifen, mit der Folge, dass antizyklische Maßnahmen sich prozyklisch auswirken können.

- **Ausweitung des staatlichen Sektors:** Mit der Umsetzung von Keynes' Konzept in den 1970er Jahren ist der Anteil des Staates am BIP deutlich gestiegen und erreichte schon in den frühen 1980er Jahren einen Anteil von 50 % mit der Folge steigender Steuer- und Abgabenlast.

- **Wachsende Staatsverschuldung:** Die kreditfinanzierten Beschäftigungsprogramme führten in Deutschland zu einer drastisch angestiegenen Staatsverschuldung, die die finanzpolitische Handlungsfähigkeit des Staates zunehmend einschränkt (→ Kapitel 2.4.1).

Maßnahmen einer nachfrageorientierten Wirtschaftspolitik

Bei Hochkonjunktur	Bei Abschwächung der Konjunktur
▶ Stilllegung von Mitteln in der Konjunkturausgleichsrücklage ▶ Zusätzliche Tilgung von Schulden bei der Zentralbank ▶ Beschränkung der Kreditaufnahmen der öffentlichen Hand ▶ Streckung oder Zurückstellung von Investitionen ▶ Verstärkung der Offenmarktgeschäfte der Zentralbank ▶ Erhöhung der Einkommens- bzw. Körperschaftssteuer für maximal 1 Jahr um bis zu 10% (Konjunkturzuschlag) ▶ Beschränkung der Abschreibungsmöglichkeiten ▶ Anpassung der Vorauszahlungen auf Einkommens- oder Gewerbesteuer nach oben	▶ Entnahme von Mitteln aus der Konjunkturausgleichsrücklage ▶ Zusätzliche öffentliche Ausgaben, ggf. über Kredite finanziert („deficit spending") ▶ Beschleunigung geeigneter Investitionen (Investitions- bzw. Beschäftigungsprogramm) ▶ Verstärkung der Finanzhilfen von Bund an Länder bzw. von Ländern an Gemeinden ▶ Herabsetzung der Einkommens- bzw. Körperschaftssteuer für maximal 1 Jahr um bis zu 10% ▶ Einführung von Investitionszulagen ▶ Nachträgliche Anpassung der Einkommens- oder Gewerbesteuervorauszahlungen nach unten

nach: Jörn Altmann, Wirtschaftspolitik, 8. Aufl., Stuttgart 2007, S. 13

Angebotsorientierte Wirtschaftspolitik

Kennzeichen der Angebotspolitik

Aus der Kritik am nachfrageorientierten Konzept und aus den Erfahrungen mit seiner Anwendung entwickelte sich die gegenläufige Theorie.

Die **angebotsorientierte Wirtschaftspolitik** greift die Ideen des klassischen Wirtschaftsliberalismus auf. Ihre Befürworter werden daher auch als „Neoliberale“ oder – in Anlehnung an die Klassiker der Nationalökonomie – auch als „Neoklassizisten“ bezeichnet.

Die Vertreter der Angebotstheorie sehen die Ursache für die Wachstumsschwäche in der Störung der Angebotsseite und führen die Unterbeschäftigung auf zu geringe Investitionen seitens der Unternehmen zurück. Volkswirtschaftliche Instabilitäten haben ihre Ursache in zu starken staatlichen Eingriffen in den Wirtschaftsprozess. Aus diesen Grundüberlegungen heraus ergeben sich Schlussfolgerungen:

- Die Rahmenbedingungen für die Unternehmen müssen verbessert werden. Dazu gehört die **Förderung der privaten Investitionstätigkeit** z.B. durch verbesserte Abschreibungsbedingungen, um die Rentabilität von Unternehmensinvestitionen zu verbessern.

- Auf Umverteilungszuschläge bei **Lohnabschlüssen ist zu verzichten.** Lohnsteigerungen sollen moderat sein und sich nur am Produktivitätsfortschritt orientieren.

- Der **Arbeitsmarkt ist zu deregulieren.** Dazu gehören der Abbau von Kündigungsschutzvorschriften ebenso wie die Flexibilisierung der Arbeitszeiten.

- Die **Marktkräfte müssen gestärkt werden.** Preisverzerrende Interventionen am Markt etwa durch Subventionen sind zu unterlassen.

- Die **Staatsverschuldung** muss abgebaut und die Staatsquote zurückgeführt werden. Dadurch ergeben sich Spielräume zum Abbau leistungshemmender Steuern.

- Eine besondere Bedeutung kommt einer langfristig angelegten, an **Preisstabilität** ausgerichteten Geldpolitik zu, die sich am Wachstumspotenzial der Wirtschaft orientieren und den Wirtschaftssubjekten Planungssicherheit geben soll.

Angebotsorientierung in der Kritik

Kritikern zufolge liegen die Schwächen der Angebotstheorie insbesondere in der Fixierung auf die Kosten. Da die Gewinne der Unternehmen jedoch auch von den Erlösen abhängen, muss auch die **Nachfrageseite** berücksichtigt werden.

- Unternehmen investieren ihre Gewinne nicht wie angenommen automatisch, so dass bei geringer Absatzerwartung durch eine geringe Nachfrage (wegen mangelnder Kaufkraft) Erweiterungsinvestitionen der Unternehmen unterbleiben oder als Rationalisierungsinvestitionen zu einem weiteren Rückgang der Beschäftigung führen.

- Löhne sind nicht nur ein Kosten-, sondern auch ein **Nachfragefaktor.** Steigende Löhne bewirken neben steigenden Kosten für die Unternehmen also auch steigende Nachfrage, was wiederum die Absatzchancen für Unternehmen erhöht.

- Die Angebotspolitik gefährdet auch die **Grundlagen des Sozialstaats** und bevorzugt vor allem die wirtschaftlich Erfolgreichen – es kommt zu einer Umverteilung der Einkommen zugunsten der Eigentümer von Produktivvermögen.

- Bei bereits vorhandener Unterbeschäftigung führt eine Reduzierung der Staatsausgaben nicht zu sinkender, sondern **weiter ansteigender Arbeitslosigkeit.**

- In einer rein angebotsorientierten Wirtschaftspolitik kommen **Umweltschutzbelange** (umweltverträgliche Produkte und Produktionsverfahren) zu kurz.

Die zwei Strategien der Wirtschaftspolitik – eine Gegenüberstellung

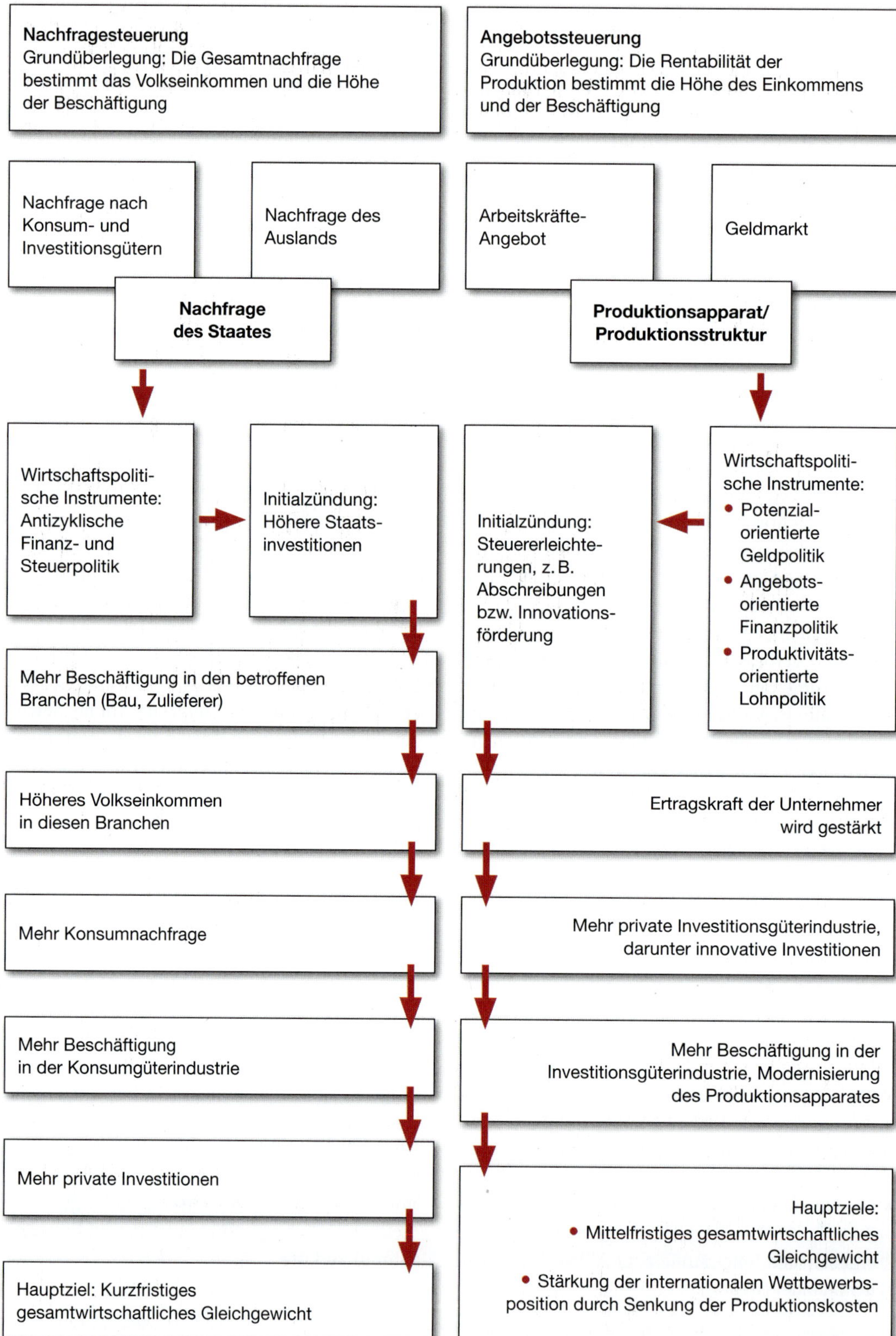

Heinrich Köppen, Konjunkturpolitik. Schülerheft, 7. Aufl., Stuttgart 1998, S. 47

Die Entwicklung der Wirtschaftstheorien/ Ursachen und Lösungsstrategien der Beschäftigungskrise

M1 Wirtschaftssysteme, die die Welt beweg(t)en

Zu Beginn des 21. Jahrhunderts, nach der weltweiten Durchsetzung der von ihren Gegnern als Neoliberalismus bezeichneten Angebotsökonomie ist es kaum noch vorstellbar, dass im vorangegangenen Jahrhundert gleich drei Wirtschaftssysteme um die Gunst der Menschen konkurrierten: Der ökonomische Liberalismus, die staatliche Zentralplanwirtschaft und der Keynesianismus. Ursache der Vielfalt war nicht der Gedanke, verschiedene Systeme auszuprobieren und danach die beste Art des Wirtschaftens auszuwählen. Ursache war vielmehr die Enttäuschung über das jeweils herrschende Wirtschaftssystem, das nicht halten konnte, was es versprochen hatte.

Die klassische Ökonomie Dabei war man Anfang des 20. Jahrhunderts ganz sicher, mit dem ökonomischen Liberalismus ein Wirtschaftssystem gefunden zu haben, das „immerwährende Prosperität" garantiert. Der Begründer der „klassischen Ökonomie", Adam Smith, hatte Ende des 18. Jahrhunderts die Vorstellungen von einer freien Gesellschaft aus der Politik auf die Ökonomie übertragen. Er vertrat die Idee, dass eine freie Marktwirtschaft, in der nur die Gesetze von Angebot und Nachfrage gelten und der Staat direkte Eingriffe unterlässt, den Wohlstand aller Menschen vermehrt. Das 19. Jahrhundert brachte den Siegeszug des ökonomischen Liberalismus in Europa und Amerika. Doch die Weltwirtschaftskrise 1929-33 beendete die „Grand Prosperity" nicht nur in den USA. Seit dem „Schwarzen Freitag" an der New Yorker Börse sank Jahr für Jahr die Nachfrage. Je weniger abgesetzt werden konnte, desto weniger wurde auch produziert. Die Massenarbeitslosigkeit erreichte bis dahin unvorstellbare Ausmaße. Wie Hohn klang nun in den Ohren der ratlosen Wirtschaftspolitiker der 100 Jahre zuvor vom französischen Ökonomen Jean Baptiste Say, einem Verbreiter der klassischen Lehre, geprägte Satz, dass sich jedes Warenangebot seine Nachfrage auf dem Markt schaffe. Wirtschaftliche Gleichgewichtsstörungen, d. h. Wirtschaftskrisen, konnten demnach, wenn überhaupt, nur teil- bzw. zeitweise auftreten.

Mit Keynes aus der Krise Die Weltwirtschaftskrise machte es jedoch deutlich: Nicht um das Angebot, sondern um die Nachfrage drehte sich die Wirtschaft. Auf der Suche nach einem Wirtschaftstheoretiker, der ihm einen Ausweg aus der Krise zeigen könnte, stieß der amerikanische Präsident Roosevelt auf den Briten John Maynard Keynes. Dieser hatte die Weltwirtschaftskrise sorgfältig analysiert. Er kam zu dem Schluss, dass die Selbstheilkräfte des Marktes offensichtlich nicht ausreichten, um das wirtschaftliche Gleichgewicht und damit die Konjunktur wiederherzustellen. Der Staat müsse eingreifen und durch Staatsaufträge und Arbeitsbeschaffungsmaßnahmen zusätzliche Nachfrage nach Investitions- und Verbrauchsgütern schaffen. Die Mittel für eine volkswirtschaftliche Steuerung des Konjunkturverlaufs müsse sich der Staat durch Umverteilung von den Begüterten zugunsten der von Krisen am ehesten betroffenen abhängigen Beschäftigten beschaffen.

Zum populärsten Instrument des Keynesianismus wurde das „Deficit Spending". Demnach kann sich der Staat, wenn eine Wirtschaftskrise droht, verschulden, sofern er sich in der darauf folgenden Wachstumsphase das geborgte Geld dank der dann wieder reichlich fließenden Abgaben zurückholt. Auch Zusatzsteuern, mit denen in einer Boomphase eine „Überhitzung" der Konjunktur verhindert werden soll, könnten die Kassen dann wieder füllen. Dem Keynesianismus, dem Roosevelt in den 30er Jahren sein Antikrisenprogramm „New Deal" zugrunde legte, folgten nach dem Zweiten Weltkrieg auch die Wirtschaftspolitiker in Europa, Lateinamerika, Australien und Ostasien.

Das Gegenmodell Allerdings war der Keynesianismus nicht das einzige Wirtschaftssystem, das als Antwort auf die Misere des ökonomischen Liberalismus in der Welt Verbreitung fand. In der Sowjetunion wurde unter Stalins Herrschaft seit Ende der 1920er Jahre die staatssozialistische Planwirtschaft entwickelt. Auch sie misstraute dem Markt, schaffte ihn aber im Unterschied zum Keynesianismus mit Ausnahme einer freien Arbeitsplatz- und Konsumgüterwahl innerhalb eng gesetzter Grenzen ganz ab. Nach dem Zweiten Weltkrieg wurde die Zentralplanwirtschaft sowjetischen Typs in Osteuropa und auf dem ostasiatischen Festland (Volksrepublik China) durchgesetzt. Nach etwa drei Jahrzehnten traten die Schwächen der Zentralplanwirtschaft bezüglich Wachstum und Modernisierung der Anlagen offen zu Tage. Fast zur gleichen Zeit, in den 1970er Jahren, erreichte auch die zunächst so erfolgreiche keynesianische Steuerung des Konjunkturzyklus ihre Grenzen. Statt Beschäftigungssicherung und konjunkturellem Aufschwung traten immer häufiger Inflation und Stagnation des Wachstums, die so genannte „Stagflation" auf.

Der Monetarismus Die „Stagflation" diskreditierte die keynesianische Nachfrageökonomie bald so sehr, dass der zwischenzeitlich insbesondere vom US-amerikanischen Ökonomen Milton Friedman modernisierte, als Monetarismus bezeichnete ökonomische Liberalismus wieder attraktiv wurde. Der amerikanische Präsident Reagan und die britische Premierministerin Thatcher machten ihn in den 80er Jahren zur Grundlage einer Wirtschaftspolitik, in der der Rückzug des Staates aus der Wirtschaft und der Rückbau der sozialen Sicherungssysteme Merkmale der wiederbelebten Angebotsökonomie waren.

In den 1980er Jahren scheiterten auch die Versuche, die Zentralplanwirtschaft zu reformieren. Danach wurde zu Beginn der 1990er Jahre der von seinen Gegnern als Neoliberalismus bezeichnete Monetarismus nach sechs Jahrzehnten der Dominanz der staatsinterventionistischen Wirtschaftssysteme Keynesianismus und Zentralplanwirtschaft erneut zum weltweit unangefochten herrschenden Wirtschaftssystem.

Auf wie lange? Eine Antwort ist zur Zeit noch nicht möglich, doch ist es aus Sicht der historischen Erfahrung wenig wahrscheinlich, dass mit dem 21. Jahrhundert das Ende der Geschichte der Wirtschaftssysteme gekommen ist. Bemerkenswert ist jedenfalls, dass seit etwa zwei Jahren in Deutschland – zumindest in den Medien – in Zusammenhang mit Zweifeln an der Wirksamkeit der Agenda 2010 und der Steuerreform wieder auf den Keynesianismus Bezug genommen wird.

Jörg Roesler, auf: www.bpb.de, 04. Oktober 2005

M2 Staatliche Beschäftigungspolitik – die Hartz-Reformen

Die im August 2002 vorgelegten Vorschläge der Hartz-Kommission, benannt nach dem gleichnamigen Vorsitzenden und VW-Personalchef Peter Hartz, zielen stufenweise (Hartz I bis Hartz IV) durch einen vollständigen Umbau der Arbeitsmarktpolitik auf einen umfassenden Abbau der Arbeitslosigkeit.

Hartz I, am 1. Januar 2003 in Kraft getreten, legt den Schwerpunkt auf die Gründung von Personal Service Agenturen (PSA) zur Neuregelung der Leiharbeit und die Verschärfung der Zumutbarkeitskriterien für Arbeitslose bei Arbeitsplatzangeboten.

Hartz II, ebenfalls am 1. Januar 2003 in Kraft getreten, beinhaltet im Wesentlichen die Neuregelung von Mini-Jobs (für Arbeitnehmer abgabefreie Beschäftigungsverhältnisse bis 400 € Monatseinkommen) und die Ich-AGs als neue Form der Existenzgründung.

Hartz III, am 1. Januar 2004 in Kraft getreten, regelt den Umbau der Arbeitsämter zu Arbeitsagenturen mit einer stärkeren Konzentration auf die Kernaufgabe der Vermittlung von Arbeitslosen.

Hartz IV, am 1. Januar 2005 in Kraft getreten, regelt die Bezugsmodalitäten für das Arbeitslosengeld völlig neu. Nach Hartz IV werden Arbeitslosen- und Sozialhilfe zum Arbeitslosengeld II zusammengefasst und auf die aktuelle Sozialhilfe in Höhe von 351 € monatlich – ohne Wohngeld – gekürzt. Das reguläre Arbeitslosengeld (in der Höhe abhängig vom letzten Arbeitseinkommen) wird nur noch ein Jahr lang ausgezahlt, danach erhalten Bezieher von Arbeitslosengeld II zudem für zwei Jahre einen Zuschlag, der zunächst 160 Euro, nach einem Jahr nur noch die Hälfte betragen soll. Vorgesehen ist zudem die Möglichkeit eines Zuverdiensts durch den Ausbau öffentlicher Arbeitsgelegenheiten, etwa bei Wohlfahrtsverbänden. Arbeitslose erhalten dafür zusätzlich zum ALG II einen Euro pro Arbeitsstunde. Wichtige Voraussetzung für den Bezug von ALG II ist das Kriterium der Bedürftigkeit, d. h. vorhandenes Vermögen wird ab bestimmten Freigrenzen angerechnet. Nach Hartz IV wird die Zumutbarkeit bei der Vermittlung von Stellen für Arbeitslose weiter verschärft. Wer eine zumutbare Arbeitsstelle nicht antritt, muss mit Kürzungen seiner Arbeitslosenbezüge rechnen.

Autorentext

M3 Kontrovers diskutiert: Strategien gegen die Arbeitslosigkeit

Löhne rauf oder runter? Weniger oder mehr sparen? Exportweltmeister oder Basarökonomie? Die Wirtschaftswissenschaftler Hans-Werner Sinn und Peter Bofinger diskutieren über ihre sehr gegensätzliche Analyse des Standorts Deutschland – und über ihre entsprechend konträren Konzepte.

Bofinger: Deutschland leidet an einer gravierenden Schwäche der inländischen Nachfrage. Das hat vor allem damit zu tun, dass Kaufkraft fehlt: Seit Jahren hinken die Lohnerhöhungen hinter den Produktivitätsfortschritten her, das darf nicht so weitergehen. So gerät die Volkswirtschaft immer tiefer in die Krise. Wenn der Bauer will, dass ihm seine Kuh anständig Milch gibt, muss er dafür sorgen, dass sie auch genug zu fressen hat.

Sinn: Er darf die Kuh aber auch nicht schlachten. Wir haben hinter Norwegen die höchsten Lohnkosten auf der Welt. Die deutschen Arbeitnehmer sind nicht mehr wettbewerbsfähig. Sie merken das, haben Angst vor Entlassungen und kaufen keine langlebigen Konsumgüter mehr. Aus dem gleichen Grunde investieren die Unternehmer nicht mehr. Die Investitionsgüternachfrage ist viel zu niedrig für einen Exportboom wie diesen. Die Löhne weiterhin kräftig zu erhöhen wäre der falsche Weg.

Bofinger: Das predigen Sie nun seit Jahren. Und was hat es gebracht? Wir haben in drei Jahren mehr als eine Million sozialversicherungspflichtige Jobs verloren. Überall wird immer nur gespart, es wird ein regelrechter Kult darum getrieben, alle orientieren sich am Prinzip des „Geiz ist geil", als wäre es die Lösung aller Probleme. Schauen Sie mal, wie robust sich in Frankreich die Wirtschaft entwickelt: Dort hat der Staat seine Ausgaben in den letzten Jahren stetig ausgeweitet, die Löhne sind im Schnitt um fast einen Prozentpunkt stärker gestiegen als bei uns, die Binnenkonjunktur ist dadurch deutlich angesprungen. [...] viele Arbeitnehmer sparen derzeit vor allem aus Angst. Sie fürchten um ihren Job und sind verunsichert, weil soziale Sicherungsmechanismen abgebaut werden. Hartz IV gibt ihnen das Gefühl, mit einem Bein auf einer schiefen Ebene zu stehen und schnell den Punkt zu erreichen, an dem ihr gesamtes Vermögen in Anspruch genommen wird.

Sinn: Die Angst hat reale Ursachen. Die Deutschen haben geglaubt, der Sozialstaat währe ewig, und die Löhne könnten in den Himmel wachsen. Jetzt wachen sie aus ihrem Traum auf, erkennen die Realität und wollen in ihrer Katerstimmung weder frühstücken noch Bäume ausreißen.

Bofinger: Was für eine Perspektive bieten Sie ihnen auch? Länger arbeiten, weniger Lohn, geringere soziale Absicherung. Da muss man doch Angst bekommen.

Sinn: Das biete nicht ich, das ist die Realität in einem Land, das die Zwänge der Globalisierung zu spät erkannt hat.

Bofinger: Aber was folgt daraus? Nehmen Sie die soziale Absicherung: Wenn der Staat immer mehr Eigenverantwortung vom Einzelnen fordert, muss jeder mit größeren Risiken zurechtkommen. Die kann er nur abfedern, indem er spart. Er kauft sich kein Auto – deshalb leidet Opel. Er kauft sich kein Haus – deshalb leidet die Bauwirtschaft. Daher ist es so wichtig, die Nachfrage zu stimulieren. Selbst von Unternehmern hört man immer wieder, dass die Höhe der Lohnkosten gar nicht so entscheidend ist, sondern die Dicke der Auftragsbücher.

Sinn: Der Export boomt. [...] Das Problem ist, dass der Rest der Wirtschaft nicht mitmacht. Erklären Sie mal, warum General Motors eher in Deutschland Arbeitsplätze abbaut als in Schweden? Ich sage es Ihnen: Weil dort ein Arbeiter 23 Euro die Stunde kostet, und hier sind es 27 Euro. Die Entscheidung, wo produziert wird, hängt maßgeblich von den Lohnkosten ab.

Bofinger: Sie schauen immer nur auf einen Teil der Volkswirtschaft, nämlich die Exportindustrie, Sie müssen die gesamte Wirtschaft betrachten. Natürlich nimmt der Export einen besonderen Stellenwert in Deutschland ein – aber der Binnenmarkt ist noch weitaus wichtiger. Die deutsche Industrie setzt mehr als 60 Prozent ihrer Produkte am eigenen Standort ab.

Sinn: Ähnliches gilt auch im Inneren. Die Geringqualifizierten sind auch deshalb arbeitslos, weil sie ihren Mitbürgern zu teuer sind. Aber die äußeren Einflüsse sind massiv. Die Niedriglohnkonkurrenz steht heute direkt vor der Haustür in Osteuropa, gleichzeitig drängt China mit Macht auf den Weltmarkt. Die Globalisierung erzeugt einen ungeheuren Lohndruck, ob es uns gefällt oder nicht. Wenn wir das Lohnkarussell nicht bremsen, entsteht immer mehr Arbeitslosigkeit.

Aus: Der Spiegel 50/2004

Aufgaben

1. Bewerten Sie Meinungen zu den Hartz-Reformen. Recherchieren Sie dazu im Internet, z. B. auf Webseiten von Arbeitsloseninitiativen, politischen Parteien oder Gewerkschaften.
2. Erarbeiten Sie aus M2 und M3 Ursachen der Beschäftigungskrise und Lösungsansätze zum Abbau der Arbeitslosigkeit in Deutschland.
3. Bei der Frage nach der geeigneten Konzeption zur Konjunktursteuerung greift man immer mehr auf einen Policy-Mix aus Angebots- und Nachfragetheorie zurück. Begründen Sie diese Aussage auch vor dem Hintergrund von M1.
4. Beurteilen Sie die Forderung nach einer expansiven Fiskal- und Geldpolitik.
5. Ordnen Sie die Positionen in M3 den wirtschaftspolitischen Grundkonzeptionen zu und begründen Sie Ihre Antwort. Erläutern Sie davon ausgehend, welche Position Sie für besser geeignet halten, die Probleme auf dem Arbeitsmarkt zu lösen.

4 Finanz- und Einkommenspolitik

4.1 Finanzpolitik

Leitfragen

- Welche Aufgaben hat die Finanzpolitik?
- Was sind die Ursachen und die Folgen der hohen Staatsverschuldung?

Grundlagen

Warum braucht der Staat Geld?

Wesentlicher Bestandteil staatlicher Wirtschaftspolitik ist die Finanzpolitik. Ihre Aufgabe ist es, mithilfe der Steuereinnahmen, der Festlegung von Abgaben und Kreditaufnahmen die Finanzierung der staatlichen Ausgaben zu sichern.

Während aber die politischen Entscheidungsträger Bund, Länder und Gemeinden in der klassischen Marktwirtschaft liberalistischer Prägung nur allgemeine Regelungsfunktionen wie Gesetzgebung oder Rechtsprechung hatten, übernahm der Staat mit der Entwicklung zur sozialen Marktwirtschaft zusätzliche Aufgaben, die sich auch in der Gestaltung und Handhabung des Staatshaushaltes widerspiegeln, der heute drei Funktionen zu erfüllen hat.

Steuern sind die wichtigste Finanzierungsquelle des Staates. Sie können nach verschiedenen Gesichtspunkten gegliedert werden, und zwar:

Funktionen des Staatshaushaltes

Bedarfsdeckungsfunktion
Finanzierung öffentlicher Güter wie z. B. Schulen, Verkehrswege oder Krankenhäuser

Umverteilungsfunktion
Finanzierung von Maßnahmen zum Ausgleich sozialer Ungleichgewichte wie z. B. Sozialhilfe oder Mietzuschüsse

Konjunktursteuerung
Steuerung der Ausgaben und Einnahmen, um unerwünschten Wirkungen von Konjunkturschwankungen wie z. B. Arbeitslosigkeit entgegenwirken zu können

Jörn Altmann, a.a.O., S. 284

Einnahmequellen des Staates

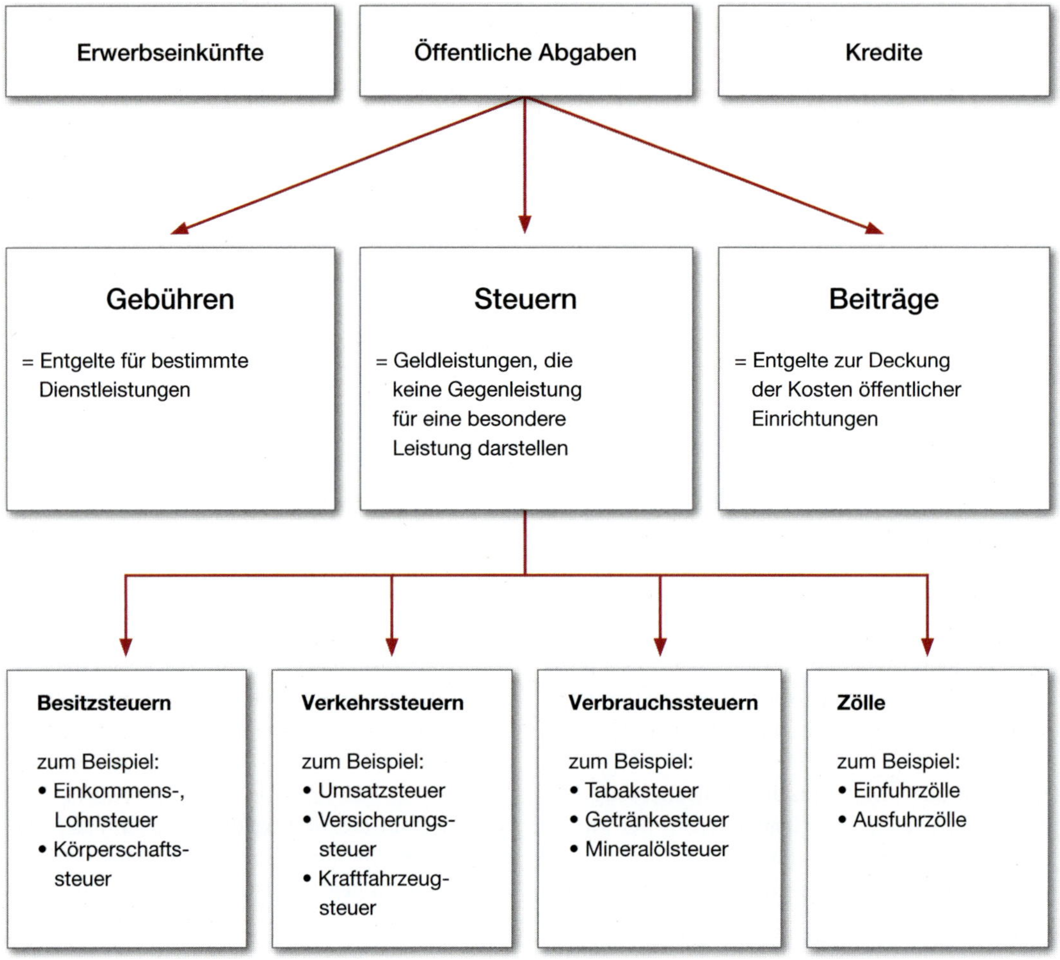

Schulbank, Wirtschaft, Materialien für den Unterricht, Finanzpolitik, Berlin 2003, S. 16

- nach **direkten und indirekten Steuern:**

  Direkte Steuern werden auf Einkommen und Vermögen erhoben, sind also Besitzsteuern. Dementsprechend rechnen hierzu z. B. die Einkommens- und Körperschaftssteuer. Der Steuerzahler ist auch der Steuerträger.

  Indirekte Steuern sind die Verkehrs- und Verbrauchssteuern, wie etwa die Umsatzsteuer (Mehrwertsteuer) und die Mineralölsteuer. Indirekte Steuern sind in den Preisen der Produkte enthalten und werden von den Unternehmen an den Staat gezahlt. Steuerträger dagegen sind die Endverbraucher, also die privaten Haushalte.

- nach der **Ertragshoheit:**

  Mineralöl- und die Tabaksteuer stehen ausschließlich dem Bund zur Verfügung, während die Einkommensteuer nach einem bestimmten Schlüssel auf Bund, Länder und Gemeinden aufgeteilt wird. Gleiches gilt für die Umsatzsteuer. Reine Ländersteuern sind die Kfz- und die Grunderwerbssteuer. Den Gemeinden fließt die Gewerbe- und die Grundsteuer zu.

Die Staats- und Abgabenquote

Die Entwicklung zum Wohlfahrtsstaat und die damit verbundene Ausweitung der staatlichen

Zuständigkeiten vor allem in der Wirtschafts- und Sozialpolitik ließ die Staatsausgaben seit Mitte des vorigen Jahrhunderts unaufhaltsam steigen, und zwar nicht nur absolut, sondern auch im Verhältnis zum Bruttoinlandsprodukt (BIP). So lag die **Staatsquote** – der Anteil der Gesamtausgaben des Staates am BIP – in den Gründerjahren der Bundesrepublik noch bei gut 30 %. Mit Ausnahme der 1980er Jahre, in denen es gelungen war, die Staatsquote von 50 % auf 45 % zu verringern, ist der Anteil des BIP, den der Staat in Anspruch nimmt, kontinuierlich bis auf über 50 % Mitte der 1990er Jahre gestiegen.

Staatseinfluss: weit über 40 Prozent

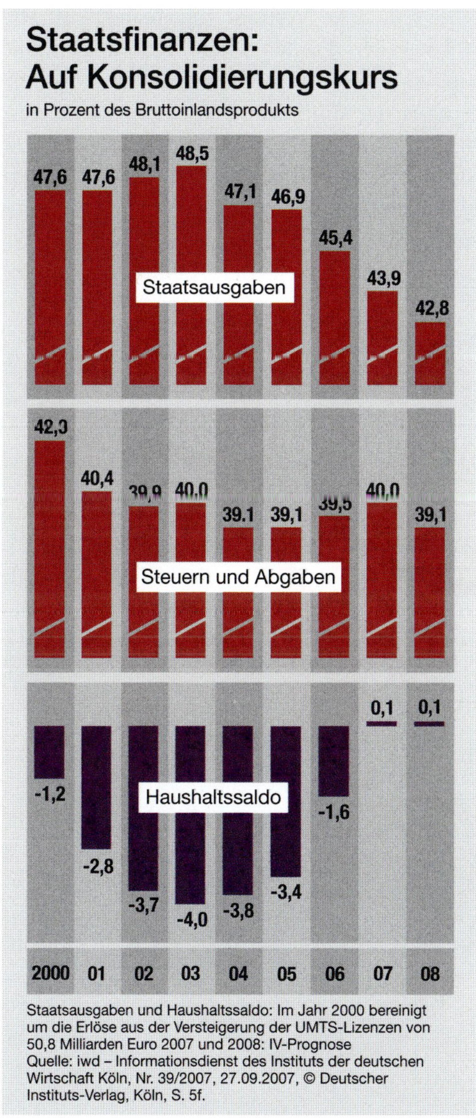

Staatsausgaben und Haushaltssaldo: Im Jahr 2000 bereinigt um die Erlöse aus der Versteigerung der UMTS-Lizenzen von 50,8 Milliarden Euro 2007 und 2008: IV-Prognose
Quelle: iwd – Informationsdienst des Instituts der deutschen Wirtschaft Köln, Nr. 39/2007, 27.09.2007, © Deutscher Instituts-Verlag, Köln, S. 5f.

Die Ausweitung der Staatsaktivitäten wird gegensätzlich beurteilt. Befürworter argumentieren, dass der Staat besser als Private in der Lage sei, Maßnahmen zum Ausgleich sozialer Ungleichheiten oder Investitionen in die Infrastruktur zu ergreifen. Dagegen wird vorgebracht, dass der Staat die im Allgemeinen als produktiver angesehene private Wirtschaftstätigkeit verdränge und es zu zunehmender Gesetzes- und Verordnungsflut und wuchernder Bürokratie komme. Da sich der Staatshaushalt teils über Steuern, teils über Kreditaufnahme finanziert, bedeutete die Ausweitung der Staatsaktivitäten steigende Steuer- und Abgabenlast und/oder weiter wachsende Staatsverschuldung.

Die Problematik der Staatsverschuldung

Schulden in Deutschland:
Begriffe – Entwicklung – Zahlen

Die finanzpolitischen Gestaltungsmöglichkeiten werden heute durch eine rapide gestiegene Verschuldung der öffentlichen Haushalte begrenzt. Bei der **Staatsverschuldung** muss zwischen der **jährlichen Neuverschuldung** einerseits und der **Gesamtverschuldung des Staates** andererseits unterschieden werden.

Als Neuverschuldung werden die jährlich aufgenommenen Kredite bezeichnet, wobei die Gesamtsumme der in einem Haushaltsjahr neu eingegangenen Kreditverpflichtungen die Bruttoneuverschuldung (= **Bruttokreditaufnahme**) ergibt. Da aber im selben Haushaltsjahr auch Kreditrückzahlungen (= **Tilgungen**) zu leisten sind, ergibt sich die Netto-Neuverschuldung (= **Nettokreditaufnahme**) als Bruttokreditaufnahme minus Tilgungen. Die Nettokreditaufnahme bezeichnet also den Betrag, den ein Staat jährlich neu aufnehmen muss, um seinen Haushalt auszugleichen, während die Gesamtverschuldung den Schuldenstand aller öffentlichen Haushalte bezeichnet.

In Deutschland lassen sich verschiedene Phasen der öffentlichen Verschuldung unterscheiden. Nach einer moderaten Schuldenpolitik in den 1950er und 60er Jahren nahm die Verschuldung in den 1970er Jahren deutlich zu – auch eine Folge der im Stabilitätsgesetz von 1967 verankerten

Politik des **deficit spending**. Nach einer Konsolidierungsphase in den frühen 1980er Jahren ist dann ab 1990 als Folge der Wiedervereinigung ein rapider Anstieg der öffentlichen Verschuldung festzustellen.

Zur Deckung der Finanzierungslücken im Haushalt kann der Staat Schuldpapiere in Form von Bundes- und Länderanleihen, Obligationen, Schuldscheindarlehen oder Bundesschatzbriefen ausgeben, die über den Kapitalmarkt von institutionellen (z. B. Banken oder Versicherungen) oder privaten Anlegern gekauft werden können.

„Staatspapiere" sind interessante Geldanlagen, da sie bei einem geringen Risiko eine sichere Verzinsung garantieren. Während sich der Bund hauptsächlich über Anleihen und Obligationen finanziert, nehmen die Länder und Gemeinden vorwiegend direkt Kredite bei Banken und Versicherungen auf.

Rechtliche Grenzen staatlicher Verschuldung: Artikel 115 Grundgesetz und EU-Stabilitätspakt

Das Grundgesetz beschränkt in Artikel 115 die jährliche Neuverschuldung auf die Höhe der öffentlichen Investitionen. Allerdings hat diese Schuldengrenze den starken Schuldenanstieg in Deutschland nicht verhindern können. Grund ist vor allem der Ausnahmetatbestand des gesamtwirtschaftlichen Ungleichgewichts, zu dessen Abwehr zusätzliche Kredite aufgenommen werden dürfen. Angesichts dauerhaft hoher Arbeitslosigkeit fällt es keiner Bundesregierung schwer, die Störung des gesamtwirtschaftlichen Gleichgewichts festzustellen.

Eine völkerrechtliche Grenze der Verschuldung besteht seit dem Vertrag von Maastricht zur Schaffung der Europäischen Währungsunion. Danach sind die Mitglieder der Währungsunion auch nach der Einführung des Euro durch den **Stabilitäts- und Wachstumspakt** an die finanzpolitischen **Konvergenzkriterien** gebunden, die eine Neuverschuldungsgrenze von 3 % und eine Gesamtverschuldung von max. 60 % des Bruttoinlandsprodukts setzen. Der Stabilitätspakt sieht

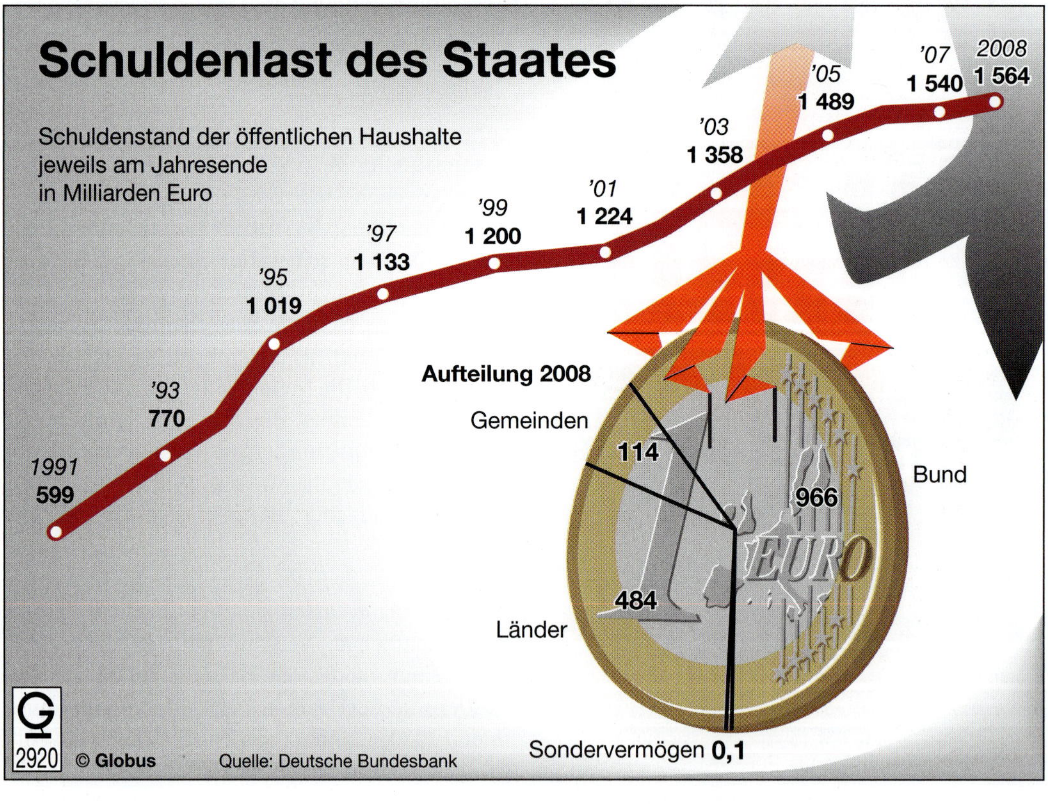

Sanktionen bis hin zu Geldbußen für jene Staaten vor, die die Defizitkriterien wiederholt verfehlen. Aber auch hier gibt es Ausnahmetatbestände, die ein Überschreiten der Defizitgrenzen straffrei erlauben, etwa wenn es zu einem deutlichen Rückgang der Wirtschaftsleistung in einem Land kommt.

Ursachen und Folgen hoher öffentlicher Verschuldung

Die enormen Staatsdefizite sind ein Phänomen, das für alle entwickelten Wirtschaftsnationen gleichermaßen kennzeichnend und nach Ansicht von Kritikern Beleg für die kollektive Überforderung des Staates durch das Anspruchsdenken seiner Bürger ist. Nur allzu gerne sind Politiker im Wettbewerb um Wählerstimmen bereit, die vom Bürger geforderten Leistungen zur Wohlstandssicherung und -mehrung auch durch Kredite zu finanzieren.

Die negativen Folgen dauerhaft hoher Staatsverschuldung sind vielfältig:

- Die zunehmende Gesamtverschuldung bedingt eine **eingeschränkte Handlungsfähigkeit des Staates**, da ein ständig wachsender Teil der Staatseinnahmen für Zins- und Tilgungsleistungen benötigt wird. So lagen die Zinsverpflichtungen allein des Bundes im Jahr 2006 bei knapp 40 Mrd. € und damit bei etwa 15 % der Ausgaben des Bundeshaushalts.

- Die hohe Kreditnachfrage des Staates kann den inländischen Geld- und Kapitalmarkt so beanspruchen, dass es zu einem **Anstieg des Zinsniveaus** kommen kann und zum **„Crowding-out-Effekt“** führt, der die Verdrängung privater Kreditnachfrage und Investitionstätigkeit durch den Staat bezeichnet.

- Schließlich ist die hohe Staatsverschuldung mit einem **Verteilungsproblem** zwischen den Generationen verbunden, denn die Finanzierungslast wird in die Zukunft verschoben.

Nicht alle Schulden trüben die Zukunftsaussichten. Investitionen in die Infrastruktur, Bildung und Forschung begünstigen das Wachstum der Volkswirtschaft und den Wohlstand der Gesellschaft. Auch Kreditaufnahmen zum Ausgleich kurzfristiger Deckungslücken im Haushalt sind durchaus normal und sinnvoll. Ebenso unproblematisch sind Kreditaufnahmen zur Abfederung konjunktureller Schwankungen im Rahmen der antizyklischen Finanzpolitik, und zwar dann, wenn Steuermehreinnahmen in der Hochkonjunktur zur Schuldentilgung herangezogen werden. Skepsis ist allerdings angebracht, wenn die Staatsverschuldung strukturell begründet ist, also anhaltende Haushaltsdefizite durch Kredite zu finanzieren sind, weil die Staatsausgaben dauerhaft nicht mehr durch entsprechende Steuereinnahmen zu decken sind.

Gerechte Steuerpolitik – nur wie?

M1 Von den Vorteilen hoher Steuern

Wer einen aktiven Staat will, muss ihm auch die Mittel für eine aktive Politik zugestehen. Innere und äußere Sicherheit, Bildungssystem, Verkehrsinfrastruktur, Gesundheitsschutz, Grundlagenforschung – all das sind öffentliche Güter, die der Staat seinen Bürgern zur Verfügung stellen soll. [...]
Die Folgen geringer Staatseinnahmen zeigen sich in Deutschland vielerorts. Das Straßennetz veraltet; Bäder, Bibliotheken und Sportstätten werden geschlossen; Schulgebäude verkommen; Unis sind überfüllt, Wissenschaft und Forschung werden weniger unterstützt als in konkurrierenden Ländern Europas und Asiens. Rund 40 Prozent des Bundeshaushalts fließen heute in die Finanzierung sozialer Ausgaben, 20 Prozent sind Zinszahlungen für die Bundesschuld. [...]
Ein weiteres Argument für auskömmliche Steuern lautet: Der Staat braucht die Möglichkeit, den wirtschaftlichen Wohlstand gleichmäßiger zu verteilen. Wer besonders wohlhabend ist, soll entsprechend zur Finanzierung der öffentlichen Aufgaben beitragen. Aus ökonomischer Sicht ist es kein Schaden, wenn Spitzeneinkommen, große Vermögen oder beträchtliche Erbschaften höher besteuert werden als zurzeit. Allerdings fördern hohe Steuersätze auch die Kapitalflucht ins Ausland. [...]
Eine Alternative ist die Erhöhung indirekter Steuern. Politisch lässt sich etwa eine höhere Tabak- oder Mineralölsteuer leichter durchsetzen als eine Steuer auf Einkommen oder Vermögen, da sich der Widerstand der Betroffenen weniger stark artikuliert. Besonders ergiebig ist dabei die Mehrwertsteuer als generelle Verbrauchssteuer [...].
Ob direkte oder indirekte Steuern – eine Erhöhung birgt immer auch ökonomische Risiken. Nimmt die Steuerflucht überhand, hat der Finanzminister das Nachsehen. Höhere indirekte Steuern können im Extremfall den Verbrauch und damit die Basis der Besteuerung reduzieren [...].

Klaus Peter Schmid, in: Die Zeit vom 11.8.2005

M2 Durch Steuerentlastung zu mehr Jobs?

Das hat es in der Geschichte der Bundesrepublik noch nicht gegeben: Von 2001 bis 2005 sanken die Steuern für Unternehmen und private Haushalte um mehr als 50 Milliarden Euro [...]. Die Idee dahinter: Bürger und Unternehmen können sich umso besser entfalten, je weniger der Staat ihnen aus der Tasche greift. Die Bürger konsumieren dann mehr, und die Unternehmen investieren wieder. Beides führt zu neuen Jobs und zu mehr Wachstum. So sah es die Bundesregierung [...] und so sehen es auch die großen Wirtschaftsverbände. „Steuerentlastungen werden zu mehr Investitionen und Arbeitsplätzen führen“, sagt Jürgen Thumann, der Präsident des Bundesverbandes der Deutschen Industrie (BDI). „Sie sind als Starthilfe für den Wachstumsmotor und für den Standort Deutschland dringend notwendig.“
Letzteres hat besonders seit dem EU-Beitritt osteuropäischer Länder an Prominenz gewonnen: Viele von ihnen besteuern die Unternehmensgewinne nämlich nur minimal. Für deutsche Unternehmen wirkt das wie eine Einladung, Arbeitsplätze über die Grenzen zu verlagern. Gleichzeitig halten die deutschen Steuersätze – mehr als die im Einzelfall tatsächlich anfallende Steuerlast – ausländische Investoren davon ab, sich in Deutschland zu engagieren. So geht es bei der Frage, welche Steuern man denn senken sollte, damit vorrangig neue Arbeitsplätze entstehen, vor allem um die Abga-

benlast der Unternehmen, also vornehmlich um die Körperschaftssteuer. Allerdings gibt es keine Garantie dafür, dass sinkende Unternehmenssteuern zu steigenden Investitionen führen. [...]

So reagiert auch der Konsum der privaten Haushalte auf die umfangreichen Steuersenkungen nicht wie erhofft. Die unverändert schwache Binnennachfrage verhindert seit Jahren einen stabilen Aufschwung in Deutschland. Gegenläufige Kräfte machten die Steuerentlastung wieder wett: Die Reallöhne stagnierten, das Gesundheitswesen wurde für den einzelnen Bürger teurer, die zudem mit der beständig vorgetragenen Forderung nach mehr Altersvorsorge konfrontiert sind. Angesichts der verbreiteten Krisenangst verlegten sich ohnehin viele Steuerzahler aufs Sparen und legten finanzielle Reserve an.

Klaus Peter Schmid, in: Die Zeit vom 11.8.2005

Aufgaben

1. Unterscheiden Sie die direkten von den indirekten Steuern und erläutern Sie, wie sich die Steuereinnahmen des Staates im Lauf eines Konjunkturzyklus ändern.

2. Begründen Sie die Forderung nach einer Senkung der Staatsquote. Was spricht dafür, was dagegen?

3. „Die Schulden von heute sind das Wachstum von morgen“. Bewerten Sie diese Aussage vor dem Hintergrund des gegenwärtigen Schuldenstandes.

4. Die Absenkung der Einkommensteuersätze ging einher mit einer Erhöhung des Mehrwertsteuersatzes von 16% auf 19% im Jahr 2006.

a) Erläutern Sie die Grundgedanken dieser Maßnahmen.

b) Beurteilen Sie unter sozialpolitischen Gesichtspunkten die Auswirkungen dieser Maßnahmen auf Haushalte und Unternehmen.

5. Bewerten Sie die gesamtwirtschaftliche Bedeutung hoher Steuersätze (M1).

6. a) Erläutern Sie, welche wirtschaftspolitischen Ziele mit einer Absenkung der Einkommensteuersätze verbunden werden (M2).

b) Erörtern Sie Probleme, die damit verbunden sind (M1, M2).

4.2 Einkommenspolitik

Leitfragen

Wie sind die Einkommen in Deutschland verteilt, und gibt es einen Maßstab für Verteilungsgerechtigkeit?

Wie sind die Lohnstrategien der Tarifpartner zu beurteilen?

Die Einkommensverteilung in Deutschland

Der Prozess der Einkommensentstehung und Einkommensverteilung

Zur Erfassung der Einkommensverteilung einer Volkswirtschaft ist zwischen der **primären** und der **sekundären Einkommensverteilung** zu unterscheiden. Die **Primärverteilung** zeigt jene Verteilung des Volkseinkommens, die sich durch den Einsatz der Produktionsfaktoren in Form von Lohn, Pacht oder Zins ergibt, ohne dass der Staat in die Verteilung eingreift.

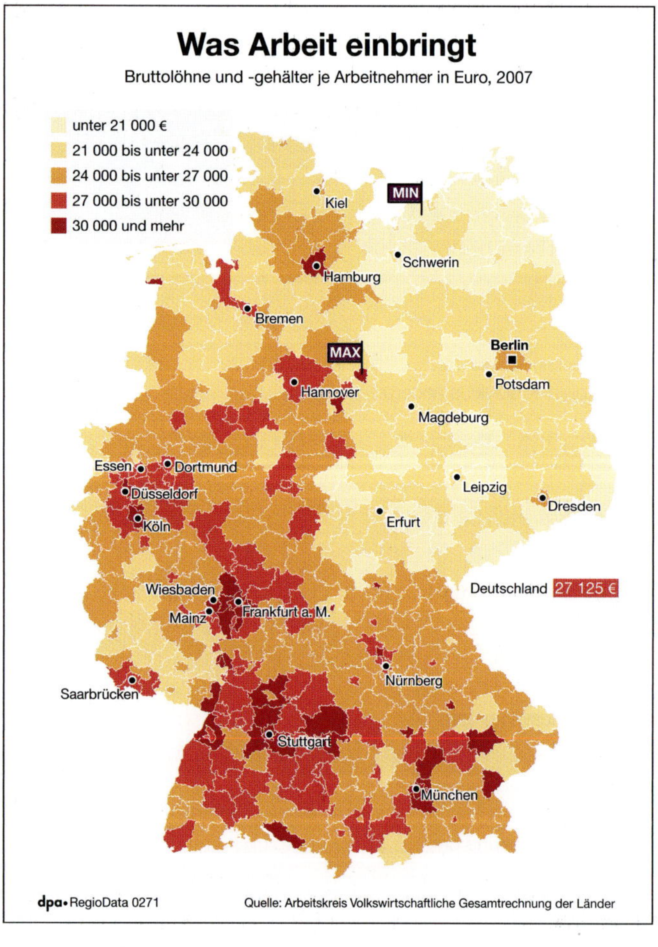

Angenommen, ein Arbeitnehmerhaushalt bezieht durch Arbeitstätigkeit, durch Zinsen auf Sparguthaben und durch Vermietung von Wohnraum ein Bruttoeinkommen von 4.000 €, so ist dies sein Einkommen, das er im Rahmen der Primärverteilung erhält. Zieht man hiervon die Lohnsteuer und die Sozialversicherungsabgaben (z. B. Kranken- und Rentenversicherungsbeiträge) ab und addiert staatliche Transferleistungen wie etwa das Kindergeld hinzu, so erhält man das Einkommen des Arbeitnehmerhaushalts nach der Umverteilung durch den Staat. Man spricht dann von der **sekundären Einkommensverteilung**, die berücksichtigt, dass durch staatliche Maßnahmen die primäre Verteilung korrigiert wird.

Die Lohnquote – Maßstab für Verteilungsgerechtigkeit?

In der verteilungspolitischen Diskussion kommt der **Lohnquote** eine besondere Bedeutung zu. Sie misst den Anteil der Einkommen aus unselbstständiger Tätigkeit, also die Arbeitnehmerentgelte, am Volkseinkommen. Die so genannte **Gewinnquote** erfasst hingegen die Einkommen aus Unternehmertätigkeit und Vermögen.

In der öffentlichen Diskussion spielt die Lohnquote eine wichtige Rolle, wird sie doch auch als Maßstab für eine gerechte Einkommensverteilung genommen. Eine fallende Lohnquote wird als Verschlechterung der Einkommenssituation der Arbeitnehmer angesehen. Doch hier sind Zweifel angebracht, denn die Unterscheidung zwischen Gewinnen und Löhnen weist Ungenauigkeiten auf, weil nicht berücksichtigt wird, dass auch Lohnempfänger erhebliche Vermögenseinkünfte – wie Zinsen, Dividenden oder Mieten – beziehen und der Gewinnquote auch die Arbeitseinkommen der Selbstständigen zugerechnet werden.

Ziele der Verteilungspolitik

Bei der Festlegung verteilungspolitischer Ziele sind drei Ansatzpunkte zu unterscheiden.

- Nach dem **Leistungsprinzip** soll das Volkseinkommen gemäß dem Beitrag verteilt werden, den der Einzelne zur Entstehung des Volkseinkommens geleistet hat. Dabei wird aber ein Problem sichtbar: Was geschieht mit Menschen, die keinen Beitrag zum Volkseinkommen leisten (Kranke, Arbeitslose)?
- Nach dem **Bedarfsprinzip** soll jeder so viel Einkommen erhalten, wie er zur Deckung seiner Bedürfnisse benötigt. Diese Norm sorgt für eine gleichmäßigere Einkommensverteilung und führt zur dritten verteilungspolitischen Norm,
- dem **Egalitätsprinzip**, das eine Gleichverteilung der Einkommen fordert.

Doch ist es gerecht, wenn hoch Qualifizierte und gering Qualifizierte gleich entlohnt werden? In der gesellschaftspolitischen Diskussion wird regelmäßig die Forderung nach einer größeren Gleichmäßigkeit bzw. gerechteren Verteilung der Einkommen erhoben und zudem der Grundsatz der **Chancengleichheit** postuliert. Als Norm gilt dabei, dass jedem gleiche Aufstiegschancen in der Gesellschaft gegeben werden.

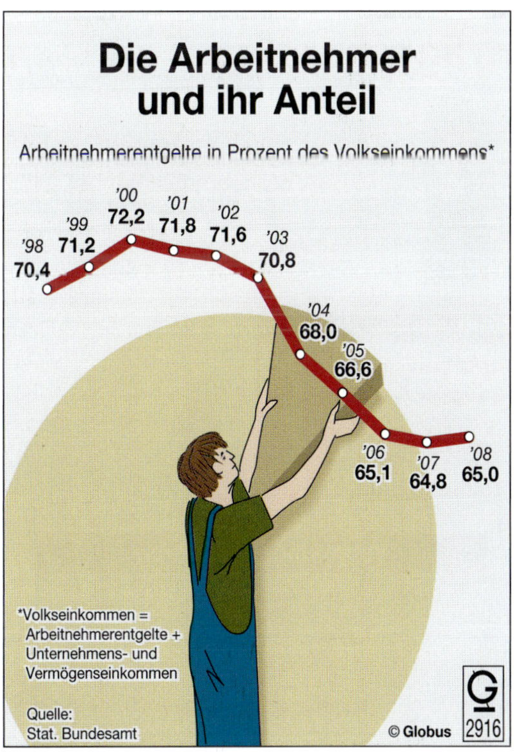

Sekundäre Einkommensverteilung
(durch staatliche Umverteilungspolitik)

1. Abzüge vom Primäreinkommen
a) Steuern
b) Sozialabgaben

2. Transferzahlungen an die Haushalte
a) Konsumunterstützung
b) Sparförderung

3. „Sozial“ gestaltetes öffentliches Güterangebot

Lohnpolitik als Instrument der Einkommenspolitik

Tarifautonomie und Tarifvertrag

Wichtigstes Instrument der Einkommenspolitik ist die Lohnpolitik. Handlungsakteure sind die Gewerkschaften als Vereinigung der Arbeitnehmer und die Arbeitgeber, die in einer Vielzahl von Verbänden organisiert sind, etwa dem Bundesverband der deutschen Industrie. Sie verhandeln im Rahmen ihrer Tarifautonomie – also unabhängig von direkter staatlicher Einflussnahme – über die Lohnhöhe, die Arbeitszeit und weitere Regelungen der Arbeitswelt. Die Tarifautonomie leitet sich aus dem im Grundgesetz (Art. 9 GG) garantierten Recht der Koalitionsfreiheit ab und genießt in Deutschland hohes Ansehen. Ergebnis der Tarifverhandlungen ist der Tarifvertrag, der die Rechte und Pflichten der Vertragsparteien regelt.

- Tarifverträge werden nach Forderung der Gewerkschaften meist als **Flächentarifverträge** geschlossen. Diese garantieren einheitliche Arbeitsbedingungen, insbesondere gleiche Arbeitsentgelte, für die gesamte Tarifbranche eines bestimmten Tarifgebiets.
- **Firmentarifverträge** hingegen schreiben geltende Arbeitsbedingungen nur für die Beschäftigten innerhalb eines Unternehmens fest.

Der traditionelle Flächentarifvertrag wird nach Ansicht von Kritikern für viele Unternehmen zunehmend zu einer Belastung. Globalisierung, struktureller und technologischer Wandel erfordern von den Betrieben eine hohe Anpassungsfähigkeit, flexible Arbeitsorganisationen und differenzierte Entlohnungssysteme. Genau das aber können traditionelle Flächentarife ohne betrieblichen Gestaltungsspielraum kaum leisten. Die Veränderung der Arbeitswelt wirft die Frage auf, inwieweit das Regelwerk für Arbeit, das sich im Wesentlichen unter den Bedingungen der Industriegesellschaft entwickelt hat, sich noch unter den Bedingungen der Informationsgesellschaft bewährt oder ob nicht verstärkt nach neueren Wegen – z. B. Firmentarifverträgen – gesucht werden muss, die der Differenziertheit der Arbeitnehmer und Unternehmen besser Rechnung tragen.

Konzeptionen der Lohnpolitik: Einkommenseffekt versus Kosteneffekt

Verteilt werden kann nur, was durch größere Produktivität erwirtschaftet wurde. Dies ist die **Sicht der Arbeitgeber**; die produktivitätsorientierte Lohnpolitik ist daher ihre Richtschnur für Einkommenszuwächse. Die **gewerkschaftliche Argumentationskette** sieht anders aus: Lohnsteigerungen sollten neben dem Produktivitätszuwachs und Inflationsausgleich auch eine Umverteilungskomponente enthalten. Dies sei volkswirtschaftlich bedeutsam, da Einkommen auch die Nachfrage beeinflussen. Volkswirtschaftlich schädlich werden überhöhte Lohnsteigerungen dann, wenn die Unternehmen mit Preiserhöhungen, Rationalisierungsmaßnahmen oder der Abwanderung ins Ausland reagieren. Wie jüngst der Fall des Handyherstellers Nokia zeigte, lassen sich Unternehmen jedoch auch von hohen Gewinnen und Lohnzurückhaltung ihrer Beschäftigten nicht immer davon abhalten, nach erfolgter Gewinnmaximierung ihre Produktion ins Ausland zu verlagern.

Da im Zeitalter der Globalisierung die Unternehmen mobiler sind als die Arbeitnehmer, hat die Drohung mit Produktionsverlagerungen ins Ausland die Position der Gewerkschaften verschlechtert. Gewerkschaftliche Tarifpolitik hat daher zunehmend defensiven Charakter. Offensive Lohnstrategien treten zugunsten von Arbeitsplatzsicherung in den Hintergrund.

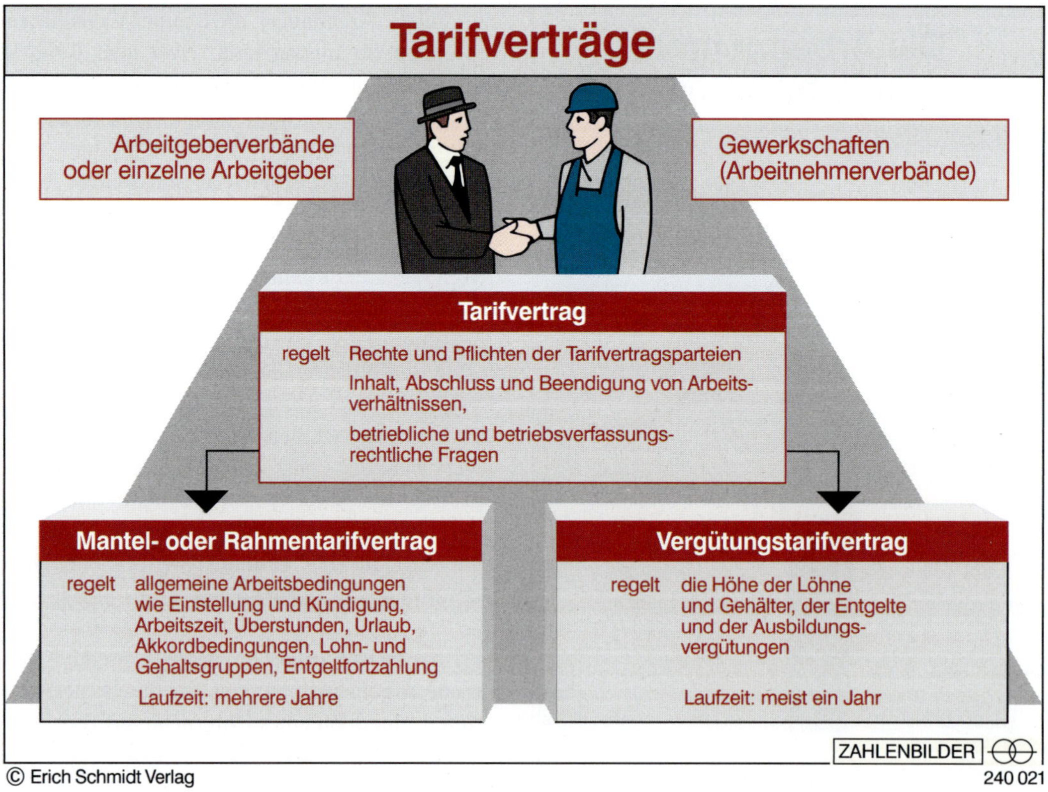

240 021

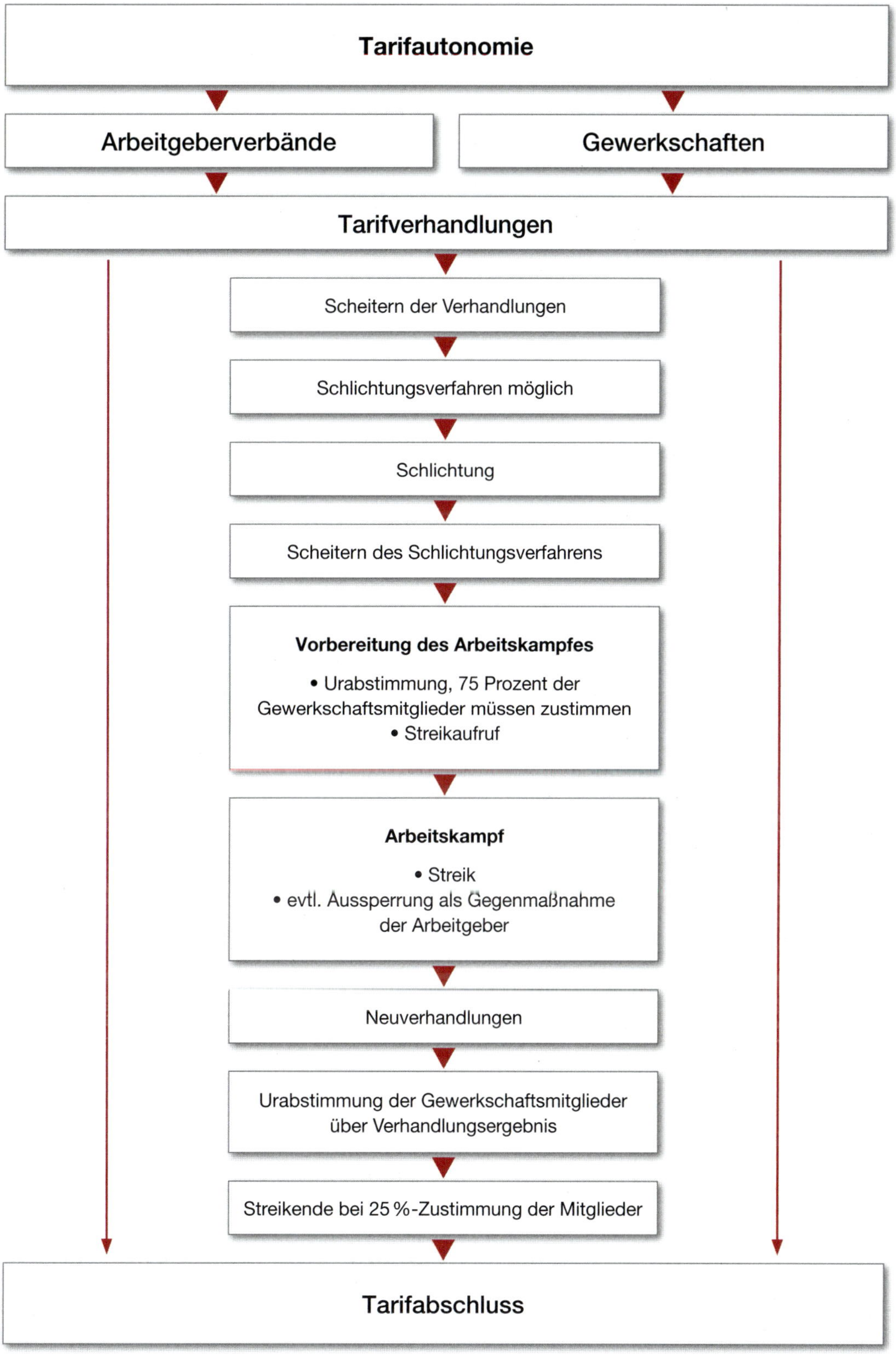

Eigene Darstellung

Der Einkommenseffekt von Lohnerhöhungen

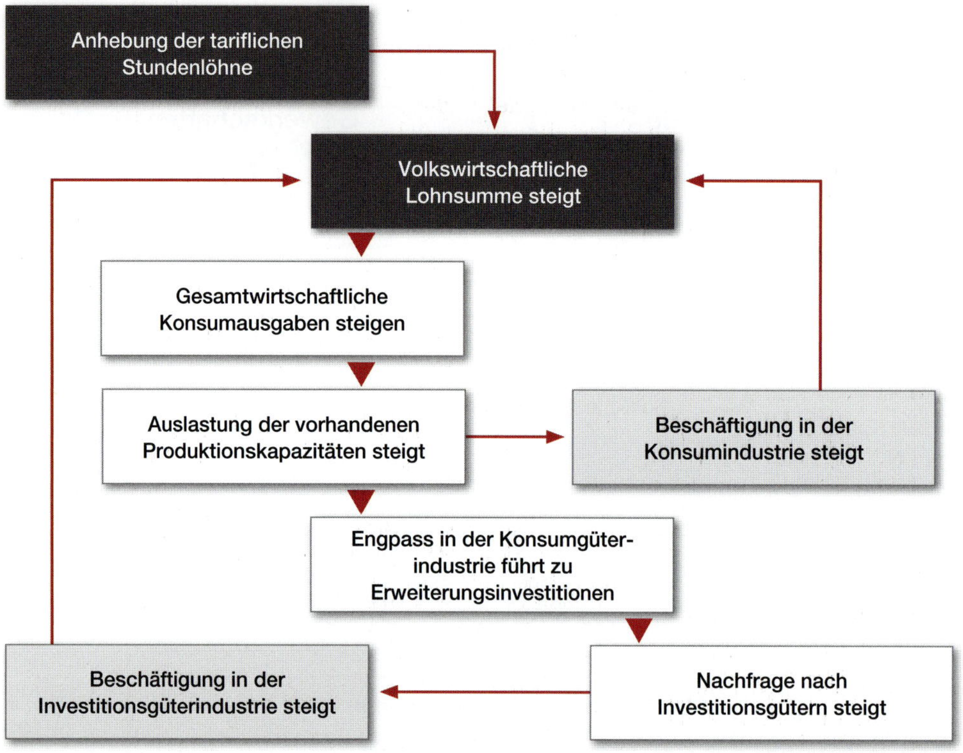

Institut der deutschen Wirtschaft, Köln

Der Kosteneffekt von Lohnerhöhungen

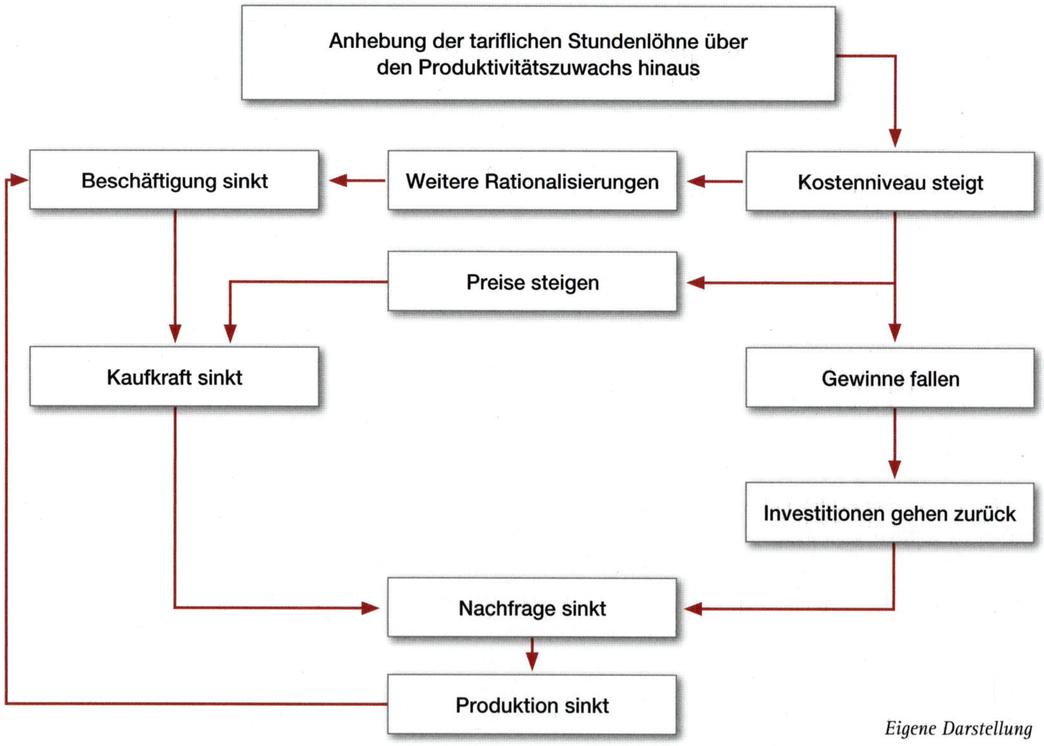

Eigene Darstellung

Die Kontroverse um den Mindestlohn

*Der **Mindestlohn** ist ein in der Höhe durch den Staat oder durch Tarifvertrag festgeschriebenes Arbeitsentgelt, das Arbeitnehmern als Minimum zusteht. Seine Höhe ist meist als Mindest-Monatslohn für eine Vollzeitstelle oder als Mindeststundenlohn festgelegt. Einen Mindestlohn gibt es in den meisten europäischen Staaten. Er wird dort in der Regel vom Staat durch Gesetz festgelegt, wobei die genaue Höhe entsprechend der Preis- und Lohnentwicklung regelmäßig angepasst wird. Die Höhe der Mindestlöhne variiert in Europa zwischen 0,67 € pro Stunde in Lettland und 8,90 € pro Stunde in Luxemburg. In den USA beträgt der Mindestlohn umgerechnet 4,25 € pro Stunde (Stand 12/2006).*
In der Wochenzeitung DIE ZEIT stellen Gustav Horn vom Institut für Makroökonomie und Konjunkturforschung und Michael Hüther, Direktor des Instituts der deutschen Wirtschaft, ihre konträren Positionen zur Einführung eines gesetzlichen Mindestlohnes dar.

M1 Ein Mindestlohn für Deutschland – nur so lässt sich die Armut verhindern

Deutschland hat ein Lohnproblem. Seit mehr als zehn Jahren müssen die Arbeitnehmer mit stagnierenden oder gar sinkenden Löhnen und Gehältern auskommen. Die Unternehmensgewinne dagegen sind geradezu explodiert. Dies wäre akzeptabel, wenn diese Form der Umverteilung geholfen hätte, die Arbeitslosigkeit in Deutschland zu senken. Doch das ist nicht der Fall.
Die Strategie, die Arbeitslosigkeit in Deutschland durch immer geringere Lohnkosten zu reduzieren, ist gescheitert. Dafür werden die Folgen dieser Strategie immer massiver spürbar. Die Armut in Deutschland nimmt zu, auch unter den Beschäftigten. Durch die ausbleibenden Einnahmen geraten die Sozialsysteme und die öffentlichen Haushalte immer mehr unter Druck. Es ist daher an der Zeit, von einem Instrument Gebrauch zu machen, das in anderen Ländern Europas längst Realität ist: ein allgemeiner, gesetzlicher Mindestlohn. In zahlreichen Industrieländern hat der Mindestlohn eine wichtige ökonomische Funktion. Er stärkt die strukturell schwächere Verhandlungsposition von Arbeitslosen gegenüber potenziellen Arbeitgebern. Wer händeringend einen Job sucht, ist tendenziell in der Situation, jeden Lohn akzeptieren zu müssen. Man denke aktuell in Deutschland nur an die verschärften Zumutbarkeitsbedingungen für Arbeitslose. Den Unternehmen geben sie die Möglichkeit, die Löhne weiter zu senken und die Gewinneinkommen dadurch noch mehr zu erhöhen.
Ein gesetzlicher Mindestlohn ist dabei umso notwendiger, je geringer die Verhandlungsmacht der Gewerkschaften oder der Abdeckungsgrad von Tarifverträgen ist. Beides war in der Vergangenheit in Deutschland relativ hoch. Die Gewerkschaften strotzten vor Selbstvertrauen, die große Mehrheit der Unternehmen hielt sich an die Tarifverträge. In dieser Situation waren Mindestlöhne überflüssig, ihre Rolle wurde von den untersten Tariflöhnen übernommen.
Seit der deutschen Vereinigung und dem Anstieg der Arbeitslosigkeit hat jedoch ein Erosionsprozess eingesetzt. Die Gewerkschaften haben an Macht verloren, mehr und mehr Unternehmen entziehen sich der Bindung durch den Flächentarifvertrag. Dies erzwingt auch in Deutschland eine Debatte über einen allgemeinen gesetzlichen Mindestlohn. Nun wenden die Gegner einer solchen Lohnuntergrenze regelmäßig ein, dass es faktisch ja schon einen Mindestlohn in Deutschland gebe. Da das Arbeitslosengeld II (Alg II) auch für Nichtstun bezahlt werde, dürfte es wenigen Unternehmen gelingen, für einen Lohn unterhalb des Alg II Mitarbeiter zu finden. Diese Argumentation ist im Prinzip richtig, doch vergleicht man diesen inoffiziellen deutschen Mindestlohn mit

den Mindestlöhnen der anderen Länder der Europäischen Währungsunion, so stellt man fest: Er liegt weit niedriger. Insofern ist es nicht verwunderlich, dass der Lohndruck nach unten in Deutschland besonders stark ist, obwohl die Gewerkschaften in Deutschland im europäischen Vergleich so schwach gar nicht sind und obwohl auch die Arbeitslosigkeit nur wenig über dem Durchschnitt liegt. Eine untere Lohngrenze über dem Alg II ist in Deutschland nur noch mit einer gesetzlichen Flankierung zu halten.
Ein zweiter Einwand besagt, dass Mindestlöhne Arbeitsplätze vernichteten, insbesondere bei den Geringverdienern. Zahlreiche Studien zeigen allerdings, dass zwischen Mindestlöhnen und Beschäftigungsniveau kein eindeutiger Zusammenhang besteht. Oft wird der negativ wirkende Kosteneffekt mehr als ausgeglichen durch den Wachstumseffekt, den die höheren Einkommen der Geringverdienenden auslösen. Da diese Gruppe oft jahrelang auf weit verbreitete Konsumgüter (Urlaubsreisen, Kinobesuche, neue Möbel) verzichten musste, fließt jede Einkommenssteigerung meist vollständig in den privaten Verbrauch.

Gustav Horn, in: Die Zeit vom 09.03.2006

M2 Ein Mindestlohn wird die Arbeitslosigkeit in die Höhe treiben

Mittlerweile hat sich die Diskussion um Mindestlöhne völlig verselbstständigt. Dabei gewinnt das Ziel „Faire Löhne für alle“ die Oberhand. So soll jede Vollzeittätigkeit ein existenzsicherndes Einkommen gewährleisten, um „Armutslöhne“ zu vermeiden. Diese Forderung steht in einem klaren Widerspruch zur bisherigen Arbeitsmarktreform, nach der erstmals auch Löhne unterhalb des Sozialhilfeniveaus zumutbar sind. Denn der beschleunigte Strukturwandel, getrieben durch Wissensintensivierung und internationalen Standortwettbewerb, verstärkt in jeder entwickelten Volkswirtschaft das Problem der working poor.
Mit den Reformen verbindet sich das Ziel, den gering Qualifizierten in einem Niedriglohnsektor mehr Beschäftigungschancen zu bieten. Das setzt vor allem eine Öffnung der Lohnstruktur nach unten voraus, um produktivitätsorientierte Löhne zahlen zu können. Mindestlöhne, zumal mit den derzeit geforderten Niveaus, würden aber gerade das Gegenteil bewirken: Sie stauchen die Lohnstruktur von unten, sie reduzieren Beschäftigungschancen bisher Arbeitsloser, und sie vernichten in nicht unerheblichem Ausmaß bestehende Niedriglohntätigkeiten. Zahlreiche Tarifverträge in Deutschland unterschreiten das diskutierte Mindestlohnniveau von 7,50 Euro je Stunde.
Wer in diesem Sinn „faire Löhne“ fordert, der fordert die Vernichtung dieser Arbeitsplätze. Rationalisierung und Dienstleistungsimport werden die Folge sein. Allerdings ist das nicht die einzige Konsequenz, denn die für die meisten drohende Arbeitslosigkeit ist mit deutlichen Verlusten an Lebenszufriedenheit verbunden. Wie jüngste Auswertungen des Instituts der deutschen Wirtschaft Köln zeigen, ist die Zufriedenheit von Menschen mit Niedriglohnarbeit größer als die von Menschen in Arbeitslosigkeit und Einkommensarmut. Also gilt: Besser working poor als nur poor.
In der Debatte wird immer wieder auf die Erfahrungen anderer Volkswirtschaften verwiesen. Aber gerade in den USA und Großbritannien erfassen die gesetzlichen Mindestlöhne lediglich 1,5 Prozent respektive 1,9 Prozent aller Vollzeitbeschäftigten. Sie sind in einem insgesamt hochdynamischen Beschäftigungsumfeld mit ihrem realen Niveau kaum bedeutsam. In Frankreich hingegen ist der Mindestlohn bei Jugendlichen eindeutig beschäftigungsschädlich, insgesamt werden dort 14 Prozent aller Vollzeitbeschäftigten erfasst. So hängen die Beschäftigungswirkungen eines Mindestlohns neben Höhe und Ausgestaltung auch vom gesamtwirtschaftlichen Umfeld, von den sonstigen Arbeitsmarktregulierungen und vom Sozialsystem ab. Empirische

Studien messen dabei nur die Effekte auf bestehende Arbeitsplätze, nicht aber die unterlassenen Investitionen in neue.
Wer Mindestlöhne fordert, der kann zur redlichen Begründung nicht auf die Existenz dieses Instruments in anderen Ländern verweisen. Noch deutlicher als bei den gesetzlichen Mindestlöhnen sind die beschäftigungspolitischen Risiken bei branchenbezogenen Vorgaben. Wer dies fordert, der enttarnt sein wahres Ziel: Es geht um die Absicherung gewerkschaftlicher Gestaltungsmacht. Denn durch die Festlegung der jeweils untersten Entgeltgruppe eines Branchentarifvertrags als Mindestlohn würde faktisch die Tarifbindung auch dort ansatzweise restituiert, wo in den letzten anderthalb Jahrzehnten die Wirkung der Flächentarifverträge deutlich nachgelassen hat.

Michael Hüther, in: Die Zeit vom 09.03.2006

M3 „Amerikanische Zustände“

Der Aufschwung ist an den Geringverdienern vorbeigegangen, der Niedriglohnsektor wächst, beklagt die Ökonomin Claudia Weinkopf im Interview. Claudia Weinkopf forscht an der Universität Duisberg-Essen seit Jahren zu der Entwicklung des Niedriglohnsektors. Sie fordert einen gesetzlichen Mindestlohn.

ZEIT ONLINE: Frau Weinkopf, in einer heute erscheinenden Studie vertreten Sie und zwei andere Autoren die These, dass der Aufschwung vollständig an den Geringverdienern in Deutschland vorbeigegangen ist. Ist das nicht eine Übertreibung?
Claudia Weinkopf: Nein. Unsere Daten geben nichts anderes her. Die Reallöhne des unteren Viertels der Einkommensskala sanken demnach zwischen 1995 und 2006 um bis zu 14 Prozent. Das war auch im Aufschwungjahr 2006 nicht anders. Diejenigen, die ohnehin die geringsten Löhne beziehen, haben weiter verloren. Profitiert hat hingegen das Viertel der Bezieher hoher Einkommen: Ihre Löhne stiegen im untersuchten Zeitraum real um 3,5 Prozent. Die Lohnschere öffnet sich. […] Das Problem sind heute längst nicht mehr nur die prekären Beschäftigungsverhältnisse wie Teilzeitarbeit oder Minijobs. Betroffen sind auch zunehmend Beschäftigte mit Vollzeitstellen. Die Tarifbindung ist seit der Wende in vielen Branchen enorm erodiert, etwa in der Gastronomie, wo heute zwei Drittel der Beschäftigten zu Niedriglöhnen arbeiten. Amerikanische Zustände sind nicht mehr fern.

ZEIT ONLINE: Was heißt das?
Weinkopf: Heute arbeiten 1,9 Millionen Menschen in Deutschland für einen Bruttolohn von fünf Euro und weniger – zum Teil für drei Euro die Stunde. In Ostdeutschland sanken die durchschnittlichen Bruttolöhne im Niedriglohnbereich im jüngsten Aufschwung um rund zehn Prozent. Eine solche Entwicklung gibt es in keinem anderen Land Europas. Selbst in den USA gibt es einen Mindestlohn, der die wildesten Exzesse nach unten verhindert. Wir forschen in einem internationalen Team von Wissenschaftlern zusammen mit Amerikanern, Franzosen, Dänen, Holländern und Briten. Dort hat man uns fassungslos angeschaut, als wir die Daten für Deutschland vorgelegt haben.

ZEIT ONLINE: Liegt ein Grund hierfür nicht auch in der konstant hohen Quote von Geringqualifizierten in Deutschland, die auf dem Arbeitsmarkt schlechte Chancen auf gute Löhne haben?
Weinkopf: Es stimmt, dass diese Menschen oft schlechte Löhne erhalten. Falsch aber ist, dass im Niedriglohnsektor nur gering Qualifizierte arbeiten. Drei Viertel aller Be-

zieher von Niedriglöhnen in Deutschland haben einen Berufsabschluss. Jüngere sind stärker betroffen als ältere, Frauen eher als Männer.

ZEIT ONLINE: Sie fordern angesichts der Ergebnisse einen gesetzlichen Mindestlohn. Fürchten Sie nicht wie viele Ökonomen, dass dieser – zu hoch angesetzt – den Aufschwung am Arbeitsmarkt zunichtemachen wird?

Weinkopf: Nein. In den meisten Ländern Europas gibt es heute einen Mindestlohn, der weit über dem Stundenlohn liegt, den viele Firmen in Deutschland heute zahlen. Auch dort entstehen neue Jobs. In Ländern, wo es keine Lohnuntergrenze gibt, etwa Dänemark, gibt es eine hohe Bindung an die Tarifverträge, die Minimallöhne von 12 bis 13 Euro vorsehen. Ich sehe keinen triftigen Grund, warum in Deutschland der Arbeitsmarkt anders funktionieren sollte als in diesen Ländern.

Zeit online vom 27.08.2008

Aufgaben

1. Wie würde sich die Lohnquote verändern, wenn Arbeitnehmer in immer stärkerem Umfang durch Belegschaftsaktien am Produktivkapital beteiligt würden? Begründen Sie davon ausgehend, warum die Lohnquote nur bedingt ein Maß für Verteilungsgerechtigkeit ist.

2. Erläutern Sie, welcher wirtschaftlichen Grundkonzeption gesetzliche Mindestlöhne eher zuzuordnen sind (vgl. Kapitel 2.3).

3. „Von Arbeit muss man leben können" – „Besser working poor als nur poor"! Diskutieren Sie beide Aussagen. Vergleichen Sie hierzu auch die Einkommensverhältnisse eines Mindestlohnempfängers mit denen eines Hartz-IV-Langzeitarbeitslosen.

4. Beurteilen Sie auch vor dem Hintergrund der Wettbewerbssituation deutscher Unternehmen in einer globalisierten Wirtschaft, ob staatliche Mindestlöhne die Beschäftigungschancen gering Qualifizierter verbessern (M1–M3).

5. Wie erklären Sie sich, dass die Lohnschere in Deutschland sich immer weiter öffnet (M3)? Wie könnten – abgesehen vom Mindestlohn – Gegenmaßnahmen aussehen?

5 Geld- und Wechselkurspolitik

5.1 Die Geldpolitik der Europäischen Zentralbank

Leitfragen

- Welche Aufgaben hat die Europäische Zentralbank?
- Mit welchen Maßnahmen kann die EZB den Binnenwert des Euro sichern?

Aufbau und Aufgaben der EZB

Mit der Einführung des Euro wurde die geld- und währungspolitische Kompetenz von den nationalen Notenbanken auf die **Europäische Zentralbank** (EZB) übertragen, die zusammen mit allen nationalen Zentralbanken der EU-Staaten das europäische System der Zentralbanken (ESZB) bildet. Der Begriff **Eurosystem** bezeichnet die EZB und die nationalen Zentralbanken der Mitgliedstaaten, die den Euro eingeführt haben.

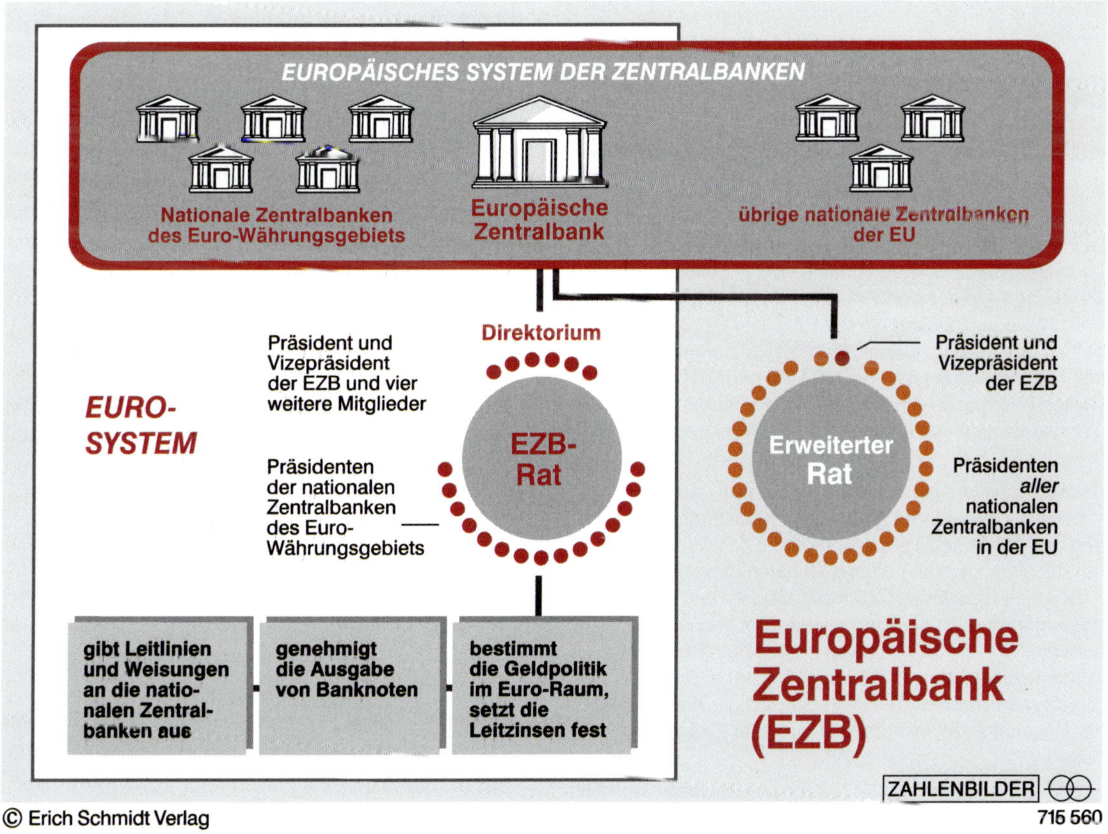

Die **Hauptaufgabe der EZB** besteht darin, im Euroraum für stabile Preise zu sorgen. Soweit es ohne Beeinträchtigung dieses Zieles möglich ist, unterstützt das ESZB die allgemeine Wirtschaftspolitik in der Gemeinschaft. Die grundlegenden Aufgaben des ESZB sind:

- die **Geldpolitik** des Euro-Währungsgebietes festzulegen und auszuführen,
- **Devisengeschäfte** zur Steuerung des Euro-Wechselkurses durchzuführen,
- die **Währungsreserven** der Mitgliedstaaten zu verwalten,
- **Banknoten** im Euro-Währungsgebiet auszugeben,
- den **Zahlungsverkehr** zu organisieren.

Nach dem Vorbild der deutschen Bundesbank ist die EZB von politischen Weisungen unabhängig. Sie kann über den Einsatz ihrer Instrumente selbst entscheiden und darf von den Regierungen nicht zu Maßnahmen verpflichtet werden, die ihrem Auftrag zuwiderlaufen. Maßnahmen der Währungsbehörde unterliegen auch dann nicht politischer Kontrolle, wenn sie sich negativ auf Produktion und Beschäftigung auswirken.

Begriffsbestimmungen: Leitzins – Zinskorridor

Der Zinskorridor weist als Obergrenze die so genannte Spitzenrefinanzierungsfazilität* auf. Zu diesem (hohen) Zinssatz können sich die Geschäftsbanken „über Nacht" Kredite von der EZB einräumen lassen. Die Zinsuntergrenze wird als Einlagefazilität bezeichnet. Zu diesem (niedrigen) Zins können Geschäftsbanken überschüssige Liquidität bei der EZB anlegen. Dazwischen bewegt sich der Zinssatz für die Hauptrefinanzierungsgeschäfte. Damit können sich Banken bei der EZB gegen Stellung von Sicherheiten (Wertpapiere) befristet Geld beschaffen. Hauptrefinanzierungsgeschäfte werden den Banken wöchentlich angeboten.

Der erhobene Zinssatz gilt als wichtiger Leitzins und seine Veränderung als wesentliche geldpolitische Maßnahme. Daneben wird zusätzlich einmal im Monat ein Refinanzierungsgeschäft mit einer Laufzeit von drei Monaten abgeschlossen, der so genannte Basistender. Zum Instrumentarium der Notenbank gehört auch die Mindestreservepolitik, die die Geschäftsbanken verpflichtet, einen bestimmten Prozentsatz ihrer Kundeneinlagen bei der EZB zu hinterlegen. Durch Variation dieses Prozentsatzes kann die EZB die Kreditschöpfung der Geschäftsbanken entsprechend ihrer Zielsetzung beeinflussen.

** Fazilität: für Notfälle gedachte Kreditmöglichkeit*

Das geldpolitische Instrumentarium der EZB zur Sicherung der Geldwertstabilität

Zur Wahrung ihrer Aufgaben stehen der EZB verschiedene geldpolitische Instrumente zur Verfügung. Diese werden vorrangig darauf ausgerichtet, die Volkswirtschaften einerseits ausreichend mit Geld auszustatten, andererseits Preisniveaustabilität zu gewährleisten. Die EZB kann ihre geldpolitischen Ziele aber nur indirekt erreichen. Das bedeutet: Will ein Unternehmen investieren oder ein privater Haushalt ein Auto anschaffen, wird meist ein Kredit bei einer Bank aufgenommen. Um Kredite gewähren zu können, müssen sich die Banken aber selbst mit Geld versorgen, d. h., sie müssen sich „refinanzieren" – und das können sie bei der Zentralbank. Und wie bei jeder Kreditgewährung werden auch hier Zinsen fällig.

Genau da setzt die EZB mit ihrem Instrumentarium an. Erhöht sie die Zinsen, zu denen sie Zentralbankgeld an die Banken abgibt, verteuert sie deren Kreditaufnahme. Die Banken geben aber ihre höheren Geldbeschaffungskosten an die privaten Kreditnehmer – Unternehmen und private Haushalte – weiter, indem sie höhere Zinsen für deren Bankkredite verlangen. Manche kreditfinanzierte Investition wird für Unternehmer jetzt unrentabel, weil die höheren Kreditkosten sich im Vergleich zum erwarteten Gewinn nicht rechnen. Auch mancher Bauherr oder Autokäufer wird angesichts höherer Zinsen seine kreditfinanzierten Bau- oder Kaufpläne erst einmal nicht realisieren. Gleichzeitig sorgen steigende Zinsen dafür, dass die Sparneigung zunimmt.

Diese Maßnahme der EZB wirkt also doppelt: Sie dämpft die kreditfinanzierte Nachfrage und trägt durch Sparanreize dazu bei, dass dem Wirtschaftskreislauf Geld entzogen wird und auch auf diesem Wege die Nachfrage nach Waren und Dienstleistungen zurückgeht, damit sich der Preisanstieg verlangsamt. Über die Variation des Zinssatzes kann die Zentralbank das Zinsniveau in den Volkswirtschaften steuern. Der Bedeutung entsprechend spricht man daher vom **Leitzins.**

Inflation hängt letztlich immer auch mit einer Zunahme der nachfragewirksamen Geldmenge zusammen. Die EZB kann daher zur Inflationsbekämpfung neben der Erhöhung der Zinsen auch den Umfang der Kreditvergabe an die Geschäftsbanken einschränken. Umgekehrt kann die Zentralbank aber auch die Kreditspielräume der Geschäftsbanken erweitern und über günstige Konditionen das Zinsniveau in den Volkswirtschaften senken, um einen umgekehrten Prozess in Gang zu setzen.

Der Wirksamkeit geldpolitischer Maßnahmen sind Grenzen gesetzt. Internationale Finanzströme können ebenso die Inflation fördern wie zu hohe Lohnabschlüsse der Tarifparteien. Daneben können selbst steigende Zinsen die Investitions- und Konsumbereitschaft nicht dämpfen, wenn eine optimistische Grundstimmung herrscht.

Strategie der EZB und Grenzen geldpolitischer Maßnahmen

Die geldpolitische Strategie der EZB beinhaltet drei Hauptelemente:

- Die Analyse der künftigen Preisentwicklung und der Risiken für die Geldwertstabilität,
- die Begrenzung des Anstiegs der Verbraucherpreise auf weniger als 2 % gegenüber dem Vorjahr und
- die Verkündung eines Referenzwertes für die Entwicklung der Geldmenge, die in ihrer weitesten Abgrenzung als M3 bezeichnet wird und neben dem Bargeldumlauf auch Einlagen mit unterschiedlichen Laufzeiten bei den Geschäftsbanken umfasst.

Die geldpolitische Strategie der EZB: Inflationsziel und Geldmengenziel

Am 1. Dezember 1998 hat der EZB-Rat das erste Geldmengenziel beschlossen, das eine wichtige Rolle im Rahmen der geldpolitischen Strategie des ESZB spielt. Danach soll die Geldmenge in der Definition M3 um jährlich 4,5 % wachsen. Den Spielraum für das Geldmengenwachstum hat der EZB-Rat folgendermaßen berechnet.

Inflationsrate in der Eurozone (gemessen anhand des harmonisierten Verbraucherpreis-Index):	0 – 2 %
+ trendmäßiges Wachstum des Bruttoinlandsproduktes in der Eurozone	2 – 2,5 %
+ Abnahme der Umlaufgeschwindigkeit der Eurogeldmenge	0,5 – 1 %
= Spielraum für das EURO-Geldmengenwachstum	**2,5 – 5,5 %**

Das Lexikon der Wirtschaft, Grundlegendes Wissen von A–Z, 2. Aufl., Mannheim 2004, S. 138

Kombinierter Einsatz geldpolitischer Instrumente zur Erhaltung der Geldwertstabilität

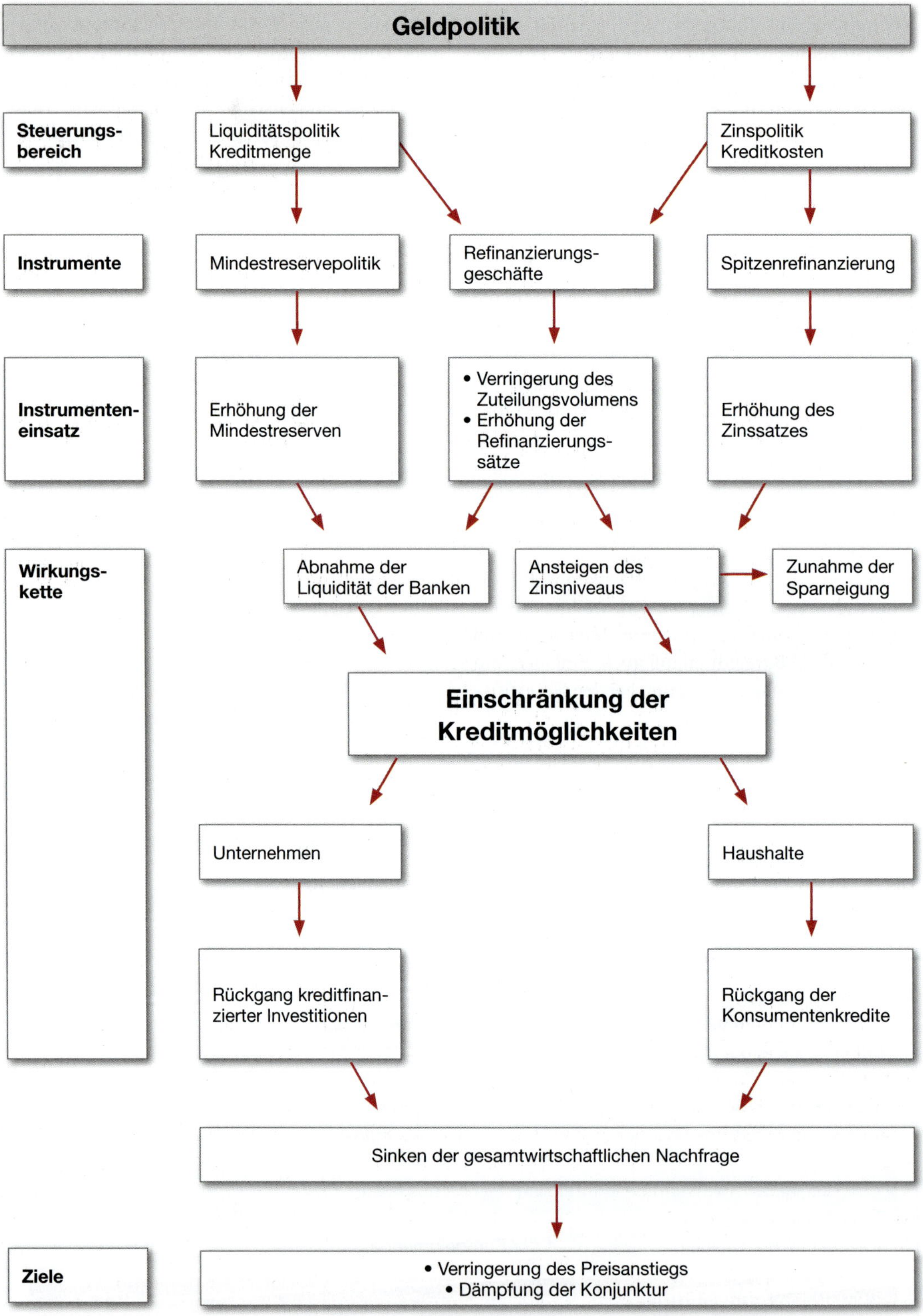

in Anlehnung an: iwd Nr. 36, Deutscher Instituts-Verlag Medien GmbH, 1979

Die Bedeutung der Geldwertstabilität

M1 Aus dem Wirtschaftsteil der Zeitung

Finanzkrise schwächt laut EZB deutsche Wirtschaft

Die Welt, 20.09.2008

Erste Politiker drängen auf Zinssenkung

EZB gerät unter Druck

Handelsblatt, 23.09.2008

Reaktion auf Inflation

EZB erhöht Leitzins

Die EZB hat aller Kritik zum Trotz den Leitzins angehoben. „Reines Gift für die Konjunktur", schimpfen Europas Regierungschefs und Gewerkschaften.

Handelsblatt, 03.07.2008

Finanzkrise macht Banken nervös

EZB pumpt Milliarden in den Markt

Kurzfristige Finanzspritze: Die Europäische Zentralbank stellt den Finanzmärkten rund 30 Milliarden Euro frisches Geld zur Verfügung.

Süddeutsche Zeitung, 15.09.2008

M2 Zwei-Säulen-Strategie der EZB

Der EZB wird durch den Vertrag von Maastricht von 1992 als Hauptziel die Gewährleistung von Preisstabilität vorgegeben. [...] Zu beachten ist, dass sich die EZB an einer durchschnittlichen Inflationsrate des gesamten EU-Raums orientiert. Davon zu unterscheiden ist die nationale Preisstabilität in den jeweiligen Mitgliedstaaten. [...] Die nationale Preisstabilität ist eines der Stabilitätskriterien nach dem Stabilitäts- und Wachstumspakt von Dublin (1996), welche die Mitglieder der Europäischen Währungsunion einhalten müssen. Nur insoweit das Ziel der Preisstabilität nicht beeinträchtigt wird, unterstützt die EZB die allgemeine Wirtschaftspolitik in der EU. Andere Ziele wie Beschäftigungsförderung oder Finanzstabilität haben damit den Rang von Nebenzielen: Bei Zielkonflikten hat die Preisstabilität Vorrang. [...]

Die EZB verfolgt eine „Zwei-Säulen-Strategie". Damit meint man, dass sie zum einen – Säule 1 – die Geldmengenentwicklung und die Kreditvergabe des Bankensystems analysiert und beeinflusst. In diesem Zusammenhang orientiert sie sich an einem Zielwert für das Wachstum der Geldmenge M3 [...]. Zum anderen – Säule 2 – analysiert die EZB die nicht-monetären Inflationsindikatoren (u. a. Konjunktur, Nachfrage, Produktion etc.) bezüglich ihrer Wirkungen auf Inflation und Wachstum. Zentrales Instrument der Geldpolitik der EZB ist der sog. Leitzins [...], der auf die Signale der beiden Säulen reagieren soll. [...]

Die EZB ist bei der Ausfüllung und Umsetzung ihres Mandats in ihrem geldpolitischen Handeln völlig autonom und unterliegt keinerlei Weisungen anderer Institutionen der EU oder nationaler Regierungen (was gelegentlich bezweifelt wird). Die starke, unabhängige Stellung der EZB wurde vor allem aufgrund negativer Erfahrungen mit po-

litisch stärker eingebundenen Zentralbanken geschaffen. Die historische Erfahrung zeigt, dass politisch abhängige Zentralbanken häufig von Regierungen dazu missbraucht wurden, um durch eine „lockere" Geldpolitik die Finanzierung öffentlicher Haushalte zu erleichtern (extrem: „Gelddrucken"). Dies führte regelmäßig zu hohen Inflationsraten, in verschiedenen Fällen sogar zu Hyperinflationen, in denen das „offizielle" Geld, wie z. B. in Deutschland 1923 oder vor der Währungsreform 1948, seine Funktion als Zahlungsmittel vorlor. Daher ist es als bedenklich anzusehen, dass der Entwurf der EU-Verfassung die bisher erforderliche Einstimmigkeit im Ministerrat der EU bezüglich Änderungen der EZB-Satzung in eine qualifizierte Mehrheit (von rund 70 %) verringern wollte [...].

Aus: Jörn Altmann, Wirtschaftspolitik, 8. Aufl., Stuttgart 2007, S. 365f.

Aufgaben

1. Die Festlegung der Leitzinsen für den Euroraum gehört zu den Aufgaben der EZB.

a) Beschreiben Sie die ökonomischen Rahmenbedingungen, welche die EZB veranlassen könnten, die Leitzinsen zu senken.

b) Stellen Sie die idealtypische Wirkungskette einer Leitzinssenkung dar.

2. Diskutieren Sie, welche Möglichkeiten die EZB hat, auf Finanzmarktkrisen zu reagieren.

3. Die EZB sieht sich seit längerem einer Kritik an ihrer „Zwei-Säulen-Strategie" ausgesetzt; viele Kritiker fordern, die EZB solle ihren stabilitätsorientierten Kurs zugunsten einer stärkeren Wachstumsorientierung aufgeben. Diskutieren Sie diese Forderung.

5.2 Wechselkurspolitik in der Europäischen Union

Leitfragen | Wovon hängt der Außenwert des Euro ab? | In welche Wechselkurssysteme ist der Euro eingebunden?

Der Wechselkurs – Austauschverhältnis zweier Währungen

In unserer multinationalen Welt haben die meisten Länder eine eigene nationale Währung. Bei allen Zahlungen über die Landesgrenzen hinweg müssen daher in der Regel einheimische Zahlungsmittel in ausländische umgetauscht werden.

Ein deutscher Exporteur will von seinem Geschäftspartner vorzugsweise Euro erhalten. Ein Importeur außerhalb der Eurozone muss sich also Euro für seine Landeswährung kaufen. Erhält der deutsche Exporteur eine fremde Währung, dann wird er seinerseits diese in Euro umwechseln. Solche Tauschgeschäfte erfolgen zum jeweils gültigen Wechselkurs. Unter **Wechselkurs** versteht man das Austauschverhältnis zweier Währungen (z.B. 1 Euro = 1,31 US-Dollar – so genannte Mengennotierung oder 1 US-Dollar = 0,76 Euro – so genannte Preisnotierung). Zahlungsanweisungen in fremder Währung werden auch als **Devise** bezeichnet. Deshalb wird auch häufig vom **Devisenkurs** gesprochen.

Warum schwanken Wechselkurse?

Der Wert einer Währung bestimmt sich aus dem Zusammenspiel von Angebot und Nachfrage nach Devisen. Wer Höhe und Veränderung von Wechselkursen erklären will, muss daher wissen, wovon Angebot und Nachfrage nach Währungen abhängen. Es lassen sich zwei dominierende Einflüsse ausmachen:

- Traditioneller Erklärungsansatz für Wechselkursschwankungen ist die **Kaufkraftparitätentheorie:** Erreicht ein Land z.B. aufgrund günstiger Produktionskosten Exportüberschüsse, führt dies zu einer steigenden Nachfrage nach der Währung dieses Landes, um die dort gekauften Güter bezahlen zu können. Als Folge dieser Nachfrage wird der Wechselkurs dieser Währung steigen und die Produkte verteuern – so lange, bis kein Preisvorteil mehr durch den hohen Wechselkurs besteht.
- Zur Erklärung heutiger Kursschwankungen ist die Kaufkraftparitätentheorie immer weniger geeignet, da die durch die Handelsströme ausgelösten Devisenbewegungen nur einen sehr

Wirkungen von Wechselkursänderungen im Überblick

	Euro-Abwertung (aus deutscher Sicht)	Dollar-Aufwertung (aus amerikanischer Sicht)
Mengenwechselkurs	1 € = 1,10 $ 1 € = 1,05 $ sinkt ▼	1 $ = 0,91 € 1 $ = 0,95 € steigt ▲
Preiswechselkurs (Kehrwert des Mengenwechselkurses)	1 € = 0,91 $ 1 € = 0,95 $ steigt ▲	1 € = 1,10 $ 1 € = 1,05 $ sinkt ▼
Importpreis	steigt, Importnachfrage sinkt	sinkt, Importnachfrage steigt
Exportpreis	sinkt, Exportnachfrage steigt	steigt, Exportnachfrage sinkt
Leistungsbilanz (Normalreaktion)	verbessert sich	verschlechtert sich
Beschäftigung	kann sich verbessern	kann sich verschlechtern
Inflationstendenz	steigt (importierte Inflation)	nimmt ab

nach: Jörn Altmann, a. a. O., S. 452

kleinen Teil an den gesamten Währungsbewegungen ausmachen. Wechselkursschwankungen sind heute auf die **immensen Kapitalbewegungen der** globalen Investmentfondsgesellschaften und Versicherungen zurückzuführen, die kleinste Zinsvorteile und Renditeunterschiede ausnutzen.

Die EZB kann bei unerwünschten Kursschwankungen des Euro an den internationalen Devisenmärkten intervenieren und damit Einfluss auf den Außenwert der Währung nehmen. Bei sinkendem Außenwert wird sie einerseits Euro kaufen, um durch die gestiegene Nachfrage den Eurokurs zu stabilisieren und damit versuchen, einer weiteren Abwertung vorzubeugen. Andererseits wird sie Euro am Markt verkaufen, um durch das zusätzliche Angebot an Euro einem zu hohen Kurs entgegenzuwirken. Eine längerfristige Wirkung kann damit aber kaum erzielt werden, da das Volumen der EZB-Interventionen im Vergleich zu den täglichen Umsätzen an den Devisenmärkten deutlich zu gering ist.

Wechselkurssysteme

Der Euro ist in zwei Wechselkurssysteme eingebunden.

- **Frei schwankende Wechselkurse** kennzeichnen die Außenbeziehungen des Euro zu Drittländern wie den USA, Japan oder China. Hier bestimmen Angebot und Nachfrage an den Devisenbörsen den Außenwert der Währung.
- Innerhalb der EU wurde zwischen „Ins“ (Euroteilnehmer) und „Outs“ ein System weitgehend **fester Wechselkurse** eingerichtet, der Wechselkursmechanismus II (WKM II). Die Regeln des WKM II verpflichten die Zentralbanken zu Stützungskäufen bzw. -verkäufen an den Devisenbörsen zugunsten der unter Druck geratenen Währung eines Landes der EU, das nicht an der Währungsunion teilnimmt („Outs“). Für die neuen Mitgliedstaaten ist die mindestens zweijährige Teilnahme am WKM II neben der Erfüllung der Konvergenzkriterien eine zentrale Bedingung für den Beitritt zum Euro-Währungsgebiet (→ Kapitel 5).

Licht und Schatten fester und freier Wechselkurse

System freier Wechselkurse („Floating“)	
Pro	**Kontra**
• Automatische Wechselkursveränderungen wirken tendenziell in Richtung eines Leistungsbilanzausgleichs. • ermöglicht eine eigenständige Wirtschaftspolitik ohne „Diktatur der Zahlungsbilanz“. • begrenzt die Gefahr des Inflationsimports. • wirkt als „Ventil“ oder „Puffer“ gegenüber divergierenden Preis- und Lohnentwicklungen im In- und Ausland. • Kursänderungen vollziehen sich eher allmählich als abrupt.	• Die Wirkung auf den Leistungsbilanzausgleich bleibt unsicher. • erschwert und verunsichert Kalkulation und Planung für Exporteure und Importeure. • verursacht Kurssicherungskosten. • kann sich desintegrierend auf die internationale Arbeitsteilung auswirken. • Kapitalströme und Spekulationen können die Handelsströme unvorhersehbar beeinflussen

System fester Wechselkurse	
Pro	**Kontra**
• schafft eine (relativ) sichere Kalkulationsbasis für Auslandstransaktionen. • verringert die Transaktionskosten durch Wegfall der Kurssicherung. • fördert die politische Integration und die internationale Arbeitsteilung der Teilnehmerländer. • zwingt die Partner des Festkurssystems zu einer Koordination ihrer Wirtschaftspolitik. • verhindert Abwertungen zum Zweck der Exportförderung (vgl. Abwertungswettlauf in der Weltwirtschaftskrise).	• verhindert an binnenwirtschaftlichen Zielen ausgerichtete autonome Geld- und Konjunkturpolitik. • führt bei divergierender Wirtschaftsentwicklung der Teilnehmerländer zu Zahlungsbilanzungleichgewichten. • begünstigt bei zu niedrigem Festkurs Inflationsimport und/oder Export von Arbeitslosigkeit. • fördert bei erkennbaren Ungleichgewichten die Währungsspekulation und • erzwingt bei andauernden Divergenzen abrupte und gravierende Kursveränderungen (Realignments). • führt bei den am Festkurssystem beteiligten Ländern zur Abhängigkeit v. der Politik des Leitwährungslandes (USA im System v. Bretton Woods/BRD im EWS).

Peter Czada/Günter Renner, Euro und Cent. Europäische Integration und Währungsunion, Bonn 1997, S. 55

M Der Euro – Weichling oder Konjunkturkiller?

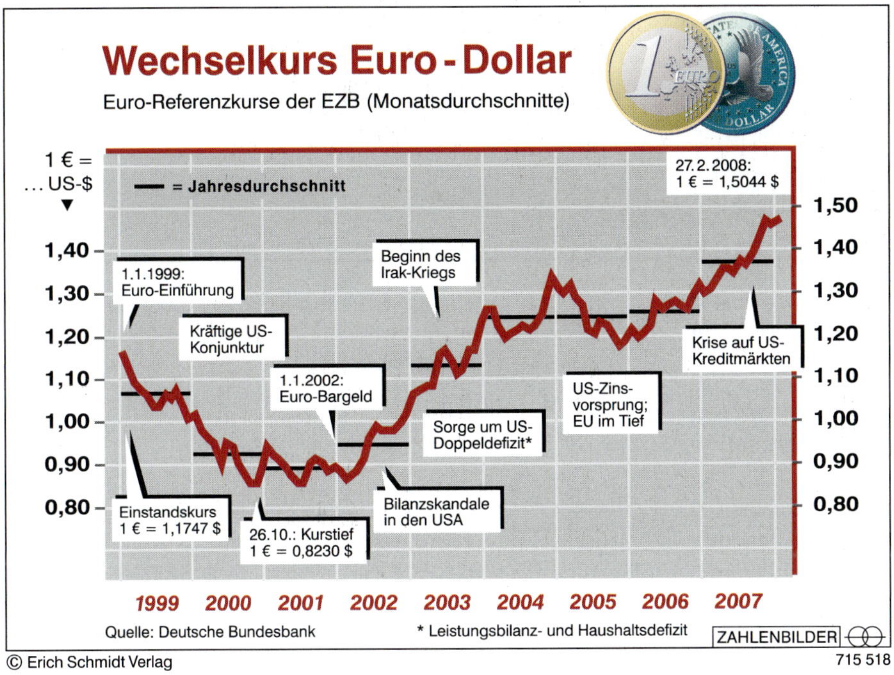

Aufgaben

1. Erklären Sie, wie Zinssenkungen der EZB und Interventionen am Devisenmarkt zu einem steigenden Dollarkurs führen können. Berücksichtigen Sie mögliche Auswirkungen dieser Maßnahme auf die Preisstabilität.

2. Diskutieren Sie Überlegungen, Dollar und Euro in ein System fester Wechselkurse einzubinden.

3. a) Erläutern Sie die jeweiligen Auswirkungen eines stark steigenden oder fallenden Eurokurses auf Unternehmen und private Haushalte in Deutschland.

   b) Beschreiben Sie, wie die EZB unerwünschten Kursschwankungen des Euro entgegenwirken kann.

   c) Zeigen Sie mithilfe des Marktmodells (S. 85 f.), wie die EZB die Senkung eines spekulativ überhöhten Dollarkurses erreichen könnte.

6 Globalisierung der Wirtschaft

6.1 Wirtschaft im Wandel

Leitfragen			
Leitfragen	Was bedeutet wirtschaftlicher Strukturwandel?	Welche Ursachen und Dimensionen des Strukturwandels lassen sich unterscheiden?	Welche Auswirkungen hat der Strukturwandel?

Was Strukturwandel bedeutet

Wenn Menschen ihren Arbeitsplatz verlieren oder um diesen bangen, von Arbeitnehmern lebenslanges berufliches Lernen erwartet wird, zahlreiche Einzelhandelsgeschäfte in den Stadtzentren schließen und wir über Handy und Internet kommunizieren, hat dies alles mit tief greifenden Veränderungen in Wirtschaft und Gesellschaft zu tun, die wir im Begriff **„Strukturwandel"** zusammenfassen. Strukturwandel ist nichts Neues. Umwälzende Veränderungen, wie der Übergang von der Agrar- zur Industriegesellschaft, haben mit der industriellen Revolution im 19. Jahrhundert begonnen und setzen sich heute beschleunigt im Übergang von der Industrie- zur Dienstleistungsgesellschaft fort. Der technische Fortschritt gilt als Triebfeder der Wandlungsprozesse in der Wirtschaft. Er verändert Produktionsverfahren, Produkte, Konsumverhalten und Arbeitsbedingungen. So genannte Basisinnovationen wie etwa die Erfindung des Automobils prägen und wandeln ganze Wirtschaftsepochen. Der Einzelne erfährt die damit verbundenen Veränderungen z. B. im Berufsleben durch wachsende Anforderungen an seine Ausbildung, Qualifikation oder Mobilitätsbereitschaft. Konnten frühere Generationen einen Beruf erlernen und darauf vertrauen, diesen Beruf ein Leben lang auszuüben, veraltet das heute erworbene Wissen und Können schnell. Alte Berufe, z. B. im Handwerk, sterben aus und neue Berufe entstehen, zunehmend in der Informationstechnologie. Unternehmen können sich heute und in Zukunft nur als anpassungsfähige und lernende Organisationen im **internationalen Wettbewerb** behaupten. Besonders schmerzhaft sind die Auswirkungen des Strukturwandels auf Arbeitnehmer beim Verlust des Arbeitsplatzes. Gerade die strukturell bedingte **Arbeitslosigkeit** erweist sich als problematisch, weil die Ursachen dieser Form der Arbeitslosigkeit nicht kurzfristig zu beheben sind (→ Kapitel 2.2). Als maßgebliche Ursachen gelten:

- der rasante technische Fortschritt,
- die damit verbundene Rationalisierung der Produktion und
- die vom internationalen Wettbewerb diktierten Produktivitätssteigerungen.

Dies kann am Beispiel der Textilbranche in Deutschland verdeutlicht werden: Einerseits ist es der deutschen Textilwirtschaft nicht möglich, im weltweiten Lohnwettbewerb mitzuhalten, andererseits finden Beschäftigte in der Textilbranche aufgrund mangelnder Qualifikation und/oder mangelnder Mobilitätsbereitschaft nicht ohne weiteres eine neue Arbeit in anderen Branchen. D. h., gelingt die Anpassung des Einzelnen an die vom Strukturwandel hervorgerufenen Veränderungen nur langsam oder gar nicht, entsteht Arbeitslosigkeit.

Dimensionen des Strukturwandels

Der marktwirtschaftliche Wettbewerb und die internationale Arbeitsteilung verursachen eine fortwährende Veränderung der wirtschaftlichen Strukturen. Strukturwandel ist – ob politisch gefördert oder gebremst – Kennzeichen einer Marktwirtschaft. Im Wesentlichen lassen sich **drei Dimensionen** des Strukturwandels unterscheiden.

Erwerbstätige in den Wirtschaftssektoren

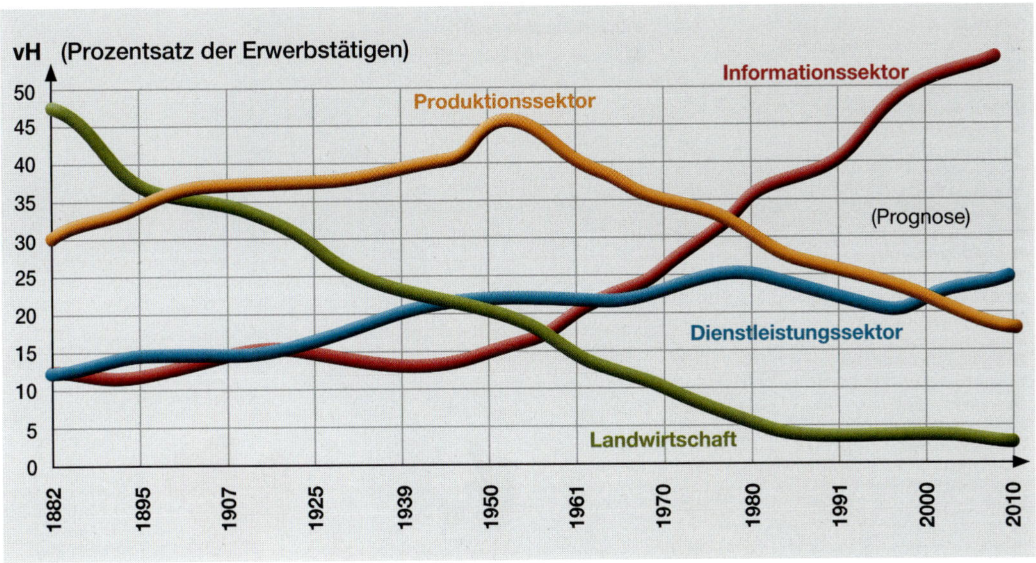

Henning Klodt u. a., Tertiarisierung in der deutschen Wirtschaft, Tübingen 1997, S. 68

- **Intersektoraler Strukturwandel:** Damit ist der in allen entwickelten Volkswirtschaften seit dem 19. Jahrhundert zu beobachtende Übergang von einer Agrar- in eine Industriegesellschaft und seit Mitte dieses Jahrhunderts in eine Dienstleistungsgesellschaft gemeint. Mittlerweile sind die Beschäftigten überwiegend in den Dienstleistungsbranchen bzw. im Informationssektor tätig. Besonders expansiv entwickeln sich z. B. gesundheits- und unternehmensnahe Dienste wie Werbung, Finanzierung, Kundenservice. Letztere zeigen, dass Industrie und Dienstleistungen häufig eng miteinander verzahnt sind. Angesichts der wachsenden Bedeutung der Informations- und Kommunikationstechnologien wird in jüngster Zeit bereits von einem Übergang in die Informationsgesellschaft gesprochen.

- **Intrasektoraler Strukturwandel:** Auch innerhalb der großen Wirtschaftssektoren – Agrarwirtschaft, Industrie, Dienstleistungen – finden strukturelle Veränderungen statt. So übernehmen z. B. in der Industrieproduktion Maschinen gefährliche, schwere oder belastende Arbeiten. Auch der Arbeitseinsatz verändert sich; gerade in den Industrieländern gewinnen gut qualifizierte Arbeitskräfte immer mehr Beschäftigungsanteile hinzu, während es immer weniger Arbeit für Geringqualifizierte gibt.

- **Regionaler Strukturwandel:** In einzelnen Regionen verändern sich die wirtschaftlichen Strukturen immer wieder, zum Teil mit einschneidenden Konsequenzen für den Arbeitsmarkt. Ein anschauliches Beispiel ist das Ruhrgebiet, das sich mit dem Niedergang des Bergbaus und der Montanindustrie von einer Schwerindustrieregion in ein Zentrum für hochtechnologische Industrien (z. B. im Umweltschutzbereich) und moderne Dienstleistungen gewandelt hat. Ein wesentlicher Trend im Strukturwandel heute ist die funktionale Konzentration. Damit ist die Ballung vor allem bestimmter Dienstleistungen auf einige Zentren gemeint: Banken in Frankfurt am Main, Versicherungen in München, Medienunternehmen in Hamburg, Berlin und Köln.

Dimensionen des Strukturwandels im Überblick

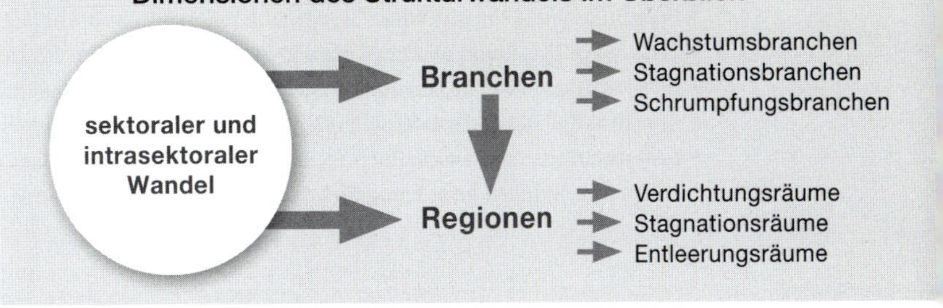

Die Kräfteverteilung in Europa

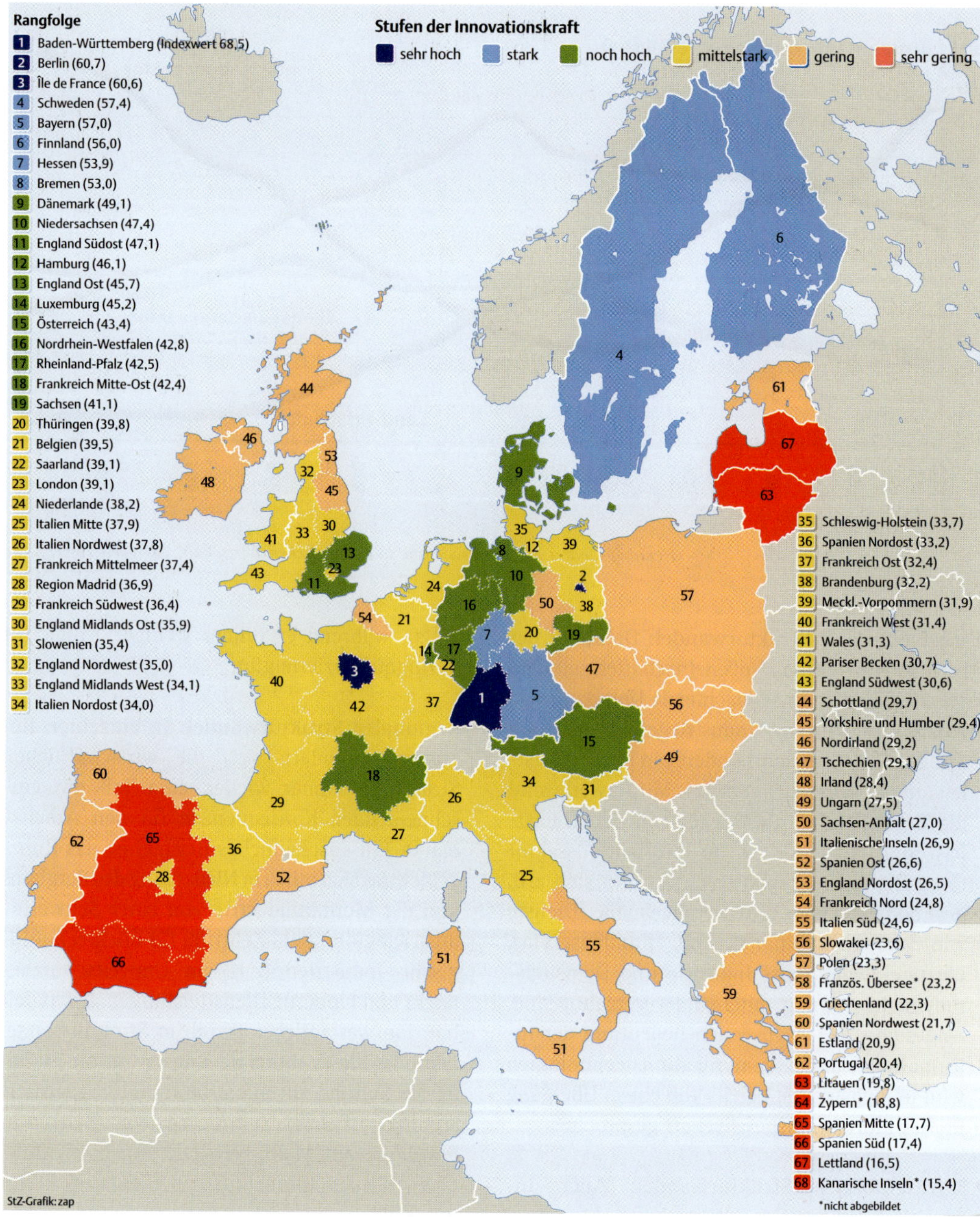

Anmerkungen: In die Berechnung des Innovationsindikators für Europa fließen sechs Faktoren ein:

- Forschungs- und Entwicklungsausgaben, bezogen auf das Bruttoinlandsprodukt
- Personal in Forschung und Entwicklung, bezogen auf alle Erwerbstätigen
- Erwerbstätige in Hochtechnologiebranchen, bezogen auf alle Erwerbstätigen
- Erwerbstätige in wissensintensiven Dienstleistungsbranchen, bezogen auf alle Erwerbstätigen
- Erwerbstätige in wissenschaftlich-technischen Berufen, bezogen auf alle Erwerbstätigen
- Patentanmeldungen beim Europäischen Patentamt je eine Million Einwohner

Stuttgarter Zeitung vom 20.11.2006, S. 11

M Auswirkungen der Wissensgesellschaft auf die Beschäftigungsentwicklung und die Arbeitswelt

Ein weiteres Hauptmerkmal des beschriebenen Strukturwandels ist in der langfristigen Perspektive die Verschiebung der Beschäftigtenstruktur zugunsten der höher Qualifizierten in allen Wirtschaftszweigen, während die Beschäftigung von Personen ohne Ausbildungsabschluss immer stärker zurückgeht. [...] In Folge dieser Wissensintensivierung der Wirtschaft kommt dem Qualifikationsniveau der Erwerbspersonen eine steigende Bedeutung für die langfristige Erhaltung der technologischen Leistungsfähigkeit der deutschen Wirtschaft zu. Denn Wissen und Qualifikationen in einer Volkswirtschaft determinieren ganz wesentlich ihre Entwicklungsmöglichkeiten und ihre internationale Wettbewerbsposition und spielen damit für die langfristige Perspektive der Erhaltung und Stärkung der technologischen Leistungsfähigkeit eine zentrale Rolle. Der Wandel von der Industrie- zur Wissensgesellschaft bleibt naturgemäß nicht ohne gravierende Folgen für die Arbeitswelt. Das traditionelle System der Erwerbsarbeit verändert sich grundlegend, sowohl in Bezug auf das bisherige starre Raum-Zeit-Gefüge der Arbeitswelt, als auch in Bezug auf die Arbeitsformen und Arbeitsverhältnisse. Alte, vertraute Kategorien, wie das Normalarbeitsverhältnis, die Homogenität von Sektoren, die inhaltliche Stabilität von Berufen, die normierende Bedeutung von Qualifikationsebenen werden verschwimmen und sich neu entwickeln. Die klaren, relativ dauerhaften und hierarchisch organisierten Betriebs- und Arbeitsstrukturen werden durch immer flexiblere Formen von Berufstätigkeit ersetzt. Vernetzte bzw. virtuelle Unternehmen mit temporären Organisationsformen werden zunehmen. Man kann vier große sich wechselseitig beeinflussende Trends feststellen, die die etablierten Strukturen der industriegesellschaftlich geprägten Arbeitswelt verändern:
- Forcierte Rationalisierung von Arbeit
- Beschleunigte Globalisierung von Arbeit
- Räumliche und soziale Zersplitterung von Arbeit
- Erleichterte Flexibilisierung von Arbeit.

Die neue Vielfalt unterschiedlicher Varianten der Selbstständigkeit lässt die Grenzen zwischen abhängiger Beschäftigung und neuer Selbstständigkeit weiter verschwimmen und führt zu Unübersichtlichkeit und Unsicherheit von Arbeits-, Biografie- und Lebensformen. Arbeitsrechtliche Schutzmechanismen und sozialrechtliche Stabilitäten des Industriezeitalters könnten künftig für einen großen Teil der abhängig Beschäftigten der Vergangenheit angehören. Beispielhaft für die Veränderungen der Arbeitswelt ist der massive Anstieg der Telearbeitsplätze. [...] Politisch münden diese Trends für Deutschland in einer ordnungspolitischen Grundfrage: Wie muss sich unser Wirtschaftssystem der sozialen Marktwirtschaft verändern, um diesen neuen Herausforderungen in der Arbeitswelt zu begegnen? Die Antwort auf diese Frage könnte – überspitzt formuliert – in zwei Grundrichtungen gehen: 1. mehr Bildung, 2. mehr Teilhabe und Flexibilität.

1. Mehr Bildung Zu allen Zeiten der Wirtschaftsgeschichte war eine gute Bildung ein maßgeblicher Vorteil für die Menschen, um bessere Einkommen, ein höheres Wohlstandsniveau und größere soziale Anerkennung zu erzielen. Allerdings bot die Industriegesellschaft auch den weniger Qualifizierten noch vergleichsweise gute wirtschaftliche Einstiegschancen: Die Spezifika der industriellen Technologie, vor allem die enge Verbindung von Mensch und Maschine in großen Fabrikanlagen, sorgte für eine vergleichsweise hohe Produktivität und damit gute Entlohnung auch geistig anspruchsloser Tätigkeiten. Die Wissensgesellschaft bietet diese Chance nicht mehr: Selbst relativ einfache Arbeiten in der Arbeitsteilung des Wissens erfordern die Beherrschung der grundlegenden Kulturtechniken und ihre in Grenzen kreative Anwen-

dung an Terminals von Netzwerken. Für denjenigen, der darüber nicht verfügt, bleiben nur Tätigkeiten im „low productivity service sector“ der Wirtschaft offen. Dabei handelt es sich allerdings zumeist um Tätigkeiten, die geringe Verdienst- und Aufstiegsmöglichkeiten bieten. Diesem neuen wirtschaftlichen Stellenwert der Bildung muss unser Bildungssystem Rechnung tragen. Es muss so ausgestaltet sein, dass die Anzahl derjenigen, die mit mangelhafter Bildung in den Arbeitsmarkt entlassen werden, möglichst gering gehalten wird.

2. Mehr Teilhabe und Flexibilität Die Abwertung der rein physischen Arbeitskraft und die damit verbundene bildungspolitische Herausforderung haben eine positive Kehrseite: Jenen Menschen, die über ein gutes Bildungsniveau verfügen, aber in der Industriegesellschaft wegen mangelnder physischer Mobilität und/oder körperlichen Gebrechen am Erwerbsleben nicht vollwertig teilhaben konnten, eröffnen die neuen Techniken neue Chancen und Optionen. Sie können über elektronische Netzwerke ihre volle Produktivität und Leistungskraft entfalten. [...] Mit der zunehmenden Verlagerung der Kommunikation, des wirtschaftlichen Handelns, aber auch der politischen Willensbildung und -äußerung in das Internet, stellt sich die Frage nach einer gerechten Partizipation aller Staaten und Bevölkerungskreise an den durch die neuen Techniken eröffneten Möglichkeiten. Als digitale Spaltung – oft auch als „digital divide“ bezeichnet – wird die Spaltung derjenigen in der Gesellschaft, die Zugang zu Informationen und neuen Techniken haben, von denjenigen, die keinen Zugang dazu haben, bezeichnet. Der Begriff der digitalen Spaltung beschreibt zudem die weltweit extrem ungleiche Verteilung von Informations- und Kommunikationstechniken. Dabei ist zwischen der digitalen Spaltung zwischen Industrie- und Entwicklungsländern und der digitalen Spaltung innerhalb der Industrieländer zu unterscheiden. Zum einen zeigt sich, dass die Diskrepanz zwischen den „Information-Haves“ und den „Information-Have-Nots“ im globalen Maßstab größer geworden ist, zum anderen hat die wirtschaftliche und gesellschaftliche Bedeutung des Zugangs zu Informationen im Übergang zu einer stärker wissenszentrierten Ökonomie erheblich zugenommen. Die digitale Spaltung von heute kann die soziale Spaltung von morgen bedeuten. [...] Aus politischer Sicht muss die Zielsetzung aller Initiativen sein, die hinreichende Teilnahme aller Bevölkerungsgruppen zu ermöglichen, neue digitale Klüfte zu verhindern und sich auf internationaler Ebene für eine bessere Chancengleichheit in den Entwicklungsländern einzusetzen.

Aus dem Schlussbericht der Enquete-Kommission Globalisierung der Weltwirtschaft, Kap. 5.1.3, Berlin 2002

Aufgaben

1. Erläutern Sie den intrasektoralen Wandel anhand von Beispielen im primären, sekundären und tertiären Sektor.

2. Beschreiben Sie für Ihre Region regionale und sektorale Wandlungsprozesse.

3. Erläutern Sie Auswirkungen des intersektoralen Wandels auf Ausbildung, Berufswahl und Beschäftigung.

4. Fassen Sie die Auswirkungen der Wissensgesellschaft auf die Arbeitswelt und Gesellschaft thesenartig zusammen (M).

6.2 Strukturpolitik in der sozialen Marktwirtschaft

Leitfragen

- Welche Möglichkeiten hat der Staat, den Strukturwandel zu beeinflussen bzw. strukturelle Anpassungsprozesse zu erleichtern?
- Wie sind strukturpolitische Maßnahmen zu beurteilen?

Strukturpolitik in Deutschland

In der sozialen Marktwirtschaft der Bundesrepublik Deutschland greift der Staat über Konjunkturpolitik und Strukturpolitik ins wirtschaftliche Geschehen ein. Zwar gilt das für die marktwirtschaftliche Ordnung konstitutive Prinzip, dass der Strukturwandel von den Wirtschaftsakteuren selbst zu bewältigen ist; soziale Härten für Individuen, Unternehmen oder Regionen sollen aber in der sozialen Marktwirtschaft vom Staat ausgeglichen werden. Grundlage dafür sind die Art. 72, Abs. 2 und Art. 106, Abs. 3 Nr. 2 des Grundgesetzes, welche den Staat verpflichten, für die Einheitlichkeit bzw. **Gleichwertigkeit der Lebensverhältnisse** zu sorgen.

Die strukturpolitischen Maßnahmen des Staates sind vielfältig: Zur Steuerung der Regionalstruktur dienen vor allem der Ausbau der Infrastruktur (Straßen, Nahverkehr, Bildungseinrichtungen, Kommunikation) oder die Förderung von Unternehmensgründungen. Zur Steuerung sektoraler Anpassungsprozesse betreibt der Staat Arbeitsmarktpolitik, Subventions-, Technologie- und Forschungspolitik.

Im **„Aufbau Ost“**, in welchen der Staat seit 1990 über 1,4 Billionen Euro für strukturpolitische Maßnahmen investiert hat, zeigen sich sehr anschaulich die Probleme staatlicher Strukturpolitik. Trotz eines in der Geschichte der Bundesrepublik beispiellosen finanziellen Kraftakts sind die strukturschwächsten Regionen mit der höchsten Arbeitslosigkeit nach wie vor im Osten Deutschlands zu finden. Mit dem ersten so genannten **Solidarpakt** (seit 1995) wurden die neuen Länder in den bundesstaatlichen Finanzausgleich einbezogen. Bund und Länder unterstützen mit dem Solidarpakt den Abbau der teilungsbedingten Sonderlasten der ostdeutschen Länder (einschließlich Berlins). Der 2001 vereinbarte **Solidarpakt II** sichert die Fortsetzung der ursprünglich bis 2004 beschlossenen Förderung bis zum Jahr 2019. Mit ihm stellt der Bund den neuen Ländern insgesamt weitere 156,5 Milliarden Euro zur Verfügung. Die Verteilung der Mittel nach dem Gießkannenprinzip (z. B. eine generelle Förderung von Bauinvestitionen) soll allerdings ersetzt werden durch eine gezieltere Konzentration der Mittel.

Neben der Strukturpolitik des Bundes und der Länder ist die **Strukturpolitik der EU** immer wichtiger geworden. Mit der **Kohäsionspolitik** der EU sollen strukturschwache Regionen innerhalb der EU finanziell unterstützt werden. Wie stark der Staat in den Strukturwandel eingreifen soll, ist umstritten. Vor allem Erhaltungssubventionen (z. B. Kohlebergbau) werden als marktwirt-

Kohäsionspolitik

Die Kohäsionspolitik gehört seit der Einheitlichen Europäischen Akte (1986) zu einem der Kompetenzbereiche der EU. Sie beruht auf der Annahme, dass eine Umverteilung zwischen reicheren und ärmeren EU-Regionen erforderlich ist, um die Auswirkungen der fortschreitenden wirtschaftlichen Integration auszugleichen. Bezüglich der finanziellen Rahmenbedingungen hat der Europäische Rat am 17. Dezember 2005 für den Zeitraum 2007 bis 2013 307,6 Milliarden Euro für nationale und regionale Hilfsprogramme im Rahmen der Kohäsionspolitik bereitgestellt.

schaftlich bedenklich betrachtet, weil sie in der Regel notwendige Strukturanpassungsprobleme verhindern oder verzögern. Ebenso wird staatliche Industriepolitik bzw. die Förderung von Zukunftstechnologien kontrovers beurteilt, da sie die unternehmerischen Risiken teilweise auf den Staat übertragen und damit letztlich die Verantwortung in die Hände der Allgemeinheit legen.

Klassische Instrumente staatlicher Strukturpolitik

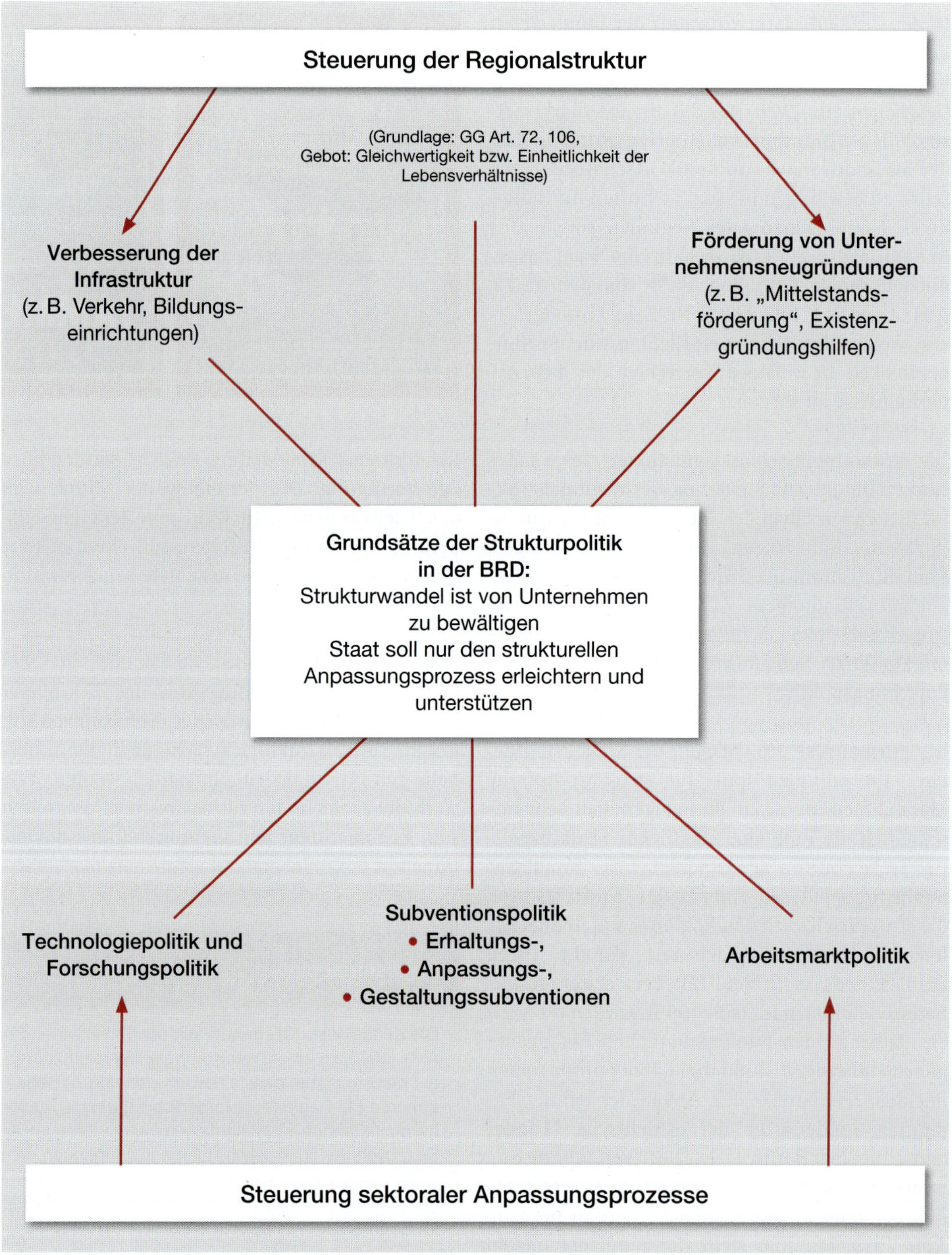

M Holzweg Industriepolitik

Eine Krankheit der französischen Politik macht in diesen Tagen wieder die Runde: das selektive Gedächtnis. Im Glanze des neuesten Airbus-Modells A380 rühmen französische Politiker landauf, landab die Vorzüge einer staatlich gelenkten Industriepolitik. Neben Airbus nennen sie die Raumfahrt mit der Weltraumrakete Ariane und dem Navigationsprojekt Galileo sowie die Kernenergie als Erfolgsbeispiele – als hätte es all die Ruinen öffentlicher Förderpolitik nie gegeben. Wer erinnert sich noch an den Super-Phénix, den schnellen Brüter bei Lyon, von dem sich der damalige Staatspräsident Valéry Giscard d'Estaing „Energiereserven, vergleichbar mit denen Saudi-Arabiens" versprach? Die Technologie erforderte horrend teure Sicherheitssysteme und fand nie einen Markt. Somit wurde der größte Brutreaktor aller Zeiten zum teuersten Grab der französischen Industriegeschichte. Vergessen ist auch das Abenteuer mit der TV-Technik D2-Mac für das hochauflösende Fernsehen. Thomson, Philips und andere Konzerne erhielten damals Fördergelder in Millionenhöhe, um in einer technologischen Sackgasse zu enden. Zu den weiteren Misserfolgen gehörten in früheren Jahren ein Flugzeug, das aus der Luft Ölvorkommen aufspüren sollte, gigantische Spiegel zum Auffangen von Sonnenenergie sowie die Satelliten TDF1 und TDF2. Auch hat Frankreich jahrzehntelang seine Werkzeugmaschinenindustrie subventioniert – und hat heute dennoch keine. [...]

Frankreichs Politiker und ihre Kollegen in ganz Europa sollten sich überlegen, wie jene Rahmenbedingungen zu schaffen sind, die zur Entstehung der Microsofts und Ciscos von morgen führen. Warum investieren die europäischen Unternehmen deutlich weniger als die amerikanischen? Warum wandern Forscher ab? Weil sie in den Vereinigten Staaten eine ökonomische und technische Dynamik vorfinden, die Risiko und Kreativität belohnt. Stattdessen kommt immer wieder der Verweis auf Airbus. Doch ein Treffer bei vielen Fehlversuchen führt zu keinem zukunftsfähigen Konzept. Der Aufstieg des europäischen Flugzeugherstellers stellt einen Sonderfall dar. Hier handelt es sich um einen von ökonomischen Größenvorteilen gekennzeichneten Markt, wo Wettbewerber nur dauerhaft bestehen können, wenn sie einen bestimmten Umfang erreicht haben. Das vom amerikanischen Staat gestützte Monopol von Boeing konnte Airbus nur mit öffentlicher Hilfe durchbrechen. Solche Bedingungen herrschen nicht oft. Niemand weiß zudem, welchen Erfolg die Milliarden Steuergelder gebracht hätten, wären sie anderswo eingesetzt worden. Staatliche Industriepolitik leidet unter einem grundsätzlichen Webfehler. Warum soll ein Beamter besser wissen als ein Unternehmer, wo die Märkte der Zukunft liegen? Der eine hantiert mit Steuergeldern und wird nach einem Scheitern in der Regel nicht zur Rechenschaft gezogen. Der andere jedoch riskiert die eigenen Mittel, muss daher mit Sorgfalt vorgehen, kann im Erfolgsfall aber auch ein Vielfaches seines Einsatzes zurückbekommen.

Staatliche Hilfen können in der Forschungsförderung, wo es um Grundlagen geht, durchaus sinnvoll sein. Denn dort kann viel externer Nutzen entstehen, der auf keinem Markt belohnt wird. Doch konkrete Industrieprojekte müssen nicht staatlich gestützt werden. Aufsichtsräte, Aktionäre, Banken und Private-Equity-Investoren sind hier die besseren Prüfinstanzen.

Ein gängiges Argument ist, dass Europa zur Industriepolitik greifen müsse, weil es die anderen auch tun. Sicher wäre es blauäugig, die Vereinigten Staaten als marktwirtschaftlichen Modellfall ohne hegemonialen Anspruch zu verstehen. Die Amerikaner betreiben massive Industriepolitik über die Forschungsförderung. Doch sie schmeißen nicht so oft gutes Geld dem schlechten hinterher. In Europa wird die Rettung maroder Unternehmen immer wieder als zukunftsweisende Industriepolitik verkauft. [...] Sinnvoll ist auch eine abgestimmte Kooperation zwischen öffentlichen Institutionen, vor allem den Universitäten, und der Privatwirtschaft. Staatliche Bildungsein-

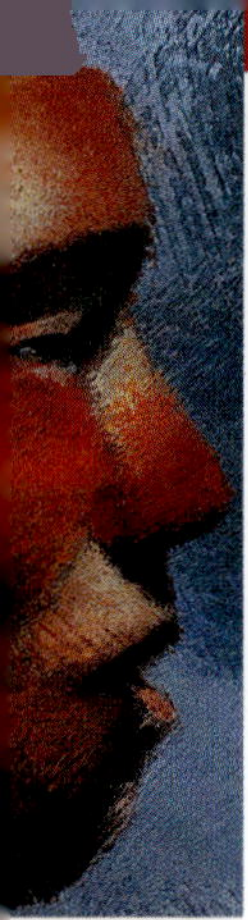

richtungen können zur Keimzelle von ganzen Wirtschaftsbranchen werden, wenn die Forscher Patente erwerben und damit in privaten Unternehmen ihr Glück versuchen können. Doch müssen die Rahmenbedingungen für Unternehmensgründungen stimmen. Nur sie locken private Investoren an, die jungen Unternehmen auf die Sprünge helfen. Werden die Reichen jedoch so wie in Frankreich mit einer Vermögensteuer aus dem Land getrieben, dann fehlt ein wichtiger Baustein für ein wachstumsfreundliches Umfeld.

Die französische Forschungsförderung ist weitgehend staatlich organisiert, zentralisiert und schwerfällig. Die Universitäten bräuchten mehr Autonomie. Auch steckt die französische Industriepolitik 80 Prozent ihrer Mittel in Großprojekte. Dabei kommt der technische Fortschritt zu einem großen Teil von kleinen Unternehmen – die eines Tages groß werden können. Auch wenn Microsoft weniger Menschen beschäftigt als die Airbus-Muttergesellschaft EADS, ist das Unternehmen an der Börse heute zehnmal so viel wert.

Christian Schubert, in: Frankfurter Allgemeine Zeitung vom 27.01.2005

Aufgaben

1. Suchen Sie jeweils Beispiele aus Ihrem Bundesland für strukturpolitische Maßnahmen. Unterscheiden Sie dabei strukturpolitische Maßnahmen des Bundes, des Landes und europäische Strukturpolitik.

2. Beurteilen Sie, ob und in welcher Weise der Staat Industriepolitik betreiben soll (M).

6.3 Wirtschaftliche Globalisierung

Leitfragen	Was bedeutet die wirtschaftliche Globalisierung?	Welche Ursachen und Dimensionen hat der weltwirtschaftliche Strukturwandel?	Welche Rolle spielen multinationale Unternehmen im Globalisierungsprozess?

Plakatmotiv aus einer Imagekampagne von DaimlerChrysler

Was bedeutet Globalisierung?

Der weltwirtschaftliche Strukturwandel wird heute mit dem Schlagwort der **Globalisierung** bezeichnet. Die Karriere des Begriffes nach 1990 lässt sich historisch begründen: Die 1990er Jahre waren durch drei einschneidende Entwicklungen gekennzeichnet, die zu einer neuen Qualität der **Internationalisierung der Wirtschaft** führten.

- Die dramatische Weiterentwicklung der **Computer- und Informationstechnik** ermöglichte eine neuartige, weltweit verflochtene Produktionstechnik und Logistik, z. B. sekundenschnelle weltweite Finanztransaktionen und Instant-Preisvergleiche mit der Folge eines intensivierten Kostenwettbewerbs.
- **Der Zusammenbruch der sozialistischen Systeme** in Osteuropa und in seinem Gefolge der Übergang vom vorwiegend politisch definierten Systemwettbewerb (zwischen Marktwirtschaft und Sozialismus) zum vorwiegend ökonomisch definierten Standortwettbewerb nahezu aller Staaten miteinander. Dieser Wettbewerb erfasste weltweit auch Provinzen und Städte. Sie alle mussten sich viel intensiver als zuvor um das mobile Kapital bemühen.
- Die rasante **wirtschaftliche Entwicklung von Schwellenländern,** allen voran die Länder Asiens, zu wichtigen Akteuren der globalen Ökonomie.

Der Begriff Globalisierung hat neben der wirtschaftlichen Dimension zahlreiche Facetten – politische, gesellschaftlich-soziale, kulturelle und rechtliche, die eine begriffliche Klärung erschweren. Allen Dimensionen gemeinsam ist die zunehmende globale Vernetzung, Interdependenz (wechselseitige Abhängigkeit) und Entgrenzung von Lebensbereichen, die vormals relativ autonom und begrenzt gestaltet waren.

Im Bereich der Konsum- und Unterhaltungsindustrie ist die weltweite **Angleichung der Alltagswelt** vor allem bei Jugendlichen schon weit fortgeschritten. Die Globalisierungskritiker sprechen von der „McDonaldisierung", einer hegemonialen Ausbreitung des amerikanischen Wirtschafts- und Lebensstils, die kulturelle Vielfalt nicht mehr zulasse. Die Folge davon können kulturelle Abschottungstendenzen, Fragmentierungen und kulturelle Konflikte sein.

Es darf jedoch nicht übersehen werden, dass durch den massiven Einfluss westlicher Konsumgüter und Konsummuster gerade die lokalen kulturellen Traditionen wiederentdeckt werden. Die Vermischung unterschiedlicher kultureller Traditionen kann zu einer neuen bunten Vielfalt kulturellen Lebens führen. Das Internet, das gleichsam als Symbol der Globalisierung gelten kann, revolutioniert die Kommunikation hinsichtlich ihrer Raum- und Zeitdimensionen.

Das Ausmaß wirtschaftlicher Globalisierung lässt sich am Grad der **globalen Handelsverflechtungen** messen: Sie nimmt zu, wenn die Weltexportquote steigt, also der Anteil der Exporte an der Weltproduktion.

Ursachen des Globalisierungsprozesses

Die Globalisierung erfasst heute nahezu alle Bereiche des Wirtschaftens. Die Akteure in diesem Prozess sind vor allem **internationale Konzerne**. Strukturelle Veränderungen meinen einerseits die Zunahme des intra-industriellen Handels (der Handel von Fertigprodukten zwischen den Industrienationen), andererseits der Aufstieg von Schwellenländern – vor allem südostasiatischer Staaten – zu wichtigen Exportnationen. Gesunkene Transport- und Kommunikationskosten sind zugleich Bedingung und Folge der dynamischen weltwirtschaftlichen Entwicklung.

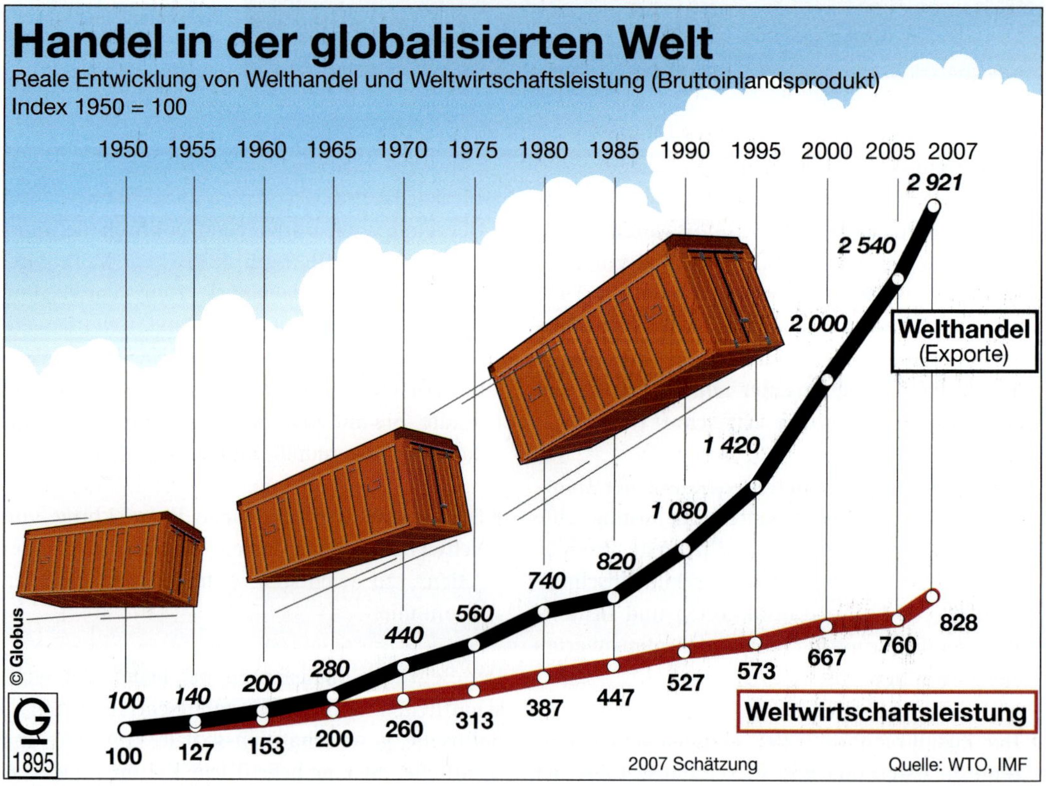

Autorengrafik

Auf der Nachfrageseite zeigt sich eine deutliche Tendenz zur **Angleichung der Verbraucherbedürfnisse** weltweit (Konvergenzthese). Hervorgerufen wird dies durch eine Annäherung des Wissensstands infolge des weltweiten Einsatzes immer effizienterer Kommunikationsmittel, welche einen länderübergreifenden Wissens- und Erfahrungsaustausch ermöglichen. Dazu trägt auch die zunehmende Reisetätigkeit bei (Akkulturation).

Wesentliche **Ursachen** der Globalisierung auf der Angebotsseite sind:

- **Marktsättigungstendenzen** auf bestimmten Märkten (z. B. den Automobilmärkten);
- die **Öffnung der Märkte** durch den Abbau von Handelshemmnissen (Liberalisierung der Märkte);
- das Aufkommen **neuer internationaler Konkurrenten** (Schwellenländer, wie z. B. China).

Da sich die Lebensdauer von Produkten auf den Märkten durch den scharfen internationalen Wettbewerb ständig verkürzt (kürzere Produktzyklen), lassen sich die Forschungs- und Entwicklungskosten bei einer rein nationalen Vermarktung nicht mehr decken. Deshalb agieren Unternehmen global, um so über hohe Umsätze Gewinne zu ermöglichen.

Multinationale Unternehmen

Multinationale Unternehmen sind in mehreren Staaten – oft weltweit – operierende und produzierende Konzerne, wobei die in einem Staat angesiedelte Muttergesellschaft über meist rechtlich selbstständige Tochtergesellschaften in anderen Staaten Umsätze tätigt. Die umgangssprachlich auch „Multis“ oder **„Global Player“** genannten Unternehmen entstehen durch internationale Kapitaltransaktionen (Direktinvestitionen). Obwohl auch mittelständische Unternehmen international tätig sind, werden unter multinationalen Unternehmen meist Großunternehmen mit entsprechender Wirtschafts- und Finanzkraft verstanden. Neben multinationalen wird auch von internationalen, globalen oder transnationalen Unternehmen gesprochen, wobei die Begriffe oft uneinheitlich verwendet werden. Teilweise werden die Adjektive synonym gebraucht, teilweise werden darunter jeweils spezifische Konzepte international tätiger Konzerne verstanden. Die internationale Tätigkeit erschließt den multinationalen Unternehmen neue und gegebenenfalls größere Absatzmärkte und bringt Kostenvorteile (Arbeits-, Rohstoff-, Energie- und Transportkostenersparnis). Zudem wird so die Abhängigkeit der Unternehmen von nationaler Wirtschaftspolitik und Gesetzgebung sowie von nationalen Konjunkturschwankungen vermieden bzw. abgeschwächt.

Die größten Unternehmen der Welt (nach Umsatz)

2006	2005	Börsennotierte Unternehmen	Land	Branche	Umsatz in Mio. Euro
1	1	Royal Dutch Shell	NL	Mineralöl/Gas	255 546
2	3	Wal Mart	USA	Einzelhandel	249 614
3	2	Exxon Mobil	USA	Mineralöl/Gas	242 447
4	4	BP	GB	Mineralöl/Gas	213 117
5	5	Daimler-Chrysler	D	Automobil	151 616
6	6	General Motors	USA	Automobil	150 025
7	9	Toyota	J	Automobil	142 905
8	7	Chevron	USA	Mineralöl/Gas	141 336
9	10	Total	F	Mineralöl/Gas	132 689
10	11	Conoco-Philips	USA	Mineralöl/Gas	121 249
Weitere deutsche Konzerne unter den TOP 50					
13	13	Volkswagen	D	Automobil	104 875
15	15	Siemens	D	Elektro und Technologie	87 325
27	39	Eon	D	Versorger	64 197
33	23	Deutsche Telekom	D	Telekommunikation	61 347
35	50	Deutsche Post	D	Transport und Logistik	60 545
36	32	Metro	D	Handel	59 882
44	–	BASF	D	Chemie	52 610

Zum Vergleich

Land	Einwohner	BIP in Mio. Euro
Baden-Württemberg	10,5 Mio.	352.640
Deutschland	81,0 Mio.	2.423.800
Türkei	74,0 Mio	339.000

Handelsblatt, 30.07.2007

Schrittmacher der Globalisierung

Die transnationalen Unternehmen gelten vielen als **„Schrittmacher der Globalisierung"**. Ihre Organisationsform ist ein Netzwerk mit einer Reihe wechselseitig abhängiger und geografisch verteilter Zentren, die von gemeinsamen Strategien, Normen und einem intensiven Austausch von Informationen, Erfahrungen und Ressourcen zusammengehalten werden. Mit ihren Direktinvestitionen vernetzen transnationale Unternehmen nationale Volkswirtschaften und werden damit zum Herzstück der globalen Weltwirtschaft. Transnationale Unternehmen treiben den grenzüberschreitenden Transfer von Finanzkapital, Technologie und Managementfähigkeiten voran.

Eine Ursache für die wieder wachsende Zahl von Fusionen und Übernahmen liegt in der **Deregulierung** nationaler Märkte (z.B. in den Bereichen Telekommunikation, Energiewirtschaft, Bau). Dazu kommen weitere Motive der Unternehmen, die von Branche zu Branche variieren können: Sie reichen von besserer Marktpräsenz in neuen geografischen Räumen, dem Schließen von Angebotslücken bis hin zu Synergieeffekten in Forschung und Entwicklung, Produktion und Vertrieb.

Einerseits können transnationale Unternehmen für die Entwicklung des jeweiligen „Gastlandes" positive Beiträge leisten durch:

- attraktive und im Landesvergleich gut bezahlte Arbeitsplätze,
- Forschung und Entwicklung,
- die Qualität der Produkte und Dienstleistungen,
- Devisen erwirtschaftende Exporte,
- Technologietransfer,
- die Ausbildung der Mitarbeiter und
- die Nutzung und Förderung heimischer Zulieferbetriebe.

Sie tragen zur Verbesserung der internationalen Arbeitsteilung bei, zur Verbreitung von technischem und wirtschaftlichem Know-how, zur Ausweitung des Welthandels und somit häufig auch zu Fortschritt, Wohlstand und Wettbewerbsfähigkeit. Andererseits werden sie kritisiert wegen

- wirtschaftlicher Machtkonzentration,
- möglicher politischer Einflussnahme,
- Wettbewerbsverzerrungen,
- Steuerflucht und
- der bislang unzureichenden öffentlichen Kontrolle, etwa durch eine internationale Wettbewerbsbehörde.

In der kontroversen Diskussion um Global Player sind auch die Wirkungen auf die Beschäftigung im Stammland umstritten. Die Bedeutung der Auslandsgeschäfte transnationaler Konzerne (These vom „globalen Dorf") darf aber auch nicht überschätzt werden, weil der überwiegende Teil der unternehmerischen Aktivitäten weiterhin national bleiben wird.

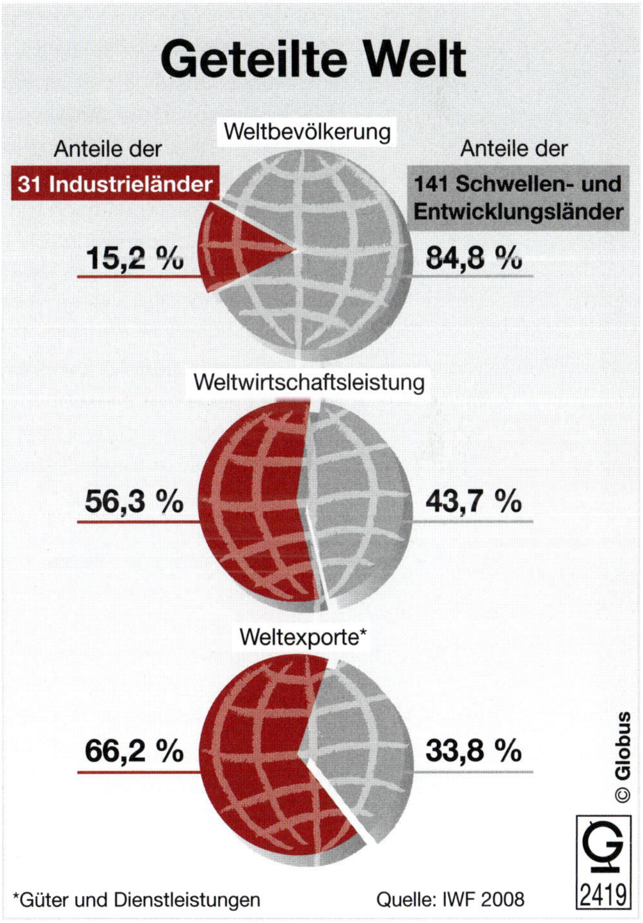

M Das Streben der Menschen nach Glück verändert die Welt

Die Globalisierung ist weder Naturereignis noch allein Folge des technischen Fortschritts. Sie wird seit Jahrhunderten angetrieben vom friedlichen Handel und Wandel. Sie ist politisch gewollt und bewusst beschleunigt worden durch die Öffnung der Märkte und die Schaffung internationaler Institutionen. Sie hat dann einen zusätzlichen Schub erhalten durch den Fall des Eisernen Vorhangs und den Eintritt Chinas und Indiens in die Weltwirtschaft. Milliarden Menschen tragen mit ihrer Arbeit und ihren Wünschen dazu bei. Ihr Streben nach Glück durchdringt und verändert die Welt. Diese Veränderungen machen in den westlichen Industrienationen vielen Menschen Sorgen. Sie fragen: Können unsere Staaten auch weiterhin die Voraussetzungen für Freiheit, Arbeit, Wohlstand und sozialen Ausgleich bieten? Haben sie die Kraft, der Entwicklung der Weltwirtschaft Regeln zu setzen und Probleme wie die grenzüberschreitende Umweltverschmutzung und das organisierte Verbrechen wirksam zu bekämpfen? Gefährdet die Globalisierung am Ende unser ganzes Sozialmodell? Solche Fragen sind berechtigt, denn in der Tat: Der weltweite Wettbewerbsdruck stellt vieles auf die Probe, die Wirtschaftsunternehmen genauso wie die Umsicht und Wirksamkeit allen staatlichen Handelns. Kein Zweifel: Es gibt soziale Härten. Doch der Sozialstaat hat Bestand. Wir haben in den westlichen Industrienationen auch bei den öffentlichen Einnahmen oder beim Umweltschutz keine Abwärtsspirale. Der Vergleich innerhalb Europas macht deutlich: Erstens ist ein Sozialstaat, der kontinuierlich in das Können seiner Bürger investiert, im weltweiten Wettbewerb keine Belastung, sondern eine Stärke. Dabei gibt es unverändert viel Spielraum für landestypische Mischungen beispielsweise in der Arbeitsmarkt-, Steuer- und Sozialpolitik. Zweitens schaffen Geldwertstabilität und internationaler Handel bessere Voraussetzungen für soziale Politik als Inflation und Abschottung. Drittens kann über die Verteilung des erwirtschafteten Wohlstands nach wie vor gutteils innerstaatlich entschieden werden. Viertens stellen sich offensichtlich einige Nationen klug und schnell auf den globalen Wandel ein: Sie bauen um vom betreuend-fürsorglichen zum ertüchtigend-vorsorglichen Staat. Wo das gelingt, da herrschen Weltoffenheit und Zuversicht vor. [...]

Alle Erfahrung zeigt: Dauerhafter wirtschaftlicher Erfolg braucht Rechtssicherheit, sozialen Frieden, gut ausgebildete und fleißige Menschen mit freien Entfaltungsmöglichkeiten und eine gute Infrastruktur. Je mehr davon ein Land zu bieten hat, desto erfolgreicher ist es in der Globalisierung und desto mehr Ordnung trägt es in sie hinein. Darum hat gerade der freiheitliche und soziale Rechtsstaat Zukunft. Er ist weder handlungsschwach noch überflüssig geworden. Er ist international und innenpolitisch der wichtigste Akteur, um die Chancen des weltweiten Wandels zu nutzen, seine Risiken zu begrenzen und seine unvermeidlichen Lasten sozial gerecht zu verteilen. Er bleibt die wichtigste Ordnung, um im Widerstreit der Partikularinteressen mit demokratischer Legitimität zu entscheiden, was dem heimischen und dem weltweiten Gemeinwohl dient. Es wurde auch vorhergesagt, die Globalisierung würde die Entwicklungsländer immer mehr verarmen lassen. Die Not dort würde immer größer werden, die Arbeitsbedingungen immer schlechter, die Ausbeutung immer brutaler. Aber die Bilanz sieht anders aus: Die Kindersterblichkeit ist in den meisten Entwicklungsländern deutlich zurückgegangen, und die Lebenserwartung dort hat sich um Jahre erhöht. Niemals zuvor hat ein so großer Teil der Weltbevölkerung so große Zuwächse an Lebensstandard genossen wie in den vergangenen zwanzig, dreißig Jahren. Allein in China haben sich seit 1980 fast eine halbe Milliarde Menschen aus krasser Armut herausgearbeitet. Die Kinderarbeit geht zurück. Der Anteil der Menschen an der Weltbevölkerung, die nicht lesen und schreiben können, ist deutlich gesunken, und Frauen haben einen spürbar besseren Zugang zu Bildung.

Kein Staat kann mehr die Menschenrechte ignorieren, auch wenn sie leider längst nicht überall verwirklicht sind. Schwerste Menschenrechtsverletzungen werden zunehmend von internationalen Gerichten geahndet. Auch wenn noch unendlich viel zu tun bleibt – unter dem Strich hat die Globalisierung in den ärmeren Ländern große Fortschritte bewirkt. Das ist für unvorstellbar viele Menschen ein Segen. [...] Noch immer lebt ein großer Teil der Menschheit in tiefster Armut. Ganz Afrika mit seinen rund eine Milliarde Menschen zum Beispiel steht nicht mehr Einkommen zur Verfügung als den etwa 20 Millionen Einwohnern von Bayern und Niedersachsen. Diese Armut und Schwäche hat vor allem zwei Ursachen: unzureichende Teilhabe an der Globalisierung – meist mangels Wirtschaftskraft und mangels guter Regierungsführung – und Benachteiligung durch Staaten und private Akteure, die ihre eigenen Interessen ohne jede Rücksicht verfolgen. Das ist die hässliche Seite der Globalisierung, die Rücksichtslosigkeit des Stärkeren, und leider ist daran auch Europa beteiligt. [...] Auch Europa errichtet Handelsbarrieren gegen die Entwicklungsländer, überschwemmt sie – auf Kosten der hiesigen Steuerzahler – mit Lebensmitteln zu Dumpingpreisen und zerstört damit dort die Erwerbs- und Lebensgrundlagen der bäuerlichen Gesellschaften. Auch Europa fischt Afrikas Küsten leer und verweist Kritiker kalt lächelnd auf geschlossene Verträge. Und dann reagiert Europa mit Erstaunen, Mitleid und einem Gefühl der Belästigung, wenn immer mehr Afrikaner sich in ihren Nussschalen auf den Weg übers Meer machen, um etwas Besseres zu finden als Armut und Elend. [...]

Natürlich werden nicht alle Menschen Brüder; das wäre auch viel zu anstrengend. Aber die Nationen der Welt sind mehr als nur eine Wirtschaftsgemeinschaft: Sie sind zur Schicksalsgemeinschaft geworden und müssen darum endlich auch zur Verantwortungsgemeinschaft und zur Lerngemeinschaft werden. Nur dann bleibt die Erde ein wohnlicher Stern. [...] Behindert werden die Entwicklungsmöglichkeiten der armen Länder zusätzlich durch die Zollpolitik der Industrieländer, die bearbeitete Produkte deutlich stärker belastet als Rohstoffe. So erschwert man es den Entwicklungsländern, eigenes Verarbeitungsgewerbe aufzubauen, das den Menschen dort mehr Beschäftigung und mehr Einkommen bietet. Für die Entwicklungsländer wäre ein verbesserter Zugang zu den Märkten der Industriestaaten die beste Hilfe zur Selbsthilfe. Die entwicklungspolitische Zusammenarbeit muss darauf zielen, die eigenen Talente und Fähigkeiten der Entwicklungsländer zur Entfaltung zu bringen. Und ihr Rohstoffreichtum muss vor allem den Völkern dort zugute kommen. Darum brauchen wir dringend eine entwicklungsfreundliche Welthandelsordnung. [...]

Gerade uns Deutschen ist die Globalisierung besonders zugute gekommen. Dass nach dem Zweiten Weltkrieg der Wiederaufbau gelang und wir heute an der Spitze der weltweiten Exportstatistik stehen, das haben wir vor allem der Integration unseres Landes in die Weltwirtschaft zu verdanken. Wir genießen heute ein so hohes Maß an Wohlstand wie nie zuvor in unserer Geschichte. Wahr ist allerdings auch: Die Ungleichheit der Einkommensverteilung in Deutschland hat zugenommen – nicht zuletzt, weil die Einkünfte aus Kapitalerträgen viel stärker gestiegen sind als die Arbeitslöhne. Die Erwerbsbiographien sind unsicherer geworden und verlaufen weniger stetig. Viele westliche Industrienationen erleben eine ähnliche Entwicklung. Die Arbeitslöhne sind unter Druck geraten, weil der weltweite Wettbewerb schärfer geworden ist und weil der technische Fortschritt immer mehr einfache Arbeiten ersetzt. Es geht der breiten Mittelschicht in Deutschland zwar unverändert recht gut, aber es greifen Abstiegsängste um sich, und viele Menschen aus einkommensschwachen und bildungsferneren Schichten kommen aus eigener Kraft nicht voran. Aus diesem Befund leite ich vier Schlussfolgerungen ab. Erstens: Wir haben in der Vergangenheit

eine wachsende Ungleichheit der Einkommen nur hingenommen, weil die Kurve für alle nach oben wies. Das muss so bleiben. Der Aufstieg der einen darf nicht der Abstieg der anderen sein! Zweitens: Die Arbeitnehmer sollten stärker als bisher an den Erträgen und am Kapital der Unternehmen beteiligt werden. Das verschafft ihnen eine zusätzliche Einkommensquelle. Drittens: Wer unverschuldet in Not gerät, soll sich auch künftig auf das soziale Netz verlassen können und eine wirksame Starthilfe erhalten, um schnell wieder aus eigener Kraft voranzukommen. Und viertens: Es müssen endlich alle wirklich gleiche Zugangschancen zu guter Bildung, wirtschaftlichem Erfolg und sozialem Aufstieg haben. Bildung ist die wichtigste Voraussetzung für gesellschaftliche Gerechtigkeit und soziale Mobilität. Wahr ist ferner: Der weltweite Wettbewerb beschleunigt den wirtschaftlichen Strukturwandel und trägt dazu bei, dass vor allem Menschen arbeitslos werden, die keine gute Ausbildung haben. Zugleich beobachten wir, dass Branchen wie der Maschinenbau oder die Medizintechnik von der Nachfrage in den aufstrebenden Ländern profitieren und deshalb wachsende Schwierigkeiten haben, ihren Bedarf an qualifizierten Arbeitskräften zu decken.

Kluge Beobachter sagen deshalb: Der wirkliche Konflikt über die Globalisierung spielt sich nicht zwischen den ärmeren und den reicheren Ländern ab, denn alle Länder können von fairem Handel und internationaler Arbeitsteilung profitieren. Der eigentliche Konflikt entsteht innerhalb der Länder, zwischen den Gewinnern und den Verlierern des Strukturwandels. Diese Entwicklung ist nicht neu. Der technische Fortschritt, die Veränderung der Konsumgewohnheiten und der betriebliche Wettbewerb führten schon immer zum Wegfall von Arbeitsplätzen. Die Mechanisierung der Landwirtschaft zum Beispiel zwang Hunderttausende von Bauern und Landarbeitern zum Berufswechsel. Wir müssen den Strukturwandel als Charakteristikum einer modernen und erfolgreichen Wirtschaft annehmen – und zwar nicht nur als Belastung für die unmittelbar Betroffenen, denen wir helfen müssen, sondern viel mehr noch als Chance, denn solche Veränderungen modernisieren ein Land und schaffen dadurch neue Grundlagen für die Bewahrung von Wohlstand und sozialer Sicherheit. Wir alle müssen bereit sein, lebenslang zu lernen und uns in immer neue Zusammenhänge hineinzufinden. Die Vermögenden in unserem Land möchte ich ermutigen, sich noch stärker für das Gemeinwohl einzubringen.

Berliner Rede von Bundespräsident Horst Köhler, 01.10.2007

Aufgaben

1. Definieren Sie Globalisierung.
2. Beschreiben Sie verschiedene Ursachen des Globalisierungsprozesses.
3. Begründen Sie, warum multinationale Konzerne als „Schrittmacher der Globalisierung" bezeichnet werden können.
4. Erläutern Sie verschiedene Dimensionen der Globalisierung.
5. Zeigen Sie auf, wie Bundespräsident Horst Köhler Globalisierung beurteilt, und nehmen Sie dazu Stellung (M).

6.4 Deutschland als Wirtschaftsstandort

Leitfragen
- Welche Stellung hat Deutschland im internationalen Handel?
- Was sind Standortfaktoren, und was versteht man unter Standortqualität?
- Wie attraktiv ist der Standort Deutschland?

Die deutsche Wirtschaft im Welthandel

Deutschland gehört zu den führenden Industrienationen der Welt und kann sich 2008 das sechste Jahr in Folge mit dem Titel **„Exportweltmeister“** schmücken. Deutschland weist einen sehr hohen Verflechtungsgrad mit der Weltwirtschaft auf: Der Weltmarktanteil deutscher Exporte beträgt etwa zehn Prozent, in den Schlüsselbranchen Fahrzeugbau, Maschinenbau und chemische Industrie ist der Weltmarktanteil deutscher Produkte teilweise noch höher. Der expandierende Welthandel führt zu einer verstärkten internationalen Arbeitsteilung und gerade für die deutsche Wirtschaft zu intensiveren Handelsbeziehungen mit dem Ausland.

Die Ausfuhren haben für die deutsche Gesamtwirtschaft eine enorme Bedeutung. 1995 waren in Deutschland rund 15 Prozent der Erwerbstätigen vom Export abhängig, elf Jahre später waren es mit über 8,9 Millionen Erwerbstätigen fast 23 Prozent. Der deutsche Export trägt damit wesentlich zur Sicherung und Schaffung von inländischen Arbeitsplätzen bei – und dies, obwohl oder gerade weil Teile der Produktion ins billiger pro-

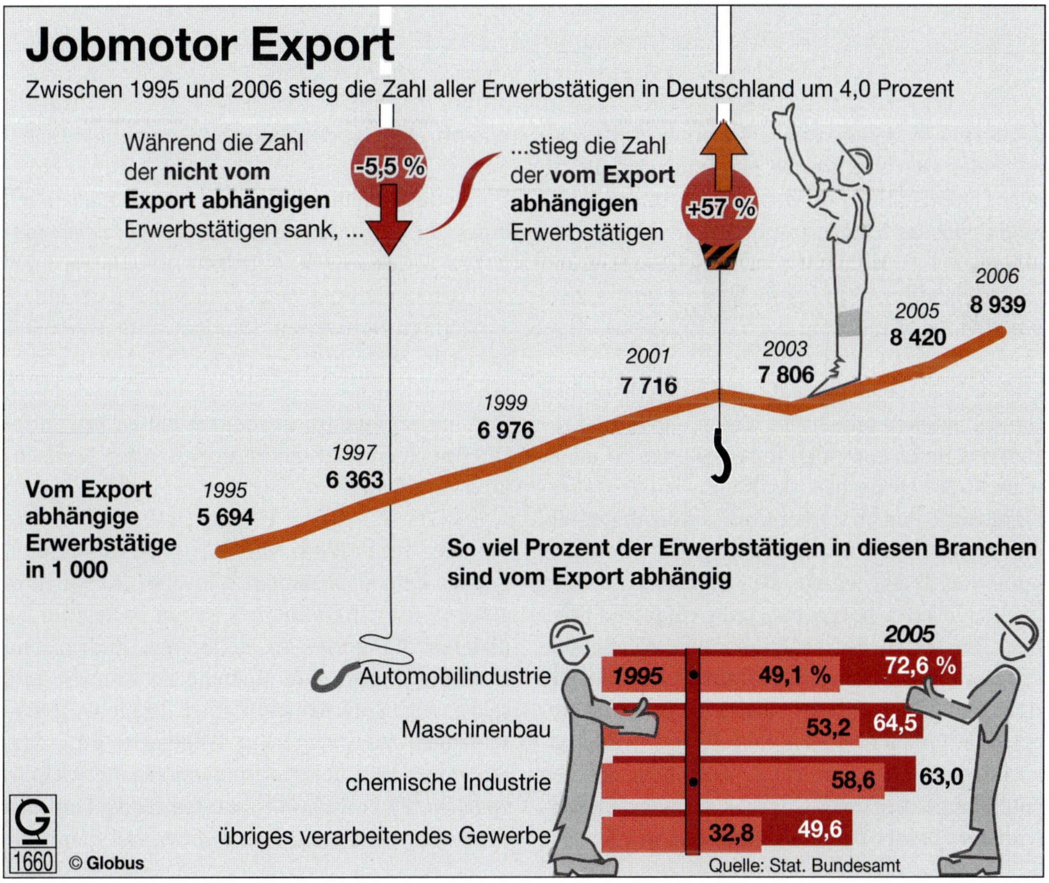

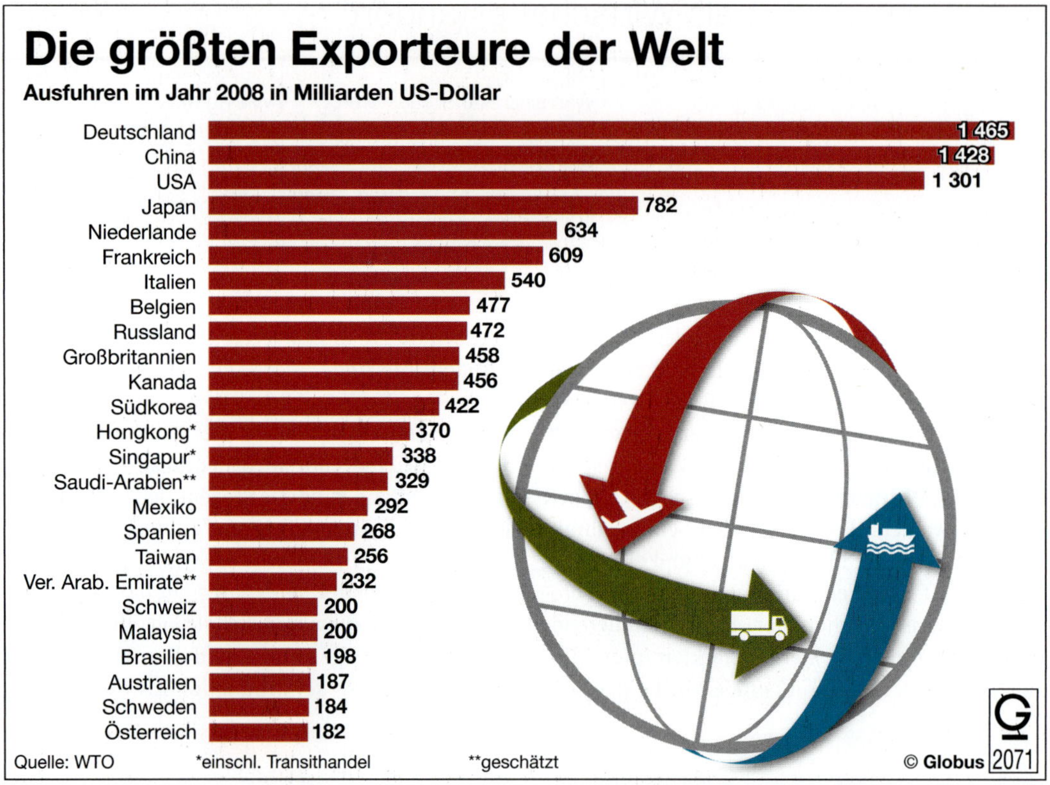

duzierende Ausland verlagert wurden. Im verarbeitenden Gewerbe arbeitet heute über die Hälfte aller Erwerbstätigen für den Export. In der Automobilindustrie hängen fast drei von vier Arbeitsplätzen am Außenhandel, im Maschinenbau und in der chemischen Industrie sind es knapp zwei von drei Arbeitsplätzen.

Eine herausragende Bedeutung für den deutschen Handel hat die Europäische Union – über 60 Prozent des Handels werden innerhalb der EU abgewickelt. Die deutschen Ausfuhren hängen allerdings auch immer stärker von Vorleistungen ab, die im Ausland erbracht werden, z. B. die Fertigung von Teilen jenseits der Grenzen, die dann im Inland etwa in ein Fahrzeug eingebaut werden. Der Anteil der **ausländischen Wertschöpfung** an den deutschen Exportgütern lag 2005 bei rund 41 Prozent. Diese Auslagerung (**Outsourcing**) der Produktion relativiert die positiven Auswirkungen der Exporterfolge vor allem auf den deutschen Arbeitsmarkt und ist mit dem Schlagwort der „Basar-Ökonomie“ kritisiert worden.

Wie attraktiv ist der Standort Deutschland?

Durch die Globalisierung, aber insbesondere auch durch die Aufnahme der mittel- und osteuropäischen Staaten in den EU-Binnenmarkt im Zuge der Osterweiterung steht Deutschland in einem verstärkten **weltweiten Standortwettbewerb.** Dabei ist die zentrale Frage, ob der Standort Deutschland noch attraktiv genug ist, um Unternehmen und Investitionen im Lande zu halten bzw. neue Unternehmen und Investitionen nach Deutschland zu holen.

Für die Attraktivität von Wirtschaftsstandorten gibt es keinen absoluten Maßstab. Die Qualität eines Wirtschaftsstandortes ist nur in Relation zu anderen Standorten zu definieren. Zudem sind Standortfaktoren von Branche zu Branche und selbst für Unternehmen einer Branche unterschiedlich zu gewichten. Allgemein gilt, dass Standorte mit hohem Innovationspotenzial, in welchen die Produktionsfaktoren flexibel auf den Strukturwandel reagieren können und damit die

Anpassungslasten einer Volkswirtschaft reduzieren, begehrt sind. Ein Indikator für die Attraktivität von Standorten stellen die Investitionen von Ausländern dar, die so genannten **Direktinvestitionen**.

Allerdings ist dieser Indikator nicht unumstritten, da in die Investitionsentscheidung auch Motive eingehen können, die nicht unmittelbar mit der Standortqualität zu tun haben. Dazu gehören z. B. Marktnähe durch lokale Präsenz, geografisch angepasste Produktdifferenzierung und lokale Strategien in der Produktentwicklung und -werbung. Durch Investitionen im Ausland können Unternehmen so ihre internationale Wettbewerbsfähigkeit sichern und damit auch ihr Überleben.

Direktinvestitionen

Direktinvestitionen sind Kapitalanlagen von Inländern im Ausland (oder von Ausländern im Inland).
Dazu zählen Gründungen von oder Beteiligungen an Unternehmen, Produktionsstätten und Niederlassungen sowie Kreditgewährungen. Hohe Direktinvestitionen fließen in den Aufbau von Tochterunternehmen multinationaler Konzerne.

Letztlich lässt sich die Frage, wie attraktiv der Standort Deutschland heute und in der Zukunft ist, nicht allgemein abschließend beantworten, auch weil den unternehmerischen Standortentscheidungen unterschiedliche Motive zugrunde liegen.

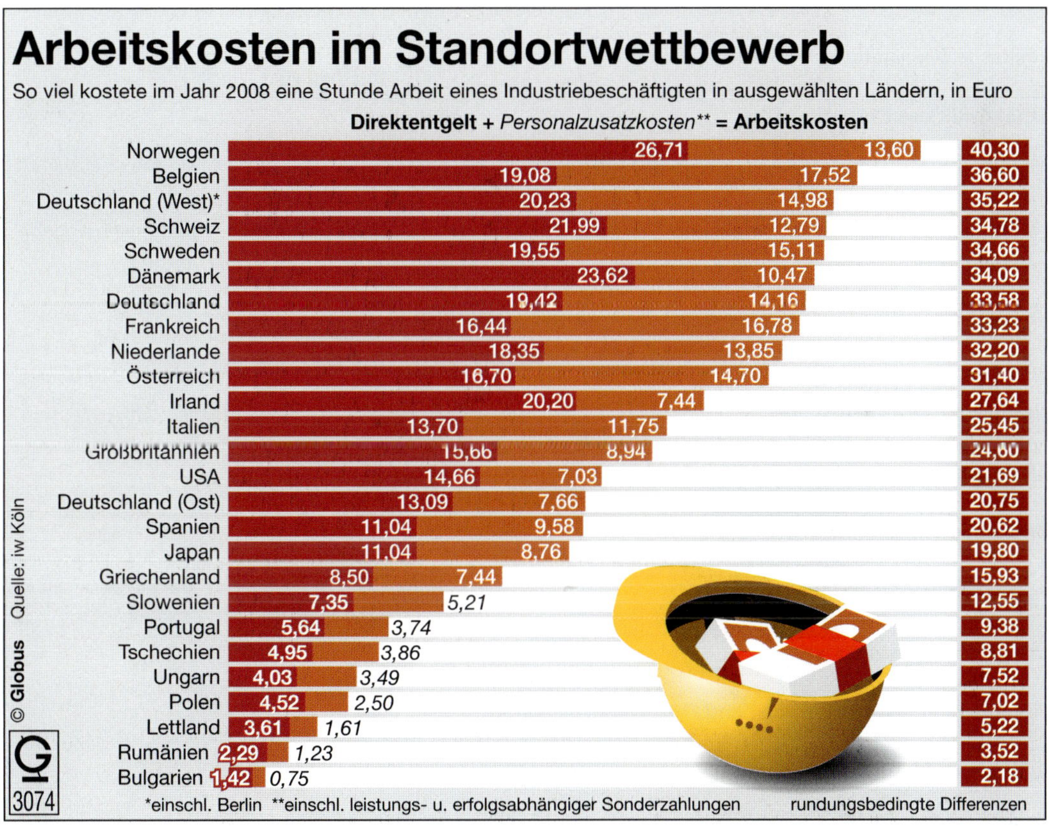

M1 Stärken und Schwächen des Wirtschaftsstandorts Deutschland

Standort Deutschland

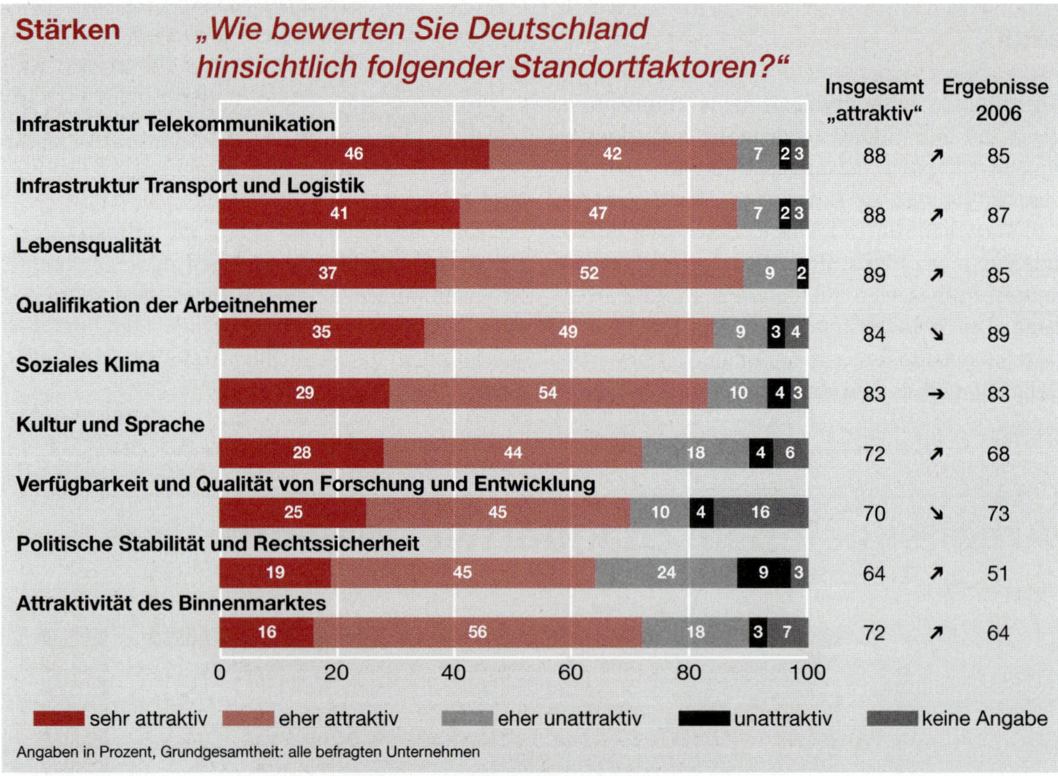

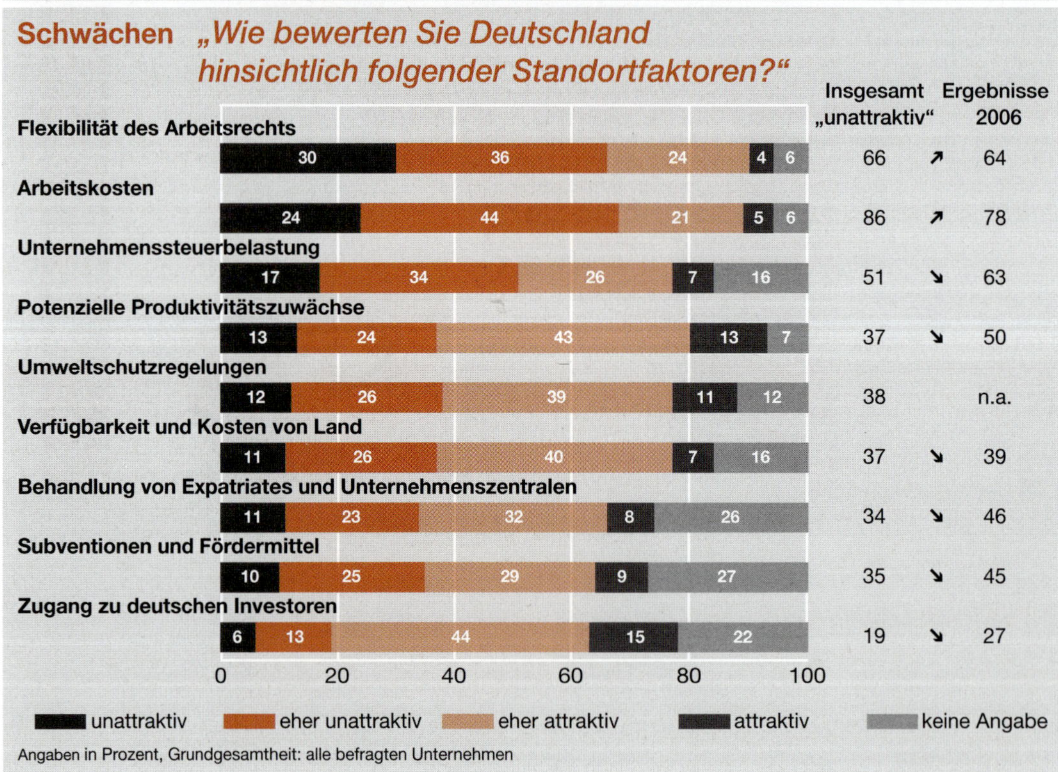

Studie von Ernst & Young, 29.06.2007, http://www.ey.com/Global/content.nsf/Germany/Presse_-_Pressemitteilungen_2007_-_Standort_Deutschland

M2 Standort Deutschland fällt hinter Mauritius zurück

Der Standort D schwächelt: In einem weltweiten Vergleich der Wirtschaftsfreundlichkeit ziehen sogar Kleinstaaten wie Georgien und Mauritius an der Bundesrepublik vorbei. Grund ist der eklatante Reformstau.

In Deutschland erlahmt der Reformeifer – mit Folgen für den Wirtschaftsstandort. Laut einer Studie der Weltbank verliert die Bundesrepublik hinsichtlich ihrer Attraktivität bei Unternehmen und Investoren an Boden. Jedes Jahr vergleicht das Institut die Wirtschaftsfreundlichkeit von Ländern rund um den Globus. In dem Bericht „Doing Business 2009“ wird untersucht, wie unternehmerfreundlich und reformfreudig ein Staat ist. Bewertet werden unter anderem bürokratische Hindernisse beim freien Handel und der Existenzgründung, die Flexibilität des Arbeitsmarktes sowie das Steuersystem. Die Daten wurden zwischen Juni 2007 und Juni 2008 erhoben – also noch vor dem Krieg im Kaukasus.

Deutschland sackte dabei um ganze fünf Plätze ab und landet nun hinter Ländern wie Georgien (Rang 15) oder Mauritius (Rang 24) auf Platz 25. Das schlechte Abschneiden liegt nach Angaben der Weltbank vor allem daran, dass die Konkurrenten reformeifriger als die Bundesrepublik waren. Besonders bei den Firmengründungen schneidet Deutschland so schlecht ab wie kaum ein anderes Industrieland. Die ersten drei Plätze nehmen Singapur, Neuseeland und die USA ein, gefolgt von Hongkong, Dänemark, Großbritannien, Irland und Kanada. Die größten Fortschritte bei Wirtschaftsreformen hat nach Angaben der Weltbank Aserbaidschan gemacht. Das Land hat im Vergleich zum Vorjahr 64 Plätze gutgemacht und liegt nun auf Rang 33.

Insgesamt schnitten Länder aus Osteuropa und Zentralasien in der Studie überdurchschnittlich gut ab. Die Regionen zeigten sich demnach besonders reformfreudig.

Spiegel online vom 10.09.2008

Aufgaben

1. Entwerfen Sie einen Steckbrief, der die Rolle Deutschlands im Welthandel verdeutlicht.
2. Erläutern Sie, warum die Qualität eines Standorts nicht einfach zu ermitteln ist. Wie sinnvoll erscheinen Ihnen entsprechende Länder-Rankings (M2)? Überlegen Sie, ob und inwieweit starkes Wirtschaftswachstum auf Kosten von Standortfaktoren wie Rechtssicherheit, Menschenrechten oder Umweltstandards gehen darf.
3. Konstruieren Sie ein Standortprofil für Deutschland, aus dem die Stärken und Schwächen und die Entwicklung der Faktoren deutlich werden (M1, M2).

6.5 Die Welthandelsordnung

Leitfragen

- Warum ist eine politische Steuerung des Globalisierungsprozesses notwendig?
- Welche Möglichkeiten und Grenzen hat Global Economic Governance?
- Worin bestehen die Aufgaben von Welthandelsorganisation und Internationalem Währungsfonds?

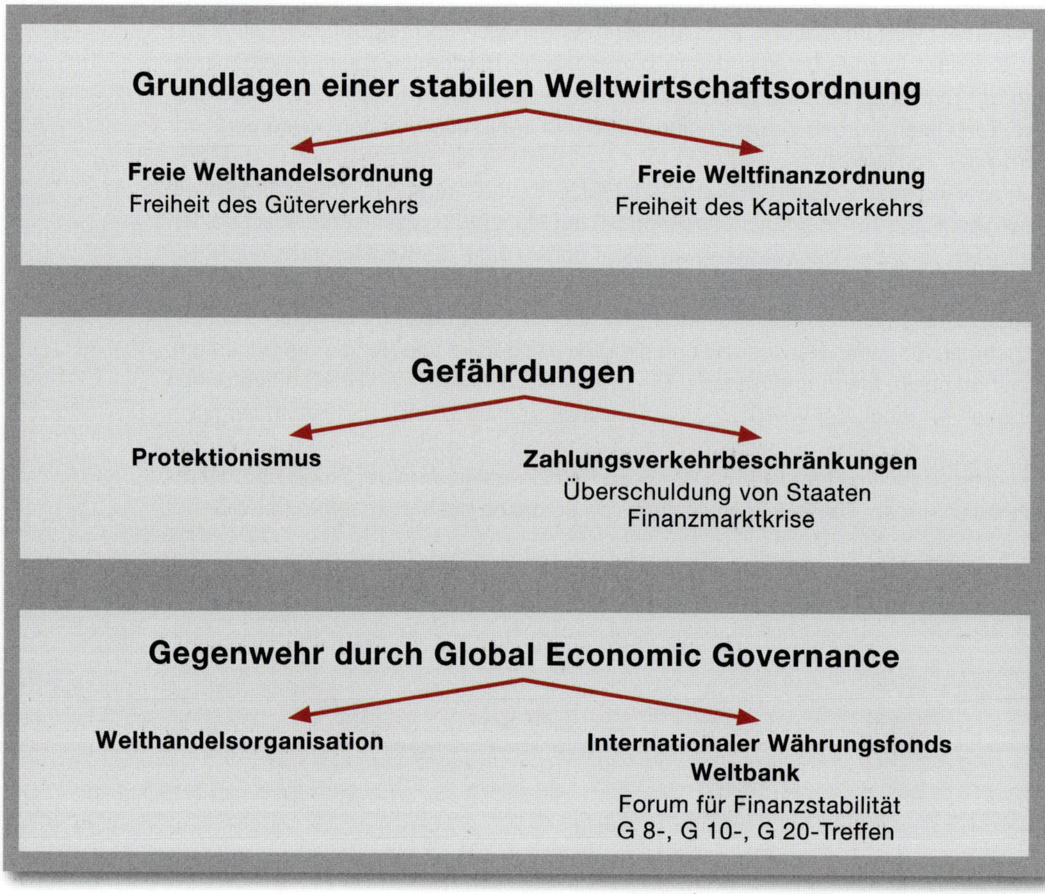

Autorengrafik

Global Economic Governance

Die zunehmende wirtschaftliche Verflechtung der Welt erfordert Möglichkeiten der Beeinflussung der internationalen Wirtschaftsbeziehungen durch supranationale Organisationen – sei es, dass diese den Abbau von Schranken für den freien Güter- und Kapitalverkehr fördern, sei es, dass regionale oder globale ökonomische Fehlentwicklungen oder Risiken korrigiert werden sollen. Supranationale Lösungen werden umso notwendiger, je mehr sich die Unternehmen internationalisieren und durch nationalstaatliche Politik kaum mehr erreicht werden können. Die Versuche einer weltwirtschaftlichen Ordnungspolitik werden unter dem Begriff der **Global Economic Governance** zusammengefasst. Im Zentrum der Global Economic Governance-Architektur stehen dabei internationale Organisationen wie die Welthandelsorganisation, der Internationale Währungsfonds und die Weltbank.

Die Welthandelsorganisation WTO

Die Gründung der WTO (World Trade Organization, Welthandelsorganisation) geht auf die Initiative der Freihandelsbefürworter zurück, welche die Meinung vertraten, dass freier und ungehinderter Handel sich positiv auf den Wohlstand aller Nationen auswirkt. Daher wurde kurz nach dem Zweiten Weltkrieg das GATT (General Agreement on Tarifs and Trade) geschlossen. Seine Nachfolgerin, die WTO, nahm 1995 ihre Tätigkeit auf. Ihre 153 Mitgliedstaaten (2008) haben folgende **Ziele und Aufgaben:**

- die Liberalisierung des internationalen Handels,
- den Abbau von Handelsbeschränkungen sowie
- die Schlichtung von Handelsstreitigkeiten zwischen den Mitgliedstaaten.

Die WTO gilt als **„Hüterin des Freihandels"** und schafft mit der Beseitigung von Handelshemmnissen entscheidende Voraussetzungen für den Globalisierungsprozess. Die Organisation legt seit 1995 als einzige international anerkannte Vertragsinstitution Regeln für den Welthandel fest. Die für die Mitglieder bindenden Beschlüsse werden nach dem Konsensprinzip gefasst, wobei jedes Land eine Stimme hat. Damit soll erreicht werden, dass starke Wirtschaftsmächte die schwächeren Staaten nicht majorisieren können.

Die Arbeit der WTO gründet sich auf der **Freihandelsdoktrin**, nach der ein freier Handel Wohlstandsgewinne für alle Beteiligten ermöglicht. Im Zentrum der Organisation stehen dabei folgende **Prinzipien**, die von den Mitgliedstaaten anerkannt werden müssen:

- **Meistbegünstigung:** Alle handelspolitischen Zugeständnisse, die sich zwei Staaten untereinander machen, gelten automatisch auch für alle anderen Staaten;

- **Reziprozität:** Handelserleichterungen, die einem Handelspartner eingeräumt werden, muss dieser in gleicher Weise erwidern;

- **Inländerbehandlung/Nichtdiskriminierungsgrundsatz:** Keine Begünstigung inländischer Güter und Dienstleistungen gegenüber ausländischen Produkten.

Zur Beilegung von Streitigkeiten steht der WTO ein **Streitschlichtungsmechanismus** zur Verfügung, der eine einvernehmliche Einigung zwischen den Streitparteien herbeiführen soll und Vergeltungsmaßnahmen durch eine Partei (z. B. Strafzölle) sanktionieren kann. Die innere Struktur der WTO umfasst drei Teilabkommen, die den Warenverkehr, den Handel mit Dienstleistungen und den Schutz geistigen Eigentums regeln:

- GATT (General Agreement on Tariffs and Trade),
- GATS (General Agreement on Trade in Services) und
- TRIPs (Trade Related Intellectual Property Rights).

Die Erfolge der WTO bei der Liberalisierung des Welthandels werden unterschiedlich beurteilt. Während Befürworter einer weitgehenden Liberalisierung auf die Wohlfahrtseffekte einer zunehmend arbeitsteiligen Weltwirtschaft verweisen, kritisieren Globalisierungsgegner die negativen Folgen der Liberalisierung. Sie werfen der WTO Versagen bei der Durchsetzung einer **gerechten Weltwirtschaftsordnung** vor, die auch den ärmeren Ländern durch eine moderate Umverteilung des Wohlstandes die Einhaltung von sozialen und ökologischen Mindeststandards ermöglichte. Der WTO wird vorgeworfen, sie stelle das liberale Handelsrecht über ökologische und soziale Erfordernisse. So müsse sich z. B. das Handelsrecht in Zukunft dem Prinzip der Nachhaltigkeit und dem Umweltschutz unterordnen.

Protektionistische Maßnahmen, die trotz der Erfolge der WTO bei der Liberalisierung immer noch gebräuchlich sind, bieten einerseits Schutz für die eigene Volkswirtschaft vor wirtschaftlich überlegenen Konkurrenten und deren Gütern, die inländische Umweltstandards oder ethische Standards nicht erfüllen.

Andererseits verzögert der Protektionismus notwendige Strukturanpassungen, so dass eine abgeschirmte Wirtschaft in der Regel langsamer wächst als eine offene Volkswirtschaft.

Der Internationale Währungsfonds IWF

Der Internationale Währungsfonds steht im Mittelpunkt der internationalen Finanzmarktarchitektur. Er wurde 1944 mit dem zentralen Ziel gegründet, das internationale Währungs- und Finanzsystem zu ordnen und zu überwachen und so für eine **stabile Weltwährungsordnung** zu sorgen. Bei Zahlungsbilanzschwierigkeiten unterstützt er Mitgliedstaaten mit Krediten und versucht so, größere Turbulenzen auf den internationalen Finanzmärkten zu verhindern.

Staaten, die sich bei hohen Defiziten im Austausch von Waren und Dienstleistungen mit dem Ausland nicht mehr auf dem internationalen Kapitalmarkt finanzieren könnten, würden sonst zahlungsunfähig und könnten dabei eine schwere Störung des internationalen Geld- und Kapitalverkehrs verursachen.

Die Kreditvergabe durch den IWF ist allerdings in der Regel mit Auflagen zur Sanierung der Staatsfinanzen verbunden, die im Empfängerland oft als unangemessene Einmischung in die Wirtschafts- und Sozialpolitik empfunden werden.

Die Stimmengewichte im Entscheidungsorgan des IWF, dem Internationalen Währungs- und Finanzkomitee, richten sich nach den Quoten der einzelnen Mitgliedstaaten. Dies ergibt – im Gegensatz zur WTO – ein **deutliches Übergewicht der großen Industrieländer**, so dass der IWF von Kritikern als verlängerter Arm der Industriestaaten gesehen wird.

Diese Tatsache und auch das Verhalten des IWF bei Finanzkrisen schwächerer Länder werden einerseits oft als Bevormundung der Entwicklungsländer durch die großen Industrieländer kritisiert; andererseits hat der IWF nach Ansicht seiner Befürworter durch seine Kreditvergaben häufig schlimmere Krisen verhindert.

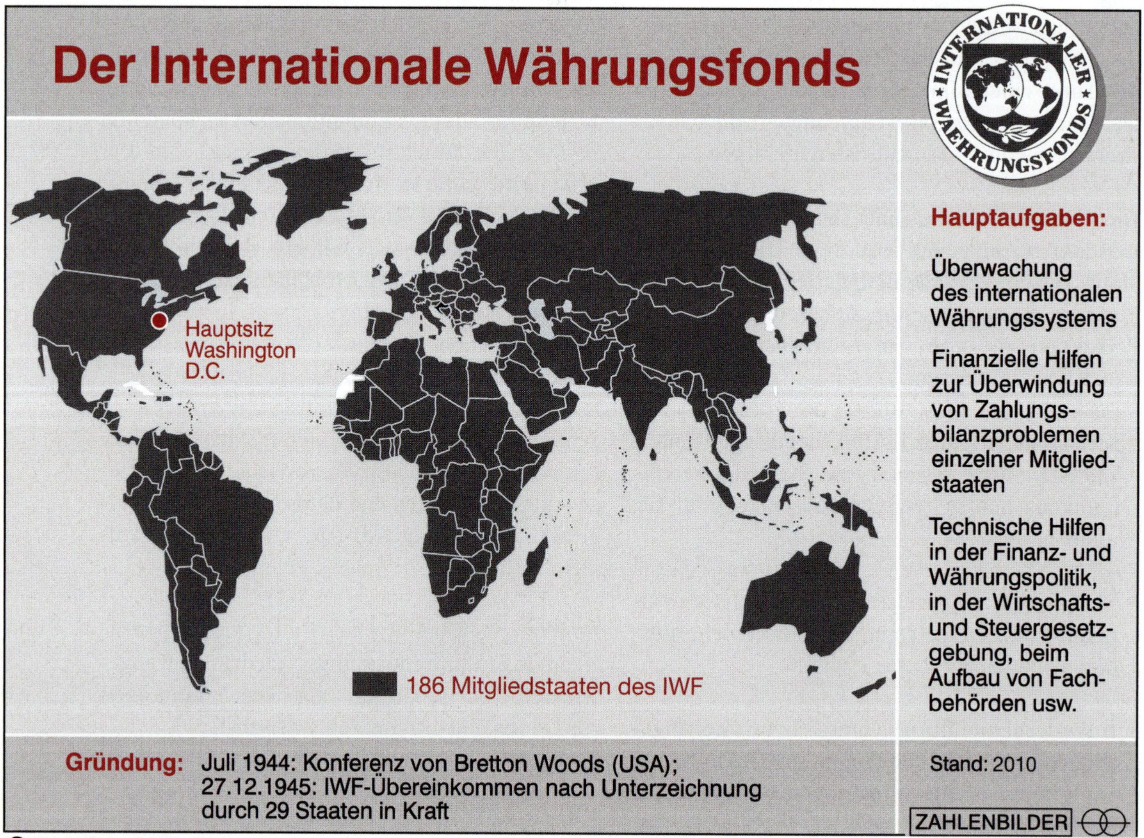

© Erich Schmidt Verlag 625 110

Die Weltbank

Die Weltbank wurde 1945 zusammen mit dem Internationalen Währungsfonds (IWF) auf der Grundlage des Abkommens von **Bretton Woods** gegründet und nahm 1946 ihre Tätigkeit auf. Sie ist eine Sonderorganisation der Vereinten Nationen mit Sitz in Washington, D.C./USA. Die Weltbank hat 186 Mitgliedstaaten (2010), beschäftigt etwa 10.000 Mitarbeiter und ist in über 100 Staaten mit Büros vertreten.

Die Weltbank umfasst **zwei Institutionen**: die International Bank for Reconstruction and Development (IBRD) und die 1960 geschaffenen International Development Association (IDA). Die Kapitaleigner der Weltbank sind ihre Mitgliedstaaten. Neben einem Grundstock an Stimmrechten bestimmt der Kapitalanteil der einzelnen Staaten maßgeblich über die Stimmenverteilung bei der IBRD und der IDA. Der Kapitalanteil hängt wiederum von der Wirtschaftsleistung der Länder ab. Die IBRD hat 186 Mitglieder, die IDA 166 (2010). Mit drei weiteren Institutionen bilden sie zusammen die Weltbankgruppe.

Aufgabe der Weltbank ist es, den **Lebensstandard** in den ökonomisch sich entwickelnden Staaten zu steigern und Maßnahmen zur **Armutsbekämpfung** zu fördern. In ihren Anfangsjahren vergab die Weltbank überwiegend Kredite für den Wiederaufbau Europas, heute stehen die Entwicklungsländer im Mittelpunkt ihrer Arbeit.

- Zur Entwicklungsförderung in armen Staaten vergibt die Weltbank zinsgünstige Darlehen, zinsfreie Kredite und so genannte Mikrokredite.
- Sie leistet technische Hilfe, koordiniert Entwicklungsprojekte und unterstützt Entwicklungsländer in den Bereichen Bildung, Infrastruktur und Kommunikation.
- Die Weltbank betreibt ein Programm zur Korruptionsprävention und engagiert sich im Kampf gegen HIV/AIDS (mit über 1,3 Milliarden US-Dollar pro Jahr).

Die Weltbankkredite sind an **Bedingungen und Auflagen** gekoppelt, mit denen die Weltbank auf die Politik der Entwicklungsländer Einfluss nimmt. Dies wird immer wieder als unzulässige Einmischung der westlichen Industrieländer in die Sozial- und Wirtschaftspolitik der Kreditnehmer kritisiert. Zudem wurde von Kritikern die oft eindimensionale Ausrichtung auf ökonomische Wachstumsraten und die starke Förderung von ökologisch und sozial bedenklichen Großprojekten bemängelt.

Allerdings hat in den vergangenen Jahren ein Strategiewechsel der Weltbank stattgefunden: Der Schwerpunkt hat sich von der ökonomischen Wachstumsförderung hin zur Armutsbekämpfung verlagert. Dies beruht auf der Erkenntnis, dass Wachstum allein nicht automatisch die Armut verringert.

Die internationalen Finanzmärkte

Die **internationalen Finanzmärkte** (Kreditmärkte, Wertpapiermärkte und Devisenmärkte) entwickelten sich mit der Liberalisierung seit den 1970er Jahren enorm. So stieg in den 1990er Jahren das Weltsozialprodukt um 50 Prozent, während die Direktinvestitionen sich mehr als verfünffachten. Spekulative Finanztransfers können, wie die Immobilienkrise in den USA zeigte, das gesamte verflochtene Weltfinanzsystem erschüttern.

Ungleichgewichte im Außenhandel vor allem zwischen den USA und den aufstrebenden Ländern Asiens und damit verbundene Leistungsbilanzüberschüsse bzw. -defizite stellen ein weiteres Risiko dar, ebenso wie die gewaltigen Geldsummen, die von **Hedgefonds** unkontrolliert transferiert werden.

Bretton Woods

1944 tagte in dem Ort Bretton Woods (New Hampshire/USA) die Währungs- und Finanzkonferenz der UNO mit 44 Teilnehmerstaaten. Auf der Konferenz wurde die Errichtung des Internationalen Währungsfonds und der Weltbank beschlossen. Die Verträge von Bretton Woods traten 1946 in Kraft; sie dienten der Neuordnung der Weltwirtschaft und bildeten die Grundlage für eine neue Weltwährungsordnung mit festen Wechselkursen. So sollte verhindert werden, dass sich Protektionismus und Abwertungswettläufe der Zwischenkriegszeit wiederholten. 1973 wurde das Bretton-Woods-System außer Kraft gesetzt, die Wechselkurse wurden freigegeben.

Hedgefonds

Hedgefonds sind seit Jahrzehnten am Markt aktiv; 1966 existierten 168 Hedgefonds, heute rund 8.000. 1940 gründete Alfred W. Jones, ein Investmentmanager der Wall Street, den ersten Fonds dieser Art. Er versuchte erstmals aufgrund seines fundamentalen Wissens aus der Aktienanalyse, das Investmentrisiko zu neutralisieren (zu „hedgen“), indem er Aktien kaufte, die ihm billig erschienen (long position) und jene Aktien verkaufte, die er für überbewertet hielt (short position). Hedging (to hedge: absichern; to hedge a bet: auf beide Möglichkeiten wetten) bedeutet eigentlich die Absicherung eines Geschäfts durch den Aufbau einer Gegenposition in derselben Geschäftsart, um Verluste auf der einen durch Gewinne auf der anderen Seite auszuschließen und so jedes Risiko auszuschalten. Mit der fortschreitenden Entwicklung der Finanzindustrie kamen zahlreiche neue Instrumente hinzu (z. B. Derivate, Futures), auf die man den Begriff Hedgefonds ausgedehnt hat. Diese neuen Investmentarten betreiben in Wahrheit aber eine hochspekulative Anlagepolitik, die zu einem hohen Wertzuwachs, aber auch zu herben Verlusten führen kann. Die Bezeichnung Hedgefonds ist also eigentlich irreführend, da sie dem Anleger eine besonders wirksame Risikoabsicherung vortäuscht. Praktiziert wird genau das Gegenteil: hochspekulative Anlagen in überaus risikobehaftete Kapitalgeschäfte.

Nach: Ursula Fano-Leszczynski, Hedgefonds für Einsteiger, Berlin 2005, S. 8ff.

Internationale Netzwerke

Neben dem IWF existiert heute ein **Netzwerk globaler transgouvernementaler Zusammenarbeit**, das für die Stabilität internationaler Finanzmärkte sorgen soll. Im Mittelpunkt stehen dabei immer noch die westlichen Industriestaaten (**G8-Staaten**). 1999 wurde ein informelles Dialogforum der Finanzminister und Notenbankgouverneure aus Industrie- und Schwellenländern geschaffen, die **G20**, die über 90 Prozent des Weltsozialprodukts produzieren und knapp zwei Drittel der Erdbevölkerung repräsentieren.

Zweck der G20 ist es, in einem informellen Dialog zwischen Industrie- und Schwellenländern Fragen zu erörtern, die für die Stabilität des internationalen Finanz- und Währungssystems bedeutsam sind. Hierzu gehören z. B. Fragen der Angemessenheit des Wechselkursregimes oder Fragen einer geordneten Liberalisierung des Kapitalverkehrs. Um die destabilisierenden Finanzspekulationen zu unterbinden, wird z. B. die Einführung einer Devisentransaktionssteuer gefordert, um die teilweise enormen Schwankungen zwischen den Währungen zu bekämpfen. Bei jedem Währungsumtausch soll demnach eine Steuer von bis zu 0,5 Prozent auf den Umsatz der Transaktion erhoben werden. Die Einnahmen aus der Steuer (**Tobin-Steuer**) sollen armen Ländern direkt zugute kommen. Damit könnte die Arbeit der Weltbank, die vor allem Entwicklungsprojekte finanziert, unterstützt werden. Wirkung und Realisierbarkeit der Tobin-Steuer werden allerdings unterschiedlich beurteilt.

Plaßmann / CCC, www.c5.net

M1 Deregulierung und Globalisierung der Finanzmärkte – Wie es allgemein zu Krisen kommt

Die Finanzierungen werden von mal zu mal riskanter. Immer stärker umgehen Banken Regulierungen, so durch die Herausnahme von Krediten aus den Bilanzen, um sie in Wertpapieren zu bündeln, versehen mit einem vermeintlichen Werteetikett. Dann werden sie um den Globus geschickt und jenen verkauft, die Rendite über alles lieben und Risiken nicht zur Kenntnis nehmen. Zudem zwingt der Wettbewerb Banken, immer wieder neue, noch komplexere Finanzprodukte auf den Markt zu werfen, deren Konstruktion kaum noch zu verstehen ist. Je länger der Boom anhält, desto waghalsiger werden die Finanzierungen. Nach Kreditnehmern, die den Schuldendienst ordentlich verrichten, kommen schließlich auch Schwindler zum Zuge, ... nämlich Unternehmen oder Privatpersonen, die allein bei sehr niedrigen Zinssätzen den Schuldendienst leisten können, weil sie auf künftige Preissteigerungen von Vermögensgütern setzen, die sie auf Kredit gekauft haben. Dieses Kartenhaus bricht zusammen, wenn die Vermögenspreise nicht weiter steigen oder Zinssätze angehoben werden. Das kann die gesamte Finanzbranche in eine Krise stürzen. Kommt es dazu, so sind Aufsichtsbehörden und Zentralbanken gefordert, den Kollaps von Finanzsystemen abzuwenden. Das ist seit August 2007 als Folge des Zusammenbruchs des Marktes geringwertiger Hypothekenkredite in den USA zu beobachten. Schwere wirtschaftliche Verwerfungen können die Folge sein, wenn Finanzmärkte ein Eigenleben entwickeln und nicht das leisten, wozu sie geschaffen worden sind, nämlich Dienste für Produktion, Einkommen und Beschäftigung zu erbringen. ...
Nach Freigabe der Wechselkurse lösten sich Finanzmärkte zunehmend von Gütermärkten. Zusammen mit zunehmenden Salden in Leistungsreihen – so Leistungsbilanzsalden und steigende Staatsverschuldung – ergaben sich drei Probleme an Finanzmärkten, die miteinander verwoben sind.
Erstens ein Mengenproblem. Es beinhaltet, dass das Geldvermögen weitaus stärker wächst als das Sozialprodukt oder das Sachvermögen der Welt. ... Damit kommt es zu einem Abkoppeln des finanzwirtschaftlichen Bereichs von der Güterwirtschaft, zu dem Bestreben von Vermögensanlegern aus reinen Finanztransaktionen kurzfristig die höchsten Erträge zu erzielen. Das führt zu rasch reversiblen Kapitalströmen zwischen Ländern, immer auf der Suche nach den besten Anlagemöglichkeiten. Die Summe der Auslandsforderungen und Auslandsverbindlichkeiten bezogen auf das Bruttoinlandsprodukt ist in den Industrieländern in den letzten dreißig Jahren von knapp 50 auf über 300 Prozent gestiegen. Die täglichen Umsätze an Devisenmärkten stiegen von 650 Mrd. US-Dollar im April 1989 auf 3,2 Billionen im April 2007. Zum Vergleich: Der weltweite Güterexport machte 2006 14,7 Billionen US-Dollar aus. Zur Abwicklung des internationalen Leistungsaustauschs hätte es genügt, die Devisenmärkte für drei Tage zu öffnen.
Dieses Mengenproblem löste zweitens ein Preisproblem aus: Die Schwankungen von Preisen, Kursen und Zinssätzen an Finanzmärkten haben drastisch zugenommen. Schon das geringste Rumoren führt nun zu abrupten Preisänderungen an Vermögensmärkten, so für Aktien, Devisen und Immobilien. Damit können sich spekulative Blasen herausbilden, die auch aus nichtigem Anlass platzen können, mit katastrophalen Auswirkungen für Wirtschaftswachstum, Beschäftigung und Lebenssituation der Menschen. Das Preisproblem bewirkte drittens ein rasantes Wachstum derivativer Finanzprodukte. Finanzderivate, von einem finanziellen Grundgeschäft abgeleitete Instrumente, haben mit Finanzierung im Grunde nichts zu tun. Derivate werden genutzt, um die mit der Finanzierung verbundenen Risiken handelbar zu machen. Freilich gelingt es dadurch nicht, Risiken aus Finanzkontrakten auszuschalten. Finanzderivate sind mit Wetten auf künftige Preisänderungen verbunden. Geht die Wette aber nicht

auf, so erleiden jene Verluste, die Finanzderivate erworben haben. Diese Verluste können in einer Kettenreaktion auf andere Finanzmarktteilnehmer übertragen werden, auch auf den güterwirtschaftlichen Bereich, auf andere Länder; Kontaminierung kann die Folge sein, und das weltweit.

Diese drei Problembereiche sind miteinander verbunden. Verschärft sich das Mengenproblem, etwa wegen hoher Leistungsbilanzsalden der Länder, so nimmt bei Umschichtungsvorgängen des Geldvermögens zwischen Währungsräumen die Anfälligkeit des Finanzsystems für abrupte Preis- und Renditeschwankungen zu. Zugleich steigt der Bedarf an Finanzderivaten. Sie erleichtern die Verteilung von Risiken, verlocken aber auch – und vor allem – zur Spekulation, laden dazu ein, sich an Wetten über Kurs- und Renditeänderungen zu beteiligen, mit der Folge, dass die Mengen- und Preisprobleme weiter zunehmen. Der Teufelskreis ist perfekt. Das ist das Systemrisiko instabiler Finanzmärkte.

Der Verlauf eines Finanzzyklus und dessen Auswirkungen auf die Realwirtschaft werden folgendermaßen beschrieben: „Ihren Ursprung haben Finanzzyklen in der Regel in einer Woge von Optimismus, die von günstigen Entwicklungen in der Realwirtschaft ausgelöst wird. Folgen dieser optimistischen Erwartungshaltung sind die Unterschätzung von Risiken, eine überhöhte Kreditgewährung, ein übermäßiger Anstieg der Preise von Vermögenswerten, Überinvestitionen in Sachanlagen und in einigen Fällen ein allzu ausgabefreudiges Verbraucherverhalten. Wenn sich dann schließlich realistischere Erwartungen durchsetzen, müssen die während des Booms entstandenen Ungleichgewichte wieder korrigiert werden, was manchmal sowohl im Finanzsystem als auch in der Realwirtschaft zu erheblichen Störungen führt."

Hierin zeigt sich die gewachsene Einsicht, dass es mit der früher als garantiert erachteten jederzeitigen Effizienz von Finanzmärkten nicht weit her ist. Finanzmärkte können von Panik oder Manie geprägt werden, nicht von einem rationalen Abwägen. Zudem laden Deregulierung und Internationalisierung der Finanzbeziehungen ein, schwankende Zinssätze, Kurse und Preise an Finanzmärkten allein für Spekulation zu nutzen. Und nichts stellt sicher, dass spekulative Transaktionen zu Gleichgewichtswerten führen. Eine Ursache hierfür sind Informationsprobleme. ...

Deshalb gehört es zu einem wesentlichen Kennzeichen effizienter Märkte, dass die Teilnehmer über die relevanten Entscheidungsparameter gut und möglichst kostenlos informiert sind. Dabei aber tun sich in der Wirklichkeit die größten Schwierigkeiten auf, vor allem an Finanzmärkten. Monetäre Märkte haben die wichtige Funktion, Ersparnisse in besonders rentable Investitionsmöglichkeiten zu lenken (Allokationseffizienz). Keine Wirtschaft kann gut funktionieren, wenn das Finanzsystem dieser Aufgabe nicht optimal nachkommt. ... An Gütermärkten sind Informationsprobleme vergleichsweise selten, wenngleich nicht ausschließbar. Wer Waschpulver kauft, der weiß, worauf er sich einlässt. Er kann in Testberichten etwas über die Qualität erfahren, er kann den Preis mit Konkurrenzprodukten vergleichen. ...

Finanzkontrakte erfordern einen Blick in die Zukunft. Bei jeder Kreditfinanzierung eines Investitionsprojekts müssen Erwartungen über die künftige Zahlungsfähigkeit des Schuldners gebildet werden. Zudem hat der Investor die Profitabilität seines Vorhabens einzuschätzen. Beides ist unsicher, beinhaltet also ein spekulatives Element. Spekulation bedeutet, mit einer unsicheren Zukunft umzugehen. Und weil niemand die Zukunft genau kennt, können Erwartungen über die Zukunft später durch Fakten widerlegt werde. Niemand kann das ausschließen, aber jeder hat das bei einem zukunftsgerichteten Handeln zu akzeptieren. Deshalb verlangen Finanzgeschäfte den Umgang mit Wahrscheinlichkeiten über künftige Gewinne und Risiken, über die Solvenz des Partners. Niemand kann sich des Verhaltens eines Kontraktpartners sicher sein. Regelmäßig hat die Versicherungsbranche zu konstatieren, dass sich Versicherte unvorsichtiger verhalten, als sie es täten, hätten sie die Folgen ihres Handelns selbst zu tragen. ... Bei ungleich verteilten Informationen kann ein Marktteilnehmer einen Informationsvorsprung zum Nachteil des anderen nutzen. So sind Kreditgeber über die Erfolgsaussichten und Risiken der Investitionsprojekte von Kreditnehmern schlechter informiert als diese selbst. Und Kreditnehmer werden es vermeiden, dem Gläubiger schlechte Nachrichten preiszugeben, weil beim Offenlegen der Karten die Finanzierung platzen könnte. Der Nachfrager nach Finanzmitteln aber ist allein an der Auszahlung interessiert, die er für Investitionen mit Aussichten auf hohen Gewinn aber großem Verlustrisiko verwenden kann, wenn das dem Kreditgeber verborgen bleibt. Läuft das Geschäft gut, ist der Kreditnehmer der Gewinner, geht es nicht auf, so ist der Gläubiger der Dumme.

Von Effizienz der Finanzmärkte kann dann keine Rede sein. Die gegenwärtige Finanzkrise als Folge einer Risiken ausblendenden und von Profitgier getriebenen Hypothekenkreditblase in den USA ist hierfür Beleg.

Wolfgang Filc, Stabilität des internationalen Finanzsystems, in: Aus Politik und Zeitgeschichte, 07/2008

M2 Chronik der großen Finanzmarktkrisen

Der Börsencrash von 1929

Während der zwanziger Jahre erlebte die Wall Street einen beispiellosen Ansturm der Anleger. Vom Glauben an ein neues Zeitalter beseelt, spekulierten die Amerikaner wie wild mit Aktien und Immobilien. Erstmals wurden geschlossene Investmentfonds gegründet, die in einer Art Schneeballsystem den Wetteinsatz immer mehr erhöhten. Im Spätsommer 1929 erreichte der Börsenboom seinen Höhepunkt, am 24. Oktober platzte dann die Blase. Weil Millionen Menschen dabei ihr Erspartes verloren, brach der Konsum sofort ein. Von der damals noch jungen Notenbank kam keine Hilfe, so dass die US-Wirtschaft in eine zehnjährige Depression stürzte, die auch den Rest der Welt mit in die Tiefe riss.

Der Börsencrash von 1987

Wieder erlebte die Wall Street einen Aktienboom, der von einer riesigen Fusions- und Zerschlagungswelle in der US-Firmenwelt getragen wurde. Erstmals wurden die Spekulationen auf breiter Front von Computerprogrammen angeheizt. Zwischen 1982 und 1987 legten die Aktienkurse um ein Vielfaches schneller zu als das Wachstum der Unternehmen. Am 19. Oktober krachten die Kurse dann überraschend ein, weil die Stimmung gedreht hatte. Und die Rechner warfen jetzt blindlings alle Papiere auf den Markt und verstärkten den Crash damit noch. An diesem Tag verlor der Dow-Jones-Index fast 25 Prozent und die Panik breitete sich rund um den Globus an allen Aktienbörsen aus. Dieses Mal sicherte die US-Notenbank den Märkten jedoch sofort Liquidität in unbegrenzter Höhe zu. Die entsprechende Mitteilung machte den Fed-Chef Alan Greenspan über Nacht zum gefeierten Retter und führte zu einer relativ schnellen Beruhigung.

Die Asienkrise 1997/98

Schwellenländer gerieten Mitte der neunziger Jahre immer mehr ins Blickfeld der großen Anleger. Sie investierten Milliarden in die Aktien- und Immobilienmärkte aufstrebender Länder wie Thailand oder Indonesien. Viele dieser Gelder flossen als kurzfristige Dollarkredite. Als die US-Währung spürbar aufwertete begann die Krise mit massiven Spekulationen gegen den thailändischen Baht, der eine feste Bindung an den Dollar hatte. Ausländische Kapitalgeber forderten ihre Gelder von den Schwellenländern nun rasch zurück, was die Reserven der dortigen Notenbanken völlig aufzehr-

te und die gesamte Region in eine Rezession stürzte. Der Internationale Währungsfonds vergab Milliardenkredite, um ein Übergreifen der Krise auf die Industriestaaten zu verhindern.

Der Kollaps des neuen Marktes

Mitte der neunziger Jahre erweckte das Internet die Fantasie der Anleger. Unternehmen, die auf künftige Geschäfte im weltweiten Datennetz setzten, wurden zu Börsenlieblingen, auch wenn sie nicht viel mehr besaßen als eine Idee und ein paar Computer. Eine hohe „cash burn rate" (Wie schnell verbrennt ein Unternehmen die ihm zufließenden Mittel?) galt als Ausdruck eines gelungenen Geschäftsmodells. Auch immer mehr Privatanleger sprangen auf den Zug auf, bis das ganze Gebilde im März 2000 schließlich einkrachte. Was folgte, war ein dreijähriger Kursabsturz, der durch den Terroranschlag vom 11. September 2001 und die Bilanzskandale der Firmen Worldcom und Enron noch verstärkt wurde.

Subprime Krise USA 2007/08

Der Ursprung der Finanzkrise liegt viele Jahre zurück und beginnt mit den US-Immobilien. In großem Umfang kaufen sich seit dem Jahr 2000 Amerikaner mit geringer Bonität Eigenheime und finanzieren diese mit zinsgünstigen, aber auch zinsflexiblen Darlehen.

Üblicherweise ganz ohne Eigenkapital. Dies führt zu einem Kreislauf: Der Wert der Immobilien in den Boomgebieten steigt stark. Über diesen gesteigerten Wert nehmen sich die Immobilienbesitzer erneut einen Kredit, um sich Konsumwünsche zu erfüllen. Solange der Wert der Immobilien steigt und die Zinsen stabil bleiben, kann sich dieser Kreislauf ungehindert weiterentwickeln. Der so genannte Subprime-Markt, früher nur ein recht kleiner Bereich in der Immobilienfinanzierung, vervielfacht sein Volumen innerhalb von wenigen Jahren. Hypothekenfinanzierer wie etwa Newl Century Financial schicken ihre Vertriebsleute zu den einkommensschwachen „Subprime"-Bürgern und bringen immer mehr Kredite unter das US-Volk. Und sie fahren damit hohe Zinsgewinne ein.

Zinsgewinne, von denen beispielsweise deutsche Banken wegen des margenschwachen und hart umkämpften Inlandsgeschäfts nur träumen können, aber nicht wollen: Sie kaufen deshalb über ihre Töchter oder Fondsgesellschaften von Investmentbanken meist indirekt die Pfandbriefe dieses Sektors. Vermehrte Zahlungsausfälle 2007 bei Hypothekenkrediten in den USA lenken die Aufmerksamkeit auf diese spezielle Art der Subprime-Darlehen, die im Laufe der Jahre zu Hunderttausenden an nichtsolvente Hausbauer und -besitzer vergeben wurden.

Finanzpapiere, die von Bankkonzernen unter Einbeziehung solcher Darlehen emittiert und gehandelt werden, verlieren schlagartig an Wert. Die so genannte Subprime-Krise beginnt.

Die US-Immobilienkrise fordert ihr erstes prominentes Opfer. Der US-Hypothekenfinanzierer New Century Financial strauchelt und geht schließlich am 2. April 2007 mit einem ausgewiesenen Verlust von etwa 450 Millionen Dollar pleite.

Ziemlich schnell stellt sich heraus, dass die Immobilienwerte selbst in ehemaligen Boomgebieten absacken, die US-Reihenhäuser stehen reihenweise leer. Damit platzen weitere Kredite, die im Vertrauen auf einen sicheren Wert des Eigenheims an deren Besitzer ausgezahlt wurden.

Mitte August 2007: Die Angst vor einer Finanzkrise zwingt weltweit die Notenbanken zum Eingreifen. Erstmals seit den Anschlägen in den USA im September 2001 pumpt die Europäische Zentralbank 95 Milliarden Euro in den Geldkreislauf – so viel wie nie zuvor in einer Krise –, um die Zinsen für Tagesgelder, mit denen sich die Geschäftsbanken kurzfristige Liquidität an den Finanzmärkten besorgen, zu drücken. Diese wa-

ren zuvor auf mehr als 4,6 Prozent nach oben geschnellt, weil die Banken nicht bereit waren, anderen Instituten zu günstigen Konditionen Geld zu leihen.
Der deutsche Aktienindex Dax verzeichnet am 21. Januar den größten Kurseinbruch seit dem 11. September 2001. Die US-Notenbank senkt den Leitzins früher und deutlicher als erwartet.

Karras, in: Stuttgarter Zeitung, 01.09.2007

M3 Die weltweite Finanzkrise

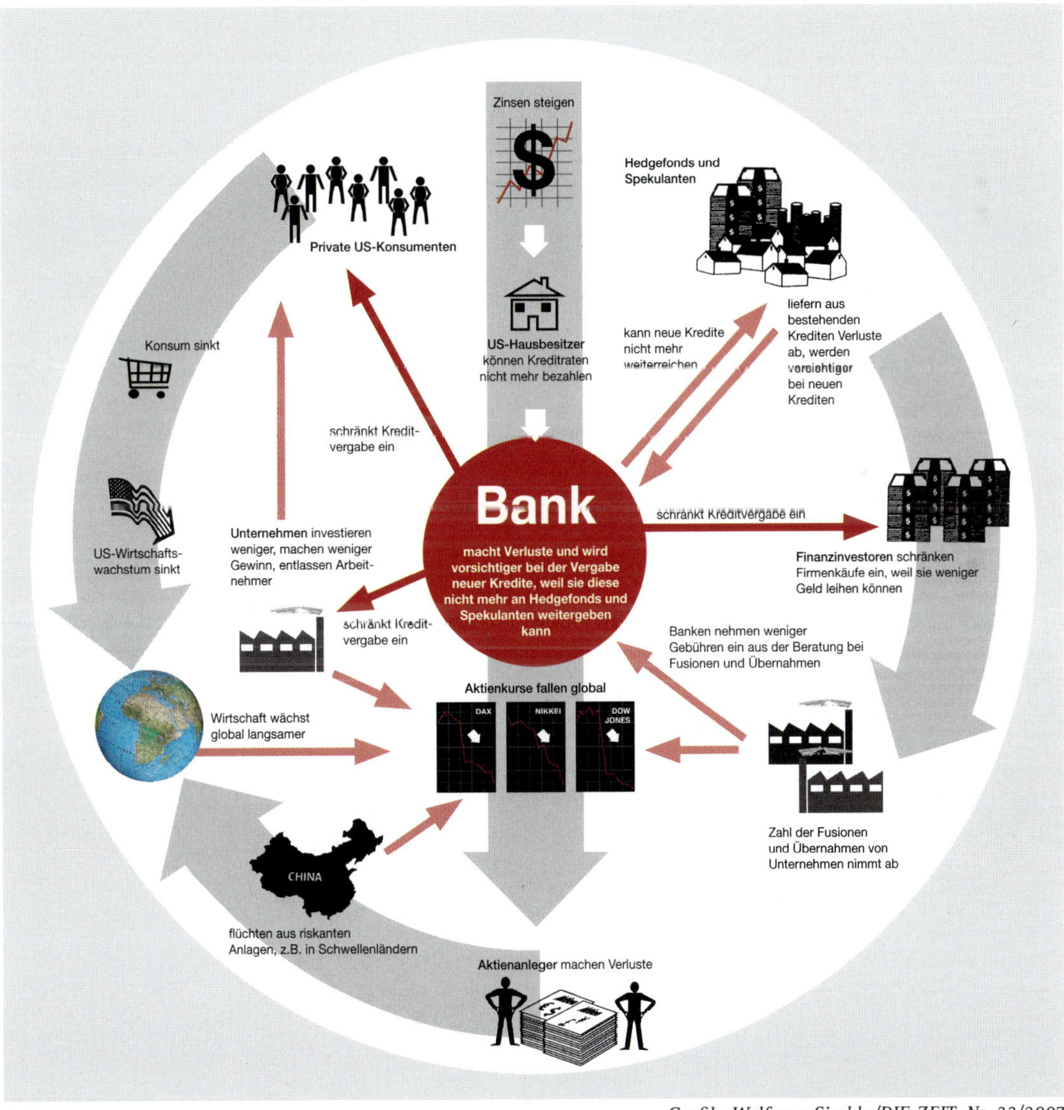

Grafik: Wolfgang Sischke/DIE ZEIT, Nr. 33/2007

VERTIEFEN UND PROBLEMATISIEREN

Aufgaben

1. Entwerfen Sie ein Lernplakat zur WTO.
2. „Freier Handel macht alle reicher." Diskutieren Sie diese These.
3. Finanzmarktkrisen gelten als größte Gefahr für die Stabilität des Weltfinanzsystems. Beschreiben Sie, wie es zu Finanzmarktkrisen kommen kann, und diskutieren Sie, wie Stabilität erreicht werden kann (M1).
4. Entwerfen Sie einen Text, der die Chronik der großen Finanzmarktkrisen ergänzt (M2, eigene Recherchen).
5. Geben Sie Ursachen und Wirkungen der weltweiten Finanzkrise anhand der Grafik in eigenen Worten wieder (M3).

3 Politische Theorie und Staatsformen

1 Politische Theorie

1.1 Grundlagen

Leitfragen	Was ist Politik?	Was ist ein Staat?	Was ist ein politisches System?

Der Politikbegriff

Die Untersuchung des Politischen kann verschiedene Bereiche erfassen: den Handlungsrahmen, die politischen Prozesse und Inhalte und die politischen Akteure.

Was ist ein Staat?

Eine sehr einfache Definition – die sog. „Drei-Elemente-Lehre" – bestimmt den **Staat** als politische Gemeinschaft von Menschen (**Staatsvolk**) in einem Gebiet (**Staatsgebiet**) unter einer gemeinsamen Herrschaft (**Staatsgewalt**). Der Begriff des Staates bezieht sich also auf das Gebiet, in dem bestimmte Rechtsbestimmungen gültig sind. Für Thomas Hobbes war ebenso wie für Immanuel Kant der Staat notwendig, damit ein „gesetzlicher Zustand" entsteht. Menschen seien ansonsten „niemals vor Gewalttätigkeiten gegeneinander sicher" (Immanuel Kant). Der Soziologe Max Weber definierte den Staat dadurch, dass er das Gewaltmonopol erfolgreich beanspruche. Der Zweck des Staates sei es, die Beziehungen der Menschen zu regeln.

Handlungsrahmen der Politik (Polity)	Zum Handlungsrahmen von Politik gehören etwa das Wahlsystem und die Verhaltensregeln für die Akteure in Regierung, Parlament und Verfassungsgericht.
Politische Prozesse (Politics)	Zu den bedeutsamsten politischen Prozessen in den Demokratien zählen die Gesetzgebungsprozesse. Von Interesse ist dabei u. a., ob diese eher konflikt- oder kompromissorientiert ablaufen.
Politische Inhalte (Policy)	Die Betrachtung politischer Inhalte kann sich auf alle politischen Bereiche von der Familienpolitik über die Sozialpolitik bis hin zur Umweltpolitik beziehen.
Politische Akteure	Die bedeutendsten politischen Akteure sind in den modernen Demokratien die Parteien. Darüber hinaus zählen zu den Akteuren z. B. auch Interessenverbände und Medien.

Was ist ein politisches System?

Die Anhänger der Systemtheorie hielten den Begriff „Staat“ für unzureichend und stellten an seine Stelle das **Politische System**. Der Begriff des politischen Systems ist deutlich umfangreicher als jener des Staates, der sich nur auf die staatlichen Institutionen bezieht. Ein Blick auf das politische System umfasst stets auch die Parteien, Interessenverbände und Medien als Mittler zwischen Staat und Bürger sowie die Einstellungen und das Verhalten der Bürger selbst (→ Kapitel 4). Das politische **Systemmodell** ist eine vereinfachte Darstellung der Wirklichkeit, die diese nicht in aller Komplexität einfängt.

In der Systemtheorie bildet das politische System – neben den Systemen von Wirtschaft, Recht und Kultur – ein Teilsystem; es hat den Zweck, für die Gesellschaft allgemein verbindliche **Entscheidungen** herzustellen.

Eingaben und Ausgaben des politischen Systems

Zunächst ist zwischen den **Eingaben** (input) und den **Ausgaben** (output) des politischen Systems zu unterscheiden.

- **Eingaben (input)**
  Mit Eingaben ist alles gemeint, was die Bürger in den politischen Entscheidungsprozess einspeisen. Die Forderungen der Bürger sind das „Rohmaterial“, aus dem die politischen Entscheidungen entstehen. Die Bürger können etwa höhere finanzielle Zuwendungen für Familien fordern oder mehr direktdemokratische Beteiligungsmöglichkeiten oder eine effektivere Bekämpfung von Gewaltdelikten. Zugleich braucht das System die Unterstützung der Bürger, um überleben zu können. Sie zahlen etwa Steuern oder leisten Wehrdienst. Die grundlegendste Unterstützungsleistung ist schlicht, die Regeln des politischen Systems als verbindlich anzuerkennen und sie zu befolgen.

- **Ausgaben (output)**
  In einem Willensbildungs- und Entscheidungsprozess werden die Forderungen der Bürger in für alle verbindliche Regeln in Form von Gesetzen und Verordnungen verwandelt. Diese sind die Ausgaben des politischen Systems.

Das zentrale politische Entscheidungssystem

Das „zentrale politische Entscheidungssystem“ besteht in Deutschland in erster Linie aus Bundesregierung, Bundestag und Bundesrat. Die Vielzahl der Forderungen und Wünsche der Bürger bündeln und vermitteln Parteien, Interessenverbände und Massenmedien. Organe, die den Strom der Bürgerinteressen filtern, werden in der Systemtheorie als **Schrankenwärter** (gatekeeper) bezeichnet. Nur jene Forderungen der Bürger, welche die Schrankenwärter passieren können, entwickeln politischen Einfluss. Bei demokratischen Wahlen gilt: ein Mensch, eine Stimme.

Im politischen Prozess können aber die Forderungen von bestimmten Gruppen von Bürgern ganz unterschiedliches Gewicht entfalten. Das „zentrale politische Entscheidungssystem“ entspricht im Grunde dem Staat und dient dazu, politische Entscheidungen zu treffen (Regelsetzung), die Vernünftigkeit dieser Entscheidungen zu überprüfen (Regelkontrolle) und die Entscheidungen umzusetzen (Regelanwendung).

Stabilität eines politischen Systems

Die Stabilität eines politischen Systems hängt davon ab, wie gut es die Bedürfnisse seiner Bürger – vor allem nach Wohlfahrt und Sicherheit – bewältigen kann. Probleme kann ein politisches System bekommen, wenn keine geeigneten Vermittler zwischen Bürgern und politischem Entscheidungszentrum bereitstehen und so bedeutende Forderungen der Bürger nicht aufgegriffen werden.

Nach Vorstellung der politischen Systemlehre muss ein politisches System zwei Funktionen erfüllen, um zu bestehen: Es muss zum einen für eine befriedigende Verteilung der Güter sorgen und zum anderen die Bürger dazu bringen, diese Verteilung als bindend und möglichst auch als gerecht anzuerkennen.

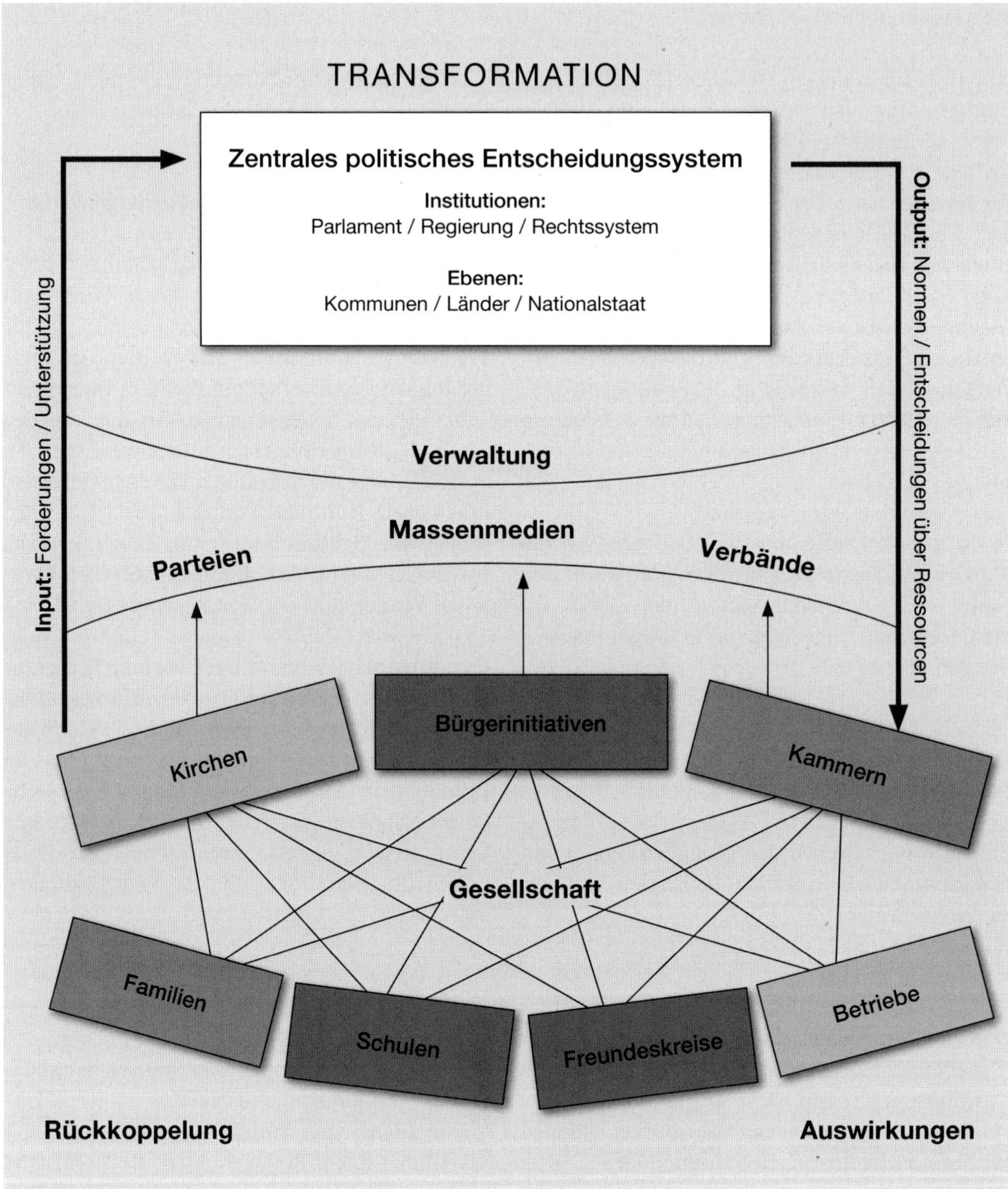

Eigene Darstellung

1.2 Grundströmungen des politischen Denkens

Leitfragen	Welche Strömungen politischen Denkens gibt es?	Welche sind ihre zentralen Ideen?	Wie haben sie sich im Lauf der Zeit gewandelt?

Zentrale Denkschulen

Politisches Denken beschäftigt sich mit der Gestaltung der Herrschaftsverhältnisse und dem Verhältnis zwischen dem Einzelnen und der Gemeinschaft. Im Europa des 18. und 19. Jahrhunderts haben sich drei Grundströmungen des politischen Denkens herausgebildet: Liberalismus, Konservatismus und Sozialismus.

Der **Liberalismus** ist die Denkschule, die der modernen Demokratie den Weg bahnte. Die Pluralismustheorie der Demokratie, nach der politische Entscheidungen auf der Grundlage eines freien Spiels der Interessen fallen sollten, wurzelt im Gedankengut des Liberalismus.

Der ursprüngliche **Sozialismus** zielte auf einen revolutionären Umsturz der monarchischen Ordnung. Die Besitzenden sollten zugunsten der Besitzlosen enteignet werden. Die Freiheit des Einzelnen wurde dabei den Interessen der Gemeinschaft untergeordnet.

Der **Konservatismus** zielt auf eine Bewahrung der traditionellen Herrschaftsordnung. Er entwickelte sich in Abgrenzung zu liberalen und demokratischen Ideen, die einen Umsturz der herrschenden Monarchien anstrebten. Die Ungleichheit der Menschen wurde als „natürlich“ angesehen.

Die Veränderung der Denkströmungen in den modernen Demokratien

Heute finden sich diese Denkrichtungen nicht mehr in ihrer ursprünglichen Form, sie sind aber als **Traditionslinien** der heutigen politischen Parteien weiterhin von Bedeutung. Die Programmatik der heutigen Christdemokratie entspricht jedoch nicht jener des ursprünglichen Konservatismus und die Programmatik der heutigen Sozialdemokratie nicht der des ursprünglichen Sozialismus.

Der Liberalismus

Zentrale Idee	Die Freiheit des Einzelnen hat Vorrang vor der Gemeinschaft.
Menschenbild	Der Mensch ist vernunftbegabt und hat von Natur aus ein Recht auf Leben, Freiheit und Eigentum. Diese Rechte werden ihm nicht erst vom Staat gewährt.
Gesellschaftsbild	Aus der freien Entfaltung der Einzelnen entsteht Wohlstand und Fortschritt der Gesellschaft.
Bild vom Staate	Der Staat soll lediglich einen Ordnungsrahmen bilden, um die Freiheit des Einzelnen zu schützen und Rechtssicherheit zu gewährleisten.
Zentrale historische Anliegen	1. Förderung und Wahrung von Freiheit und Selbstbestimmung des Einzelnen; 2. Eintreten für eine Bändigung staatlicher Macht durch Gewaltenteilung und Rechtsstaat; 3. Befürwortung einer strikten Trennung von Staat und Kirche; 4. Eintreten für eine freie Marktwirtschaft ohne staatliche Eingriffe.
Vordenker	John Locke, John Stuart Mill, Adam Smith

- Beim **Sozialismus** schieden sich früh die Geister von Vordenkern des Kommunismus wie Karl Marx und Friedrich Engels sowie den Vordenkern eines demokratischen Sozialismus. Im Unterschied zum Kommunismus ordnet die Sozialdemokratie die Freiheit des Einzelnen nicht dem Gemeinwohl unter.

- Die **Sozialdemokratie** hat sich historisch dadurch verdient gemacht, dass sie durch ihren Einsatz für eine Angleichung der Lebenschancen über den Weg staatlicher Umverteilungsmaßnahmen das Los der Arbeiter und sozial Schwachen entscheidend verbesserte.

- Mit Blick auf den **Konservatismus** hat sich bereits in den Schriften der amerikanischen „Föderalisten", die eine theoretische Begründung der Verfassung der USA lieferten, ein liberaler Konservatismus herausgebildet, der nicht mehr gegen demokratische Ordnungen gerichtet war. Im Unterschied zum ursprünglichen Konservatismus tritt dieser nicht mehr für traditionelle monarchische Ordnungen ein. Geblieben ist jedoch die Ablehnung sowohl des sozialistischen Kollektivismus als auch des liberalen Individualismus.

- Die **Christdemokratie** unterscheidet sich von der Sozialdemokratie u. a. durch eine stärkere Betonung der Ordnungsfunktion des Staates. Im Gegensatz zum Liberalismus betont die Christdemokratie nicht nur die Rechte, sondern auch die Pflichten der Bürger. Zudem wird basierend auf der christlichen Religion der Wert der Familie betont.

Der Sozialismus

Zentrale Idee	Eine politisch und sozial gerechte Gesellschaft.
Menschenbild	Der Mensch ist von Natur aus gemeinwohlorientiert.
Gesellschaftsbild	Die Gemeinschaft hat Vorrang vor dem Einzelnen. Alle müssen nach dem Gemeinwohl streben.
Bild vom Staate	Der Staat sorgt mittels Umverteilung für soziale und politische Gleichheit.
Zentrale historische Anliegen	1. Politische und soziale Gleichheit; 2. Vergesellschaftung der Produktionsmittel.
Vordenker	August Bebel, Jean-Jacques Rousseau, Karl Marx

Der Konservatismus

Zentrale Idee	Bewahren überlieferter Autoritäten, Werte, Sitten und Gebräuche.
Menschenbild	Der Mensch ist von Natur aus schwach. Er bedarf der Einbindung in Staat, Familie und Religion. Jeder hat seinen Platz in einer gottgewollten Ordnung.
Gesellschaftsbild	Die Gesellschaft wird durch den Staat, Autoritäten und überlieferte Werte zusammengehalten.
Bild vom Staate	Der Staat hat die Funktion, die Menschen zu schützen und für Ordnung zu sorgen.
Zentrale historische Anliegen	1. Eintreten für eine Verankerung staatlicher Ordnung in traditionellen Werten; 2. Eintreten für Recht und Ordnung als zentrale Staatsaufgaben; 3. Wendung gegen revolutionäre Veränderungen und für eine Politik der kleinen Schritte.
Vordenker	Edmund Burke, Thomas Hobbes

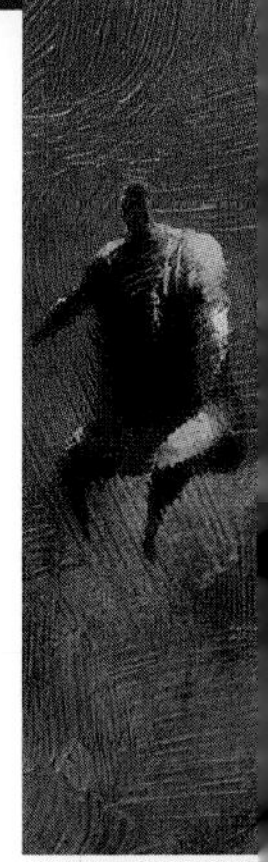

Die Fortentwicklung politischer Ideen – das Beispiel des Liberalismus

M1 John Stuart Mill (1859): Freiheit als Prinzip

Der Zweck dieser Abhandlung ist es, einen sehr einfachen Grundsatz aufzustellen, welcher den Anspruch erhebt, das Verhältnis der Gesellschaft zum Individuum in Bezug auf Zwang oder Bevormundung zu regeln, gleichgültig, ob die dabei gebrauchten Mittel physische Gewalt in der Form von gerichtlichen Strafen oder moralischer Zwang durch öffentliche Meinung sind. Dies Prinzip lautet: dass der einzige Grund, aus dem die Menschheit, einzeln oder vereint, sich in die Handlungsfreiheit eines ihrer Mitglieder einzumengen befugt ist, der ist: sich selbst zu schützen. Dass der einzige Zweck, um dessentwillen man Zwang gegen den Willen eines Mitglieds einer zivilisierten Gemeinschaft rechtmäßig ausüben darf, der ist: die Schädigung anderer zu verhüten. Das eigene Wohl, sei es das physische oder das moralische, ist keine genügende Rechtfertigung. Man kann einen Menschen nicht rechtmäßig zwingen, etwas zu tun oder zu lassen, weil dies besser für ihn wäre, weil es ihn glücklicher machen, weil er nach Meinung anderer klug oder gar richtig handeln würde. Dies sind wohl gute Gründe, ihm Vorhaltungen zu machen, mit ihm zu rechten, ihn zu überreden oder mit ihm zu unterhandeln, aber keinesfalls um ihn zu zwingen oder ihn mit Unannehmlichkeiten zu bedrohen, wenn er anders handelt. Um das zu rechtfertigen, müsste das Verhalten, wovon man ihn abbringen will, darauf berechnet sein, anderen Schaden zu bringen. Nur insoweit sein Verhalten andere in Mitleidenschaft zieht, ist jemand der Gesellschaft verantwortlich. Soweit er dagegen selbst betroffen ist, bleibt seine Unabhängigkeit von Rechts wegen unbeschränkt. Über sich selbst, über seinen eigenen Körper und Geist ist der Einzelne souveräner Herrscher.

Es ist vielleicht kaum nötig zu betonen, dass diese Lehre nur auf Menschen mit völlig ausgereiften Fähigkeiten anzuwenden wäre. [...] Freiheit, als Prinzip, kann man nicht auf einer Entwicklungsstufe anwenden, auf der die Menschheit noch nicht einer freien und gleichberechtigten Erörterung derselben fähig ist. [...] Sobald aber die Menschen die Fähigkeit erreicht haben, zu ihrer eigenen Vervollkommnung durch Überzeugung oder Überredung geleitet zu werden (ein Zeitabschnitt, den alle Nationen, mit denen wir uns hier beschäftigen, längst erreicht haben), ist keinerlei Zwang, weder unmittelbar noch in Form von Strafen und Bußen für Ungehorsam, zu ihrer Besserung mehr zulässig, und er ist nur noch zum Schutze der andern gerechtfertigt. [...]

Dies ist also das eigentliche Gebiet der menschlichen Freiheit. Es umfasst als erstes das innere Feld des Bewusstseins und fordert hier Gewissensfreiheit im weitesten Sinne, ferner Freiheit des Denkens und Fühlens, unbedingte Unabhängigkeit der Meinung und der Gesinnung bei allen Fragen, seien sie praktischer oder philosophischer, wissenschaftlicher, moralischer oder theologischer Natur. Die Freiheit, Meinungen in Wort und Schrift zu vertreten, scheint unter einen andersartigen Grundsatz zu fallen, da sie zu dem Teil persönlicher Lebensführung gehört, die andere Leute mit betrifft. Aber da sie fast von gleicher Bedeutung ist wie Gedankenfreiheit selbst, und zum großen Teil auf denselben Gründen beruht, ist sie praktisch untrennbar von ihr. Zweitens verlangt dies Prinzip Freiheit des Geschmacks und der Studien, Freiheit, einen Lebensplan, der unseren eigenen Charakteranlagen entspricht, zu entwerfen und zu tun, was uns beliebt, ohne Rücksicht auf die Folgen und ohne uns von unseren Zeitgenossen stören zu lassen – solange wir ihnen nichts zuleide tun –, selbst wenn sie unser Benehmen für verrückt, verderbt oder falsch halten. Drittens: Aus dieser Freiheit jedes Einzelnen folgt – in denselben Grenzen – diejenige, sich zusammenzuschließen, die Erlaubnis, sich zu jedem Zweck zu vereinigen, der andere nicht schädigt, unter der

Voraussetzung, dass die sich vereinenden Personen voll erwachsen sind und nicht unter Zwang oder veranlasst durch Vorspiegelungen in eine Verbindung treten. Keine Gesellschaft ist unabhängig, wo diese Freiheiten nicht im großen Ganzen respektiert werden, ganz gleich, auf welche Weise man sie regiert, und keine ist vollständig frei, wenn sie nicht unbeschränkt und bedingungslos vorhanden sind. Die einzige Unabhängigkeit, die diesen Namen verdient, ist die Möglichkeit, unser eigenes Wohl auf unsere eigene Weise zu erreichen, solange wir nicht versuchen, andere ihres Gutes zu berauben oder dessen Erwerb zu vereiteln. Jeder schützt seine eigene Gesundheit, sei sie körperlicher, geistiger oder seelischer Art, am besten selbst. Die Menschen gewinnen mehr dadurch, dass sie einander gestatten so zu leben, wie es ihnen richtig erscheint, als wenn sie jeden zwingen nach dem Belieben der übrigen zu leben.

John Stuart Mill, Über die Freiheit (Erstveröffentlichung 1859), hg. von Manfred Schlenke, Stuttgart 1988, S. 16ff.

M2 Ralf Dahrendorf (1983): Radikale Freiheit

Ein Themenwechsel findet unter unseren Augen statt. Für Liberale bringt er schlechte Zeiten. Er birgt aber auch große Chancen für eine Neuorientierung. Diese Neuorientierung hat einen Namen: radikale Freiheit. Und radikale Freiheit wird vor allem dadurch erreicht, dass wir Abschied von der Hoffnung auf den Staat als Wunderdoktor für alle Krankheiten der Zeit nehmen. [...] Die Unterscheidung zwischen staatsbürgerlichen Grundrechten und einer tatsächlichen gleichen Lebenslage ist abstrakt einfacher zu treffen als in der Realität. Bürgerrechte haben ein Maß an Umverteilung verlangt. Wenn Einzelne wirtschaftliche Positionen innehaben, aus denen sie unbeschränkt die Lebenschancen von vielen anderen bestimmen können, oder wenn ihnen am anderen Ende der sozialen Skala die Armut verbietet, die einfachsten Chancen ihrer Gesellschaft wahrzunehmen, dann kann von erfüllten Staatsbürgerrechten nicht die Rede sein. Darum war für den Liberalen der Sozialstaat nötig. [...]

Es bleibt allerdings anzumerken: Freiheit und Gleichheit sind nicht grundsätzlich miteinander vereinbar. So oft die Behauptung von der Vereinbarkeit der beiden auch aufgestellt worden ist, seit die Begriffe in der Siegesparole der Französischen Revolution zusammengespannt wurden, bei genauerem Hinsehen sind nur die gleichen Grundrechte aller Bürger mit der Freiheit vereinbar. Mehr noch, sie sind Bedingung der Möglichkeit erfüllter Freiheit. Jenseits dieser Grundrechte aber ist Ungleichheit keineswegs unerträglich. Damit ist nicht die billige These gemeint, dass die Reichen sich ihren Reichtum wohl erworben haben und die Armen es nicht besser verdienen. Wohl aber gilt, dass Gesellschaft ohne Ungleichheit nicht denkbar ist, weil es nicht nur materielle, sondern auch positionelle, also der Natur der Sache nach ungleich verteilte Güter gibt. [...]

Selbst bei äußerster Demokratisierung kann weder jeder Bundeskanzler werden noch ein altes Haus im Hochschwarzwald sein Eigen nennen. Gräbt man etwas tiefer, dann lässt sich sogar die These verteidigen, dass die Ungleichheit eine produktive Kraft des gesellschaftlichen Prozesses ist, weil sie zur Initiative und damit zur Veränderung anregt. Die Utopie der Gesellschaft der Gleichen ist auch das Bild einer erstarrten, zukunftslosen Gesellschaft, die nur dadurch am Leben erhalten wird, dass am Ende doch einige gleicher sind als andere. „Im Zweifel für die Freiheit“ ist nicht nur eine unanstößige These; sie kann auch heißen: „Im Zweifel gegen die Gleichheit“. Jeden-

falls liegt in der Entfaltung der Freiheit am Ende eines Zeitalters der Gleichheit eine entschiedene Aufgabe der Liberalen. [...] Jeder Satz dieses Resümees stößt irgendwo an die Frage, welche Rolle der Staat in der Welt von morgen übernehmen soll. Wir brauchen weniger Staat. Auch das ist jedoch mehr Richtungsangabe als bestimmte Beschreibung des Nötigen. [...]

Liberale stehen häufig, jedenfalls aber gerne, auf der Seite derer, die auch ohne den Staat ihren Weg finden. Nicht selten finden sie sich in der Gesellschaft derer, die gegen den Staat Spielräume zu erkämpfen suchen. Ein Stück Widerspruchsgeist gegen alle verfestigte Ordnung unterscheidet den Liberalen vom Konservativen ebenso wie vom Sozialisten. Das heißt nicht, dass Liberale mit der Staatsmacht nichts anzufangen wissen. Es heißt aber, dass sie diese am liebsten dazu benutzen, die Spielregeln zu sichern, die es Menschen erlauben, ihre eigenen Wege zu gehen.

Ralf Dahrendorf, Die Chance der Krise. Über die Zukunft des Liberalismus, Stuttgart 1983, S. 130ff.

Aufgaben

1. Erarbeiten Sie in Gruppen aus der Gegenüberstellung einer klassischen und einer modernen Position Kontinuitäten und Veränderungen in Liberalismus, Sozialismus und Konservatismus.

2. Dahrendorfs Plädoyer für den Liberalismus richtet sich sowohl gegen „zu viel Staat" als auch gegen zu viel Gleichheit. Erötern Sie, wie und warum er diese beiden Begriffe verknüpft. Wie begründet er die Erfordernis sozialer Ungleichheit (M2)? Finden Sie Dahrendorfs Credo in Bereichen staatlichen Handelns wieder? Wenn ja, in welchen?

1.3 Demokratietheorie – die Vertragstheorien

Leitfragen	Was besagen die Vertragstheorien?	Worin unterscheiden sich Pluralismus- und Identitätstheorie der Demokratie?	Welches Selbstbild haben demokratische Verfassungsstaaten heute?

Vertrag zwischen Bürgern und Staat

Der Begriff „Demokratie“ steht für die Herrschaft des Volkes. Er wurde bereits in der Antike verwendet, doch erst gegen Ende des 18. Jahrhunderts verbreitete sich das Wort rasant innerhalb der Bevölkerung. Der englische Philosoph und Staatstheoretiker Thomas Hobbes (1588–1679) führte bereits im 16. Jahrhundert den Gedanken eines Vertrags zwischen den Bürgern in die politische Theorie ein. Demnach übertragen Bürger in einem fiktiven Vertrag ihre individuellen Souveränitätsrechte an den Staat. Der Herrscher verpflichtet sich zugleich, die ihm übertragenen Rechte zum Wohle des Volkes einzusetzen. Herrschaft *für* das Volk war bei Hobbes dabei nicht gleichzusetzen mit einer Herrschaft *durch* das Volk. Dies gilt auch für den Philosophen John Locke (1632–1704), der die Vertragstheorie weiterentwickelte. Allerdings räumte Locke dem Volk ein Widerstandsrecht ein, falls der Herrscher die Staatsgewalt nicht zum Wohle des Volkes einsetzte.

Es lassen sich zwei **Grundvarianten** der Vertragstheorien unterscheiden: die **Pluralismustheorie** und die **Identitätstheorie** der Demokratie. Ihnen liegen unterschiedliche Menschenbilder und Gesellschaftsvorstellungen zugrunde. Grundlegend unterscheiden sich die Theorien nicht zuletzt in der Frage, wie das Gemeinwohl in einem Staat zu erreichen ist.

Der Begriff Gemeinwohl

Unter dem Begriff **Gemeinwohl** wird ein Gesamtinteresse der Bevölkerung, der Nutzen für die gesamte Gesellschaft verstanden. In der Wissenschaft ist umstritten, ob es so etwas wie ein objektiv bestimmbares Gemeinwohl überhaupt gibt. Während der politische Philosoph Jean-Jacques Rousseau von einem vorgegebenen Gemeinwohl ausging, erklären Vertreter der Pluralismustheorie, dass sich das Gemeinwohl nur aus einem freien und fairen Prozess der staatlichen Willensbildung unter Einbeziehung der Interessengruppen ergeben könne. Der Politikwissenschaftler Ernst Fraenkel unterscheidet pluralistische Systeme von totalitären, die für sich in Anspruch nehmen, das Gemeinwohl zu definieren.

Pluralismustheorie der Demokratie

Die zentrale These dieses Theoriemodells der Demokratie lautet: Die Chancen, die beste politische Lösung zu erreichen, sind am größten, wenn um diese ein offener und ungehinderter **Wettbewerb** stattfindet. Ausgangspunkt der Argumentation der Pluralismustheorie ist der einzelne Mensch mit seinen Interessen in einer heterogenen Gesellschaft. Die Theorie geht von folgenden Grundsätzen aus:

1. Die Menschen leben in einem Staat zusammen, haben aber verschiedene, zum Teil **gegensätzliche Interessen.** Es gibt lediglich einen Minimalkonsens über die Frage, wie politische Entscheidungen zustande kommen sollen.

2. **Konkurrierende Ideen** im Parlament sollen durch unterschiedliche Parteien vertreten werden.

3. Das Gemeinwohl soll durch **Interessenausgleich** erreicht werden. Dies kann allerdings bei Mehrheitsentscheiden nicht garantiert werden. Keine politische Partei kann demnach die Wahrheit für sich beanspruchen.

4. Das **Menschenbild** ist **realistisch.** Die Menschen streben laut der Pluralismustheorie vorrangig nach dem eigenen Wohl, haben aber auch eine gewisse Gemeinwohlorientierung.

5. Gesellschaftliche Teilinteressen und die Opposition gegen Regierende sind laut der Pluralismustheorie zulässig, da sich so etwas wie ein Gemeinwohl erst aus dem **legitimen Streit der Interessen** ergibt.

6. Der Staat hat in einem pluralistischen System die Funktion, die **Spielregeln** zu setzen und die Herstellung eines Ausgleichs zwischen den einzelnen Interessen anzustreben.

Vorläufer und Vertreter der Pluralismustheorie sind John Locke, John Stuart Mill, die „Föderalisten" und Ernst Fraenkel. Der Pluralismustheorie zufolge ist eine Demokratie ohne eine staatliche Garantie von Freiheitsrechten wie Meinungs- und Pressefreiheit sowie Versammlungs- und Vereinigungsfreiheit undenkbar. Die heutigen demokratischen Verfassungsstaaten basieren auf den Vorstellungen der Pluralismustheorie. Zum gegenwärtigen Demokratieverständnis gehört dabei die Einsicht, dass **Macht geteilt und beschränkt** werden muss, um Machtmissbrauch einzelner Akteure zu verhindern. Das positive Wirken der Pluralismustheorie hat zwei höchst anspruchsvolle Voraussetzungen:

- Alle bedeutenden Interessen der Gesellschaft müssen **politisch organisiert** sein. Die Demokratie muss dabei stets offen für die Einbindung neuer Interessen sein.
- Die organisierten Interessen müssen **Chancengleichheit** genießen, und es muss ein Machtgleichgewicht der Interessen geben.

Probleme der Pluralismustheorie in der Praxis

In den Demokratien, die an die Pluralismustheorie anknüpfen, kann das freie Spiel der Interessen dazu führen, dass die unterschiedlichen Anliegen der Bürger keineswegs das gleiche Gewicht im politischen Entscheidungsprozess entfalten. So haben Arbeitslose eher wenige und Ausländer oder auch Kinder in Deutschland so gut wie keine Druckmittel, um den politischen Prozess zu beeinflussen. Vor allem ist der Pluralismus stets dadurch gefährdet, dass die Interessen von Begüterten einen stärkeren Einfluss auf die politischen Entscheidungsprozesse ausüben können als die Interessen von weniger Begüterten.

Identitätstheorie der Demokratie

Diese Theorie geht zurück auf Jean-Jacques Rousseau (1712–1778). Er war ein Vordenker der modernen Demokratie. Seine gegen die unfreien Monarchien im Europa seiner Zeit gerichtete Parole lautete: „Der Mensch ist frei geboren, doch überall liegt er in Ketten." Im Mittelpunkt seines Denkens stand die Idee der **Volkssouveränität.** Allerdings ging es ihm nicht vorrangig darum, dass in einem Staat nach dem *Mehrheitswillen*

Pluralismustheorie der Demokratie

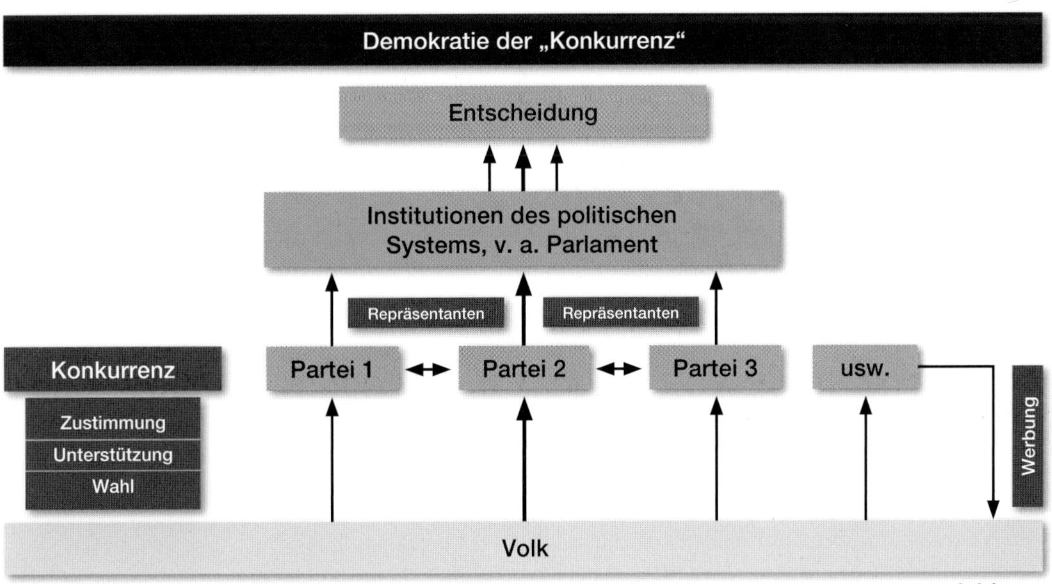

www.dadalos.org

des Volkes entschieden wird. Vielmehr forderte er vor allem, dass die Staatsgeschäfte auf der Grundlage der Gesetze der Vernunft *im Sinne des Volkes* geführt werden.

Ausgangspunkt der Argumentation der Identitätstheorie ist eine **homogene Gemeinschaft.** Folgende Punkte sind bestimmend für die **Gesellschaftsauffassung** der Identitätstheorie:

1. Die Menschen schließen auf der Grundlage der Vernunft einen Vertrag – den **Gesellschaftsvertrag** – und bilden einen Staat.

2. An das Gesetz der Vernunft haben sich mit dem Gesellschaftsvertrag alle, also Herrschende wie Beherrschte gebunden. Zwischen ihnen besteht nun eine Interessenidentität **(homogener Volkswille).**

3. Das **Gemeinwohl** steht gemäß der Identitätstheorie der Demokratie von vornherein fest. Es ist aus den Gesetzen der Vernunft erschließbar.

4. Das **Menschenbild** der Anhänger der Identitätstheorie ist ausgesprochen **positiv.** Menschen sind demnach allein am Gemeinwohl orientiert bzw. ordnen sich diesem unter.

5. **Gesellschaftliche Teilinteressen** und Opposition gegen Regierende sind **nicht zulässig,** da es nur *ein* aus der Vernunft abgeleitetes Gemeinwohl geben kann.

6. Die Herrschenden im Staat beanspruchen – da sie dem Gemeinwohl dienen – einen **uneingeschränkten Souveränitätsanspruch.**

Verfechter der Identitätstheorie der Demokratie sind vor allem Vertreter der sozialistischen Denktradition wie Karl Marx und Wladimir I. Lenin, aber auch der umstrittene Staatsrechtler Carl Schmitt, der auch als „Kronjurist des Dritten Reichs" bezeichnet wird.

Gemischte Bilanz des Einflusses der Identitätstheorie

Unter dem Einfluss der Identitätstheorie wurden im Laufe des 19. und 20. Jahrhunderts das **allgemeine und gleiche Wahlrecht** entwickelt und die **Sklaverei abgeschafft.** Dies ist ein großer historischer Verdienst. Zugleich diente die Identitätstheorie der Demokratie aber zur **Legitimation von Diktaturen:** In der Tradition dieses Demokratieverständnisses standen die kommunistischen „Volksdemokratien".

Identitätstheorie der Demokratie

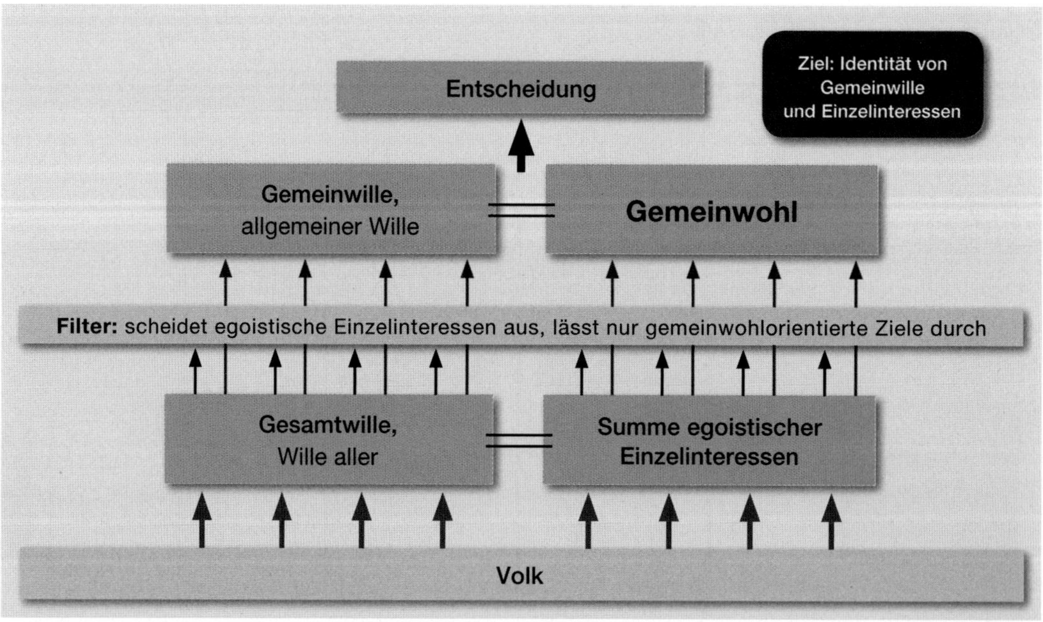

www.dadalos.org

So stand etwa im „Wörterbuch der marxistisch-leninistischen Soziologie“, in der „sozialistischen Demokratie“ werde „die Übereinstimmung zwischen den gesellschaftlichen Erfordernissen und den persönlichen Interessen der einzelnen Bürger verwirklicht“. Auch Carl Schmitt, der die Herrschaft Hitlers theoretisch zu rechtfertigen suchte, war ein Anhänger der Identitätstheorie der Demokratie. Dass die Identitätstheorie in der Praxis auch zur Entwicklung von Diktaturen führen kann, ist dabei bereits in der Theorie von Jean-Jacques Rousseau angelegt, da die Unterordnung des Einzelnen unter die Gemeinschaft die Gefahr totalitärer Entwicklungen birgt.

Neuere Demokratietheorien

Der **Vertragsgedanke** spielt bis heute eine zentrale Rolle im Denken politischer Philosophen. Großen Einfluss erlangte 1971 die **„Theorie der Gerechtigkeit“** von John Rawls (1921–2002). Er versuchte darin, Prinzipien für eine gerechte ökonomische Verteilung und eine gerechte soziale Chancenzuteilung aufzustellen. Dazu geht er von der rein fiktiven Vorstellung eines Urzustands aus.

In dem Gedankenexperiment von Rawls verbirgt ein „Schleier des Nichtwissens“ für die Beteiligten alle Kenntnisse über die eigenen Talente, ihren sozialen Status und ihre Vorstellungen vom guten Leben. Es wird also ein fiktiver Zustand hergestellt, in dem alle Beteiligten in Unkenntnis ihrer eigenen Position unparteiisch sind. Trotz bzw. gerade wegen dieser Unkenntnis wollen aber alle Beteiligten, dass es ihnen in der Gesellschaft möglichst gut geht. Rawls zufolge kommen die Beteiligten auf dieser Grundlage zu dem Schluss, dass in einer gerechten Gesellschaft eine größtmögliche Freiheit des Einzelnen mit möglichst großen Chancen für die am wenigsten Begünstigten verbunden sein sollte. Zu einer gerechten Gesellschaft gehört dabei für Rawls nicht zuletzt die Chancengleichheit aller Bürger (→ Kapitel 2).

Eine Gegenposition zu Rawls bezogen die Anhänger des **Kommunitarismus** (von engl. community = Gemeinwesen); bekannte Vertreter dieser Theorie sind der Soziologe Amitai Etzioni und der Sozialphilosoph Michael Walzer. Die Kommunitaristen betonen in Abgrenzung zum Liberalismus, dass der Mensch in die **Gemeinschaft** eingebettet ist; auf der Grundlage der dort vorherrschenden Traditionen, Moralvorstellungen und Werte soll eine neue Form von Bürgerschaft entstehen.

Nach ihrer Ansicht kann daher auch nur auf der Basis der Zugehörigkeit zu einer bestimmten sprachlich, kulturell oder religiös definierten Gemeinschaft sinnvoll über Gerechtigkeit verhandelt werden. Eine Gesellschaft gilt aus dieser Perspektive dann als gerecht, wenn die Verteilung von Gütern den Vorstellungen ihrer Mitglieder entspricht.

Synopse zu Klassikern der Demokratietheorie

	Thomas Hobbes (1588–1679)	John Locke (1632–1704)	Jean-Jacques Rousseau (1712–1778)	John Stuart Mill (1806–1873)
Zentrale Schriften	*Leviathan (1651)*	*Two Treatises of Government (1689)*	*Contrat Social (1764)*	*On Liberty (1859)*
Historische Bedingungen der Theorie	Englischer Bürgerkrieg; Absolutismus der Stuarts	Englischer Bürgerkrieg; Glorreiche Revolution	Republikanisches Genf; absolutistisches Frankreich	Industrialisierung und Reformen in Großbritannien
Menschenbild	Mensch von Natur aus gleich, aggressiv, triebgebunden und egoistisch; Selbsterhaltung mit allen Mitteln als Ziel	Mensch von Natur aus frei, gleich und friedlich; Entstehung der Ungleichheit durch die Einführung des Geldes	Mensch ursprünglich frei, gleich und friedlich; erst Eigentum und Zivilisation bringen Herrschaft, Konflikte und Verfall	Mensch als schöpferisches und spontanes Wesen fähig und gewillt, am Staat mitzuarbeiten

	Thomas Hobbes (1588–1679)	John Locke (1632–1704)	Jean-Jacques Rousseau (1712–1778)	John Stuart Mill (1806–1873)
Rechtliches Verhältnis zwischen Individuum und Staat	Menschen verlieren mit dem Vertrag ihre individuellen Rechte, nur bei Versagen des Staates (kein Schutz, keine Sicherheit) endet die Pflicht zur Unterwerfung. (Vertrag wird nur einmal zwischen den Untertanen und nicht mit dem Souverän geschlossen.)	Garantie der Menschenrechte; bei Versagen des Staates droht ihm der Entzug des politischen Herrschaftsauftrags (Wechselseitiger Vertrag wird immer wieder neu zwischen Herrschern und Beherrschten geschlossen.)	Bürgerliche Freiheit nur wieder durch einen Gesellschaftsvertrag möglich; Freiheit kein individuelles Recht; kein individuelles Widerstandsrecht gegen das objektive Gute (Vertrag wird nur einmal zwischen den freien, sittlichen Staatsbürgern geschlossen.)	Garantie der Menschenrechte; Berufung und Abberufung der Herrschenden durch allgemeine Wahlen
Zweck	Ordnung, Sicherheit, Schutz des Lebens durch starken Staat	Garantie der Sicherheit und Freiheit, des Eigentums und Schutzes des Lebens	Verpflichtung auf Gemeinwohl und die kollektiven Grundwerte; Wiederherstellung der vorzivilisatorischen Freiheit und Gleichheit des Menschen	Größtes Glück für die größte Anzahl von Menschen; Leistungs- und Subsidiaritätsprinzip; Heranführen der Arbeiter an den Staat durch Bildung und Genossenschaften
Vertragsart	Unterwerfungsvertrag	Herrschaftsvertrag	Gesellschaftsvertrag	–
(Volks-) Souveränität	Uneingeschränkte Souveränität nach Vertragsabschluss beim allmächtigen Staat	Souveränität verbleibt beim Volk	Unmittelbare und unteilbare Volkssouveränität als Gemeinwille	Volkssouveränität als Ausdruck individueller Interessen
Repräsentation	Herrscher ist der Staat	Repräsentation durch Wahlen	Ablehnung des Repräsentativsystems, direkte Demokratie (Plebiszite)	Klassischer Theoretiker des Repräsentativsystems
Gewaltenteilung	Nein	Ja	Formal ja, aber Legislative, Exekutive und Jurisdiktion haben sich nach dem Gemeinwillen zu richten	Ja
Auswirkungen	Absolutismus; totalitärer Staat?	Liberalismus; Demokratie; Grundlagen für die Gründung der USA	Republik; direkte Demokratie; Marxismus; totalitärer Staat?	Sozialer Liberalismus; parlamentarische Demokratie mit Repräsentativsystem
Problem bzw. offene Fragen	Geschichtsloses Natursystem; Gefahr des Machtmissbrauchs durch den Herrscher (keine Freiheiten, absoluter Gehorsam)	Überbetonung des Privateigentums; institutionelle Sicherung der Menschenrechte; Wahlrecht nur für Besitzende	Verwirklichung im sozial differenzierten Flächenstaat; Gefahr des Machtmissbrauchs (vgl. Kommunismus)	Klassenwahlrecht nach dem Grad der Bildung

Staatsformen im 21. Jahrhundert, Buchners Kolleg Politik, Bamberg 2005, S. 208 f.

M Wozu braucht man eigentlich einen Staat?

Eine fiktive Fernsehdiskussion zwischen Thomas Hobbes, John Locke und Jean-Jacques Rousseau.

Moderator: Meine sehr verehrten Damen und Herren, willkommen zur heutigen Ausgabe unserer Sendereihe „Forum Philosophie“. Diesmal geht es um die Frage: Wozu braucht man eigentlich einen Staat? Ich freue mich, dass es uns gelungen ist, drei der bedeutendsten Staatsphilosophen in unser Studio zu holen. Ich begrüße den Franzosen Jean-Jacques Rousseau, den Engländer John Locke und seinen Landsmann Thomas Hobbes.
Herr Hobbes, zunächst zu Ihnen. Sie gelten als Begründer der modernen Staatsphilosophie. Ihr politisches Hauptwerk, das 1651 veröffentlicht wurde, haben Sie „Leviathan“ genannt. Was soll dieser rätselhafte Titel eigentlich bedeuten?

Hobbes: Nun, zu meiner Zeit kannten sich die Menschen noch im Alten Testament aus. Dort wird in den Büchern Hiob und Jesaja, auch in den Psalmen, ein Meeresungeheuer namens Leviathan – eine Art Schlange oder Drache – erwähnt, das den Menschen Furcht und Schrecken einjagt. Ich habe dieses Ungeheuer als Sinnbild für die Staatsgewalt benutzt. Der Staat verbreitet als höchste irdische Macht Furcht und Schrecken und unterwirft sich dadurch alle anderen Mächte.

Moderator: Das ist ja eine ganz andere Auffassung vom Staat als die des antiken Philosophen Aristoteles, die bis ins Mittelalter hinein gültig war. Für Aristoteles, der den Menschen als soziales Wesen ansieht, ist der Staat nichts Furchterregendes, sondern gewissermaßen die Erfüllung des Menschseins.

Hobbes: Ja. [...] Aber ich betrachte den Menschen nicht mehr als soziales Wesen, sondern gehe vom einzelnen Menschen und seiner individuellen Freiheit aus. Niemand ist von Natur aus einem anderen untertan, so dass jegliche Einschränkung dieser Freiheit, eben auch durch den Staat, nur gerechtfertigt ist, wenn ihr jeder einzelne Bürger zustimmen kann. Ich wollte im „Leviathan“ zeigen, dass der Staat, der Furcht und Schrecken verbreitet, letztlich auf der Zustimmung aller Menschen beruht. [...] Der Naturzustand ist für mich gekennzeichnet durch einen „Krieg eines jeden gegen jeden“. [...] Der Mensch ist dem Menschen ein Wolf ...

Rousseau: ... aber das ist doch Unsinn, der Mensch ist von Natur aus gar nicht egoistisch und bösartig, wie ich in meinem „Diskurs über den Ursprung und die Grundlagen der Ungleichheit der Menschen“ gezeigt habe.

Hobbes: Doch, Herr Rousseau, wenn man es realistisch betrachtet, sind die Menschen vor allen Dingen an ihrem eigenen Wohlergehen interessiert, sie sind Egoisten. [...] Eine zweite Voraussetzung, die ich mache, besteht darin, dass die Natur die Menschen annähernd gleich geschaffen hat. Auch der Schwächste ist noch stark genug, den Stärksten zu töten, wenn er sich einer List bedient oder sich mit anderen verbündet. Daraus folgt, dass im Naturzustand niemand einen Vorteil für sich beanspruchen kann, den nicht ein anderer ebenso gut für sich verlangen könnte. Wenn es keinen Staat gibt, dann hat eben jeder ein Recht auf alles. Und so kommt es zu Konkurrenz und Streit, eben zu dem, was ich „Krieg eines jeden gegen jeden“ genannt habe.

Moderator: Wie ließe sich ein solcher Krieg denn vermeiden?

Hobbes: Der alleinige Weg dazu besteht in der Errichtung einer allgemeinen Gewalt, d.h. in der Errichtung eines Staates. Ich habe diesen Geburtsakt des Staates als Gesellschaftsvertrag bezeichnet. Er darf nicht mit dem Herrschaftsvertrag verwechselt werden, der zwischen dem Fürsten und dem Volk abgeschlossen wird. Den Gesellschaftsvertrag gehen die Bürger untereinander, nicht mit dem Herrscher ein. Wenn die Ursache des Krieges das Recht auf alles ist, dann müssen die Menschen, um Frieden zu halten, untereinander einen Vertrag schließen, in dem sie erklären, dass sie auf dieses Recht auf alles verzichten, und ihre Macht auf einen Menschen, den Souverän, übertragen. Der Souverän ist durch seine Macht in der Lage, sie vor gegenseitigen Übergriffen und auch vor den Angriffen Fremder zu schützen. Diese Aufgabe kann übrigens auch von einer Versammlung von Menschen übernommen werden.

Moderator: Gehen Sie wirklich davon aus, dass Menschen freiwillig auf ihre Rechte verzichten?

Hobbes: Ja, denn selbst ein Egoist sieht ein, dass es für ihn auf lange Sicht vorteilhafter ist, in Frieden und Sicherheit zu leben als in ständiger Todesfurcht, die er im Kriegszustand ja haben muss. [...]

Moderator: [...] nun zu Ihnen, Herr Locke. Sie gelten mit ihren „Zwei Abhandlungen über die Regierung“ von 1689/90 als Begründer des Liberalismus und als einer der Wegbereiter der amerikanischen Verfassung. Was halten Sie von den staatsphilosophischen Überlegungen Ihres Kollegen Hobbes?

Locke: Ich beurteile sie sehr zwiespältig. Die Rechtfertigung des Staates durch den Gesellschaftsvertrag ist für mich eine der genialsten Ideen der politischen Philosophie, darin bin ich Hobbes gefolgt. Aber ich habe eine ganz andere Auffassung vom Naturzustand – und daraus ergibt sich für mich auch eine ganz andere Sicht des Staates. Selbst ein Zustand ohne staatliche Autorität ist für mich noch kein zügelloser Zustand, denn es gibt natürliche Rechte und Pflichten. Die Vernunft, wenn sie denn nur zu Rate gezogen wird, lehrt die Menschen, dass niemand den anderen töten, verletzen, bestehlen oder seiner Freiheit berauben darf. Denn wenn alle Menschen gleich sind, muss ich das, was ich für mich in Anspruch nehme, auch den anderen zubilligen: also das Recht auf Leben und körperliche Unversehrtheit, das Recht auf Freiheit und das Recht auf Eigentum.

Moderator: Die Menschenrechte?

Locke: Ja, ich habe sie „natürliche Rechte“ genannt. Das sind unveräußerliche Rechte, die jedem Menschen als Menschen zukommen, also nicht erst durch den Staat verliehen werden, sondern schon im Naturzustand existieren. [...] Die natürlichen Rechte, so wie die Vernunft sie uns eingibt, sind allgemein und abstrakt. Da die Rechte nicht eindeutig formuliert sind, kann es bei der Anwendung Probleme geben. Es kann Streit darüber entstehen, wie diese Rechte im konkreten Einzelfall zu interpretieren sind, besonders, wenn die Kontrahenten parteiisch sind. Ferner ist es möglich, dass es Probleme gibt, diese Rechte gegen Widerstände durchzusetzen, so dass jemand zwar im Recht ist, aber nicht Recht bekommt.

Moderator: Und welche Aufgaben des Staates ergeben sich daraus?

Locke: Der Staat hat die Aufgabe, die natürlichen Rechte durch eindeutig formulierte Gesetze zu konkretisieren. Er hat ferner darüber zu wachen, dass diese Gesetze auch eingehalten werden. Und im Streitfall braucht er Richter, die Gesetze unparteiisch auslegen. [...] Der Staat hat die Aufgabe der Sicherung der natürlichen Rechte.

Moderator: Darf der Staat eigentlich selber gegen diese Rechte verstoßen?

Locke: Nein, auf keinen Fall. Auch der Staat muss die natürlichen Rechte beachten, die dem Menschen ja schon im Naturzustand zukommen. Das Gewaltmonopol des Staates stellt aber aus meiner Sicht – darin unterscheide ich mich von Herrn Hobbes – eine große Gefahr für die Freiheit der Bürger dar. Deshalb muss man den Staat so einrichten, dass die Bürger vor Machtmissbrauch geschützt werden. Das ist eine der Grundforderungen des Liberalismus.

Moderator: Wie wollen Sie das erreichen?

Locke: Durch Gewaltenteilung. Die Legislative, d. h. die gesetzgebende Gewalt, und die Exekutive, das ist die Gewalt, die den Gesetzen Anerkennung verschafft, müssen getrennt sein, und die Legislative muss einer Kontrolle unterzogen werden können. Ich denke da an eine gesetzgebende Versammlung, die vom Volk abberufen oder geändert werden kann, wenn sie dem in sie gesetzten Vertrauen zuwiderhandelt. Mein französischer Kollege Montesquieu hat den Gedanken der Gewaltenteilung übrigens weiterentwickelt und auf die richterliche Gewalt, die Judikative, ausgedehnt. So kann die Freiheit der Bürger wirksam geschützt werden.

Rousseau: Unglaublich! Dieser so genannte Liberalismus hat doch nicht wirklich etwas mit Freiheit zu tun, sondern ist nichts anderes als eine Rechtfertigung der bürgerlichen Klasse. Freiheit bedeutet für Sie, Herr Locke, doch nur die Freiheit der Reichen und Besitzenden. Ihr Staat ist nichts anderes als ein „Nachtwächterstaat", der darüber wacht, dass den wohlhabenden Bürgern nichts gestohlen wird. Für mich hat ein Mensch nicht nur das Recht, dass ihm nichts weggenommen wird, sondern einen positiven Anspruch auf Eigentum. Das bedeutet, dass die gesellschaftlichen Güter an alle Menschen gleich verteilt werden müssen, dass der Staat die Aufgabe hat, den Unterschied zwischen Arm und Reich aufzuheben.

Moderator: Nachdem Sie sich nun schon wieder einmal dazwischengedrängt haben, nun also zu Ihnen, Herr Rousseau. Wenn ich Sie auch kurz vorstellen darf: Sie gelten als einer der geistigen Väter der Französischen Revolution, jedenfalls haben die Revolutionäre sich auf Ihre Ideen berufen. Wie wir ja schon alle gehört haben, lehnen Sie die Gedanken von Hobbes und auch Locke radikal ab. Da verwundert es mich sehr, dass Ihr politisches Hauptwerk den Titel „Vom Gesellschaftsvertrag" trägt.

Rousseau: Das ist aber auch die einzige Gemeinsamkeit mit diesen beiden Herren, ansonsten möchte ich mit ihnen nichts zu tun haben. Und ich behaupte, dass ich der einzige bin, der die Idee des Gesellschaftsvertrages richtig verstanden hat. Wie ich schon gesagt habe, geht es mir um die Freiheit des Menschen. Und da ist mir damals – im Jahr 1762 – Folgendes aufgegangen: Im Naturzustand ist der Mensch vollkommen frei. Wo ich aber auch hinsah: überall war der Mensch in Ketten. Das Grundproblem der politischen Philosophie lautet daher: Wie kann man eine Staatsform finden, die den Einzelnen schützt, in der er aber seine Freiheit nicht aufgeben muss? [...] es ist möglich, wenn mehrere Voraussetzungen erfüllt sind. Die erste Voraussetzung ist die, dass bei Vertragsschluss alle Menschen wirklich gleich behandelt werden, ohne eine einzige Ausnahme. Daher darf es nicht – wie bei Hobbes – einen Souverän geben, der außerhalb des Gesellschaftsvertrages steht, der nicht auf seine Rechte verzichtet, son-

dern auf den alle Rechte übertragen werden. Nicht die Willkür eines Souveräns soll das staatliche Handeln lenken, sondern der „allgemeine Wille“. In politischen Fragen muss der Wille des Volkes maßgeblich sein; die Idee des Gesellschaftsvertrages führt also notwendig zur Demokratie. Darunter verstehe ich direkte Befragung aller Bürger bei allen politischen Beschlüssen. Nur so kann die natürliche Freiheit der Bürger im Staat erhalten bleiben: Wenn der staatliche Wille und der Wille des Einzelnen übereinstimmen, ist jeder frei, weil er, indem er dem Staat gehorsam ist, letztlich nur seinem eigenen Willen folgt. [...] Der allgemeine Wille ist nicht identisch mit der Summe der Einzelwillen. Und damit komme ich auch zu meiner zweiten Voraussetzung. Wenn die unterschiedlichen Willen wirklich auf unterschiedlichen Interessen beruhen, dann müssen wir eben dafür sorgen, dass Interessenunterschiede erst gar nicht entstehen. Und wenn diese Interessenunterschiede von unterschiedlichen Besitzverhältnissen herrühren, dann müssen wir dafür sorgen, dass alle das Gleiche besitzen. Deshalb ist es beim Gesellschaftsvertrag notwendig, dass die Menschen sich nicht nur ihrer Rechte entäußern, sondern auch ihres Besitzes. Für den Staat ergibt sich daraus die Aufgabe, die gesellschaftlichen Güter gleich zu verteilen. Unter dieser Voraussetzung, dass alle das Gleiche besitzen, gäbe es keine unterschiedlichen Interessen, sondern nur noch ein gemeinsames Interesse an der gemeinschaftlichen Sicherung des Lebens. Und so wären dann Herrschaft des allgemeinen Willens und damit Erhaltung der natürlichen Freiheit im Staat möglich.

Bernd Rolf, Zeitschrift für Didaktik der Philosophie und Ethik 4/1998, auf: www.dadalos.org/deutsch/demokratie/demokratie/Grundkurs2/Klassiker/streitgespraech.htm

Aufgaben

1. Die Vertragstheorien sind gedankliche Konstrukte. Erfüllen Sie diese mit Leben, indem Sie nach den Prinzipien eines der vorgestellten Theoriemodelle einen Vertragstext ausarbeiten, der das Zusammenleben der Menschen in diesem Gemeinwesen regelt.
2. Erläutern Sie an der Demokratievorstellung Rousseaus, warum bzw. wie diese von totalitären Regimen missbraucht werden konnte.

1.4 Merkmale moderner Demokratien

Leitfragen

- Welche Prinzipien machen die Demokratie aus?
- Wie werden die Entscheidungen innerhalb einer Demokratie getroffen?
- Welche Möglichkeiten gibt es, die demokratische Herrschaft zu kontrollieren und zu begrenzen?

Kernelemente demokratischer Systeme

Moderne Demokratien zeichnen sich durch **vier Elemente** aus: Volkssouveränität, Rechtsstaatlichkeit, Gewaltenteilung und Pluralismus.

Volkssouveränität

Der Begriff der „Volkssouveränität" kam erst im 18. Jahrhundert auf. Volkssouveränität meint dabei, dass das Volk nicht nur der alleinige Ursprung der Herrschaftslegitimation ist, sondern auch Herrscher über sich selbst. Der Gedanke der Volkssouveränität wurzelt in der Erkenntnis, dass alle Menschen **von Natur aus gleiche Rechte** haben. Auf dieser gedanklichen Grundlage lässt sich eine Herrschaft von Menschen über Menschen, ohne dass diese zustimmen, nicht mehr rechtfertigen. Der Gedanke einer Herrschaft *für* das Volk geht seither Hand in Hand mit dem Gedanken einer Herrschaft *durch* das Volk. Die modernen Demokratien deuten das Prinzip der Volkssouveränität so: Jede staatliche Herrschaft muss **durch das Volk legitimiert sein** („alle Staatsgewalt geht vom Volke aus", Art. 20 GG). Die Verwirklichung der Volkssouveränität setzt zudem eine **Beteiligung der Bürger** an den politischen Entscheidungsprozessen voraus. Die Ausübung der Volkssouveränität ist dabei eng an das Mehrheitsprinzip gebunden, was nicht heißt, dass der Volkswille in jedem Fall absolute Gültigkeit beanspruchen kann; er findet seine Grenzen in den Grund- und Menschenrechten (wertgebundene Demokratie).

Folgende Elemente der Volkssouveränität sind kennzeichnend für die repräsentative Demokratie:

- Die Staatsbürger **wählen Abgeordnete**, die sie in einem Parlament vertreten.
- Die **Regierung wird** – wie in Deutschland – von den Repräsentanten des Volkes im Parlament oder direkt vom Volk **gewählt**.
- Politische Entscheidungen müssen durch eine Mehrheit der Repräsentanten des Volkes im **Parlament legitimiert** werden.

Rechtsstaatlichkeit

Rechtsstaatlichkeit meint die Bindung allen staatlichen Handelns an das Gesetz. Der französische Historiker und Politiker Alexis de Tocqueville war der Überzeugung, dass die Demokratie ohne rechtliche Schranken zu einer „Tyrannei der Mehrheit" führe. Erst der Rechtsstaat setzt der demokratischen Herrschaft Schranken. Die Mehrheit darf in einem Rechtsstaat nicht alle beliebigen Entscheidungen treffen. Rechtsstaatlichkeit bedeutet dabei zum einen, dass ein Staat sich an die von ihm verabschiedeten Gesetze hält (**formales Rechtsstaatsprinzip**), zum anderen, dass alles staatliche Handeln an die Gewährleistung der Grundrechte und den Gerechtigkeitsgedanken gebunden ist (**materielles Rechtsstaatsprinzip**). Das **Rechtsstaatsprinzip** beinhaltet daher die Forderung nach

- Gewaltenteilung
- Vorrangstellung der Verfassung bzw. Vorrang von Recht und Gesetz;
- einer unabhängigen (Verfassungs-) Gerichtsbarkeit;
- garantierter Rechtssicherheit
- Garantie auf ein faires Gerichtsverfahren vor unabhängigen Richtern.

Alexis de Tocqueville (1805–1859) untersuchte in „Über die Demokratie in Amerika" die Grundlagen von Staat und Politik, besonders das Verhältnis von Freiheit und Gleichheit.

Gewaltenteilung

Der Zweck einer Ausbalancierung und Kontrolle politischer Macht ist die **Verhütung von Machtmissbrauch.** Die englische Wendung „checks and balances of powers" (Kontrolle und Balance der Mächte) erfasst besser als der Begriff „Gewaltenteilung", was gemeint ist. Die staatliche Macht soll erstens auf mehrere Organe verteilt werden. Zweitens sollen diese Organe die Macht haben, den anderen Trägern der Staatsgewalt Schranken zu setzen, wenn diese ihre Machtkompetenzen überschreiten.

Den demokratischen Grundgedanken einer **Machtkontrolle** und **Machtbalance** haben erstmals die amerikanischen „Föderalisten" ausformuliert, die theoretische Begründungen für die Gestaltung der Verfassung der USA lieferten. Dabei bauten sie ausdrücklich auf das Fundament der Überlegungen von Charles de Montesquieu auf. In dieser Tradition wird bis heute eine ausführende Gewalt (**Exekutive**), eine gesetzgebende Gewalt (**Legislative**) und eine richterliche Gewalt (**Judikative**) unterschieden.

Tatsächlich ist die Tragfähigkeit dieser Unterscheidung umstritten. So sind die Regierungen in den modernen Demokratien in der Regel federführend in der Gesetzgebung. Die Gesetze führen in der Regel Verwaltungsbeamte aus. Zur Machtkontrolle gehört zudem die Aufteilung der Gesetzgebungskompetenz auf zwei Organe wie etwa auf Bundestag und Bundesrat in der Bundesrepublik Deutschland oder auf Repräsentantenhaus und Senat in den USA.

Charles de Montesquieu (1689–1755), französischer Staatstheoretiker, auf den das Prinzip der Gewaltenteilung zurückgeführt wird.

Moderne Demokratien weisen folgende Formen der Gewaltenteilung auf:

- Die Aufteilung der staatlichen Macht auf nationaler Ebene auf verschiedene Organe wird als **horizontale Gewaltenteilung** bezeichnet.
- Eine weitere Möglichkeit der Machtbegrenzung ist die Aufteilung staatlicher Macht auf verschiedene staatliche Ebenen. Wenn demnach Gliedstaaten und/oder Kommunen eigenständige Entscheidungsrechte erhalten, ist die Rede von einer **vertikalen Gewaltenteilung.**
- Ein Charakteristikum moderner Demokratien ist zudem die Vergabe politischer Ämter bzw. politischer Macht auf Zeit (**temporale Gewaltenteilung**).
- Die Macht der Regierenden wird weiterhin durch bestimmte Verfassungsregeln eingeschränkt, die nur mit großen, in der Regel Zwei-Drittel-Mehrheiten im Parlament überwindbar sind; der unveränderliche Verfassungskern des Grundgesetzes ist auch mit großen parlamentarischen Mehrheiten nicht abzuändern (**konstitutionelle Gewaltenteilung**).
- Auch ist die Macht der Regierung durch den pluralistischen Prozess der Entscheidungsfindung begrenzt, an dem etwa Parteien, Interessenverbände und Medien teilhaben; diese üben ebenfalls Einfluss auf politische Entscheidungen aus (**dezisive Gewaltenteilung**).

Pluralismus

Unter Pluralismus ist der legitime Wettbewerb unterschiedlichster und zum Teil auch entgegengesetzter Interessen zu verstehen. Der Pluralismus geht über den Bereich des Politischen hinaus: Er ist ein zentrales gesellschaftliches Strukturprinzip demokratischer Staaten. Der Pluralismus basiert auf der **Gewährleistung zentraler Grundrechte** wie

- Meinungs- und Pressefreiheit,
- Versammlungsfreiheit,
- Recht auf Bildung von Vereinen und Parteien.

M1 Demokratie und die Herausforderungen der Zukunft

Dass Demokratien bei der Lösung von gesellschaftspolitisch relevanten Problemen versagen und in der Konsequenz sogar untergehen können, ist historisch vielfach belegt. [...] Letztlich gilt hier die Einsicht, dass kein politischer Systemtyp auf Dauer per se stabil ist. Droht also die Gefahr, dass auch etablierte Demokratien versagen können, wenn sie sich als unfähig erweisen, auf neue Herausforderungen flexibel zu reagieren? Und was genau charakterisiert dann eine solche [...] Problemlösungskapazität demokratischer Systeme? [...] Unabhängig von tagtäglichen Entscheidungsvorgaben, die jedes demokratische System bewältigen muss, sind es für die künftige Entwicklung von Demokratien im Wesentlichen vier Problemkreise, denen besondere Aufmerksamkeit gewidmet werden sollte.

Demokratische Selbstüberforderung

Eine der größten Herausforderungen für repräsentative Demokratien dürfte aus wachsenden Phänomenen demokratischer Selbstüberforderung entstehen: Schuldzuweisungen an die Fehlleistungen von Politikern – ohne hier im Einzelfall beschönigen zu wollen – sind häufig vorschnell und vor allem zu einfach. Zu den zentralen Entwicklungsmustern gerade demokratischer Systeme gehört jedoch der Trend, die Erwartung an die Regelungskapazität von Politik kontinuierlich zu steigern. Die Aufgaben des Staates und die Erwartungen der Bürger nehmen ständig zu – aber die Problemlösungsfähigkeit des demokratischen Staates hat sich nicht nennenswert geändert. Wen wundert es also, dass sich die Schere zwischen Ansprüchen an und Leistung von demokratischer Politik ständig weiter öffnet und der Unmut enttäuschter Bürger wächst? [...] In wachsendem Maße werden Demokratien zudem vor das Problem gestellt, auf parlamentarischem Wege nicht schnell genug entscheiden zu können, um mit dem rasanten Entwicklungstempo neuer Technologien Schritt zu halten [...]. So finden Debatten über gentechnologische Gesetzgebung im Deutschen Bundestag üblicherweise auf einem Stand der Gentechnik statt, der mehrere Jahre vor der Parlamentsdebatte gültig war. Die entstehenden Regelungen sind daher zwangsläufig schon veraltet, wenn sie vom Parlament verabschiedet werden. Die Forschung arbeitet indessen weiterhin im Freiraum ungeregelter Normen und Kompetenzen. Zusätzlich bedrohen strukturkonservative Entscheidungsblockaden die Handlungsfähigkeit demokratischer Systeme. Wenn notwendige Reformen im Unterholz besitzstandswahrender Lobbygruppen stecken bleiben, werden auch Demokratien auf Dauer nicht in der Lage sein, Zukunftsprobleme zu lösen.

Eigenverantwortung und Staat

Zur wesentlichen Herausforderung künftiger Politik in demokratischen Systemen wird das Spannungsverhältnis zwischen Eigenverantwortung und Staat, anders formuliert zwischen individueller Freiheit, Anspruchsdenken und der Entzauberung der Politik werden. Individuelle Freiheit ist für [...] uns längst zur selbstverständlichen Rahmenbedingung unseres Daseins geworden. Dabei scheinen wir eines zu vergessen: Die Erlangung individueller Freiheit ist gleichbedeutend mit der ersehnten Loslösung normativer* Fesseln, welche wiederum nur zum Preis des Verlustes von Sicherheit und der Übernahme von Verantwortung für das eigene Tun zu haben ist. So einfach ist das: Wer frei ist oder es sein will, ist auch verantwortlich für das, was er tut. Doch genau hier setzt der Verdrängungsmechanismus ein: Statt sich der eigenen Verantwortung zu stellen, tendiert das moderne Individuum dazu, zwar die Vorzüge der Freiheit in vollen Zügen zu genießen, die Kehrseite aber, die Verantwortung, abzuschieben auf ein Kollektiv, das wir üblicherweise Staat nennen. [...]

Medien und Demokratie

Der dritte Gesichtspunkt unterstreicht diesen Wahrnehmungseffekt mit Nachdruck: Es geht um die Rolle von Medien und unkontrollierbaren neuen Entscheidungszentren, die mit den demokratisch legitimierten Institutionen in Konkurrenz treten. [...] Das Überangebot an moderner Unterhaltung hat durchaus das Potenzial, aus freien Bürgern abhängige Junkies der Entertainmentindustrie zu machen. Mediale Massenverdummung bietet gelangweilten Wohlstandskindern ein Maximum an Fluchtmöglichkeiten mit einem Minimum an Aufwand – die elektronische Variante von „panem et circenses“**. Statt Probleme zu lösen, fliehen wir in Scheinwelten. [...]

Sicherheit

Viertens schließlich werden demokratische Repräsentativsysteme herausgefordert durch steigende Erwartungen ihrer Bürger an Sicherheit. Es ist eine Binsenweisheit, dass der Mensch nach Sicherheit strebt. Längst aber steht er nicht mehr vor dem Problem, natürliche Unsicherheiten zu reduzieren, sondern er muss heute umgehen mit den Bedrohungen, die er durch menschliches Zusammenleben selbst geschaffen hat – also mit zivilisatorisch erzeugten Gefahren. [...] Dieses Streben nach umfassender Sicherheit verändert Politik. Politisches Handeln wird gemessen an der Fähigkeit, Unsicherheiten zu beseitigen. Die Verantwortung für Sicherheit wird in wachsendem Maße vom Individuum auf die Politik verlagert und sie droht, Politik, gerade auch demokratische Politik, nachhaltig zu überfordern. [...] Die Zukunft der Demokratie ist also weder so rosig, wie sie Theoretiker ersinnen, noch so düster, wie Skeptiker sie ausmalen. Das Überleben der repräsentativen Demokratie verlangt als dauerhaftes Projekt die stetige flexible Anpassung an äußere und vor allem innere Herausforderungen. Im Wandel, nicht in der Stabilität liegen die eigentlichen Chancen der Zukunft.

Eberhard Sandschneider, Tod durch Überforderung? Über die Zukunft der repräsentativen Demokratie, in: Internationale Politik Nr. 8/2003, S. 4f.

**normativ = durch Normen (Gesetze, Prinzipien) festgelegt*
***panem et circenses, lat: Brot und Spiele*

VERTIEFEN UND PROBLEMATISIEREN

M2 Von der überzeitlichen Kraft der Demokratie

Schon seit ihrer Entstehung in der Antike trifft die Demokratie immer wieder auf Kritik und zeitweilig sogar auf Feindschaft. Neben politischer Polemik gibt es auch begründete Kritik, die Probleme benennt, die mit der Demokratie zusammenhängen und von ihr erzeugt werden. Aber das Wissen um sie darf die Maßstäbe der Kritik nicht so weit verschieben, dass der Demokratie keine Chance gegeben wird. Nach wie vor gilt der Ausspruch des englischen Staatsmannes Winston Churchill vom 11. November 1947 bei einer Rede im Unterhaus: „Demokratie ist die schlechteste aller Regierungsformen – abgesehen von all den anderen Formen, die von Zeit zu Zeit ausprobiert worden sind.“ Oder, mit einem Demokratieforscher formuliert, „die zweitbeste Demokratie ist immer noch besser als die beste Nicht-Demokratie“. Die Demokratie mag nur als das kleinere Übel angesehen werden, vereint aber andererseits so viele Vorteile auf sich, dass sie als die beste bekannte Herrschaftsform bezeichnet werden kann.
Einer dieser Vorteile ist ihre Lernfähigkeit, die sie in die Lage versetzt, auch große Herausforderungen zu bestehen, Probleme zu bewältigen und dabei ihre Nachteile so zu verarbeiten, dass sie gestärkt aus Krisen hervorgeht. [...]
Die moderne Demokratie ist gemäßigt, basiert auf Gewaltentrennung, repräsentativer

Willens- und Entscheidungsbildung und, ganz entscheidend, auf Recht und Verfassung. Mit der Achtung von Recht und Gesetz, mit unabhängigen Gerichten und einer Verfassungsgerichtsbarkeit kann auch der von Alexis de Tocqueville und John Stuart Mill in der Mitte des 19. Jahrhunderts beschworenen Gefahr einer Tyrannei der Mehrheit begegnet werden. Individuen und Minderheiten müssen sich nicht bedingungslos einer Mehrheit beugen, die sich ja auch irren kann. Leben, Freiheit und Eigentum genießen den Schutz des Rechtes. Individuelle Freiheit und demokratische Selbstregierung lassen sich in der modernen Demokratie miteinander vereinbaren. [...] Demokratien haben auch gelernt, mit grundlegenden gesellschaftlichen Problemen umzugehen. Sie können besser als nicht-demokratische Systeme zwischen Staat und Gesellschaft vermitteln. Durch Repräsentativität und Responsivität* ihrer Institutionen greifen sie Problemlagen aus der Gesellschaft auf und entschärfen sie, indem sie sie zu allgemein verbindlichen Entscheidungen verarbeiten. So hat sich durch die Entwicklung wohlfahrtsstaatlicher Maßnahmen in Reaktion auf die „soziale Frage" beispielsweise die soziale Demokratie herausgebildet. Gleichwohl vermag die Demokratie keineswegs alle Probleme zu lösen. Immer wieder wird ihr vorgehalten, dass sie nur die gut organisierten und machtvoll artikulierten Interessen berücksichtige und dabei nur die kurzfristigen Ziele, nicht aber das nachhaltige Gemeinwohl, auch nicht die Belange nachfolgender Generationen im Auge habe. Das mag in der Tat eine Achillesferse der Demokratie sein, aber ein prinzipieller Einwand gegen diese Herrschaftsform ist es nicht. Die Demokratie ist die einzige Herrschaftsform, die es den Bürgern erlaubt, Regierende zu sanktionieren, ohne das politische System selbst beseitigen zu müssen. Politische Führung kann ausgewechselt werden, weil es in der Demokratie nur Herrschaft auf Zeit gibt. [...] Und vor allem: Nur der Wille der Bürgerinnen und Bürger, artikuliert in Wahlen und Abstimmungen, begründet und legitimiert die Herstellung kollektiv verbindlicher Entscheidungen. Nur die Demokratie bietet den Menschen die Chance, sich umfassend an Willensbildung und Entscheidungsfindung zu beteiligen, ihre Angelegenheiten selbst in die Hand zu nehmen. Denn – schon die alten Griechen wussten es, als sie die Demokratie erfanden –: Die Politik ist vor allem die Sache ihrer Bürgerinnen und Bürger.

Hans Vorländer, Demokratie – die beste Herrschaftsform, in: Demokratie. Informationen zur politischen Bildung Nr. 284/2004, S. 56f.

**Responsivität: Verantwortlichkeit*

Aufgaben

1. Erläutern Sie anhand konkreter Normen des Grundgesetzes, ob die Schöpfer der Verfassung der Identitäts- oder Pluralismustheorie der Demokratie angehangen haben. Lassen sich alle gefundenen Aussagen einer Theorie zuordnen oder gibt es gewisse Widersprüche?

2. Diskutieren Sie, inwiefern es legitim ist, dass eine Verfassung die vom Volk gewählten Politiker in ihren Entscheidungsmöglichkeiten beschränkt.

3. „Die Demokratie ist die beste Herrschaftsform, um die heutigen Herausforderungen zu meistern." Diskutieren Sie diese These, finden Sie – auch unter Einbeziehung von M1 und M2 – Argumente dafür und dagegen und wägen Sie diese ab.

2 Staatsformen

2.1 Klassische und heutige Staatsformenlehre

Leitfragen	Nach welchen Kriterien wurden Staatsformen klassisch voneinander unterschieden?	Nach welchen Kriterien werden Staatsformen heute unterschieden?

Typologie der Staatsformen

Anzahl der Herrschenden		
Einer	Wenige	Viele
Monarchie	**Aristokratie**	**Demokratie**

Würde nur das Interesse der Herrschenden verfolgt und der Gemeinnutz vernachlässigt, so entwickelten sie sich zu

Tyrannis	**Oligarchie**	**despotische Demokratie**

Wer Staatsformen vergleicht, muss dazu bestimmte Kriterien nutzen. Aristoteles entwickelte bereits in der Antike auf der Grundlage eines Vergleichs von 158 Verfassungen eine Typologie der Staatsformen. Sie beruhte auf zwei Kriterien: der Zahl der Herrschenden und der Orientierung der Herrschaft am Gemeinwohl oder am Eigennutz der Herrschenden.

Die Typologie von Aristoteles prägte die Staatsformenlehre bis in die Moderne. Wie seine Unterteilung kann auch die heutige Staatsformenlehre als eine Kategorisierung in gute und schlechte Herrschaftsformen interpretiert werden. Dabei wird nicht mehr wie bei Aristoteles danach unterschieden, ob ein Staat nur am Nutzen der Herrschenden oder am Wohl aller orientiert ist, denn auch Diktaturen können gemeinwohlorientiert sein.

Der zentrale Unterschied zwischen Demokratien und Diktaturen besteht vielmehr darin, dass in liberalen Demokratien alle Bürger ihre legitimen Interessen frei vertreten und in den politischen Entscheidungsprozess einbringen dürfen, während die Bürger sich in Diktaturen den Vorstellungen der Herrschenden – ob am Gemeinwohl oder Eigennutz orientiert – stets beugen müssen.

Die Staatsformen in Überblick

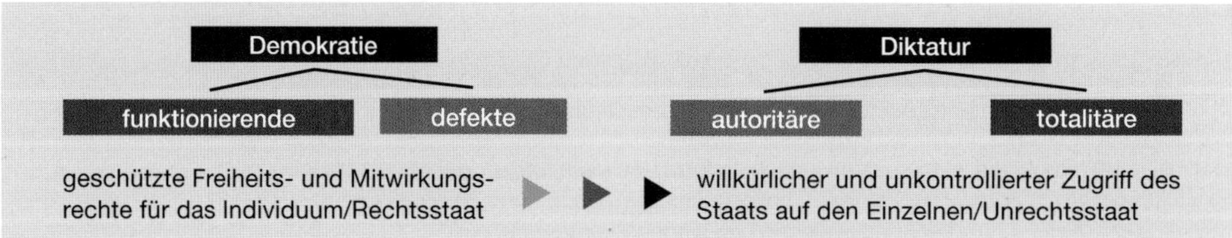

Die Staatsformen der Gegenwart lassen sich auf einem Kontinuum zwischen einer idealen Demokratie und einer alle Lebensbereiche beherrschenden, „perfekten" totalitären Diktatur einordnen.

Eine Typologie moderner Staatsformen gründet auf mehreren Klassifikationskriterien, die sich alle gemeinsam auf ein Objekt – die Herrschaft in einem politischen System – beziehen.

Typologie moderner Staatsformen – eine Übersicht

Diktaturen (totalitäre, autoritäre) und Demokratien (defekte, funktionierende) im Vergleich

Herrschaftstyp Herrschafts-kriterium	totalitäre Diktaturen	autoritäre Diktaturen	defekte Demokratien	funktionierende Demokratien
Herrschafts-legitimation	geschlossene Ideologie	Mentalitäten/ Leistung (Ordnung, Sicherheit)	Volkssouveränität	Volkssouveränität/ Verfahren
Herrschafts-zugang	geschlossen, kein freier Zugang	Selbstrekrutierung der Eliten/ Kooptation[1]	bedeutsames Wahlregime[2]	vollständiges Wahlregime
Herrschafts-arena	Gleichgeschaltete, manipulierte öffentliche Meinung	begrenzt plurale, eingeschränkte öffentliche Meinung/Dissens	gekappte bzw. dominierte öffentliche Arena, kontrollierter Pluralismus	plurale öffentliche Arena
Herrschafts-monopol	Führer/Partei	„Oligarchie"[3]	Veto-Mächte und reservierte Domänen[4]	vollständige Kontrolle der politischen Agenda durch das Volk, keine reservierten Domänen
Herrschafts-struktur	monistisch[5]	hierarchisch	ausgehöhlte horizontale Verantwortlichkeit	pluralistisch
Herrschafts-anspruch	unbegrenzt („total")	umfangreich, punktuelle Grenzen	ungleich verteilte bzw. verletzte Freiheitsrechte	definierte Grenzen: negative Freiheitsrechte (Abwehrrechte wie z. B. Presse-, Meinungsfreiheit)
Herrschafts-weise (Herrschafts-ausübung)	willkürlich, systematisch unterdrückend, staatsterroristisch	gezielt unterdrückend	„verstümmelte" Rechtsstaatlichkeit	Rechtsstaatlichkeit

Nach: Peter Thiery, Demokratie und defekte Demokratie. Zur Präzisierung des Demokratiekonzepts in der Transformationsforschung, in: Eckhard Jesse, Staatsformen und politische Systeme im Vergleich, in: Staatsformen, Modelle politischer Ordnung von der Antike bis zur Gegenwart, München 2004, S. 352 (geringfügig geändert)

[1] *Kooptation: Zuwahl, Beiordnung*
[2] *Wahlregime: Wahlverfahren, Wahlorganisation*
[3] *Oligarchie: Herrschaft einer kleinen Gruppe, z. B. Militärjunta, Parteispitze, Wirtschaftselite*
[4] *Domäne: besonderer Bereich*
[5] *monistisch: einheitlich, auf einen Willen rückführbar*

M Staatsformenlehre nach Aristoteles

Aristoteles (384–322 v. Chr.) unterschied im dritten Buch seiner „Politica“ somit nach der Anzahl der Herrschenden zwischen Alleinherrschaft, der Herrschaft weniger und der Herrschaft vieler. Neben dem quantitativen Kriterium führte der griechische Staatsdenker ein qualitatives ein – ob die Herrschaft dem Gemeinwohl oder dem Eigennutz der Herrschenden diene. [...] Wie Platon bewertete Aristoteles die Tyrannis als schlechteste Staatsform; als relativ beste und sympathischste galt ihm die Mischverfassung – wie die richtige Form der Volksherrschaft ebenfalls als Politie bezeichnet. [...] Darunter wäre heute wohl der „sozial und politisch gemäßigte Verfassungsstaat“ zu verstehen. [...] Radikalen Arten der Demokratie stand Aristoteles anders als den gemäßigten Formen äußerst reserviert gegenüber.

Alexander Gallus, Typologisierung von Staatsformen und politischen Systemen in Geschichte und Gegenwart, in: ders./Eckhard Jesse, Staatsformen, München 2004, S. 25f.

Aufgaben

1. Aristoteles gilt als „Begründer der Staatslehre“. Präsentieren Sie seine grundlegenden Überlegungen zum Gemeinwesen (M, Lexika).
2. Erläutern Sie, warum die aristotelische Unterteilung heute als Typologie der Staatsformen nicht mehr ausreicht.

2.2 Funktionierende und defekte Demokratien

Leitfragen	Was zeichnet eine funktionierende Demokratie aus?	Welche Defekte kann eine Demokratie aufweisen?	Was versteht man unter Failing States?

Funktionierende Demokratien

Lange schien es einfach, die Grenze zwischen Demokratien und Diktaturen zu ziehen. Ein Staat kannte etwa freie und faire Wahlen, oder er war eine Diktatur. Unter einer Demokratie wurde dabei stets ein gut funktionierender, liberaler demokratischer Verfassungsstaat verstanden.

- Demokratisch meint die politische Teilhabe aller Bürger eines Staates an politischen Entscheidungen; dazu gehören z. B. Kommunikations- und Organisationsfreiheit und das freie Wahlrecht.
- Die Kennzeichnung als liberal bedeutet, dass die Bürger politische und bürgerliche Freiheitsrechte genießen und ihre individuellen Interessen artikulieren und vertreten dürfen.
- Die Bezeichnung als Verfassungsstaat beinhaltet das Prinzip der Rechtsstaatlichkeit und die Verteilung der politischen Macht auf sich gegenseitig kontrollierende Institutionen.

Zu den liberaldemokratischen Verfassungsstaaten gehören etwa die Staaten Westeuropas und Nordamerikas sowie Australien, Neuseeland und Japan.

Defekte Demokratien

Als in den 1990er Jahren die Zahl der Staaten rasant wuchs, in denen freie Wahlen stattfanden, zeigte sich, dass diese keineswegs alle zugleich als liberale Verfassungsstaaten angesehen werden konnten. Im Vergleich zu den liberalen und rechtsstaatlichen Demokratien weisen die so genannten (stark) **defekten Demokratien** deutliche Mängel hinsichtlich Rechtsstaatlichkeit, Gewaltenteilung, Chancengleichheit und Integrationsfähigkeit auf.

Defekte Demokratien

Defekte Demokratien unterscheiden sich von dem Typ der rechtsstaatlichen Demokratie [...] dadurch, dass sie zwar Wahlen und politische Konkurrenz als demokratische Minima kennen, aber

- „signifikante Einschränkungen grundlegender politischer und bürgerlicher Partizipations- und Freiheitsrechte,
- Einschränkungen der horizontalen Gewaltenkontrolle und -verschränkung
- und/oder Einschränkungen der effektiven Herrschaftsgewalt aufweisen. [...]“

Eine defekte Demokratie liegt dann vor, wenn die Logik der Demokratie und damit ihre Prinzipien in relevanten Herrschaftsbereichen bedeutsam und wirkungsvoll umgesetzt sind, jedoch Teilbereiche der Herrschaftsordnung nach Mustern funktionieren, die den Prinzipien der Freiheit, Gleichheit und Kontrolle entgegenlaufen.

Aurel Croissant/Peter Thiery, Von defekten und anderen Demokratien, WeltTrends Nr. 29, 2000/2001

Das bedeutet:

- Wahlprozesse sind nicht fair organisiert oder laufen nicht fair ab.
- Der Zugang zu Herrschaftspositionen ist nicht chancengleich gestaltet.
- Demokratisch nicht legitimierte Kräfte können Einfluss nehmen und Teilbereiche in Staat und Gesellschaft kontrollieren.
- Die Gewaltenteilung ist zwar formal gesichert, wird real aber immer wieder durchbrochen.
- Die bürgerlichen Freiheiten werden nicht jederzeit geachtet und können vom Individuum auch nicht eingeklagt werden.

Defekte Demokratien entstehen häufig dann, wenn zwar formal eine Demokratie installiert ist, die gesellschaftlichen Strukturen diese aber nicht stützen, sich keine demokratische Kultur entwickelt bzw. bestehende Eliten weitergehende Demokratisierungsprozesse stören oder verhindern können.

Je nach Ausprägung des Mangels lässt sich zwischen **drei verschiedenen Varianten** einer defekten Demokratie unterscheiden:

- **Ausschließende/Exklusive Demokratien** grenzen Teile der Bevölkerung wegen Analphabetismus, Armut, ethnischer Zugehörigkeit, Geschlecht oder Religionszugehörigkeit vom Wahlrecht aus bzw. schränken sie in weiteren Grundrechten ein.

  Beispiel: Südafrika bis 1990, wo die schwarze Bevölkerungsmehrheit bis zum Ende des Apartheidregimes von Wahlen ausgeschlossen war.

- In **illiberalen Demokratien** sind die politischen und zivilen Bürgerrechte nicht vollständig gewährleistet. Diese **Einschränkung der Grundrechte** seitens der Staatsorgane kann entweder auf Anweisung der demokratisch gewählten Machthaber geschehen – als eine bewusste Machtüberschreitung –, oder diese sind unfähig, die Übergriffe der Sicherheitsorgane zu verhindern. Auch Beschränkungen der Versammlungsfreiheit oder der Meinungsfreiheit – besonders jene der Medien – gehören in diese Kategorie. Illiberale Demokratien lassen sich somit als **unvollständige Verfassungs- und beschädigte Rechtsstaaten** charakterisieren.

  Beispiele: Viele Demokratien von Argentinien über Albanien und die Türkei bis hin zu Venezuela lassen sich – in unterschiedlichem Ausmaß – als illiberal charakterisieren.

- In schwachen Demokratien – auch **Domänen- oder Enklavendemokratien** genannt – gibt es **demokratisch nicht legitimierte Akteure**, die in bestimmten politischen, wirtschaftlichen oder gesellschaftlichen Teilbereichen (Domänen, Enklaven) Entscheidungen zu ihren Gunsten lenken können und so demokratische Institutionen und Prozesse umgehen. Beispiele für solche „Vetomächte" sind die Drogenmafia, Großgrundbesitzer, Guerillabewegungen, das Militär sowie nationale oder multinationale Unternehmen. Der Defekt solcher Demokratien entsteht durch die Schwäche der demokratisch legitimierten Politiker, die sich gegen diese Akteure nicht durchsetzen können oder wollen.

  Beispiel: Chile, das dem ehemaligen Diktator Augusto Pinochet eine Sonderrolle im Demokratisierungsprozess zugestand und dem Militär weiterhin große Privilegien einräumte.

Sind die politischen Bereiche, die von nicht demokratisch legitimierten Personen oder Gruppen beherrscht werden, so groß, dass die effektive Regierungsgewalt grundsätzlich nicht von den demokratisch legitimierten Autoritäten ausgeht, spricht man von einer **Diktatur** bzw **Autokratie.** Solch eine Situation liegt z. B. im Iran vor, wo die eigentliche Macht in der Hand der Geistlichkeit liegt.

Gescheiterte Staaten (Failing States)

In vielen Staaten Afrikas – z. B. in Somalia und dem Sudan –, in Afghanistan und einigen weiteren Ländern gelingt es aus unterschiedlichen Gründen dem Staat nicht, seine Aufgaben zu erfüllen. Selbst die Sicherheit ihrer Bürger können diese Staaten nicht gewährleisten. Diese Länder gelten als gescheiterte Staaten, denn durch das Versagen des Staates entstehen **staatsfreie Räume.** Solche Länder entwickeln sich daher häufig zu Stützpunkten krimineller und terroristischer Vereinigungen. So wird es auch auf ein Versagen staatlicher Autorität in Afghanistan zurückgeführt, dass die Taliban – unterstützt durch die Terrorgruppe Al-Qaida – zeitweilig die Macht übernehmen konnten. Mit Blick auf den Grad des Scheiterns eines Staates lassen sich **drei Stadien** unterscheiden: Staatsversagen, Staatsverfall und Staatskollaps (→ S. 210).

Eine Strategie gegen Staatsversagen und Staatskollaps ist die **Staatsbildung** („State building"). Die internationale Gemeinschaft unterstützt einige der gescheiterten und schwachen Staaten bei der Etablierung einer funktionierenden, demokratischen Staatlichkeit. Die Erfolge sind unterschiedlich: Als weitgehend gelungen ist der Neuaufbau der Staatsstrukturen nach dem Zerfall Jugoslawiens unter anderem in Bosnien und Kroatien anzusehen. Staaten wie der Irak oder Afghanistan werden sich jedoch noch längere Zeit in

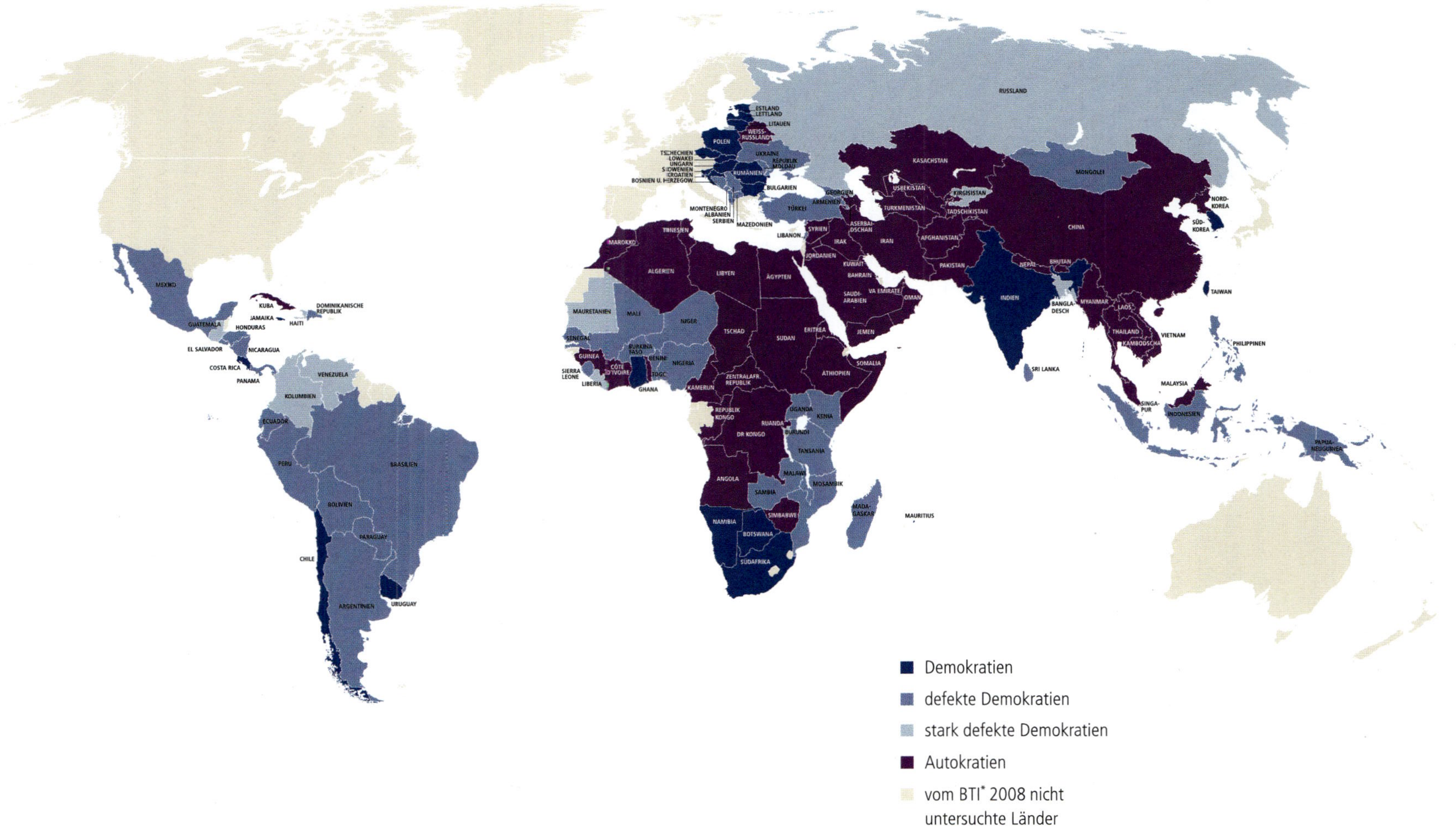

Bertelsmann Stiftung (Hg.), Bertelsmann Transformation Index 2008. Politische Gestaltung im internationalen Vergleich, Gütersloh 2008
** BTI = Bertelsmann Transformation Index*

einem schwierigen Neu- und Umstrukturierungsprozess befinden.

Der Sudan – Beispiel für einen Failing State

Afrika weist viele Staaten mit Strukturdefiziten auf. Dies lässt sich mit einer Vielzahl von Ursachen erklären: Eine z.T. fehlende Staatstradition, ein belastendes Erbe der Kolonialzeit, schwierige geografische und ökonomische Bedingungen, Einflussnahme durch andere Staaten und vielfach auch „bad governance“, d.h. schlechte Regierungsführung und Korruption.

Der Sudan zeigt typische Probleme eines Failing State:

- eine autokratische Regierung (Militärdiktatur);
- eine ethnisch heterogene Bevölkerung;
- Bürgerkriege aufgrund ethnischer, religiöser und kultureller Konflikte in verschiedenen Teilen des Landes (die westsudanesische Region Darfur ist das größte Krisengebiet des Landes);
- Aufrechterhaltung der Staatlichkeit mithilfe von Gewalt, ein permanenter innerer Kriegszustand;
- ein zumindest in großen Teilen des Landes zerfallendes Rechtssystem, Menschenrechtsverletzungen, Sklaverei;
- völlig unterschiedliche wirtschaftliche Bedingungen (teilweise Reichtum aufgrund von Bodenschätzen, extreme Armut in verwüsteten Landesteilen).

Staatsversagen	Ein Staatsversagen liegt dann vor, wenn es dem Staat nicht gelingt, wesentliche Leistungen in bestimmten Bereichen, z. B. dem Sozial- oder Gesundheitswesen, zu erbringen. Dies führt in der Regel dazu, dass die Unterstützung der Regierenden durch die Regierten sinkt (Legitimationsverlust).
Staatsverfall	Ein Staatsverfall ist dann eingetreten, wenn die Regierenden im Staat nicht mehr die Herrschaft im gesamten Staatsgebiet ausüben. In einzelnen Gebieten können die Staatsorgane staatliche Kernaufgaben wie die Aufrechterhaltung der Sicherheit nicht mehr erfüllen. Die Staatsfunktionen übernehmen in diesen Gebieten lokale Kriegsherren („Warlords“) oder internationale Hilfsorganisationen.
Staatskollaps	Wenn ein Staat weder Steuern eintreiben noch seine Streitkräfte kontrollieren kann, seine staatlichen Institutionen nicht mehr funktionsfähig sowie von der Bevölkerung nicht mehr als legitim anerkannt sind, spricht man vom Staatskollaps oder von Staatszerfall. In diesem Zustand ist die gesamte Staatlichkeit zusammengebrochen. Beispiele für diesen kompletten Staatszerfall sind Somalia oder der Sudan.

M Status-Index

Der Status-Index des BTI gibt Aufschluss darüber, welchen Stand der Entwicklung Staaten auf dem Weg zu rechtsstaatlicher Demokratie und sozialpolitisch flankierter Marktwirtschaft erreicht haben. Der Status politischer Transformation (Transformation = Übergang) wird hierbei anhand von fünf Kriterien erhoben.

5 Kriterien zum Entwicklungsstand der politischen Transformation	Staatlichkeit	Politische Partizipation	Rechtsstaatlichkeit	Stabilität demokratischer Institutionen	Politische und gesellschaftliche Integration
Ziele	Es besteht Klarheit über die nationale Staatlichkeit mit hinreichend etablierten und differenzierten Machtstrukturen.	Die Bevölkerung bestimmt die Herrschaftsträger und verfügt über weitere politische Freiheiten	Die staatlichen Gewalten kontrollieren sich wechselseitig und gewährleisten die bürgerlichen Freiheitsrechte.	Die demokratischen Institutionen sind leistungsfähig und hinreichend akzeptiert.	Es existieren stabile Repräsentationsmuster zur Vermittlung zwischen Gesellschaft und Staat sowie eine gefestigte Bürgerkultur.
Fragen	1. Inwieweit ist das staatliche Gewaltmonopol auf das gesamte Staatsgebiet ausgedehnt? 2. Inwieweit sind sich relevante gesellschaftliche Gruppen über die Zugehörigkeit zum Staatsvolk einig und akzeptieren den Nationalstaat als legitim? 3. Inwieweit sind die Legitimität staatlicher Herrschaft und die staatliche Rechtsordnung ohne Beeinflussung durch religiöse Dogmen definiert? 4. Inwieweit bestehen grundlegende Verwaltungsstrukturen?	1. Inwieweit werden die Herrschaftsträger durch allgemeine, freie und faire Wahlen bestimmt? 2. Inwieweit besitzen demokratisch gewählte Herrschaftsträger die effektive Regierungsgewalt? Existieren Vetomächte und politische Enklaven? 3. Inwieweit können sich unabhängige politische und/oder zivilgesellschaftliche Gruppen frei bilden und versammeln? 4. Inwieweit können Bürger, Organisationen oder Medien ihre Meinung frei äußern?	1. Inwieweit funktioniert die Teilung und wechselseitige Kontrolle der staatlichen Gewalten? 2. Inwieweit existiert eine unabhängige Justiz? 3. Inwieweit wird Amtsmissbrauch von Mandatsträgern rechtlich oder politisch geahndet? 4. Inwieweit sind bürgerliche Freiheitsrechte gewahrt und geschützt, und inwieweit können sie von Bürgern eingeklagt werden?	1. Sind die demokratischen Institutionen, inklusive Verwaltungs- und Justizsystem, leistungsfähig? 2. Inwieweit werden die demokratischen Institutionen von den relevanten Akteuren akzeptiert oder gestützt?	1. Inwieweit existiert ein stabiles, moderates, gesellschaftlich verankertes Parteiensystem zur Artikulation und Aggregation gesellschaftlicher Interessen? 2. Inwieweit existiert ein Netz kooperationsfähiger Verbände oder Interessengruppen zur Vermittlung zwischen Gesellschaft und politischem System? 3. Wie groß ist die Zustimmung der Bürger zu demokratischen Normen und Verfahren? 4. In welchem Maße sind die gesellschaftliche Selbstorganisation und der Aufbau von Sozialkapital vorangeschritten?

Bertelsmann Stiftung (Hg.), a.a.O.

Aufgaben

1. Beschreiben Sie, welche Defekte eine Demokratie haben kann.
2. Welche Ursachen können der Entwicklung eines Staates zu einer defekten Demokratie zugrunde liegen?
3. Untersuchen Sie die Bedeutung eines Staatszerfalls für die Bevölkerung am Beispiel des Sudan.
4. Recherchieren Sie in der aktuellen Presse nach Beispielen für eine defekte Demokratie und analysieren Sie die Art des Defekts. Ziehen Sie dazu auch die Kriterien aus M heran.

2.3 Diktaturen

Leitfragen	Was ist eine Diktatur?	Was ist der Unterschied zwischen einer autoritären und totalitären Diktatur?	Welche Varianten der autoritären und totalitären Diktatur lassen sich unterscheiden?

Was ist eine Diktatur?

Diktatur bezeichnet eine Herrschaftsform, in der die demokratischen Rechte abgeschafft sind und die Macht über Bevölkerung und Staat von einer Einzelperson oder einer Gruppe uneingeschränkt ausgeübt wird. Diktaturen lassen sich unterscheiden hinsichtlich

- ihrer **Dauer** (z. B. Übergangs-Diktatur),
- der Anzahl der **Herrschenden** (z. B. Partei-Diktatur),
- des **politischen Hintergrunds** (Rechts-, Links-Diktatur) sowie
- des Ausmaßes der **ausgeübten Gewalt** bzw. eingeschränkten Bürger- und Menschenrechte (z. B. totalitäre Diktaturen).

Die Bevölkerung hat in der Regel keine Möglichkeit, diktatorische Regime in freien und fairen Wahlen abzuwählen.

Die Diktatur ist kein Phänomen der Neuzeit. Der Begriff der Diktatur stammt aus dem antiken Rom. Ein Diktator ersetzte in der römischen Republik in Zeiten eines **staatlichen Notstands** die reguläre Herrschaft von zwei Konsuln. Der Grund für die Ausrufung des Notstands konnten dabei innere Unruhen oder Angriffe von außen sein. Der Diktator bekam einen klaren Auftrag, und seine Herrschaft war auf sechs Monate begrenzt. Zu einer Diktatur im heutigen Verständnis wurde dieses Notstandsregime dabei erst, wenn die Macht nach der Überwindung der Notlage oder nach der vorgesehenen Zeit nicht freiwillig zurückgegeben wurde. Dies war bei Julius Cäsar der Fall.

In der Tradition des römischen Diktaturbegriffs rechtfertigen noch heute häufig Diktatoren in Afrika, Asien und Lateinamerika ihre Herrschaft damit, dass sie lediglich wegen eines Notstands – z. B. einem Bürgerkrieg, einer Bedrohung von außen oder auch nur einer schwerwiegenden Wirtschaftskrise – keine demokratischen Wahlen abhalten. Die Durchdringung des gesamten Lebens der Menschen durch die nationalsozialistischen, faschistischen und kommunistischen Diktaturen führte zu der Ansicht, dass utopische Weltanschauungen die theoretische Grundlage für die Errichtung einer neuartigen Form der Diktatur bildeten.

Diese totalitären Diktaturen forderten weit mehr Opfer unter den Menschen als alle Diktaturen zuvor, und sie begnügten sich nicht damit, dass die Menschen sich nicht gegen sie erhoben. Sie wollten ihre Utopie um jeden Preis verwirklichen und einen „neuen Menschen“ schaffen.

Merkmale und Formen totalitärer und autoritärer Diktaturen

Totalitäre Diktaturen	**Merkmale:** • Totalitäre Diktaturen rechfertigen ihre Herrschaft auf der Grundlage einer Ideologie mit absolutem Wahrheitsanspruch. Die Ideologie kann dabei den Charakter einer „politischen Religion“ annehmen. Ebenso wie Demokraten berufen sich Totalitäre auf das Volk als Legitimationsgrundlage der Herrschaft. Über die ideologische Ausrichtung der Staatspolitik wacht eine Staatspartei. • Totalitäre Diktaturen lassen keinen Pluralismus zu und kontrollieren alle Informationen. Alternative politische Ansichten sind wegen des Absolutheitsanspruchs der Ideologie der Herrschenden unzulässig. Es gibt gewöhnlich nur eine einzige Partei, die eng mit dem Staatsapparat verflochten ist. Parteien, die nicht der herrschenden Ideologie folgen, sind grundsätzlich verboten. Häufig setzen totalitäre Diktaturen Terror gegen Andersdenkende ein; Terrormaßnahmen können z. B. Arbeits- und Konzentrationslager, Folter, Säuberungen oder Schauprozesse sein. • Es findet eine ständige politische Mobilisierung statt. Die Menschen werden dazu gedrängt, sich in der Staatspartei oder vom Staat erschaffenen Massenorganisationen zu engagieren und an vom Staat organisierten Kundgebungen teilzunehmen. **Formen:** • Faschistische Diktaturen • Kommunistische Diktaturen • Theokratische Diktaturen: Als eine Unterform der totalitären Diktaturen gelten Theokratien. Sie legitimieren sich mittels der Religion; auch ihre politischen Gesetze leiten Theokratien aus religiösen Regeln ab. Diese Staaten gehen von einem – auf religiöser Grundlage – klar bestimmbaren Gemeinwohl aus. Ein Streit der Interessen gilt daher als nicht legitim. Ein Beispiel für eine Theokratie ist der Iran: Im Jahr 1979 mündete eine islamische Revolution unter Führung Ayatollah Khomeinis in der Errichtung eines islamistischen Gottesstaats. Seither richten sich Gesetzgebung und Rechtsprechung nach den Gesetzen des Islam, der Scharia. Eine noch radikalere Variante einer islamistischen Theokratie errichteten die Taliban in Afghanistan (1996–2001). So mussten Frauen in der Öffentlichkeit ihren gesamten Körper mit einer Burka verschleiern. Wer gegen die Scharia-Auslegung der Taliban verstieß, wurde mit extremen Strafen wie der Steinigung bestraft.
Autoritäre Diktaturen	**Merkmale:** • Autoritäre Diktaturen haben ein eher vages politsches Programm. Die Herrschenden haben keine ideologische Mission, die sie erfüllen wollen; zentrales Ziel ist die Herrschaftssicherung.

- In autoritären Diktaturen herrscht ein beschränkter Pluralismus. Vereinigungen von Bürgern sind möglich, so lange sie sich nicht gegen die Herrschenden richten. Individuelle Freiheitsrechte werden gering geachtet.

- Autoritäre Diktaturen haben kein Interesse an einer Mobilisierung der Massen. Sie wollen vielmehr, dass die Massen sich politisch nicht engagieren.

- Freie, gleiche und geheime Wahlen sind meist nicht gewährleistet.

- Die Gewaltenteilung ist eingeschränkt.

Formen:

- In Militärdiktaturen regiert das Militär. Die Macht wird ausgeübt durch einen einzelnen Militärdiktator oder eine Gruppe von Militärs (Junta). Meist gelangt das Militär durch einen Putsch während einer politischen Krise an die Macht. Das Militär behauptet dabei gegenüber der Bevölkerung meist, nur für eine Übergangszeit den Staat lenken zu wollen. Es beruft sich dabei gewöhnlich vage auf nationalistische oder sozialistische Parolen, ohne über ein klares Herrschaftsprogramm zu verfügen. Militärdiktaturen finden sich vor allem in Afrika und Asien. Bis in die 1990er Jahre dominierten Militärdiktaturen das politische Bild Lateinamerikas (z. B. in Chile von 1973 bis 1990).

- Autoritäre Modernisierungsdiktaturen legitimieren sich damit, schneller als Demokratien die Entwicklung des Landes vorantreiben zu können. Im Unterschied zu den Militärdiktaturen werden sie in aller Regel von Zivilisten geführt. Modernisierungsdiktaturen entstehen häufig bei Staatsneugründungen, etwa nach der Entkolonialisierung in Afrika und Asien. In der Gegenwart finden sich diese Diktaturen etwa in vielen Nachfolgestaaten der Sowjetunion wie Georgien, Kasachstan, Tadschikistan, Usbekistan und Weißrussland. Modernisierungsdiktaturen können wirtschaftlich erfolgreich sein wie Singapur und Taiwan – die inzwischen zu defekten Demokratien wurden –, aber dies ist keineswegs immer der Fall. Die Volksrepublik China erscheint inzwischen als eine Mischform zwischen einer kommunistischen Weltanschauungsdiktatur und einer autoritären Modernisierungsdiktatur.

- In Dynastien gibt es eine Herrscherfamilie, die entweder den Bürgern erfolgreich vermitteln konnte, dass diese Familie qua Geburt zur Herrschaft in dem Land legitimiert ist, oder die ihren Anspruch per Zwang durchsetzt. In solchen Ländern gibt es keine Wahlen; die Regierenden werden durch eine Thronfolge bestimmt. Ein Beispiel ist die Herrschaft der Familie Saud in Saudi-Arabien. Neben den autoritären Dynastien gibt es auch liberale Dynastien wie Monaco, in denen zwar keine demokratischen Wahlen stattfinden, die Bürger aber das gleiche Maß an Freiheit wie in liberalen Demokratien genießen.

M Das Kreuz mit der Demokratie

Als die Mauer vor rund zwei Jahrzehnten fiel, schien die Demokratie einen Sieg für die Ewigkeit errungen zu haben. Der Sozialismus war tot, der Satz „Freiheit für alle" wurde von einer Forderung zu einer konkreten Hoffnung. Aber sie hat sich nicht erfüllt. Staaten wie China oder Russland übernahmen den Kapitalismus vom Westen, aber nicht das Verständnis von Demokratie und Menschenrechten. Im Gegenteil, die Demokratie hat eine neue Konkurrenz bekommen: den autoritären Staat, der wirtschaftlich erfolgreich ist. Er wird zum Modell für viele asiatische und afrikanische Staaten.

[...] Derzeit herrschen die schlechten Nachrichten zur Lage der Demokratie vor. Gibt es einmal wirklich freie Wahlen in der Dritten Welt, wie in Palästina und jetzt in Nepal, dann gewinnen die Radikalen und stürzen den Westen in das Dilemma, ob er eine von Volkes Stimme legitimierte Terrororganisation anerkennen soll. So wichtige Staaten wie China und Ägypten, Nigeria und Venezuela stehen dagegen für den Vormarsch des Autoritären, das sich zum Flächenbrand auszubreiten droht. Nicht das „Ende der Geschichte" ist zu vermelden, wie der amerikanische Politikwissenschaftler Francis Fukuyama 1992 glaubte, die glückselige Auflösung aller Probleme im demokratischen Guten, sondern die „Rückkehr der Geschichte" mit zersplitterten, aggressiven „failed states", gescheiterten Gemeinschaften. [...] Es gibt Unterdrückungsmechanismen, die alle im Westen – Regierungen wie Öffentlichkeit – gemeinsam verurteilen. Nicht so in China oder Russland. Wenn etwa in Darfur durch die Hauptschuld der sudanesischen Machthaber 300.000 Menschen ums Leben kommen, wenn die Militärs von Burma friedlich demonstrierende Mönche in den Tod prügeln, dann schweigen die Herren in Moskau und Peking, marschieren untergehakt. Die neue Internationale der Autokraten hält die Augen geschlossen, vereint gegen das Menschenrecht. Strategische Interessen regieren, vor allem der Zugang zu den weltweit so unterschiedlich verteilten Rohstoffen. Sie machen die politischen Systeme diktaturanfällig. Sieht man von Norwegen ab, hat keine der 23 größten Ressourcenmächte demokratische Institutionen, der Trend geht in die andere Richtung. [...]

Die Vereinigten Staaten mussten einen langwierigen Prozess durchmachen – und ihre Freiheiten eroberten sich die Bürger aus Eigenantrieb, sie entstanden aus dem Inneren der Gesellschaft heraus. Erst Mitte der sechziger Jahre des 20. Jahrhunderts etwa setzte die Bürgerrechtsbewegung unter Martin Luther King gleiche Rechte für Schwarze durch. Die Demokratie: ein Erarbeitungsprozess, ein Geduldsspiel; keine Patentlösung, kein Instantrezept fürs Glück. [...]

Die Frage für den Westen ist in den kommenden Jahren nicht so sehr, welcher Staat sich mit dem westlichen Parlamentarismus-Modell anfreunden oder es gar übernehmen kann. Das Problem der USA und anderer Demokratien liegt darin, autokratische Mächte und ihre Anziehungskraft zu bremsen. Denn ohne Zweifel geht manches leichter in einem straff geführten Staat. „Wer würde nicht vorziehen, Deals in einem Land ohne freie Gewerkschaften zu machen? Wer würde die Chance verstreichen lassen, ganze Städte ohne öffentlichen Einspruch umzugestalten?", fragt der Sozialwissenschaftler und Buchautor Ian Buruma. Er rät davon ab, in Sachen Demokratie die reine Lehre zu propagieren.

Tatsächlich hat sich mit dem Ende des Kalten Krieges auf beiden Seiten des zerborstenen Eisernen Vorhangs und auch in den jeweiligen asiatischen, afrikanischen und lateinamerikanischen Klientelstaaten der Weltmächte USA und UdSSR die klare Unterscheidung aufgeweicht. Demokratie ist bei näherer Ansicht und im Auge der Betroffenen nicht immer das anzubetende und unter allen Umständen anzustrebende Nonplusultra (falls es das jemals gewesen sein sollte); Autokratie ist nicht mehr immer und für alle das absolute Schreckgespenst. Und das ist sogar verständlich – denn Staatsformen kommen nicht in absoluten Farben daher, sondern in vielen verschiedenen Schattierungen des Graus. Bleibt die Demokratie ein aufgesetztes Konstrukt, stellt sie sich selbst in Frage – allzu oft hat sich der Westen mit der Einhaltung von Formalien zufriedengegeben. In Nigeria etwa wurden nach westlichem Vorbild „Parteien" geschaffen, was auf dem Papier wunderbar demokratisch aussah. Doch diese Parteien waren keine Orte politischer Willensbildung, sondern nur Fassaden für die Interessen korrupter Politiker und Geschäftsgrößen. Unter solchen Umständen können Wahlen geradezu kontraproduktiv für die Entwicklung eines Staatswesens sein, besonders dann, wenn es auch noch in ausgeprägte Stammesgebiete mit ethnischen Parteien zersplittert ist. In Nigeria wie auch in Kenia hat der Urnengang die Gegensätze eher verstärkt und nicht zur nationalen Versöhnung beigetragen. Eine nachhaltige Demokratie erfordert mehr als Wahlen. Sie braucht eine funktionierende Zivilgesellschaft mit Grundvertrauen in die Institutionen, mit der Bereitschaft zum Kompromiss und Respekt vor dem Gesetz. Schlichter gesagt: Ohne die Herrschaft des Rechts und kompetente, nicht in die eigene Tasche wirtschaftende Politiker geht gar nichts.

„Good Governance", Regierung zum Wohl des Volkes, ist sicher nicht ohne Volksbeteiligung möglich; wohl aber ohne die Kopie westlicher Vorstellungen. Kein ernsthafter Beobachter wird leugnen, dass etwa Singapur zwar patriarchalisch, aber kompetent regiert wird. Eine positive Entwicklung zeigt sich für die Menschen nicht nur durch politische Mitgestaltung, sondern auch bei der materiellen Grundsicherung wie dem Zugang zur Bildung und einer medizinischen Grundversorgung. [...]

Optimisten sagen: Demokratische Gesellschaften haben sich bisher letztlich als stabiler erwiesen als die Alternativen, auch ökonomisch. Sie können noch am ehesten sozialen Ausgleich herstellen. Langfristig besteht also kein Grund zur Verzagtheit. Vielleicht ist die Demokratie nur in einem Zwischentief, in einer Formkrise. Und sicher wäre ihr Export ein größerer Erfolg, würde er behutsamer und ohne Absolutheitsanspruch vorangetrieben. Die entscheidende Entwicklung Richtung Pluralismus und Gewaltenteilung kann aber nur von unten kommen, aus den Wurzeln eines Landes. Sie muss mit der Hoffnung auf eine Verbesserung der Lebensverhältnisse und persönlichen Freiheiten verbunden sein – nur so lässt sich die „selbstverschuldete Unmündigkeit", von der Immanuel Kant gesprochen hat, aufbrechen.

„Die Demokratie gestattet als einzige Regimeform die friedliche Korrektur der eigenen Fehler und bleibt daher das attraktivste politische Modell", urteilt der deutsche Historiker Hans-Ulrich Wehler. Das ist wohl so. Es muss sich nur noch herumsprechen, denn der Trend zeigt gegenwärtig in die andere Richtung.

Erich Follath im „Spiegel" vom 05.05.2008

Aufgaben

1. Versuchen Sie, einen Staat Ihrer Wahl auf dem Kontinuum zwischen idealer Demokratie und perfekter totalitärer Diktatur einzuordnen.
2. Versuchen Sie, trotz möglicher Überschneidungen autoritäre Diktaturen und defekte Demokratien voneinander abzugrenzen.
3. Diskutieren Sie das Für und Wider des westlichen Demokratie-Modells unter Einbeziehung des Textes. Worin liegen dem Autor zufolge die Gründe für die Zunahme autokratischer Regierungsformen (M)?

3 Formen demokratischen Regierens

3.1 Parlamentarische, semipräsidentielle und präsidentielle Demokratien

Leitfragen

- Wodurch unterscheiden sich parlamentarische und präsidentielle Regierungssysteme?
- Was bedeutet Semipräsidentialismus und warum wurde diese Kategorie entwickelt?

Parlamentarismus und Präsidentialismus

In den modernen Demokratien sind die Versammlung der Volksvertreter – das Parlament – und die Regierung die politischen Entscheidungszentren. Im **Präsidentialismus** sollen Regierung und Parlament idealtypisch voneinander unabhängig sein, im **Parlamentarismus** sind Parlament und Regierung dagegen eng miteinander verflochten.

Nicht alle realen parlamentarischen und präsidentiellen Demokratien erfüllen sämtliche Merkmale der Idealtypen. Unabdingbares Kriterium der Unterscheidung zwischen parlamentarischer und präsidentieller Demokratie ist die **Absetzbarkeit der Regierung** durch eine Parlamentsmehrheit aus politischen Gründen. Dieses Kriterium ist dabei eng verbunden mit der Frage, ob die Regierungsspitze eine eigenständige **demokratische Legitimation** durch Wahlen genießt oder ob sie nur indirekt über die Unterstützung der Parlamentarier demokratisch legitimiert wird.

Idealtyp Parlamentarismus	Idealtyp Präsidentialismus
Legitimation der Regierung: Das Volk wählt *nur* das Parlament (eingleisige Legitimationsschiene). Die Regierung wird vom Parlament gewählt.	**Legitimation der Regierung:** Das Volk wählt Präsident *und* Parlament (zweigleisige Legitimationsschiene). Die Regierungsspitze wird also völlig unabhängig von den Kräfteverhältnissen im Parlament bestellt.
Abberufbarkeit der Regierung: Eine Mehrheit der Parlamentarier kann die Regierungsspitze (z. B. Premierminister oder Kanzler) aus politischen Gründen abberufen.	**Abberufbarkeit der Regierung:** Das Parlament kann den Präsidenten nicht aus politischen Gründen abberufen.
Auflösung des Parlaments: Die Regierungsspitze kann das Parlament auflösen.	**Auflösung des Parlaments:** Der Präsident kann das Parlament nicht auflösen.

Semipräsidentielle Regierungsform

Im Laufe der Zeit entstanden Regierungsformen, die nur schwer eindeutig in die Kategorie des Parlamentarismus oder Präsidentialismus einzuordnen waren. So weist beispielsweise die Regierungsform Frankreichs grundlegende Unterschiede zum Parlamentarismus britischen Typs oder zum Präsidentialismus der USA auf. Auch die Weimarer Republik war weder klar dem Parlamentarismus noch dem Präsidentialismus zuzuordnen. Diese Regierungsform wird als **Semipräsidentialismus** bezeichnet.

Sind Präsident und Regierungschef aus der gleichen Partei, bestimmt in semipräsidentiellen Demokratien der Präsident die politischen Entscheidungsprozesse. Kommen beide aus verschiedenen politischen Lagern, liegt der Hauptteil der Regierungsmacht in den Händen der Regierung, der eine parlamentarische Mehrheit den Rücken stärkt. Auf internationaler Ebene werden semipräsidentielle Demokratien wie Frankreich in der Regel vom Präsidenten vertreten.

Regierungsform und Parteien

- Weil in **parlamentarischen Demokratien** die Regierung durch eine Parlamentsmehrheit absetzbar ist, muss sie sich davor hüten, eine Mehrheit der Parlamentarier gegen sich aufzubringen. Die parlamentarische Regierungsform fordert und fördert die Entstehung von Parteien, die parlamentarische Mehrheiten organisieren und die Regierung stützen. In parlamentarischen Demokratien verläuft die politische Trennungslinie nicht zwischen Parlament und Regierung, sondern zwischen den Vertretern der Regierungsparteien in Parlament und Regierung und den Vertretern der Oppositionsparteien.

- Der **präsidentiellen Demokratie** attestieren Forscher dagegen bis heute in der Regel eine Gewaltenteilung zwischen Regierung und Parlament. Die Realität in den präsidentiellen Demokratien entspricht allerdings teilweise nicht mehr diesen Erwartungen. Auch in vielen präsidentiellen Demokratien spielen die Parteien eine dominante Rolle im politischen Leben. Im Unterschied zu den USA sind etwa in den präsidentiellen Demokratien Lateinamerikas Regierungskoalitionen von Parteien keineswegs mehr selten. Diese dienen nicht zuletzt dazu, den Präsidenten bei ihren Gesetzgebungsvorhaben parlamentarische Mehrheiten zu sichern.

Idealtyp Semipräsidentialismus	
Machtverteilung	Zwei Institutionen, Präsident und Regierung, müssen sich die Regierungsmacht teilen.
Legitimation	Das Volk wählt den Präsidenten unabhängig vom Parlament, die Regierung mit dem Premierminister an der Spitze wird auf der Grundlage der Kräfteverhältnisse im Parlament bestimmt.
Abberufbarkeit	Das Parlament kann die Regierung abberufen, nicht aber den Präsidenten. In einer semipräsidentiellen Demokratie ist demnach im Unterschied zur parlamentarischen Demokratie nur die „halbe" Regierungsspitze – der Premierminister – vom Parlament absetzbar, der Präsident aber nicht.

M Regierungssysteme im Überblick

Deutschland

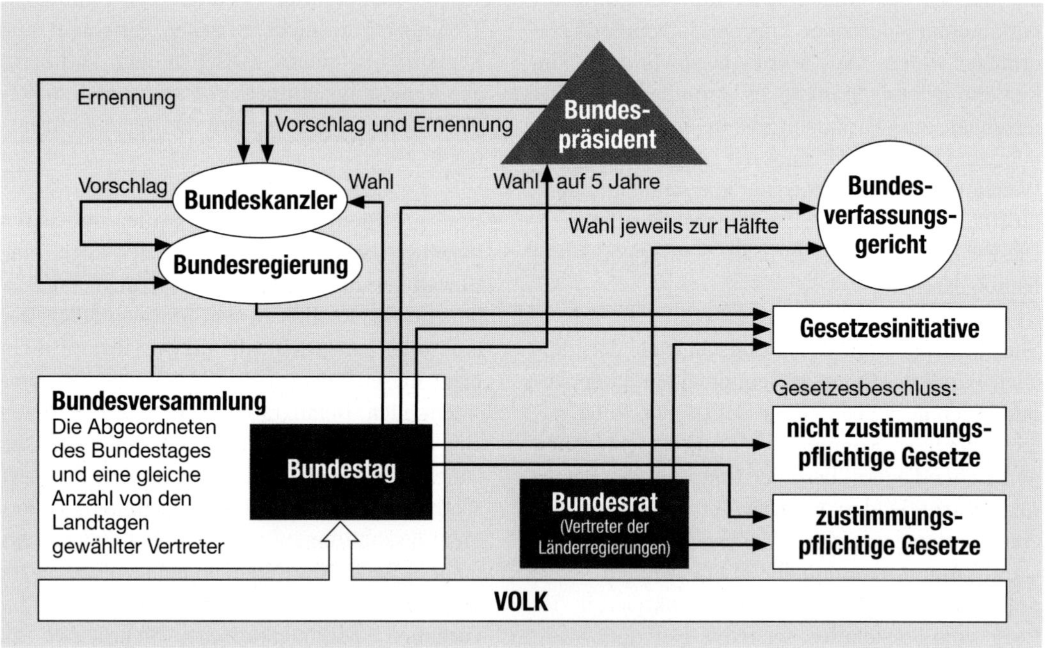

Ralf Rytlewski/Carola Wuttke (Hg.), Basiswissen Schule. Politik, Mannheim 2004, S. 125

Die Vereinigten Staaten von Amerika

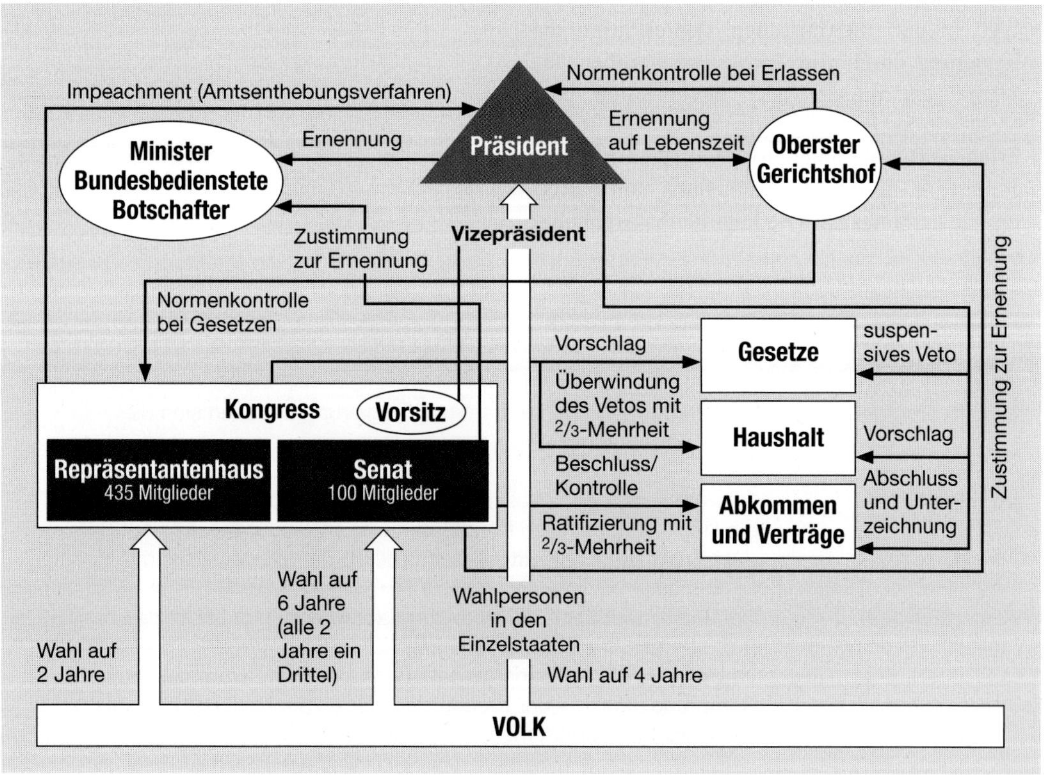

Ralf Rytlewski/Carola Wuttke, a.a.O., S. 60

Frankreich

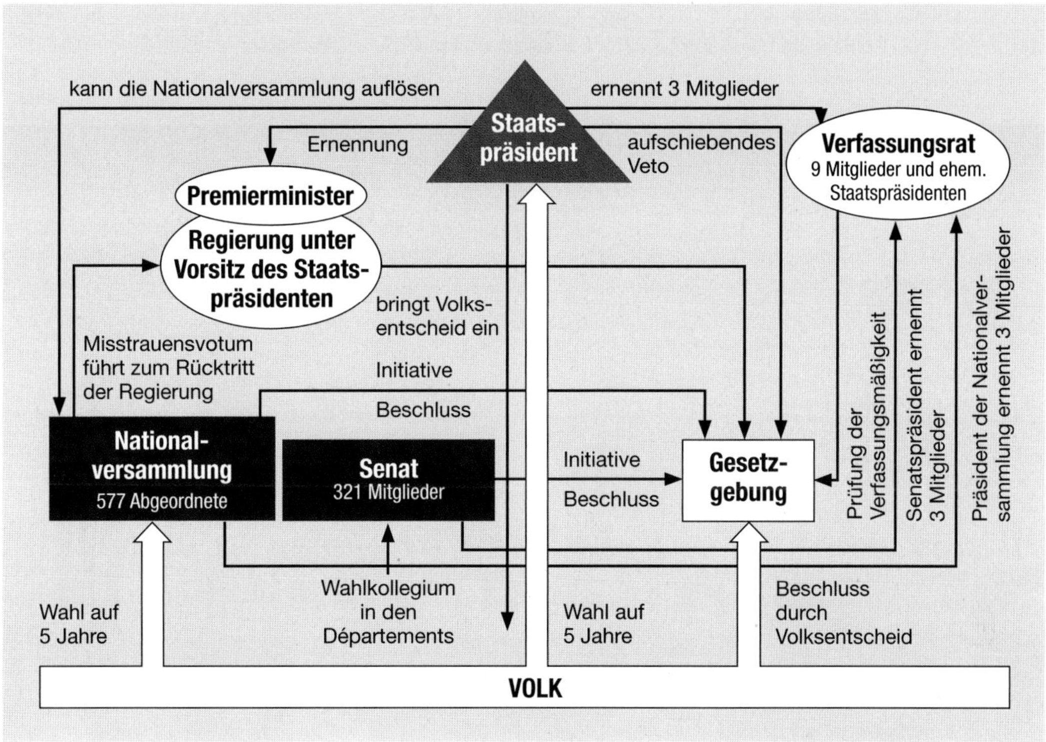

Ralf Rytlewski/Carola Wuttke, a.a.O., S. 62

Aufgaben

1. Worin sehen Sie die Vorteile, wo die Nachteile des Parlamentarismus gegenüber dem Präsidentialismus? Begründen Sie Ihre Meinung.

2. Arbeiten Sie anhand der Schaubilder die wesentlichen Merkmale der Regierungssysteme in Deutschland, Frankreich und den USA heraus (M).

3. Diskutieren Sie die Rolle des Staatsoberhaupts und des Regierungschefs in den verschiedenen Staaten (M).

3.2 Konsens- und mehrheitsorientierte Demokratien

Leitfragen	Was charakterisiert Mehrheits- und Konsensdemokratien?	Wodurch unterscheiden sich Konkurrenz- und Konkordanzdemokratien?	Sollten Entscheidungen in Demokratien durch Mehrheitsentscheid oder durch Verhandlungen fallen?

Im Palast von Westminster tagt das britische Parlament. Es ist die Wiege des Westminster-Modells der Demokratie.

Die Konkurrenz- oder Mehrheitsdemokratie

Der **Wettbewerb** zwischen politischen Alternativen ist ein zentrales Merkmal des demokratischen Verfassungsstaats. Im britischen Westminster-Modell ist der politische Alltag von diesem Wettbewerbsaspekt bestimmt.

Zu den Charakteristika der Konkurrenzdemokratie gehört eine **Einparteienregierung**, der die Opposition eher konfrontativ gegenübersteht. Das Kernmerkmal der Konkurrenzdemokratie ist, dass Parteien miteinander um politische Mehrheiten im Parlament ringen. Die Partei mit der Parlamentsmehrheit fällt dann ohne Beteiligung der Minderheiten und nötigenfalls auch gegen deren fundamentalen Widerspruch politische Entscheidungen.

Damit die politischen Minderheiten dies akzeptieren können, ist es wichtig, dass sie realistische Chancen haben, bei der nächsten Wahl die Mehrheit zu stellen. Die Regierungsverantwortung muss im Modell der Konkurrenzdemokratie relativ regelmäßig zwischen den politischen Parteien wechseln. Die Grundannahme des Modells ist, dass der Wettbewerb zwischen Parteien und ihren Programmen stattfindet und es keine starken ethnischen oder religiösen Konfliktlinien gibt, welche die politische Auseinandersetzung grundlegend prägen. Würde nämlich in Wahlen nach der ethnischen oder religiösen Zugehörigkeit abgestimmt, hätten die jeweils schwächeren Gruppen keine realistische Chance, die Regierung zu übernehmen.

Der Begriff „Mehrheitsdemokratie" setzt den Akzent etwas anders als der Begriff „Konkurrenzdemokratie". Der Begriff **„Konkurrenzdemokratie"** hebt auf den **Charakter des Wettbewerbs** ab, der Begriff **„Mehrheitsdemokratie"** dagegen auf die **Entscheidungsregel.**

Die Konkordanz- oder Konsensdemokratie

Lange Zeit herrschte die Ansicht vor, das konkurrenzdemokratische Westminstermodell stelle das demokratische Ideal dar. Staaten mit starken ethnischen, sprachlichen und religiösen Konfliktlinien mussten in ihrer Geschichte allerdings feststellen, dass dieser Weg für sie kaum zu beschreiten war. Keine Bevölkerungsgruppe, die ohne Chance auf Mehrheitsbildung ist, lässt sich darauf ein, stets überstimmt zu werden.

Aus dieser Erfahrung heraus einigten sich in einigen Staaten die Eliten rivalisierender ethnischer oder religiöser Bevölkerungsgruppen auf Alternativen zu Mehrheitsentscheidungen. Als Musterbeispiel dafür galt lange die Schweiz. Die Schweizer nannten die besondere Ausprägung ihres politischen Systems Konkordanzdemokratie (Konkordanz = Übereinstimmung).

Reine Konkordanzdemokratien sind selten. Zu ihnen zählen neben der **Schweiz** heute nur noch **Luxemburg** und **Liechtenstein.** Viele der heutigen Demokratien sind weder klar der Kategorie der Konkurrenz- noch jener der Konkordanzdemokratien zuzuordnen. So ist etwa in **Deutschland** das politische Leben einerseits vom Parteienwettbewerb geprägt. Durch die Verhandlungspraktiken zwischen Bund und Ländern, die Besetzung der obersten Bundesgerichte und die zur Verfassungsänderung notwendige Zweidrittelmehrheit in Bundestag und Bundesrat weicht Deutschland andererseits sehr stark vom Modell einer Konkurrenzdemokratie ab.

In einer **Konsens- bzw. Konkordanzdemokratie** sollen möglichst alle politisch bedeutsamen Gruppen in den Entscheidungsprozess einbezogen werden. Dies muss aber nicht auf der Grundlage der Proporzregel geschehen. Die politischen Regeln sollen vielmehr das Ergebnis von Verhandlungen sein. Am Ende sollen sich alle Gruppen in den gefundenen Regeln wiederfinden und es soll keine Gruppe mehr geben, die den Regeln fundamental widerspricht.

Der wesentliche Unterschied zwischen Konkordanz- und Konsensdemokratien ist, dass die **Konkordanzdemokratie** aufgrund ethnischer, religiöser oder sonstiger Fragmentierungen der Gesellschaft zwingend eine **proportionale politische Beteiligung** aller wichtigen Gruppen vorschreibt, während die **Konsensdemokratie** nach einer **weitgehenden Machtteilung** strebt, die sich nicht zwingend an den Interessen gesellschaftlicher Teilgruppen orientiert.

Merkmale der Konkordanzdemokratie

Proporzregel	In Konkordanzdemokratien soll der politische Einfluss der verschiedenen – ethnischen, sprachlichen, religiösen – Gruppen dem Bevölkerungsanteil entsprechen (Proporzregel). Es findet also zwischen den am Proporz beteiligten Gruppen kein Wettbewerb um die politischen Ämter statt, sondern diese werden unabhängig vom Wahlergebnis entsprechend ihres Bevölkerungsanteils an den politischen Ämtern beteiligt.
Vetorecht	Die ethnischen und religiösen Gruppen haben ein Vetorecht im politischen Prozess. Keine Gruppe kann sich also ohne deren Einverständnis gegen eine andere durchsetzen.
Koalitionsbildung	Die Neigung, alle ethnischen oder religiösen Gruppierungen proportional an der Regierung zu beteiligen, führt in der Regel zu Koalitionen mit vielen Parteien bis hin zu Allparteienkoalitionen.

	Konkurrenzdemokratie/ Mehrheitsdemokratie	Konkordanzdemokratie/ Konsensdemokratie
Stärken	• Großer Handlungsspielraum der Regierung. • Entscheidungen können recht schnell getroffen werden. • Für Wähler ist klar, wer für eine Entscheidung verantwortlich ist.	• Ausschluss der Gefahr einer „Tyrannei der Mehrheit“, da alle gesellschaftlichen Gruppen in Entscheidungsprozesse einbezogen sind. • Hoher Grad an Akzeptanz bei allen gesellschaftlichen Gruppen. • Dauerhaftigkeit/Tragfähigkeit politischer Entscheidungen, da stets alle gesellschaftlichen Gruppen in die Entscheidungsfindung eingebunden sind.
Schwächen	• Gefahr einer „Tyrannei der Mehrheit“, da keine Notwendigkeit besteht, alle gesellschaftlichen Gruppen in Entscheidungsprozesse einzubeziehen. • Geringer Grad an Legitimation bei gesellschaftlichen Gruppen, die ständig durch andere gesellschaftliche Gruppen überstimmt werden. • Gefahr einer unsteten Regierungspolitik bei ständiger Ablösung von Parteien mit entgegengesetzter Programmatik.	• Geringer Handlungsspielraum der Regierung. • Entscheidungen dauern recht lange, daher können politische Probleme in der Regel nicht schnell gelöst werden. • Für Wähler ist nicht immer klar, wer für eine Entscheidung verantwortlich ist.

M1 Kriterien zur Unterscheidung von Mehrheits- und Konsensdemokratie

	Mehrheits- und Konkurrenzdemokratie	Konkordanz- und Konsensdemokratie
Konzentration der Regierungsmacht	Einparteienregierung	Mehrparteienkoalition
Verhältnis Exekutive – Parlament	Exekutive dominant	Machtbalance
Parteiensystem	Zweiparteiensystem	Vielparteiensystem
Wahlsystem	Mehrheitswahl	Verhältniswahl
Einbeziehung der Interessengruppen	Offen pluralistisch[1]	Reguliert korporatistisch[2]
Zentralisierungsgrad des Staates	Unitarischer Staat	Förderaler/dezentralisierter Staat
Parlamentsstruktur	Einkammersystem	Zweikammersystem
Verfassungsänderung	Einfache Mehrheiten	Qualifizierte Mehrheiten
Verfassungsgerichte	Suprematie[3] des Parlaments	Überprüfung der Gesetze auf Verfassungsmäßigkeit

Nach: Carsten Giersch, Materialien zur Vergleichenden Regierungslehre; http://www.wiwi.uni-rostock.de/~polreg/content/typologische.merkmale.pdf (29.3.2005)

[1] *Als pluralistisch werden Arbeitsbeziehungen bezeichnet, wenn eine Vielzahl von Verbänden miteinander konkurriert und die Mitsprache von Verbänden in der Politikformulierung und -implementierung nicht institutionalisiert ist.*

[2] *Korporatistisch ist eine Form der Teilnahme privater Akteure (üblicherweise Gewerkschaften und Arbeitgeberverbände) an der Politik, die nicht durch Konkurrenz-, sondern durch Aushandlungsmechanismen geprägt ist.*

[3] *Suprematie: Überordnung*

M2 Demokratievergleich auf der regionalen Ebene

Nehmen wir als Beispiel die beiden Bundesländer Berlin und Bayern. In Berlin gibt es viele Parteien, ein stark proportionales Wahlsystem, und es herrscht eine Mehrparteienregierung – alles Merkmale einer Konsensdemokratie. In Bayern hingegen gibt es weniger Parteien, eine starke CSU, und es regiert eine Einparteienregierung – alles Elemente einer Machtkonzentration, wie sie in einer Mehrheitsdemokratie vorherrschen. Allerdings finden sich auch in den Bundesländern nicht reine Typen von Mehrheits- und Konsensdemokratien, sondern in der Regel Mischformen. Verallgemeinernd lässt sich sagen, dass in jenen deutschen Bundesländern, wo nach dem Zweiten Weltkrieg die Briten (z. B. Nordrhein-Westfalen, Niedersachsen) Besatzungsmacht waren, eher eine mehrheitsdemokratische Ausprägung von Demokratie mit einer starken Exekutive zu finden ist, während dort, wo die Amerikaner (z. B. Bayern und Hessen) waren, sich eher föderale Strukturen und starke Verfassungsgerichte etablieren konnten.

Brigitte Blöchlinger, in: Unipublic, Magazin der Universität Zürich, auf: www.unipublic.uzh.ch/magazin/gesellschaft/2008/3047.html (20.08.2008)

Aufgaben

1. Untersuchen Sie das politische System der Bundesrepublik Deutschland und beantworten Sie die Frage, welche Merkmale eher einer Mehrheits- oder einer Konsensdemokratie entsprechen.

2. Überprüfen Sie anhand des Kriterienkatalogs (M1), welchem Demokratietyp Ihr Bundesland eher zuzuordnen ist.

4 Das politische System der Bundesrepublik Deutschland

1 Die Grundlagen des politischen Systems

1.1 Die Menschen- und Bürgerrechte

Leitfragen | Was sind Menschen- und Bürgerrechte? | Was bedeuten sie für den Einzelnen?

Welche Rechte haben die Bürger?

Die **Menschenrechte** sind angeborene Rechte und gelten gleichermaßen *für alle Menschen* (universell). Zu den Menschenrechten zählen z. B. die Unantastbarkeit der Menschenwürde, die Meinungs-, Bekenntnis-, Glaubens- und Gewissensfreiheit. Die **Bürgerrechte** sind Rechte, die *nur für die Bürger eines Staates* garantiert werden. Zu den Bürgerrechten zählen z. B. die Freizügigkeit, die Vereinigungs- und Versammlungsfreiheit und das Wahlrecht.

Der **Schutz der Menschenwürde** ist die höchste Rechtsnorm in der Bundesrepublik Deutschland. So ist in Artikel 1 des deutschen Grundgesetzes unabänderbar festgeschrieben: „Die Würde des Menschen ist unantastbar. Sie zu achten und zu schützen ist Verpflichtung aller staatlichen Gewalt.“ Unmittelbar aus dieser Regelung folgt nicht nur das Verbot unmenschlicher Behandlung durch den Staat, sondern auch die Pflicht des Staates zum Schutz vor unmenschlicher Behandlung durch andere. Zusammen mit dem Recht auf die Unantastbarkeit der Menschenwürde bilden das Recht auf persönliche Freiheit (Art. 2 GG) und der Gleichheitsgrundsatz (Art. 3 GG) das Fundament der **Grundrechte**. Die Grundrechte lassen sich auf dieser Grundlage unterteilen in Freiheitsrechte und Gleichheitsrechte.

Allgemeine Erklärung der Menschenrechte

Die Allgemeine Erklärung der Menschenrechte (AEM) wurde am 10.12.1948 von der Vollversammlung der Vereinten Nationen angenommen. Diese Allgemeine Erklärung ist eines der bedeutsamsten Dokumente der Menschheitsgeschichte. Die AEM ist völkerrechtlich nicht verbindlich, bildete aber die Grundlage für spätere Abkommen zum Schutz der politischen, bürgerlichen, sozialen, wirtschaftlichen und kulturellen Menschenrechte. Die damaligen UN-Mitgliedstaaten einigten sich mit der AEM auf einen umfassenden Katalog von unveräußerlichen Menschenrechten, die für alle Menschen gelten sollen, unabhängig von Merkmalen wie etwa Geschlecht, Ethnie oder Religion.

Die Rolle des Staates

Die **Freiheitsrechte** umfassen Abwehrrechte gegenüber dem Staat und Mitwirkungsrechte in Politik und Gesellschaft. Die **Abwehrrechte** markieren den Bereich, in den der Staat nicht eingreifen darf. So stellt das Recht auf Glaubensfreiheit sicher, dass der Staat niemandem einen bestimmten Glauben vorschreibt oder Menschen daran hindert, ihren Glauben auszuüben. Zu den Abwehrrechten gehören

- die Meinungsfreiheit,
- das Postgeheimnis,
- die Unverletzlichkeit der Wohnung und
- die Berufsfreiheit.

Die **Mitwirkungsrechte** bilden die Grundlage der Beteiligung der Bürger an der Gestaltung von Gesellschaft und Politik. Zu den Mitwirkungsrechten zählen

- das aktive und passive Wahlrecht,
- die Versammlungs- und Vereinigungsfreiheit sowie
- die Meinungsfreiheit.

Das Grundrecht auf freie Meinungsäußerung lässt sich dabei sowohl als Abwehrrecht gegenüber dem Staat wie als Mitwirkungsrecht interpretieren.

Die **Gleichheitsrechte** zielen darauf, die Chancengleichheit und die rechtliche Gleichheit der Bürger zu sichern. Kein Mensch darf in Deutschland wegen Geschlecht, Abstammung, Sprache, Herkunft, Glauben, Weltanschauung, Behinderung oder aus sonstigen Gründen diskriminiert werden (**Diskriminierungsverbot**). Das Ziel der Gleichheitsrechte ist dabei eine soziale Gleichheit, die auf einer gleichmäßigen Verteilung aller Güter an die Bürger beruht.

Eine weitere Kategorie von Grundrechten bilden neben den wirtschaftlichen und kulturellen die **sozialen Grundrechte**. Sie nehmen den Staat in die Pflicht, seine Bürger mit bestimmten Gütern zu versorgen. Soziale Rechte sind etwa

- das Recht auf soziale Sicherheit,
- das Recht auf Arbeit oder
- das Recht auf Wohnraum.

Auf Bundesebene finden sich im Grundgesetz kaum soziale Grundrechte. In zahlreichen Länderverfassungen – darunter alle Verfassungen der neuen Bundesländer – sind jedoch soziale Grundrechte niedergelegt. So heißt es etwa in der Verfassung von Brandenburg: „Das Land ist verpflichtet, im Rahmen seiner Kräfte für die Verwirklichung des Rechts auf soziale Sicherung [...] zu sorgen."

Welche Pflichten haben die Bürger?

Zu den Bürgerrechten gehören auch **Bürgerpflichten**. Im Grundgesetz heißt es dazu: „Jeder Deutsche hat [...] die gleichen staatsbürgerlichen Rechte und Pflichten." (Art. 33 Abs. 1 GG) Zu den wenigen im Grundgesetz ausgeführten Bürgerpflichten zählen die Pflicht der Eltern zur Pflege und Erziehung ihrer Kinder (Art. 6 GG) und die Pflicht männlicher Staatsbürger zum Wehr- oder zivilen Ersatzdienst (Art. 12 aGG).

Für die Beamten gilt darüber hinaus die Pflicht zur Verfassungstreue. Zu den Pflichten aller Bürger gehört es weiterhin, Steuern und Abgaben zu zahlen, um den Staat zu finanzieren, und die vom Gesetzgeber erlassenen Regelungen als verbindlich anzuerkennen.

Grundrechte im Grundgesetz

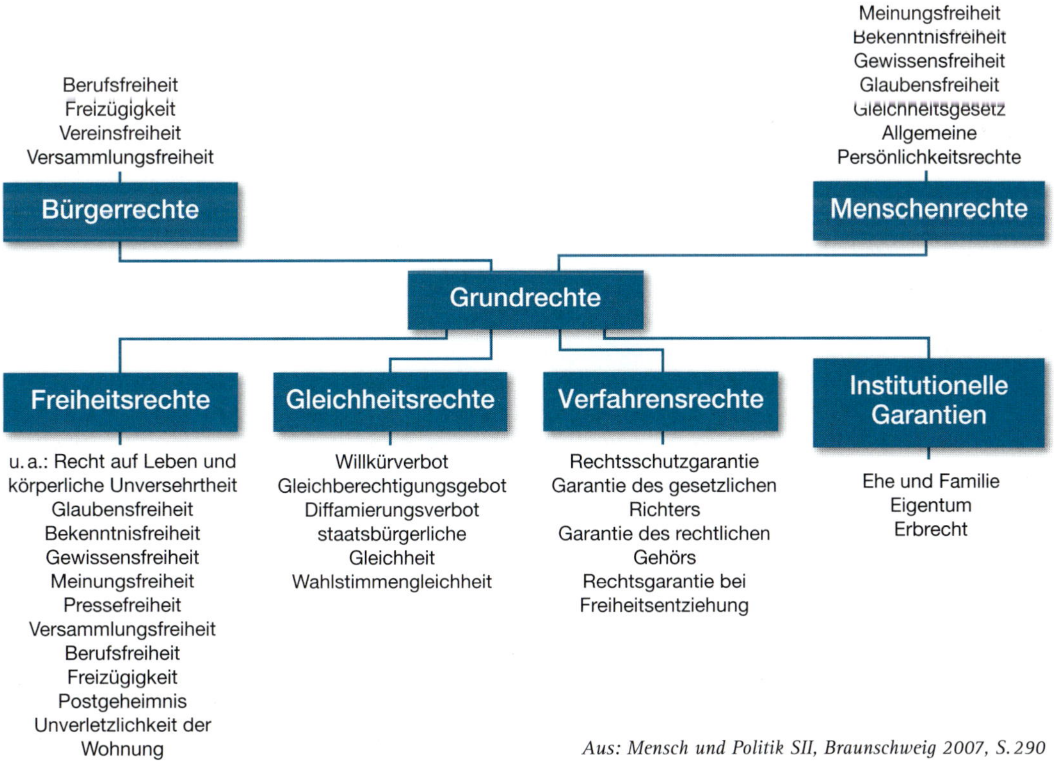

Aus: Mensch und Politik SII, Braunschweig 2007, S. 290

M1 Aus der Balance

In einem Land, das sich nach bitteren Erfahrungen in seinem obersten Verfassungsgrundsatz auf Achtung und Schutz der Menschenwürde festgelegt hat, geht es um die Sicherheit der Freiheit. In einem solchen Land darf dem Staat nicht jedes Mittel zur Bewahrung der Sicherheit recht sein. Deswegen kommt es auch hier, wie meist, auf einen vernünftigen Ausgleich zwischen zwei gleich wichtigen und aufeinander angewiesenen Rechtsgütern an. Wie er im Einzelnen ausfällt, kann nicht abstrakt und ein für alle Mal, sondern nur im Blick auf die jeweilige Gefahrenlage bestimmt werden. Veränderte Risiken können eine veränderte Balance verlangen. Um diese Balance geht es zurzeit in vielen Ländern, die mögliche Ziele terroristischer Anschläge sind. Wo die Linie verläuft, hinter der die Balance aus den Fugen gerät, ist umstritten. […]

Die Grundsätze der Demokratie, des Rechtsstaats und des Bundesstaats sind ebenso unabänderlich wie die Garantie der Menschenwürde, die Existenz unveräußerlicher Menschenrechte und die Grundrechtsbindung der gesamten Staatsgewalt. Die Rechtlosstellung feindlicher Kombattanten wie in den USA könnte in Deutschland auch mit einer Verfassungsänderung nicht erreicht werden. […] Die Menschenwürde, die „zu achten und zu schützen" Artikel 1 zur „Verpflichtung aller staatlichen Gewalt" macht, ist nicht die Würde, welche der Einzelne durch ein gutes Leben erwerben und durch böse Taten verlieren kann. Es ist die Würde, die jeder menschlichen Person innewohnt, unabhängig von ihrem Alter, ihrer Einsichtsfähigkeit, ihrer körperlichen Beschaffenheit, ihrer Lebensführung. Diese Würde hat auch der Terrorist.

Auf der Menschenwürde ruht die gesamte Verfassungsordnung. Sie gilt absolut. Während alle folgenden Grundrechte, selbst das Recht auf Leben, bei der Kollision mit anderen Grundrechten oder hochrangigen Verfassungsgütern einer Abwägung unterzogen werden können und dabei unter Umständen den Kürzeren ziehen, ist die Menschenwürde nicht abwägungsfähig. Sie muss niemals zurückstehen, auch nicht im Kampf gegen den Terrorismus. […] Wenn man im Kampf gegen den Terrorismus zu denselben Mitteln greift, welche die Terroristen anwenden, gibt man den grundlegenden Unterschied zu ihnen auf. Es ist dieser Widerspruch zu den eigenen obersten Prinzipien, der es verbietet, sie gegenüber ihren Verächtern zu missachten.

Der Staatsrechtler und ehemalige Verfassungsrichter Dieter Grimm, in: Die Zeit vom 29. 11. 2007

M2 Notleidende Bürgerrechte

Ein Gespräch mit dem Journalisten Heribert Prantl über die neuen Sicherheitsgesetze und Gefahren für den Rechtsstaat.

Herr Prantl, haben Sie etwas zu verbergen?
Natürlich. Sie und ich laufen ja auch nicht nackt durch die Gegend. Die neueren Sicherheitsgesetze verordnen einen Zwangs-Striptease besonderer Art: Unbescholtene Bürger werden vom Staat durchleuchtet und erfahren nicht einmal etwas davon. Ich will nicht, dass alles, was meine Person und meine Persönlichkeit ausmachen, irgendjemand irgendwo für irgendwelche Zwecke speichert.

Was wäre das?
Es wird so harmlos von „Daten" geredet. Diese Daten sind Puzzle-Stückchen einer Person: Wo und wohin fahre ich mit dem Auto? Mit wem telefoniere ich wann und wo

über was? Welche Konten unterhalte ich, wer zahlt darauf ein, wohin überweise ich wie viel? Welche Internet-Seiten rufe ich auf? Wo fliege ich hin? Welche Dateien finden sich auf meinem Computer? All das summiert sich zu einem Persönlichkeitsbild. Und natürlich gibt es in meinem Beruf Dinge und Personen, die verborgen werden müssen – wie sollen denn Informanten geschützt werden, wenn Sicherheitsbehörden Verbindungsdaten kontrollieren und Lauschaktionen veranstalten können? Man soll nicht immer gleich die Pressefreiheit gefährdet sehen; aber hier ist sie es wirklich. Wenn die Sicherheitsbehörden leicht feststellen können, wer die Redaktion informiert hat, dann sind das Zeugnisverweigerungsrecht, das Berufsgeheimnis und die Pressefreiheit das Papier nicht mehr wert, auf dem sie stehen. […] Auch bei der Pressefreiheit geht es um die großen Zusammenhänge. Sie ist kein Sonntagsreden-Grundrecht; das Aufdecken von Skandalen, die Debatte über die Konsequenzen daraus – das ist wichtig für das Funktionieren von Demokratie. Und auch bei meinem Protest gegen den Zugriff auf alle möglichen Daten geht es nicht um einen privaten Spleen. Wer keinen Anlass für staatliches Eingreifen gegeben hatte, der wurde früher vom Staat in Ruhe gelassen. Jeder konnte durch sein eigenes Verhalten den Staat auf Distanz halten. Man nannte das Rechtsstaat. Heute gilt man als potenziell verdächtig – solange bis sich durch Kontroll- und Überwachungsmaßnahmen das Gegenteil ergibt. Meine Diagnose über unseren Rechtsstaat lautet also: Es steht nicht so gut um ihn.

Ist Deutschland kein Rechtsstaat mehr?

Das zu behaupten wäre Unsinn, zumal das Bundesverfassungsgericht da steht wie eine Eins. Aber ich stelle fest, dass dieser Rechtsstaat seit vielen Jahren an allen Ecken und Enden angefressen wird. Für sicher gehaltene Fundamente der Rechtsordnung bröckeln, Fundamentalgewissheiten sind nicht mehr gewiss, sogar die Absolutheit des Folterverbots wird in Frage gestellt. Es wird über Sanktionen sinniert gegen „Gefahrpersonen", die noch gar keine Straftaten begangen haben. Das sind Indikatoren für eine schon eingetretene Erosion des Rechtsbewusstseins. Gravierende Ermittlungsmaßnahmen und Grundrechtseingriffe waren früher nur dann möglich, wenn jemand konkret im Verdacht einer Straftat stand oder, im polizeirechtlichen Bereich, wenn eine Gefahr konkret wurde. Seit dem 11. September geht dieser Umbau des bisherigen Sicherheitssystems in ein Präventionssystem rasch voran. Der Staat will so früh wie möglich zugreifen, und er tut dies mit Mitteln, die ursprünglich nur gegen verdächtige Straftäter erlaubt waren. […] Man muss akzeptieren, dass es Risiken gibt, die kein Rechtsstaat und vielleicht nicht einmal ein totalitärer Staat ganz beseitigen kann. […] Die Sicherheit ist in diesem Land nicht notleidend, sehr wohl aber sind es die Bürger- und Freiheitsrechte.

Aus: „Das Parlament" Nr. 16/2008

Aufgaben

1. Das Grundgesetz stellt die Menschenwürde unter besonderen Schutz. Recherchieren Sie, welche Artikel des Grundgesetzes dies garantieren.
2. Erklären Sie, was Menschen- und Bürgerrechte unterscheidet.
3. Erstellen Sie eine Mind-Map zum Thema Menschenrechte. Welche Rechte kennen Sie, welche Begriffe und Themen stehen damit in Verbindung?
4. Erläutern Sie, welche Positionen im Spannungsverhältnis von liberalem Rechtsstaat und innerer Sicherheit in M1 und M2 zum Ausdruck kommen. Welche Aspekte stehen für Grimm, welche für Prantl im Vordergrund?

1.2 Die Staatsstrukturprinzipien

Leitfragen

Auf welchen Prinzipien basiert der Aufbau der Bundesrepublik?

Welche Bedeutung hat das Verfassungsrecht?

Das Grundgesetz

Das Grundgesetz ist die Verfassung der Bundesrepublik Deutschland. Es wurde am 23. Mai 1949 verkündet und trat am darauffolgenden Tag in Kraft. In ihm sind die Grundzüge der bundesrepublikanischen Staatsordnung festgelegt.

Das deutsche Grundgesetz bietet in Art. 20 eine „Verfassung in Kurzform". Mit diesem Artikel ist Deutschland auf **fünf Staatsstrukturprinzipien** verpflichtet:

- Demokratie
- Republik
- Rechtsstaat
- Bundesstaat
- Sozialstaat

Die Staatsstrukturprinzipien

- Mit dem Prinzip der **Demokratie** ist festgeschrieben, dass in Deutschland das Volk die Legitimationsquelle politischer Macht sein muss. Dieses Prinzip setzt zumindest voraus, dass faire Wahlen stattfinden, an denen sich alle erwachsenen Bürger beteiligen können. Wahlen können nur als fair gelten, wenn ein freier Wettbewerb zwischen den politischen Alternativen stattfinden kann (**Pluralismus**). Zur Demokratiekonzeption des Grundgesetzes gehören der Parlamentarismus, das Mehrheitsprinzip und das Prinzip der „wehrhaften" Demokratie (→ Seite 260ff.).

- Mit der Festlegung auf die **Republik** als Staatsform wird eine andere Staatsform (z.B. eine Monarchie) ausgeschlossen.

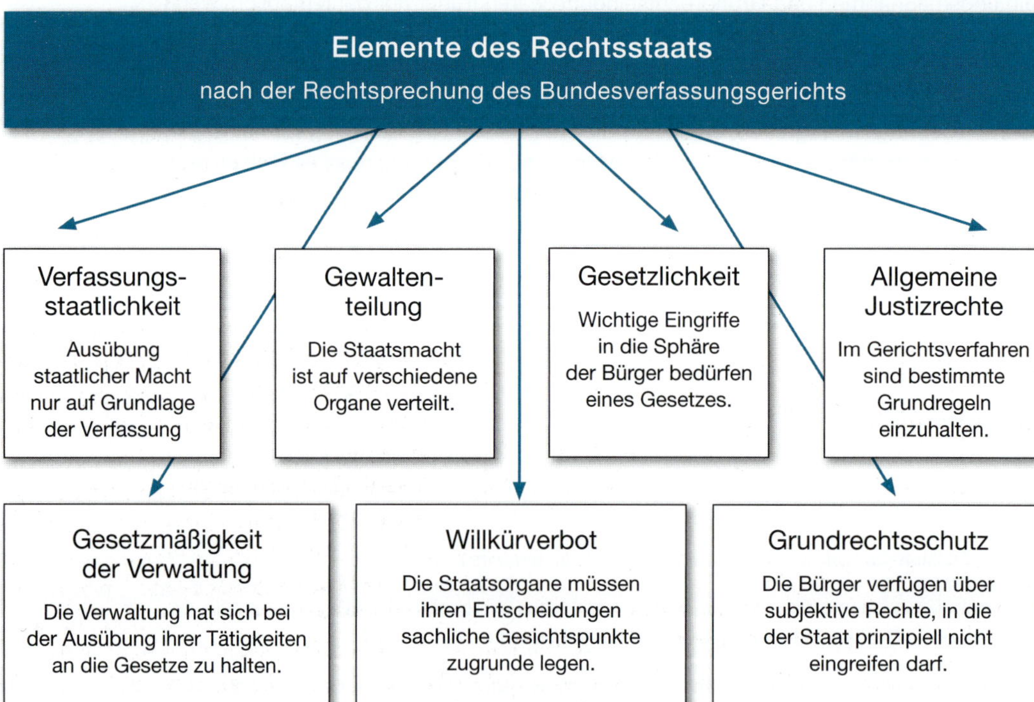

Michael Piazolo, Der Rechtsstaat, hrsg. von der Bayerischen Landeszentrale für politische Bildungsarbeit, München 1999, S. 13

- Mit Blick auf das Prinzip der **Rechtsstaatlichkeit** ist zwischen einem formalen und einem materiellen Rechtsstaatsprinzip zu unterscheiden (→ Kapitel 3.1). Zur Rechtsstaatlichkeit gehört, dass alle Bürger von den Gerichten gleich behandelt werden (**Rechtsgleichheit**) und sich auf die Einhaltung der Gesetze verlassen können (**Rechtssicherheit**). Rechtsstaatlichkeit erfordert zwingend die Unabhängigkeit der Gerichte von politischen Weisungen. Nur dann ist gewährleistet, dass sie die Politik effektiv kontrollieren können. Das materielle, inhaltliche Rechtsstaatsprinzip geht über das formale Rechtsstaatsprinzip hinaus. Demnach bildet die **Würde des Menschen** den obersten Grundwert, an den der Rechtsstaat in seinem Handeln gebunden ist. In der Tradition des Konstitutionalismus sind die Herrschenden durch die Verfassung darauf verpflichtet, die vorstaatlichen Menschenrechte zu achten und zu schützen. Ein Rechtsstaat ist somit das Gegenteil von einem Willkürstaat, in dem die Herrschenden ohne Rücksicht auf die Bürger unbeschränkt ihren politischen Willen durchsetzen können.
- Das Prinzip der **Bundesstaatlichkeit** erfordert, dass mehrere Gliedstaaten (Bundesländer) gemeinsam einen Bund bilden (**Föderalismus**). Die staatlichen Aufgaben sind nach diesem Prinzip zwischen der Bundesebene und den Gliedstaaten aufzuteilen. Die Festlegung auf das Prinzip der Bundesstaatlichkeit bedeutet aber nicht zwingend, dass die gegenwärtige Form des Föderalismus beibehalten werden muss (→ Kapitel 4.5).
- Das Prinzip der **Sozialstaatlichkeit** verpflichtet den deutschen Staat, eine **Grundsicherung seiner Bürger** zu garantieren. Dies ist eine bedeutsame Festlegung. Während ein liberaler Staat sich lediglich dazu berufen fühlt, Sicherheit und Freiheit seiner Bürger zu schützen, beansprucht ein sozialer Staat darüber hinaus, für ein Mindestmaß an Wohlergehen aller Bürger durch **sozialen Ausgleich** zu sorgen. Die konkrete Ausgestaltung dieses Prinzips wird im Grundgesetz nicht weiter definiert und unterliegt daher den gesellschaftlichen und politischen Kräfteverhältnissen (→ Kapitel 1.5).

Handlungsfelder des Sozialstaats

Gesetz über den Gesetzen: das Verfassungsrecht

Das **Verfassungsrecht** steht in Deutschland über allen anderen Gesetzen. Die Parlamentarier dürfen keine Gesetze verabschieden, die den Verfassungsregelungen zuwiderlaufen. Das Grundgesetz verbietet im Art. 79 Absatz 3 mit der **„Ewigkeitsklausel"** jegliche Veränderung der Artikel 1 und 20. Damit sind die Pflicht des Staates zum Schutz der Menschenwürde, die daraus ableitbaren Grundrechte sowie die genannten Prinzipien Republik, Demokratie, Rechts-, Bundes- und Sozialstaat durch keine noch so große Mehrheit veränderbar (**unveränderlicher Verfassungskern**). Seit 1994 kann zudem die in Art. 20a hinzugefügte Verpflichtung auf den Schutz der natürlichen Lebensgrundlagen nicht mehr verändert werden.

Mit Blick auf alle in den Artikeln 1 bis 19 verankerten Grundrechte ist zudem festgelegt, dass der Gesetzgeber sie nicht „in ihrem Wesensgehalt" verändern darf. Mit diesen Regelungen ist das deutsche Grundgesetz ein Verfassungswerk, das einen recht großen Kern gegen jegliche Veränderung schützt. Alle übrigen Verfassungsartikel sind veränderbar, aber nur mit einer Zweidrittelmehrheit in Bundestag und Bundesrat. Durch diese Möglichkeit der Verfassungsänderung haben Politiker einen Spielraum, um die Verfassungsregelungen veränderten sozialen, wirtschaftlichen und politischen Rahmenbedingungen anzupassen.

Das Grundgesetz bietet nur eine grobe Richtschnur für konkrete politische Entscheidungen des Gesetzgebers. Es wird als **Offenheit** des deutschen Grundgesetzes bezeichnet, dass sich viele Verfassungsartikel unterschiedlich auslegen lassen. In Streitfällen ist das Bundesverfassungsgericht der verbindliche Interpret des Grundgesetzes (→ Kapitel 4.7).

Das Konzept der wehrhaften Demokratie

In demokratisch verfassten Staaten gehört die Freiheit des einzelnen Bürgers, seine politische Meinung zu äußern und sich politischen Vereinigungen anzuschließen, zu seinen Grundrechten. Die **Staatsgewalt** geht vom Volk aus. Die Bürger können wählen und abstimmen. In der Weimarer Republik konnten auf dieser Grundlage auch Parteien wie die „Nationalsozialistische Deutsche Arbeiterpartei" und die an der Sowjetunion orientierte „Kommunistische Arbeiterpartei Deutschlands" uneingeschränkt am politischen Wettbewerb teilnehmen. Beide Parteien wollten – mit ganz unterschiedlichen Zielvorstellungen – die Demokratie und den freien Wettbewerb der Parteien abschaffen.

Die Erfahrungen mit der nationalsozialistischen Diktatur in Deutschland und erste Erfahrungen mit der aufkommenden kommunistischen Diktatur im von der Sowjetunion besetzten Ostdeutschland haben die Schöpfer der deutschen Verfassung veranlasst, politischen Gegnern einer liberalen Demokratie **Grenzen der politischen Tätigkeit** zu setzen. Sie begaben sich damit in den Spagat, die Freiheit zu schützen, ohne sie durch diesen Schutz zu zerstören.

1. **Parteien** können auf Antrag von Bundestag, Bundesrat oder Bundesregierung vom Bundesverfassungsgericht verboten werden, wenn sie die demokratische Grundordnung bekämpfen.

2. **Vereine**, die gegen die freiheitlich-demokratische Grundordnung kämpfen, können von der Bundesregierung oder Länderregierungen verboten werden (Art. 9, Abs. 2 GG).

3. **Bürgern**, die Grundrechte wie die Meinungsfreiheit dazu nutzen, die freiheitlich-demokratische Grundordnung zu bekämpfen, können gemäß dem Grundgesetz (Art. 18) auf Antrag vom Bundesverfassungsgericht Grundrechte aberkannt werden. Dieses Mittel ist ausgesprochen umstritten. Es fand bislang nie Anwendung.

4. Alle Deutschen haben zudem das **Recht auf Widerstand** gegen den Versuch, die demokratische Grundordnung zu beseitigen, falls es keine andere Möglichkeit mehr gibt, dies zu verhindern (Art. 20 Abs. 4 GG).

Parteienverbot als Instrument der wehrhaften Demokratie

M1 Verbot vorantreiben

An der Verfassungsfeindlichkeit der rechtsextremen Nationaldemokratischen Partei Deutschlands (NPD) besteht überhaupt kein Zweifel. Trotzdem wagen wir nicht, einen Verbotsantrag zu stellen. Denn es gibt Zweifel am Erfolg eines Verbotsverfahrens. Und die stammen aus der Angst vor einer zweiten Niederlage vor dem Bundesverfassungsgericht.

Diese Angstzweifel haben einen Grund, aber sie müssen überwunden werden. Die NPD gehört nicht in unser demokratisches Parteienspektrum, weil sie und die in ihr Parteiumfeld integrierten Schlägerhorden den aus einer parlamentarischen Demokratie bestehenden Staat bekämpfen und ihn abschaffen wollen. Also ist sie keine Konkurrenz im Parteiensystem, sondern dessen Gegner. Und wir dürfen nicht länger zusehen, wie sie dieses gewachsene System lächerlich und verächtlich macht, wie sie es ausnutzt und unterläuft, wie sie es aushebeln und schließlich abschaffen will. Wenn das Verbot jetzt nicht ernsthaft betrieben wird, zeigt der Staat eine Schwachstelle. Eine Schwäche, die den rechtsextremen Nationalen Anlass für Hass und Gewalt bietet.

2001 hatten Bundestag, Bundesrat und Bundesregierung gemeinsam ein Verbotsverfahren eingeleitet. Es scheiterte 2003 nicht wegen mangelnden Beweismaterials, sondern an einem Verfahrensmangel: NPD-belastende Zitate im Verbotsantrag stammten von Spitzeln, die im Parteiapparat saßen und den Verfassungsschutzämtern Material lieferten. Diese juristische Pleite für Parlament und Regierung war einer der größten denkbaren Unfälle in der Geschichte der Bundesrepublik Deutschland. Die Rechtsextremen lachten sich ins Fäustchen. Unter dem Schutz der von ihnen abgelehnten Rechtsordnung strafften sie ihre Organisation und ihren Unterbau. Sie fühlen sich als nicht verbotene Partei immer sicherer, erzielten vereinzelte Wahlerfolge, machen mit staatlichen Zuwendungen aus Steuermitteln widerliche Propaganda und treten in zwei Landesparlamenten, in Sachsen und in Mecklenburg-Vorpommern, dreist auf.

Offene Ausländerfeindlichkeit, fanatischer Rassismus, wüster Hass gegen Minderheiten und übelster Antisemitismus sind Merkmale der NPD-Ideologie, die schon längst nicht mehr verborgen wird. Das alles unter dem Schutz des Staates, den sie abschaffen wollen. Und mit dem Geld des Staates, den sie abschaffen wollen. Dem dürfen wir nicht länger zusehen. Ein demokratischer Staat, der seine undemokratischen Feinde ungeniert auftreten lässt und sie auch noch alimentiert, ist nicht tolerant, sondern feige. Das fatale Signal der Untätigkeit wird von der NPD mit ihren Anhängern und Mitläufern als Einladung verstanden, sich zu etablieren. Und viele Wählerinnen und Wähler, die gar nicht alle unbedingt der NPD-Ideologie folgen, sondern aus Protest gegen subjektiv gefühlte Benachteiligungen rechtsextrem wählen, dürfen denken, das sei doch gar nicht so schlimm, denn die Partei ist ja nicht verboten.

Parteien, heißt es im Grundgesetz, sollen an der politischen Willensbildung mitwirken. Die NPD muss aber genau daran gehindert werden, diese öffentliche Aufgabe wahrzunehmen. Doch wenn Information, Aufklärung und Seminare, Auseinandersetzung und Protestkundgebungen, Lichterketten und „Gesicht zeigen“ nicht ausreichen, muss eben das konsequente Mittel angewendet werden: Verbot. Damit würde der organisierte Rechtsextremismus illegal.

Es bleibt eine Frage, die mit keinem Verbot zu lösen ist: Wie bekommen wir die rechtsextremen Denkmuster und Gesinnungen weg, die in weiten Teilen der Bevölkerung verbreitet und verankert sind? Sie sind mit einem Gerichtsurteil nicht auszulöschen. Dazu ist es nötig, nicht nachzulassen mit politischer Bildung. Und es ist erforderlich, eine Politik zu gestalten, die das Vertrauen in die Demokratie so stärkt, dass rechtsextreme Sprüche nicht mehr verfangen.

Helmut Lölhöffel, auf: www.bpb.de, 20.11.2007

M2 Falsche Hoffnung NPD-Verbot

Es gibt für mich keine Zweifel: Die NPD ist strikt antidemokratisch, bekämpft das demokratische System und seine Grundwerte systematisch. Ihr Programm ist rassistisch, völkisch und antisemitisch. Viele ihrer Mitglieder kooperieren eng mit rechtsextremen Strukturen, die sich offen zur Anwendung von politisch motivierter Gewalt bekennen. Die zentrale Voraussetzung zur Einleitung eines Parteiverbots ist die Begründung, dass die zu verbietende Partei in aktiv kämpferischer Weise das demokratische Staatsfundament nicht nur aushebeln will, sondern sich auch schon an die Arbeit gemacht hat. Auch dieses lässt sich möglicherweise mit der NPD verbinden. Eine politische und gesellschaftliche Auseinandersetzung ist somit unbedingt notwendig. Muss die Partei aber deshalb verboten werden? Hilft ein Verbot der NPD tatsächlich in der Auseinandersetzung mit den rechtsextremen Phänomenen in Deutschland? Oder weckt die Verbotsdebatte lediglich falsche Hoffnungen und wirkt sie so vielleicht sogar kontraproduktiv? [...]

Viele Befürworter eines Verbotsantrags begründen ihre Ansicht mit dem Argument, es sei unerträglich, wenn rechtsextreme Parteien Zugang zu staatlichen Geldern wie Wahlkampfkostenrückerstattungen, Spendenbegünstigungen oder sogar Aufbauhilfen für ihre politische „Bildung“ durch parteinahe Stiftungen bekämen. Moralisch ist dem nicht zu widersprechen. In den Genuss von Wahlkampfkostenrückerstattungen oder Stiftungszuschüssen kommen nur erfolgreiche Parteien, die in der Regel mindestens 1 % der Stimmen bekommen. Über den Erfolg entscheidet in der Demokratie der Souverän: der Bürger. Wählt dieser rechtsextreme Parteien, stehen diesen aus Gründen der Chancengleichheit unter den Parteien die Zuschüsse auch zu. Ein einfaches Mittel, den Geldfluss zu unterbinden, ist die Wahl einer demokratischen Partei oder einer Überarbeitung der Parteifinanzierungen im Allgemeinen. Letzteres scheitert derzeitig am Unwillen der demokratischen Parteien. Das Wahlergebnis des Souveräns kann dabei nicht einfach angezweifelt werden, nur weil die finanziellen Folgen nicht gefallen. Überhaupt ist immer zu bedenken, dass ein Parteiverbot ein zunächst undemokratisches Mittel ist, welches erst anzuwenden ist, wenn die Demokratie tatsächlich in Gefahr ist und wesentliche sonstige Mittel der Auseinandersetzung ausgeschöpft sind. Weder in Sachsen noch in Mecklenburg-Vorpommern beeinträchtigen die NPD-Fraktionen das Funktionieren der parlamentarischen Demokratie an sich jedoch in ernsthafter Form.

Dem Geldargument recht ähnlich ist der Hinweis, man dürfe rechtsextremen Parteien keine öffentlichen Plattformen zur Verbreitung ihrer Ideologien zur Verfügung stellen. Moralisch und für den Einzelnen ist dieses wieder richtig. Der Souverän jedoch bestimmt in einer Demokratie, durch wen er sich vertreten lassen will, und damit auch, was er vor und eingeschränkt nach der Wahl zu hören bekommt. Müssen die Bürger somit vor sich selbst geschützt werden, ließe sich fragen. Im gewissen Sinne lautet

die Antwort „ja“. Nur dass dieser Schutz eher in den Bereichen politischer Bildung, der Stärkung der demokratischen Netzwerke in der Zivilgesellschaft als Sozialisationsinstanz der Bürger und der attraktiven Gestaltung der demokratischen Parteien und deren Erkennen von zentralen Politikfeldern und Entwicklung glaubhafter Antworten auf offene Fragen der Bürger besteht und eben nicht darin, besonders den Parteien diese (manchmal unbequeme) Arbeit abzunehmen, indem unliebsame Konkurrenten schlicht verboten werden. [...]

Immer wieder wird auch die Sorge vorgetragen, ein Erfolg der NPD sei negativ für das Ansehen Deutschlands im Ausland. Gerade vor dem Hintergrund der deutschen Geschichte sei entschiedenes Handeln notwendig. Aber auch hier muss gefragt werden: Rechtfertigt dieses Interesse ein Parteiverbot als letztes Mittel des Staates? Zu bedenken ist beispielsweise, dass Verbote von Parteien in vielen traditionellen Demokratien wie in Großbritannien oder den USA schlicht undenkbar sind und explizit als undemokratisch angesehen werden, da dort ein erweitertes Verständnis von Meinungsfreiheit verbreitet ist.

Aufsehen erregen im Ausland neben überragenden NPD-Ergebnissen vor allem die Rekordhöhe an rechtsextremen Gewalttaten oder die Debatten um so genannte „No-go-areas“. Beide Phänomene lassen sich jedoch nur mittelbar mit der engeren Partei in Verbindung bringen, und selbst Befürworter des Verbots geben zu, dass rechtsextreme Gewalt- und Dominanzbestrebungen bereits jetzt verboten sind und deshalb der rechtsstaatlichen und zivilgesellschaftlichen Gegenwehr und nicht alleine eines Parteiverbots bedürfen. [...] Ein NPD-Verbot [bedeutet] eben nicht, dass der Rechtsextremismus verschwunden ist. Es ist lediglich die Hülle einer Partei, die nicht mehr verwendet werden darf.

Rechtsextreme Störungen, Unterwanderungen, Wortergreifungsstrategien, Probleme mit entsprechenden Schülern, selbsternannten Fußballfans, aus dem Ruder geratenden Jugendclubs und politisch interessierten Ideologen wie Spinnern wird es trotz Verbot weiterhin geben. Hier hilft nur, den Umgang mit diesen Personen festzulegen, die politische Auseinandersetzung zu lernen und Regeln des Umgangs festzulegen und umzusetzen. Dieser Weg ist mühsam aber als einziger erfolgreich. [...] An die Stelle des kalten Verbots muss die feurige politische Auseinandersetzung mit ihren Werten, Zielen und politischen Aussagen treten. Dies gelingt nur, wenn sich die demokratische Seite ihrer eigenen Werte, Ziele und politischen Grundkriterien sicher und treu ist. Insofern bietet die Auseinandersetzung mit rechtsextremen Parteien sogar auch die Chance zur demokratischen Selbstdefinition und öffentlichen Erklärung.

Dierk Borstel, auf: www.bpb.de, 8.11.2006

Aufgaben

1. Erläutern Sie die Staatsstrukturprinzipien der Bundesrepublik Deutschland.

2. Muss allen politischen Ideen und Strömungen die gleiche Freiheit gewährt werden, oder muss es Schranken der Freiheit für jene geben, die kämpferisch darauf zielen, die Demokratie zu beseitigen? Erörtern Sie diese Fragen anhand der Debatte zum NPD-Verbot (M1, M2).

2 Die Bürger im politischen Prozess

2.1 Politische Einstellungen der Bürger

Leitfragen	Was versteht man unter politischer Kultur?	Welche Typen politischer Kultur gibt es?	Welche Einstellungen zu demokratischen Werten herrschen in Deutschland vor?

Was ist politische Kultur?

Mit **politischer Kultur** ist die **Gesamtheit der politischen Meinungen, Einstellungen und Werte** der Bürger gemeint. Zur politischen Kultur zählt dabei etwa ihre Haltung zur Gesundheitspolitik der Regierung oder zu den Regierungspolitikern. In allen Staaten haben Bürger bestimmte politische Meinungen, Einstellungen und Werte. Jeder Staat, egal ob Demokratie oder Diktatur, hat also eine politische Kultur. Abzugrenzen von dieser wertfreien wissenschaftlichen Begriffsverwendung ist die unwissenschaftliche wertende Verwendung in der politischen Debatte. Hier wird der Begriff als Synonym für politischen Anstand eingesetzt.

Die politischen Kulturen verschiedener Länder unterscheiden sich. Die politischen Einstellungen eines Menschen sind geprägt durch die persönlichen Erfahrungen in seinem Leben, aber auch durch die Geschichte des Staates und der Gesellschaft, in der er lebt. Die politische Kultur eines Staates umfasst **erstens** die Meinungen der Bürger zu aktuellen politischen Ereignissen und zu den politisch Handelnden, die sich verhältnismäßig schnell ändern können. **Zweitens** gehören dazu die Einstellungen zur Herrschaftsordnung (liberale Demokratie oder eine Variante der Diktatur), die auf weltanschaulichen Überzeugungen gründen und stabiler sind.

Wenn die Herrschaftsordnung Bestand haben soll, muss es für sie ein Mindestmaß an Unterstützung unter den Bürgern geben. Eine Demokratie kann kaum überleben, wenn die meisten Bürger antidemokratisch gesinnt sind. Umgekehrt ist eine Diktatur nur mit Terror aufrechtzuerhalten, wenn die Bürger sich eine Demokratie als politische Ordnung wünschen.

Typen politischer Kultur

Es lässt sich – stereotyp – vor allem zwischen zwei verbreiteten Typen politischer Kultur unterscheiden: der Untertanen- und der Staatsbürgerkultur.

Bei der politischen Kultur Deutschlands vor dem Zweiten Weltkrieg handelte es sich um eine **Untertanenkultur**. Diese wirkte in den 1950er und 1960er Jahren fort. Gehorsam und Unterordnung schätzten die Deutschen i. d. R. höher als demokratische Werte wie Selbstbestimmung und freier Wille. Beobachter aus anderen Demokratien waren – zumal nachdem die Deutschen den Nationalsozialisten den Weg an die Macht ermöglicht hatten – daher skeptisch, ob aus den Westdeutschen zuverlässige Demokraten werden könnten.

Je größer der wirtschaftliche und politische Erfolg der Bundesrepublik in den folgenden Jahrzehnten aber wurde, desto mehr wuchs die Zustimmung zur demokratischen Grundordnung. Seit der zweiten Hälfte der 1960er Jahre lässt sich die politische Kultur der Deutschen als eine **Staatsbürgerkultur** ansehen. Gegen viele Vorhersagen hatte Deutschland sich zu einer der stabilsten Demokratien entwickelt, mit guten Kenntnissen der Bürger über ihr politisches System und anhaltend hoher Wahlbeteiligung. Gründe dafür waren neben dem rasanten Wirtschaftsaufschwung u. a. die Schockwirkung der militärischen Niederlage im Zweiten Weltkrieg und die Erfahrung wirtschaftlicher Hilfe durch bislang feindliche Mächte (Marshall-Plan).

Politisches Interesse in Deutschland

In Deutschland haben bei Umfragen gewöhnlich mehr als die Hälfte der Deutschen ein starkes oder sehr starkes Interesse an Politik. Dabei wächst das Interesse an der Politik mit dem Alter. Männer sind häufig stärker an Politik interessiert als Frauen. Zudem ist ein starkes politisches Interesse im Westen Deutschlands verbreiteter als im Osten.

Es beteiligt sich aber wie in allen repräsentativen Demokratien nur eine recht kleine Minderheit der Bürger an den politischen Entscheidungsprozessen. Der Anteil der Wahlberechtigten, die in Parteien aktiv sind, liegt unter vier Prozent. Im Osten Deutschlands ist dabei die Bereitschaft zur politischen Beteiligung deutlich geringer als im Westen. Dies wurzelt zum Teil in einem noch aus den Zeiten der kommunistischen Diktatur stammenden Misstrauen gegen Parteien und Verbände.

Akzeptanz der Demokratie

Die **Akzeptanz** der Idee der Demokratie ist in Deutschland sehr hoch. Nur sehr wenige Personen in Ost wie West lehnen die Idee der Demokratie ab – was immer der Befragte darunter versteht. Weit höher ist der Anteil von Personen, die **gegen die Umsetzung der demokratischen Idee** in Deutschland eingestellt sind und sich eine bessere Staatsform vorstellen können. Dabei unterscheidet sich nach 1990 die Befürwortung der demokratischen Herrschaftsordnung in Ost und West deutlich.

Kenntnisse demokratischer Grundwerte

Nach der Vereinigung der BRD mit der DDR zeigten sich bezüglich der Kenntnis liberaldemokratischer Grundwerte kaum Unterschiede zwischen Ost- und Westdeutschland. In beiden Landesteilen waren die Kenntnisse recht hoch.

Inzwischen ist jedoch eine Abschwächung dieser Kenntnisse in West und Ost zu erkennen; dieser Trend fällt in Ostdeutschland weit stärker aus als im Westen Deutschlands. Die folgenden Umfragen zeichnen ein Bild vom Demokratieverständnis innerhalb der deutschen Bevölkerung.

Typ	Charakterisierung	Geht gewöhnlich einher mit folgenden Staatsformen
Untertanenkultur	Die Bürger interessieren sich nicht dafür, ob sie politische Entscheidungen beeinflussen können. Sie bewerten ausschließlich die Ergebnisse der Politik, vor allem die wirtschaftliche Wohlfahrt. Solange die Bürger mit den Ergebnissen zufrieden sind, folgen sie bereitwillig der politischen Führung.	Nicht-demokratische Monarchien, Diktaturen
Staatsbürgerkultur	Die Bürger interessieren sich für die Auswirkungen der Politik auf ihr Leben, aber ein bedeutender Teil interessiert sich darüber hinaus auch dafür, ob und wie stark er politische Entscheidungen beeinflussen kann. Je nach politischem Interesse beteiligt sich ein Teil der Staatsbürger aktiv an der Politik, ein anderer Teil folgt den politischen Regelungen passiv.	Liberale Demokratien

Merkmal	Was gehört unbedingt zu einer Demokratie? Antworten in Prozent			
	1990		2000	
	West	Ost	West	Ost
Dass regelmäßig freie und geheime Wahlen stattfinden.	83	84	73	60
Unabhängige Gerichte, die nur nach den Gesetzen urteilen.	74	76	66	51
Dass man zwischen mehreren Parteien wählen kann.	87	85	80	62
Presse- und Meinungsfreiheit, so dass jeder seine politischen Ansichten frei äußern kann.	91	92	87	72

Allensbacher Jahrbuch der Demoskopie: 1984–1992 und 1998–2002

Auf die Frage, ob die Demokratie in Deutschland die beste Staatsform sei, antworteten in Deutschland im November 2003 (in Prozent):

	Ja	Nein
Insgesamt	77	14
Alte Bundesländer	81	12
Neue Bundesländer	61	24

Erläuterung: Die addierten Prozentzahlen ergeben nicht 100, da ein Teil der Befragten nicht antwortete.
Bernhard Kornelius/Dieter Roth, Politische Partizipation in Deutschland, Gütersloh 2004, S. 52

Noch heikler erscheint das Bild, wenn gefragt wird, ob unter bestimmten Umständen eine **Diktatur die bessere Staatsform** sein könne. So lehnten bei einer Umfrage im Jahr 2002 in Ost und West eine Diktatur unter allen Umständen klar ab (in Prozent):

	Alte Bundesländer	Neue Bundesländer
Antwort: Nein	85	55

DFG-Projekt „Politische Einstellungen, politische Partizipation und Wählerverhalten im vereinigten Deutschland“, 1994–2002

Politische Kultur

M1 Gefährliche Trägheit

Der Demokratie laufen die Leute davon. Die Wahlbeteiligung sinkt, vor allem in den Ländern und Kommunen. Ein Viertel der Deutschen ist „nicht zufrieden“ mit der Demokratie in Deutschland und dem ganzen politischen System, wie eine SPIEGEL-Umfrage ergab. Das ist eine Minderheit, aber eine starke. Und es stellt sich die Frage, ob viele Bürger zu selbstverständlich davon ausgehen, dass die Demokratie auf ewige Zeiten das politische System Deutschlands sein wird.
Gibt es nicht jetzt schon eine übergroße Mehrheit aus Unzufriedenen und Gemütlichen? Den einen wäre es recht, wenn das System wechselt, solange das neue mehr Wohlstand oder weniger Ausländer verheißt. Die anderen sind zwar Demokraten, aber sie wollen nichts tun für die Demokratie, aus Trägheit, aus Liederlichkeit, aus Selbstsucht, aus Verdruss über Politiker, die sich nicht gerade Mühe geben zu beweisen, dass Politik eine schöne Sache sein kann. In dieser Mischung könnte eine Bedrohung liegen.
Wie groß ist diese Bedrohung? Stimmt der allgemeine Eindruck, dass die Demokratie auf Dauer gesichert ist? Gibt es schleichende Entwicklungen, die gefährlich werden könnten? „Eine Zeitlang hatte die Demokratie eine Aura des Unausweichlichen“, schrieb Madeleine Albright unlängst in der „Los Angeles Times“. „Das ist vorbei.“ Die Welt, konstatierte die frühere US-Außenministerin, stehe nicht mehr in der Auseinandersetzung von Kommunismus und Kapitalismus, „sondern zwischen Demokratie und Autokratie“. […] Nur 47 Prozent der Ostdeutschen sind laut Institut für Demoskopie Allensbach der Meinung, dass sich die Demokratie im Großen und Ganzen bewährt habe. 23 Prozent fänden eine autoritäre Staatsform besser. […] Bei der Landtagswahl 2006 gingen in Sachsen-Anhalt 44,4 Prozent der Wahlberechtigten zu den Urnen, ein Negativrekord. In fast allen Bundesländern ist die Wahlbeteiligung zuletzt stark gesunken […]. Auch die Bundestagswahl fand den schlechtesten Zulauf aller Zeiten: 77,7 Prozent. Fast ein Viertel der Wahlberechtigten hatte keine Lust, diesen kleinen Dienst an der Demokratie zu leisten. […]
Wenn das so weitergeht, wird die Demokratie allmählich verkümmern. Denn Demokratie ist Mitmachen: wählen, sich wählen lassen, sich in Parteien engagieren. Herfried Münkler, Politikgelehrter an der Berliner Humboldt-Universität, lässt sich nicht trösten damit, dass in den Vereinigten Staaten die Demokratie auch funktioniert, obwohl die Wahlbeteiligung viel geringer ist als in Deutschland und Parteien kaum eine Rolle spielen. Die USA würden von Aristokratien regiert, die Bundesrepublik aber sei ein Parteienstaat. „Wenn tiefsitzende Mentalitäten nicht mehr zur institutionellen Ordnung passen, ist das ein ernstes Problem“, sagt Münkler. „Ich sehe große Gefahren für das System der Demokratie in Deutschland.“ […]
Es sind die Akteure des politischen Systems, die an seiner Auszehrung arbeiten. Man erlebt, wie die Gewaltenteilung sich aufhebt, wie die Politik – das Parlament und die Exekutive – zunehmend mit dem Bundesverfassungsgericht ihr Geschäft betreibt und dessen Entscheidungen in die Taktik mit einbaut. Wie der Bundesrat zum Blockadeinstrument umgebaut wurde. Man erlebt, wie andersherum manche Richter des Bundesverfassungsgerichts die rote Robe der Enthaltsamkeit immer häufiger abstreifen und sich zur Lage der Nation politisch äußern. […] Wir lachen über Berlusconi-Land und sehen doch italienische Spurenelemente auch hier.
Manfred G. Schmidt, Professor für Politologie in Heidelberg, sieht deshalb nicht nur die Vorzüge der Demokratie, sondern auch ihre Gefährdungen. Das Wort von der „geglückten Demokratie“ seines Heidelberger Kollegen Edgar Wolfrum hält er für zu nobel als Kennzeichnung der Bundesrepublik, das von der „feindlosen Demokra-

tie“ […] für mittlerweile überholt und widerlegt. Bei Schmidt bekommt das deutsche System Bestnoten in der Machtaufteilung zwischen Bund und Ländern. Aber in der Effizienz? Für diese Machtaufteilung bezahle man einen hohen Preis. „Die Demokratie ist zu langsam und zu schnell“, sagt Schmidt. Zu schnell, weil der Herrschaftsauftrag nur für kurze Zeit vergeben wird. Zu langsam, weil kurzfristige Erfolgsnachweise die langfristigen und notwendigen Projekte erschwerten.

Es gäbe dennoch keine schwere Krise der Demokratie in Deutschland, „Weimar ist nicht in Sicht“, aber wenn man Schmidt richtig versteht, in erster Linie deshalb, weil der innere Feind fehlt: „Die Linke“, sagt er „ist auch nicht die Anti-System-Partei.“ Sie sei eine Oppositionspartei. Was es brauchte, um Weimar herbeizuführen, das wäre eine Mehrheit der Armen und eine Anti-System-Partei. Diese harten Indikatoren für einen Demokratiezerfall seien nicht gegeben, sagt Schmidt.

Dirk Kurbjuweit und Christoph Schwennicke, in: „Der Spiegel“ Nr. 20 vom 10.05.2008

M2 Calvin und Hobbes

Aufgaben

1. Definieren Sie, was unter dem Begriff „politische Kultur“ zu verstehen ist.
2. Fassen Sie die auf S. 240 präsentierten Daten in eigene Worte. Was ist für Sie der wichtigste Aspekt?
3. Führen Sie auf dem Pausenhof eine Umfrage unter Mitschülern mit Blick auf die Kenntnisse der und Einstellungen zu den Grundprinzipien der Demokratie durch. Werten Sie die Ergebnisse gemeinsam aus.
4. Fassen Sie die Befunde aus M1 mit eigenen Worten zusammen. Worauf führen die Autoren die steigende Politik- bzw. Demokratieverdrossenheit zurück? Welcher Position neigen Sie zu? Begründen Sie Ihre Entscheidung.
5. Erläutern Sie die Aussage von M2 und beziehen Sie Stellung.

2.2 Politische Beteiligung

Leitfragen	Welche Formen der politischen Beteiligung gibt es?	Welche Bedeutung haben Wahlen in der Demokratie?	Welche Grundformen von Wahlsystemen lassen sich unterscheiden?

Formen der politischen Beteiligung

Es lässt sich zwischen **legalen** und **illegalen bzw. konventionellen** und **unkonventionellen Formen** der politischen Beteiligung unterscheiden. Während die legalen Beteiligungsformen in einer Demokratie i. d. R. erwünscht sind, werden die illegalen Formen – insbesondere Gewalt gegen Sachen und Personen – verfolgt und bestraft.

Wahlen in der repräsentativen Demokratie

Die häufigste und damit bedeutendste Beteiligung der Bürger sind in einer repräsentativen Demokratie die **Parlamentswahlen.** In Parlamentswahlen, ohne die eine Demokratie nicht denkbar ist, werden die Repräsentanten des Volkes ausgewählt und beauftragt, die politischen Entscheidungen im Namen des Volkes zu treffen.

Zu den grundlegenden Rechten der Bürger in einer Demokratie gehört, dass sie wählen dürfen (**aktives Wahlrecht**) und sich zur Wahl aufstellen lassen können (**passives Wahlrecht**).

Demokratische Wahlgrundsätze

Wahlen müssen in einer Demokratie bestimmte Kriterien erfüllen. In Deutschland sind diese **Kriterien im Grundgesetz** verankert.

- Es muss bei Wahlen einen **Wettbewerb zwischen mehreren Alternativen** geben, von denen keine systematisch benachteiligt wird (Freiheit und Fairness der Wahl). Dem Bürger wird also kein Zettel vorgelegt, auf dem nur Anhänger einer politischen Richtung zu finden sind. Die DDR war auch deshalb nicht demokratisch, weil es bei den Wahlen keine Auswahl gab. Die Sitzverteilung im Parlament der DDR, der Volkskammer, stand bereits vor der Wahl fest.

- Es müssen grundsätzlich **alle Bürger** unabhängig etwa von Bildung, Geschlecht oder Vermögen das Wahlrecht haben (**Allgemeinheit der Wahl**). Ausnahmen sind nur möglich, wenn der Bürger aufgrund seines Alters oder etwa aufgrund einer geistigen Behinderung nicht in der Lage scheint, eine eigenverantwortliche politische Entscheidung zu treffen. Üblich ist in De-

konventionelle Formen politischer Aktivität	unkonventionelle Formen
• Wahlen in Kommunen, Ländern, im Bund und in der Europäischen Union • Mitgliedschaft in Parteien, Verbänden, Vereinen, Bürgerbewegungen, Bürgerinitiativen • Petitionen an Parlamente, Regierungen, das Staatsoberhaupt • Verfassungsbeschwerde beim Bundesverfassungsgericht • politische Informationen aus Zeitungen, Zeitschriften, Büchern, Radio, Fernsehen, Internet • politische Reaktionen auf Massenmedien (Leserbriefe, Hörertelefon u. a.) • politische Diskussionen mit Freunden und im Internet • Teilnahme an lokalen Bürgeraktivitäten • Teilnahme an politischen Demonstrationen oder Treffen • Kontakt zu Politikern • Wahlkampf für Kandidaten	• Boykott • Mieterstreik • wilder Streik • wilde Demonstration • Hausbesetzung • Verkehrsblockade • öffentliches Anbringen politischer Parolen • Zerstörung von Eigentum • Gewalt gegen Personen

Schülerduden Politik, Berlin 2004, S. 94

mokratien zudem, dass Bürger erst **ab einem bestimmten Alter** wählen dürfen. So können in Deutschland Jugendliche erst ab dem 18. Lebensjahr ihre Stimme abgeben (Ausnahme: Bei Kommunalwahlen haben Jugendliche in manchen Bundesländern bereits mit 16 Jahren Stimmrecht).

- Es muss jede Stimme unabhängig von Bildung, Geschlecht oder Vermögen des Bürgers bei Wahlen gleich zählen (**Gleichheit der Wahl**).
- Die Bürger haben das Recht, ihre Stimme geheim und unkontrollierbar abzugeben (**Wahlgeheimnis**).
- Das Volk muss seine Repräsentanten direkt ins Parlament wählen (**Unmittelbarkeit der Wahl**). Es dürfen also nicht erst Wahlmänner gewählt werden, die dann frei darüber entscheiden können, wen sie ins Parlament entsenden.

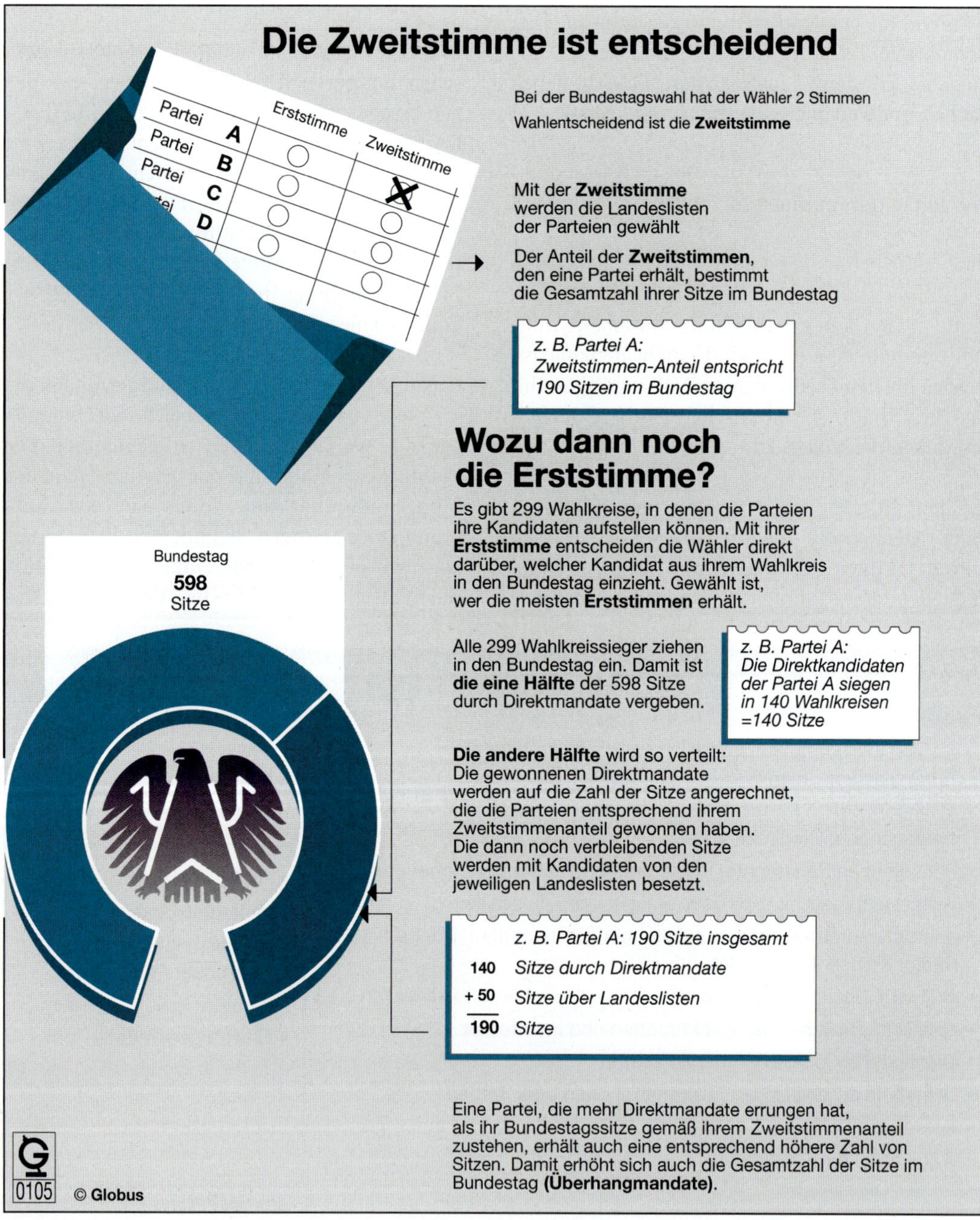

Grundformen von Wahlsystemen

	Verhältniswahl	Mehrheitswahl
Varianten	1. **Reine Verhältniswahl:** Die Parteien erhalten idealtypisch den gleichen Anteil an Parlamentssitzen wie an den Wählerstimmen. Die Wahlen finden in einem einzigen Wahlkreis auf nationaler Ebene statt. Ein Beispiel ist das Wahlsystem der Niederlande.	1. **Relative Mehrheitswahl:** Bei der relativen Mehrheitswahl wird das Wahlgebiet in so viele Wahlkreise unterteilt, wie Abgeordnete zu wählen sind. In den Wahlkreisen ist jeweils gewählt, wer die meisten Stimmen erhält. Diese Variante der Mehrheitswahl wenden etwa Großbritannien und die USA an.
	2. **Verhältniswahl in Wahlkreisen:** Je weniger Mandate je Wahlkreis vergeben werden, desto schwieriger ist es für kleine Parteien, Mandate zu erringen. Diese Variante der Verhältniswahl wird beispielsweise in Spanien angewendet. 3. **Verhältniswahl mit Sperrklausel:** Alle Parteien, die einen bestimmten Anteil (In Deutschland: 5 Prozent) der Wählerstimmen nicht erreichen, werden bei der Sitzverteilung im Parlament nicht berücksichtigt. Diese Variante findet z. B. in Deutschland ihre Anwendung.	2. **Absolute Mehrheitswahl:** Im ersten Wahlgang ist bei einer absoluten Mehrheitswahl ein Wahlkreiskandidat nur gewählt, wenn er mindestens die Hälfte aller Stimmen des Kreises auf sich vereint. Da dies nur höchst selten gelingt, ist fast immer ein zweiter Wahlgang notwendig. Im zweiten Wahlgang genügt die relative Stimmenmehrheit. Am zweiten Wahlgang dürfen häufig nur die beiden stimmstärksten Kandidaten teilnehmen. Mit der absoluten Mehrheitswahl bestimmt etwa Frankreich seine Parlamentarier.
Entscheidungsregel	**Proporz:** Die Parlamentssitze werden entsprechend ihrem Stimmenanteil im Wahlreis auf die Parteien verteilt.	**Majorz:** Wer eine Mehrheit im Wahlkreis erreicht, bekommt den Parlamentssitz.
Repräsentationsziel	Gerechte Repräsentation aller in der Gesellschaft vorhandenen politischen Kräfte.	Stabile Mehrheitsbildung einer Partei im Parlament.

Wählertypen

Grundsätzlich hat sich das Wahlverhalten der Deutschen in den vergangenen Jahren stark verändert. Die Zahl der Stammwähler hat immer weiter abgenommen, die Zahl der Wechselwähler und der Nichtwähler dagegen stetig zugenommen. Für die Parteien bedeutet das, dass sie sich „ihrer" Klientel nicht mehr sicher sein können. Wahlforscher haben verschiedene Wählertypen ausgemacht:

- **Stammwähler:** Stammwähler sind Wähler, die sich stark mit einer Partei identifizieren und diese über mehrere Wahlen hinweg wählen. Sie sind von den anderen Parteien kaum zum Wechsel ihrer Stimmabgabe zu überreden.

- **Wechselwähler:** Wechselwähler identifizieren sich kaum oder gar nicht mit einer bestimmten Partei und bleiben daher in der Regel auch keiner Partei über mehrere Wahlen hinweg treu. Ein Wechselwähler im engeren Sinne ist, wer seine Entscheidung für eine Partei von einer Wahl zur nächsten ändert.

- **Nichtwähler:** Nichtwähler beteiligten sich aus unterschiedlichen Gründen nicht an Wahlen.

Wahlverfahren

Seit 1985 wurden die Stimmen in Deutschland nach dem Hare/Niemeyer-Verfahren in Mandate umgerechnet (vorher nach Victor d'Hondt). Dieses wurde ab der Bundestagswahl am 27. 09. 2009 durch das Divisorverfahren nach Sainte-Laguë ersetzt, um ein Höchstmaß an Gerechtigkeit bei der Sitzverteilung zu gewährleisten. Anschließend werden die Mandate der Parteien auf die einzelnen Bundesländer umgerechnet. Die einer Partei in einem Bundesland zustehenden Mandate werden zunächst an die in diesem Land erfolgreichen Wahlkreiskandidaten der Partei vergeben (Direktmandate), dann an Kandidaten der Landesliste (Listenmandate). Erringt eine Partei in einem Bundesland mehr Direktmandate, als ihr nach dem Zweitstimmenergebnis zustehen, erhält sie sogenannte Überhangmandate.

Stuttmann / CCC,www.c5.net

Von der Wählerstimme zum Mandat

Verfahren der Stimmenverrechnung in Verhältniswahlsystemen

nach d'Hondt

Beispiel: Es sind (11) Sitze zu vergeben

	Partei A	Partei B	Partei C
Stimmenzahl	6000	3100	2950
geteilt durch			
1	6000 (1)	3100 (2)	2950 (4)
2	3000 (3)	1550 (6)	1475 (8)
3	2000 (5)	1033 (10)	983
4	1500 (7)	775	738
5	1200 (9)	620	590
6	1000 (11)	517	492

Die zu vergebenden Sitze (1) bis (11) werden in der Reihenfolge der Höchstzahlen auf die Parteien verteilt

	Partei A	Partei B	Partei C
Sitze	6	3	2

nach Hare/Niemeyer

Es sind (11) Sitze zu vergeben

	Partei A	Partei B	Partei C
Stimmenzahl	6000	3100	2950

Für jede Partei wird berechnet:

$$\frac{\text{Gesamtzahl der Sitze} \times \text{Stimmenzahl der Partei}}{\text{Gesamtzahl der Stimmen aller Parteien}}$$

	Partei A	Partei B	Partei C
	5,48	**2**,83	**2**,69

Am Ergebnis ist **vor dem Komma** abzulesen, wie viele Sitze jede Partei mindestens erhält.

Die dann noch zu vergebenden Sitze werden den Parteien in der Reihenfolge der größten Zahlenbruchteile **hinter dem Komma** zugeteilt.

	Partei A	Partei B	Partei C
	5,48	**2**,83 +1	**2**,69 +1
Sitze	5	3	3

nach Sainte-Laguë/Schepers

Es sind (11) Sitze zu vergeben

	Partei A	Partei B	Partei C
Stimmenzahl	6000	3100	2950

Die Stimmen der Parteien, die an der Sitzvergabe teilnehmen, werden durch einen *Divisor* geteilt. Als Divisor eignet sich die auf einen Sitz durchschnittlich entfallende Anzahl der Stimmen, hier: 1095.

Die Ergebnisse der Division werden anschließend **auf ganze Zahlen auf- oder abgerundet**. An den ganzzahligen Resultaten lässt sich die Sitzverteilung unmittelbar ablesen.

Ist ihre Summe größer/kleiner als erforderlich, wird die Rechnung mit einem kleineren/größeren Divisor wiederholt.

	Partei A	Partei B	Partei C
	5,48 abgerundet	**2**,83 aufgerundet	**2**,69 aufgerundet
Sitze	5	3	3

Vereinfachte Modellrechnung

ZAHLENBILDER 86 131

M Wahlrecht für Kinder?

Das Thema ist nicht neu. Schon seit 30 Jahren wird darüber diskutiert, ob diejenige Generation ein stärkeres Mitspracherecht erhalten soll, die von den Folgen aktueller politischer Entscheidungen am längsten betroffen ist. In Deutschland wird die Frage nach dem Wahlrecht für Kinder inzwischen immer dringender, denn unsere Gesellschaft wird immer älter. Die Anzahl kinderloser Ehepaare wächst, und seit einigen Jahren gibt es mehr Menschen über 59 als unter 20 Jahren in Deutschland. Hätten Kinder das Wahlrecht, gäbe es rund 14 Millionen mehr Wahlberechtigte.

Daher werden Forderungen laut, dass Familien mehr Möglichkeiten bekommen sollen, auf politische Entscheidungen Einfluss zu nehmen. Politiker aller Parteien, Verfassungsrechtler und auch *[die ehemalige, Anm. der Redaktion]* Familienministerin Renate Schmidt unterstützen den Antrag auf Wahlrecht von Geburt an.

Wie sieht es zurzeit aus? Zurzeit werden die Interessen von Kindern und Jugendlichen in der Politik nicht ausreichend berücksichtigt. Die Politiker brauchen sich kaum Gedanken um die Probleme der Kinder zu machen, denn sie werden auch gewählt, wenn ihre Beschlüsse für Kinder schlecht sind. Das ist vielleicht eine Erklärung dafür, warum sich viele junge Menschen nicht sonderlich intensiv mit Politik beschäftigen. Während oft behauptet wird, dass Kinder kein Interesse an Politik hätten und deshalb nicht an Entscheidungen beteiligt werden sollten, sagen sie sich wahrscheinlich eher: „Ich kann doch sowieso nichts ändern!" Das wäre natürlich ganz anders, wenn sie das Wahlrecht hätten, denn Parteien wollen schließlich gewählt werden.

Stand der Dinge: Im Gespräch ist eine zusätzliche halbe Stimme, die jedes Elternteil für das Kind bis zu seiner Volljährigkeit abgeben darf. Damit bekämen Familien mehr Mitspracherecht in politischen Entscheidungsfragen, und genau dieser Entwurf soll jetzt vom Bundestag diskutiert werden.

Keine Altersgrenze! Die Gegner lehnen das ab, weil die Interessen der Eltern stark von denen der Kinder abweichen können. Sie sagen, wenn Eltern für ihre Kinder wählen, wird ihre, und nicht die Meinung der Kinder vertreten. Sie fordern mehr und sagen: Das Wahlrecht als politisches Mitbestimmungsrecht ist ein Menschenrecht und steht jedem uneingeschränkt zu. Daher gibt es keinen Grund dafür, Kinder und Jugendliche von Wahlen auszuschließen. In einer Demokratie muss sich jeder am Zustandekommen von Entscheidungen (also an Wahlen) beteiligen können, der von den Auswirkungen dieser Entscheidungen betroffen ist. Ob und wann man dieses Menschenrecht nutzt, bleibt jedem selbst überlassen. Die einen wollen vielleicht schon mit sieben Jahren wählen, andere erst mit 30 oder noch mit 85. Aber sicher nicht jeder. Die meisten kleinen Kinder würden sicher nicht wählen gehen, das Wahlrecht ist schließlich keine Verpflichtung. Aber Erwachsenen, die aus Krankheits- oder Altersgründen nicht zur Wahl gehen (können), wird das Recht dazu auch nicht entzogen. Es geht eben darum, dass das bloße Alter niemanden von einer Wahl ausschließen soll. Vom Wahlrecht für Kinder ohne Altersgrenze versprechen sich die Befürworter sehr positive Auswirkungen: Viele Kinder und Jugendliche wären selbstbewusster, denn ihre Stimme zählt, sie sind nicht „unwichtig" für den Staat. Und viele Erwachsene würden sie ernster nehmen und mit anderen Augen sehen – nicht als unmündige Kinder, sondern als Wähler, die mitbestimmen.

Was würde sich konkret ändern? Politiker müssten zum Beispiel ihre Reden so formulieren, dass die jungen Wähler sie verstehen. Das würde sicher auch vielen

Erwachsenen helfen [...]. Es gibt kein politisches Problem, das sich nicht auch für Kinder verständlich vortragen lässt. [...] Und alles, was für Kinder wichtig ist, würde in den Parteiprogrammen berücksichtigt werden. Zum Beispiel Tempolimits in Ortschaften, Spielplatz- und Jugendzentrengestaltung, Spielzeug aus ungiftigen Materialien, kindgerechte Schulmöbel und öffentliche Räume, kindgerechter Haus- und Wohnungsbau, arbeitsfreie Wochenenden für Eltern, Neugestaltung des Schulwesens, Lärmschutz, und so weiter.

Pro und Contra: Gegner des Kinderwahlrechts argumentieren oft, Kinder und Jugendliche seien unreif und kennten sich nicht aus. Aber in jeder Altersgruppe gibt es neben gut informierten auch Menschen ohne Durchblick. Die Befürworter sagen: Jede Altersgrenze und jedes „Das verstehst du nicht!" bedeutet den Ausschluss von politischer Mitbestimmung. Erwachsene Wähler werden auch nicht auf ihre Reife hin geprüft – informierte junge Menschen, die noch nicht volljährig sind, dürfen nicht wählen, aber Erwachsene, die vielleicht nicht einmal das Wahlsystem verstehen, dürfen es. Der „Durchblick" ist in einer Demokratie zwar wünschenswert, aber nicht entscheidend. Da sich selbst die Politiker nicht einig werden, was „richtig" ist, werden strittige Fragen durch Abstimmungen entschieden. Und dabei zählen letztlich nur die meisten Stimmen. Selbst, wenn Kinder etwas wählen würden, das vielen Erwachsenen nicht passt: Es hätte Gültigkeit und müsste akzeptiert werden.

Auch das Argument, Kinder seien leicht zu beeinflussen, zieht nicht. Erwachsene wählen die Politiker und Parteien, von denen sie annehmen, dass sie ihre Interessen und Wünsche am besten vertreten und umsetzen – Kinder würden genauso entscheiden. Und Kinder merken schnell, wenn man sie unfair behandelt oder zu betrügen versucht. Politiker, die sie nur ködern und nach der Wahl dann gar nicht halten wollen, was sie versprochen haben, können sicher sein – die Stimme der Kinder bekommen sie nicht wieder. Viele Gegner des Kinderwahlrechts sind der Meinung, Kinder sollten sich möglichst lange nicht mit Politik belasten, sondern ihre Freiheiten genießen. Sie finden auch, dass nur derjenige Rechte haben soll, der auch Pflichten hat.
[...] Aber wie steht es mit der Schulpflicht, der Pflicht, Gesetze innerhalb der Familie zu respektieren [...]? Außerdem ist das Wahlrecht als Menschenrecht nicht an Pflichten gebunden.

www.geo.de/GEOlino/nachrichten/1471.html

Aufgaben

1. Erklären Sie Ihren Mitschülern in einem fünfminütigen Vortrag das bundesdeutsche Wahlrecht. Wer kommt wie in den Bundestag?
2. Recherchieren Sie Vorschläge, wie das deutsche Wahlrecht reformiert werden soll. Was halten Sie von den verschiedenen Ansätzen?
3. Diskutieren Sie den Vorschlag, ein Wahlrecht von Geburt an einzuführen (M). Welche Argumente erscheinen Ihnen am plausibelsten?

2.3 Elemente direkter Demokratie in Deutschland

Leitfragen

Worin bestehen die Unterschiede zwischen direkten und repräsentativen Demokratien?

Welche plebiszitären Elemente gibt es in Deutschland?

Direkte und repräsentative Demokratien

Demokratien lassen sich hinsichtlich ihrer Beteiligungsformen **zwei Modellen** zuordnen:

- **Direkte Demokratie:** Alle Bürger sind an allen politischen Entscheidungen beteiligt.
- **Repräsentative Demokratie:** Das Volk wählt Vertreter, die in seinem Namen politische Entscheidungen treffen.

In der gegenwärtigen Staatenwelt gibt es keine Demokratie, die dem Idealtypus der direkten Demokratie entspricht. Am nächsten kommt noch die Schweiz dem Modell der direkten Demokratie, aber auch die Schweizer wählen Repräsentanten, die zahlreiche wesentliche Entscheidungen im Namen des Volkes treffen. Repräsentative und plebiszitäre Elemente sind im demokratischen Verfassungsstaat keineswegs wie Feuer und Wasser. Alle modernen Demokratien sind repräsentative Demokratien, fast alle bieten jedoch auch Möglichkeiten für die Bürger, bestimmte politische Entscheidungen direkt zu beeinflussen.

Formen direktdemokratischer Elemente

Bei den direktdemokratischen Sachabstimmungen lassen sich **zwei Verfahren** unterscheiden:

- Bei einem **Referendum** legt die politische Elite in Regierung und Parlament dem Volk eine bestimmte Frage vor, über die es entscheiden soll. So kann der Bürger z. B. für oder gegen die Einführung des Euro stimmen.
- Bei **Volksinitiativen** für Gesetze stoßen die Bürger einen politischen Entscheidungsprozess an. Diese Initiative können die Parlamentarier annehmen oder ablehnen. Im Falle der Ablehnung kann unter Umständen ein bestimmter Teil der stimmberechtigten Bürger ein **Volksbegehren** beantragen. In Sachsen sind dies etwa bei einer stimmberechtigten Gruppe von 3,6 Millionen Menschen 450.000 Bürger. Die Hürde ist also recht hoch. Nur wenn das Volksbegehren erfolgreich ist, findet auf Länderebene ein **Volksentscheid** statt, bei dem die Mehrheit der Bürger bestimmt.

Direkte Demokratie auf Bundesebene

In Deutschland gibt es **auf Bundesebene kaum Möglichkeiten für Bürger,** über politische Sachfragen abzustimmen. Eine kleine Ausnahme bildet die Regelung, dass eine Neugliederung von Bundesländern der „Bestätigung durch Volksentscheid" bedarf (Art. 29 GG). Es lässt sich dabei darüber streiten, ob es sich überhaupt um nationale Volksentscheide handelt, da nur die Bevölkerung der betroffenen Bundesländer stimmberechtigt ist. Bislang wurden nur **zwei Volksentscheide** mit Blick auf den Zuschnitt von Bundesländern durchgeführt:

- Nach einem Volksentscheid ging **1952** aus den bis dahin eigenständigen Bundesländern Baden, Württemberg-Baden und Württemberg-Hohenzollern das Bundesland Baden-Württemberg hervor.
- **1996** fand in Brandenburg und Berlin ein Volksentscheid über die Fusion beider Länder statt. Die führenden Politiker beider Länder propagierten nachdrücklich die Vereinigung. Damit diese durchgeführt werden konnte, mussten mindestens 25 Prozent der Bürger in beiden Ländern am Volksentscheid teilnehmen und von den Abstimmenden mussten sich mehr als die Hälfte für die Vereinigung aussprechen. In Brandenburg war das Interesse aber so gering,

dass nicht genügend Bürger zur Abstimmung gingen. Zudem stimmte von diesen Bürgern sogar noch eine Mehrheit gegen die Fusion.

Der weitgehende Verzicht auf direktdemokratische Elemente auf Bundesebene war ursprünglich eine bewusste Entscheidung, weil die Schöpfer des Grundgesetzes der Ansicht waren, dass die Volksabstimmungen in der Weimarer Republik den Aufstieg der Nationalsozialisten begünstigt hatten. Der erste deutsche Bundespräsident Theodor Heuss bezeichnete Volksabstimmungen als „Prämie für jeden Demagogen".

Inzwischen wird unter den Parteipolitikern über diese ablehnende Haltung gegenüber Beteiligungsmöglichkeiten des Volkes gestritten. SPD und Grüne wollen mehr direktdemokratische Elemente, die Unionsparteien sind dagegen skeptisch.

Direkte Demokratie auf Länderebene

Alle Bundesländer haben in ihren Verfassungen Möglichkeiten für die Volksgesetzgebung verankert und jeweils unterschiedlich ausgestaltet. So unterscheiden sich etwa die Anforderungen an die Zahl der stimmberechtigten Unterstützer, die einen Volksantrag für ein Gesetz in die Wege leiten können oder die ein Volksbegehren unterschrieben haben müssen. Auch die Fristen, in der die notwendigen Unterschriften für ein Volksbegehren gesammelt werden müssen, sind unterschiedlich gesetzt.

Bestimmte Themen sind von der Volksgesetzgebung auf Länderebene ausgenommen. Bei allen Geldfragen – wie etwa der Höhe von Abgaben oder von Besoldungen – dürfen nur die Parlamente entscheiden (Haushaltsvorbehalt).

Direkte Demokratie in den Gemeinden

Die umfangreichsten Möglichkeiten, sich direkt an politischen Entscheidungen zu beteiligen, haben Bürger in den Gemeinden. Die Instrumente **Bürgerbegehren** und **Bürgerentscheid** wurden Anfang der 1990er Jahre eingeführt und finden sich heute in den Gemeindeordnungen aller Bundesländer.

Deutschland im Vergleich der Staaten

Die westlichen Demokratien nutzen seit 1945 in unterschiedlichem Maße direktdemokratische Elemente. In zahlreichen westeuropäischen Staaten fanden Volksabstimmungen im Zusammenhang mit der **Europäischen Union** statt. Mit Ausnahme Zyperns stimmte die Bevölkerung 2003 in neun von zehn Ländern, die neu in die Europäische Union aufgenommen werden sollten, über eine EU-Mitgliedschaft ihres Landes ab.

Referendumshäufigkeit in verschiedenen Staaten

Staaten mit ausgesprochen vielen Referenden auf nationaler Ebene (mehr als 100)	Schweiz
Staaten mit eher vielen Referenden (11–99)	Dänemark, Frankreich, Irland, Italien, Liechtenstein und Neuseeland
Staaten mit wenigen Referenden (1–10)	Belgien, Finnland, Großbritannien, Norwegen, Portugal, Schweden, Spanien
Staaten ohne Referenden	Deutschland, Israel, Japan, Niederlande, USA

Beobachteter Zeitraum: 1945–2007

Die Volksgesetzgebung am Beispiel von Sachsen

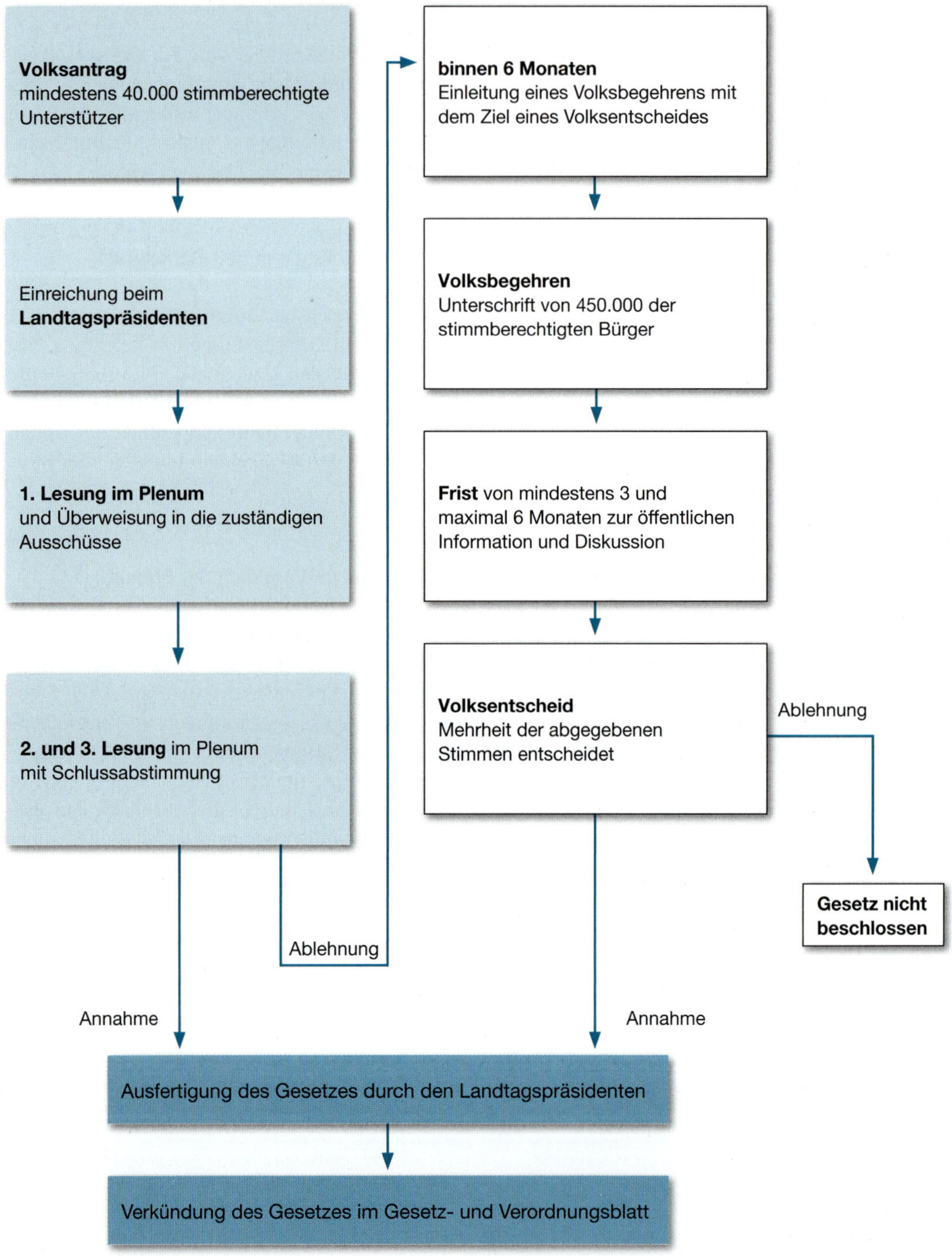

www.landtag.sachsen.de/de/landtag/wahlen_gesetzgebung/94.aspx (02.12.2008)
Einen Überblick zu den direktdemokratischen Elementen in allen deutschen Bundesländern bietet: Bärbel Martina Weixner, Direkte Demokratie in den Bundesländern, in: Aus Politik und Zeitgeschichte 10/2006

Vorteile und Nachteile repräsentativer und direkter Demokratie

	Repräsentative Demokratie	Um starke direktdemokratische Elemente ergänzte repräsentative Demokratie
Vorteile	1. Die Berufspolitiker als „Spezialisten“ haben eine **höhere Kompetenz**, um die politischen Probleme zu lösen. Die Bearbeitung dieser Fragen durch sie führt daher zu angemesseneren Lösungen.	1. Die Bürgerinnen und Bürger können in einzelnen Sachfragen **direkt entscheiden**. Damit können die gewählten Politiker besser kontrolliert werden.
	2. Die Inhaber politischer Ämter können in einer repräsentativen Demokratie für ihre Entscheidungen zur Rechenschaft gezogen werden. Wenn sie Fehler machen, werden sie **nicht wieder gewählt**.	2. Direktdemokratische Elemente bieten einen Anreiz, sich mit der **Demokratie zu identifizieren.** Aus „Zuschauern“ werden aktive Mitgestalter. Dies kann **gegen Politikverdrossenheit** helfen.
		3. Gesetzesinitiativen von Bürgern können auf **politische Probleme hinweisen**, die von den Parteien übersehen wurden.
Nachteile	1. Die Beteiligung der Bevölkerung am politischen Prozess ist auf die Wahlen beschränkt. Darunter kann die **Identifikation** mit der Demokratie leiden.	1. Die Beteiligung der Bevölkerung führt zu einem **deutlich längeren Entscheidungsprozess**. Dies verhindert ein schnelles Lösen politischer Probleme.
	2. Die Bürger haben nur durch Wahlen die Möglichkeit, die Politiker zu **kontrollieren**. Sie können aber nicht deren Entscheidungen bei grundlegenden politischen Problemen beeinflussen.	2. Wenn das Volk direkt entscheidet, sind **alle verantwortlich**. Es gibt somit keine klar identifizierbar Verantwortlichen für eine Entscheidung.
	3. Die Parteien können aus unterschiedlichen Gründen wichtige **Probleme ausklammern**, deren Lösung vom Volk als dringlich angesehen wird.	3. Es können sich durch Einsatz von Geld **gut organisierte Sonderinteressen** bei den Volksabstimmungen durchsetzen.
		4. Es können **populistische Entscheidungen** begünstigt werden, die nicht zu einer sachgerechten Lösung führen.

M Wähler-Täuschung

Sind Referenden der richtige Weg? Können plebiszitäre Elemente, wenn ihre Ergebnisse nur politisch verpflichtend werden für die Exekutive, neue Begeisterung für die Demokratie entfachen? Wohl kaum. Als das Grundgesetz geschrieben wurde, da verzichteten die Mütter und Väter der Verfassung ganz bewusst auf Instrumente der direkten Demokratie. Sie hatten erlebt, wie ein Volk sich willig dem kollektiven Wahn hingegeben hatte, und misstrauten den Massen zutiefst. Nach sechzig Jahren Demokratie in Deutschland hat sich diese Skepsis erledigt. Regelmäßig stimmen die Bundesbürger weit verantwortungsvoller ab, als es ihnen die Demoskopen zutrauen. Heute ist es nicht mehr die Furcht vor dem Wähler, die gegen Volksentscheide spricht.

Das Problem liegt vielmehr darin, dass sich die parlamentarische Demokratie nicht bruchlos durch Elemente der direkten Demokratie ergänzen lässt. Die Vorstellung, man könne in das politische System der Bundesrepublik einfach ein wenig Plebiszit hineinrühren wie einen Löffel Zucker in den Kaffee, der die Sache süßer macht – diese Vorstellung ist eine Illusion.

Die simple Ja/Nein-Logik jeder Volksbefragung steht notwendig quer zu der hoch entfalteten bundesdeutschen Aushandlungsdemokratie, deren Wesensmerkmal gerade die Einbeziehung möglichst vieler Interessen in die Konsensbildung ist. Die fortlaufende Anhörung von Fachleuten, Lobbyisten, Wissenschaftlern, von Parteigremien, Ethikräten und Enquetekommissionen, die Verschränkung von Länder- und Bundesinteressen, die penible juristische Kontrolle jedes Verfahrensschrittes durch alle Gerichtsinstanzen – all das macht Entscheidungen bisweilen quälend schwierig, schließt aber aus, dass fundamentale Aspekte einer Frage übersehen oder größere Bevölkerungsgruppen einfach ignoriert werden. Die Binnenkorrekturkräfte des politischen Prozesses sind hierzulande so stark, dass es einer massiven Intervention von außen, einer roten Plebiszit-Karte, kaum je bedarf.

Nichts belegt das so deutlich wie die Geschichte der Plebiszit-Bewegung selbst. Sie entstand in den siebziger Jahren im Umfeld der Umweltschützer, die damals in den Parlamenten keine Vertreter hatten. Mittlerweile jedoch ist der ökologische Gedanke in allen Parteien Allgemeingut – nicht durch Plebiszite, sondern dank der Integrationskraft des parlamentarischen Systems. Auch die romantische Annahme, das Plebiszit sei ein Instrument der Reinheit, in dem sich der Volkswille klar und unverfälscht Bahn breche, ist ein Irrtum. Es gibt in der Parteiendemokratie keine parteifreien Zonen. [...]

All das spricht nicht endgültig gegen die direkte Demokratie. Man kann sie einführen. Aber sie hat ihren Preis – die mindestens teilweise Entmachtung der Parlamente und eine drastische Reduktion der Kontrolle politischer Entscheidungen durch die Gerichte. Wer das will, soll es sagen. Nur beides, unmittelbare und mittelbare Demokratie, geht nicht. Wer etwas anderes suggeriert, täuscht den Bürger und schürt den Verdruss an der Politik.

Heinrich Wefing, in: Die Zeit vom 30.04.2008

Aufgaben

1. In Ihrer Stadt soll wegen fehlender Gelder ein von Ihnen gerne besuchtes Jugendzentrum die Pforten schließen. Der Gemeinderat/Stadtrat wird in wenigen Wochen darüber entscheiden. Überlegen Sie, auf welche Weise Sie durch Ihre politische Beteiligung die Entscheidung beeinflussen können.

2. Stellen Sie sich folgende Situation vor: In Ihrer Gemeinde soll darüber entschieden werden, ob ein weiterer Funkmast aufgestellt wird. Die Entscheidung darüber kann von einem, vielen oder allen Bürgern getroffen werden. Überlegen Sie, welche Punkte für und welche Punkte gegen die jeweiligen Alternativen sprechen:

a) Die Aufstellung eines Funkmasts ist ein wichtiges Thema, über das die demokratisch legitimierte Person an der Spitze der Gemeinde allein und möglichst zügig entscheiden sollte.

b) Das Parlament sollte abstimmen, da es von den Bürgern gewählt wurde, um über die wichtigsten Fragen zu entscheiden.

c) Die Abschätzung von Vor- und Nachteilen ist äußerst komplex. Es sollte daher eine Expertenkommission über den Bau entscheiden.

d) Da der Bau des Kraftwerks alle Bürger betrifft, sollte ein Volksentscheid durchgeführt werden.

3. Beurteilen Sie das deutsche Wahlsystem nach folgenden Kriterien: 1. Transparenz; 2. Förderung der Stabilität der Regierung; 3. gerechte Repräsentation aller politischen Kräfte in der Gesellschaft. Zu welchen Ergebnissen kommen Sie?

4. Sehen Sie in der Bundesrepublik die Gefahr einer „Entmachtung der Parlamente“ durch mehr direkte Demokratie (M)? Begründen Sie Ihre Haltung.

3 Vermittler zwischen Bürgern und politischen Institutionen

3.1 Parteien

Leitfragen	Welche Aufgaben haben Parteien in einer modernen Demokratie?	Was ist unter innerparteilicher Demokratie zu verstehen?	Welche programmatischen Ausrichtungen von Parteien lassen sich unterscheiden?

Was ist eine Partei?

Parteien sind Vereinigungen, die politische Interessen von Staatsbürgern wahrnehmen. Ihre Mitwirkung an der politischen Willensbildung ist eine in der Verfassung verankerte öffentliche Aufgabe (Art. 21 GG). Der Begriff „Partei" ist vom lateinischen Begriff „pars" für „Teil" abgeleitet. Der Ausdruck weist darauf hin, dass eine Partei i.d.R. nicht die gesamte Bevölkerung repräsentiert, sondern nur einen Teil. Eine Partei steht dabei in der Regel für eine bestimmte **politische Strömung** in einer Gesellschaft. Das Ziel von Parteien ist, die politischen Entscheidungen durch die Besetzung von Schlüsselpositionen in den politischen Entscheidungsorganen – vor allem Regierung und Parlament – zu beeinflussen. Um dies zu erreichen, streben Parteien danach, bei Wahlen ihre Stimmenzahl zu maximieren. Der Wettbewerb zwischen Parteien um politischen Einfluss prägt das politische Leben der modernen Demokratien.

Was ist ein Parteiensystem?

Der Begriff **Parteiensystem** richtet sich auf die Gesamtheit der Parteien in einem Staat und ihre Beziehungen untereinander; er setzt somit voraus, dass es mehr als eine Partei gibt und diese sich miteinander in einem Wettbewerb um die politische Macht befinden. Orientiert an der Zahl der Parteien gibt es **Zwei- und Vielparteiensysteme**. Nach der Ausprägung des Wettbewerbs wird weiterhin zwischen polarisierten Parteiensystemen, in denen sich die Parteien heftig befehden, und nicht polarisierten Parteiensystemen unterschieden.

Grundsätze des deutschen Parteiensystems

- **Mehrparteienprinzip:** Das Grundgesetz fordert die Existenz mehrerer Parteien und schließt damit eine **Einparteiendiktatur** wie das Dritte Reich und die Sowjetunion aus.
- **Freie Gründung und Chancengleichheit** der Parteien: Alle Bürger müssen in der deutschen Demokratie Parteien gründen dürfen, und keine – demokratische – Partei darf durch die Regelung des Wettbewerbs und der Parteienfinanzierung systematisch bevorteilt oder benachteiligt werden.

Aufgaben der Parteien im politischen Prozess

Parteien sind in den modernen Demokratien als **Mittler** zwischen Bürger und Staat unverzichtbar. Sie erfüllen folgende Funktionen:

- **Partizipationsfunktion:** Parteien stellen eine Verbindung her zwischen den Bürgern und dem politischen System, indem sie ihnen als Wählern oder als Parteimitgliedern die Teilnahme am politischen Geschehen ermöglichen. Als Parteimitglieder haben Bürger die Möglichkeit, bei Programmformulierungen und bei der Kandidatenauswahl mitzuwirken.

- **Meinungsbildung**: Parteien nehmen – vor allem mithilfe der Medien – Einfluss auf die öffentliche Meinung und fördern die politische Beteiligung der Bevölkerung.

- **Programmfunktion**: In den Parteien werden die Interessen und Meinungen der Bürger artikuliert und gebündelt. Die verschiedenen Interessen fließen in ein politisches Programm ein, für das die Parteien um Zustimmung werben.

- **Personalrekrutierung**: Parteien wählen und bilden Personen aus, die bei Wahlen auch für die Kandidatur um politische Ämter bereitstehen.

- **Einflussnahme auf Regierung und Parlament**: Die Parteien stellen als Regierungsmehrheit im Parlament das Regierungspersonal und nehmen so Einfluss auf politische Entscheidungen bzw. das Staatshandeln. Im Parlament sind sie für ein funktionierendes System verantwortlich (Fraktionen, Arbeitsteilung, Organisieren von Mehrheiten für Regierungsvorschläge). Als Oppositionspartei haben sie die Aufgabe, politische Alternativen zur Regierungsarbeit zu formulieren.

- **Legitimationsfunktion**: Die Parteien sorgen für eine kontinuierliche Verbindung zwischen Staat und Gesellschaft, indem sie einerseits die Bürgerinteressen gegenüber staatlichen Institutionen artikulieren und andererseits die Bevölkerung über staatliche Entscheidungen informieren. Diese Funktion trägt wesentlich zur Stabilität des politischen Systems bei.

Die Parteimitglieder

In einer **Parteiendemokratie** wie Deutschland prägen die Parteien das politische Leben. Daher ist es von zentraler Bedeutung, dass die Parteien für alle Bürger, die mitwirken wollen, offen sind. Dieses Angebot zur politischen Beteiligung nimmt allerdings nur ein kleiner Teil der Bürger wahr. Nur rund fünf Prozent der Wahlberechtigten sind Mitglieder von Parteien. Es lässt sich dabei in den Parteien nach dem Grad der parteilichen Aktivität zwischen verschiedenen Gruppen von Mitgliedern unterscheiden:

- Mitglieder **ohne Parteifunktion:** Dies sind rund 75 bis 85 Prozent der Parteimitglieder.
- Mitglieder mit **ehrenamtlicher Parteifunktion** auf lokaler Ebene.

Die Aufgaben der Parteien

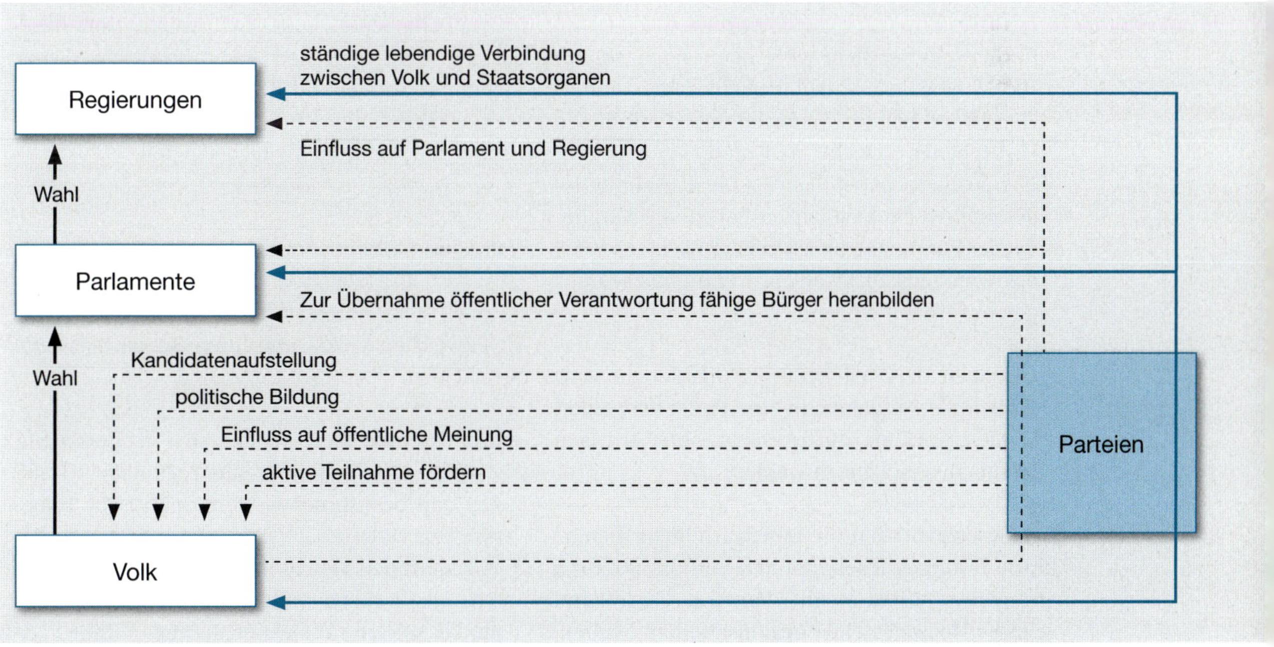

- **Hauptamtliche Parteiangestellte** auf den verschiedenen Parteiebenen.
- Inhaber eines **öffentlichen Wahlamts**, z. B. Bürgermeister, Landtags- und Bundestagsabgeordnete.

Die **soziale Zusammensetzung** der Parteimitglieder unterscheidet sich deutlich vom Bevölkerungsquerschnitt. So sind Frauen und Arbeiter entsprechend ihrem Bevölkerungsanteil in Parteien unterrepräsentiert. Bürger aus dem gehobenen Mittelstand – vor allem männliche Akademiker mittleren Alters – sind weit überdurchschnittlich in Parteien engagiert. Auch unter den Inhabern öffentlicher Wahlämter dominieren männliche Akademiker.

Verpflichtung zur innerparteilichen Demokratie

Das Grundgesetz regelt, dass die innere Ordnung der Parteien **demokratischen Grundsätzen** entsprechen muss. Dies bedeutet:

- **Willensbildung von unten nach oben:** Alle Mitglieder der Partei müssen die Möglichkeit haben, an den Entscheidungen über den Kurs der Partei teilzunehmen (Ausschluss des „Führerprinzips"). Das oberste Organ der Parteien ist daher die Mitgliederversammlung. Es darf keine Minderheit in einer Partei deren Kurs oder die Auswahl von Kandidaten für politische Ämter bestimmen (Mehrheitsprinzip).

- **Rechenschaftspflicht von oben nach unten:** Die Vorstände auf den verschiedenen Parteiebenen werden von Versammlungen auf diesen Parteiebenen gewählt und sind ihnen gegenüber rechenschaftspflichtig. Die Parteimitglieder müssen die Möglichkeit haben, die Mitglieder der Führungsgremien bei der nächsten Wahl des Vorstands abzuwählen, wenn Entscheidungen auf Unmut stoßen.

- **Offenheit der Partei:** Bürgern darf nicht willkürlich die Aufnahme in eine Partei verweigert werden, und sie dürfen nicht ohne triftigen Grund ausgeschlossen werden.

Der Gesetzgeber hat die **innerparteiliche Demokratie** festgeschrieben, um den Einfluss politisch engagierter Bürger in einer Partei zu vergrößern. Je mehr Menschen einer Organisation angehören, desto schwieriger ist es aber, sie alle gleichberechtigt an den Entscheidungen teilhaben zu lassen. Da in Parteien nicht bei allen Entscheidungen eine Mitgliederversammlung einberufen werden kann, haben sich Führungsgremien gebildet. Trotz der innerparteilichen Demokratie sind daher die Gestaltungsmöglichkeiten der Parteimitglieder ohne Funktion sehr eingeschränkt. Früh wurde Parteien eine zwangsläufige Tendenz zur **Oligarchisierung** nachgesagt, also einer Bündelung der Organisationsmacht bei wenigen Menschen an der Parteispitze. Es ist allerdings umstritten, wie stark diese Neigung in den heutigen demokratischen Parteien Deutschlands besteht.

Inhaltliche Ausrichtung von Parteien

Parteien lassen sich auch aufgrund ihrer programmatischen Bewertung des politischen Systems einteilen: **Systemkonforme Parteien** befürworten die geltende Herrschaftsordnung und wollen sie stabilisieren. **Systemfeindliche Parteien** lehnen sie dagegen ab und wollen sie – auf legalem oder illegalem Wege – durch eine andere Herrschaftsordnung ersetzen. Deutschland ist eine liberale Demokratie, daher sind nationalistische und rassistische Parteien sowie kommunistische Parteien als systemfeindlich anzusehen. Die Parteien lassen sich zudem auf einem Spektrum politischer Richtungen von rechts nach links einordnen. Dieses **Rechts-Links-Schema** entstammt dem französischen Parlamentarismus. Befürworter von mehr sozialer Gleichheit und mehr gesellschaftlicher Liberalität werden i. d. R. als links wahrgenommen, während die Befürwortung von Marktliberalismus und Autorität als rechts gelten.

Volks- und Interessenparteien

Je nach dem Adressatenkreis der Parteien lässt sich zwischen Volks- und Interessenparteien unterscheiden.

- **Interessenparteien** wenden sich an bestimmte – soziale, konfessionelle oder regionale – Gruppen und beanspruchen, deren politische Interessen zu vertreten.
- **Volksparteien** wollen alle Bevölkerungsschichten ansprechen; weltanschauliche Gesichtspunkte spielen für sie eine geringere Rolle.

Programmatische Ausrichtung der Parteien

Ausrichtung	Beispiele
Christdemokratische Parteien betonen das Bekenntnis zum Christentum und sind meist eher konservativ ausgerichtet. Für die Christdemokratie ist die Ordnungsfunktion des Staats zentral. Im Unterschied zum Liberalismus unterstreicht die Christdemokratie nicht nur die Rechte, sondern auch die Pflichten der Bürger. Zudem wird der Wert der Familie betont.	Christlich Demokratische Union (CDU) und Christlich Soziale Union (CSU). Die christdemokratische Strömung konnte in der Geschichte der Bundesrepublik den größten Einfluss entfalten.
Sozialdemokratische Parteien wollen soziale Ungleichheit abbauen und einen Teil des gesellschaftlichen Wohlstands zugunsten der sozial Schwachen umverteilen. Die Sozialdemokratie unterscheidet sich vom Kommunismus dadurch, dass sie die Freiheit des Einzelnen nicht dem Gemeinwohl unterordnet. Die Sozialdemokratie hat sich historisch durch ihren Einsatz für eine Angleichung der Lebenschancen über den Weg staatlicher Umverteilungsmaßnahmen verdient gemacht.	Die Sozialdemokratische Partei Deutschlands (SPD) ist die älteste der heutigen politischen Parteien und nach der CDU/CSU die zweitstärkste politische Strömung in der Geschichte der Bundesrepublik.
Liberale Parteien gehen davon aus, dass aus der freien Entfaltung des Einzelnen Wohlstand und Fortschritt der Gesellschaft entstehen. Der Staat soll nach Ansicht liberaler Parteien lediglich einen Ordnungsrahmen bilden, um die Freiheit des Einzelnen zu schützen und Rechtssicherheit zu gewährleisten. Diese Parteien treten für eine freie Marktwirtschaft ohne staatliche Eingriffe ein.	Freie Demokratische Partei (FDP). Obgleich die liberale Strömung recht klein ist, gelang es der FDP, durch die Beteiligung an wechselnden Koalitionen mit CDU/CSU und SPD auf Bundes- und Länderebene beträchtlichen Einfluss zu erlangen.
„Grüne" Parteien konzentrieren sich in ihrer Programmatik stark auf die Betonung des Umweltschutzes. In der Gesellschaftspolitik haben sie eine liberale Ausrichtung.	Im deutschen Parteiensystem stehen Bündnis 90/Die Grünen für diese Strömung. Die Partei kam erst Ende der 1970er Jahre auf. Inzwischen hat sie sich fest im deutschen Parteiensystem etabliert.
Kommunistische Parteien lehnen die „bürgerliche" Demokratie ab und wollen eine „klassenlose" Gesellschaft. Dazu soll Privateigentum im Produktionsbereich abgeschafft und ansonsten eingeschränkt werden.	Deutsche Kommunistische Partei, in Teilen auch DIE LINKE, die aus der Staatspartei der DDR, der SED, hervorging.
Konservative Parteien wollen Traditionen bewahren und sind skeptisch gegenüber Neuerungen.	In der Bundesrepublik gibt es keine wählerwirksame konservative Partei, aber bedeutsame Strömungen in der CDU und vor allem der CSU sind als konservativ einzustufen.
Nationalistische und rassistische Parteien trennen strikt zwischen den Angehörigen ihrer eigenen Nation oder Ethnie und allen anderen Menschen. Die Auffassung, dass alle Menschen die gleichen Rechte haben, wird abgelehnt.	Die Nationaldemokratische Partei Deutschlands (NPD), die Deutsche Volksunion (DVU) und – eingeschränkt – die Republikaner. Die nationalistische und rassistische Strömung ist in der Bundesrepublik im Vergleich zur Weimarer Republik bis heute recht schwach geblieben.

Die Parteienfinanzierung in Deutschland

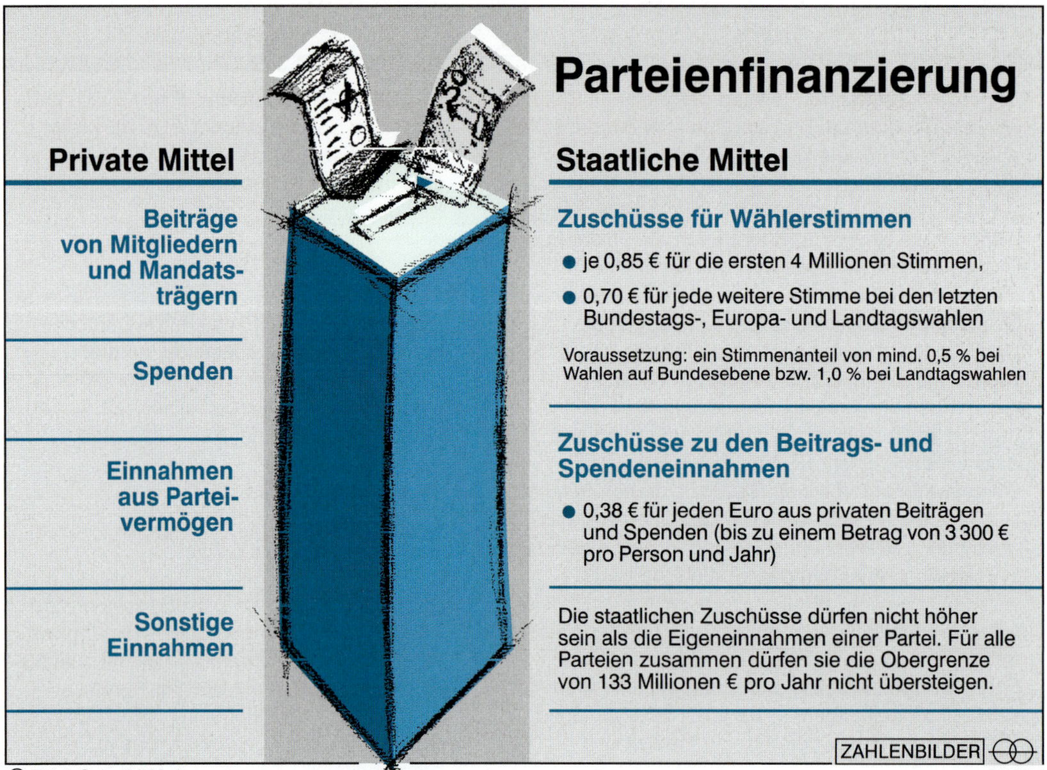

 95 054

Die christdemokratischen Unionsparteien wandten sich nach dem Zweiten Weltkrieg an alle sozialen Gruppen der deutschen Bevölkerung – Arbeitnehmer wie Unternehmer, Katholiken wie Protestanten. Die SPD war vor ihrem Godesberger Programm von 1959 noch eine Partei, die sich überwiegend an Arbeiter richtete. Seit der Neuausrichtung von 1959 wendet sich auch die SPD an alle sozialen Gruppen der Bevölkerung und will nicht nur Arbeitnehmerinteressen, sondern die Anliegen aller Bevölkerungsgruppen vertreten.

Zwischen Parteien wie der modernen SPD und den Unionsparteien, die sich gleichermaßen als Volksparteien ansehen, sind die **weltanschaulichen Unterschiede** eher gering. Sie vertreten in der Regel keine gesellschaftlichen Teilinteressen, die miteinander völlig unvereinbar sind. Daher können Volksparteien miteinander meist leichter Kompromisse schließen als Interessenparteien.

Finanzierung der Parteien

Parteien brauchen viel Geld: für Wahlkämpfe, hauptamtliche Funktionäre und einen mitunter großen Parteiapparat.

Von allen Geldquellen sind **Spenden** die umstrittenste. Mehrfach – 1979, 1999 und 2002 – gab es in der Geschichte der Bundesrepublik Parteispendenaffären. Immer wieder werden Befürchtungen geäußert, Vertreter aus der Wirtschaft könnten versuchen, über große Spenden Einfluss auf politische Entscheidungen zu nehmen. Um dies zu verhindern, führte das Bundesverfassungsgericht 1984 eine Höchstgrenze für die steuerliche Begünstigung von Parteispenden ein. Außerdem müssen Großspenden ab 10.000 Euro öffentlich gemacht werden.

Neben der Möglichkeit von Großspenden stößt auch die **staatliche Teilfinanzierung** der Parteien auf Kritik. Die Gegner der Regelung argumentieren, dass sich die Parteien nur aus den Beiträgen ihrer Mitglieder und Spenden finanzieren sollten. Die Parteien würden schließlich im Interesse ihrer Mitglieder und Sympathisanten und nicht im Interesse der gesamten Bevölkerung am politischen Wettbewerb teilnehmen. Die Befürworter der Regelung argumentieren dagegen, dass eine moderne Demokratie ohne Parteienwettbewerb gar nicht vorstellbar sei. Es sei aber unfair, wenn nur die in Parteien aktiven Bürger die Kosten für die Wahlkämpfe der Parteien aufbringen müssten.

Grenzen der Freiheit des Parteienwettbewerbs

Das Grundgesetz sieht einerseits vor, dass die Gründung von Parteien frei ist. Auf der anderen Seite bietet es die Möglichkeit, Parteien zu verbieten, die Demokratie und Rechtsstaatlichkeit abschaffen wollen. Darüber, ob eine Partei verfassungswidrige Ziele verfolgt, darf ausschließlich das Bundesverfassungsgericht – auf Antrag von Bundestag, Bundesrat oder Bundesregierung – entscheiden. Dieses so genannte **„Parteienprivileg“** soll verhindern, dass durch die Bundesregierung Parteien aus dem Wettbewerb ausgeschlossen werden, nur weil andere Parteien sie unbequem finden. Bislang hat die Bundesregierung drei Anträge auf ein **Parteienverbot** gestellt, zwei davon waren erfolgreich. 1952 wurde die rechtsextremistische Sozialistische Reichspartei verboten, 1956 die Kommunistische Partei Deutschlands. Im Herbst 2000 beantragten Bundestag, Bundesrat und Bundesregierung ein Verbot der NPD (→ Kapitel 4.1.2).

Neue Aufgaben der Parteiendemokratie

Der soziale Wandel der Gesellschaft ist maßgeblich für die Veränderungen in der Parteienlandschaft und Krisensymptome der Parteiendemokratie verantwortlich. So führt die Veränderung etwa von Erwerbsstrukturen zur Auflösung traditioneller Milieus (z. B. des Arbeitermilieus), was nachlassende Unterstützung für die Volksparteien SPD und CDU/CSU bedingt. Der Rückgang der Parteienbindung reicht von flexiblem Wahlverhalten bis hin zur Wahlenthaltung.

Mohr / CCC,www.c5.net

Parteien in Deutschland – vor der zwangsweisen Auflösung 1933 und seit 1945 (nach W. RUDZIO)

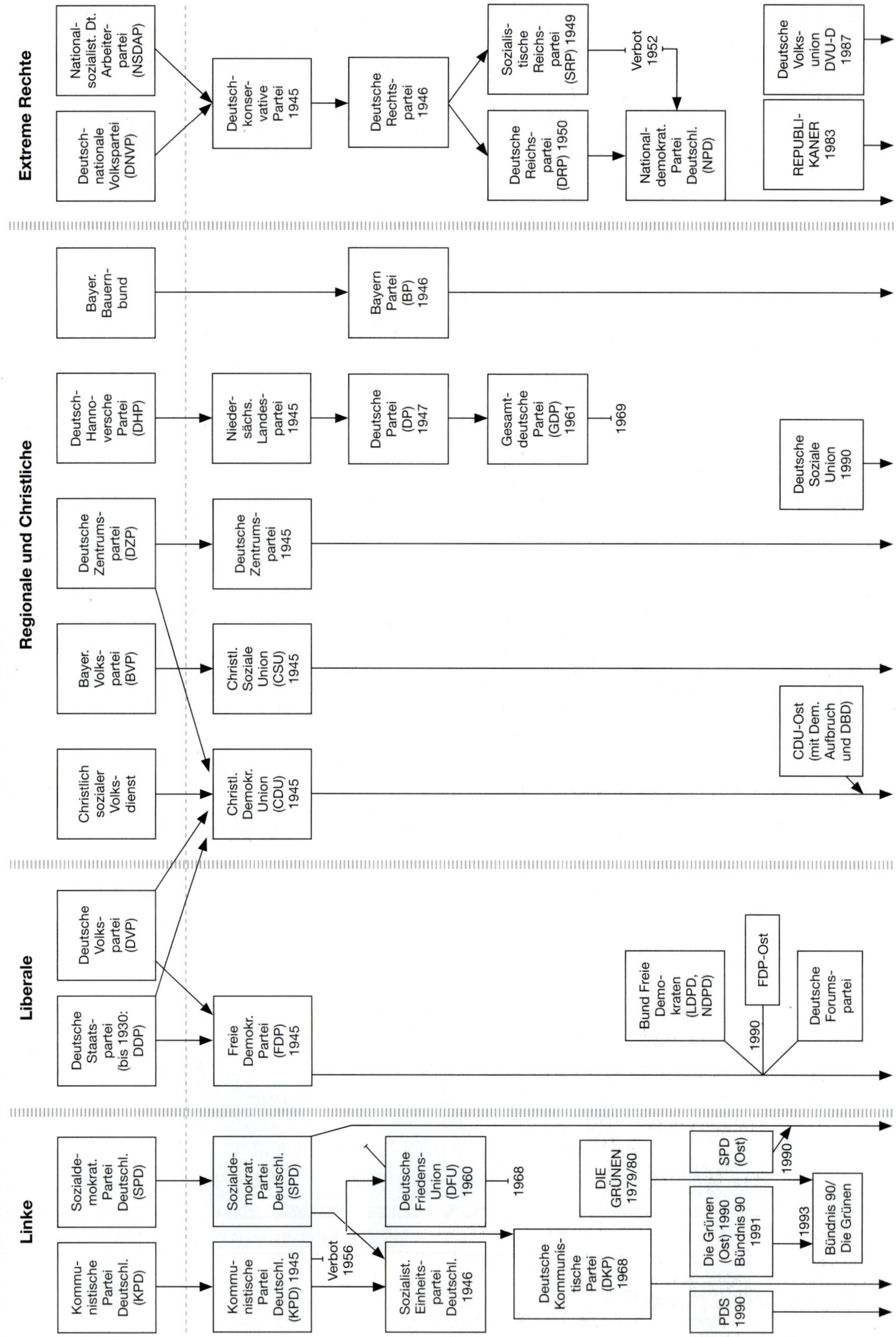

Schülerduden Politik, Berlin 2004, S. 130

M Parteien ohne Lager

Weltanschauungen haben in der Politik keine Bedeutung mehr. Das aber festigt die Demokratie nicht, sondern untergräbt sie.

Eine Partei der klassischen Honoratioren ist die FDP des Jahres 2008 nicht mehr. Auch die Sozialdemokraten der Gegenwart sind nicht mehr Partei der Arbeiter. Die Christdemokraten von heute sind keine sonderlich prinzipienfesten Künder kirchlicher Gebote mehr. Und der Postmaterialismus der Grünen hat mit alternativem Rebellentum längst nichts mehr zu tun.
Doch was sind die Parteien dann noch? Was ist ihr Elixier? Entstanden sind sie als Ausdruck kräftiger sozialer Lagen und gesellschaftlicher Lager. Das gab ihnen Fundament, Farbe, Idee, Ethos, Antrieb – und nicht zuletzt: Personal, das dadurch sozialisiert wurde, folglich unverwechselbar, gewissermaßen authentisch war.
Und nun? Was erwartet uns bei Parteien ohne Lager? Macht es sie am Ende gar freier, moderner, flexibler, da sie nicht mehr auf ihre bodenständigen, binnenzentrierten Milieus fixiert sein müssen? Macht es sie professioneller und effizienter, da sie nun ohne Rücksicht auf erstarrte Traditionalitäten agieren, ja selbst mit den einst erbittert bekämpften politischen Feinden leichthin koalieren können?
Oder befinden wir uns vielmehr im Herbst von Parteien und Parlamentarismus, da ihre Voraussetzungen – drückende soziale Lagen und weltanschaulich durchtränkte politische Lager – zerbröselt sind? Ist das der Grund, warum – wie jetzt in Bayern – Freie Wählervereinigungen nicht nur in die Kommunalparlamente, sondern mit Aussicht auf Erfolg auch in die Landtage drängen?
Jedenfalls: Im Grunde hat sich die Parteienkonkurrenz entkernt. Zwar wird weiterhin gestritten, paradoxerweise aufgrund mangelnder Differenzen im Grundsatz oft gar noch hysterischer als sonst. Aber das soll nur die Leere der politischen Auseinandersetzung überdecken.
Der Verfassungstheoretiker Otto Kirchheimer hatte schon vor einem halben Jahrhundert eine solche Entwicklung prognostiziert. Er führte damals den Begriff der „Allerweltspartei“ ein. Doch kam der von Kirchheimer vorweggezeichnete Trend zunächst überraschend zum Erliegen.
Denn während der siebziger und achtziger Jahre kehrte ein Stück Ideologisierung in die politischen Formationen zurück, auch der selbstbewusste Anspruch der Parteimitglieder auf Diskussion und Beteiligung. Aber spätestens seit den neunziger Jahren hat die Entwicklung zur Allerweltspartei wieder enorm Fahrt angenommen.
Die Allerweltspartei verzichtet darauf, Wähler und Mitglieder geistig zu überzeugen. Ihre Parteiführungen entziehen sich mehr und mehr der politischen Vorstellungswelt und den Partizipationsverlangen der Basis. Dagegen werden die Einflüsse von Lobbyisten auf den Kurs der Politikeliten größer. Allerweltsparteien fehlen gesellschaftliche Wurzeln, intellektuelle Ambitionen; die Choreografie von Möglichkeiten jenseits dessen, was gerade ist. Ausgerechnet in den rot-grünen Jahren ist die Entwicklung zur Allerweltspartei kräftig vorangeschritten; seither hält dieser Prozess konstant an. Allerweltsparteien peilen die Mitte an. Und da die Mitte als unideologisch gilt, haben sich die Allerweltsparteien von den früheren weltanschaulichen Begründungen ihrer selbst getrennt – sie haben „Ballast abgeworfen“, wie dergleichen gerne genannt wird.
Um in der Mitte Punkte und Stimmen zu sammeln, haben die neuen Allerweltsparteien seit dem Ende des letzten Jahrhunderts Spin-Doktoren engagiert, Marketingberater hinzugezogen, Tele-Experten für ihre Spitzenfiguren konsultiert. Es galt in den vergangenen Jahren als Modernität schlechthin, der Politik gleichsam das ernsthaft und schwere Politische zu nehmen – damit sie besser passen zu den anderen Angeboten der Zerstreuungsindustrie für den Konsumenten/Wähler.

Kaum etwas hat die reale Mitte der Gesellschaft derart abgestoßen wie ebensolche Entmündigungsstrategien. Die Milieuforschung hat geradezu bedrückende Belege dafür geliefert, wie sehr die Mitte inzwischen davon überzeugt ist, dass man in Deutschland sukzessive in nachdemokratische Zustände trudelt. Allerdings protestiert die Mitte dagegen nicht; sie organisiert keine Demonstrationen, formuliert keine Protestpamphlete. Die Mitte bleibt einfach weg, macht nicht mehr mit, wendet sich – gleichgültig fast – von der politischen Arena ab.
Die Politik spürt das und reagiert auf die Ablehnung oder Gleichgültigkeit der Bürger gleichermaßen mit Misstrauen und Geringschätzung wiederum dem Souverän gegenüber. Und so sind Parteien in der Tat kaum noch vitale Repräsentanzen von Lebenswelten. Sie bilden vielmehr ein eigenes Biotop, das den Mangel an Zuwendungen von unten fast ganz durch die Alimentation von oben, durch den Staat, kompensieren lässt. Fast alle dominanten Parteien in westlichen Demokratien leben von öffentlichen Finanzmitteln. Regierungsbeteiligung, mittels derer man sich die Zuarbeit von Beamten, Referenten, Sekretariaten sichert, ist inzwischen essenziell für den Fortbestand der politischen Organisation geworden.
Die Zeiten, in denen sich Parteien Diskussionen darüber leisten konnten, ob die „Regeneration in der Opposition“ nicht eine erwägenswerte Möglichkeit wäre, scheinen final vorbei zu sein. Der Zwang zur Regierungsteilhabe in zunehmend komplexen Koalitionen führt schließlich ein weiteres Mal dazu, eigene programmatische Schärfen zu glätten, jeden Stoff für elementare Kontroversen aus den Vorräten herauszunehmen.
Nicht zuletzt deshalb ist „Opposition“ in Deutschland derzeit ganz überwiegend negativ besetzt, als abseitiger Ort einer lediglich folgenlosen Negativität. Das aber unterspült die Basis, auch die klassischen Legitimationsgrundlagen für Opposition im parlamentarischen System.
Dabei ist Opposition stets auch Terrain der Gegenmöglichkeit, Ort für ein „alternative system of conduct“, wie es Lord Bolingbroke 1736 klassisch formulierte. So aber hat der Verlust an eigensinnigen Oppositionsparteien rasch den Vitalitätsverlust des Parlamentarismus insgesamt zur Folge.
Die Weimarer Republik litt an einem Übermaß an Fragmentierung und Polarisierung. Die bundesdeutsche Republik demgegenüber ist dabei, ihre demokratische Substanz durch den Gleichklang der politischen Basisideen einzubüßen. Der deutschen Gesellschaft droht ein vielfacher sozialer Spaltungsprozess. Der lagerlosen Politik droht dagegen, trotz des großkoalitionär inszenierten „Narzissmus der kleinen Differenz“, die Homogenisierung des Denkens – und das in einer Zeit, da die überlieferten Grundlagen dieser Denkart längst an belastbarer Tragfähigkeit verloren haben.

Franz Walter, in: Süddeutsche Zeitung vom 23.09.2008

Aufgaben

1. Erläutern Sie die Aufgaben von Parteien in einer Demokratie. Bewerten Sie aufgrund Ihrer Wahrnehmung, in welchem Maße die Parteien die Aufgaben tatsächlich erfüllen.
2. Recherchieren Sie, wodurch sich die Parteien unterscheiden, die dem Deutschen Bundestag angehören.
3. Erläutern Sie die Aussage der Karikatur auf S. 261. Stimmen Sie zu oder würden Sie widersprechen? Begründen Sie Ihre Position.
4. Diskutieren Sie die Einschätzung des Parteienforschers Franz Walter (M).

3.2 Interessenverbände

Leitfragen	Welche politischen Funktionen nehmen Interessenverbände in einer Demokratie wahr?	Wie lassen sich Interessenverbände klassifizieren?	Welche Methoden nutzen Interessenverbände, um politische Prozesse zu beeinflussen?

Vielfalt der Interessen als Grundlage des Pluralismus

Es gehört zum Wesen **pluralistischer Gesellschaften**, dass in ihnen ganz unterschiedliche, zum Teil entgegengesetzte **Gruppeninteressen** zu finden sind. Jeder Mensch nimmt unterschiedliche soziale Rollen wahr. In jeder dieser Rollen entwickelt er bestimmte Interessen, sowohl im privaten als auch im politischen Bereich: Als Steuerzahler will er so wenige Steuern wie möglich zahlen, als Staatsbürger will er aber, dass möglichst viele staatliche Leistungen wie Bildung oder Sicherheit so gut wie möglich gewährleistet sind. Mieter möchten vor unberechtigten Forderungen ihrer Vermieter geschützt sein. Vermieter wollen an ihrem Wohneigentum verdienen. Arbeitnehmer haben ein Interesse daran, ihren Arbeitsplatz zu erhalten, gute Arbeitsbedingungen zu haben und möglichst viel zu verdienen. Unternehmer möchten, dass der Gewinn möglichst hoch ausfällt und daher die Lohnkosten des Unternehmens möglichst niedrig bleiben. Interessen können also entgegengesetzt, aber gleichermaßen legitim sein.

Was ist ein Interessenverband?

Nach den Parteien bilden die Interessenorganisationen die wichtigste Vermittlungsinstanz zwischen Bürgern und Staat. Ein **Interessenverband** ist eine Vereinigung, die sich für die gemeinsamen politischen Interessen der Mitglieder einsetzt. Interessenverbände vertreten dabei ihre Interessen gegenüber konkurrierenden Organisationen (z. B. in den Verhandlungen von Gewerkschaften und Arbeitgeberverbänden) und versuchen, die gemeinsamen politischen Interessen der Verbandsmitglieder durch Einflussnahme auf Regierung, Parlament, Parteien und Öffentlichkeit zur Geltung zu bringen.

Interessenverbände, Parteien und Bürgerinitiativen

- **Interessenverbände** wollen den politischen Kurs nur in bestimmten für sie wichtigen Fragen beeinflussen. So interessiert sich etwa der Verband der Kassenärzte für die Gesundheitspolitik, nicht etwa für die Verteidigungspolitik.

- **Parteien** müssen mit ihrer Programmatik dagegen Aussagen zu allen Politikbereichen machen. Sie wollen die Regierungsverantwortung übernehmen. Interessenverbände wollen dies nicht und stellen sich daher auch nicht zur Wahl.

- Während die **Bürger** in der Regel nur Mitglieder einer einzigen Partei sein können, ist es ihnen möglich, mehreren Verbänden anzugehören. So kann ein Bürger Mitglied einer Gewerkschaft, des Deutschen Roten Kreuzes und einer Religionsgemeinschaft sein.

- **Bürgerinitiativen** sind eine spezielle Variante von Interessenverbänden, die zum Teil von diesen sogar grundsätzlich abgegrenzt werden. Es sind Vereinigungen von Bürgern, die eine bestimmte politische Maßnahme des Staats verhindern oder erreichen wollen. Abwehraktionen richten sich etwa gegen den Bau bestimmter Straßen, gegen den Bau von Flughäfen, Kläranlagen oder Kraftwerken.

Welche Aufgaben haben die Verbände?

Interessenverbände haben folgende Funktionen im politischen System:

1. **Bündelung und Artikulation von Interessen**
   Verbände sollen Interessen im Sinne ihrer Mitglieder so formulieren und verdichten, dass sie

Einfluss auf die politische Entscheidungsbildung nehmen (Interessenartikulation).

2. **Partizipation und Integration**
   Das Engagement in Interessenverbänden wie z. B. Gewerkschaften ermöglicht es den Bürgern, auch außerhalb von Wahlen Einfluss auf politische Entscheidungen zu nehmen, die ihnen besonders wichtig sind (Interessenintegration).

3. **Interessenaggregation**
   Verbände bündeln Interessen zu einigen wenigen klar umrissenen Entscheidungs- und Handlungsalternativen.

4. **Personalrekrutierung**
   Die Interessenverbände dienen auch dazu, die politischen Eliten des Systems zu rekrutieren und auszubilden. Diese Funktion ist aber deutlich geringer ausgeprägt als bei den Parteien.

5. **Entlastung des Staates**
   Interessenverbände erfüllen – etwa im sozialen und wirtschaftlichen Bereich – viele Aufgaben, die ansonsten der Staat übernehmen müsste, und nehmen so auch eine vor allem den Staat entlastende Funktion wahr; sie bieten häufig Dienstleistungen, die sonst durch den Staat oder zumindest mithilfe des Staates erbracht werden müssten.

Klassifizierung von Interessenverbänden

In Deutschland gibt es derzeit etwa **200.000 Verbände**, von denen etwa 5.000 im engeren Sinne politisch tätig sind. Die Verbände lassen sich je nach Schwerpunkt ihrer Tätigkeit verschiedenen Bereichen zuordnen (s. u.).

Methoden der Einflussnahme

Interessenverbände wollen erreichen, dass die Interessen ihrer Mitglieder bei den politischen Entscheidungsträgern Gehör finden. Die Beteiligung von Interessenverbänden am politischen Prozess ist erwünscht und auch rechtlich vorgesehen. So können nach der Geschäftsordnung des Deutschen Bundestags die Ausschüsse des Bundestags „öffentliche Anhörungen von Sachverständigen, Interessenvertretern und anderen Auskunftspersonen“ (§ 70) vornehmen.

Von der **Mitwirkung der Verbände** am politischen Entscheidungsprozess verspricht man sich, dass die Qualität der Entscheidungen besser wird, weil sie den Entscheidungsträgern zusätzliche Sachkompetenz und detaillierte Informationen zu den behandelten Problemen bereitstellen. Die Interessenverbände können auch als „Frühwarnsystem“ fungieren, das auf Probleme in bestimmten gesellschaftlichen Be-

Sektor	Beispiele
Wirtschaft und Arbeit	Deutscher Gewerkschaftsbund (DGB), Arbeitgeberverband, Bauernverband
Soziales	Deutsches Rotes Kreuz, Kinderschutzbund, Mieterbund
Umweltschutz	Greenpeace, Bund für Umwelt und Naturschutz (BUND)
Freizeit	ADAC, Sportbund, Sängerbund
Politik und Weltanschauung	Internationale Gesellschaft für Menschenrechte, Deutsch-Israelische Gesellschaft, Islamischer Weltkongress
Öffentliche Gebietskörperschaften	Deutscher Städtetag

reichen aufmerksam macht. Verbände bedienen sich dabei verschiedener Methoden, um Einfluss auf bestimmte Politiker oder politische Parteien zu nehmen. Es lässt sich dabei zwischen einer **direkten Beeinflussung** der politischen Entscheidungsträger und ihrer **indirekten Beeinflussung** über die Medien unterscheiden.

Einflussnahme in der Grauzone: Lobbyismus

Problematisch wird die Einflussnahme von Verbänden dann, wenn **Einzelinteressen als Gemeinwohl getarnt** werden und Interessenverbände in einer Form Einfluss etwa auf Gesetzgebungsverfahren nehmen, die weder bestimmten nachvollziehbaren Regeln folgt noch für Außenstehende durchschaubar ist. Diese Form der Einflussnahme ist nicht zwingend illegal, sie bewegt sich aber oft im Graubereich.

Der Begriff **Lobbyismus** bezieht sich auf die Vorhalle des Parlaments, die Lobby. Sie galt insbesondere in US-amerikanischen und britischen Parlamenten als der klassische Treffpunkt von Interessenvertretern und Abgeordneten. Lobbyismus beschreibt eine Methode der Einwirkung auf politische Interessenvertreter. Dabei geht es meist nicht um die Vermittlung allgemeiner Interessen, sondern um die gezielte Einflussnahme auf Gesetzesvorhaben. Lobbyisten versuchen, Gesetzentwürfe möglichst in der Phase ihrer Entstehung zu gestalten, für sie unliebsame Entwicklungen früh zu erkennen und möglichst noch im Entscheidungsprozess zu verhindern. Sie stellen den Mitgliedern der Ministerialbürokratie und den Parlamentariern im Gegenzug Informationen zur Verfügung, die diese sonst nicht bekämen.

Derzeit sind in der so genannten **Lobbyliste** des Deutschen Bundestags mehr als 1.800 Verbände registriert; die Zahl der Vertreter von Unternehmen oder Organisationen, die versuchen, die politischen Prozesse zu beeinflussen, dürfte aber weit höher sein. Umstritten ist die **personelle Durchdringung** von Parteien, Parlamenten und Regierungen: So ist es etwa vorgekommen, dass Mitarbeiter aus Privatwirtschaft und Verbänden als externe Mitarbeiter in Bundesministerien direkten Einfluss auf die Entstehung von Geset-

Parteien und Verbände in der BRD

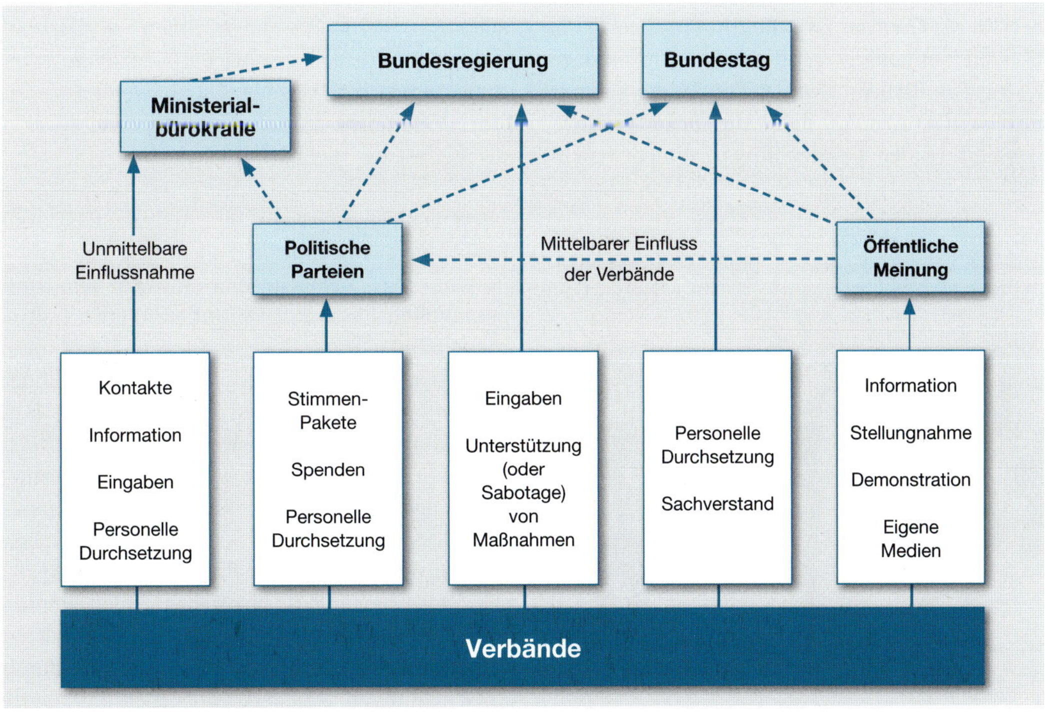

Wolfgang Rudzio, Die organisierte Demokratie. Parteien und Verbände in der Bundesrepublik, Stuttgart 1977, S. 41

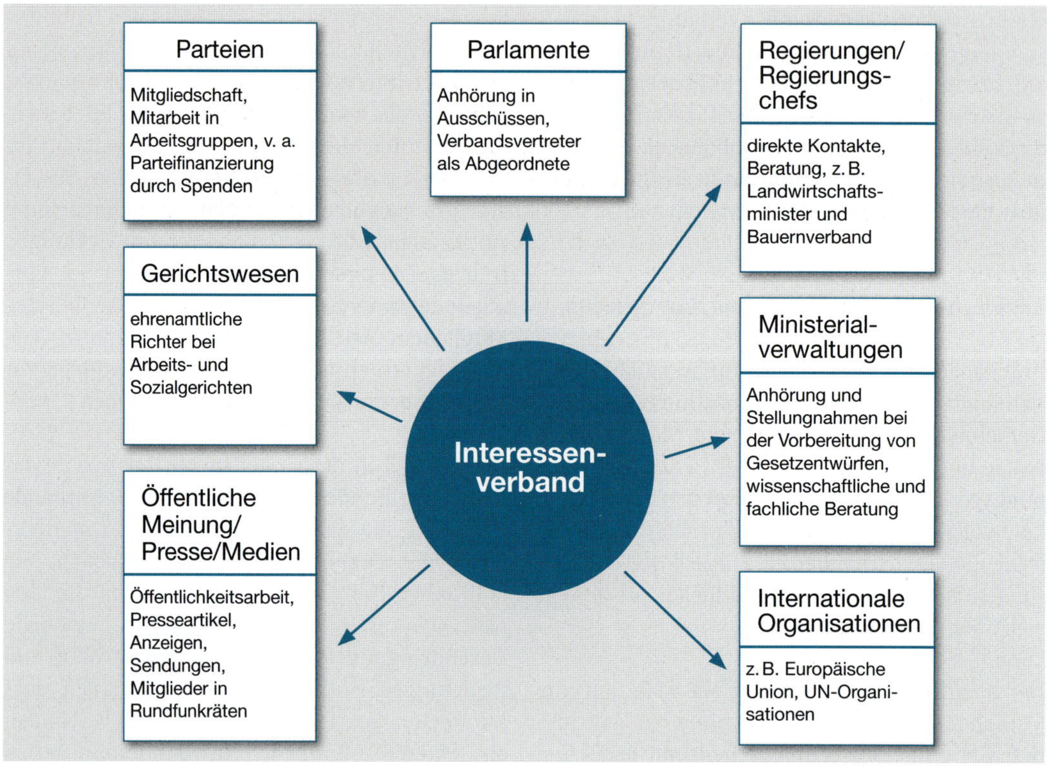

zestexten hatten. Der ehemalige Präsident des Bundesverfassungsgerichts Hans-Jürgen Papier hat den Lobbyismus als **„fünfte Gewalt"** bezeichnet. Da die Grenzen zwischen Interessenartikulation und unlauterer Einflussnahme bis hin zur Korruption fließend seien, gefährdet der Lobbyismus seiner Ansicht nach die demokratischen Grundprinzipien. Für den Bürger ist nicht ersichtlich, welche Verbände in welcher Form Einfluss auf die Entstehung von Gesetzen genommen haben. Immer wieder wird auch kritisiert, dass mächtige Verbände durch ihren Widerstand wichtige Reformen erschweren, verzögern oder sogar verhindern können. Damit werden sie zu einer **Vetomacht** im politischen System, die von der Verfassung nicht vorgesehen ist.

Mester / CCC,www.c5.net

Problematisch ist zudem die Tatsache, dass vom Lobbyismus ausschließlich die Interessenvertretungen mit ausreichenden **finanziellen und personellen Ressourcen** profitieren, etwa Industrieverbände und Gewerkschaften. Bestimmte Gesellschaftsgruppen wie Arme, Kinder oder Migranten haben dagegen kaum Chancen, ihre Interessen so mächtig vertreten zu lassen. Doch nicht nur der Einfluss der Verbände und Konzerne auf die Politik sorgt für Kritik: Auch die Tatsache, dass viele Politiker nach ihrer politischen Karriere in Ämter in der Privatwirtschaft wechseln, wird bemängelt. In solchen Fällen werden immer wieder Vorwürfe laut, die Politiker hätten sich diese Posten während ihrer Amtszeit durch Entscheidungen gesichert, von denen die betreffenden Unternehmen profitierten.

M1 Interessenkonflikte?

„Wenn ich in den Bundestag oder in einen Stadtrat gewählt werde, bedeutet das nicht, dass ich damit auch die Legitimation erhalte, in Aufsichtsräten, Verwaltungsräten und ähnlichen Gremien über wirtschaftliche Entscheidungen mitzubestimmen. Ich meine im Übrigen, dass dies auch rechtlich gar nicht mehr zu halten ist. Wie soll eigentlich jemand entscheiden, der im Aufsichtsrat einer Flughafengesellschaft sitzt und gleichzeitig Stadtrat ist und über die Frage des Nachtflugverbots zu befinden hat? Nach der Gemeindeordnung hat er den Auftrag, die Interessen der Bürger und des Gemeinwesens zu vertreten. Und die Bürger wehren sich gegen den nächtlichen Lärm. Als Mitglied des Aufsichtsrates hat er die Verpflichtung, den wirtschaftlichen Nutzen der Flughafengesellschaft zu mehren. Das erfordert, dass Nachtflüge stattfinden können. Zu beidem ist er gesetzlich verpflichtet. Dieses Problem ist doch nur lösbar, indem man hier wieder eine Trennung vornimmt."

Jürgen Rüttgers, in: Körber-Stiftung (Hg.), Bergedorfer Gesprächskreis. Protokoll Nr. 98 (1993), 5.50
Rüttgers ist Ministerpräsident von Nordrhein-Westfalen. 1993 war er erster Parlamentarischer Geschäftsführer der CDU/CSU-Bundestagsfraktion.

M2 Die Energie der Interessenverbände

Cerstin Gammelin ist freie Journalistin und schreibt unter anderem für „Die Zeit" und die Financial Times Deutschland. Ihr Schwerpunkt: Wirtschaftsthemen. Im vergangenen Jahr hat sie zusammen mit Zeit-Redakteur Götz Hamann ein Buch herausgebracht: „Die Strippenzieher. Manager, Minister, Medien – Wie Deutschland regiert wird".

fluter: Wer sind diese Lobbyisten?

Cerstin Gammelin: Man kann grob zwei Typen von Lobbyisten unterscheiden. Da sind zum einen langjährige Politiker/innen oder Referenten/Innen, die exzellente politische Kontakte haben und dann in die Wirtschaft wechseln, etwa zu VW. Das gilt auch für Mitglieder der rotgrünen Regierung: Ex-Wirtschaftsminister Wolfgang Clement ist Aufsichtsratsmitglied bei der RWE Power AG, sein Vorgänger Werner Müller sitzt seit seinem Ausscheiden aus der Politik als Vorstandsvorsitzender bei der RAG, der Wirtschaftsexperte der Grünen, Rezzo Schlauch, ist nun Beiratsmitglied bei EnBW und eine BMU-Staatssekretärin beriet E.on. Oder eben Gerhard Schröder, der jetzt Aufsichtsratsvorsitzender beim russischen Pipeline-Konsortium NEGP ist. Andere Lobbyisten kommen aus der Medienbranche: wie etwa zwei Kollegen vom Spiegel. Einer von ihnen ist inzwischen Politikchef bei EnBW, der andere bei der Deutschen Umwelthilfe.

In welcher Form werden die Medien denn von den Lobbyisten genutzt?

In der Berliner Zeitung war zum Beispiel einmal ein Interview mit Werner Müller, dem damals schon ehemaligen Wirtschaftsminister, in dem es um die Pensionszahlungen ging, die er zu seiner Ministerzeit von seinem früheren Arbeitgeber E.on erhielt. Ein paar Seiten dahinter gab es große Anzeigen von STEAG und RAG: Sie waren redaktionell gestaltet, das Wort Anzeige stand nur ganz klein oben in der Ecke. Zufall, hieß es bei der Berliner Zeitung. Auch Interviews mit Vorstandschefs werden gern von der „positiven" oder „negativen" Berichterstattung abhängig gemacht. Die En-

ergielobby taucht auch gerne zur Bundespressekonferenz auf, wenn entsprechende Themen verhandelt werden. Das ist kein Problem, sie haben ja alle Hausausweise des Bundestages.

Hausausweise?

Lobbyisten melden sich als Interessenvertreter/innen beim Bundestag an. Sie brauchen eine Bürgschaft von fünf Abgeordneten, dann bekommen sie einen Hausausweis und können in alle Bundesgebäude reingehen. In den Sitzungswochen ist der Bundestag voll mit Interessenvertretern/innen aus der Wirtschaft. Momentan gibt es 5.000 Lobbyisten mit Hausausweisen. Zum Vergleich: Nur 2.000 Journalisten/innen besitzen einen solchen Ausweis.

Wenn die Lobbyisten schon vor den Räumen sitzen und warten: Da ist doch sofort klar, dass es Mauscheleien gibt.

Die guten Lobbyisten arbeiten sehr effizient. Sie laden zum Beispiel zu prominent besetzten Hintergrundgesprächen ein. Als Journalist/in überlegt man sich schon, ob man da nicht hingehen soll. Energielobbyisten sind meist Profis. Es stehen Milliardengewinne auf dem Spiel. Die Konzerne investieren mehr als eine halbe Million Euro jährlich in ihre Repräsentanzen in Berlin. Nichts wird dem Zufall überlassen. [...] E.on zum Beispiel: Der Konzern baut keine Drohkulisse auf, sondern „hilft" der Politik. Der Konzern gründet in Aachen ein Energieinstitut und schreibt drei Professuren aus. So wie Bundeskanzlerin Merkel sich das wünscht: mehr Geld in Forschung investieren und Effizienz erforschen. Und schon ist die Politik in Zugzwang.

Seit wann gibt es diese enge Verknüpfung von Wirtschaft und Politik eigentlich?

In der Energiewirtschaft waren öffentliche Hand und Privatwirtschaft seit Inbetriebnahme des ersten Kraftwerks im 18. Jahrhundert eng verzahnt. Das gilt auch jetzt noch, obwohl vieles privatisiert ist. Man darf dabei nie vergessen, dass Energie die Grundlage des Alltags ist. Der Strom kommt aus der Steckdose. Die Energiekonzerne haben die Macht, das Land quasi lahmzulegen – und alle Beteiligten wissen das.

Aus: Die Energie der Interessenverbände, in: fluter Nr. 50, Juli/August 2006.

Aufgaben

1. Erläutern Sie die Funktion von Verbänden in einer Demokratie.
2. Diskutieren Sie die Vor- und Nachteile eines bedeutenden Einflusses von Verbänden und anderen Lobbygruppen auf die politischen Prozesse in einer Demokratie.
3. Sollten Politiker neben ihrem Mandat auch Nebentätigkeiten annehmen dürfen? Begründen Sie Ihre Meinung!

3.3 Medien

Leitfragen

- Welche politischen Aufgaben erfüllen Medien in einer Demokratie?
- Wie sehen aktuelle Entwicklungen auf dem Medienmarkt aus?
- Ist Deutschland auf dem Weg von einer Parteiendemokratie in eine „Mediendemokratie"?

Medien im politischen Prozess

Rechtliche Grundlagen

Art. 5 Abs. 1 GG garantiert **Meinungs-, Informations- und Pressefreiheit.** Während unter Meinungs- und Informationsfreiheit das Recht des Einzelnen gemeint ist, seine Meinungen „in Wort und Schrift oder Bild" frei zu äußern bzw. „sich aus allgemein zugänglichen Quellen ungehindert zu unterrichten", ist die Pressefreiheit mehr als ein Individualrecht. Das Bundesverfassungsgericht definiert die Existenz einer freien Presse als **konstitutives Merkmal einer freiheitlichen Grundordnung.** Der Staat hat die Pflicht, Pressefreiheit zu gewährleisten, d.h. jene Gefahren abzuwehren, die einer freien Presse drohen, etwa durch Konzentration auf dem Medienmarkt oder durch staatliche Kontrolle der Medien.

Art. 5 Abs. 2 und 3 GG legen allerdings auch fest, dass das Recht auf freie Berichterstattung nicht schrankenlos beansprucht werden darf; es wird durch allgemeine Gesetze, das Jugendschutzgesetz und durch das Recht auf persönliche Ehre beschränkt.

Aufgaben der Medien

Die Medien haben eine **Doppelfunktion** im politischen Prozess eingenommen, da sie nicht nur Forum, sondern zugleich bedeutende Akteure sind. Die Massenmedien – Presse, Radio, Fernsehen und zunehmend auch das Internet – nehmen verschiedene Aufgaben wahr:

- **Artikulation von Interessen:** Medien artikulieren die Interessen von Bürgern und machen die unterschiedlichen Ansichten innerhalb der Gesellschaft sichtbar.
- **Verbreitung von Informationen:** Medien sollen möglichst umfassend und sachlich Bericht erstatten über Ereignisse, Fakten und Ideen, die für die Bürger in politischer, gesellschaftlicher, wirtschaftlicher und kultureller Hinsicht bedeutsam sind.
- **Beitrag zur Meinungs- und Urteilsbildung:** Medien analysieren und bewerten das politische Geschehen und die Arbeit der Volksvertreter und machen den Bürgern komplizierte politische Prozesse verständlich.
- **Kritik und Kontrolle politischer Akteure:** Medien haben auch die Funktion, das Handeln der politischen Entscheidungsträger im Namen gesellschaftlicher Gruppen zu kritisieren und zu kontrollieren, auch Skandale aufzudecken. Daher gelten die Medien als **„vierte Gewalt"** neben Exekutive, Legislative und Judikative.

Damit Medien diese Aufgaben in einer Demokratie erfüllen können, müssen sie frei und ungehindert arbeiten können. Der Staat darf weder Veröffentlichungen überwachen und unterdrücken (Zensur) noch Journalisten dazu zwingen, ihre Quellen preiszugeben (Informantenschutz).

Öffentlich-rechtlicher Rundfunk und Fernsehen haben den Auftrag, eine Grundversorgung der Bevölkerung mit Information, Kultur und Unterhaltung sicherzustellen. Es gibt einen gesetzlich definierten Programmauftrag, die Vielfalt der bestehenden Meinungen soll sich in diesem Programm wiederfinden. Während sich die Presse fast komplett in Privatbesitz befindet, sind Hörfunk und Fernsehen teils öffentlich-rechtlich, teils privat organisiert (duales System).

Bei der Betrachtung von Medienunternehmen ist bedeutsam, dass sie im Unterschied zu Parteien in aller Regel nicht vorrangig gegründet werden, um politische Interessen durchzusetzen. Im Mittelpunkt des Interesses der Betreiber von Medien in Privatbesitz steht vielmehr das gewerbliche Interesse an möglichst hohem Gewinn. Den genannten Funktionen kommen daher nicht alle Medien gleichermaßen nach. Wichtig für die Funktionstüchtigkeit der Demokratie ist aber, dass diese politischen Aufgaben von der Gesamtheit der Medien in ausreichendem Maße erfüllt werden.

Trend: Medienkonzentration

Deutschland ist das **Ursprungsland der Zeitung:** 1650 erschien in Leipzig mit den „Einkommenden Zeitungen" die erste Tageszeitung der Welt. Bis heute ist das deutsche Zeitschriften- und Zeitungsangebot im internationalen Vergleich äußerst vielfältig. Dennoch gibt es einen Trend zur **Pressekonzentration.** Das bedeutet:

- **Verlagskonzentration:** Die gleiche Anzahl von Zeitschriften wird von immer weniger Verlagen herausgegeben.
- **Publizistische Konzentration:** Rückgang redaktionell selbständiger Tageszeitungen mit einer Vollredaktion.
- **Auflagenkonzentration:** steigende Gesamtauflagen bei einem Rückgang der Zeitungsredaktionen und Verlage. Objekte mit hohen Auflagen wachsen, während kleine Zeitungen oft aufgeben müssen.
- **Lokalkonzentration:** Es gibt immer mehr Ein-Zeitungs-Kreise, also Kreise oder kreisfreie Städte, in denen nur noch eine regionale oder lokale Tageszeitung erscheint.

Die meisten auflagenstarken Tageszeitungen und Zeitschriften in Deutschland stammen von **vier Konzernen:**

- **Springer:** Die Axel-Springer-Verlag AG ist der größte Zeitungsverlag in Europa und bringt mit „Bild", „Bild am Sonntag", „Welt am Sonntag" und „Hör zu" die auflagenstärksten Boulevard-, Sonntags-, und Fernsehzeitschriften heraus. Außerdem gehören dem Konzern zahlreiche Tageszeitungen, Zeitschriften und Anzeigenblätter.
- **Bertelsmann:** Die Bertelsmann-Aktiengesellschaft ist der größte europäische Medienkonzern Europas. Ihm gehören nicht nur Großdruckereien und Verlage, er hält auch Anteile an Filmproduktionen und Fernsehsendern. Die Bertelsmann-Tochter Gruner + Jahr gibt Zeitschriften wie „Stern", „Brigitte" und „Hamburger Morgenpost" heraus.
- **Bauer:** Dem Bauer-Verlag gehören mehrere Verlage für Fachzeitschriften und Romanhefte, Zeitschriften in Großbritannien und den USA.
- **Burda:** In Deutschland gibt der Verlag unter anderem „Bunte", „Focus" und „Freundin" heraus.

Ranking Deutsche Medienkonzerne 2007

		Medienumsatz 2007 (in Mrd. EUR)
1.	Bertelsmann AG	18,758
2.	ARD	6,079
3.	ProSiebenSat.1 Media AG	2,703
4.	Axel Springer Verlag AG	2,578
5.	Georg von Holtzbrinck GmbH	2,489
6.	Hubert Burda Media Holding GmbH & Co.	2,214
7.	ZDF	1,993
8.	Verlagsgruppe Bauer	1,790
9.	WAZ Mediengruppe	1,741
10.	Verlagsgruppe Weltbild GmbH	1,700

Institut für Medien- und Kommunikationspolitik, Köln; www.mediadb.eu/rankings/deutsche-medienkonzerne.html (24.11.2008)

Bedeutend in der deutschen Presselandschaft sind außerdem die **Georg von Holtzbrinck GmbH**, die Buchverlage besitzt und Zeitschriften wie „Tagesspiegel“, „Die Zeit“ und „WirtschaftsWoche“ herausgibt und an verschiedenen Fernseh- und Hörfunkveranstaltern beteiligt ist, sowie die **Westdeutsche Allgemeine Zeitungsverlagsgesellschaft** E. Brost & Funke, die mehrere Tageszeitungen publiziert.

Zwischen Vielfalt und Meinungsmacht

In seinem **Rundfunkurteil** von 1986 stellte das Bundesverfassungsgericht fest: „Meinungsvielfalt, deren Erhaltung und Sicherung Aufgabe der Rundfunkfreiheit ist, wird in besonderem Maße gefährdet durch eine Entstehung vorherrschender Meinungsmacht.“ Weil eine zu starke Medienkonzentration die Meinungsvielfalt beschädigen könnte, entschied der Bundestag Mitte der 1970er Jahre, die publizistische Konzentration mit Mitteln des **Kartellrechts** zu begrenzen. Seither ist das Bundeskartellamt in Bonn für Zusammenschlüsse im Bereich der Presse zuständig und muss sie genehmigen. Der Versuch, **Pressefusionen** zu erleichtern, scheiterte 2005 am Widerstand der mittelständisch geprägten Zeitungsverleger.

Auch der Versuch medienübergreifender – so genannter cross-medialer – **Fusionen** wird von den Aufsichtsbehörden kritisch beobachtet. So untersagten die Kommission zur Ermittlung der Konzentration im Medienbereich (KEK) und das Bundeskartellamt 2006 die Übernahme der ProSiebenSat.1 Media AG durch die Axel Springer AG. Sie befürchteten, die starke Position der ProSiebenSat.1-Gruppe im privaten Fernsehen könnte in Kombination mit der überragenden Stellung der Axel Springer AG mit den Zeitungen „Bild“ und „Welt“ bei der Tagespresse zu einer vorherrschenden Meinungsmacht führen.

Damit es nicht zu einer zu starken Beeinflussung der Medien kommt, dürfen auch **Parteien** keinen Einfluss auf die Programmgestaltung von Rundfunksendern nehmen. Sie dürfen sich aber an privaten Sendern beteiligen. Diese Feststellung des Bundesverfassungsgerichts von März 2008 ist insbesondere für die SPD wichtig: Sie erwirtschaftet mit ihrer Medienholding DDVG jährlich Überschüsse von mehreren Millionen Euro.

Probleme der Medienmacht

Als Probleme des Zusammenspiels von Politik und Medien gelten:

- **ein Trend zur Inszenierung:** Der Trend, Politik zu einem öffentlichen Schauspiel zu machen, kommt aus den USA, wo insbesondere Parteitage und Wahlen perfekt organisierte und in Szene gesetzte Medienereignisse sind.
- **ein Trend zur Personalisierung:** Dabei stehen nicht mehr Inhalte und programmatische Ziele der Parteien im Mittelpunkt, sondern Kandidaten, die sich besonders gut präsentieren können. Emotionen werden u.U. wichtiger als Fakten.
- **ein Trend zur Verkürzung:** Komplizierte Sachverhalte und schwer zu erklärende politische Prozesse werden stark verkürzt dargestellt, weil für umfangreiche Erklärungen oft weder Platz noch Zeit ist. Das führt zu Informationsdefiziten.
- **ein Trend zur Polarisierung:** Medien neigen dazu, Auseinandersetzungen auf ein Gegenüber der Extrempositionen zuzuspitzen. Politiker kommen diesem Bedürfnis entgegen, indem sie zu Profilierungszwecken die Unterschiede zu Positionen anderer Parteien häufig überzeichnen. Über das, worüber hinter den Kulissen – etwa in den Ausschüssen des Bundestags – nur im Detail Uneinigkeiten bestehen, streiten Politiker in der Öffentlichkeit zum Teil heftig.

Immer öfter findet sich eine Verflechtung von Politik und Unterhaltungskultur. Wenn Politik nicht mehr nach den Erfordernissen des politischen Prozesses dargestellt wird, sondern nach Entertainment-Kriterien, spricht man auch von **Politainment**. Die Inszenierung erfolgt dabei meist von beiden Seiten: Politiker setzen sich in Szene und geben so viele Interviews oder Statements wie möglich, um ihre Popularität zu steigern. Dass dabei komplizierte Sachverhalte verkürzt dargestellt werden, wird in Kauf genommen. Gleichermaßen nehmen Medien vorrangig jene politischen Themen auf, von denen sie sich ein möglichst großes Publikumsinteresse versprechen – also Quoten und hohe Auflagen.

Medien, Wahlkampf und Meinungsforschung

Wahlkämpfe

Politik steht in Konkurrenz zu vielen anderen Lebensbereichen. Deshalb bemühen sich die Parteien immer aufs Neue um die Aufmerksamkeit der Bevölkerung. Dabei setzen sie zunehmend auf neue Trends und Techniken. Am deutlichsten wird das in Wahlkämpfen. Die Botschaften, die über Flugblätter, Wahlwerbespots, in Informationsveranstaltungen oder Interviews vermittelt werden, haben verschiedene Bezüge: personenbezogen (Spitzenpersonal der Parteien, Amtsinhaber oder Herausforderer), themenbezogen (Politikfelder, in denen die Kandidaten sich als besonders kompetent positionieren wollen) oder parteibezogen (ideologische Positionierung der Parteien und ihr Versuch, ein bestimmtes Image aufzubauen).

In den vergangenen Jahren ist zu beobachten, dass die Bedeutung der **kommunikativen Strategie** in Wahlkämpfen gegenüber jener der politischen Programme stetig wächst. Wahlforscher sprechen von einer **Amerikanisierung der Wahlkämpfe.** Das bedeutet:

- **Personalisierung:** Wahlkämpfe werden immer stärker auf die Spitzenkandidaten der Parteien ausgerichtet, politische Botschaften werden **durch Personen repräsentiert.** Dabei ist strategisch der Amtsinhaber meist im Vorteil. Damit der Kandidat die Hauptrolle im Wahlkampf spielen kann, braucht er die Geschlossenheit seiner Partei.

- **Mediatisierung:** Die meisten Bürger erleben Politik nicht direkt, sondern vermittelt. Dabei spielt das **Fernsehen** eine herausragende Rolle. Im Wahlkampf gilt es daher, auf dem Bildschirm so präsent wie möglich zu sein, ebenso in Nachrichten- wie Unterhaltungssendungen. Als relativ neues Medium gewinnt das **Internet** an Bedeutung: Hier können die Parteien ihre Botschaften ungefiltert verbreiten und den Bürgern über Diskussionsforen und Weblogs das Gefühl geben, direkt beteiligt zu sein.

- **Professionalisierung:** Wahlkämpfe werden nicht mehr nur in den Parteizentralen gemacht, sondern immer häufiger von externen Experten aus den Sozialwissenschaften, dem Management oder der Werbung geplant. Insbesondere in den USA hat sich mit den so genannten „spin doctors" eine Gruppe **professioneller Wahlkampfberater** etabliert, die den Reden und Ereignissen um den Spitzenkandidaten den richtigen Dreh („spin") geben sollen. Auch in deutschen Wahlkämpfen werden zunehmend PR-Agenturen damit beauftragt, für das richtige Image der Kandidaten und gute Kontakte zu den Medien zu sorgen.

Demoskopie

Untrennbar mit dem Konglomerat von Medien und Politik verbunden ist die politische Meinungsforschung, die **Demoskopie.** Der Begriff geht auf die altgriechischen Begriffe „dḗmos" (Volk) und „skopeín" (ausspähen) zurück und beschreibt die Ermittlung von Stimmungen, Wünschen und Überzeugungen der Bevölkerung. Durch Befragungen auf Basis eines **repräsentativen Querschnitts** der Bevölkerung werden Daten erhoben und ausgewertet. Die Demoskopie trat ihren Siegszug nach dem Zweiten Weltkrieg an, als zahlreiche private Befragungsinstitute gegründet wurden. Die für die Politik heute wichtigsten **Meinungsforschungsinstitute** in Deutschland sind das Institut für Demoskopie Allensbach, die Forschungsgruppe Wahlen, Infratest dimap, forsa und Emnid. Weil die traditionellen Parteibindungen der Wähler aufbrechen und es immer mehr Wechselwähler gibt, wird es für die Parteien vor Wahlen wichtiger zu wissen, was die Bevölkerung denkt und wünscht. Sie betrachten die Umfragedaten als Möglichkeit, um

- **Grundstimmungen** zu erkennen,
- **wichtige Themen** zu analysieren,
- das **Image** und die Wirkung ihrer Kandidaten zu überprüfen,
- die **Wahrnehmung der Wahlwerbung** zu überprüfen und Werbemittel zu testen,
- Wähler zu **mobilisieren** und
- Ergebnisse für **künftige Wahlkämpfe** abzuleiten.

Probleme der Demoskopie

Auch wenn die Meinungsforschung als sinnvolles **Frühwarnsystem** funktionieren und Politikern die Forderungen und Einschätzungen der Bevölkerung vermitteln kann, ist sie nicht unumstritten. Wenn die Politik nur danach strebt, in Umfragen gute Werte zu erhalten, besteht die Gefahr, dass sie unangenehme, aber nötige Entscheidungen und Reformen vermeidet und der **Populismus** überhand nimmt.

Es gibt keine eindeutigen Belege dafür, welche Wirkung die Veröffentlichung der demoskopischen Daten hat. Mehrere Effekte sind denkbar:

- **Mobilisierungs-Effekt:** Wird bekannt, dass es zwischen Kandidaten ein Kopf-an-Kopf-Rennen gibt, könnte das bislang unentschlossene Wähler dazu bringen, ihre Stimme abzugeben, um ihrem Kandidaten zum Sieg zu verhelfen.

- **Defätismus-Effekt:** Anhänger des Kandidaten, dessen Werte schlecht sind, könnten entmutigt werden und auf die Abgabe ihrer Stimme verzichten, weil ihr Kandidat den Prognosen zufolge ohnehin verlieren wird.

- **Lethargie-Effekt:** Wird umgekehrt ein Kandidat als sicherer Sieger gehandelt, könnten seine Anhänger darauf verzichten, ihn zu wählen, weil das Ergebnis vermeintlich bereits feststeht.

- **Bequemlichkeits-Effekt:** Deuten die Umfrageergebnisse darauf hin, die Wahl sei bereits entschieden, könnten unentschlossene Wähler daheim bleiben, weil sie glauben, ihre Stimme werde am Ergebnis ohnehin nichts mehr verändern.

Auf dem Weg zur Mediendemokratie?

Deutschland wurde von Beobachtern der politischen Entscheidungsprozesse häufig als Parteiendemokratie charakterisiert. Inzwischen wird das Land aber häufig auch als Mediendemokratie bezeichnet. In einer **Parteiendemokratie** sind Parteien das entscheidende **Scharnier zwischen Bürgern und Staat**. Sie sind dafür verantwortlich, für Kommunikation zwischen der Bevölkerung und den Staatsorganen zu sorgen und die Interessen gesellschaftlicher Gruppen zu artikulieren.

In einer **Mediendemokratie** hingegen nimmt die Partei- und Gruppenbindung ab, die Wähler werden immer individueller. Damit findet die Meinungs- und Willensbildung viel weniger über Parteien als über Massenmedien statt. Damit sind die Medien nicht mehr nur Informationsträger, sondern werden zu **eigenständigen Akteuren**, die das politische Geschehen beeinflussen.

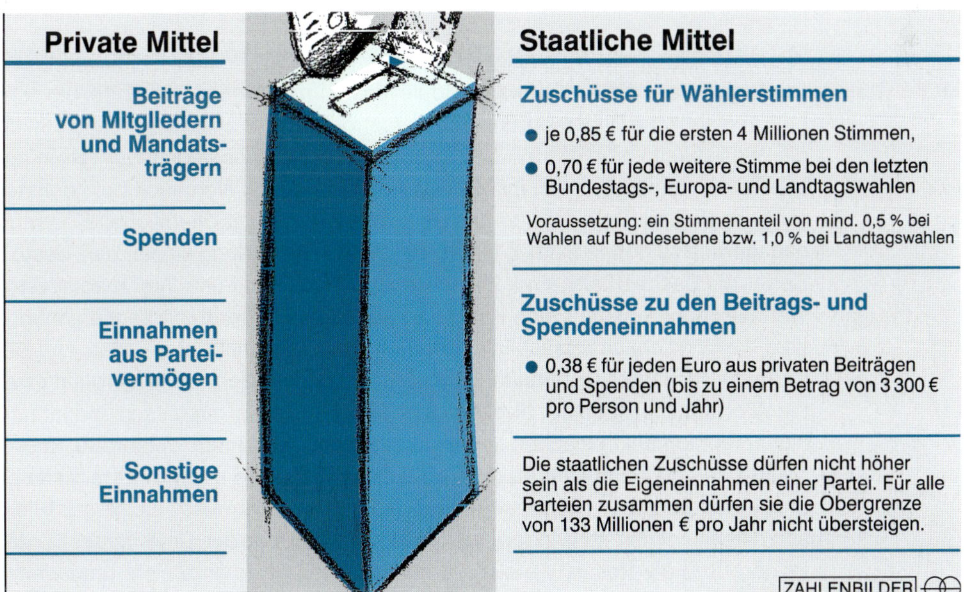

Plaßmann / CCC,www.c5.net

M1 Gefährdete Medienvielfalt?

Wir müssen feststellen, dass im Fernsehen die Grenzen zwischen ernsthafter Information und spaßhafter Unterhaltung immer häufiger verschwimmen; dass „Bild" angesichts einer Reichweite, die von kaum einem Fernsehsender übertroffen wird, die Rolle eines Leitmediums erhält […]. Die ohnehin immer prekäre innere Pressefreiheit gerät unter ökonomischen Wettbewerbsdruck und folglich auf den Rückzug. Selbst in so genannten Qualitätszeitungen fehlt immer öfter die Zeit zu einer sorgfältigen Recherche. […]

In einer Berliner Obdachlosenzeitung las ich Folgendes: „Im Grunde genommen brauchen die Medien keine Wirklichkeit mehr. Sie sind durchaus in der Lage, ein System der Wirklichkeit zu inszenieren, auf das sie sich fortan beziehen." Tatsächlich haben wir natürlich noch eine pluralistische Medienlandschaft. Aber immer öfter gewinnt man den Eindruck, dass Meldungen „die Runde machen". Ein Medium fängt an, alle anderen folgen, fühlen sich verpflichtet, eine Sache zu behandeln, nicht weil sie als wichtig gilt, sondern weil andere sie wichtig gemacht haben. Dieses Leitmedium ist meist „Bild". Ein anderes das Fernsehen. […]

Vor einigen Wochen wurde der Intendant des Hessischen Rundfunks mit der Auffassung zitiert, die Quote sei ein Indikator demokratischer Meinungsbildung. […] welch bestürzender Irrtum! Meinungsbildung ist nicht das spontane Meinen, sondern vor der Meinung steht die Bildung. Das setzt Wissen, Mühewaltung, Auseinandersetzung, einen Standpunkt voraus. Am Markt der Waren kann ich spontan sagen: das will ich haben – wenn ich es mir leisten kann. Am „Markt" der Meinungen müsste ich es nach bisherigem Verständnis mit meinen ethischen Überzeugungen, Standpunkten zu tun bekommen, die mir helfen, eine verabscheuungswürdige rechtsextreme Meinung von einer freiheitlichen konservativen zu unterscheiden und nicht beiden den gleichen Wert zuzumessen. Die Gleichsetzung der Zuschauerquote mit dem demokratischen Prozess ist gleichbedeutend mit seiner Auslieferung an die Medienlogik oder an schieren Populismus. Wenn Politik auf der Bühne der Medien allein auf den Menschen als Marktteilnehmer, als Konsumenten schielt, dann ignoriert sie den Teilnehmer an der Beteiligungsdemokratie. Sie liefert sich schutzlos launischen Stimmungstrends aus. […]

Wie wirkt die Quote als einziges Erfolgskriterium auf Politik? Sie bewirkt Reduktion. Quotenhörigen geht es – wie dem Boulevard – um Streit, um Rücktritte, um scheinbare oder tatsächliche Widersprüche, um Katastrophen und andere Sensationen. Während die Wirklichkeit komplizierter wird, interessiert er sich vorwiegend für Vereinfachungen oder lenkt gleich ganz von ihr ab. Das Fernsehen fühlt sich auch bei höchster Seriosität angehalten, Politiker und andere Teilnehmer an der öffentlichen Kommunikation nachgerade zu nötigen, umso einfacher und kürzer Stellung zu nehmen, desto komplizierter die Sachverhalte sind. Zwischen der Wirklichkeit und ihrer medial vermittelten Wahrnehmung entsteht eine Kluft, und wenn dieser Trend zur Vereinfachung anhält, wird die Wirklichkeit tatsächlich in den Medien nicht mehr stattfinden. […] Die Sorge ist, dass vor lauter Unterhaltungsanspruch Medien nicht mehr sorgfältig berichten, die Wirklichkeit nicht mehr abbilden, den Ernst verlieren, Interessen und Interessenten nicht mehr kenntlich machen und so letztlich die Demokratie gefährden. Ich sehe eine solche Gefahr, wenn stimmt, dass „die Demokratie die einzige Herrschaftsform (ist), die in ständig neuer Kraftanstrengung gelernt werden muss" (O. Negt). Wie und wo soll dieses Lernen stattfinden, wenn alles dem Diktat der Unterhaltung unterworfen ist und über die Politik, die sich dem Unterhaltungsschema nicht unterwerfen lässt, schließlich gar nicht mehr informiert wird? […]

Wenn politische Information unter dem Diktat der Unterhaltung schnell, flott, spannend, spaßig, hämisch, persönlich zu sein hat, werden sich die Produkte und die Informationen immer mehr angleichen; erst recht, wenn „Bild“ als Leitmedium gesehen wird. Pluralität der Medien wird zu bloßer Vielfalt der Stile. Schon jetzt gibt es zu viele Nachrichten, die nicht erscheinen. Das reicht von den schwierigen Materien der Forschungs- und der Infrastrukturpolitik bis zu „vergessenen Kriegen“ oder der Bioethik. Medienkritik, die auch das Handeln der Verleger einbezieht, ist hier ebenfalls zu erwähnen. Sie ist mindestens so notwendig, wie sie derzeit selten ist. Einförmigkeit und „Sparjournalismus“ gefährden am Ende die Vielfalt der Medien und auf diese Weise die Demokratie selbst.

Aus einer Rede des ehemaligen Bundestagspräsidenten Wolfgang Thierse beim „MainzerMedienDisput“ am 04.11.2003

M2 Bundeskartellamt sieht Kartellrechtsprobleme einer Fusion von Axel Springer und ProSiebenSat.1

Nach bisheriger Einschätzung des Bundeskartellamts wäre der Zusammenschluss der Axel Springer AG (Springer) mit der ProSiebenSat.1 Media AG (ProSiebenSat.1) kartellrechtlich nicht genehmigungsfähig. Betroffen wären von dem Zusammenschluss der Fernsehwerbemarkt, der Lesermarkt für Straßenverkaufszeitungen sowie der bundesweite Anzeigenmarkt für Zeitungen. Bundeskartellamtspräsident Ulf Böge: „Auf den drei betroffenen Märkten würde die Fusion von Deutschlands größtem Zeitungsverlag, der nach eigener Darstellung des Verlags auch international zu den führenden Medienunternehmen zählt, und dem TV-Unternehmen ProSiebenSat.1 nach derzeitiger Einschätzung zu einer nach dem Kartellrecht nicht genehmigungsfähigen Marktmacht führen.“

Auf dem *Fernsehwerbemarkt* verfügen nach den Feststellungen des Bundeskartellamts ProSiebenSat.1 und die zu Bertelsmann gehörende RTL Sendergruppe mit einem seit Jahren konstanten Marktanteil von ca. 80% über eine gemeinsame marktbeherrschende Position (ein sog. „wettbewerbsloses Duopol“ ohne wesentlichen Wettbewerb durch Außenseiter). [...] Auf dem bundesweit abzugrenzenden *Lesermarkt für Straßenverkaufszeitungen* würde der Zusammenschluss zu einer Verstärkung der marktbeherrschenden Stellung von Springer führen. Der Verlag hat auf diesem Markt mit der BILD-Zeitung einen Marktanteil von ca. 80%. Durch den Zusammenschluss erhielte Springer die Möglichkeit, die Stellung der BILD-Zeitung durch werbliche und redaktionelle medienübergreifende Unterstützung (crossmediale Promotion) weiter abzusichern und damit zu verstärken.

Schließlich würde der Zusammenschluss nach derzeitiger Erkenntnis auch zu einer Verstärkung der Marktstellung von Springer auf dem bundesweiten *Anzeigenmarkt für Zeitungen* führen. Dem Springer-Verlag kommt hier mit BILD und Welt bereits heute eine überragende Marktstellung mit rund 40% Marktanteil zu. Springer erhielte durch die Fusion die Möglichkeit, Werbekampagnen für Produkte abgestimmt über mehrere Medien anbieten zu können und so crossmediale Werbekampagnen für Dritte zu schalten. Dies würde die marktbeherrschende Stellung von Springer auf dem Anzeigenmarkt für Zeitungen weiter absichern.

Pressemeldung des Bundeskartellamtes vom 21.11.2005

Aufgaben

1. Erläutern Sie die Funktionen von Medien in den modernen Demokratien. Erörtern Sie, welchen Beitrag zur Erfüllung der Funktionen jeweils ARD und RTL, die „Bild"-Zeitung und der „Spiegel" leisten.

2. Analysieren Sie, ob in den Medien Politik wirklich inszeniert, personalisiert, verkürzt und polarisiert dargestellt wird. Berichten Sie im Kurs über Ihre Beobachtungen.

3. Haben die Medien zu viel Macht im politischen Willensbildungsprozess? Beurteilen Sie, ob sich Deutschland von einer Parteien- zu einer Mediendemokratie wandelt.

4. Formulieren Sie in Ihren Worten, wo für Wolfgang Thierse Aufgaben und Funktionen der Medien liegen und wodurch er diese gefährdet sieht (M1). Stimmen Sie seinen Befürchtungen zu?

5. Recherchieren Sie, welche Unternehmen den deutschen Fernsehmarkt bestimmen. Welcher Sender gehört zu welchem Unternehmen? Diskutieren Sie die Folgen der zunehmenden Medienkonzentration (M2).

4 Das zentrale politische Entscheidungssystem

4.1 Die Verfassungsorgane im Überblick

Leitfragen | Welche sind die Verfassungsorgane? | Wie werden sie legitimiert?

Zentrale Verfassungsorgane

Als **Verfassungsorgane** werden Staatsorgane bezeichnet, deren Rechte und Pflichten in der Verfassung festgeschrieben sind. Sie stehen in einem gegenseitigen Treueverhältnis. Das heißt, dass sich kein Verfassungsorgan so verhalten darf, dass ein anderes an seiner Pflichtausübung gehindert wird. Dabei agieren sie allerdings nicht isoliert: Die Verfassungsorgane sind in ihren Funktionen aufeinander abgestimmt. Das einzige Verfassungsorgan, welches **direkt von der Bevölkerung** gewählt wird, ist der **Bundestag**. Er bildet das institutionelle Zentrum des politischen Systems der Bundesrepublik. Der Bundestag wählt dann die **weiteren Verfassungsorgane:**

- den **Bundeskanzler**
- den **Bundespräsidenten** (jeweils zur Hälfte mit Vertretern der Landesparlamente, gemeinsam: die Bundesversammlung) und
- die **Richter des Bundesverfassungsgerichts** (gemeinsam mit dem Bundesrat).

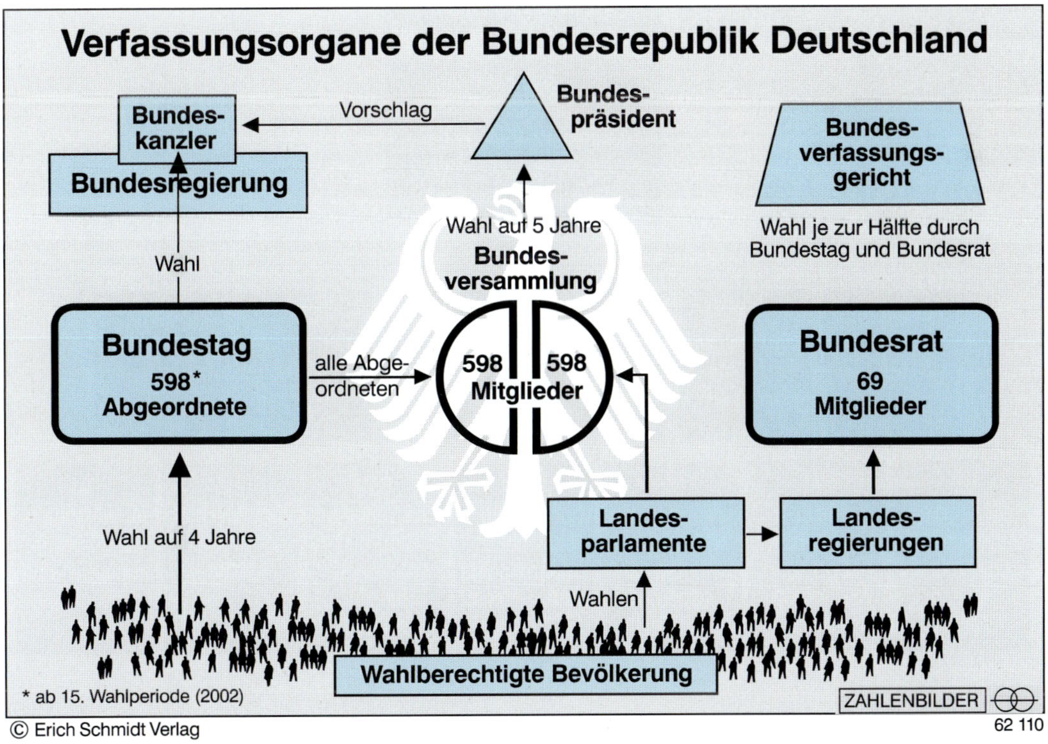

© Erich Schmidt Verlag

4.2 Die Bundesregierung

Leitfragen

Welche Aufgaben und Befugnisse hat die Bundesregierung?

Wie wird sie gebildet?

Funktionen der Bundesregierung

In der parlamentarischen Demokratie der Bundesrepublik Deutschland ist die **Bundesregierung** zusammen mit den sie tragenden Regierungsfraktionen im Bundestag der wichtigste Akteur auf dem politischen Feld. Die Bundesregierung und die sie unterstützende Parlamentsmehrheit stehen den Oppositionsparteien gegenüber und versuchen, ihre politischen Zielvorstellungen durchzusetzen.

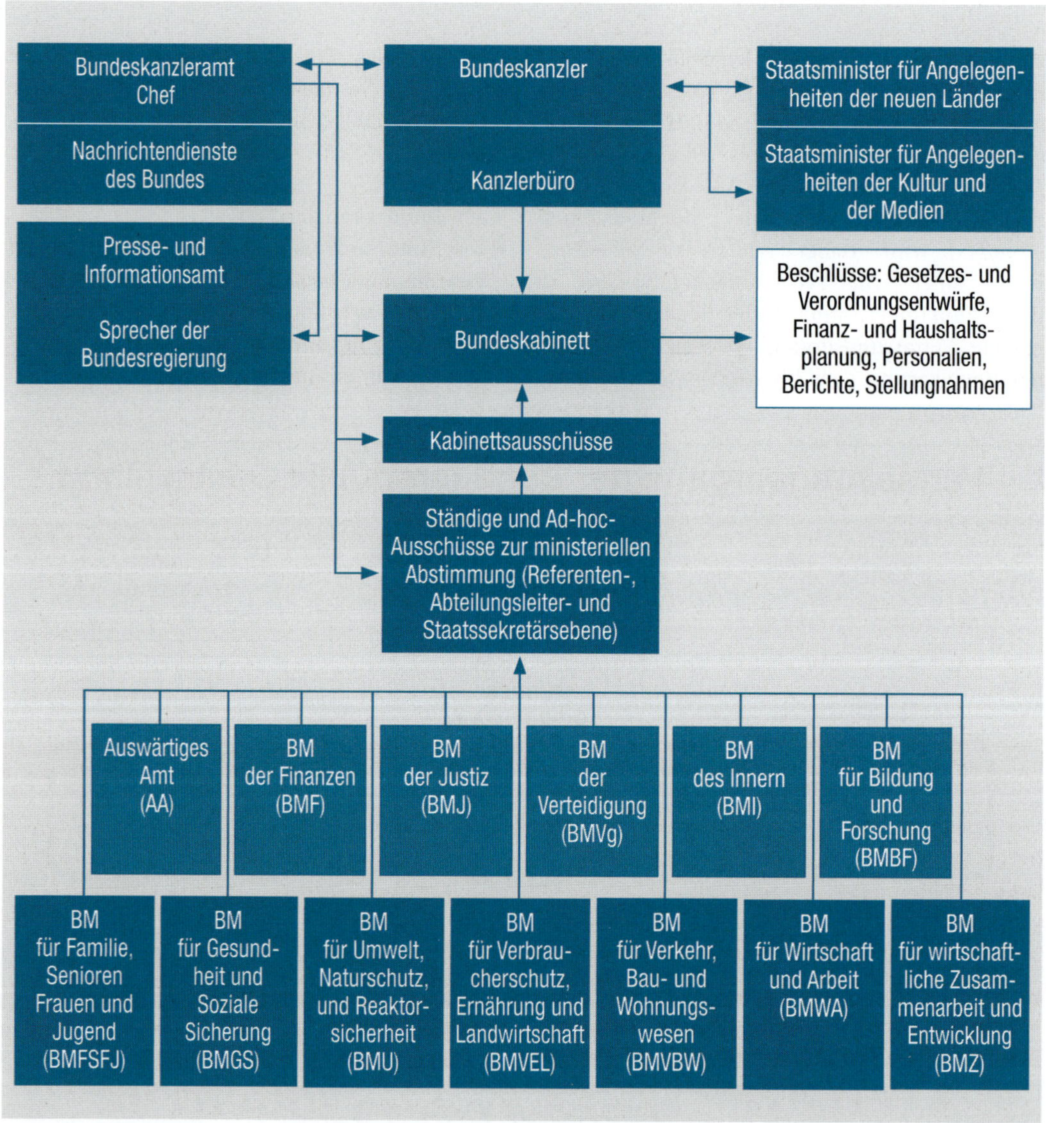

Organisationsplan des Bundeskanzleramts, 15. Wahlperiode

Aufgabe der Bundesregierung ist es, zusammen mit den sie stützenden Fraktionen im Bundestag das Staatswesen zu lenken. Dies geschieht in erster Linie über Gesetze. Da die Regierung in aller Regel die Parlamentsmehrheit hinter sich hat, kann sie mit der Verabschiedung ihrer Gesetzesentwürfe rechnen. Zustimmungspflichtige Gesetze müssen allerdings noch die Zustimmung des Bundesrats bekommen, bevor sie in Kraft treten können (→ Kapitel 4.6).

Besonders groß sind die Kompetenzen der Bundesregierung im Bereich der Außenpolitik und der EU-Politik. Nur die Bundesregierung kann **völkerrechtliche Verträge** abschließen und **außenpolitische Verhandlungen** führen. Weiterhin leitet die Bundesregierung als **oberstes Exekutivorgan** die Arbeit der Bundesbehörden. Dabei übernimmt jeweils ein Fachministerium die Verantwortung für einen bestimmten Teil der Bundesbehörden.

Bildung der Bundesregierung

Im Grundgesetz ist der Weg der Regierungsbildung klar festgelegt: Auf Vorschlag des Bundespräsidenten wählt der Bundestag den Bundeskanzler. Der Bundespräsident schlägt dabei den Kandidaten vor, der am ehesten in der Lage scheint, eine Regierung zu bilden. Der Bundeskanzler ist das einzige Kabinettsmitglied, das direkt vom Bundestag gewählt und damit indirekt durch das Volk legitimiert ist. Nach seiner Wahl schlägt der Kanzler dem Bundespräsidenten die Minister vor.

Arbeitsweise der Bundesregierung in der Verfassungstheorie

Das **Grundgesetz** gibt in **Artikel 65** einen Rahmen für die Arbeit der Bundesregierung vor. Es werden dabei Elemente einer **Alleinführung** des Bundeskanzlers mit Elementen einer **Kollegialführung** durch das Kabinett kombiniert. Es wird zwischen drei Prinzipien unterschieden, an denen sich die Arbeit der Bundesregierung ausrichten soll.

- **Kanzlerprinzip:** Der Bundeskanzler soll die Richtlinien der Politik bestimmen und die Verantwortung dafür tragen („Richtlinienkompetenz"). Dieses Prinzip hebt den Kanzler deutlich aus dem Kreis der Regierungsmitglieder heraus.

- **Ressortprinzip:** Im Rahmen der Richtlinien des Bundeskanzlers sollen die Minister in ihren Zuständigkeitsbereichen (Ressorts) in eigener Verantwortung handeln.

- **Kollegial- oder Kabinettsprinzip:** Wichtige Entscheidungen sollen vom Kabinett gemeinsam gefällt werden. Auch bei Meinungsverschiedenheiten zwischen Ministern soll das Kabinett entscheiden.

Kanzlerprinzip und Kollegialprinzip stehen allerdings in einem gewissen Spannungsverhältnis zueinander: Die Richtlinien der Politik sind zu den wichtigsten Entscheidungsfeldern der Politik zu zählen. Wenn diese aber vom Kanzler im Alleingang bestimmt werden sollen, dann können nicht zugleich alle wichtigen Fragen kollegial vom Kabinett entschieden werden.

Die wichtigste Person: der Kanzler*

In der Regierung nimmt der Bundeskanzler eine zentrale Stellung ein. Das Grundgesetz schreibt ihm eine große **Machtfülle** zu:

- Durch die **Richtlinienkompetenz** ist es ihm erlaubt, in allen Politikbereichen die politischen Grundlinien festzulegen, an denen sich die anderen Regierungsmitglieder orientieren müssen.

- Das **Kabinettbildungsrecht** unterstützt diesen Vorrang des Kanzlers. Er kann Minister durch den Bundespräsidenten ernennen oder entlassen. Außerdem kann der Bundeskanzler die Aufgabenbereiche der Minister festlegen.

- Der Kanzler darf die **Vertrauensfrage** stellen. Er kann diese mit einer beliebigen Sachentscheidung verbinden und so die Regierungsfraktionen dazu bringen, ihm bei einer umstrittenen Entscheidung den Rücken zu stärken. Versagt ihm die Mehrheit der Parlamentarier das Vertrauen, bleibt dem Kanzler nur der Rücktritt.

- Im Verteidigungsfall hat der Bundeskanzler den Oberbefehl über die **Streitkräfte**.

** Kanzler meint hier das Amt – nicht die Amtsperson – und ist daher nur in der männlichen Form geschrieben.*

Die Bundeskanzler

1949–1963
Konrad Adenauer (CDU)

1963–1966
Ludwig Erhard (CDU)

1966–1969
Kurt Georg Kiesinger (CDU)

1969–1974
Willy Brandt (SPD)

1974–1982
Helmut Schmidt (SPD)

1982–1998
Helmut Kohl (CDU)

1998–2005
Gerhard Schröder (SPD)

seit 2005
Angela Merkel (CDU)

Die Machtfülle des Kanzlers hat dazu geführt, dass das deutsche politische System als **Kanzlerdemokratie** bezeichnet wurde. Unumstritten gilt diese Bezeichnung allerdings nur für die Amtszeit von Konrad Adenauer. Unter seiner Führung konnten die Minister nur wenig Selbständigkeit entfalten. Seine Nachfolger ließen den Ministern dagegen mehr Spielraum.

Folgende Kriterien für eine Kanzlerdemokratie waren unter der Kanzlerschaft Konrad Adenauers gegeben:

- Der Kanzler verwirklicht nicht nur die Richtlinienkompetenz, sondern spielt auch eine zentrale Rolle bei der Vorbereitung der wichtigen Kabinettsentscheidungen und verkörpert die Regierungspolitik in der Öffentlichkeit.
- Der Kanzler verfügt über ein hohes persönliches Prestige sowohl im Regierungslager als auch in der Bevölkerung und steht im Mittelpunkt der Berichterstattung.
- Der Kanzler ist in seiner eigenen Partei unumstritten und übt ihren Vorsitz aus.
- Die politische Auseinandersetzung ist bestimmt durch die Gegnerschaft von Regierungslager und Opposition. Sie stehen sich deutlich erkennbar gegenüber.
- Der Bundeskanzler ist in der Außenpolitik stark engagiert und greift in das Ressort des Außenministers ein.

Grenzen der Kanzlermacht

Laut dem Grundgesetz kann der Bundeskanzler bestimmen, wer Mitglied der Regierung wird. Das trifft allerdings nur formal zu: In der Bundesrepublik bildeten nahezu immer verschiedene Parteien gemeinsam eine **Koalitionsregierung**, da sonst keine Parlamentsmehrheit zustandekam. Dabei konnte der Kanzler nie allein darüber entscheiden, wie sich die Regierung zusammensetzte, sondern musste stets auch die Wünsche seiner Koalitionspartner berücksichtigen.

Die entscheidenden Akteure bei den Koalitionsverhandlungen sind die Parteiführungen. Ihr

Gewicht bei den Verhandlungen hängt in erster Linie vom Wahlergebnis ab. Eine Partei mit fünf Prozent der Stimmen muss mit weniger Ministerposten rechnen als eine Partei mit 40 Prozent der Stimmen. Vor den Verhandlungen zwischen den Regierungspartnern legen die Parteien fest, wen sie aus ihren Reihen in der Regierung sehen möchten. Bei Koalitionen fällt die Entscheidung darüber, wer im Kabinett Platz nimmt, welches Ressort er übernimmt und über welche Kompetenzen er verfügt, in der Regel im Rahmen der **Koalitionsvereinbarung**.

Die Aufgaben der Minister

Jeder Minister betreut ein Ressort. Die **Bundesministerien** bilden die obersten Bundesbehörden. Die Minister sind die Vorgesetzten aller Mitarbeiter in dem ihnen zugeordneten Aufgabenbereich und werden in den Ministerien durch Staatssekretäre unterstützt. Parlamentarische Staatssekretäre halten den Kontakt der Ministerien zum Parlament. Die **fünf klassischen Ministerien bzw. Ressorts** sind: Außenpolitik, Finanzpolitik, Innenpolitik, Justiz und Verteidigung. Hinzu kommen die Ministerien für Wirtschaft und Soziales. Weitere Aufgabengebiete von Ministerien sind etwa Entwicklungszusammenarbeit, Forschung, Gesundheit, Familie, Landwirtschaft, Umwelt und Verkehr.

Arbeitsweise der Bundesregierung in der politischen Praxis

Die tatsächliche Arbeitsweise der Bundesregierung unterscheidet sich deutlich vom Verfassungstext. In der „Großen Koalition" kann etwa die Bundeskanzlerin Angela Merkel keine Richtlinien gegen den Widerstand der Unionsparteien oder der SPD festlegen. Die grundlegenden politischen Entscheidungen werden in aller Regel weder im Alleingang durch eine verbindliche Entscheidung der Kanzlerin getroffen (**Kanzlerprinzip**) noch durch einen Mehrheitsentscheid im Kabinett (**Kollegialprinzip**). Sie werden vielmehr in Koalitionsrunden auf der Grundlage der programmatischen Ausrichtung der Regierungsparteien ausgehandelt.

Der ehemalige Bundeskanzler Helmut Schmidt urteilte 1982 im Rückblick auf seine Amtszeit: „Ich habe bisher in über acht Jahren von der Richtlinienkompetenz nach Artikel 65 des Grundgesetzes keinen Gebrauch gemacht. Ich habe es vielmehr als meine Pflicht angesehen, große Anstrengungen auf das Zustandekommen von vernünftigen, praktisch brauchbaren, beiden Seiten [den Regierungsparteien SPD und FDP] gleichermaßen zumutbaren Kompromissen zu verwenden."

Die Stellung des Bundeskanzlers

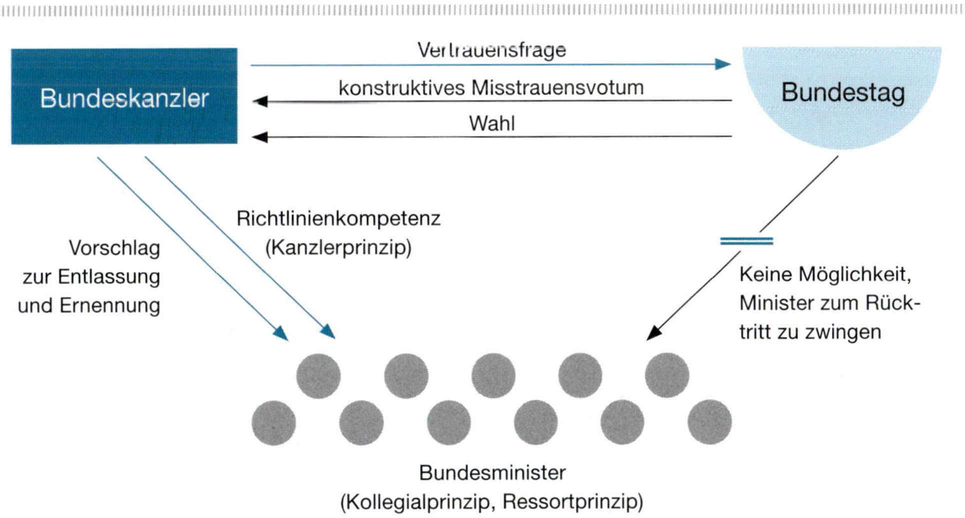

Der Kanzler – Lenker oder Moderator der Regierung?

M1 Streit um hohe Richtlinienkompetenz

In Union und SPD gibt es unterschiedliche Auffassungen über die Bedeutung der Richtlinienkompetenz des Bundeskanzlers in einer künftigen Großen Koalition. SPD-Partei- und Fraktionschef Franz Müntefering sagte gestern im ZDF, die Richtlinienkompetenz des Regierungschefs sei bei einer solchen Zusammenarbeit „nicht lebenswirklich". Wenn die Richtlinie angewandt werde, sei die Koalition am Ende. Die im dritten Sondierungsgespräch von Union und SPD getroffenen schriftlichen Vereinbarungen zeigten, dass es nur eine faire Zusammenarbeit geben könne. Auch SPD-Generalsekretär Klaus Uwe Benneter warnte die CDU-Vorsitzende Angela Merkel vor unabgesprochenen Entscheidungen als Kanzlerin in einer Großen Koalition. „Wenn man auf gleicher Augenhöhe verhandeln will und dann auf gleicher Augenhöhe gleichberechtigt regieren will, dann kann es nicht sein, dass eben einer einsame Entscheidungen trifft", sagte Benneter. „Und wer diese Gemeinsamkeit verlässt, weil er einsame Entscheidungen meint treffen zu müssen, der kündigt natürlich eine solche Koalition auf", machte Benneter deutlich. Er unterstrich, die Grundsatzeinigung zwischen SPD und Union auf Bildung einer Großen Koalition bedeute noch nicht die endgültige Entscheidung. Diese sei Sache des Parteitages, der die Ergebnisse der bevorstehenden Koalitionsverhandlungen billigen müsse.
CDU-Generalsekretär Volker Kauder hatte zuvor Richtlinienkompetenz für die designierte Kanzlerin Merkel verlangt. Zwar würden Union und SPD in einer Koalitionsvereinbarung gemeinsame Ziele festlegen. Darüber hinaus werde es aber immer wieder neue Aufgaben und Herausforderungen geben, die sich heute noch nicht absehen ließen. „Und da hat die Kanzlerin Angela Merkel durchaus eine Führungsfunktion, die sie auch ausüben wird", stellte Kauder klar. Die Richtlinienkompetenz einer möglichen Kanzlerin Merkel wird aber selbst in der Union in Frage gestellt. In einem Bündnis von zwei fast gleich großen Partnern gebe es kein „klassisches Direktions- und Weisungsrecht", sagte CSU-Chef Edmund Stoiber, der Wirtschaftsminister im neuen Kabinett werden soll, gestern in München. Wichtige Entscheidungen würden im Koalitionsausschuss von den Partei- und Fraktionsvorsitzenden getroffen. „Natürlich trägt die Kanzlerin eine besondere Verantwortung, aber man muss das als gemeinsame Aufgabe sehen."

Aus: Spiegel online vom 11.10.2005

M2 Kanzlerdemokratie

Im Unterschied zum Reichspräsidenten ist der Kanzler vom Parlament abhängig, aber doch nicht zu sehr. Die Väter des Grundgesetzes betraten gerade darin verfassungspolitisches Neuland, daß sie die Abhängigkeit des Regierungschefs vom Parlament mit vorher unbekannten Methoden lockerten. Ist er einmal gewählt, kann er, bevor die Legislaturperiode zu Ende geht, nur noch gestürzt werden, wenn ein Ersatzkanzler mit parlamentarischer Mehrheit bereitsteht (konstruktives Mißtrauensvotum); folglich kann er die Prozesse, die zur Findung dieses Ersatzes führen, aufmerksam verfolgen und stören. Ungewöhnlich ist weiter, daß er allein über die Berufung und Entlassung seiner Minister entscheidet. Die Minister sind daher dem Parlament nicht verantwortlich. Daß man die Kreise eines Regierungschefs stört, indem man seine Minister abwählt, das ist im Iran erlaubt, aber nicht in der Bundesrepublik Deutschland. Diese Regelung stärkt zwar nicht nur den Kanzler, sondern macht die ganze Regierung vom

Bundestag unabhängiger. Aber der Kanzler hat die Organisationsgewalt, das heißt er allein entscheidet über Anzahl und Zuschnitt der Ministerämter. Aufgrund dieser Bestimmung nahm sich schon Konrad Adenauer das Recht, ein im Grundgesetz nicht vorgesehenes „Bundeskanzleramt" zu schaffen. Dieses Amt mit inzwischen über 500 Mitarbeitern ist eine Verdopplung der Regierung, jedem Ministerium entspricht dort spiegelbildlich eine Abteilung. Mit diesem Amt im Rücken konnte Adenauer den Weg zur Wiederbewaffnung einleiten, ohne daß sein Minister Gustav Heinemann davon auch nur wußte. Alle Kanzler haben die Macht dieses Amtes weiter ausgebaut und als Gegengewicht zu den Ministerien benutzt. Ferner auch dazu, unerlaubte Quasiministerien zu schaffen; Adenauers Militär-„Amt Blank" war das erste, Schröders Kulturbeauftragter Naumann ist das jüngste Beispiel.

In der Weimarer Republik hatte der Reichspräsident die Organisationsgewalt. Im Zusammenspiel mit dem Kanzler konnte er sich vom Parlament vollkommen unabhängig machen, aber sie waren zu zweit und ein verwickeltes Gespann: Hindenburg war mächtig, konnte aber nicht regieren, während Brüning zwar regieren konnte, aber nur mit geborgter Autorität. In der Bundesrepublik hat der, der regiert, die Autoritätsfülle. Seine Abhängigkeit vom Parlament hält sich in Grenzen, aber seine Autoritätsfülle reicht aus, die Grenzen zu seinen Gunsten zu verschieben.

Gewiß können Verfassungsgrundlagen allein einen Kanzler nicht zur starken Figur machen. Das dualistische Parteiensystem kommt hinzu. Es bewirkt, daß Kanzler und „Kanzlerkandidat" quasi als Paar agieren, indem sie sich wechselseitig als charismatische Personen legitimieren. Auf die Person des Kanzlers konzentriert sich daher alles öffentliche Interesse. Das war sogar schon in den Zeiten so, als man von einer „Mediendemokratie" noch nicht sprechen konnte. Diese hat das Gewicht des Kanzlers noch weiter verstärkt.

Michael Jäger, in: „Freitag" vom 27.05.1999

Aufgaben

1. Partnerarbeit: Machen Sie sich im Internet über die Zuständigkeitsbereiche eines Ministeriums kundig. Wählen Sie ein zentrales Gesetzesvorhaben im Zuständigkeitsbereich des Ministeriums aus und berichten Sie kurz darüber.
   - Um welches Problem geht es?
   - Welches Ziel wird angestrebt?
   - Welche alternativen Lösungsvorstellungen hat die Opposition?
2. Überlegen Sie, welche Regierungskoalitionen auf Bundesebene derzeit realistisch sind.
3. Vergleichen Sie die Machtfülle des Kanzlers und die Arbeitsweise der Regierung in Theorie und Praxis. Wo sehen Sie Übereinstimmungen und wo Abweichungen (M1, M2)?
4. Prüfen Sie die Frage, ob sich Deutschland derzeit als Kanzlerdemokratie bezeichnen lässt (M1, M2).

4.3 Der Bundestag

Leitfragen	Wie wird der Bundestag gebildet?	Wie arbeitet er?	Welche Rechte und Pflichten haben die Abgeordneten?

Grundstruktur des Bundestags

Regierung und Opposition

Der Bundestag ist die Versammlung der von den deutschen Bürgern gewählten Repräsentanten und ist das einzige Verfassungsorgan, das direkt vom Volk gewählt wird. Das Bild von der klassischen Gewaltenteilung in Exekutive und Legislative legt nahe, dass das Parlament eine Einheit bildet und der Regierung gegenübersteht. Tatsächlich stehen aber in Deutschland die Regierung und die sie im Parlament stützenden Parteien den Oppositionsparteien gegenüber. **Das Parlament** ist dabei der zentrale Ort, an dem **Regierungs- und Oppositionslager** aufeinandertreffen. Das Ziel von Oppositionsparteien ist in der Regel, bei den nächsten Wahlen selbst das Ruder übernehmen zu können.

Es gibt zwei unterschiedliche Strategien der Opposition:

- **Kooperative Opposition:** Die Opposition versucht durch Zusammenarbeit, Einfluss auf die Entscheidungen der Regierung zu nehmen.
- **Kompetitive Opposition:** Die Opposition lehnt jegliche Verantwortung für die Entscheidungen der Regierung ab, wirbt für ihre politischen Alternativen und versucht, Entscheidungen der Regierung nach Möglichkeit zu blockieren (in Deutschland z. B. über Mehrheiten im Bundesrat).

 64 110

Aufgaben des Bundestags

1. **Gesetzgebung:** Gesetze können neben der Regierung auch von den Fraktionen des Bundestags und vom Bundesrat initiiert werden. Allerdings gehen die Gesetze überwiegend (zu rund 75 Prozent) von der Bundesregierung aus. Auch den Entwurf für das Haushaltsgesetz bringt stets die Regierung ein. Die Opposition hat beim Haushaltsgesetz kaum Chancen, Änderungen zu erreichen. Neben Gesetzen stimmt der Bundestag auch über den Beitritt zu internationalen Verträgen und Abkommen ab (Ratifizierung). Er kann diese allerdings nicht ändern, sondern nur den von der Bundesregierung getroffenen Vereinbarungen zustimmen oder sie ablehnen.

2. **Kontrolle der Regierung:** Der Bundestag überwacht die Arbeit der Regierung. Die Regierungsfraktionen kontrollieren und kritisieren die Regierung im Vorfeld der Entscheidungen. Sie wachen darüber, ob die Regierung den gemeinsam festgelegten politischen Kurs hält. Die Aufgabe des Parlaments, die Regierung zu kontrollieren und zu kritisieren, übernimmt in der Öffentlichkeit in erster Linie die **Opposition.** Die Oppositionsparteien versuchen den Regierungsparteien Fehler nachzuweisen und stellen der Regierungspolitik ihre politischen Alternativen gegenüber.

3. **Bestellung anderer Staatsorgane:** Der Bundestag wählt den Bundeskanzler und stellt die Hälfte der Delegierten der Bundesversammlung, die den Bundespräsidenten wählt. Außerdem wählt der Bundestag die Hälfte der Richter des Bundesverfassungsgerichts und wirkt an der Bestellung der Richter der obersten Bundesgerichte mit. Indem sie von den Volksrepräsentanten im Parlament gewählt werden, erhalten die anderen Staatsorgane eine indirekte demokratische Legitimation.

4. **Artikulation von Interessen:** Der Bundestag ist das Forum der politischen Auseinandersetzung. Hier sollen alle gesellschaftlich wichtigen Themen und Standpunkte öffentlich diskutiert werden. Die Debatten vermitteln den Bürgern die politischen Vorstellungen der Parteien und geben ihnen die Chance, sich ein eigenes Urteil zu den politischen Sachfragen zu bilden. Die Abgeordneten sollen zwar die Interessen ihrer Wähler repräsentieren; dies bedeutet aber nicht, dass jede soziale Schicht gemäß ihres Bevölkerungsanteils im Bundestag vertreten sein muss. Die soziale Zusammensetzung des Bundestags ist kein Spiegelbild der Bevölkerung: Arbeiter und Frauen sind stark unter-, Beamte stark überrepräsentiert.

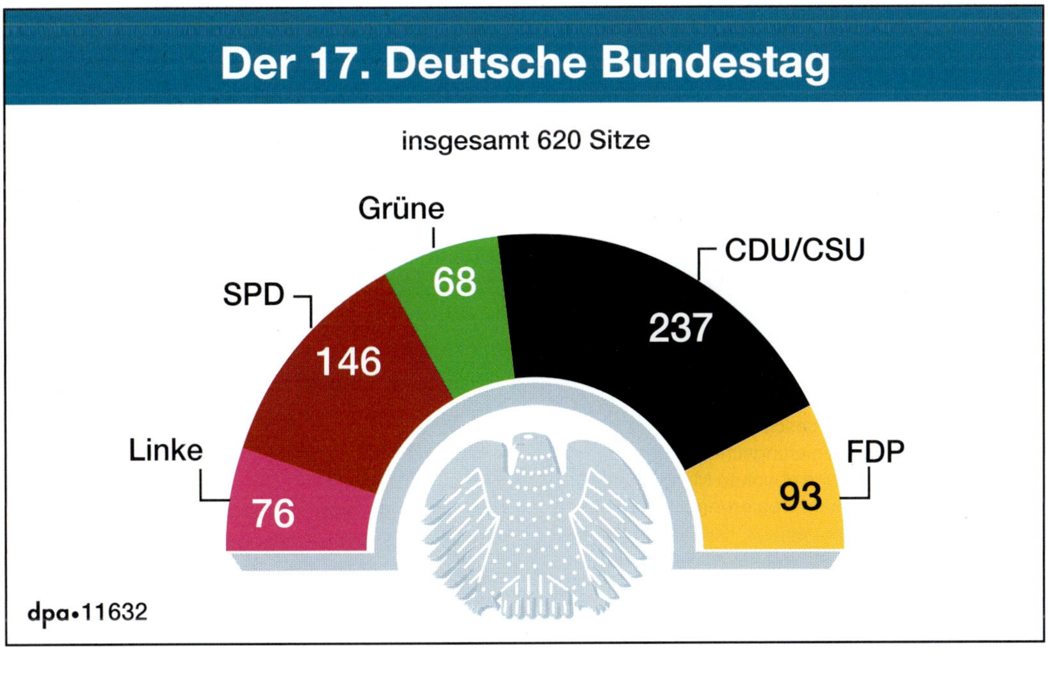

Arbeitsweise des Bundestags

Die Öffentlichkeit nimmt die Arbeit des Bundestags fast ausschließlich über die **Debatten im Plenum** des Bundestags wahr. Doch das Plenum – die Vollversammlung aller Abgeordneten – ist nur eines der Organe des Bundestags. Dort debattieren die Abgeordneten vor den Augen der Öffentlichkeit und stimmen über Gesetzesvorlagen und internationale Verträge ab. Es wird dort nicht verhandelt oder nach einem Kompromiss zwischen den Positionen gesucht.

Die sachliche Vorarbeit zu den Plenardebatten findet in den **Ausschüssen** statt. In der Regel gibt es analog zum Arbeitsbereich eines Ministeriums einen Ausschuss. Die Ausschüsse spiegeln die Mehrheitsverhältnisse im Bundestag wider; in ihnen diskutieren die Experten der Fraktionen Gesetzesvorlagen und Anträge. Um Abgeordneten, die in anderen Fachausschüssen arbeiten und nicht mit den Feinheiten der Problematik vertraut sind, die Arbeit zu erleichtern, fassen die Ausschüsse nach ihren Beratungen Beschlussempfehlungen für die Abstimmung im Plenum.

Die Ausschusssitzungen finden in der Regel hinter verschlossenen Türen statt. So sollen die Abgeordneten die Möglichkeit haben, ungezwungener und sachlicher zu debattieren als im Plenum; tatsächlich stehen sich in den Ausschüssen aber gewöhnlich die unterschiedlichen Ansichten der Parteien gegenüber. Sie werden nur selten in der Diskussion mit den anderen Ausschussmitgliedern geändert.

Das schärfste Schwert des Parlaments: das Misstrauensvotum

Der Bundestag kann den Kanzler durch ein Misstrauensvotum stürzen. Nach den Erfahrungen der Weimarer Republik wurde dafür aber bewusst eine hohe Hürde geschaffen. Beim konstruktiven Misstrauensvotum kann der Regierungschef nur dann abgewählt werden, wenn zugleich eine absolute Mehrheit der Bundestagsabgeordneten einen **neuen Regierungschef** wählt. Bislang gab es zwei Anläufe des Bundestags, den Kanzler zu stürzen. 1972 scheiterte ein konstruktives Misstrauensvotum gegen Willy Brandt (SPD), 1982 löste Helmut Kohl (CDU) auf diesem Weg Helmut Schmidt (SPD) ab.

Der Bundestag – ein Parlament der Fraktionen

Im Bundestag schließen sich die Abgeordneten mit gleicher Parteizugehörigkeit in **Fraktionen** zusammen. Fraktionen sind gewissermaßen die Parteien im Parlament. Weil nicht jeder Abgeordneter ein Spezialist für alle politischen Fragen sein kann, teilen die Fraktionen das politische Feld in Arbeitsgebiete auf, die einzelnen Abgeordneten zugewiesen werden. Der Bundestag wird daher als **„Fraktionenparlament"** bezeichnet. Das zentrale Beschlussgremium einer Fraktion ist die Fraktionsversammlung. Diese wählt jeweils den Fraktionsvorstand mit dem Fraktionsvorsitzenden an der Spitze. Neben den Regierungsmitgliedern und den Parteivorsitzenden der Bundestagsparteien gehören die Fraktionsvorsitzenden zu den mächtigsten Akteuren auf dem politischen Parkett.

Kontrolle der Regierung

Um die Regierung zu kontrollieren, verfügt die Opposition über ein umfangreiches Instrumentarium, das grundsätzlich auch den Fraktionen der Regierungsparteien zur Verfügung steht, von diesen aber seltener genutzt wird.

- **Abwahl der Regierung** durch ein konstruktives Misstrauensvotum. Hierfür ist eine absolute Mehrheit der Stimmen notwendig.

- **Ablehnung oder Änderung** von Gesetzesentwürfen der Regierung. Auch dafür braucht es eine absolute Mehrheit.

- **Verweigerung des Vertrauens** in den Kanzler, wenn dieser Sachentscheidungen mit einer Abstimmung über seine Person verbindet (Vertrauensfrage).

- **Zurückweisung des Haushaltsentwurfs** der Regierung und eine Rechenschaftspflicht des Finanzministers gegenüber dem Parlament über die Entwicklung des Haushalts.

- Einsetzung von **Untersuchungsausschüssen** durch den Bundestag, um Vorwürfe gegen die Regierung zu untersuchen. Dieser Antrag kann von einem Viertel der Bundestagsabgeordneten gestellt werden.

- Umfangreiche **Informationsrechte** jedes Parlamentariers: Jeder Abgeordnete hat das Recht, Anfragen an die Regierung zu stellen, die diese im Rahmen einer **Großen** oder **Kleinen Anfrage** beantworten muss. Weiterhin kann die Regierung in **Aktuellen Stunden** zu einem aktuellen Thema und zu Beginn jeder Plenarsitzung thematisch unbegrenzt befragt werden. Eine Mehrheit der Parlamentarier kann zudem Minister in Bundestagssitzungen zitieren, um von ihnen Informationen zu erhalten.

Die Bundestagsabgeordneten

Rechte der Abgeordneten

Die Parlamentarier Deutschlands genießen gegenüber den anderen Bürgern gewisse **Sonderrechte:**

- **Indemnität:** Abgeordnete dürfen für Äußerungen oder ihr Abstimmungsverhalten im Parlament nicht bestraft werden.
- **Immunität:** Abgeordnete dürfen nicht strafrechtlich verfolgt werden; das Bundestagspräsidium kann die Immunität jedoch aufheben.
- **Zeugnisverweigerungsrecht:** Abgeordnete müssen vor Gericht nicht aussagen, wenn die Aussage mit ihrer Abgeordnetentätigkeit zu tun hat.

Diese Sonderrechte stammen aus den Anfangszeiten des Parlamentarismus, um die Parlamentarier vor Übergriffen durch den Monarchen wegen unliebsamer Äußerungen und Nichtzustimmung zu seinen Gesetzen zu schützen. Es lässt sich darüber streiten, ob diese Sonderrechte in einer modernen Demokratie noch notwendig sind.

Bezahlung der Abgeordneten

Abgeordnete erhalten **Diäten**. Diese sollen ihnen Unabhängigkeit gewährleisten. Die Höhe der Diäten legt der Bundestag fest. Sie orientiert sich an den Bezügen von Richtern am obersten Bundesgericht. Deutlich besser gestellt als alle anderen Berufsgruppen sind Abgeordnete bislang bei der Altersversorgung. Schon nach zwei Legislaturperioden – also nach acht Jahren – haben sie einen Pensionsanspruch, den Bürger, die in die Rentenversicherung einzahlen, frühestens nach 40 Beitragsjahren erreichen.

Zwischen freier Entscheidung und Fraktionszwang

Nach dem Grundgesetz verfügen die Abgeordneten über ein so genanntes **freies Mandat**. In Art. 38 Abs. 1 GG heißt es: „Die Abgeordneten des Deutschen Bundestages [...] sind Vertreter des ganzen Volkes, an Aufträge und Weisungen nicht gebunden und nur ihrem Gewissen unterworfen." Ideengeschichtlich war es immer umstritten, ob die Volksvertreter im Parlament nach ihrem Gewissen abstimmen sollen (**freies Mandat**) oder im Sinne ihrer Wähler, die sie repräsentieren (**imperatives Mandat**). In modernen Demokratien hat der Abgeordnete weder ein freies noch ein imperatives Mandat, sondern folgt in der Regel einer **Fraktionsdisziplin**.

Stuttmann / CCC,www.c5.net

M1 Fraktionen im Bundestag

Ein Interview mit dem Politikwissenschaftler Prof. Heinrich Oberreuter.

Blickpunkt Bundestag: Ist die Rolle von Fraktionen in der Demokratie zwangsläufig so, wie wir sie in Deutschland heute vorfinden?

Heinrich Oberreuter: Ein Organ, das aus mehreren Hundert einzelnen Abgeordneten besteht, ist zu einer effizienten Beschlussfassung überhaupt nicht fähig. Schon in der Frühzeit des Parlamentarismus, in der es noch gar keine gefestigten Parteiverhältnisse gab, haben sich ja Abgeordnete nach politischen Schwerpunkten zusammengetan, um die Willensfindung und Entscheidungsfindung des Parlaments zu erleichtern. Diese Organisation ist nicht nur politisch, sondern auch von der Sache her auch im modernen Parlamentarismus geradezu geboten.

Kann man am Funktionieren von Fraktionen ablesen, ob eine Demokratie auch funktioniert?

Das ist eine Fangfrage, denn es wird ja oft unterstellt, dass Fraktionen geradezu demokratiefeindlich seien. Die Öffentlichkeit assoziiert mit „Fraktion" in aller Regel den „Fraktionszwang". Das ist natürlich unsinnig, denn die Abgeordneten werden ja nicht als Einzelgänger gewählt, sondern als prominente Exponenten ihrer Parteien. Die freiwillige Bindung an eine Fraktion dient dazu, das Mandat halbwegs effizient wahrnehmen zu können. Insofern sind funktionsfähige Fraktionen geradezu eine Voraussetzung für das Funktionieren der Demokratie. Sie stehen auch insofern nicht im Widerspruch zu demokratischen Postulaten, als die Willensbildung in den Fraktionen demokratisch organisiert ist.

Aus: Blickpunkt Bundestag, Februar 2006

M2 Kampf den „Abweichlern" im Parlament

Hinter verschlossenen Türen und ohne Mitarbeiter beraten die SPD-Abgeordneten über den Umgang mit „Abweichlern" bei Abstimmungen im Parlament. Anfang Februar haben 20 Sozialdemokraten gegen die Gesundheitsreform gestimmt. Fraktionschef Peter Struck hat vor allem die Mitglieder des Gesundheitsausschusses aufgerufen, „vor der Fraktion klarzustellen, welches Selbstverständnis sie bei ihrer Arbeit haben". Von den elf SPD-Mitgliedern im Gesundheitsausschuss hatten bei der Schlussabstimmung über die Reform fünf gegen das Gesetz gestimmt; zwei hatten sich enthalten. In Kürze entscheidet der Bundestag über die Rente mit 67 und die Unternehmensteuerreform; beide Projekte stoßen in Teilen der SPD auf Widerstand. Bei der heutigen Fraktionssitzung geht es also um nichts weniger als die Frage, wie es die Sozialdemokraten mit dem Spannungsverhältnis zwischen freiem Mandat und Fraktionsdisziplin halten. Vereinzelt ist in diesem Zusammenhang gar vom „Fraktionszwang" die Rede – völlig zu Unrecht, wie der Ausgang der jüngsten Abstimmung im Bundestag zeigt. Wo bitte war hier etwas von Zwang zu spüren? Die Abgeordneten der CDU/CSU gaben sich bei der Gesundheitsreform gar noch zwangloser als die der SPD. Aus ihren Reihen stimmten 23 Abgeordnete gegen die „Jahrhundertreform".

Die Geschichte hat eben Sinn für Ironie: Im Vergleich zur großen Koalition war die rotgrüne Regierung ein Hort der Disziplin. Und doch hat Gerhard Schröder zu Recht auf das „Erpressungspotenzial" verwiesen, das bei seiner knappen Mehrheit bereits eine Handvoll Parlamentarier besaß. Diese SPD-Abgeordneten, die von Schröders Sozialreformen nichts hielten, besiegelten das Ende von Rot-Grün und ebneten Angela

Merkel den Weg ins Kanzleramt. Die breite Regierungsmehrheit von CDU/CSU und SPD im Bundestag nun verleitet zu widerspenstigem Verhalten ihrer Abgeordneten. Weil heute auch 40, 50 oder 60 Parlamentarier formal kein „Erpressungspotenzial" mehr darstellen, ist eine solche Zahl an Gegenstimmen rasch beisammen. Dies stellt die Mehrheitsbeschlüsse wie die Führung der Fraktionen (und nebenbei der Regierung) infrage. Abgeordnete drücken sich auf diese Weise vor unangenehmen Entscheidungen, gerieren sich als eigensinnige Unabhängige und distanzieren sich von der ungeliebten Koalition. Im Wahlkreis kommt das gut an.

Der SPD-Fraktionsvorsitzende Peter Struck hat schon aus eigenem Autoritätsanspruch mehrfach deutlich gemacht, was er vom Verhalten der „Abweichler" im eigenen Lager hält: nichts. […] Im Kern aber hat Struck recht: Abgeordnete können nicht fortwährend gegen die Mehrheit ihrer Fraktion agieren. Sie dürfen sich nicht aus Bequemlichkeit oder schlicht, weil die Mehrheit auch ohne sie gesichert ist, auf die Gewissensentscheidung des Abgeordneten berufen. Erklärt ein Parlamentarier eine bestimmte Abstimmung für sich zur Gewissensfrage, wird die Fraktionsspitze kaum protestieren oder ihn gar sanktionieren. Stammzellenforschung oder Entsendung von Soldaten mögen Gewissensentscheidungen sein – aber Gesundheitsreform und Rente mit 67?

Die parlamentarische Demokratie funktioniert nur, wenn die ihr zugrunde liegenden Regeln eingehalten werden. Es wäre das Ende einer Fraktion, würde bei jeder Abstimmung ein Fünftel oder ein Drittel der Abgeordneten gegen ihre Mehrheit stimmen. Eine solche Fraktion wäre handlungsunfähig. Entsprechend austariert ist der Weg zu einem Fraktionsbeschluss: Vor einer Entscheidung für das Plenum steht ein mühsamer, langwieriger interner Diskussionsprozess. Es wird abgewogen und integriert. Viele Interessen, manche sagen zu viele, fließen in einen solchen Beschluss ein. Erst dann wird abgestimmt. Müssen die „Abweichler" bei der Gesundheitsreform sich nicht fragen lassen, warum sie sich zu wenig beteiligt, warum sie zu wenig durchgesetzt haben? Der Bundestag ist keine Versammlung von 614 einzelnen, eigenständig agierenden Individuen. Er ist ein Fraktionenparlament. Anders kann er gar nicht funktionieren. Selbst die Paulskirchenversammlung arbeitete bereits so. Der Abgeordnete ist frei, an Weisungen nicht gebunden und seinem Gewissen unterworfen. Daran will niemand rütteln. Doch der Abgeordnete ist nicht freischaffend. Er ist – seit Jahrzehnten ausnahmslos – als Kandidat einer Partei ins Parlament gewählt worden, jeder Zweite über eine allein von der Partei aufgestellte Liste.

Daniel Friedrich Sturm, in: Die Welt vom 27.02.2007

Aufgaben

1. Erläutern Sie die Funktionen des Bundestags im politischen System Deutschlands. Diskutieren Sie die Frage, ob der Bundestag seinen Aufgaben gerecht wird.

2. Recherchieren Sie die Begriffe „Redeparlament" und „Arbeitsparlament". Wo würden Sie das deutsche Parlament verorten?

3. a. Bringen Sie in Erfahrung, wer Ihren Heimatort im Bundestag vertritt. Erkundigen Sie sich, wann er/sie Sprechstunde hat, wie er/sie telefonisch und schriftlich erreichbar ist.

b. Überlegen Sie sich Vorschläge, wie die direkt gewählten Abgeordneten des Bundestags ihren Kontakt zu den Bürgern verbessern könnten.

4. Erläutern Sie das Spannungsverhältnis zwischen freiem Mandat und Fraktionsdisziplin (M1, M2).

4.4 Der Bundesrat

Leitfragen | Welche Aufgaben nimmt der Bundesrat wahr? | Wie ist sein Verhältnis zum Bund geregelt?

Politische Funktion des Bundesrats

Durch den Bundesrat sind die **Länder** an der **Gesetzgebung des Bundes** beteiligt. Er soll es ermöglichen, dass die Länder die Gesetze mitgestalten, die ihre Interessen berühren. Zugleich soll die **Qualität der Gesetzgebung** durch die Einbeziehung der Länder verbessert werden. Die Verwaltungsaufgaben üben nämlich in aller Regel die Länder aus; diese Erfahrungen sollen bei der Gestaltung der Gesetze genutzt werden.

Der Bundesrat ist das für den deutschen Föderalismus typische Organ. Er ist in dieser Form einmalig auf der Welt. Er ist kein Ausdruck einer vertikalen Gewaltenteilung, sondern einer **vertikalen Gewaltenverschränkung** zwischen Bund und Ländern. Die Bundesratsmitglieder sollen keineswegs ausschließlich Länderinteressen vertreten, sondern „Bundes- und Länderinteressen in möglichste Übereinstimmung bringen" (Art. 50 GG).

Zusammensetzung und Bestellung des Bundesrats

Der Bundesrat hat **69 Mitglieder.** Meist ist bei Beschlüssen eine absolute Mehrheit erforderlich, bei Verfassungsänderungen eine Zweidrittelmehrheit. Bundesratswahlen gibt es nicht. Der Bundesrat besteht aus Mitgliedern der 16 Länderregierungen; er ist ein so genanntes **„ewiges Organ"** ohne abgegrenzte Legislaturperioden. In nahezu jedem Jahr findet mindestens eine Landtagswahl statt. Nach vielen Landtagswahlen verändert sich die Regierungszusammensetzung auf Länderebene und damit auch die parteiliche Ausrichtung der Bundesratsdelegierten des Landes.

Anders als die Abgeordneten des Bundestags haben die Delegierten der Länderregierungen im Bundesrat ein **imperatives Mandat**, das heißt, sie sind an bestimmte Weisungen und Aufträge gebunden. Außerdem müssen die Delegierten eines

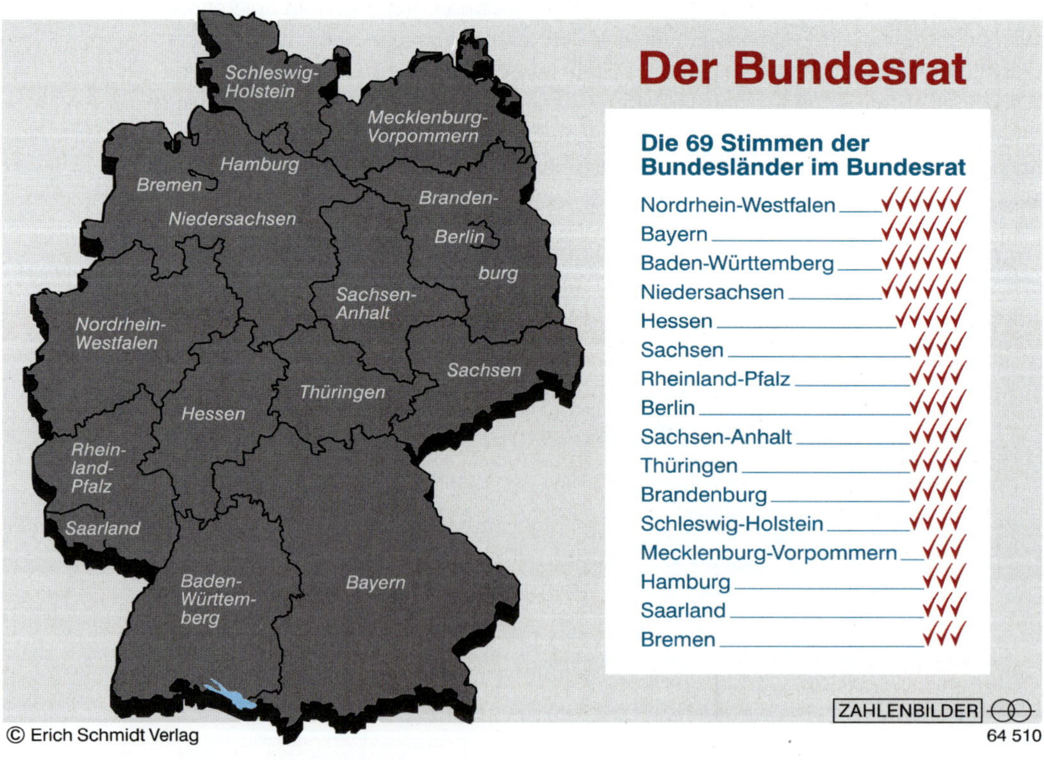

Landes ihre **Stimme einheitlich abgeben.** Damit sind die Mitglieder des Bundesrats die Boten der Entscheidungen ihrer Landesregierungen.

Kompetenzen des Bundesrats

Der Bundesrat hat folgende Kompetenzen:

1. **Mitwirkung an der Gesetzgebung:** Er kann eigene Gesetzesvorlagen einbringen und zu Gesetzesentwürfen der Bundesregierung Stellung nehmen. Bei verfassungsändernden Gesetzen sowie bei Gesetzen, die Länderinteressen berühren, ist seine Zustimmung erforderlich (**Zustimmungsgesetze**). Bei allen anderen Gesetzen kann er einen Einspruch erheben (**Einspruchsgesetze**). (→ S. 308)

2. **Mitwirkung an der Verwaltung:** Der Bundesrat wirkt beim Erlass von Rechtsverordnungen des Bundes mit. Auch bei allgemeinen Verwaltungsvorschriften ist die Zustimmung des Bundesrats erforderlich. Aufgrund der starken Einbindung in die Verwaltung des Bundes lässt sich der Bundesrat auch als eine Art **„Zweite Regierung"** interpretieren.

3. **Mitwirkung an der Europapolitik:** Wenn eine EU-Angelegenheit ausschließlich in die Länderkompetenz fällt, dann muss die Bundesregierung auf europäischer Ebene die in einer Stellungnahme des Bundesrats ausgedrückten Länderinteressen berücksichtigen.

4. **Kontrolle von Bundesregierung** und Bundestag im Sinne der **Repräsentation und Artikulation der Länderinteressen** auf Bundesebene: Der Bundesrat soll darüber wachen, dass Bundesregierung und Bundestag nicht Kompetenzen an sich ziehen, die Befugnisse der Länder aushöhlen. Bei den zustimmungspflichtigen Gesetzen kontrolliert er, ob die Interessen der Länder ausreichend berücksichtigt wurden. Damit der Bundesrat diese Kontrollfunktion erfüllen kann, ist die Bundesregierung verpflichtet, ihn über die Führung der Geschäfte auf dem Laufenden zu halten.

5. **Mitwirkung an der Bestellung anderer Staatsorgane:** Der Bundesrat wählt die Hälfte der Richter des Bundesverfassungsgerichts.

Konfliktlinien im Bundesrat

Im Bundesrat gibt es zwei grundlegende Konfliktlinien, die sich bei bestimmten Entscheidungsprozessen überlagern können:

- eine parteiliche Konfliktlinie **zwischen den Parteien** aufgrund der programmatischen Orientierung und/oder dem Streben nach einer Stimmenmaximierung;

- eine Konfliktlinie **zwischen den Länderblöcken** im Bundesrat, etwa zwischen finanzstarken und finanzschwachen Ländern.

Die **parteipolitische Konfliktlinie** beherrscht gewöhnlich das Abstimmungsverhalten im Bundesrat. Dies führt bei gegenläufigen Mehrheiten in Bundestag und Bundesrat zur Verbreitung des Vorwurfs, die Oppositionsparteien missbrauchten den Bundesrat für ihre Zwecke. Der Vorwurf ist jedoch nicht so tragfähig, wie es auf den ersten Blick scheint. Die Mitglieder des Bundesrats sind Delegierte der Landesregierungen. Die Landesregierungen kommen indirekt durch Landtagswahlen in ihr Amt. Bei den Landtagswahlen stehen aber Parteien zur Wahl. Die Landesparteien formulieren in ihren Wahlkampfprogrammen stets auch miteinander konkurrierende bundespolitische Forderungen. Die Wähler auf Landesebene können von den Regierungen durchaus erwarten, dass sie diese bundespolitischen Interessen über ein Engagement im Bundesrat nach der Wahl verfolgen. Dass wiederum die Vertreter einer Partei auf Bundes- und Landesebene in den meisten Fällen ähnliche Ansichten vertreten, liegt in der Natur einer Parteiendemokratie.

Problematisch wird die **Parteipolitisierung** nur dann, wenn es nicht mehr um die legitime Vertretung parteilich gefärbter Politikinhalte geht, sondern einzig darum, die Wahlkampfchancen der Oppositionsparteien zu Lasten der Regierungsparteien zu verbessern und durch die häufige Ablehnung von genehmigungspflichtigen Gesetzesentwürfen eine „Blockadepolitik" zu betreiben.

M Schafft den Bundesrat ab!

Wolfgang Schäuble hat viel Widerspruch provoziert und Spott geerntet, als er in der vergangenen Woche gefordert hat, die Enthaltungen im Bundesrat nicht mehr zu zählen. [...] Der Zeitpunkt, den Schäuble gewählt hat, war denkbar ungünstig, sein Anliegen hingegen ist nicht völlig falsch. Denn mit seiner Forderung nach einer Begrenzung der Bundesratsmacht weist er zumindest auf ein veritables* Problem der föderalen Ordnung hin: Deutschland könnte schon in der kommenden Legislaturperiode unregierbar werden. Angesichts eines Fünfparteiensystems und einer noch nie dagewesenen föderalen Vielfalt droht eine parteipolitisch motivierte Dauerblockade im Bundesrat.

Schon nach der Bundestagswahl 2009 wird voraussichtlich keine denkbare Bundesregierung auf eine Bundesratsmehrheit zurückgreifen können. Nicht Schwarz-Gelb, nicht Jamaika, nicht Rot-Rot-Grün und auch nicht eine Große Koalition. Es droht ein völliger politischer Stillstand. Schon jetzt zeigt sich, dass sich die Hoffnungen, die mit der Föderalismusreform verbunden waren, nicht erfüllt haben. Die Verabschiedung des ersten Teils hat weder das Zuständigkeitswirrwarr zwischen Bund und Ländern wirklich entflochten, noch sind die Gesetzgebungsverfahren transparenter und schneller geworden. Die Verhandlungen über den wichtigen zweiten Teil der Föderalismusreform, die Neuordnung der Finanzbeziehungen zwischen Bund und Ländern, ist inzwischen am kleinkarierten Parteiengezänk ganz gescheitert.

Tatsächlich jedoch hat Wolfgang Schäuble seinen Vorschlag nicht konsequent zu Ende gedacht. Denn statt nur das Abstimmungsverfahren im Bundesrat zu ändern, sollte man den Bundesrat in seiner jetzigen Form ganz abschaffen. Er ist ein politischer Anachronismus. An seine Stelle sollte zum Beispiel nach dem Vorbild des US-Senats eine tatsächliche Länderkammer treten, die vom Wähler unmittelbar legitimiert wird. Der Bundesrat ist schließlich längst nicht mehr das, was er einmal war. Er war nach dem Zweiten Weltkrieg ursprünglich nur als föderales Korrektiv vorgesehen, in dem die Bundesländer ihre Interessen gegenüber dem Gesamtstaat geltend machen sollten. Nach den Erfahrungen mit dem totalen NS-Staat sollte so die Macht der Zentralregierung begrenzt werden. Doch mit der Zunahme der zustimmungspflichtigen Gesetze wandelte sich die Länderkammer seit den 1970er Jahren mehr und mehr zu einem parteipolitisch funktionalisierten Blockadeinstrument. Quasi durch die verfassungsrechtliche Hintertür haben sich die Ministerpräsidenten und die Landesregierungen großen Einfluss auf die Bundespolitik gesichert – mehr, als ihnen die Väter des Grundgesetzes zugedacht hatten.

Trotzdem war die föderale Welt lange Zeit noch übersichtlich, weil sich die Parteien und ihre Wähler zwei Lagern zuordnen ließen. Jeder wusste: Schwand die Mehrheit der Parteien, die die Bundesregierung stellten, im Bundesrat und begann die Opposition, dort eine gesetzgeberische Blockade zu organisieren, ob unter Kohl oder später bei Rot-Grün, stand auch der Bund vor einem Machtwechsel. So war es 1982, 1998 und auch 2005.

Doch nun droht die Blockade zur Anarchie und zum Dauerzustand zu verkommen. Schon jetzt sind im Bundesrat sechs verschiedene Regierungskonstellationen vertreten, und wenn es in den Bundesländern demnächst auch Dreierbündnisse gibt, könnten es noch mehr werden. Jede der beteiligten Parteien wird versuchen, über die Länderebene Einfluss auf die Bundespolitik zu nehmen, der ihr im Bundestag fehlt. Deutschland würde unregierbar und stünde vor einer veritablen Verfassungskrise.

Die Lösung kann jedoch nicht sein, die föderale Macht der kleinen Parteien über einen verfahrenstechnischen Umweg zu begrenzen. Schließlich würden sich die beiden großen Volksparteien so nur mehr Macht sichern, als ihnen angesichts ihrer bröckelnden Verankerung bei den Wählern zusteht. Stattdessen wäre es an der Zeit, dem gewachsenen Einfluss der Länderkammer und der veränderten Parteienlandschaft durch eine echte Bundesrats-Reform Rechnung zu tragen. Die Mitglieder sollten nicht mehr von den Landesregierungen gestellt werden, sondern sie sollten sich alle vier Jahre an einem Termin in allen Ländern gleichzeitig zur Wahl stellen. Endlich erhielte der Bundesrat so eine unmittelbare demokratische Legitimation, der seinem gewachsenen demokratischen Einfluss entspräche. Deutschland bekäme ein echtes Zweikammern-Parlament. Zudem könnte so dem Missstand begegnet werden, dass jede Landtagswahl mittlerweile eine kleine Bundestagswahl ist, und die Landespolitik, für die die Ministerpräsidenten eigentlich gewählt werden, in den Hintergrund treten lässt. Deutschland braucht eine Demokratiereform. Es wird Zeit, den Föderalismus wieder vom Kopf auf die Füße zu stellen.

Christoph Seils, auf: Zeit online vom 24.11.2008
** veritabel = ernsthaft, schwerwiegend*

Aufgaben

1. Erläutern Sie die Stellung des Bundesrats im politischen Gefüge der Bundesrepublik.
2. Diskutieren Sie den Vorschlag des ehemaligen Bundesinnenministers Wolfgang Schäuble, das Abstimmungsverfahren im Bundesrat zu ändern (M).
3. Erörtern Sie die These des Autors, der Bundesrat sei zu einem Blockadeinstrument verkommen und solle abgeschafft werden (M).

4.5 Der Bundespräsident

Leitfragen

- Welche Stellung hat der Bundespräsident in der parlamentarischen Demokratie?
- Welche Rechte und Pflichten hat er?

Bedeutung und Aufgaben

Der Bundespräsident ist das **Staatsoberhaupt** der Bundesrepublik und repräsentiert den Staat nach innen und nach außen. Zur Kernfunktion des politischen Systems, für den Staat und die Bürger verbindliche Entscheidungen herbeizuführen, leistet er nur einen geringen Beitrag. Der Bundespräsident hat kein Gesetzesinitiativrecht und verfügt bei der politischen Willensbildung über keine formalen Einflussmöglichkeiten. Seine Amtshandlungen müssen vom Kanzler oder den Fachministern gegengezeichnet werden. Bedeutungslos ist der Bundespräsident aber keineswegs. Er erfüllt folgende Aufgaben:

- **Prüfung und Unterzeichnung** der Gesetze;
- **Ernennung und Entlassung** von Bundeskanzler, Bundesministern und Bundesrichtern;
- **Unterzeichnung** von völkerrechtlichen Verträgen, die vorher durch die Regierung ausgehandelt wurden;
- **Entscheidung** über Begnadigungen.

Bei diesen Aufgaben handelt es sich i.d.R. um rein **formale Kompetenzen.** In politischen Krisenzeiten mit unklaren Mehrheitsverhältnissen im Bundestag kommen dem Bundespräsidenten jedoch zwei verfassungsrechtlich bedeutsame Einflussmöglichkeiten zu:

- Da er das **Vorschlagsrecht** für das **Amt des Bundeskanzlers** besitzt, kann er bei unklaren Mehrheitsverhältnissen nach Bundestagswahlen durch den Vorschlag eines Kandidaten ggf. die Wahl des Bundeskanzlers beeinflussen. Im Normalfall schlägt er den Kandidaten vor, der die Mehrheit im Bundestag hinter sich hat.

- Eine **echte Entscheidungskompetenz** kommt ihm zu, wenn nach einer gescheiterten Vertrauensfrage der Bundeskanzler den Antrag auf Auflösung des Bundestags und die Ausschreibung von Neuwahlen stellt. Dies kann der Bundespräsident auch ablehnen.

Der Einfluss des Bundespräsidenten auf die innere und äußere Politik als höchster Repräsentant des Staates beruht auf seiner Überzeugungskraft und seinem Ansehen. So kann er durch Ansprachen auf Fehlentwicklungen hinweisen und Anstöße für politische Veränderungen geben sowie durch sein Auftreten bei Staatsbesuchen im Ausland das internationale Ansehen Deutschlands fördern.

Die Wahl des Bundespräsidenten

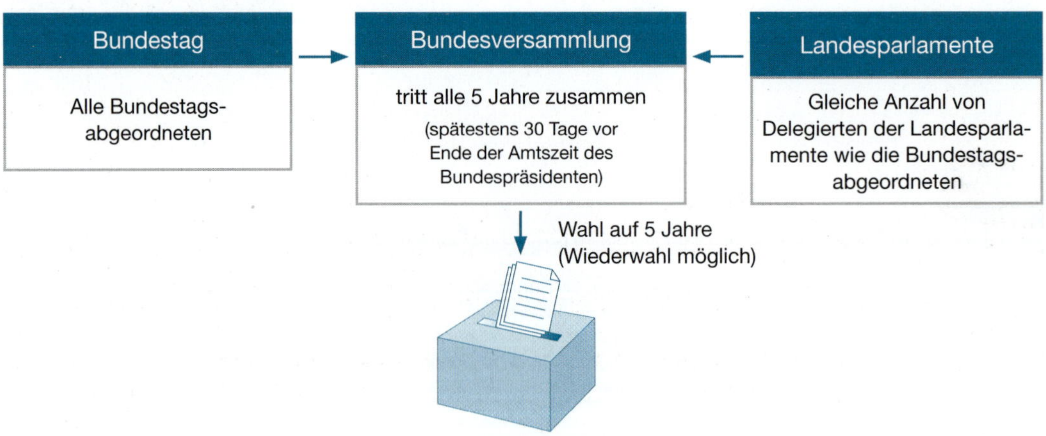

Wie kommt der Bundespräsident ins Amt?

Die Amtszeit des Bundspräsidenten beträgt **fünf Jahre.** Er kann nur einmal wiedergewählt werden. Anders als etwa in der Weimarer Republik oder auch heute in Österreich wählt nicht das Volk, sondern die eigens für diese Wahl zusammengestellte **Bundesversammlung** das Staatsoberhaupt. Außer der Wahl des Staatsoberhaupts hat die Bundesversammlung keinerlei Funktion.

Die von den Landesparlamenten in die Bundesversammlung gewählten Vertreter müssen keine Mitglieder der Landesparlamente sein. Häufig sind es Prominente wie etwa die Schauspielerin Nina Hoss oder die Sportlerin Claudia Pechstein.

Amtsführung

Die bisherigen Amtsinhaber haben das Amt des Bundespräsidenten so ausgestaltet, dass es als eine Art **„Gewissen der Nation"** fungiert. Durch Reden zu grundsätzlichen politischen Fragen übt der Präsident zwar keine formale Macht aus, er kann aber die öffentliche Debatte wirksam beeinflussen. Für großes Aufsehen sorgte etwa Bundespräsident Richard von Weizsäcker mit seiner **Parteienkritik.** Bei Reden innerhalb Deutschlands muss sich der Bundespräsident dabei nicht mit dem Bundeskanzler abstimmen. Wenn der Bundespräsident dagegen als Vertreter Deutschlands im Ausland unterwegs ist, muss er seine Rede zuvor dem Bundeskanzler vorlegen. Gewöhnlich genießt die Person des Bundespräsidenten in Deutschland ein höheres Ansehen als der Bundeskanzler.

Die Bundespräsidenten

M1 Mann ohne Möglichkeiten

Das Amt des Bundespräsidenten hat sich gewandelt – und nicht zu seinem Vorteil. Ist es Zeit, es abzuschaffen? Eine Provokation

Bekleidet der Bundespräsident nicht wirklich ein überflüssig gewordenes Amt? Natürlich muss dieser Gedanke jeden Amtsinhaber schrecken, und so folgt auf die Wochen des Bellevue-Blues meist angestrengte Aktivität: Kommissionen werden eingerichtet, Projekte ins Auge gefasst, Journalisten umgarnt. Und erneut binnen Jahresfrist hat der Bundespräsident sich ein Universum errichtet, das eigenen Gesetzen gehorcht. Es schafft Bedeutung aus sich heraus, und es verleiht Bedeutung allen, die darin mitspielen. [...] Eine Frage treibt die Präsidenten dabei notorisch um: Warum achtet die politisch-publizistische Klasse ihre Mühen so gering, wo das Volk sie doch so schätzt? Nun ist die Popularität des Präsidenten eine ungetestete. Der Präsident erhöht keine Steuern, er rechtfertigt keine unliebsamen Gesetze, er muss sich nicht behaupten im Meinungskampf.

Vor allem aber hat sich die Rolle der Präsidenten gewandelt. Auch in der Bonner Republik musste der Bundespräsident um sein Profil ringen, aber erst in der Berliner Republik hat sich seine Aufgabe entleert. [...] Jahrzehntelang schöpfte das Amt seine Bedeutung aus der Sehnsucht der Deutschen nach dem großen Onkel. Und die junge Republik hatte ihre Onkel durchaus nötig. Im besten Falle, von Heuss bis Weizsäcker I, waren sie Anwalt der Demokratie und Moderator des politischen Geschehens, sie versöhnten die zerrissene Nachkriegsgesellschaft mit ihrem parlamentarischen System. Die andere Sorte Onkel, die Gutmütigen, überlebte nur im nationalen Anekdotenschatz. [...] Doch der Abschied von der Bonner Republik läutete auch das Ende der Onkel-Republik ein. [...] in der neuen Zeit mussten plötzlich auch Präsidenten um Aufmerksamkeit kämpfen.

Jedes politische Amt ist eine Überforderung, aber keines so wie dieses. Lange Zeit war der Bundespräsident der Mann gegen den inneren Bürgerkrieg gewesen, doch der Bürgerkrieg ist ausgeblieben. Gleichzeitig ließen Bedarf wie Bereitschaft der Deutschen nach, sich erziehen zu lassen. Woraus wollten, ja konnten die Präsidenten künftig ihre Popularität erwirtschaften? [Sie sind] auf der Suche nach der richtigen Ausrichtung für ein Amt, das aus den genannten historischen Gründen seinen inneren Kompass verloren hat. [...] Wenn die Bundespräsidenten ihr Amt also nicht zu einer neuen Bestimmung führen, droht es wirklich überflüssig zu werden.

Dabei sollten sich die Bundespräsidenten nicht darauf verlassen, dass das Amt operativ unabschaffbar wäre. Entgegen manchem Anschein ist der Bundespräsident eine gefährdete Institution. Von vornherein schwach angelegt, ist das Amt eines, dessen Befugnisse sich ohne große Verluste auf andere Institutionen verteilen ließen. Der Bundespräsident fertigt die Gesetze aus? Das könnte der Präsident des Bundestages machen, so wie auch Landesgesetze von den Landtagspräsidenten in Kraft gesetzt werden. Staatsbesuche, wenn sie denn eine Wirkung haben sollen, unternimmt ohnehin bereits die Kanzlerin. Und die Prüfung zweifelhafter Gesetze ist zwar ein Privileg des Präsidenten, in letzter Instanz landen diese Vorgänge aber meist doch dort, wo sie hingehören: beim Bundesverfassungsgericht. Gerade in praktischen Fragen ist der Präsident also entbehrlicher, als es seinen Verteidigern lieb sein kann. Sein praktischer Nutzen beantwortet jedenfalls nicht den einfachsten, bohrendsten Einwand gegen das Amt: Wozu ist es eigentlich da?

Natürlich ist seine zentrale Rolle die zeremonielle. Der Präsident polstert im besten Fall das nüchterne Institutionen-Mobiliar einer parlamentarischen Demokratie etwas heimeliger aus. Aber reicht das aus: der Präsident als glücklicher Sonntag unter den grauen Wochentagen des politischen Alltagsgeschäfts?

Patrik Schwarz, in: Die Zeit vom 17.04.2008

M2 Die Unverzichtbaren

Der Bundespräsident ist eine Reserveautorität und eine Integrationsfigur. Wer das Amt abschaffen will, versteht nichts von politischer Symbolik. Eine Replik

Den Bundespräsidenten könne man ruhig abschaffen, Gesetze könne auch der Bundestagspräsident ausfertigen, Staatsbesuche unternehme die Kanzlerin ohnedies, und zweifelhafte Gesetze landeten sowie in Karlsruhe – dieses Plädoyer erinnert in seinem Funktionen-Positivismus zunächst an die Parodie einer als McKinsey-Gutachten aufgezogenen Evaluierung der Berliner Philharmoniker. Wozu brauche man einen gesonderten teuren Musiker für den Triangel? In den wenigen Augenblicken, in denen dieses Instrument zum Einsatz komme, könne das primitive Metalldreieck ohne Weiteres auch von einem der vielen Geiger angeschlagen werden. [...] Aber der Triangel wird genau dann benötigt, wenn das ganze Orchester im hellsten Aufruhr tobt und zur Erzeugung der letzten Klangkrone auch am Triangel ein Virtuose benötigt wird, der sein Instrument beherrscht. Wer das Amt des Bundespräsidenten allein unter Effizienzgesichtspunkten betrachten wollte, müsste die Bedeutung der Symbolik in der Politik und Staatsbildung völlig ausblenden. [...]

Das Amt des Bundespräsidenten fügt in der Staatsleitung dem Amt des Kanzlers Dimensionen hinzu, die von den Letzteren gerade nicht elementar aufzubringen sind: gegen den überaus legitimen Pluralismus der kämpfenden Parteien die ebenso notwendige Einheit des Gemeinwesens; gegenüber der dynamischen Auseinandersetzung die Statik des konstitutionellen Rahmens; gegenüber der antagonistischen Natur der Politik das integrative Wesen des wohlgeordneten Staates.

Dies alles hatte der britische Parlamentstheoretiker Walter Bagehot vorweggenommen, als er 1867 den Unterschied zwischen den effizienten und den ehrwürdigen Verfassungsinstitutionen herausarbeitete; den Letzteren fehlte an Notwendigkeit keinesfalls, was den Ersteren an Macht ohnedies zufiel. Von Bagehot stammt im Übrigen die treffendste Beschreibung der Kompetenzen eines Staatsoberhauptes und also auch des Bundespräsidenten: „das Recht, konsultiert zu werden, das Recht zu ermutigen und das Recht zu warnen." Oder wie es Theodor Eschenburg am 18. September 1959 in der ZEIT schrieb: „Die Aufgaben des Bundespräsidenten liegen nicht im Regieren, sondern im Regulieren, nicht im Befehlen, sondern im Beraten und Behüten." Pflicht und Recht zur Konsultation des Präsidenten kommen übrigens in der öffentlichen Bewertung zu Unrecht regelmäßig zu kurz, nicht zuletzt, weil sich dieser Austausch nur in äußerster Diskretion pflegen lässt. Der Bundespräsident ist, zumal in allen Krisennormen des Grundgesetzes, in der Tat „nur" eine Reserveautorität – Neuwahlen, Gesetzgebungsnotstand, Einberufung des Bundestages. Aber auch den Feuerlöscher wirft man nicht aus dem Haus, nur weil es vierzig Jahre lang nicht gebrannt hat.

Robert Leicht, in: Die Zeit vom 24.04.2008

Aufgaben

1. Immer wieder wird diskutiert, ob die Bürger den Bundespräsidenten direkt wählen sollten. Recherchieren Sie im Internet, welche Argumente für und welche gegen eine Direktwahl angeführt werden. Beziehen Sie eine eigene Position!

2. Halten Sie das Amt des Bundespräsidenten für wichtig oder für eher verzichtbar? Begründen Sie Ihre Position und beziehen Sie dabei die Argumente aus M1 und M2 ein.

5 Staatsaufbau

Leitfragen

- Was bedeutet Föderalismus?
- Wie ist das föderale System in Deutschland organisiert?
- Wodurch unterscheiden sich Zentral- und Bundesstaaten?
- Warum wurde eine Föderalismusreform notwendig, und welche Änderungen wurden vorgenommen?

Die vertikale Gewaltenteilung

Die Frage der vertikalen Machtverteilung richtet sich darauf, in welchem Maße die politische Macht auf der zentralstaatlichen Ebene und damit in der nationalen Regierung konzentriert ist.

Man unterscheidet **Föderalismus** und **Zentralismus**: Die Begriffe Föderation und Föderalismus gehen auf das lateinische Wort „foedus“ für „Bund“ zurück. Das staatliche Organisationsprinzip des **Föderalismus** zielt darauf, die politische Macht zwischen einer zentral- und einer bundesstaatlichen Ebene zu teilen, d.h. es besteht eine Aufgabenteilung zwischen dem Bund und den einzelnen Bundesländern. Das Organisationsprinzip des **Zentralismus** hingegen konzentriert die politische Macht auf der nationalen Ebene.

Bundesstaatliche Ordnung

GG Artikel	Was dazu im Grundgesetz steht
20	„Die Bundesrepublik Deutschland ist ein demokratischer und sozialer Bundesstaat“
79	Das bundesstaatliche Prinzip darf nicht aufgehoben oder geändert werden
30	Eigenstaatlichkeit der Länder
50 23	Mitwirkung der Länder an der Gesetzgebung des Bundes und in Angelegenheiten der Europäischen Union durch den Bundesrat
70-74	Gesetzgebung: Aufteilung der Zuständigkeiten zwischen Bund und Ländern
83-87	Zuordnung der staatlichen Verwaltungsaufgaben
104 a -107	Finanzhoheit. Verteilung des Steueraufkommens zwischen Bund und Ländern

ZAHLENBILDER 60 060

Staatsaufbau

	Gesetzgebung (Legislative)	**Vollziehende Gewalt** (Exekutive)	**Rechtsprechung** (Judikative)
Bund	**Bundestag Bundesrat** Ausschließliche Gesetzgebung (Art. 71, 73 GG) Konkurrierende Gesetzgebung (Art. 72, 74 GG)	**Bundesregierung Bundesverwaltung** (Art. 86-87b, 87d-89 GG)	**Gerichte des Bundes** (Art. 93-96 GG) Bundesverfassungsgericht Oberste Gerichtshöfe des Bundes
Länder	**Parlamente der Länder** Gesetzgebung der Länder Konkurrierende Gesetzgebung (Art. 72, 74 GG)	**Länderregierungen Länderverwaltungen** Ländereigene Verwaltung Ausführung der Bundesgesetze – als eigene Angelegenheit (Art. 83, 84 GG) – im Auftrage des Bundes (Art. 85 GG)	**Gesetze der Länder** z. B. Oberlandesgericht, Landesgericht, Amtsgericht, Landesarbeitsgericht, Arbeitsgericht
Kommunen	**Kreistage/ Gemeindevertretungen/ Stadtverordneten-versammlungen/ Gemeinde-, Stadträte** Kommunale Selbstverwaltung (Art. 28 GG)	**Landräte/Oberkreisdirektoren/Kreisausschüsse – (Ober-)Bürgermeister/ (Ober-)Stadtdirektoren/ Gemeindevorstände/ Magistrate** Verwaltung im Rahmen der Gesetze und der Kommunalverfassung	**Gerichte der Länder sind zuständig**

Schülerduden Politik, Berlin 2004, S. 79, geringfügig geändert

Deutschland ist ein **Bundesstaat** (Föderation). Dieses Modell des Staatsaufbaus liegt zwischen einem Modell des **Staatenbunds** (Konföderation) und dem Modell eines **Zentral- oder Einheitsstaats.** Im Bundesstaat wird die politische Macht zwischen einer zentralen Regierung und regionalen Regierungen geteilt. Dabei muss jede Regierungsebene bestimmte politische Kompetenzen haben, die sie unabhängig von der anderen Regierungsebene wahrnehmen kann.

Obwohl der Föderalismus in Deutschland auf eine lange Tradition zurückblickt, entschied man sich nach dem Zweiten Weltkrieg vor allem aus einem Grund für dieses Organisationsprinzip: Man wollte eine Machtkonzentration verhindern, die die Herrschenden zu Missbrauch hätte verleiten können.

Prinzipien des deutschen Föderalismus

Das deutsche Grundgesetz erklärt die föderale Ordnung Deutschlands für unabänderbar (Art. 79 Abs. 3). Dies bedeutet:

- In Deutschland muss es eine **zentralstaatliche** und eine **bundesstaatliche Ebene** geben. Es ist aber möglich, Ländergrenzen zu ändern, bestehende Länder aufzulösen oder miteinander zu vereinigen. 1996 unternahmen Berlin und Brandenburg einen – gescheiterten – Versuch, zu einem gemeinsamen Bundesland zu fusionieren.

- Die zentral- und die bundesstaatliche Ebene müssen **eigenständige politische Kompetenzen** sowie jeweils eine gewisse **finanzielle Eigenständigkeit** haben.

Das Kernelement einer föderativen Ordnung ist die Verteilung der Aufgaben zwischen den staatlichen Ebenen. Grundsätzlich sollen die Aufgaben von der Ebene erfüllt werden, die dafür am besten geeignet ist (**Subsidiaritätsprinzip**). Laut dem Grundgesetz ist für bestimmte Aufgaben einzig der Bund zuständig, für andere sind es ausschließlich die Länder. Im Bereich der **konkurrierenden Gesetzgebung** ist es dem Bund erlaubt, für alle Länder verbindliche Gesetze zu erlassen, wenn „die Herstellung gleichwertiger Lebensverhältnisse im Bundesgebiet oder die Wahrung der Rechts- oder Wirtschaftseinheit im gesamtstaatlichen Interesse eine bundesgesetzliche Regelung erforderlich macht“ (so genannte „Bedürfnisklausel“; Art. 72 GG). Die Länder konnten bis zur Föderalismusreform 2006 dann keine abweichenden Regelungen mehr treffen. Diese Regelung war das Einfallstor dafür, dass sich im Namen gleichwertiger Lebensverhältnisse im gesamten Staatsgebiet die Gesetzgebungskompetenzen immer stärker auf zentralstaatlicher Ebene konzentrierten.

Kooperativer Föderalismus

Mit dem Begriff des kooperativen Föderalismus wird die wechselseitige Unterstützung von Bund und Ländern bei ihrer Aufgabenerfüllung bezeichnet, ihre gemeinsamen Absprachen und Entscheidungen. Der kooperative Föderalismus soll regionale Spezialisierung mit dem Ziel verbinden, ausgleichend und umverteilend eine Gleichwertigkeit der Lebensverhältnisse in Deutschland zu erreichen. Die enge Verzahnung und Zusammenarbeit der Exekutiven auf Bundes- und Landesebene bei vergleichsweise geringem Einfluss der Länderparlamente wird als **Exekutivföderalismus** bezeichnet. Das Gegenmodell zum kooperativen Föderalismus ist ein **kompetitiver Föderalismus.** Er ist durch eine strenge Trennung der Ebenen von Bund und Ländern sowie einen politischen Wettbewerb der Länder um die beste politische Lösung gekennzeichnet.

Die Gesetzgebungskompetenzen von Bund und Ländern

Ausschließliche Gesetzgebung des Bundes:
z. B. Auswärtige Angelegenheiten, Verteidigung, Außenhandel

Konkurrierende Gesetzgebung: Die Länder haben das Gesetzgebungsrecht, wenn der Bund nicht aktiv wird. Der Bund übernimmt nur dann die Gesetzgebung, wenn es darum geht, für alle Bürger „gleichwertige Lebensverhältnisse“ zu schaffen, etwa im Straßenverkehr oder im Versammlungs- und Wirtschaftsrecht

Ausschließliche Gesetzgebung der Länder:
z. B. Kommunalwesen, Schulwesen, Kultur

Föderalismusreform 2006

Kritiker warfen dem System des kooperativen Föderalismus in den 1990er Jahren zunehmend vor, dass er notwendige politische **Reformen behindere.** Sie bemängelten, dass der **politische Entscheidungsprozess zu lange** dauere. Außerdem könne niemand mehr genau sagen, wer für welche **politische Entscheidung verantwortlich** sei. Ins Kreuzfeuer der Kritik geriet vor allem, dass der Bundesrat bei nahezu allen Entscheidungen auf Bundesebene mitentscheiden konnte. Außerdem hätten die Länder nicht mehr genügend Möglichkeiten, Politik zu gestalten. Eine Föderalismusreform sollte diese Probleme lösen.

Die im Jahre 2006 von Bundestag und Bundesrat beschlossene Föderalismusreform ist die umfassendste Änderung des Grundgesetzes in der Geschichte der BRD. Im Zuge dieser Reform wurden die Länderrechte vor allem dadurch gestärkt, dass die Länder im Bereich der konkurrierenden Gesetzgebung auch dann abweichende Regelungen treffen können, wenn der Bund bereits ein Gesetz erlassen hat. Eine Reihe von Kompetenzen fällt nun in die **alleinige Zuständigkeit** der Länder. Vor allem sind die Länder in Zukunft nahezu allein für die Bildungspolitik verantwortlich.

Der Anteil der Bundesgesetze, die einer Zustimmung des Bundesrats bedürfen, soll von rund 60 Prozent auf rund 35 bis 40 Prozent sinken. Dies soll gelingen, indem künftig bei Bundesgesetzen, die Regelungen zum Verwaltungsverfahren enthalten, die **Zustimmungspflicht entfällt.** Die Länder dürfen dafür nun das Verfahren auch abweichend regeln. Weiterhin darf der Bund den Gemeinden künftig durch Bundesgesetze keine Aufgaben oder Kosten mehr übertragen. In einer zweiten Runde der Föderalismusreform sollen die komplizierten Finanzbeziehungen zwischen Bund und Ländern neu geregelt werden.

Modelle des Staatsaufbaus zwischen Einheitsstaat und Bundesstaat

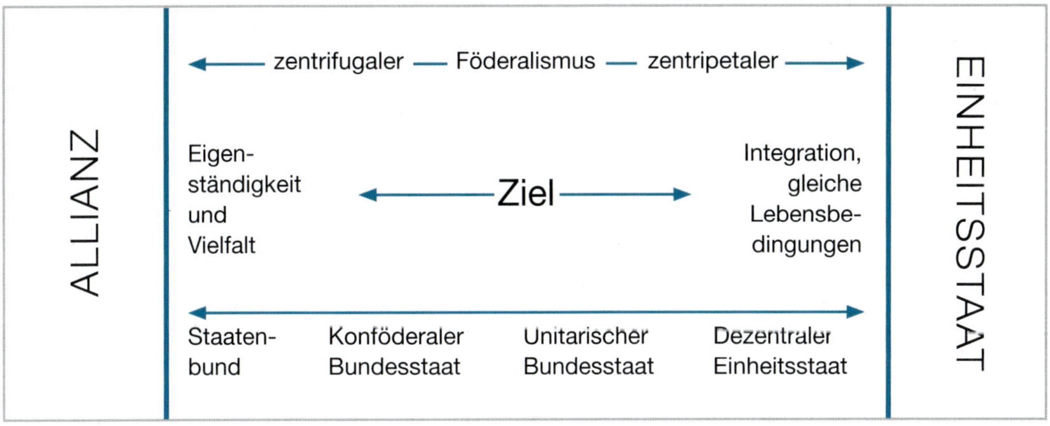

Die Bundesländer

Die Länder der Bundesrepublik Deutschland besitzen „Staatsqualität“, sind also nicht nur große Selbstverwaltungskörper wie die Gemeinden, Kreise oder Bezirke. Die Landesverfassungen gelten unabhängig und selbständig neben dem Grundgesetz. Keine der beiden Ebenen im Bundesstaat kann allein die Befugnisse der anderen Ebene beschneiden. Für eine Grundgesetzänderung ist demnach nicht nur eine Zweidrittelmehrheit im Bundestag, sondern auch eine Zweidrittelmehrheit im Bundesrat erforderlich (→ Kapitel 4.6).

Die Länder verfügen über definierte eigene Herrschaftsbereiche und sind insofern nicht nur Vollzugs- oder Ausführungsorgane des Zentralstaates. Daher müssen die Länderregierungen eigene, vom Bund nicht angreifbare Entscheidungskompetenzen besitzen, die ausschließlich in ihrer Verantwortung liegen.

Gemeinden

Die Gemeinden bilden keine eigene Ebene im Staatsaufbau; sie gehören zu den Ländern. Über die Gemeindegrenzen und die Kommunalverfassungen wird in den Landtagen entschieden.

Wichtigste **Pflichtaufgaben** der Gemeinden sind:

- Müllabfuhr, Versorgung mit Strom, Gas und Wasser, Straßenreinigung, öffentlicher Nahverkehr;
- Kinderbetreuung durch Kindergärten und Horte;
- Bau und Wartung von Schulgebäuden;
- Auszahlung von Wohn- und Heizgeld nach Hartz IV;
- Bereitstellung von Feuerwehr, Rettung, Katastrophenschutz;
- Durchführung von Wahlen (Kommune, Land, Bund);
- Bau- und Wohnungswesen sowie Verkehr.

Plaßmann / CCC,www.c5.net

Wichtigste **freiwillige Aufgaben** der Kommunen sind:

- Betrieb von Schwimmbädern und Sportanlagen;
- Betrieb von Musikschulen, Bibliotheken, Begegnungsstätten, Jugendclubs, Altenheimen;
- Unterhaltung von Grünanlagen.

Zu unterscheiden ist mit Blick auf die Aufgaben zwischen **weisungsfreien** und **weisungsgebundenen Aufgaben** im Auftrag von Land oder Bund. Bei weisungsgebundenen Aufgaben haben die Gemeinden teilweise keinen Spielraum, wie etwa bei der Durchführung von Wahlen oder der Auszahlung von Leistungen für Empfänger von Arbeitslosengeld II. Bei anderen weisungsgebundenen Aufgaben gibt es einen gewissen Spielraum. So müssen die Gemeinden Schulen bauen; wie diese aussehen, können sie selbst bestimmen.

Geht es um die Erfüllung der weisungsfreien Aufgaben, hat der Gemeinderat das letzte Wort, sonst trifft der Bürgermeister die Entscheidung. Die Arbeit der Gemeinden ist nicht einheitlich geregelt. Es haben sich **zwei Typen** der Kommunalverfassung durchgesetzt: die **Bürgermeisterverfassung** und die **Magistratsverfassung**.

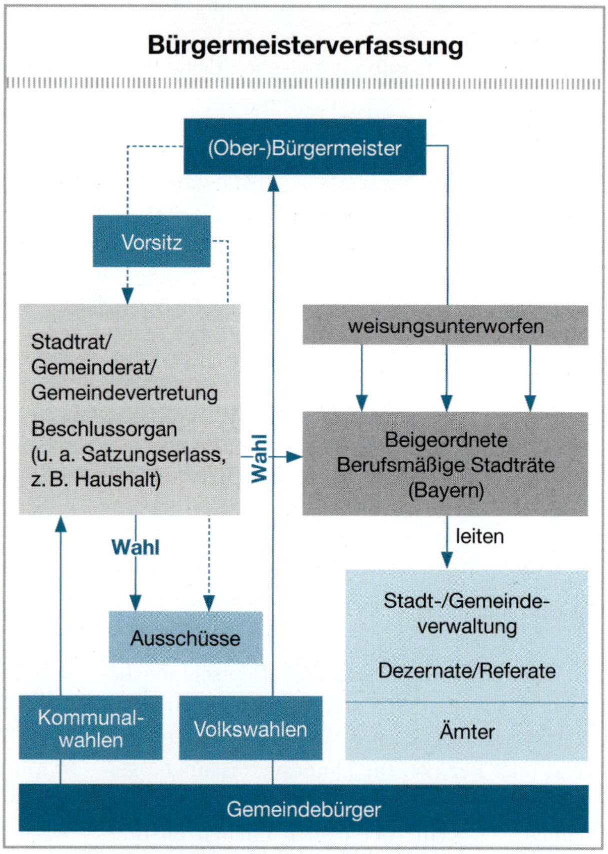

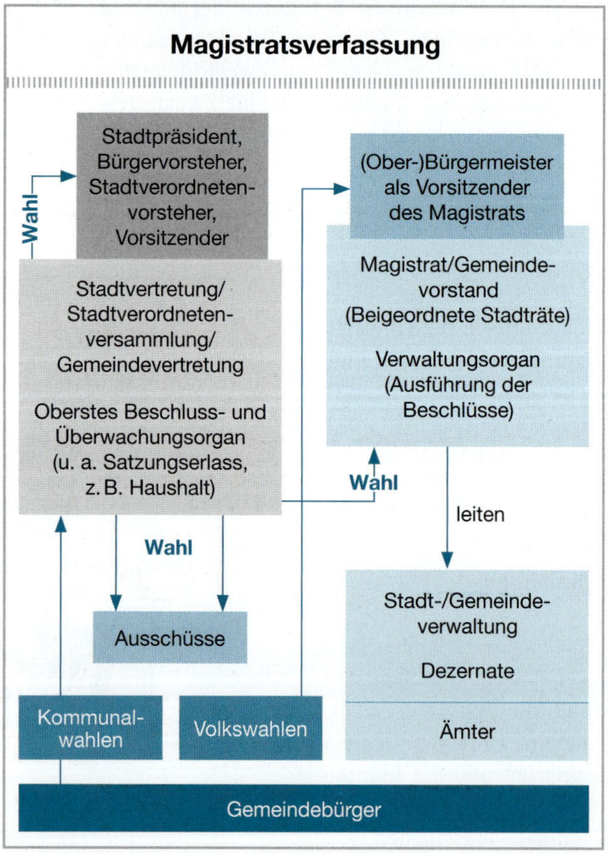

Schülerduden Politik, Berlin 2004, S. 82

Deutschland – ein Flickenteppich?

M1 Föderalismusmüde?

Wie viele Bundesländer will sich Deutschland in einem zusammenwachsenden Europa überhaupt noch leisten – und welche Rolle sollen diese Länder in Zukunft spielen? Fragt man [...] die Bürger nach ihrer Meinung, wie das jetzt das Infas-Institut im Auftrag der Bertelsmann Stiftung getan hat, sind die Antworten überraschend eindeutig: Die meisten Deutschen wünschen sich, dass ihre Stadt oder Gemeinde, der Bund und die Europäische Union in Zukunft eine stärkere Rolle spielen – und zwar in dieser Reihenfolge. Abgeschlagen auf Platz vier und damit letzter: die Bundesländer. 25 Prozent der Befragten halten die Länder sogar für gänzlich überflüssig, in acht von 16 Ländern spricht sich eine Mehrheit der Bevölkerung für einen Zusammenschluss mit einem Nachbarland aus. Selbst im traditionsbewussten Freistaat Bayern kommt immer noch ein Fusionsbefürworter auf zwei -gegner.

Die Skepsis vieler Deutscher gegenüber den Ländern passt zum Wunsch einer übergroßen Mehrheit nach bundesweit einheitlichen Lebensverhältnissen. Gut 90 Prozent der Befragten plädieren für vergleichbare Standards in Kindergärten, Schulen und Universitäten, nur unwesentlich weniger Bürger wünschen sich, dass es bei bundesweit einheitlichen Steuersätzen bleibt. [...] Die große Mehrheit der Bundesbürger, rund 88 Prozent, zieht [...] die Solidarität zwischen den Ländern dem Wettbewerbsgedanken vor. Das gilt auch für Bayern und Baden-Württemberg, wo die Zustimmungsraten immer noch 83 beziehungsweise 85 Prozent betragen. Sorgen machen sollten sich die Landesregierungen vor allem darüber, dass sich viele Bürger zwar mit Deutschland, nicht aber mit ihrem Bundesland identifizieren. In Nordrhein-Westfalen und in Niedersachsen konnte jeder vierte Befragte seinem Land aus einer Liste von zehn Antwortmöglichkeit kein einziges positives Merkmal zuordnen. Überwiegend einig sind sich die Deutschen, dass in einem zusammenwachsenden Europa allein die Bundesregierung die Interessen Deutschlands in der EU vertreten sollte.

Claus Hulverscheidt, „Ungeliebter Föderalismus", in: Süddeutsche Zeitung vom 11. Februar 2008

M2 Bildungspolitische Vielfalt im föderalen System

Dass die Bundesrepublik Deutschland föderal organisiert ist, zeigt sich schon im Alltag vielerorts, seit einigen Jahren sogar in Werbeslogans der einzelnen Bundesländer: Während Schwaben und Badener seit 1999 mit dem Hinweis kokettieren „Wir können alles. Außer Hochdeutsch", heißt es weiter östlich: „Sachsen-Anhalt. Wir stehen früher auf". Mecklenburg-Vorpommern bringt es auf den Punkt: „MV tut gut", und Rheinland-Pfalz stellt fest: „Wir machen's einfach". Thüringen sieht sich als „Deutschlands starke Mitte", und „an Hessen führt kein Weg vorbei". Doch Föderalismus umfasst weit mehr als flotte Werbesprüche.

Gerade Schülerinnen und Schüler, Studentinnen und Studenten erfahren regelmäßig, dass ihr Alltag an Schulen und Universitäten und ihre Zukunft auch davon abhängt, in welchem Bundesland sie leben: So sehen einige Länder die freie Wahl der Sekundarschule durch die Eltern vor, andere hingegen (Baden-Württemberg, Bayern, Sachsen, Thüringen und inzwischen auch Nordrhein-Westfalen) machen den Übergang ins Gymnasium vor allem von der Grundschulempfehlung oder einem Notenkriterium so-

wie gegebenenfalls dem Ergebnis einer entsprechenden Aufnahmeprüfung abhängig. In den letztgenannten Ländern findet die Auswahl für weiterführende Schulen bereits während des vierten Schuljahres statt, die Länder Berlin und Brandenburg lassen Kindern und Eltern dafür mehr Zeit.

Deutliche Unterschiede zwischen den deutschen Ländern zeigen sich auch bei den Ergebnissen der Pisa-Tests: Auf der einen Seite liegen die Jugendlichen in den Stadtstaaten, aber auch in einigen Flächenstaaten, in ihrem schulischen Fortschritt teilweise deutlich hinter den Altersgenossen gerade in den süddeutschen Ländern zurück. Auf der anderen Seite erreichen jedoch viele der stark leistungsorientierten Länder eine so niedrige Abiturientenquote (in Bayern circa ein Drittel eines Jahrgangs), dass ihr Land seinen Wohlstand ohne Akademiker aus anderen Ländern kaum halten könnte. Das Spannungsverhältnis ist erkennbar: Während die einen diese Vielfalt bei der Gestaltung von Bildungswegen als Ausdruck eines produktiven Wettbewerbs in der Schulpolitik werten, stößt sie bei anderen – besonders bei den direkt Betroffenen – häufig auf Ablehnung. Und das vor allem deshalb, weil diese bildungspolitische Vielfalt mit einer beruflichen Mobilität der Eltern nur schwer vereinbar ist. Nicht von ungefähr plädiert in Umfragen eine Mehrheit der Befragten dafür, dass der Bund und nicht die Länder für die Schulen zuständig sein sollte, und auch die Forderung nach einem bundesweiten Zentralabitur stößt auf mehrheitliche Zustimmung.

Aber auch bei Studierenden und ihren Eltern schafft das föderale Bildungssystem häufig Verdruss: Während eine Studentin, die einen (aus Sicht der Steuerzahler teuren) Medizinstudienplatz in Mainz bekommen hat, im sozialdemokratisch regierten Rheinland-Pfalz keine Studiengebühren bezahlen muss, wird ihr Freund, der an der Universität des Saarlandes Romanistik studiert, für die ersten zwei Semester jeweils mit 300 Euro und später jedes Semester mit 500 Euro zur Kasse gebeten. Im CDU-regierten Saarland hat der Landtag nämlich ein Gebührengesetz beschlossen.

Die Beispiele zeigen: Der Wettbewerb zwischen den Ländern, den die föderalen Strukturen ermöglichen, verlangt den Bürgerinnen und Bürgern die Bereitschaft und Kompetenz ab, sich zu informieren sowie den Aufwand und die Auswirkungen von Landespolitik zu beurteilen. Die Fähigkeit und Bereitschaft zur Mobilität vorausgesetzt, eröffnet er den Bürgerinnen und Bürgern dann aber auch deutlich mehr Chancen, als in einem Einheitsstaat mit Einheitslösungen zur Wahl stehen.

Ursula Münch, Charakteristika des Föderalismus, in: Föderalismus in Deutschland. Informationen zur politischen Bildung (Heft 298), Bonn 2008

Aufgaben

1. Arbeiten Sie aus M1 und M2 die Bewertung des deutschen Föderalismus heraus. Welche Aspekte nehmen die Autoren in den Blick?
2. Entwickeln Sie eigene Standpunkte. Zu welchem Urteil kommen Sie nach einer Abwägung der Argumente?
3. Überprüfen Sie, inwieweit die bundesstaatliche Ordnung einen Beitrag zur Gewaltenteilung und zur Akzeptanz politischer Entscheidungen leisten kann.

6 Die Gesetzgebung

Leitfragen

Welche Verfassungsorgane können Gesetzgebungsverfahren einleiten?

Welche Stufen muss ein Entwurf nehmen, bevor er zum Gesetz wird?

Prozess der Gesetzgebung

Gesetzgebungsfunktion des Bundestages

Die klassische Aufgabe des Parlaments ist die Gesetzgebung. Durch Gesetze regelt der Staat das Zusammenleben in der Gesellschaft. Er verabschiedet verbindliche Spielregeln und wacht über deren Einhaltung. Mit Hilfe von Gesetzen regelt er auch die Umverteilung im modernen Wohlfahrtsstaat, z.B. über das Steuerrecht oder die Sozialgesetzgebung. Gesetze, die der Staat zur Erfüllung seiner Aufgaben erlässt, weisen im Allgemeinen drei Merkmale auf:

- Gesetze kommen durch vorgeschriebene Verfahren zustande (**Rechtsstaatlichkeit**).
- Gesetze sind als allgemeingültige Normen auf alle entsprechenden Fälle anzuwenden (**Allgemeingültigkeit**).
- Gesetze haben verbindlichen Charakter und müssen deshalb von allen Betroffenen eingehalten werden (**Bindungswirkung**).

Stufen der Gesetzgebung im Bundestag

1. Am Beginn des Verfahrens steht das **Initiativrecht**, d.h. das Recht, einen Gesetzesentwurf einzubringen. Bundesregierung, Bundesrat und Bundestag (mindestens 5% der Abgeordneten) besitzen das Initiativrecht. In der politischen Praxis kommen mehr als die Hälfte der Initiativen aus den Reihen der Bundesregierung. Die Entwürfe der Bundesregierung werden in den Fachministerien ausgearbeitet. Dort können bereits private Interessen – z.B. Interessenverbände – Einfluss nehmen und an der Ausarbeitung des Gesetzes mitwirken.

2. In der **ersten Lesung** debattiert der Bundestag die Grundzüge des Gesetzentwurfes. Anschließend wird der Entwurf an die **Ausschüsse** verwiesen, in denen eine eingehende Prüfung und Beratung stattfindet. In diesem komplizierten Prozess werden auch Experten und Vertreter von Interessenverbänden gehört. Die Ausschusse tagen in der Regel nicht öffentlich.

3. Anschließend berät das Plenum in **zweiter Lesung** die Änderungen und Ergänzungen, die in den Ausschüssen vorgenommen wurden. In der **dritten Lesung** findet nach der abschließenden Debatte die Schlussabstimmung statt. Bei einfachen Gesetzen reicht die einfache Mehrheit der anwesenden Parlamentarier aus, bei verfassungsändernden Gesetzen sind die Stimmen von zwei Dritteln der Mitglieder des Bundestages notwendig.

Mitwirkung des Bundesrats an der Gesetzgebung

Hat der Bundestag den Gesetzesentwurf angenommen, wird die Vorlage an den Bundesrat weitergeleitet. Mit Blick auf den Einfluss des Bundesrats auf die Gesetzgebung ist die Unterscheidung in **Einspruchsgesetze** und **Zustimmungsgesetze** von grundlegender Bedeutung (→ Kapitel 4.4.4).

- Bei den **Einspruchsgesetzen** kann der Bundesrat lediglich einen Einspruch einlegen und dies auch erst, wenn er einen Kompromiss mit dem Bundestag gesucht hat. Wenn eine einfache Mehrheit des Bundesrats einen Einspruch einlegt, kann der Bundestag diesen mit einfacher Mehrheit überstimmen. Sollten aber zwei Drittel der Mitglieder des Bundesrats Einspruch einlegen, kann das Gesetz nur in Kraft treten, wenn der Einspruch von zwei Dritteln der Mitglieder des Bundestags überstimmt wird. Im politischen Alltag ist dies allerdings noch nie vorgekommen.

- **Zustimmungsgesetze** sind Gesetze, die nur verabschiedet werden können, wenn eine Mehrheit der Bundesratsmitglieder zustimmt. Der Bundesrat kann in diesen Fällen also die „rote Karte" für ein Gesetzesvorhaben zücken. In diesen Bereich fallen alle Bundesgesetze, die Länderinteressen berühren. In der Vergangenheit waren alle Bundesgesetze zustimmungspflichtig, die Vorgaben zur Behördenorganisation oder zum Verwaltungsverfahren enthielten, da dies üblicherweise Aufgabenbereiche der Länder sind. Dies hat sich durch die Föderalismusreform von 2006 geändert; dadurch soll der Anteil der Zustimmungsgesetze deutlich sinken.

Der Vermittlungsausschuss

Funktionen

Wenn ein im Bundestag verabschiedetes Gesetz auf die Ablehnung einer Mehrheit des Bundesrats stößt, kommt ein bedeutsames, wenn auch in der Öffentlichkeit wenig bekanntes Organ der deutschen Demokratie ins Spiel: der **Vermittlungsausschuss.** Er soll Konflikte zwischen Bundestagsmehrheit und Bundesratsmehrheit lösen. Er kann nicht von sich aus tätig werden, sondern nur auf Antrag von Bundesrat, Bundestag oder Bundesregierung. Meist geht die Initiative vom Bundesrat aus; dieser kann bei allen Gesetzen den Vermittlungsausschuss anrufen.

Der Vermittlungsausschuss wird zu Beginn jeder Legislaturperiode des Bundestags neu gebildet. Seine Zusammensetzung kann sich aber durch Landtagswahlen verändern. Wird z. B. bei Landtagswahlen in Nordrhein-Westfalen eine SPD-geführte Koalition durch eine CDU-geführte abgelöst, dann wird im Vermittlungsausschuss auch der SPD-Vertreter Nordrhein-Westfalens durch einen CDU-Vertreter ersetzt. Bei den Abstimmungen im Vermittlungsausschuss sind die Delegierten der Landesregierungen im Gegensatz zu den Sitzungen im Bundesrat formal nicht an Weisun-

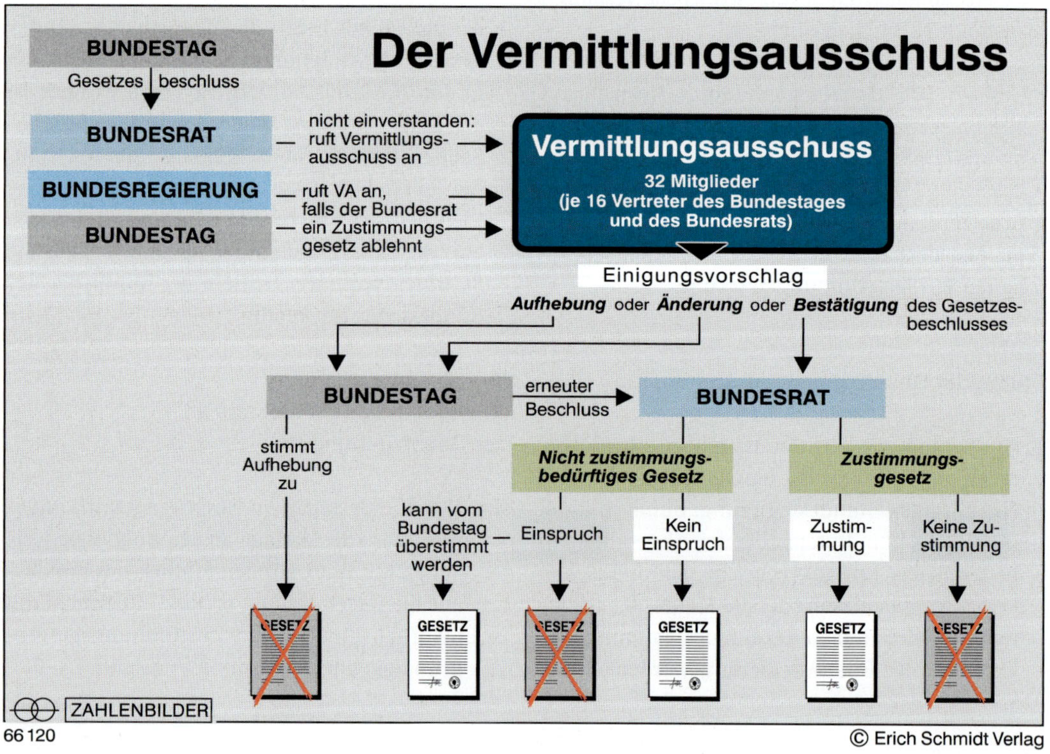

gen ihrer Regierungen gebunden. Die Sitzungen des Vermittlungsausschusses sind **streng vertraulich.** Über seine aktuelle Arbeit dringt recht wenig ans Licht. Die Sitzungsprotokolle dürfen stets erst in der übernächsten Wahlperiode nach der Sitzung – also frühestens fünf Jahre später – eingesehen werden. Der Grund für die Geheimniskrämerei ist, dass die Mitglieder anderenfalls kaum in der Lage wären, durch gegenseitiges Nachgeben einigungsfähige Kompromisse zu erzielen. Hinter den verschlossenen Türen des Vermittlungsausschusses wird manches Problem gelöst, über das zuvor lautstark und hitzig in den Talkshows der Republik debattiert wurde.

Verfahren nach einem Vermittlungsvorschlag

Schlägt der Vermittlungsausschuss Änderungen eines vom Bundestag verabschiedeten Gesetzesentwurfs vor, dann ist eine **vierte Lesung** im Bundestag notwendig. Der Bundestag hat dabei das Recht, den Vermittlungsvorschlag anzunehmen oder ihn abzulehnen. Es wird aber – und dies ist mit Blick auf die Machtstellung des Vermittlungsausschusses von großer Bedeutung – nicht mehr über die Positionen zu den Veränderungen des Entwurfs debattiert.

Da die Alternative zur Zustimmung zum Vermittlungsvorschlag bei Zustimmungsgesetzen ein Scheitern des Gesetzgebungsverfahrens ist und bei Einspruchsgesetzen zumindest die Gefahr eines Scheiterns entsteht, stimmen die Abgeordneten des Bundestags in aller Regel den Vermittlungsvorschlägen zu. Anschließend muss der Bundesrat entscheiden, ob er den Vermittlungsvorschlag akzeptiert und damit dem Gesetzesentwurf zustimmt oder ihm die Zustimmung verweigert.

Ausfertigung von Gesetzen

Stationen

Hat ein Gesetz Bundestag und Bundesrat passiert, wird es vom Bundeskanzler und den zuständigen Ministern unterzeichnet. Anschließend geht das Gesetz zum **Bundespräsidenten.** In aller Regel unterzeichnet er das Gesetz. Wenn er allerdings der Ansicht ist, dass der Inhalt des Gesetzes oder das Zustandekommen verfassungswidrig ist, kann er die Unterschrift verweigern. Nach der Unterschrift des Bundespräsidenten muss das Gesetz im Bundesgesetzblatt der Öffentlichkeit bekannt gemacht werden. Zwei Wochen nach der Verkündung tritt das Gesetz in der Regel in Kraft.

Warum ist das Gesetzgebungsverfahren so kompliziert?

Das Gesetzgebungsverfahren ist in Deutschland streng formalisiert. Die wichtigen Gesetzgebungsverfahren beanspruchen vom ersten Anstoß bis zur Verabschiedung eine recht lange Zeit. Schnellschüsse sollen bewusst vermieden werden, weil ansonsten eine undurchdachte und vorschnelle Gesetzgebung zu befürchten ist. Die Machtverteilung hat zudem den Zweck, dass im Sinne des Pluralismus möglichst viele gesellschaftliche Interessen auf das Gesetzgebungsverfahren einwirken können. Dabei muss das Gesetzgebungsverfahren auch offen sein für Stimmen außerhalb des politischen Entscheidungszentrums von Bundesregierung, Bundestag und Bundesrat. So finden etwa bei Arbeitsmarktregelungen die Stimmen der Gewerkschaften und Arbeitgeberverbände Gehör.

Da bei den wichtigen Gesetzgebungsverfahren – die fast immer der Zustimmung des Bundesrats bedürfen – in Deutschland überwiegend die Unionsparteien und die SPD eingebunden sind, gibt es bei Regierungswechseln selten grundlegende politische Kurskorrekturen. Die Kehrseite davon ist, dass wichtige politische Entscheidungen häufig als eine Politik des kleinsten gemeinsamen Nenners angesehen werden können.

Gesetzgebungsnotstand

Der **Gesetzgebungsnotstand** kann von der Bundesregierung beantragt werden, wenn der Bundestag ihr das Vertrauen verweigert und anschließend ein von der Bundesregierung als dringlich bezeichnetes Gesetz nicht verabschiedet. Der Bundestag kann dies vermeiden, wenn er einen neuen Kanzler wählt. Bislang ist es in der Geschichte Deutschlands noch nie zu einem Gesetzgebungsnotstand gekommen.

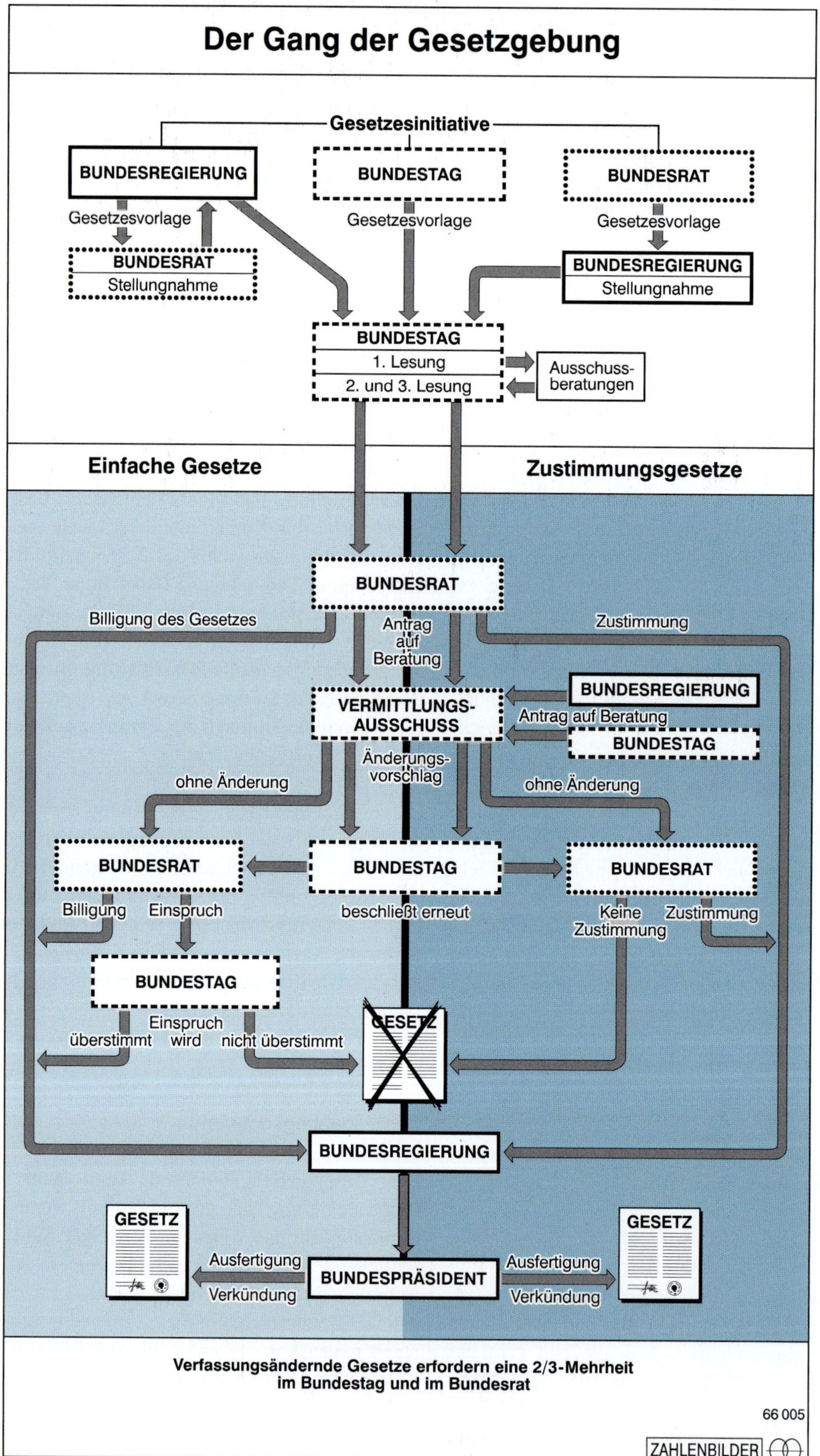

Der Gang der Gesetzgebung
Gesetzesinitiative
BUNDESREGIERUNG
BUNDESTAG
BUNDESRAT
Gesetzesvorlage
BUNDESRAT
Stellungnahme
Gesetzesvorlage
Gesetzesvorlage
BUNDESREGIERUNG
Stellungnahme
BUNDESTAG
1. Lesung
2. und 3. Lesung
Ausschuss-beratungen
Einfache Gesetze
Zustimmungsgesetze
BUNDESRAT
Billigung des Gesetzes
Antrag auf Beratung
Zustimmung
VERMITTLUNGS-AUSSCHUSS
BUNDESREGIERUNG
Antrag auf Beratung
BUNDESTAG
Änderungs-vorschlag
ohne Änderung
ohne Änderung
BUNDESRAT
BUNDESTAG
BUNDESRAT
Billigung
Einspruch
beschließt erneut
Keine Zustimmung
Zustimmung
BUNDESTAG
Einspruch
überstimmt
wird
nicht überstimmt
GESETZ
BUNDESREGIERUNG
GESETZ
Ausfertigung
Verkündung
BUNDESPRÄSIDENT
Ausfertigung
Verkündung
GESETZ
Verfassungsändernde Gesetze erfordern eine 2/3-Mehrheit im Bundestag und im Bundesrat
66 005
ZAHLENBILDER

M Ihr Wort wird Gesetz

Ihr Name: Hogan & Hartson Raue L.L.P., Potsdamer Platz, Berlin, Ableger einer mehr als 100 Jahre alten Anwaltskanzlei aus den Vereinigten Staaten. Geschäfte im Spannungsfeld zwischen Wirtschaft und Politik sind das Spezialgebiet dieser *law firm,* und neuerdings mischen ihre Juristen auch bei der deutschen Gesetzgebung mit. „Die heutige Rechtsmaterie ist so komplex, dass sie mit den Mitteln, die den Ministerien und den Abgeordneten zur Verfügung stehen, kaum noch bewältigt werden kann", sagt Kornelius Kleinlein, Partner bei Hogan & Hartson. Er hat der SPD-Bundestagsfraktion beim Entwurf eines Gesetzes geholfen, das den 700 Milliarden Euro schweren Investitionsstau in Deutschland mit auflösen soll. In nur drei Wochen wurde es von Bundestag und Bundesrat abgesegnet, Anfang September trat es in Kraft.
Neue Spieler haben die Berliner Arena betreten und beginnen, im politischen Leben ihre Spuren zu hinterlassen. Es sind weltweit operierende Rechtskonzerne, von denen sich in Berlin inzwischen gut zwei Dutzend niedergelassen haben. Ihre juristische Expertise ist zunehmend gefragt – unabhängig davon, wer gerade regiert. Ihre Handschrift findet sich im Gesundheits- ebenso wie im Energie-, Telekommunikations- oder Arbeitsrecht. Dass sich die Legislative bei ihrer Arbeit helfen lässt, hat zwar Tradition – Wissenschaftler schreiben seit Jahrzehnten ihre Gutachten, Kommissionen entwickeln Reformvorschläge, der Bundesverband der Deutschen Industrie prägte bereits in den fünfziger Jahren das Kartell- und Wettbewerbsrecht. Dennoch erhält die Rechtsetzung durch die jüngste Entwicklung eine neue Dimension, weil der Staat seine juristischen Berater immer früher in den Prozess einbindet. Neuerdings sogar so früh, dass diese gemeinsam mit den Ministerialbeamten ein Gesetz von Anfang an entwickeln. Als „absolutes Novum" bezeichnet der Abgeordnete Michael Bürsch die Entstehungsgeschichte des vor wenigen Wochen in Kraft getretenen Gesetzes über Öffentlich-Private Partnerschaften (ÖPP). Bürsch hat die verantwortliche Arbeitsgruppe der SPD-Fraktion geleitet und das klassische Verfahren praktisch umgedreht. Während früher ein Ministerium Gesetzestexte entworfen und andere erst dann nach ihrer Meinung gefragt habe, sagt er, „war es hier ein umgekehrter und völlig offener Prozess, bei dem wir unsere Berater um Vorschläge gebeten haben".
Dieses Vorgehen bringt Risiken mit sich. „Gesetzesentwürfe müssen von der Ministerialbürokratie erdacht und geschrieben werden", sagt Everhard Holtmann, Professor für Politikwissenschaft an der Universität Halle-Wittenberg. „Wenn sie externe Berater schon am Anfang der Entwicklungsarbeit mit einbezieht, läuft sie Gefahr, einen Teil ihrer Gestaltungsmacht aus der Hand zu geben." Doch dessen ungeachtet suchen die Politiker den Sachverstand und die Anwälte ihrerseits die Nähe zur Politik. Es ist ein Geschäft auf Gegenseitigkeit [...]. Rechtlich gesehen sei die enge Zusammenarbeit mit den Beratern „kaum angreifbar", sagt Martin Burgi. Er ist Professor für öffentliches Recht an der Universität Bochum und forscht über die Zusammenarbeit von Staat und Unternehmensberatern. „Solange das Parlament letztendlich die Entscheidung fällt, ist das nicht zu beanstanden." Juristisch nicht. Aber politisch? Der Politologe Holtmann glaubt, dass viele Weichen schon gestellt werden, bevor die öffentliche Debatte beginnt. „Je intensiver der Staat mit außenstehenden Beratern zusammenarbeitet, desto undurchsichtiger wird der Prozess der politischen Willensbildung", sagt er.

Marcus Rohwetter, in: Die Zeit vom 06.10.2005

Aufgaben

1. Untersuchen Sie ein wichtiges, aktuell in Kraft getretenes Gesetz – z. B. das Elterngeld – vom ersten Entwurf bis zur Verabschiedung des Gesetzes.
2. Diskutieren Sie, inwieweit das in M beschriebene Verfahren demokratisch legitimiert ist.

7 Rechtsordnung der Bundesrepublik Deutschland

7.1 Grundzüge der Rechtsordnung

Leitfragen | Was ist ein Rechtssystem? | Wie funktioniert das deutsche Rechtssystem?

Funktion des Rechtssystems

Das **Rechtssystem** ist ein System verbindlicher Normen und Regeln in einem Staat. Der Staatsapparat hat das **Gewaltmonopol**, d. h., allein der Staat hat die Möglichkeit, die Verletzung der verbindlichen Normen und Regeln zu ahnden. Zu klären, ob ein Rechtsverstoß vorliegt und wie schwer dieser ist, ist Aufgabe der Gerichte. Sie regeln auf Grundlage der Gesetze auch Konflikte zwischen Bürgern oder zwischen Staat und Bürgern. Erst ein Rechtssystem ermöglicht die friedliche Regelung von Konflikten. Es bietet die Möglichkeit der Gerechtigkeit, indem nicht automatisch der körperlich oder finanziell Stärkere den Sieg davonträgt. In Unrechtsstaaten sind allerdings auch die Gerichte nicht unabhängig. Die sog. Rassengesetze im Nationalsozialismus etwa waren ein Indikator dafür, dass das „Dritte Reich" zwar formal ein Rechtsstaat, aber materiell ein Unrechtsstaat war.

Rechtsquellen

- **Verfassungsnormen:** Diese legen die Grundrechte und die Grundzüge der politischen Ordnung fest. Die im Grundgesetz festgelegten Verfassungsnormen stehen über allen anderen Rechtsnormen. Die anderen Rechtsnormen dürfen nicht verfassungswidrig sein.
- **Gesetze:** Die Gesetze werden in Deutschland in den Parlamenten auf Bundes- oder Länderebene verabschiedet. Fast alle Gesetze, die erfolgreich verabschiedet werden, stammen aus den Reihen des Regierungslagers auf Bundes- oder Länderebene.
- **Rechtsverordnungen:** Verordnungen werden von Regierungen ohne Rücksprache mit den Parlamenten erlassen. Sie regeln spezielle Aspekte und die Ausführung von Gesetzen. In Deutschland kann eine Verordnung nur erlassen werden, wenn dies in einem Parlamentsgesetz ausdrücklich vorgesehen wird.
- **Satzungen:** In Satzungen regeln Gemeinden und andere öffentliche Institutionen ihre Angelegenheiten.
- **EU-Recht:** Eine weitere Rechtsquelle ist zunehmend das auf europäischer Ebene verabschiedete Europarecht. Große Teile der neuen Rechtsnormen sind auf europäischer Ebene entstanden.

Umstritten ist, ob manche Entscheidungen des **Bundesverfassungsgerichts** ebenfalls als Rechtsquelle anzusehen sind oder ob das Bundesverfassungsgericht grundsätzlich nur die Verfassungsnormen interpretiert.

Privatrecht und öffentliches Recht

Es gibt zwei große Rechtsbereiche: das **Privatrecht** und das **öffentliche Recht**. Das **Privatrecht** regelt die Beziehungen zwischen den Bürgern. In diesen Bereich gehören beispielsweise die Regelungen von Kauf und Verkauf oder von Eheschließungen und Ehescheidungen. Zum Bereich des **öffentlichen Rechts** zählen etwa die Regelungen zum Aufbau des Staates sowie der Beziehungen der Staatsorgane, das Strafrecht, das Verwaltungsrecht und das Völkerrecht.

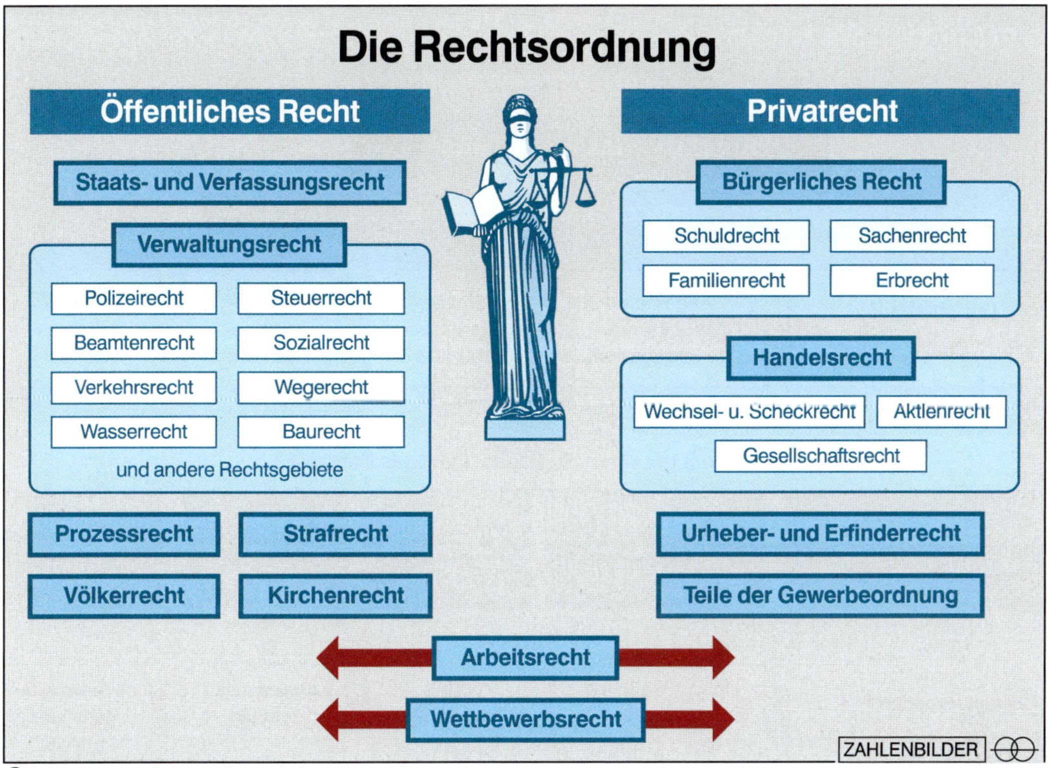

 128 020

Grundsätze der Rechtsprechung

Neben der Polizei sind die **Gerichte** dafür verantwortlich, das von den demokratisch legitimierten politischen Entscheidungsträgern gesetzte Recht zu wahren und durchzusetzen. Unter allen staatlichen Ausführungsorganen – Polizei, Einwohnermeldeamt etc. – sind die Gerichte stark herausgehoben. Die Richter sollen sich bei ihren Entscheidungen nur an das Recht halten und von Weisungen unabhängig sein. Dabei muss der Richter auch dann sein Urteil auf der Grundlage des Rechts sprechen, wenn die – von Politikern gesetzten – Regelungen seinen eigenen Überzeugungen widersprechen. Nur wenn ein von ihm anzuwendendes Gesetz nach seiner Auffassung dem Verfassungsrecht widerspricht, muss er dies dem Bundesverfassungsgericht mitteilen und das Gesetz prüfen lassen.

Die richterliche **Unabhängigkeit** wird dadurch geschützt, dass Richter nur entlassen werden können, wenn sie sehr schwer gegen das Dienstrecht verstoßen, indem sie etwa Beweismaterial unterschlagen oder Bestechungsgelder annehmen.

Zweige der Gerichtsbarkeit

Die Gerichtsbarkeit Deutschlands besteht aus fünf Zweigen:

- Die **„ordentlichen" Gerichte** wie z. B. das Amtsgericht verhandeln Strafsachen und Zivilsachen einschließlich der Ehe- und Familiensachen.
- Die **Arbeitsgerichte** verhandeln arbeitsrechtliche Streitigkeiten. Obgleich es sich um zivilrechtliche Konflikte handelt, wurde für diesen zentralen Bereich des Lebens eine eigene Gerichtsbarkeit geschaffen.
- Die **Verwaltungsgerichte** sind zuständig für alle öffentlich-rechtlichen Prozesse im Verwaltungsrecht.
- Die **Sozialgerichte** verhandeln über Rechtsstreitigkeiten, die die Sozialversicherungen und soziale Leistungen wie das Kindergeld betreffen.
- Die **Finanzgerichte** befassen sich mit Steuer- und Abgabesachen. Meist geht es in den Prozessen um Einsprüche gegen Steuerbescheide.

Gerichtsbarkeiten in Deutschland

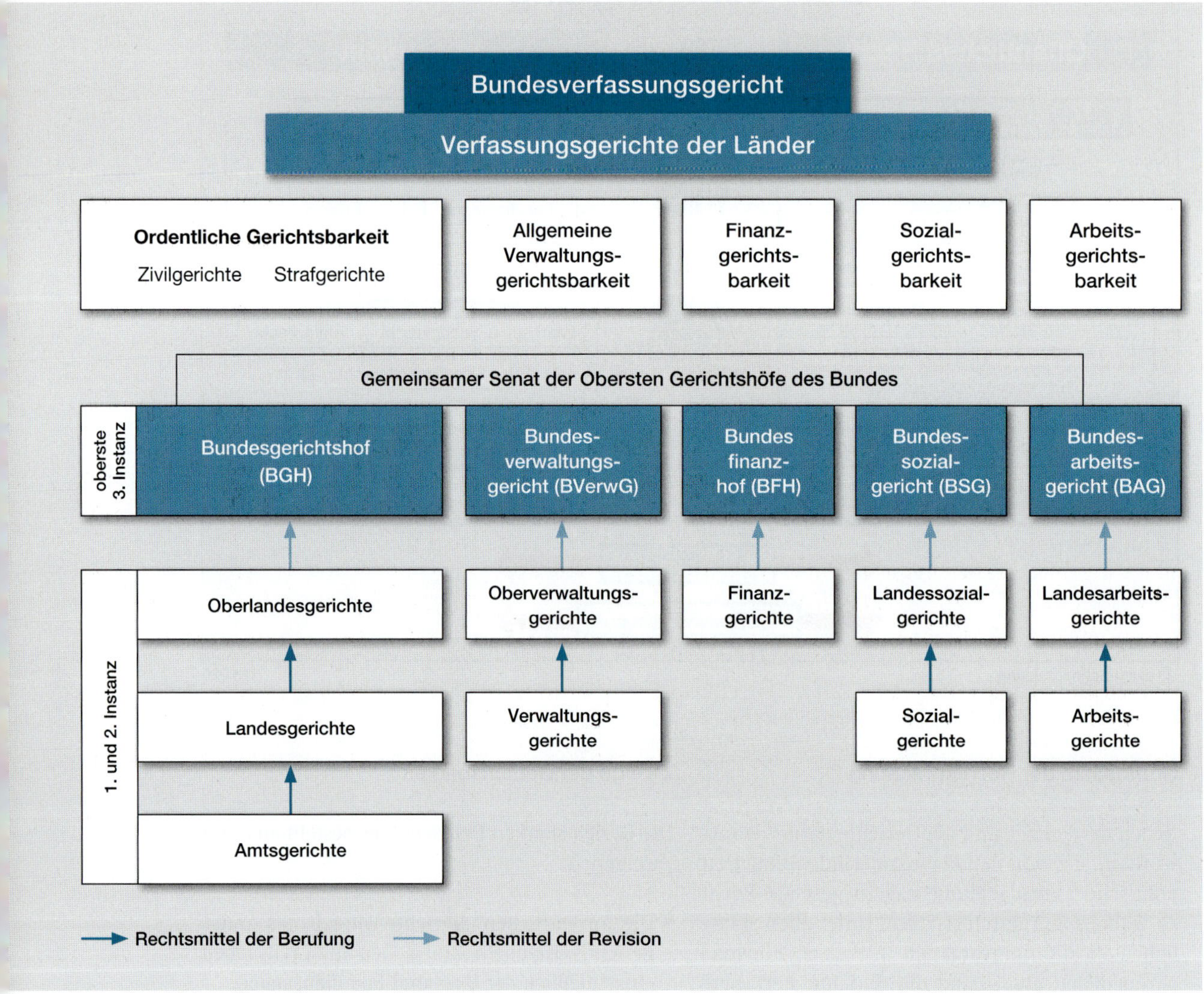

Schülerduden Politik, Berlin 2005, S. 176

7.2 Das Bundesverfassungsgericht

Leitfragen	Welche Aufgaben hat das Bundesverfassungsgericht?	Welchen Platz nimmt es im politischen System der Bundesrepublik ein?

Bedeutung und Aufbau

Das Bundesverfassungsgericht ist die übergeordnete Rechtsinstanz zum umfassenden Schutz des Rechtsstaates. Es ist in Streitfällen dafür zuständig, das **Verfassungsrecht** verbindlich auszulegen. Es soll Verstöße gegen das Grundgesetz unterbinden, Rechtsnormen interpretieren und weiterentwickeln. Das Bundesverfassungsgericht kann Gesetze für nichtig erklären, die es für verfassungswidrig hält. Die **Entscheidungen** sind für alle staatlichen Organe **verbindlich**. Es gibt also keine Möglichkeit der Berufung gegen einen Entscheid des Bundesverfassungsgerichts.

Die Einrichtung einer Verfassungsgerichtsbarkeit geht auf die Idee zurück, dass das Verfassungsrecht Vorrang vor einfachen Gesetzen hat. Es soll politischen Mehrheiten unmöglich sein, nach Belieben alles in Gesetzesform zu gießen. Der Gesetzgeber ist somit an das Verfassungsrecht gebunden und der richterlichen Kontrolle unterworfen. Ihren Siegeszug in den westlichen Demokratien trat die Idee der Verfassungsgerichtsbarkeit verstärkt nach dem Zweiten Weltkrieg an. Der Grund waren Erfahrungen mit dem Machtmissbrauch durch die Nationalsozialisten.

Verfassungsgerichte sind bei ihrer Arbeit zur **Selbstbeschränkung** aufgerufen. Sie dürfen keine Politik betreiben, d. h. anstelle des Parlaments oder der Regierung politische Entscheidungen in die Wege leiten. Wie jedes Gericht kann das Bundesverfassungsgericht nur aktiv werden, wenn es eine Klage gibt. Das deutsche Bundesverfassungsgericht gilt aufgrund seiner weit ge-

 129 015

fassten Aufgabenbereiche als das **mächtigste Verfassungsgericht der Welt.** Es besteht aus **zwei Senaten** mit klar abgegrenzten Bereichen. In beiden Senaten urteilen je acht Richter.

Rechtsprechung des Bundesverfassungsgerichts

Jeder Bürger kann Verfassungsbeschwerde einlegen (Art. 93 Abs.1 GG), wenn er sich durch staatliche Handlungen in seinen Grundrechten verletzt glaubt. Allerdings muss der vorherige Rechtsweg über die zuständigen Gerichte ausgeschöpft sein, d. h. eine Klage am Bundesverfassungsgerichts ist die letzte Instanz. Die Rechtsprechung des Bundesverfassungsgerichts umfasst nach Art. 93 GG vier Bereiche.

Bestellung der Verfassungsrichter

Die eine **Hälfte der Verfassungsrichter** wählt ein zwölfköpfiger Richter-Wahlausschuss des **Bundestags,** die andere **Hälfte der Bundesrat.** Der Wahlausschuss des Bundestags spiegelt dessen Mehrheitsverhältnisse. Im Bundesrat wie im Wahlausschuss des Bundestags ist bei der Wahl eines Verfassungsrichters eine **Zweidrittelmehrheit** notwendig. Diese hohe Hürde verhindert, dass eine Partei ihren Kandidaten im Alleingang durchsetzen kann. Oppositions- und Regierungsparteien müssen vielmehr in aller Regel die Kandidaten aushandeln. Die Folge sind teilweise heftige, öffentlich ausgetragene Kontroversen.

Bereiche der Rechtsprechung am Bundesverfassungsgericht

Verfassungsbeschwerde: Schutz der Grundrechte der Bürger und des verfassungsmäßig garantierten Rechts. Verfassungsbeschwerden machen den größten Anteil an den Vorgängen aus – etwa 5.000 jährlich, wobei etwa 97 % als unzulässige oder unbegründete Beschwerden erst gar nicht zur Entscheidung angenommen werden. Normenkontrollverfahren stehen an zweiter Stelle der Bearbeitung.	1983: Volkszählungsurteil 1995: „Kruzifix“-Urteil
konkrete Normenkontrolle: Überprüfung eines Gesetzes im Rahmen eines konkreten Rechtskonflikts	1975: Urteil zum so genannten „Radikalen-Beschluss“
abstrakte Normenkontrolle: allgemeine Überprüfung eines Gesetzes auf Verfassungsmäßigkeit	1975: Urteil zum Abtreibungsparagrafen 218
Verfassungsstreitigkeiten zwischen staatlichen Organen: Streitigkeiten zwischen Bundesorganen, Landesorganen und zwischen Bund und Land	1994: Urteil zu „out of area“-Einsätzen der Bundeswehr 1999: Urteil zum Länderfinanzausgleich
allgemeiner Schutz von Demokratie und Verfassung: Beschwerden im Wahlprüfungsverfahren des Bundestags, Parteiverbote, Verwirkung von Grundrechten, Anklagen gegen Bundespräsidenten und gegen Richter	1956: KPD-Verbot 2003: Scheitern des NPD-Verbotsantrags

Nach: Schülerduden Politik, Berlin 2004, S. 150

M Apo in roten Roben

So langsam sollte die Botschaft angekommen sein. In Berlin und auch beim letzten Innenpolitiker in den Ländern. Oder wie oft muss das Bundesverfassungsgericht eigentlich noch die Gesetzgeber rüffeln, die zusehends nachlässiger mit der Verfassung umgehen, wenn es nur der Sicherheit dient? In rascher und imposanter Folge haben die Richter in Karlsruhe in den vergangenen Monaten die Grundrechte gegen überstürzte Zugriffe verteidigt. Der „große Lauschangriff“ – verboten. Das „Luftsicherheitsgesetz“, eigentlich ein Gesetz zum Abschuss von entführten Flugzeugen – verfassungswidrig und nichtig. Die Onlinedurchsuchung – weitgehend kassiert, vor zwei Wochen erst. Jetzt wurde das wahllose, massenhafte Scannen von Autokennzeichen unterbunden, das der Polizei erlaubt hätte, sekundenschnell zu erfassen, wer wann wohin fährt – und diese Bewegungsmuster auch noch monatelang zu speichern.

Die nächsten Entscheidungen stehen schon an. Gegen die Speicherung ausnahmslos aller Telefonverbindungsdaten für die Dauer vieler Monate etwa haben erst kürzlich Tausende von Bürgern gemeinschaftlich Verfassungsbeschwerde eingelegt. Kaum vorstellbar, dass Karlsruhe ausgerechnet dieses Gesetz, das jeden Telefonkunden wie einen Verdächtigen behandelt, unbeanstandet durchwinken wird.

All dies ist eine wenig erbauliche Bilanz der Rechtspolitik. Es ist eine Bilanz, die allemal Grund genug sein sollte für ein Umdenken bei Exekutive und Legislative. Dabei hat man sich an die irritierende Arbeitsteilung zwischen Parlament und Gericht beinahe schon gewöhnt. Die Innenpolitiker in Bund und Ländern, ob nun Schily (SPD), Schäuble (CDU) oder der Nordrhein-Westfale Wolf (FDP), schreiben erst einmal munter ins Gesetz, was ihnen – und den Fahndern, den Geheimdienstlern und den Polizeipraktikern – an neuen Ermittlungsinstrumenten so einfällt. Irgendwer erhebt Klage dagegen. Und das Bundesverfassungsgericht stutzt die Maximalpositionen dann auf ein konstitutionell erträgliches Maß zurück.

Dieses abstruse staatsrechtliche Prinzip hat aus Sicht der Politik gewiss Vorzüge. Die Law-and-Order-Fraktion kann sich im Kampf wider das Verbrechen als knallhart und konsequent inszenieren und damit bei den Bürgern reüssieren, die in Zeiten des Terrors durchaus geneigt sind, immer mal wieder ein bisschen Freiheit für das Versprechen von mehr Sicherheit dreinzugeben. Die versprengten Bürgerrechtler bei Liberalen und Grünen wiederum vermögen ihre permanente parlamentarische Ohnmacht ein wenig zu überspielen, wenn sie nur fleißig in Karlsruhe klagen. Und wenn einem selbst partout nichts einfällt, wie der SPD zur Onlinedurchsuchung, dann kann man sich bequem zurücklehnen und auf die Vorgaben der Richter warten.

So wird das Bundesverfassungsgericht nicht nur zum Reparaturbetrieb einer hochtourig laufenden Gesetzgebungsmaschine. Sondern gleich auch noch zur neuen „Apo“ – zur außerparlamentarischen Opposition in roten Roben. Bislang ist die Republik mit diesem Outsourcing des Grundrechtsschutzes nach Karlsruhe nicht schlecht gefahren. Und doch ist die Entwicklung, die sich zusehends verfestigt, fundamental falsch. Sicherheit und Freiheit mühsam auszubalancieren, immer wieder neu, im großen Ganzen und im feinsinnigen juristischen Detail, mit Gelassenheit und Nervenstärke, ist nicht Aufgabe der Gerichte, sondern des Gesetzgebers selbst. Kein Parlament darf sich davor auf Dauer drücken oder Zuflucht nehmen zu schlampig gemachten Gesetzen, deren vage, dehnbare Formulierungen geradezu nach einer Korrektur aus Karlsruhe schreien, wie jetzt beim Kennzeichen-Scan oder kurz zuvor bei der nordrhein-westfälischen Regelung der Onlinedurchsuchung geschehen.

Mit jeder Niederlage vor dem Verfassungsgericht verspielen Regierung und Volksvertretung mehr von ihrer Legitimation. Zurückzugewinnen ist sie nur auf einem Wege: durch bessere Gesetze. Durch Gesetze, die die Verfassung nicht als Grenze sehen, sondern als Inspiration. Durch Gesetze, die so gut sind, dass Karlsruhe darüber arbeitslos wird.

Heinrich Wefing, in: Die Zeit vom 13.03.2008

Aufgaben

1. Erläutern Sie die Zuständigkeiten der Zweige der Gerichtsbarkeit in Deutschland.

2. Beschreiben Sie die Position der Bundesverfassungsrichter in diesem System und die Aufgaben des Bundesverfassungsgerichts.

3. Beschäftigen Sie sich mit dem Urteil des Bundesverfassungsgerichts zu Online-Durchsuchungen vom Februar 2008.

a) Recherchieren Sie die Problematik des Falls und den Inhalt des Urteils.

b) Setzen Sie sich kritisch mit dem Urteilsspruch auseinander.

4. In Deutschland kann das Bundesverfassungsgericht Gesetze, die von den Volksvertretern verabschiedet wurden, für verfassungswidrig erklären. Wo liegen Chancen, wo Probleme dieser Korrekturfunktion des Gerichts (M)?

5 Die Europäische Union

1 Die Entwicklung der europäischen Integration

1.1 Stationen des Einigungsprozesses

Leitfragen

- Wie ist die Europäische Union entstanden?
- Was waren die Motive für die Gründung der Europäischen Union?
- Was sind die wichtigsten Stationen des europäischen Integrationsprozesses?

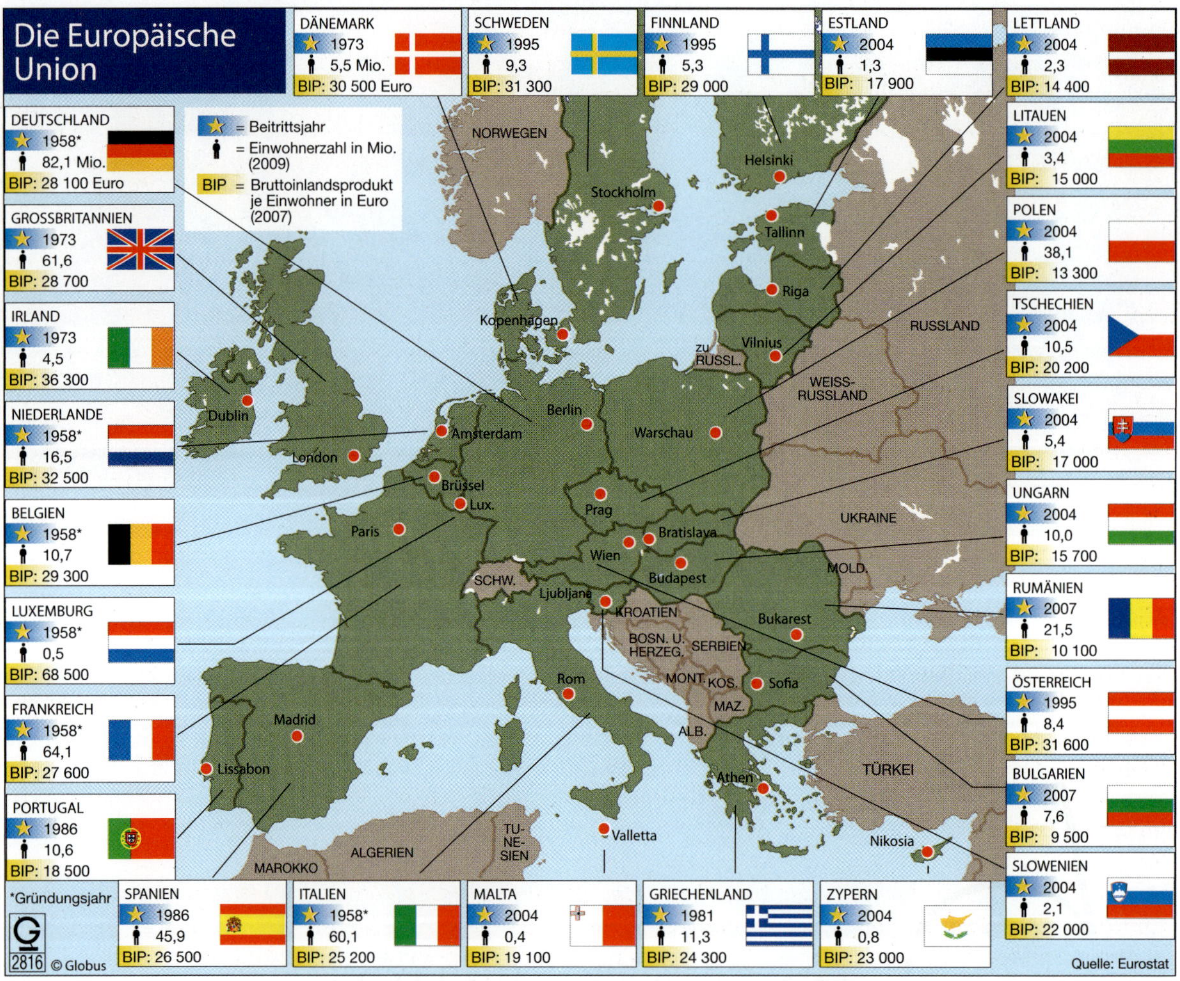

Die europäische Idee

„Europa beginnt zu verschwimmen, wenn man versucht, eine klar definierte Vorstellung davon zu erlangen; es zerfällt, sobald man es als eine Einheit zu erkennen glaubt. Wenn wir nach dem Zeitpunkt der ‚Gründung' Europas oder nach seiner unverwechselbaren Eigenheit suchen, dann entdecken wir, dass es nichts gibt, was von Anfang an charakteristisch für Europa gewesen wäre, und nichts, was man heute als ausschließlich europäisch bezeichnen könnte. Der Begriff Europa muss in seiner vollen, vielgestaltigen Komplexität erfasst werden."

Edgar Morin, Europa denken, Frankfurt/M.-New York 1991, S. 20

Europa ist nunmehr seit mehr als einem halben Jahrhundert geeint. Europäische Staaten, die jahrhundertelang in unterschiedlichen Konstellationen und Bündnissen erbitterte Kriege gegeneinander führten, verstehen sich als Partner und gute Nachbarn. Vorstellungen und Ideen von einer friedlichen Integration europäischer Nationalstaaten reichen weit zurück – Philosophen wie Immanuel Kant (1724–1804), Schriftsteller wie Victor Hugo (1802–1885) oder Politiker wie Gustav Stresemann (1878–1929) forderten schon früh ein vereintes Europa. Die Völker Europas sollten ihre nationalistischen Einstellungen überwinden und ihre Identität nicht mehr in der Abgrenzung zu und Auseinandersetzung mit anderen europäischen Staaten bilden, sondern sich auf die gemeinsame Kultur und Geschichte besinnen.

Als der britische Premierminister Winston Churchill 1946 forderte: „Wir müssen etwas wie die Vereinigten Staaten von Europa schaffen", bezog er sich also auf eine Idee, die bereits seit der frühen Neuzeit europäische Politiker und Philosophen umgetrieben hatte. Erst die Katastrophe zweier Weltkriege ermöglichte Mitte des 20. Jahrhunderts die politische Gestaltung der „Einheit in der Vielfalt", da der Nationalstaat nach dem Zweiten Weltkrieg nach Ansicht vieler Menschen diskreditiert war. Dass die politisch und kulturell so unterschiedlichen Staaten Europas dauerhaft und eng zu einer politischen Union zusammengewachsen sind, ist bisher beispiellos in der Geschichte. Die europäische Einigungsbewegung war weder einheitlich noch unumstritten, doch das **Zusammenwirken mehrerer Motive** bewirkte letztlich die europäische Integration:

- Es bestand der Wunsch nach der **Etablierung neuer Sicherheitsstrukturen** in einer Welt, in der Nationalstaaten keinen wirksamen Schutz vor fremder Aggression mehr bieten konnten.
- Es sollte eine Antwort auf die „deutsche Frage" gefunden werden, d.h. eine Möglichkeit der **Kontrolle über Deutschland** durch seine Einbindung in ein supranationales System.
- Ein schneller **Wiederaufbau** des zerstörten Europas und eine Steigerung des Wohlstands war nur durch wirtschaftliche Kooperation und die **Schaffung größerer Wirtschaftsräume** zu bewerkstelligen, um der amerikanischen Wirtschaftsmacht gegenüber konkurrenzfähig zu werden.
- Schließlich war das Streben der (West-)Europäer nach einer **Selbstbehauptung** bzw. der Bildung einer **„europäischen Identität"** gegenüber den neuen Supermächten USA und UdSSR ein weiteres Motiv für einen Zusammenschluss der Staaten.

Der Prozess der Europäischen Einigung

„Wir einigen keine Staaten, wir führen Menschen zusammen."

Jean Monnet, 1952, französischer Politiker und erster „Ehrenbürger von Europa"

Die Europäische Gemeinschaft für Kohle und Stahl

Fünf Jahre nach dem Ende des Zweiten Weltkrieges, am 9. Mai 1950, unterbreitete der damalige französische Außenminister Robert Schuman in einer Regierungserklärung den Vorschlag, als ersten Schritt zu einer „europäischen Föderation" „die Gesamtheit der französisch-deutschen Kohle- und Stahlproduktion einer gemeinsamen Hohen Behörde zu unterstellen, in einer Organisation, die den anderen europäischen Ländern zum Beitritt offen steht. [...] Die Solidarität der Produktion [...] wird bekunden, dass jeder Krieg zwischen Frankreich und Deutschland nicht nur undenkbar, sondern materiell unmöglich ist. [...] So wird einfach und rasch die Zusammenfassung der Interessen verwirklicht, die für die Schaffung ei-

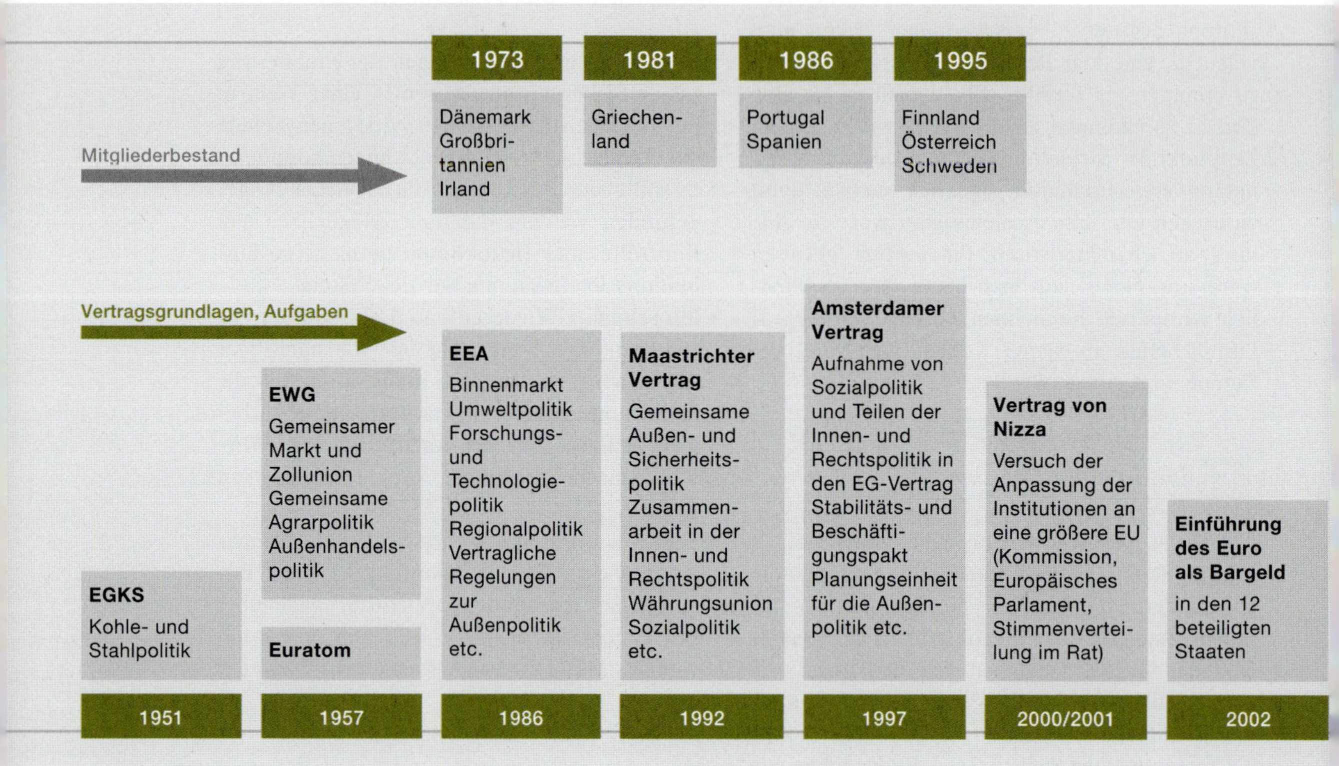

ner Wirtschaftsgemeinschaft unerlässlich ist und das Ferment einer weiteren und tieferen Gemeinschaft der Länder einschließt, die lange Zeit durch blutige Fehden getrennt waren."

Dieser Plan zur Schaffung einer gemeinsamen, supranationalen Aufsichtsbehörde zur Kontrolle der Kohle- und Stahlproduktion Deutschlands und Frankreichs ging als **„Schuman-Plan"** in die Geschichte ein.

Bereits im April 1951 wurde der Vertrag über die **Gründung der Europäischen Gemeinschaft für Kohle und Stahl** (EGKS) von Frankreich, der BRD, Italien, Belgien, Luxemburg und den Niederlanden in Paris unterzeichnet. Diese völlig neuartige Organisation etablierte einen gemeinsamen Markt in den damals so zentralen Bereichen Bergbau und Schwerindustrie; die Mitgliedstaaten gaben nationale Entscheidungen in diesem Feld an die EGKS ab. Die später auch als **„Montanunion"** bezeichnete Gemeinschaft diente zur Kontrolle der westdeutschen Wirtschaftsentwicklung, insbesondere der für die Rüstungsgüterproduktion notwendigen Schwerindustrie. Für die Bundesrepublik bedeutete die Montanunion die Chance, als gleichberechtigter Partner die europäische Politik mitzugestalten (Westintegration). Der Schuman-Plan war der erste entscheidende Schritt zur Europäischen Integration. Der Tag seiner Präsentation durch Robert Schuman gilt als Geburtsstunde der Europäischen Union und wird heute jedes Jahr als „Europatag" gefeiert.

Die Römischen Verträge – EWG und Euratom

Die Zusammenarbeit in der EGKS verlief erfolgreich, so dass ihre sechs Gründungsmitglieder übereinkamen, die Kooperation auf weitere Bereiche der Wirtschaft auszudehnen. Im Jahr 1957 unterzeichneten sie die **Römischen Verträge** und gründeten damit die **Europäische Atomgemeinschaft** (Euratom, EAG) und die **Europäische Wirtschaftsgemeinschaft** (EWG). Die Zusammenarbeit wurde in der EWG auf die Wirtschaftsbereiche Landwirtschaft, Verkehr und Außenhandel ausgedehnt, zudem strebten die EWG-Staaten

nach: www.dadalos-d.org

eine **Zollunion** an: Intern sollten Handelshemmnisse abgebaut werden (Vorrang der „vier Freiheiten“: freier Personen-, Dienstleistungs-, Waren- und Kapitalverkehr), ein gemeinsamer Außenzoll sollte jedoch vor externer Konkurrenz schützen.

Ziel der Euratom war die gemeinsame Kontrolle und Entwicklung der Nukleartechnik; die Euratom bildete neben der EGKS also einen weiteren Baustein der „Friedenssicherung durch Vergemeinschaftung“. Der EAG-Vertrag gilt bis heute und beinhaltet u. a. Vereinbarungen zur Förderung der Nuklearforschung, zum Technologietransfer, zum Gesundheitsschutz und zur Überwachung der Reaktorsicherheit. Der EGKS-Vertrag ist 2002 ausgelaufen.

Im Jahr 1967 wurden die Organe der EGKS, Euratom und EWG per Fusionsvertrag zu den **Europäischen Gemeinschaften** (EG) vereinigt. Seitdem gibt es eine gemeinsame Kommission, einen gemeinsamen Ministerrat und das Europäische Parlament.

Die Einheitliche Europäische Akte

Die inzwischen 12 EG-Staaten (die sechs Gründerstaaten plus Großbritannien, Irland, Griechenland, Spanien, Portugal und Dänemark) einigten sich 1986 auf die erste große Vertragsreform der EG.

Mit der Unterzeichnung der **Einheitlichen Europäischen Akte** (EEA) – in Kraft getreten 1987 – wurde im Februar 1986 Folgendes vereinbart:

- die **Vollendung des europäischen Binnenmarktes** bis zum 31.12.1992 (Beseitigung der Personen- und Warenkontrollen an den Grenzen);
- mehr **Kompetenzen für die EG** in den Bereichen Forschung, Technologie, Sozialpolitik und Umweltschutz;
- eine **Stärkung des Europäischen Parlaments** (Zustimmungsrecht zu Assoziationsabkommen und Beitritten, Zusammenarbeitsverfahren bei der Binnenmarktgesetzgebung);
- die vertragliche Einbeziehung der seit den 1970er Jahren bestehenden **Europäischen Poli-**

tischen Zusammenarbeit (EPZ) in die EG, d.h. es gab einen integrativen Fortschritt auf dem Feld der Außenpolitik.

Der Vertrag von Maastricht

Die bis dato umfassendste Fortentwicklung des europäischen Einigungsprozesses bedeutete der im Jahr 1992 von den 12 EG-Mitgliedsländer in der niederländischen Stadt Maastricht geschlossene **Vertrag über die Europäische Union**, kurz: „Vertrag von Maastricht". Mit diesem wurde die heutige Europäische Union (EU) begründet. In Maastricht vereinbarten die EG-Mitgliedstaaten, ihre wirtschaftliche und politische Zusammenarbeit auszudehnen und zu vertiefen. Der Vertrag enthält daher sowohl Regelungen zur **Kompetenzerweiterung der EG** („erste Säule") als auch Vereinbarungen über zwei neue Aufgabenbereiche: eine **Gemeinsame Außen- und Sicherheitspolitik** mit der Perspektive einer gemeinsamen Verteidigungspolitik („zweite Säule") und die **Zusammenarbeit auf den Gebieten Justiz und Inneres** („dritte Säule"). Bildlich gesprochen entsprach der Aufbau der Union nun einer „Tempelkonstruktion" mit drei Säulen. Während in den Politikbereichen der EG die Organe der EU die Entscheidungen treffen (→ Kapitel 5.3), fällt die Zusammenarbeit auf den Gebieten Außen- und Sicherheitspolitik sowie Innere Sicherheit und Justiz in nationale Zuständigkeit (→ Kapitel 5.2). Neben wichtigen Reformen der europäischen Institutionen ist der Beschluss der **Wirtschafts- und Währungsunion** mit Einführung des Euro zentraler Bestandteil des Maastricht-Vertrages.

Vertrag von Nizza

Der Vertrag von Maastricht wurde – nach einer ersten größeren Änderung im Vertrag von Amsterdam 1997 – im **Vertrag von Nizza** 2002 nochmals reformiert. Zentrale Veränderungen betrafen die Zusammensetzung und Funktionsweise der EU-Organe, welche an die Erfordernisse einer erweiterten EU von 25 Staaten (Osterweiterung der EU) angepasst wurden – hauptsächlich durch die Ermöglichung von Beschlüssen mittels qualifizierter Mehrheit statt Einstimmigkeit.

nach: Dietmar Herz, Die Europäische Union, München 2002, S. 70

Der Vertrag von Lissabon

Am 13. Dezember 2007 unterzeichneten die EU-Staats- und Regierungschefs in der portugiesischen Hauptstadt Lissabon die geplante neue Vertragsgrundlage der Europäischen Union. Nach einem langwierigen Ratifizierungsprozess trat er am 1. Dezember 2009 in Kraft. Der Vertrag von Lissabon übernimmt in weiten Teilen die Bestimmungen des Europäischen Verfassungsvertrags, auch wenn das Verfassungskonzept als solches aufgegeben wird. Zentrale Anliegen des Vertrages von Lissabon sind eine **verbesserte Handlungsfähigkeit** der EU-27 und eine **Stärkung der demokratischen Legitimation** der EU. So sollen etwa die Einbeziehung der Charta der Grundrechte in den neuen Vertragstext sowie die Einführung eines Europäischen Bürgerbegehrens die Rolle der Bürger aufwerten. Außerdem werden die Kompetenzen des Europäischen Parlaments ausgeweitet.

Die Änderungen des Reformvertrages im Einzelnen:

- **Aus EG und EU wird die Europäische Union:** Mit dem Vertrag von Lissabon verschmelzen die bisher getrennten Rechtsräume zur Europäischen Union, in der alle Entscheidungen in den EU-Organen stattfinden, wenn auch mit unterschiedlichen Beschlussfassungsverfahren (Aufhebung der 3-Säulen-Struktur).

- **Aufwertung des Europäischen Parlaments:** Das Mitentscheidungsverfahren, das Parlament und Rat gleiche Rechte zubilligt, wird im Gesetzgebungsprozess und bei der Abstimmung über den Haushalt zum Standardverfahren. Das Parlament erhält außerdem das Recht, den Kommissionspräsidenten zu wählen.

- **Erleichterte Abstimmungen im (Minister-)Rat:** Mehrheitsentscheidungen werden ausgeweitet, um die Möglichkeit eines einzelstaatlichen Vetos zu reduzieren (qualifizierte Mehrheit: ca. 2/3, Einstimmigkeit: ca. 1/3). Für die Mehrheitsabstimmungen wird das Kriterium der „doppelten Mehrheit" eingeführt (allerdings erst ab 2014/2017): Erforderlich ist dazu eine Zustimmung von 55 Prozent der Mitgliedsländer, die zugleich 65 Prozent der EU-Bevölkerung repräsentieren. Damit erhalten erstmals die Bürger ein eigenes Gewicht bei Abstimmungen.

- **Berufung eines Präsidenten des Europäischen Rates:** Ein hauptamtlicher Präsident – zurzeit der Belgier Herman van Rompuy – wird für je zweieinhalb Jahre vom Europäischen Rat ernannt und soll für eine größere Kontinuität bei längerfristigen politischen Projekten sorgen. Der Europäische Rat, der bisher nicht zu den EU-Organen zählte, wird nun in die EU-Architektur eingebunden.

- **Neugewichtung des Hohen Vertreters für Außen- und Sicherheitspolitik:** Der Hohe Vertreter der EU für Außen- und Sicherheitspolitik vereinigt die früheren Ämter des Hohen Vertreters für die GASP und des Kommissars für Außenbeziehungen. Er ist zugleich Vorsitzender des Außenministerrats und Vizepräsident der Kommission. Er soll die EU gemeinsam mit dem neuen Präsidenten des Europäischen Rates nach außen vertreten. Zu seiner Unterstützung wird ein eigener auswärtiger Dienst aufgebaut. Gegenwärtig besetzt die Britin Catherine Ashton das Amt der Außenbeauftragten, umgangssprachlich auch „EU-Außenministerin" genannt.

- **Institutionalisierung der verstärkten Zusammenarbeit:** Vertraglich ermöglicht wird eine weitergehende Integration einer Gruppe von Mitgliedstaaten, auch wenn andere sich nicht daran beteiligen.

- **Einführung eines europaweiten Bürgerbegehrens:** Eine Million Menschen aus verschiedenen Mitgliedstaaten der EU kann mit dem Europäischen Bürgerbegehren die Europäische Kommission dazu bringen, sich mit einem Thema zu beschäftigen und einen Rechtsakt vorzuschlagen. Die Bürger bekommen so erstmals die Möglichkeit, sich direkt in den europäischen Rechtsetzungsprozess einzubringen.

- Erstmals erlaubt der EU-Vertrag offiziell den **freiwilligen Austritt** eines Staates – inoffiziell war dies schon bisher möglich. Beitrittswillige Staaten müssen die Werte der EU respektieren und sich verpflichten, diese zu fördern.

EU-Reformvertrag – Von Nizza nach Lissabon

Vertrag von Nizza	Vertrag von Lissabon
Mehrheitsentscheidungen	
in 137 Politikbereichen	in 181 Politikbereichen **NEU:** Polizei und Justiz-Zusammenarbeit
Stimmrechte	
Qualifizierte Mehrheit: 255 von 345 Stimmen; nach Schlüssel auf Staaten verteilt. Auf Antrag eines Landes: Staaten müssen 62 % der EU-Bevölkerung repräsentieren	Ab 2014 (im Einzelfall 2017) **doppelte Mehrheit** = mindestens 55 % der EU-Staaten und 65 % der Bevölkerung
Außenpolitik	
Hoher Vertreter für Außen- und Sicherheitspolitik und EU-Außenkommissar	Hoher Vertreter für Außen- und Sicherheitspolitik, ist Vizepräsident der EU-Kommission
EU-Ratspräsident	
Staats-/Regierungschef des Landes, das die Ratspräsidentschaft innehat (für 6 Monate)	Europäischer Rat (Gipfel) wird von einem auf zweieinhalb Jahre gewählten Präsidenten geleitet
EU-Kommission	
Ein Kommissar pro Mitgliedsland (derzeit 27)	Zahl der Kommissare ab 2014 zwei Drittel der Mitgliedstaaten*
EU-Parlament	
Mitentscheidung in ausgewählten Bereichen **Sitze:** gesamt 736	Mitentscheidung als Regelfall **Sitze:** gesamt 750 plus ein Parlamentspräsident
Grundrechte-Charta	
Keine Rechtsverbindlichkeit	Rechtsverbindlich für alle außer Großbritannien und Polen
Austritt aus der EU	
Nicht vorgesehen	Austritt möglich
Petitionsrecht	
Nicht vorgesehen	Bürger können mit mindestens 1 Million Unterschriften EU-Kommission zu Gesetzesvorschlag auffordern

** Diese Regelung tritt voraussichtlich nicht in Kraft*

M Was ändert sich durch den Vertrag von Lissabon?

Der SPD-Europa-Parlamentarier Martin Schulz, 52, und der CSU-Bundestagsabgeordnete Peter Gauweiler, 59, über das Demokratiedefizit der Europäischen Union.

SPIEGEL: Herr Gauweiler, der Lissaboner Reformvertrag droht zu scheitern, nachdem die Iren nein gesagt haben […]. Freut Sie das?

Gauweiler: Ja, auch. Dieser Vertrag überschreitet die verfassungsrechtliche Grenze für die Übertragung von Hoheitsrechten. Er hat die Aufgabe der souveränen Staatlichkeit zur Folge und sieht den absoluten Vorrang des EU-Rechts vor. Außerdem bedeutet er eine Verschiebung der Macht zwischen Bundesregierung und Bundestag und schränkt unseren Grundrechtsschutz wesentlich ein. Das kann nicht gutgehen.

SPIEGEL: Herr Schulz, ist Herr Gauweiler mit seinen Ansichten Europas Staatsfeind Nummer eins?

Schulz: Nein, er ist weitgehend isoliert, auch in seiner eigenen politischen Familie. Die Europäische Union ist kein Staat. Es sind die souveränen Mitgliedstaaten, die die EU bilden. Diese sorgen ganz im Gegenteil sehr konsequent dafür, dass ihre hoheitlichen Rechte nicht durch Brüssel eingeschränkt werden. […]

Gauweiler: Tatsache ist, dass es inzwischen fast flächendeckend EU-Kompetenzen gibt, jetzt auch in dem unüberschaubaren Bereich der Innen- und Rechtspolitik. Nach dem Lissabon-Vertrag ist die EU faktisch ein Bundesstaat geworden mit allen Elementen der Staatlichkeit. Und nun wird mit dem Abkommen plötzlich auch noch ein Unionsvolk konstituiert, das es so gar nicht gibt. […]

Schulz: Es gibt keinerlei Absicht, ein Unionsvolk zu schaffen. Es geht in den Verträgen nicht um ein Volk, sondern um den Verbund mehrerer Völker, deren besondere verfassungsrechtliche und auch kulturelle Voraussetzungen zu schützen sind, und zwar durch die Europäische Union.

SPIEGEL: Immerhin steht im derzeit gültigen EG-Vertrag, das Europäische Parlament bestehe „aus Vertretern der Völker", künftig soll es sich „aus Vertretern der Unionsbürgerinnen und Unionsbürger" zusammensetzen.

Schulz: Das heißt aber nicht, dass damit ein Volk im staatsrechtlichen Sinn geschaffen wird.

Gauweiler: Im Lissabon-Vertrag steht expressis verbis, die „Unionsbürgerschaft" trete nun „zur nationalen Staatsangehörigkeit hinzu". Wenn Sie diesen radikalen Integrationsweg weitergehen wollen, müssten Sie eine verfassungsgebende Entscheidung eben dieses Unionsvolks herbeiführen.

Schulz: Da bin ich anderer Meinung. Die Ratifikation eines solchen Vertrags durch das Parlament ist nicht niederwertiger als eine Volksabstimmung.

Gauweiler: Ihr Kollege, der EU-Parlamentarier Jo Leinen, hat zum Lissabon-Vertrag gesagt, bei einer Volksabstimmung hätte er in Deutschland auch mit einem Nein gerechnet. Aber es hilft doch nichts, dass wir uns in Spekulationen ergehen. Wenn das Grundgesetz wirklich durch eine andere Verfassung abgelöst werden soll, muss darüber der Souverän – das ist nicht die politische Klasse, sondern das Volk – entscheiden. Was aber jetzt passiert, ist mit dem Grundgesetz nicht vereinbar. […] Ich will einmal festhalten, wofür die EU nach Lissabon zuständig ist. Das ist ja nicht nur der Gemeinsame Markt. Dazu gehören entscheidende Bereiche der Wirtschafts- und die gesamte Währungspolitik, die Gesundheits-, Industrie-, Regional-, Bildungs- und Jugendpolitik. Außerdem der Verbraucherschutz und Bereiche der Daseinsvorsorge, die Forschungs- und Technologiepolitik, die Umwelt-, Energie- und Klimapolitik, die Asyl- und Einwanderungspolitik, das Zivilprozessrecht, das Strafrecht, die Terrorismusbekämpfung, die Innere Sicherheit und die Polizei. Und darüber hinaus soll sich die EU mithilfe einer sogenannten Flexibilitätsklausel ihre Kompetenzen auch noch selbst ausbauen können.

SPIEGEL: Herr Schulz, was können die einzelnen Nationen denn überhaupt noch selbst bestimmen?

Schulz: Zunächst muss man ja unterscheiden zwischen den abschließenden Kompetenzen der EU und der Mitgliedstaaten und den geteilten Kompetenzen, bei denen beide am Entscheidungsprozess beteiligt sind. Der Lissaboner Vertrag lehnt sich stark an die Föderalstruktur der Bundesrepublik Deutschland an. Viele Kompetenzen, von denen Herr Gauweiler so tut, als seien sie von der raffgierigen EU an sich gezogen worden, sind geteilte Kompetenzen. [...]

SPIEGEL: Die EU regelt über diese geteilte Zuständigkeit sogar den Zahnersatz.

Schulz: Und warum? Weil wir Gott sei Dank die Freizügigkeit und die Niederlassungsfreiheit haben, was dazu führt, dass ein Mensch auch gut versorgt ist, wenn er in einem anderen Land der Europäischen Union arbeitet. Natürlich muss man in jedem Einzelfall fragen, ist es nötig, die Kompetenz an Brüssel zu übertragen? [...]

Gauweiler: Der frühere Verfassungsrichter und spätere Bundespräsident Roman Herzog hat gesagt: Wenn dem Vertrag zugestimmt wird, stellt sich die Frage, ob Deutschland nur noch eingeschränkt als parlamentarische Demokratie zu bezeichnen sei. Nach einer Datenbankabfrage des Bundesjustizministeriums sind in den Jahren 1998 bis 2004 insgesamt 18.167 EU-Verordnungen und 750 EU-Richtlinien erlassen und auf Bundesebene im selben Zeitraum 1.195 Gesetze sowie 3.055 Rechtsverordnungen verkündet worden.

Schulz: Das Bundesverfassungsgericht hat bereits verlangt, dass mit solchen Kompetenzerweiterungen auch die demokratischen Grundlagen der EU auszubauen sind. Das geschieht im Lissaboner Vertrag wie nie zuvor.

SPIEGEL: Reicht das Ihrer Meinung nach aus?

Schulz: Nein, natürlich nicht. Ich hätte mir deutlich mehr gewünscht, zum Beispiel, dass auch das Parlament oder der Rat eine Gesetzesinitiative ergreifen könnten. So kann das Parlament leider nicht unmittelbar tätig werden, wenn ihm etwa – wie zuletzt – die Rechtsprechung des Europäischen Gerichtshofs möglicherweise zu unsozial ist. Ich hätte mir auch eine klarere Wahl des Kommissionspräsidenten gewünscht, ohne dass das Parlament an den Vorschlag des Rates gebunden ist. Dennoch wird es eine größere parlamentarische Legitimation geben, auch auf der nationalen Ebene.

Gauweiler: Wir bekommen sowohl im Land weniger Demokratie als auch auf europäischer Ebene. Die Verhältnisse zwischen Bundestag und Bundesregierung werden faktisch gedreht. Roman Herzog hat dafür den plastischen Begriff des Über-die-Bande-Spielens geprägt. Wenn die Bundesregierung etwa für die Abschaffung von Glühbirnen im Parlament keine Mehrheit erhalten würde, macht sie halt dasselbe via Brüsseler Rat als europäische Richtlinie. Dem Bundestag bleibt dann nur, diese Richtlinie zu vollziehen. [...] Das ist weniger Demokratie im eigenen Land.

Aus: Der Spiegel vom 11.08.2008

Aufgaben

1. Erläutern Sie den Satz: „Die Zusammenführung europäischer Staaten nach dem Zweiten Weltkrieg ist beispiellos in der Geschichte und ein Glücksfall für Europa."

2. Formulieren Sie eine Bestandsaufnahme des heutigen Integrationsstands der EU.

3. Beschreiben Sie, auf welche Defizite des Verfassungsvertrages der Vertrag von Lissabon reagiert.

4. Inwieweit stimmen Sie der Aussage zu, die EU bewirke in ihrer jetzigen Verfasstheit „weniger Demokratie im eigenen Land"? Formulieren Sie eine Gegenposition (M).

1.2 Wege der Integration

Leitfragen

- Was ist unter den verschiedenen Wegen der Integration zu verstehen?
- Was sind Bedingungen der Erweiterung?
- Welche gemeinsamen Werte vertreten die Mitgliedstaaten der EU?

Erweiterung und Vertiefung

Der Prozess der europäischen Integration ist gekennzeichnet durch **Erweiterung und Vertiefung.**

Vertiefung bedeutet eine Intensivierung und Reform der innereuropäischen Zusammenarbeit. Um eine vertiefte Zusammenarbeit zu erreichen, übertragen die Mitgliedstaaten zunehmend mehr Zuständigkeiten an die supranationalen EU-Organe, oder sie verstärken die Zusammenarbeit zwischen allen oder einzelnen Regierungen (intergouvernementale Zusammenarbeit). Die „verstärkte Zusammenarbeit" wurde in den Verträgen von Amsterdam und Nizza verankert. Demnach können manche EU-Staaten ihre Integration schneller vorantreiben als andere, d.h., es müssen sich nicht alle Länder gleichermaßen an einer engeren Kooperation beteiligen.

Erweiterung umfasst den Beitritt von Staaten in die Europäische Union. Das kann möglich sein durch eine

- Vollmitgliedschaft (etwa im Zuge der Osterweiterung),
- assoziierte Mitgliedschaft (z.B. die Türkei) oder
- auf Basis von Kooperationsverträgen mit einzelnen Ländern (etwa Russland) bzw. Ländergruppen (z.B. Staaten in Asien oder im Pazifik).

Beide Teilprozesse der Integration sollten miteinander Schritt halten.

Die Osterweiterung

Die Europäische Integration, die mit sechs Gründerstaaten 1951 begann, übt eine große Anziehungskraft auf die Staaten Europas aus. Dies belegt die ständige Ausdehnung der EU auf nunmehr 27 Staaten. Die Europäische Union gilt offensichtlich als Garant für politische Stabilität, Demokratie, Menschenrechte und Frieden. Die fünfte und größte Erweiterungsrunde 2004 stellte eine einmalige historische Herausforderung für die EU dar:

- Noch nie in der Geschichte Europas war es möglich, die Teilung Europas in einem demokratischen, freiheitlichen Zusammenschluss von Staaten zu überwinden.
- Noch nie war die Zahl der Beitrittskandidaten so groß.
- Noch nie bewarben sich so viele kleine Staaten um eine Mitgliedschaft.
- Noch nie bestand ein so großes Gefälle in den Pro-Kopf-Einkommen zwischen den Bewerberstaaten und den Mitgliedstaaten der EU.
- Noch nie bestand eine so große Unsicherheit über die Auswirkungen der Erweiterung auf die Stabilität der EU und den Fortgang des Integrationsprozesses.

Mit der Osterweiterung wurde die Teilung Europas in Ost und West endgültig überwunden. Staaten, die mit der Geschichte und Kultur Europas eng verbunden sind, wurden in die EU aufgenommen. So entstand der größte Wirtschaftsraum der Welt mit rund 500 Millionen Einwohnern, der das politische und wirtschaftliche Gewicht der EU als supranationaler Akteur deutlich vergrößert hat. Die westeuropäischen Staaten, allen voran die Bundesrepublik Deutschland, profitierten bisher wirtschaftlich von der Entwicklung und Sicherung ihrer Exportmärkte im Osten.

Wer darf in die EU?

Im Juni 1993 hat der Europäische Rat von Kopenhagen den Staaten Mittel- und Osteuropas das Recht eingeräumt, der Europäischen Union beizutreten, wenn sie drei Beitrittskriterien erfüllen (**Kopenhagener Kriterien**):

- In **politischer Hinsicht** werden eine stabile demokratische und rechtsstaatliche Ordnung, die Wahrung der Menschenrechte sowie der Schutz der Minderheiten verlangt.
- Das **wirtschaftliche Kriterium** fordert eine funktionstüchtige Marktwirtschaft, die dem Wettbewerbsdruck des europäischen Binnenmarktes standhalten kann.
- Die Länder müssen sich die Ziele der politischen Union sowie der Wirtschafts- und Währungsunion zu eigen machen und sämtliche Rechte und Pflichten der EU übernehmen, den sog. **gemeinsamen Besitzstand** (acquis communautaire).

Diese politischen und gesellschaftlichen Voraussetzungen muss jedes beitrittswillige Land erfüllen, bevor die EU über die Aufnahme entscheiden kann.

Die EU als Wertegemeinschaft

„Die Werte, auf die sich die Union gründet, sind die Achtung der Menschenwürde, Freiheit, Demokratie, Gleichheit, Rechtsstaatlichkeit und die Wahrung der Menschenrechte einschließlich der Rechte der Personen, die Minderheiten angehören. Diese Werte sind allen Mitgliedstaaten einer Gesellschaft gemeinsam, die sich durch Pluralismus, Nichtdiskriminierung, Toleranz, Gerechtigkeit, Solidarität und Gleichheit von Männern und Frauen auszeichnet."

Artikel 2 des Vertrags über die Europäische Union (Vertrag von Lissabon 2007).

Gemeinsame kulturelle Wurzeln und Traditionen sind häufig Grundvoraussetzungen für einen erfolgreichen Zusammenschluss oder gar die Vereinigung von Staaten. Da zum Teil große kulturelle, politische und wirtschaftliche Unterschiede zwischen den europäischen Staaten bestehen, ist die Ausbildung einer **„europäischen Identität"** ein komplexer Prozess. Bei der Frage nach weiterer Vertiefung des europäischen Integrationsprozesses auch durch den Beitritt weiterer Staaten steht diese Problematik im Vordergrund.

Besonders akzentuiert wird diese Frage durch die Debatte über den Beitritt der Türkei. Es ist umstritten, ob Europas geistige Wurzeln – Antike und Christentum, Aufklärung und ein modernes Wissenschaftsverständnis – eine Abgrenzung gegenüber anderen Kulturkreisen erlaubt. Zentral für die Definition dessen, „was Europa ausmacht", sind letztlich weder eine gemeinsame Religion noch Sprache, sondern die in den Grundrechten, den Verträgen formulierten Werte.

Plaßmann / CCC, www.c5.net

Die Diskussion um den Beitritt der Türkei

M1 Vielheit in der Einheit

Eine gemeinsame Identität ist ein Wunschbild. Diese Identität traf nicht einmal auf Westeuropa zu. Wie soll sie nun auf Gesamteuropa zutreffen? [...] Wenn ich eine europäische Identität beweisen oder entwickeln soll, dann wird das niemals auf wirtschaftlichen Interessen beruhen können. [...] Aber es gibt gemeinsame kulturelle Entwicklungen, es gibt Mischungen dieser und jener Art, Einflüsse über Jahrhunderte hinweg, von denen man [...] Kenntnis nehmen muß. Wenn man Identität entwickeln will, dann ist die kulturelle Verbundenheit, das Feststellen der Vielheit innerhalb der Einheit eine der wichtigsten Voraussetzungen dafür.

Günter Grass, in: Esslinger Zeitung vom 21.08.2004

M2 Eine Chance für die Europäische Union

Gehört die Türkei zu Europa? Europa ist mehr als das, was war. Europa ist das, was die Europäer daraus zu machen verstehen. Die Türkei ist eine große Chance für die Europäische Union: Die Türkei ist das Land zwischen den Kulturen, das Land, das Europa geopolitisch neue Horizonte öffnet. Die EU darf nicht das Finale der europäischen Geschichte sein, sondern ihr neuer Anfang. Die Geschichte Europas taugt sowohl für ein zuversichtliches Ja, als auch für ein ängstliches Nein zur Türkei. [...] Zweifellos: Die Türken haben die europäische Geschichte mitgeprägt. [...] Bis hinein ins 20. Jahrhundert war das Osmanische Reich ein zentraler Faktor in der europäischen Machtpolitik; drei Jahrhunderte lang war dieses Reich eine europäische Großmacht. [...] Im 20. Jahrhundert hat die Türkei das europäische Recht übernommen – das deutsche Handels- und Wirtschaftsrecht, das Schweizer Zivilrecht (inklusive Wahlrecht für Frauen), das italienische Strafrecht. Die Türkei hat jüngst die Todesstrafe abgeschafft und den Kurden Rechte zugesichert. Von westeuropäischen rechtsstaatlichen und zivilgesellschaftlichen Standards ist sie trotzdem weit entfernt; aber sie hat sich auf den Weg gemacht. Es ist der lange Weg nach Westen.

Die Aufnahme der Türkei in die EU ist eine weltgeschichtliche Frage. Es geht darum, was und wie Europa sein wird. Europa ist kein vergangenes Produkt, es ist nicht nur das, was in den Geschichtsbüchern steht, nicht die Addition aus alten Schlachten und Vorurteilen. Europa ist ein Zukunftsprojekt – so ist die EU angelegt, als Projekt der Vielfalt und der Toleranz. Europäische Demokratie heißt Zukunft miteinander gestalten. [...] Ob die Türkei europäisch ist oder nicht – das entscheidet die Haltung der EU zur Türkei. Diese Türkei hat nur zwei Wege: den westeuropäischen oder den islamistischen. Akin Birdal, der türkische Bürgerrechtler, sagt: „Ich weiß, welchen ich gehen will." Die EU sollte es auch wissen. Die Türkei ist ein Brückenland, ein Land zwischen den Kontinenten, die Synthese aus europäisch-christlicher und nahöstlich-islamischer Kultur. Es ist das einzige Land der Region, das eine zuverlässige, am Westen orientierte Außenpolitik betreibt, es ist das einzige Land der Region mit einer laizistischen[1] und demokratischen Staatsform. Es ist das Land, durch das Europas Öl fließt. Es ist das Land, dessen Auswanderer die größte Minderheit in Westeuropa bilden. Es ist das Land, in dem der Dialog zwischen Christentum und Islam am aussichtsreichsten geführt werden kann.

Heribert Prantl, in: Süddeutsche Zeitung vom 18.11.2002

[1] Laizismus: Trennung von Kirche und Staat

M3 Ehehindernisse – Gegen einen EU-Beitritt der Türkei

„Die Aufnahme der Türkei in die EU ist eine weltgeschichtliche Frage“, schreibt Heribert Prantl in der SZ vom 18. November. „Es geht darum, was und wie Europa sein wird.“ Das ist keine Übertreibung und kein falscher Pathos. Prantl hat recht. Ob die Türkei Mitglied der Europäischen Union werden soll oder nicht, lässt sich nicht nur pragmatisch, etwa aufgrund militärstrategischer Zweckmäßigkeit, entscheiden. Die Frage hat eine historische Dimension, und eine Politik, die diese Seite des türkischen Beitrittsbegehrens ausblendet, ist kurzsichtig. [...] Die Türken, schreibt der Autor, haben die europäische Geschichte mit geprägt. Er erläutert diese zutreffende These am Beispiel der Sultane Mehmed II., des Eroberers von Konstantinopel im Jahre 1453, und Suleiman des Prächtigen, der 1521 Belgrad zu Fall brachte. Beide zählt Prantl zu den „Gründervätern Europas“, weil sie West- und Südeuropa gezwungen hätten, sich zu verteidigen und sich über Mittel und Wege ihres Handelns zu verständigen.

Ähnliches könnte man, um ein Beispiel aus neuerer Zeit zu nehmen, von der Sowjetunion während des Kalten Krieges behaupten. Folgerichtig hat sich Alfred Grosser kürzlich [...] die ironische Bemerkung erlaubt: „Der erste in Aachen verliehene Internationale Karlspreis hätte an Josef Stalin gehen müssen. Ohne gemeinsame Angst hätte es keine Gemeinschaft gegeben.“ Vielleicht müssen wir demnächst mit dem Argument rechnen, Russland könne die Aufnahme in die Europäische Union nicht verwehrt werden, weil es historische Verdienste um das Zustandekommen dieser Gemeinschaft habe. Die Türkei sei, so räumt Prantl ein, von westeuropäischen und zivilgesellschaftlichen Standards trotz aller Reformen noch weit entfernt, aber sie habe sich auf den Weg gemacht. „Es ist der lange Weg nach Westen.“ Leider erfahren wir nicht, welche Wegstation Ankara inzwischen erreicht hat. Wenn der Weg noch lang ist, wird die Türkei auch noch lange auf die Mitgliedschaft in der EU warten müssen. Denn eine Aufnahme aufgrund von Ankündigungen gibt es nicht, sondern nur eine aufgrund nachgewiesener Beitrittsreife.

Seit 1963 sei die Türkei, so lesen wir weiter, „assoziiertes Mitglied der EU“, seit 1966 mit dieser in einer Zollunion verbunden und 1999 schließlich in den offiziellen Kandidatenstatus erhoben worden. „Das alles war wie eine lange Verlobung. Wenn es nun nicht zur Ehe käme, wäre das eine bittere Kränkung.“ 1963 gab es freilich noch keine EU, sondern nur eine Europäische Wirtschaftsgemeinschaft, die etwas qualitativ Anderes war als die Union von heute und morgen. Aus der Tatsache, dass der Türkei 1963 eine spätere Mitgliedschaft in der EWG in Aussicht gestellt wurde, lässt sich also noch kein Recht auf die Mitgliedschaft in der EU ableiten. Und was die familiäre Metapher angeht, lädt sie zu anderen Folgerungen ein als denen, die der Autor zieht. Wenn sich eine Verlobung als chronische Beziehungskrise erweist, ist es besser, sie aufzulösen, als eine Ehe einzugehen, für die nichts spricht als die Absicht, den anderen Teil nicht kränken zu wollen.

Prantl sieht Ankara am Scheideweg: „Diese Türkei hat nur zwei Wege: den westeuropäischen oder den islamistischen.“ Warum eigentlich? Vielleicht gibt es in diesem Fall ja tatsächlich einen dritten, nämlich einen eigenen türkischen Weg in die Moderne. Ein solcher Weg könnte es dem Land am Bosporus ermöglichen, das zu werden, was es entgegen Prantls Meinung heute noch nicht ist: ein „Brückenland“. Prantls Traum von einer „Synthese aus europäisch-christlicher und nahöstlich-islamischer Kultur“, einem Land des „Dialogs zwischen Christentum und Islam“, wird aber auch dann kaum in Erfüllung gehen, wenn in Zukunft dem Islam mehr Religionsfreiheit eingeräumt wird.

Denn seit dem Völkermord an den christlichen Armeniern und der Vertreibung der Griechen gibt es kaum noch Christen in der Türkei. [...] In Europa, genauer gesagt: in jenem Teil Europas, der zum historischen Okzident gehört und bis zur Reformation sein geistliches Zentrum in Rom hatte, hat sich die Säkularisierung in einem Jahrhunderte währenden Prozess vollzogen. Man kann sie zurückführen auf die Trennung von geistlicher und weltlicher Gewalt im Mittelalter – eine Trennung, die zur Urform der Gewaltenteilung und des Pluralismus wurde.

In der Türkei hingegen wurde die Säkularisierung im 20. Jahrhundert mit autoritären Mitteln durchgesetzt, und bis heute trägt der türkische Laizismus die Merkmale staatlichen, in letzter Instanz vom Militär ausgeübten Zwangs. Der Wahlsieg der gemäßigten Islamisten könnte daran langfristig etwas ändern. Insofern mag sich der neueste Machtwechsel als Fortschritt erweisen – aber nicht auf dem langen Weg nach Westen, sondern auf dem Weg zu einer islamisch geprägten Zivilgesellschaft, in der endlich auch die Religionsfreiheit gewährleistet ist. Bevor dieser Zustand erreicht ist, kann die Türkei nicht das „Brückenland“ sein, das zwischen dem christlich geprägten Westen und dem islamisch geprägten Nahen Osten vermittelt.

Als die Europäische Union im Dezember 1999 in Helsinki der Türkei zum Kandidatenstatus verhalf, handelte sie unter dem massiven Druck der Vereinigten Staaten, die den NATO-Partner am Bosporus aus militärstrategischen Gründen bald in der EU zu sehen wünschen. Die Entscheidung von Helsinki erfolgte ohne vorhergehende öffentliche Information und Diskussion und rief sogleich heftige Proteste hervor. [...]

Ein Beitritt der Türkei würde der EU gemeinsame Außengrenzen mit Syrien, Irak, Iran, Armenien und Georgien verschaffen. Daraus würden sich in der Tat „geopolitisch neue Horizonte“ ergeben, wie Prantl meint, aber es wären unüberschaubare Horizonte. Eine solche Erweiterung würde neue Gefahren in sich bergen, nämlich die der räumlichen Überdehnung. Eine Vertiefung des Einigungsprozesses wäre unter solchen Umständen ausgeschlossen. Die Vertiefung verlangt ein gewisses Maß an europäischem „Wir-Gefühl“. Dieses Zusammengehörigkeitsgefühl kann sich nur entwickeln, wo es gemeinsame historische Prägungen und Erfahrungen gibt. Nichts kann dieses Fundament ersetzen. Eine Erweiterung, die diesen Imperativ ignoriert, wird früher oder später zur Auflösung der Europäischen Union und damit zum Scheitern des „Projekts Europa“ führen.

Heinrich August Winkler, in: Süddeutsche Zeitung vom 23.11.2002

Aufgaben

1. Prüfen Sie, ob es allgemein anerkannte geografische und kulturelle Grenzen für Europa gibt.
2. Erstellen Sie eine Liste von Staaten Europas, die nicht der EU angehören. Wie erklären Sie sich die Nichtmitgliedschaft dieser Staaten?
3. Nehmen Sie Stellung zur folgender These: Eine Vergrößerung der EU bei gleichzeitiger weiterer Integration schließen sich aus.
4. Beurteilen Sie, ob ein Beitritt der Türkei zur EU mit den Werten und Zielen der EU vereinbar wäre (M1–M3).

2 Zentrale Politikfelder

2.1 Wirtschaftliche Integration

Leitfragen	Was bedeuten Wirtschafts- und Währungsunion?	Wie ist der Stand der wirtschaftlichen Integration?

Die Wirtschafts- und Währungsunion

Die Entwicklung der europäischen Integration wurde von Anfang an durch die wirtschaftliche Zusammenarbeit geprägt und vorangetrieben. Politisch gesehen versprach man sich von engen wirtschaftlichen Verflechtungen der Länder wechselseitige Abhängigkeiten, die die politische Stabilität und den Frieden sichern sollten. Schon 1951 standen im Mittelpunkt der transnationalen Zusammenarbeit in erster Linie wirtschaftliche Interessen (siehe EGKS, Euratom, EWG). Gemeinsames Ziel war die Beseitigung von Handelshemmnissen und die Bildung eines „gemeinsamen Marktes", der im europäischen Binnenmarkt verwirklicht werden sollte, in dem frei ohne Zölle und andere Beschränkungen Waren gehandelt werden können.

715 320

Die Europäische **Wirtschafts- und Währungsunion** (EWWU) wurde im Vertrag von Maastricht 1993 vereinbart und besteht seit 1999. Sie stellt eine neue Dimension der wirtschaftlichen Verflechtung dar. Ihr Ziel ist die Förderung wirtschaftlicher Dynamik und im Ergebnis Wirtschaftswachstum und Beschäftigungsanstieg.

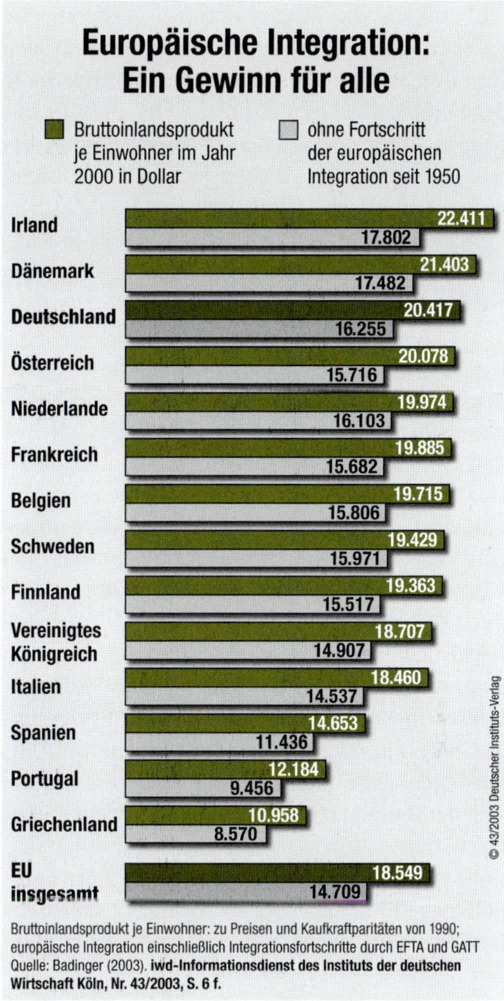

BIP = Das Bruttoinlandsprodukt erfasst sämtliche Güter zu Marktpreisen (Sachgüter und Dienstleistungen), die innerhalb der deutschen Grenzen jährlich geschaffen wurden.
Einer Schätzung der EU-Kommission zufolge war das Bruttoinlandsprodukt (BIP) der Union im Jahr 2002 um fast 165 Milliarden Euro – 1,8 Prozent – höher, als es ohne den gemeinsamen Binnenmarkt gewesen wäre.

Die Wirtschaftsunion – der europäische Binnenmarkt

Wirtschaftliches „Herz" der Europäischen Union ist der Binnenmarkt. Der europäische gemeinsame Markt war vor 1993 von zahlreichen nationalstaatlichen Regelungen wie z. B. Produktstandards oder Grenzkontrollen behindert worden. Die wirtschaftliche Dynamik im Handel der EG-Mitgliedstaaten stagnierte. Mit der Einführung des Europäischen Binnenmarktes entstand ein Wirtschaftsraum, in welchem der **freie Verkehr von Waren, Personen, Dienstleistungen und Kapital** gewährleistet sein sollte (die „vier Freiheiten" des EG-Binnenmarktes). Der Binnenmarkt

- fördert den innergemeinschaftlichen Handel,
- steigert die Produktivität,
- senkt die Kosten durch erhöhten Wettbewerb und die Abschaffung von Zöllen (Zollunion) und
- bringt den EU-Bürgern zahlreiche Erleichterungen und Freiheiten in ihrem Alltagsleben.

Der ungehinderte Warentransport über unsere Binnengrenzen ist heute ebenso selbstverständlich geworden wie ungehindertes Reisen und Niederlassungsfreiheit für die EU-Bürger innerhalb der Gemeinschaft.

Vollendung des Binnenmarktes?

Wir wissen heute, dass es eine Vollendung des Binnenmarktes im Sinne eines endgültigen Abschlusses nicht geben kann. Beim Warenverkehr und den anderen Freiheiten ist der Binnenmarkt noch Einschränkungen unterworfen. Das zeigen die zahlreichen Verfahren, die die EU-Kommission gegen Mitgliedstaaten einleitet, wenn diese gegen die Binnenmarktvorschriften verstoßen. In Österreich wird z. B. ein alkoholisches Getränk auf Kräuterbasis ohne besondere Auflagen hergestellt und verkauft. Für die deutschen Behörden ist das Gebräu ein Medikament, das nach dem Arzneimittelgesetz zugelassen werden muss. Irland unterzieht Bauprodukte aus der EU einem Zulassungsverfahren, das wie eine Importbeschränkung wirkt. Österreich, Griechenland, Finnland und Portugal erkennen bestimmte Berufsqualifikationen nicht an. Diese Fälle machen deutlich, dass ein wichtiges Prinzip, auf das die Gründer des Binnenmarktes gesetzt hatten, in der Praxis nicht recht funktioniert: Statt europaweit die Produktvorschriften und Qualifikationen anzugleichen (**Harmonisierung** der Rechtsvorschriften), sollten die Mitgliedstaaten verstärkt ihre unterschiedlichen Standards anerkennen. Den Grundgedanken dieses **Äquivalenzprinzips** hatte der Europäische Gerichtshof bereits 1979 in seinem berühmt gewordenen „Cassis de Dijon-Urteil" formuliert. Die Richter waren der Ansicht, dass die in einem Mitgliedstaat rechtmäßig hergestellten und in den Verkehr gebrachten Erzeugnisse auch in den anderen EU-Ländern vertrieben werden dürfen.

Die Gestaltung des Binnenmarktes zum Nutzen der Wirtschaft und der Verbraucher ist ein kontinuierlicher Prozess, der stets aufs Neue zwischen den zuständigen EU-Organen und den Nationalstaaten ausgehandelt wird. So gibt es unterschiedliche Vorstellungen in den Mitgliedsländern über Reichweite und Ausgestaltung von EU-Regelungen z. B. zum Verbraucherschutz. Bildung und Ausbildung sind wichtige Zukunftsbereiche, in denen weitere Integrationsschritte nötig sind: von der Anerkennung von Bildungsabschlüssen, einheitlichen Standards für Bewerbungen bis zu Kooperationen von Schulen und Universitäten über nationale Grenzen hinweg. Da sich der Binnenmarkt nachhaltig auf viele andere Politikfelder auswirkt (Verkehr, Telekommunikation, Energie u. a.), gilt die Vollendung des europäischen Binnenmarktes als **ordnungspolitische Daueraufgabe der EU.**

Die Währungsunion

Für die Bürger der Europäischen Union ist die Einführung des Euro als einheitliche Währung 2002 sichtbarstes Zeichen gemeinsamer europäischer Politik; die Europäische Währungsunion vervollständigt den Binnenmarkt. Bedingungen und Effizienz des Wirtschaftens wurden verbessert durch

- Wegfall von Wechselkursrisiken und Umtauschkosten,
- erhöhte Transparenz der Preise für Waren und Dienstleistungen.

Die Währungsunion bedeutete für die europäischen Volkswirtschaften eine gestärkte Position im internationalen Wettbewerb und einen wichtigen Schritt der Vertiefung europäischer Integration hin zu einer politischen Union.

Die **Geld- und Währungspolitik** ist nun Aufgabe der Europäischen Zentralbank (EZB); die Mitgliedstaaten haben ihre nationale Souveränität über die Geld- und Wechselkurspolitik an sie abgetreten. Die zentrale Aufgabe der EZB als „Hüterin der Währung" besteht darin, im Euroraum inflationäre Tendenzen zu verhindern und für einen stabilen Geldwert zu sorgen (→ Kapitel 2.5). Um den Erfolg der Wirtschafts- und Währungsunion zu sichern, vereinbarten die Mitgliedstaaten in Maastricht wirtschaftliche Kriterien, die ein Staat erfüllen muss, um der EWWU beitreten und den Euro einführen zu können (**Konvergenzkriterien**; Konvergenz = Annäherung, Übereinstimmung).

Diese Konvergenzkriterien beinhalten:

- **Preisstabilität:** Die Inflationsrate darf max. 1,5 % über derjenigen der drei preisstabilsten Mitgliedstaaten liegen;
- **Haushaltsdefizit:** Die Neuverschuldung darf höchstens 3 % des Bruttoinlandsprodukts (BIP) betragen;
- **Verschuldung:** Die Gesamtverschuldung der öffentlichen Haushalte (Bund, Länder und Kommunen) darf 60 % des BIP nicht übersteigen;
- **Stabile Wechselkurse:** Vor Aufnahme in die Währungsunion muss ein Beitrittskandidat mindestens zwei Jahre am Wechselkurssystem des Europäischen Währungssystems teilnehmen, ohne seine Währung abzuwerten;
- **Zinsen:** Der Zinssatz für langfristige Anlagen darf höchstens 2 % über dem der preisstabilsten Mitgliedsländer liegen.

Um die Stabilität des Euro dauerhaft zu gewährleisten, verpflichten sich die EU-Staaten im Rahmen des **Stabilitäts- und Wachstumspaktes** von 1997, sich auch zukünftig an die genannten Bestimmungen für eine stabile Gemeinschaftswährung zu halten. Staaten, die ihre Haushaltsdefizite nicht begrenzen, können nach dem Stabilitäts- und Wachstumspakt mit Geldstrafen zur Haushaltsdisziplin gezwungen werden. Durch eine Reform des Paktes 2005 können jedoch besondere Umstände innerhalb der Mitgliedstaaten berücksichtigt werden, die vorübergehend zu einer Verletzung der Kriterien führen (z. B. höhere Verschuldung in Deutschland infolge der Wiedervereinigung).

Die Eurozone

Einwohner in Mio. (Stand 2008)

Beitrittsjahr zur EU

EU-Mitglieder, die nicht den Euro als Währung eingeführt haben

Land	Einwohner in Mio.	Beitrittsjahr zur EU
Belgien	10,5	1958*
Deutschland	82,5	1958*
Finnland	5,3	1995
Frankreich	61,9	1958*
Griechenland	11,2	1981
Irland	4,4	1973
Italien	58,9	1958*
Luxemburg	0,5	1958*
Malta	0,4	2004
Niederlande	16,5	1958*
Österreich	8,4	1995
Portugal	10,7	1986
Slowakei	5,4	2004
Slowenien	2,0	2004
Spanien	44,6	1986
Zypern	0,9	2004

*Gründungsjahr der EU

M1 Der Weg in die Zukunft

Die Union hat sich heute ein neues strategisches Ziel für das kommende Jahrzehnt gesetzt: das Ziel, die Union zum wettbewerbsfähigsten und dynamischsten wissensbasierten Wirtschaftsraum in der Welt zu machen – einem Wirtschaftsraum, der fähig ist, ein dauerhaftes Wirtschaftswachstum mit mehr und besseren Arbeitsplätzen und einem größeren sozialen Zusammenhalt zu erzielen. Zur Erreichung dieses Ziels bedarf es einer globalen Strategie, in deren Rahmen

- der Übergang zu einer wissensbasierten Wirtschaft und Gesellschaft durch bessere Politiken für die Informationsgesellschaft und für die Bereiche Forschung und Entwicklung sowie durch die Forcierung des Prozesses der Strukturreform im Hinblick auf Wettbewerbsfähigkeit und Innovation und durch die Vollendung des Binnenmarktes vorzubereiten ist;
- das europäische Gesellschaftsmodell zu modernisieren, in die Menschen zu investieren und die soziale Ausgrenzung zu bekämpfen ist;
- für anhaltende gute wirtschaftliche Perspektiven und günstige Wachstumsaussichten Sorge zu tragen ist, indem nach einem geeigneten makroökonomischen Policy-mix verfahren wird.

Diese Strategie soll die Union in die Lage versetzen, wieder die Voraussetzungen für Vollbeschäftigung zu schaffen und den regionalen Zusammenhalt in der Europäischen Union zu stärken. Der Europäische Rat muss in einer sich herausbildenden neuen Gesellschaft mit besseren individuellen Wahlmöglichkeiten für Frauen und Männer ein Ziel für Vollbeschäftigung in Europa setzen. Sofern die nachstehend aufgeführten Maßnahmen in einem gesunden makroökonomischen Kontext durchgeführt werden, dürfte eine durchschnittliche wirtschaftliche Wachstumsrate von etwa 3 % eine realistische Aussicht für die kommenden Jahre darstellen.

Schlussfolgerungen des Rats, Lissabon, März 2000, S. 2

M2 Wirtschaftsdaten der EU, der USA und Japan

	EU 15 2000	EU 25 2005	USA 2000	USA 2005	Japan 2000	Japan 2005
Wirtschaftswachstum in %	3,4	1,4	4,2	3,5	0,9	2,6
Arbeitslosenquote	8,3	8,6	4,0	5,1	4,7	4,4
Export in Mrd. US-Dollar	3354	3976	773	904	411	596

Die Lissabon-Strategie der EU, in: Metzler Aktuell, September 2006

Aufgaben

1. Erläutern Sie die Bedeutung der wirtschaftlichen Integration für die Entwicklung der EU.
2. Unterscheiden Sie Währungsunion und Wirtschaftsunion.
3. Beschreiben Sie die Vorteile des europäischen Binnenmarktes für die Bürger.
4. Auf der Regierungskonferenz in Lissabon 2000 hatten sich die EU-Regierungschefs vorgenommen, die EU bis 2010 weltweit zum „wettbewerbfähigsten wissensbasierten Wirtschaftsraum“ zu machen und die wirtschaftliche Vorherrschaft der USA zu brechen (M1). Prüfen Sie, ob die EU diesem Ziel näher gekommen ist. Ziehen Sie dazu auch M2 und den sog. Kok-Bericht von 2003 heran.

2.2 Außen- und Sicherheitspolitik

Leitfragen	Welche Ziele, Aufgaben und Handlungsmöglichkeiten hat die Europäische Außen- und Sicherheitspolitik?	Was sind die Aufgaben der Gemeinsamen Sicherheits- und Verteidigungspolitik?	Wie handlungsfähig ist die EU außenpolitisch?

Rolle der EU in einer neuen Weltordnung

„Welche Rolle spielt Europa in dieser gewandelten Welt? Muss Europa nicht – nun, da es endlich geeint ist – eine führende Rolle in einer neuen Weltordnung übernehmen, die Rolle einer Macht, die in der Lage ist, sowohl eine stabilisierende Rolle weltweit zu spielen als auch ein Beispiel zu sein für zahlreiche Länder und Völker? Europa als Kontinent der humanitären Werte, der Magna Charta, der Bill of Rights, der Französischen Revolution, des Falls der Berliner Mauer. Kontinent der Freiheit, der Solidarität, vor allem der Vielfalt, was auch die Achtung der Sprachen, Kulturen und Traditionen anderer einschließt. Die einzige Grenze, die die Europäische Union zieht, ist die der Demokratie und der Menschenrechte. [...]“

The Laeken Declaration on the Future of the European Union, in: Institute of Security Studies: Chaillot Paper Nr. 51, From Nice to Laeken. European Defence: Core Documents, Paris 2002, S. 113f. Aus dem Englischen W. R.

Die Gemeinsame Außen- und Sicherheitspolitik der EU

Der Gedanke, die Europäische Union müsse in der internationalen Politik mit einer Stimme sprechen, ist so alt wie der Prozess der Europäischen Integration selbst. Doch die Union ist bei der Gestaltung einer Gemeinsamen Außen- und Sicherheitspolitik im Laufe der Jahre weniger schnell vorangekommen als bei der Schaffung des Ge-

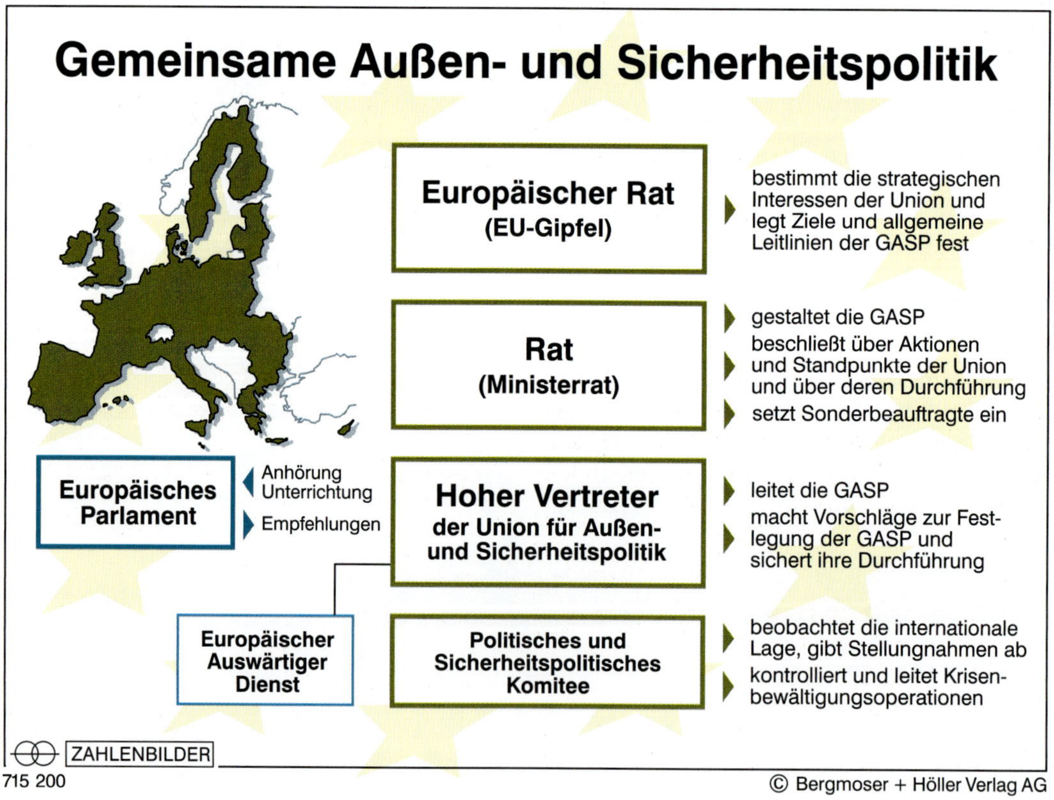

meinsamen Marktes und der gemeinsamen Währung. 1970 wurde die **Europäische Politische Zusammenarbeit** (EPZ) ins Leben gerufen, mit der die Mitgliedstaaten versuchten, ihre Positionen zu aktuellen außenpolitischen Fragen zu koordinieren. Im Rahmen der EPZ wurden gemeinsame Erklärungen abgegeben, in denen Gewalt- und Terrorakte in aller Welt verurteilt oder die Vereinten Nationen oder verschiedene Friedensinitiativen unterstützt wurden. Der Grundsatz einer **Gemeinsamen Außen- und Sicherheitspolitik** (GASP) als Nachfolgerin der EPZ wurde schließlich 1992 im Vertrag von Maastricht verankert. Mit der zwischenstaatlich organisierten GASP wurde ein neuer Rahmen für größere außenpolitische Handlungsmöglichkeiten der EU geschaffen.

Um der GASP diplomatische Durchsetzungsfähigkeit und Sichtbarkeit zu verleihen, schuf die Union das Amt des **Hohen Vertreters für die Außen- und Sicherheitspolitik.** Bis 2009 bekleidete Javier Solana dieses Amt. Damit erhielt die Außen- und Sicherheitspolitik der EU ein Gesicht („Mr. GASP") und Henry Kissinger auf seine einstige Frage nach der Telefonnummer Europas für außenpolitische Krisenfälle eine Antwort. Dem Hohen Vertreter sind **neue politische Strukturen** zur Seite gestellt worden, die ihm weitreichende Unterstützung gewähren, unter anderem

- ein politischen Stab, der Krisensituationen bewertet und Frühwarnungen abgibt,
- ein politisches und sicherheitspolitisches Komitee (PSV) und
- ein Militärausschuss.

Seit Inkrafttreten des Lissabon-Vertrags ist der Hohe Vertreter zugleich Vizepräsident der EU-Kommission und Vorsitzender des Außenministerrats der EU (→ S. 325). Dieses Amt bekleidet seit Dezember 2009 die Britin Catherine Ashton. Aufgabe der Hohen Vertreterin ist es, die Union in der GASP zu repräsentieren. Sie führt im Namen der EU den Dialog mit Drittstaaten und vertritt den Standpunkt der EU in internationalen Organisationen und Konferenzen.

1999 ist zudem eine eigenständige **Europäische Sicherheits- und Verteidigungspolitik** (ESVP) ins Leben gerufen worden, im Lissabon-Vertrag umbenannt in **Gemeinsame Sicherheits- und Verteidigungspolitik** (GSVP). Primäres Ziel der GSVP ist die Stärkung der Handlungsfähigkeit der EU in Bezug auf internationale Konfliktverhütung und Krisenbewältigung sowohl im zivilen als auch im militärischen Bereich. Die GSVP ist integraler Bestandteil der GASP. Ihre Zwecke und Ziele werden durch die im Amsterdamer Vertrag verankerten **Petersberg-Aufgaben** beschrieben. Diese erlauben es den EU-Mitgliedstaaten, militärische Einsätze zu beschließen, z.B. für humanitäre sowie Friedensmissionen in Krisengebieten. Sie umfassen:

- humanitäre Aufgaben und Rettungseinsätze
- friedenserhaltende Aufgaben
- Kampfeinsätze
- gemeinsame Abrüstungsmaßnahmen
- militärische Beratung und Unterstützung von Drittstaaten
- Maßnahmen der Konfliktverhütung und
- Maßnahmen der Konfliktnachsorge.

Zur Durchführung friedenssichernder und -erzwingender Maßnahmen hat die EU den Aufbau eigenständiger militärischer Kapazitäten in Form einer **schnellen Eingreiftruppe** geplant (60.000 Mann binnen 60 Tagen für max. 12 Monate einsetzbar). Um in Krisensituationen direkt handlungsfähig zu sein, haben die Mitgliedstaaten unterstützend die sog. **Battlegroups** geschaffen: Diese sollen innerhalb von zehn Tagen einsatzbereit und nach weiteren fünf Tagen im entsprechenden Einsatzland sein. Um diese Kurzfristig-

Die fünf Ziele der Gemeinsamen Außen- und Sicherheitspolitik

- Wahrung der gemeinsamen Werte, der grundlegenden Interessen und der Unabhängigkeit der Europäischen Union
- Stärkung der Sicherheit der Union und ihrer Mitgliedstaaten in allen ihren Formen
- Wahrung des Weltfriedens und Stärkung der internationalen Sicherheit entsprechend den Grundsätzen der Charta der Vereinten Nationen sowie den Prinzipien der KSZE-Schlussakte von Helsinki (1975) und den Zielen der Charta von Paris (1990)
- Förderung der internationalen Zusammenarbeit
- Entwicklung und Stärkung von Demokratie und Rechtsstaatlichkeit sowie Achtung der Menschenrechte und der Grundfreiheiten

EU-Vertrag 1999, Artikel 11 Absatz 2

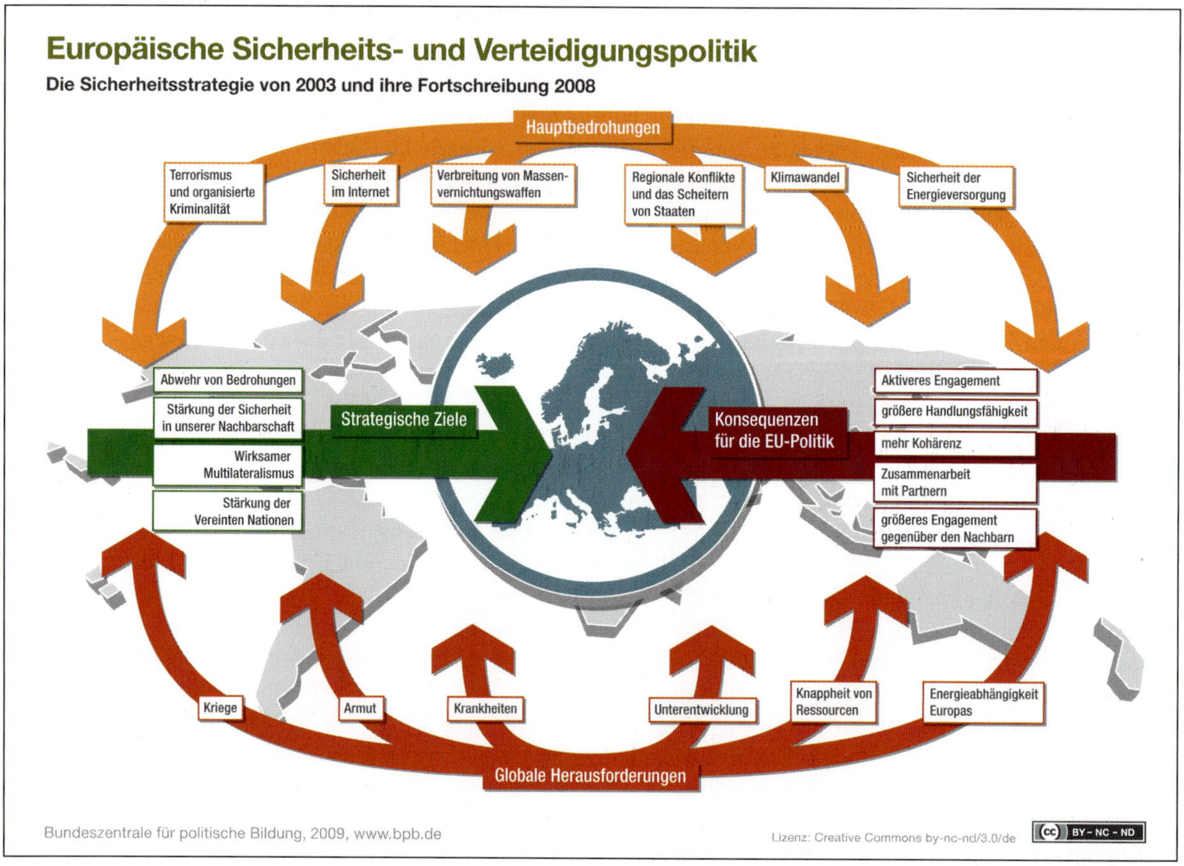

www.bpb.de/files/JSXUOH.pdf (07.04.2010)

keit gewährleisten zu können, werden jeweils zwei Battlegroups mit jeweils ca. 1.500 Mann für einen Zeitraum von sechs Monaten in Bereitschaft gehalten. Seit 2003 hat es mehr als 20 Operationen gegeben (u.a. auf dem Balkan, im Nahen Osten, in Afrika, in Afghanistan, im Südkaukasus). Allerdings gibt es noch keine der NATO vergleichbare Militärstruktur; bei der Planung und Leitung militärischer Operationen ist die GSVP weitgehend auf nationale militärische bzw. NATO-Hauptquartiere angewiesen.

Die **zivilen Instrumente** der GSVP für das nichtmilitärische Krisenmanagement umfassen die Bereitstellung von Polizisten, Experten für Rechtsstaatshilfe (Richter, Staatsanwälte ...), Verwaltungsexperten sowie Experten für Katastrophen- und Zivilschutz.

Mit der GASP und der GSVP will die Union ihrer außenpolitischen Rolle als große internationale Handels- und Wirtschaftsmacht gerecht werden. Obwohl sich die Mitgliedstaaten verpflichtet haben, der GASP zum Erfolg zu verhelfen, fällt es ihnen oft schwer, ihre nationale Außen- und Sicherheitspolitik der GASP nachzuordnen. Eine ernste Belastungsprobe für die GASP stellte etwa der Konflikt um den Irakkrieg 2003 dar, den die Mitgliedstaaten der EU sowie die damaligen osteuropäischen Beitrittskandidaten unterschiedlich beurteilten. Als Folge dieser Uneinigkeit wurde 2003 eine **Europäische Sicherheitsstrategie** (ESS) verabschiedet. Diese fußt auf einem erweiterten Sicherheitsbegriff und will eine gemeinsame Interpretation von Sicherheitsgefährdungen und eine Einigung auf nötige Reaktionen innerhalb der 27 Mitgliedstaaten erreichen. Dafür identifiziert sie Hauptbedrohungen und Herausforderungen für die europäische Sicherheit, strategische Ziele und Auswirkungen auf die europäische Politik.

Insgesamt sind Fortschritte in der Ausgestaltung der GSVP und beim Aufbau multinationaler **EU-Streitkräfte** erzielt worden. Ziel ist es, innerhalb der NATO einen eigenständigen militärischen Pfeiler zu bilden.

M1 Die Bedeutung der EU als Friedensmacht

Die Erfolgsgeschichte Europas ruht auf drei Säulen: Frieden, Stabilität und Wohlstand. Wer sie festigen möchte, der muss künftig noch mehr Verantwortung für die Sicherheit übernehmen, denn ohne Sicherheit wird das Fundament Europas schnell gefährdet. Sicherheit für Europa beschränkt sich nicht auf Sicherheit in Europa. Sicherheit ist ein globales Gut, das die Europäer mit der ihnen eigenen Erfahrung aus einer wechselvollen Geschichte pflegen. Sie leisten ihren Beitrag zur Sicherheit in der EU ebenso wie in der NATO. Uns allen ist bewusst: In einem von wachsender Unruhe geprägten sicherheitspolitischen Umfeld wird Europa sich stärker engagieren müssen. Die Europäische Sicherheitsstrategie bringt es auf den Punkt: Wir brauchen eine aktivere Politik, um den ständig wechselnden Bedrohungen entgegenzuwirken. Dabei stützen wir uns auf einen erweiterten Sicherheitsbegriff. Mit militärischen Mitteln alleine sind die anstehenden Aufgaben nicht zu lösen. Es bedarf eines breiten, alle Instrumente des Krisenmanagements umfassenden Ansatzes.

Die Europäische Sicherheits- und Verteidigungspolitik (ESVP) ist ein wichtiges Instrument, um dieses Ziel zu erreichen. 1999 wurde sie beim Europäischen Rat in Köln aus der Taufe gehoben, heute – nach sieben Jahren und 16 erfolgreichen Missionen – ist sie nicht mehr wegzudenken. Allein im letzten Jahr gab es zehn ESVP-Operationen der Europäischen Union. Dabei haben etwa 10.000 Europäer in zivilen und militärischen Einsätzen auf drei Kontinenten dazu beigetragen, Krisen zu bewältigen, Frieden zu sichern und Konflikte zu verhüten.

Europas Engagement wird in einem sich verschiebenden Geflecht sicherheitspolitischer Beziehungen immer stärker wahrgenommen und auch gewünscht. Bei der Beobachtungsmission in Aceh/Indonesien, bei der europäische Berater die Umsetzung des Friedensabkommens unterstützten, oder bei der Grenzmission in Rafah war die EU der einzige internationale Akteur, den die Konfliktparteien als neutrale „dritte Partei“ akzeptierten. Niemand sonst als die Europäische Union hätte in der konkreten Situation diese Verantwortung übernehmen können. Die EU-Politik bei der Krisenbewältigung trägt Vorbildcharakter – durch die Verbindung von militärischen und zivilen Mitteln, durch das Miteinander von Konfliktlösung und Friedenssicherung einerseits und Unterstützung beim Wiederaufbau andererseits. Deutschland hat stets Wert darauf gelegt, dass zivile und militärische Mittel gleichberechtigt entwickelt werden. Der systematische Ausbau der zivilen Fähigkeiten bleibt für uns wichtig. Aber genauso wichtig ist der weitere Ausbau der militärischen Fähigkeiten. Seit Jahresbeginn sind die ersten schnell verlegbaren Gefechtsverbände einsatzbereit.

Die aktuelle Bandbreite des EU-Engagements bei der Krisenbewältigung beweist, wie weit wir in kurzer Zeit gekommen sind. Ich erinnere mich noch gut daran, dass die Geburt der ESVP diesseits und jenseits des Atlantiks auch mit Skepsis begleitet wurde. Man befürchtete eine Konkurrenz zur NATO und eine Duplizierung der Aufgaben. Heute wird der sicherheitspolitische Erfolg der EU gewürdigt, die Union kann Stabilität nicht nur auf dem eigenen Kontinent bringen. NATO und EU haben einen legitimen Platz in der Sicherheitsarchitektur von heute. Sie sind keine Konkurrenten, sondern ergänzen sich. Nur gemeinsam, im Verbund von NATO und EU, können Europa und Nordamerika ihre Vorstellung von Sicherheit glaubwürdig in die Welt projizieren. Nur gemeinsam und in engster Koordination von EU und NATO können die 21 Staaten, die heute zugleich EU- und NATO-Mitglieder sind, ihre Sicherheitsinteressen wahrnehmen.

Die Zusammenarbeit zwischen EU und NATO bei einzelnen Operationen läuft gut – sei es in Bosnien und Herzegowina oder zur Unterstützung der Afrikanischen Union für Sudan/Darfur. Allerdings fehlt ein breit angelegter strategischer Dialog zwischen NATO und EU über die gemeinsamen sicherheitspolitischen Aufgaben und die strategischen Visionen: Diese echte strategische Partnerschaft, bei der sich die EU und die NATO in ihren jeweiligen Stärken klug ergänzen, muss entwickelt werden. An geeigneten Themen mangelt es nicht.

All dies wird nicht gelingen, wenn nicht auch die ESVP entwickelt wird. Europa braucht mehr gemeinsame Sicherheitspolitik, mehr gemeinsame Entwicklung und Beschaffung und mehr Abstimmung. Dies ist nicht nur politisch vernünftig, sondern brächte auch Vorteile für die Haushalte. Für Europas Sicherheit, für Frieden, Stabilität und Wohlstand gibt es allemal nur eine Vision: eine gemeinsame Verteidigungspolitik, hin zu einer gemeinsamen europäischen Verteidigung.

Frank-Walter Steinmeier, Zivilmacht mit Zähnen, in: Thema Sicherheitskonferenz, Beilage zur Süddeutschen Zeitung vom 08.02.2007

M2 Die ESVP – eine Konkurrenz zur NATO?

EU und NATO benennen als Zielvorstellung eine „strategische Partnerschaft" der beiden Organisationen. Ein wichtiges Element hierbei ist das so genannte Berlin-Plus-Abkommen, das im März 2003 geschlossen wurde. Es verschafft der EU/ESVP bei der Planung und Umsetzung von EU-Operationen Zugang zu Einrichtungen und militärischen Planungs- und Führungskapazitäten der NATO. Dies ist für die EU von großer Bedeutung, weil ihr ausreichende operative und logistische Kapazitäten (zum Beispiel in den Bereichen Transport, Kommunikation und Nachrichtenbeschaffung) für größere Operationen nicht zur Verfügung stehen. In der Praxis wird die Zusammenarbeit jedoch durch eine Reihe politischer und formaler Beschränkungen behindert. Vor allem der Krieg einer Koalition von Staaten unter Führung der USA gegen den Irak (2003) hat Unterschiede in der sicherheitspolitischen Orientierung unter den Mitgliedern beider Organisationen deutlich werden lassen. Es kam zu erheblichen Verwerfungen in EU und NATO, da einige Mitgliedstaaten sich an diesem Krieg beteiligten (vor allem Großbritannien), wogegen andere sich entschieden gegen diese Operation aussprachen (vor allem Deutschland und Frankreich).

Auch wird in Washington immer wieder geargwöhnt, dass die EU mit der ESVP die Bedeutung der unter amerikanischer Führung stehenden NATO mindern oder gar in Konkurrenz zu ihr bringen will. Darüber hinaus blockiert das NATO-Mitglied Türkei vielfach die Zusammenarbeit von EU/ESVP und Allianz, um damit dem eigenen Anspruch auf Mitgliedschaft in der EU Nachdruck zu verleihen.

Eine formelle Schwierigkeit stellt die Tatsache dar, dass die gemeinsamen Gremien, in denen das PSK*, der Nordatlantik-Rat, die militärischen Komitees von NATO und ESVP, der Hohe Vertreter für die Außen- und Sicherheitspolitik der EU sowie der NATO-Generalsekretär vertreten sind, keine Entscheidungsbefugnis haben. Sie müssen die Ergebnisse ihrer Beratungen jeweils NATO und EU zur Entscheidung vorlegen. Und schließlich arbeitet Frankreich seit 1966 zwar in den politischen Gremien der Atlantischen Allianz mit, ist aber aus Gründen der Souveränitätswahrung nicht Teil der Militärintegration der Allianz, in deren Rahmen auch die Streitkräfteplanung der

Mitgliedstaaten vorangetrieben wird. Daher musste die ESVP neben der NATO ein eigenes Streitkräfteplanungssystem entwickeln, obwohl die meisten Mitgliedstaaten der EU gleichzeitig auch NATO-Mitglieder sind. Damit sind Doppelarbeit und bürokratische Konflikte vorprogrammiert. Insofern wird wohl der Begriff der „strategischen Partnerschaft" zwischen EU und NATO eine Formel bleiben, die in der Realität nur beschränkt umgesetzt werden wird.

Peter Schmidt, Militärisches Instrument der EU – die ESVP, in: Informationen zur politischen Bildung (Heft 291), Bonn 2006

** PSK = Politisches und Sicherheitspolitisches Komitee*

Aufgaben

1. Fassen Sie die Ziele und Möglichkeiten europäischer Außen- und Sicherheitspolitik zusammen.
2. Beurteilen Sie am Beispiel eines aktuellen internationalen Konflikts die außen- und sicherheitspolitischen Handlungsmöglichkeiten der EU.
3. Erläutern Sie, welche sicherheitspolitische Bedeutung der ehemalige deutsche Außenminister Frank-Walter Steinmeier der EU beimisst (M1).
4. Stellen Sie dar, welche Probleme die Existenz zweier europäischer Verteidigungsorganisationen aufwirft. Diskutieren Sie, ob Europa eine eigenständige Verteidigungspolitik neben jener der NATO benötigt (M1, M2).

2.3 Justiz- und Innenpolitik

Leitfragen	Welche Ziele werden mit der Zusammenarbeit verfolgt?	Wie ist die Zusammenarbeit organisiert?

Felder der Zusammenarbeit

Die Einführung des Europäischen Binnenmarktes und die Abschaffung der Grenzkontrollen machten eine Zusammenarbeit der nationalen Polizeien und Justizbehörden erforderlich. Um die Sicherheit der Bürger in einem Europa der offenen Grenzen zu gewährleisten, wurde im Rahmen des Vertrags von Maastricht die **Zusammenarbeit in den Bereichen Justiz und Inneres** (ZBJI) vereinbart. Das Schengener Abkommen von 1995, das die Freizügigkeit innerhalb der EU garantiert, sieht erste Regelungen polizeilicher Zusammenarbeit vor.

Die Innen- und Justizpolitik bzw. die polizeiliche und justizielle Zusammenarbeit ist wie die GASP durch die intergouvernementale Zusammenarbeit geprägt. D.h. der Rat kann keine für die Mitgliedstaaten verbindlichen Verordnungen oder Richtlinien verabschieden, sondern kann nur einstimmig gemeinsame Standpunkte oder Rahmenbeschlüsse formulieren.

Die polizeiliche und justizielle Kooperation soll in der EU einen „Raum der Freiheit, der Sicherheit und des Rechts“ schaffen (Art. 29 des Maastricht-Vertrages). Insbesondere durch die Attentate vom 11. September 2001 ist dieses Politikfeld stärker in den Vordergrund gerückt. Die zwischenstaatliche Zusammenarbeit bezieht sich auf folgende Felder:

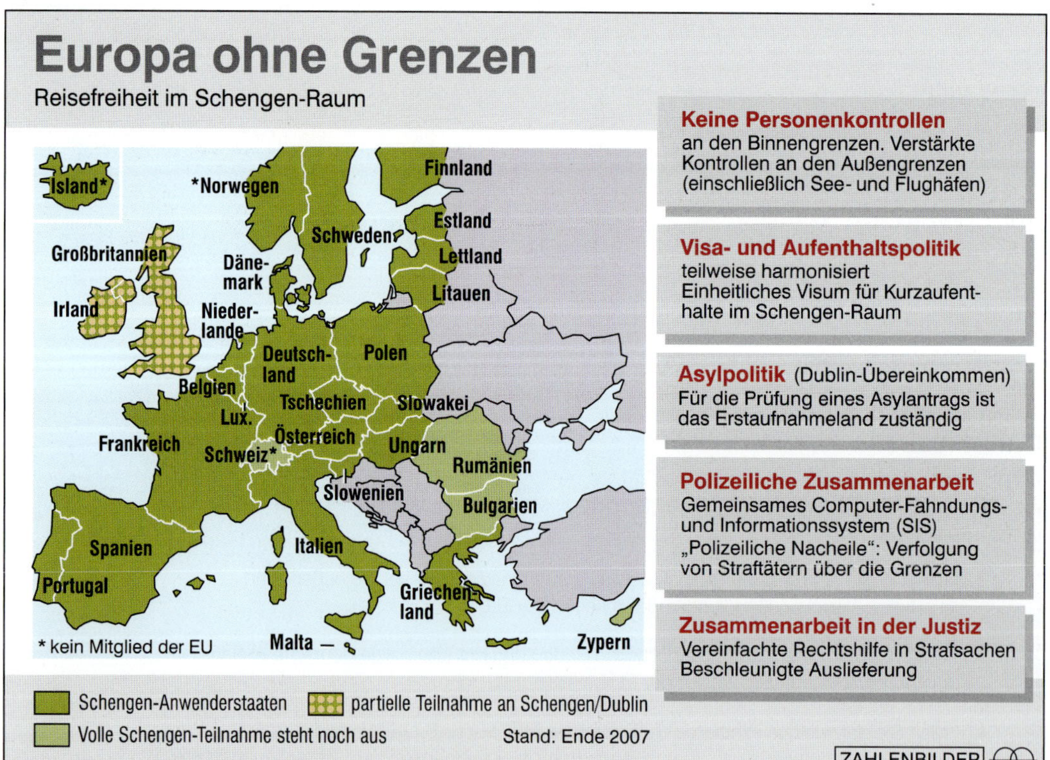

715 325

- Asyl-, Einwanderungs- und Visapolitik;
- Sicherung der Außengrenzen;
- Kampf gegen die Drogenkriminalität und das organisierte Verbrechen;
- Justizielle Zusammenarbeit in Zivil- und Strafsachen.

Organisationen

In Maastricht wurde zudem die Einrichtung des europäischen Polizeiamtes **Europol** beschlossen. Europol fungierte zu Beginn als Datensammelstelle für grenzüberschreitende Verbrechen. Mittlerweile kann sich Europol an Ermittlungsgruppen von Mitgliedstaaten beteiligen oder sie ersuchen, Ermittlungen aufzunehmen. Darüber hinaus wurden Kooperationsabkommen zwischen Europol und Drittstaaten abgeschlossen. Die sogenannte Einheit für justizielle Zusammenarbeit der Europäischen Union (**Eurojust**) besteht seit 2002; Eurojust ergänzt die Tätigkeit von Europol im strafrechtlichen Bereich und koordiniert die Ermittlungs- und Strafverfolgungsmaßnahmen bei Schwerkriminalität im Hoheitsgebiet der verschiedenen EU-Staaten. Mithilfe dieser Behörden und Netzwerke unterstützen sich Polizeibeamte, Staatsanwälte und Richter grenzüberschreitend bei Ermittlungen und Strafverfolgungen.

Der Europäische Rat rief 2004 die Europäische Agentur für die operative Zusammenarbeit an den Außengrenzen (FRONTEX) ins Leben. Der Aufgabenbereich von FRONTEX umfasst unter anderem die Unterstützung bei der Ausbildung nationaler Grenzbeamter, wobei auch gemeinsame Ausbildungsnormen festgelegt werden. Darüber hinaus erstellt die Agentur Risikoanalysen und bietet technische Unterstützung an den EU-Außengrenzen.

Nach den Terroranschlägen vom 11. September 2001 erfuhren Europol und Eurojust eine starke Aufwertung. Im Rahmen der ZBJI wurde zudem 2005 eine **Strategie zur Bekämpfung des Terrorismus** beschlossen mit dem Ziel, die EU-Bürger wirksamer vor Terroranschlägen zu schützen, innerhalb und außerhalb der EU Terroristen zu verfolgen und auf Folgen möglicher Terroranschläge besser zu reagieren.

Mester / CCC,www.c5.net

M Probleme der europäischen Polizeiarbeit

Auf dem Gipfel von Maastricht fiel Ende 1991 der Startschuss für die Errichtung eines Europäischen Polizeiamtes (Europol). Nach mühsamen Verhandlungen konnte Europol allerdings erst im Juli 1999 in Den Haag seine Arbeit aufnehmen. Zwangshandlungen (wie Hausdurchsuchungen oder Verhaftungen) bleiben bis auf Weiteres die ausschließliche Aufgabe nationaler Polizeien. Allerdings soll Europol durch die Sammlung und Analyse von Daten den Informationsaustausch zwischen den Polizeibehörden der Mitgliedstaaten organisieren. Vor allem soll die Analysetätigkeit Europols dazu beitragen, Strukturen der Organisierten Kriminalität besser zu erkennen und auf dieser Grundlage auch besser bekämpfen zu können. Europol ist also kein „europäisches FBI“, weil es keine exekutiven Befugnisse besitzt. Es soll die nationalen Polizeien nicht ersetzen, sondern in ihrer Arbeit unterstützen. [...]

Drei Entwicklungen haben diese Europäisierung der Polizeiarbeit begünstigt: Erstens haben transnationaler Terrorismus und Organisierte Kriminalität seit dem Ende des Ost-West-Konflikts in der Sicherheitspolitik an Bedeutung gewonnen. Zweitens verzichtete eine wachsende Zahl von Staaten durch den Beitritt zum Schengener Abkommen auf regelmäßige Personenkontrollen an den Grenzen. Die „Schengen-Staaten“ verzichteten damit um der Freizügigkeit willen auf ein traditionell bedeutsames, nationales Instrument zur Gewährleistung der inneren Sicherheit. Drittens schließlich stellt für viele Europapolitiker eine gemeinsame Politik der inneren Sicherheit – zusammen mit einer Gemeinsamen Außen-, Sicherheits- und Verteidigungspolitik – eine wichtige Ergänzung zur ökonomischen Integration dar. Seit den Verhandlungen über den Vertrag von Maastricht findet sich die innen- und justizpolitische Zusammenarbeit daher regelmäßig auf der europäischen Agenda. [...] So einleuchtend und begrüßenswert die europäische Polizeikooperation angesichts offener Grenzen ist, so problematisch sind ihre Auswirkungen auf die parlamentarische Kontrolle und den Grundrechtsschutz. [...]

Durch die Europäisierung der Polizeiarbeit mit Europol als institutionellem Zentrum verschiebt sich die Balance zugunsten der Sicherheitsbehörden auf Kosten ihrer Kontrolleure. Für die nationalen Parlamente ist die Kontrolle Europols weitaus schwieriger als die Kontrolle der nationalen Polizeiarbeit, weil die europäischen Institutionen den nationalen Parlamenten in der Innen- und Justizpolitik nicht verantwortlich sind. Obwohl das Europäische Parlament mittlerweile einige wichtige Zuständigkeiten erhalten hat, kann es das Defizit an parlamentarischer Kontrolle Europols nicht ausgleichen. Ähnlich problematisch wirkt sich die Europäisierung der Polizeiarbeit auf den Grundrechtsschutz aus. Durch die Verarbeitung, Speicherung und Weitergabe personenbezogener Daten ist das Grundrecht auf informationelle Selbstbestimmung in erheblichem Umfang betroffen. Zwar ist auch Europol zur Einhaltung von datenschutzrechtlichen Mindeststandards verpflichtet, doch können die hohen Standards in einigen EU-Staaten leicht unterlaufen werden. [...] Problematisch erscheinen hier vor allem die Möglichkeiten, die Einhaltung des Datenschutzes zu überwachen. Das dafür vorgesehene Gremium hat keine ausreichenden Möglichkeiten für eine effektive Kontrolle. Brisant ist darüber hinaus der Austausch personenbezogener Daten mit Drittstaaten, denen von „Transparency International“ ein hohes Maß an Korruption vorgeworfen wird. [...] In den EU-Staaten gibt es traditionell sehr unterschiedliche Auffassungen darüber, was als angemessener Datenschutz gilt und wie seine Einhaltung kontrolliert werden sollte. In den Verhandlungen über die Europolkonvention konnte man sich daher nur auf einen Mindeststandard einigen. [...]

Für die Staaten mit einem hohen Datenschutzniveau birgt die verstärkte polizeiliche Zusammenarbeit innerhalb der EU die Gefahr einer Aushöhlung und damit einer Verschlechterung des Datenschutzes. Denn personenbezogene Daten, die die Polizei in einem Mitgliedstaat gar nicht speichern dürfte, kann sie über Europol von den Kollegen aus anderen Mitgliedstaat beziehen, in denen ein geringerer Datenschutz existiert. Zu einer ähnlichen Verschlechterung des Datenschutzes kann es hinsichtlich der Speicherung bzw. Löschung von Daten kommen. [...]

Ohne eine europäische Zusammenarbeit im Bereich der inneren Sicherheit würde der Prozess der europäischen Integration Straftäter und Terroristen gegenüber Polizei und Strafverfolgungsbehörden begünstigen. Zu einer europäischen Zusammenarbeit im Bereich der inneren Sicherheit gibt es daher keine Alternative. Nur die enge Kooperation der Polizei- und Strafverfolgungsbehörden kann verhindern, dass sich kriminelle und terroristische Netzwerke die Gleichzeitigkeit offener Grenzen einerseits und nationaler Fragmentierung der Strafverfolgung andererseits zunutze machen. Eine engere Kooperation im Bereich der inneren Sicherheit entspricht darüber hinaus dem Umstand, dass die EU-Staaten zu einer Sicherheitsgemeinschaft zusammengewachsen sind. Vor diesem Hintergrund wäre es ein Anachronismus, wenn ein Staat beispielsweise bei der Bekämpfung des Terrorismus nicht die Unterstützung der anderen Mitgliedstaaten erhalten würde. [...] So notwendig die Zusammenarbeit im Bereich der inneren Sicherheit [...] zweifellos ist, so wichtig ist es gleichzeitig, dass die Europäisierung der Kriminalitäts- und Terrorismusbekämpfung nicht zu einer Aushöhlung von demokratischer Kontrolle und Grundrechtsschutz führt.

Wolfgang Wagner, „Halt, Europol!", in: HSFK-Report 15/2004, Frankfurt/M. 2004

Aufgaben

1. Erläutern Sie, warum der Integrationsprozess und die Öffnung der Grenzen institutionelle Veränderungen erforderlich machten.
2. Diskutieren Sie Vor- und Nachteile der europäischen Zusammenarbeit nationaler Polizeien.
3. Recherchieren Sie ein aktuelles Beispiel, in dem die Weitergabe oder Speicherung von Daten innerhalb der Union mit dem Recht auf informationelle Selbstbestimmung in Konflikt gerät.
4. Erörtern Sie, inwiefern unterschiedliche datenschutzrechtliche Standards in den Mitgliedstaaten der EU problematisch sein können (M).

3 Organe und Entscheidungsprozesse

3.1 Die Institutionen der Europäischen Union

Leitfragen	Welches sind die Entscheidungsorgane der EU?	Wie werden sie bestellt, wie setzen sie sich zusammen, und was sind ihre Aufgaben?

So funktioniert die EU nach dem Vertrag von Lissabon

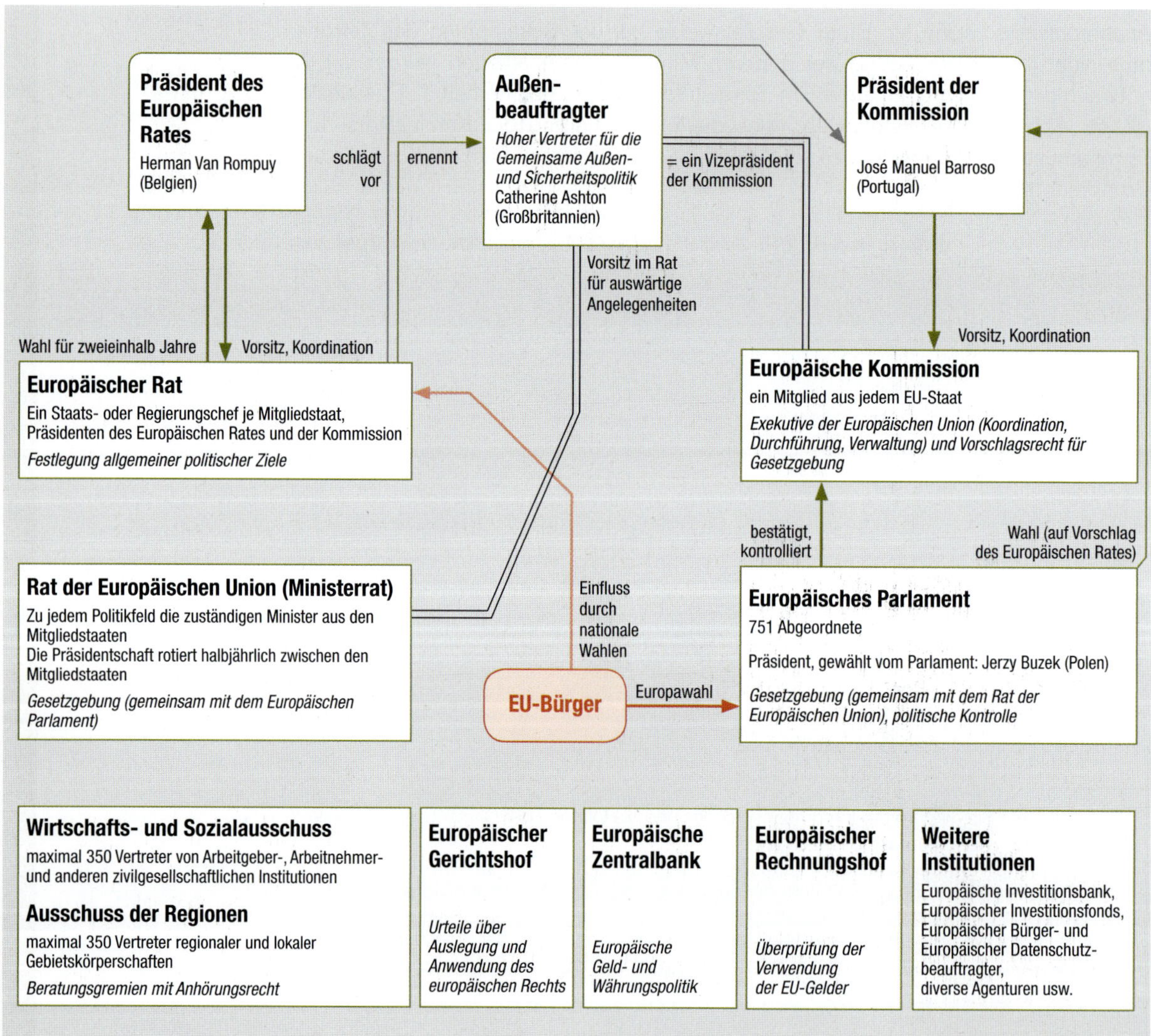

Quelle: Europäische Union / F.A.Z. – Grafik: Heumann/Koss

Der Rat der Europäischen Union

Der Rat der Europäischen Union (auch: Ministerrat oder „der Rat") mit Sitz in Brüssel ist das wichtigste gesetzgebende Organ der EU und das eigentliche **Machtzentrum des EU-Systems**. Mit dem Europäischen Parlament teilt sich der Rat die Gesetzgebungskompetenz und die Verantwortung für den EU-Haushalt.

Zusammensetzung: Der Rat setzt sich aus den jeweiligen Ressortministern der Mitgliedstaaten zusammen, d. h. jedes Mitgliedsland entsendet einen Minister in den Rat. Je nach Gegenstand des Treffens tagen die jeweiligen Fachminister, treffen sich z. B. die Außenminister der Mitgliedstaaten im sog. Allgemeinen Rat, die Wirtschafts- und Finanzminister im sog. ECOFIN-Rat usw. Der Vorsitz des Rates wechselt halbjährlich: Während der **Ratspräsidentschaft** ist jedes EU-Land jeweils sechs Monate lang für die Tagesordnung des Rates verantwortlich, treibt Entscheidungen voran und vermittelt unter den Mitgliedstaaten.

Aufgaben:

- **Verabschiedung von Gesetzen**, meist in Zusammenwirkung mit dem Europäischen Parlament und auf Initiative der EU-Kommission;
- **Abstimmung der Wirtschafts- und Steuerpolitik;**
- **Abschluss internationaler Verträge;**
- **Entwicklung der GASP** gemäß den Leitlinien des Europäischen Rates.

Beschlussfassung: Für das Entscheidungsverfahren gilt bis 2014: Die Stimmen der Mitgliedstaaten sind nach Größe gestaffelt (z. B. 3 für Malta und 29 für Deutschland). Entscheidungen erfordern meist eine qualifizierte Mehrheit, seltener Einstimmigkeit. Der Vertrag von Lissabon zielt darauf ab, dass der Rat zunehmend mit qualifizierter Mehrheit statt einstimmig entscheidet, es sei denn, die Verträge sehen ein anderes Verfahren vor (z. B. Einstimmigkeit der Beschlussfassung in der Steuer- und Verteidigungspolitik). Für die Praxis bedeutet das, dass die Beschlussfassung mit qualifizierter Mehrheit auf zahlreiche Bereiche – wie z. B. Zuwanderung, Kultur – ausgeweitet wurde. Der Vertrag von Lissabon sieht weiterhin vor: Ab 2014 soll die qualifizierte Mehrheit nach der doppelten Mehrheit von Mitgliedstaaten und Bevölkerung berechnet werden. Eine **doppelte Mehrheit** ist dann erreicht, wenn 55 % der Mitgliedstaaten, die gemeinsam mindestens 65 % der europäischen Bevölkerung auf sich vereinen, zustimmen. Jedes Land verfügt dann über eine Stimme.

Die Europäische Kommission

Die Kommission ist das supranationale Exekutivorgan der EU und mit weit reichenden Befugnissen ausgestattet. Daher wird sie auch als „Motor der Integration" bezeichnet.

Zusammensetzung: Die Kommission setzt sich zusammen aus dem Präsidenten (2010: José Manuel Barroso, Portugal) und je einem Kommissionsmitglied pro EU-Mitgliedstaat, zurzeit also 27 Kommissaren, die auf fünf Jahre ernannt werden. Jeder EU-Kommissar ist für ein bestimmtes Aufgabengebiet zuständig. Der Kommissionspräsident wird vom Europäischen Rat unter Berücksichtigung des Wahlergebnisses zum Europäischen Parlament mit qualifizierter Mehrheit auf 5 Jahre vorgeschlagen und muss vom Parlament bestätigt werden. Die Kommissare werden von den Regierungen der Mitgliedsländer und dem Kommissionspräsidenten benannt und vom Ministerrat ebenfalls mit qualifizierter Mehrheit angenommen, auch hier muss das EU-Parlament zustimmen.

Aufgaben:

- Alleiniges **Initiativrecht für Gesetze** (Vorschläge und Gesetzesentwürfe an Parlament und Ministerrat);
- **Überwachung des EU-Rechts** (gemeinsam mit dem Europäischen Gerichtshof);
- **Umsetzung der Gemeinschaftspolitiken** der Union in den verschiedenen Bereichen (Agrarpolitik, Umweltpolitik etc.);
- Verwaltung des EU-Haushalts;
- Vertretung der EU auf **internationaler Ebene**, Aushandeln von Abkommen zwischen der EU und anderen Staaten.

Beschlussfassung: Die EU-Kommission ist ein kollegiales Organ, d. h. die Kommission trifft jede Entscheidung einstimmig – jedes Mitglied hat eine Stimme – und vertritt sie gemeinsam nach außen.

Die Kommissionsarbeit wird unterstützt von über 25.000 Beamten, die in 41 Generaldirektionen und Dienststellen in Brüssel und Luxemburg arbeiten.

Das Europäische Parlament

Das Europäische Parlament (EP) wird seit 1979 direkt von der Bevölkerung der Mitgliedstaaten gewählt; es ist das einzige direkt gewählte Organ innerhalb des EU-Systems. Der Vertrag von Lissabon stärkt die Befugnisse des Parlaments in den Bereichen Rechtsetzung, Haushalt und Genehmigung internationaler Vereinbarungen.

Zusammensetzung: Aktuell 736 Abgeordnete, die jeweils auf 5 Jahre von der Bevölkerung in den Mitgliedsländern nach den Prinzipien der Verhältniswahl (Wahl von Parteilisten) gewählt werden. Die Anzahl der Sitze pro Land orientiert sich an der Bevölkerungszahl. Die Zahl bewegt sich gegenwärtig zwischen 5 und 99. Im Vertrag von Lissabon wurde die Anzahl der Abgeordneten künftig auf 751 (750 und der Präsident) festgelegt. Die Aufteilung der Sitze zwischen den Mitgliedstaaten erfolgt nach dem Grundsatz der „degressiven Proportionalität“: Das bedeutet, dass die Abgeordneten der bevölkerungsreichsten Mitgliedstaaten mehr Bürger ihres Landes vertreten als die Abgeordneten der Länder mit weniger Einwohnern. Darüber hinaus ist für jeden Mitgliedstaat eine Mindestzahl von 6 und eine Höchstzahl von 96 Abgeordneten vorgesehen. Die Abgeordneten schließen sich je nach politischer Orientierung zu übernationalen Fraktionen zusammen.

Aufgaben:

- **Gesetzgebung** gemeinsam mit dem Ministerrat. Die Instrumente der Gesetzgebung sind das Anhörungsverfahren, bei dem der Ministerrat das Votum des EP zurückweisen kann, und das Mitentscheidungsverfahren, das für die Mehrheit der Rechtsakte gilt (→ Kapitel 5.3.2). Das EP hat kein Initiativrecht, kann aber die Kommission zur Ausarbeitung von Gesetzen auffordern.
- **Demokratische Kontrolle** über alle Organe der EU, insbesondere über die Kommission. Das Parlament stimmt der Benennung der Kommissionsmitglieder zu oder lehnt sie ab und kann

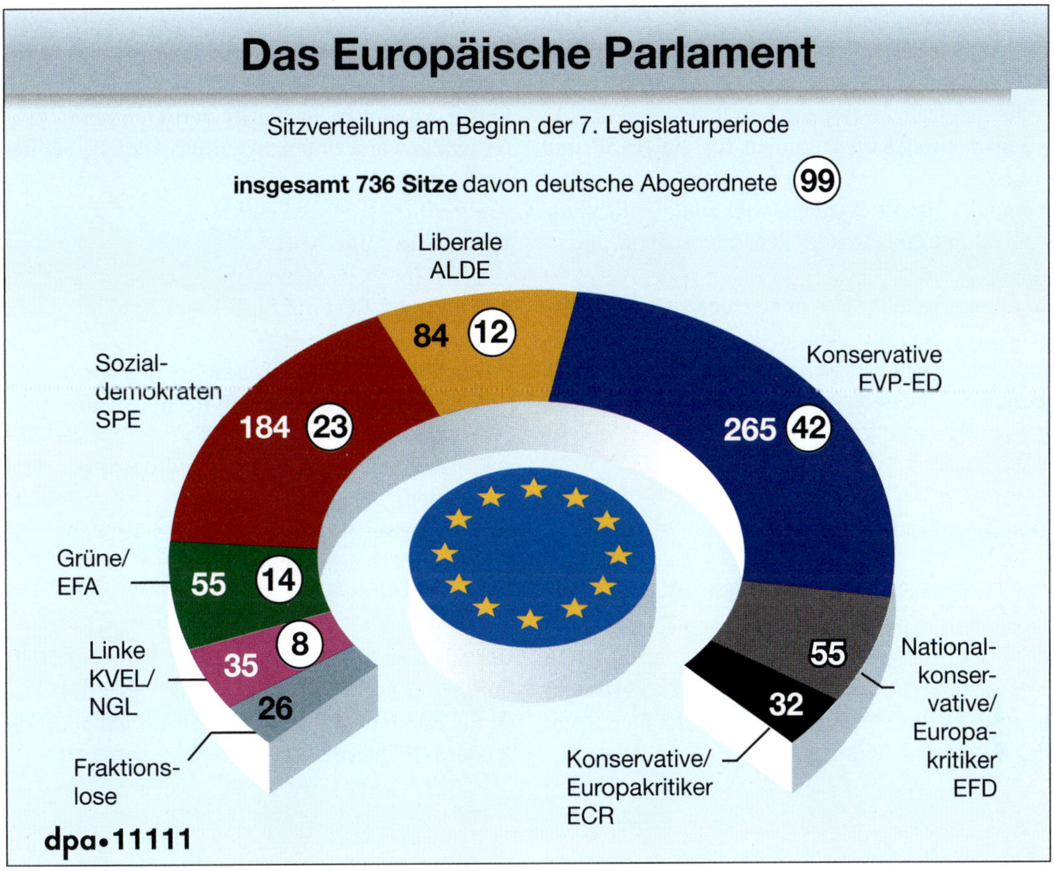

einen Misstrauensantrag gegen die gesamte Kommission einbringen. Weitere Kontrollrechte sind Fragestunden, Anfragen oder Debatten.

- **Zustimmung zu völkerrechtlichen Verträgen** (z. B. Beitrittsbeschlüssen).
- **Haushaltsrecht:** Das EP teilt sich die Haushaltsbefugnis mit dem Rat und kann daher Einfluss auf die Ausgaben der EU ausüben. In letzter Instanz nimmt es den Gesamthaushalt an oder lehnt ihn ab.

Beschlussfassung: Ein Gesetzesentwurf muss alle Instanzen des Mitentscheidungsverfahrens durchlaufen. Wenn dem Ergebnis alle beteiligten Organe zustimmen können, wird im EP abgestimmt. In der Regel ist zur Verabschiedung eines Gesetzes die absolute Mehrheit nötig.

Das EP ist ein typisches Arbeitsparlament, d. h. seine Arbeit findet hauptsächlich in den 17 ständigen Ausschüssen statt und beschäftigt sich in erster Linie mit gesetzgeberischen Einzelheiten.

Der Europäische Rat

Der Europäische Rat ist das oberste Entscheidungsgremium in der EU. Er bestimmt den politischen Kurs und die Prioritäten der EU. Die Treffen des Europäischen Rates werden auch als „Europa-Gipfel" bezeichnet. Der Europäische Rat ist seit Inkrafttreten des Lissabon-Vertrages ein vollwertiges EU-Organ. Seit Dezember 2009 gibt es das Amt des auf maximal fünf Jahre gewählten Ratspräsidenten. Seine Hauptaufgabe besteht darin, die Vorbereitung und Kontinuität der Arbeiten des Europäischen Rates zu gewährleisten und auf einen Konses hinzuarbeiten.

Zusammensetzung: Mindestens zweimal jährlich kommen die Staats- und Regierungschefs der EU, der Präsident des Europäischen Rates sowie der Kommissionspräsident zu einem Gipfeltreffen zusammen.

Aufgaben:

- Richtlinienkompetenz für Grundsatzentscheidungen (z.B. Festlegung von Beitrittskriterien);
- Entwicklung von Leitlinien für die GASP und GSVP;
- Impulse für die Weiterentwicklung der EU, Entwicklung umfassender Reformvorhaben.

Beschlussfassung: Im Unterschied zum Ministerrat kann der Europäische Rat keine rechtsverbindlichen Beschlüsse fassen. Seine politischen Vorgaben müssen im vorgesehenen Verfahren erst zu Gesetzen gestaltet werden.

Der Europäische Gerichtshof

Der Europäische Gerichtshof (EuGH) mit Sitz in Luxemburg ist das oberste Rechtsprechungsorgan der EU. Er hat mit seiner Auslegung der EG- und EU-Verträge ein europäisches Gemeinschaftsrecht begründet, das Vorrang vor dem nationalen Recht der Mitgliedstaaten hat.

Zusammensetzung: Die Regierungen der Mitgliedstaaten ernennen einvernehmlich einen Richter für sechs Jahre, so dass alle nationalen Rechtsordnungen im EuGH vertreten sind. Acht Generalanwälte unterstützen das Gericht bei der Rechtsfindung.

Wichtigste Aufgaben:

- **Prüfen der Rechtmäßigkeit** der Handlungen in der EU;
- **Gewährleistung einer einheitlichen Auslegung und Anwendung des EU-Rechts** in den Mitgliedstaaten;
- **Klärung von Streitigkeiten** zwischen den EU-Organen;
- **Prüfen von Bürgerklagen** gegen Verwaltungsakte der EU-Behörden;
- **Grundrechtsschutz.**

Beschlussfassung: Der EuGH fällt seine Entscheidungen in der Vollversammlung (Plenum), als Große Kammer (13 Richter) oder in Kammern mit 3 oder 5 Richtern.

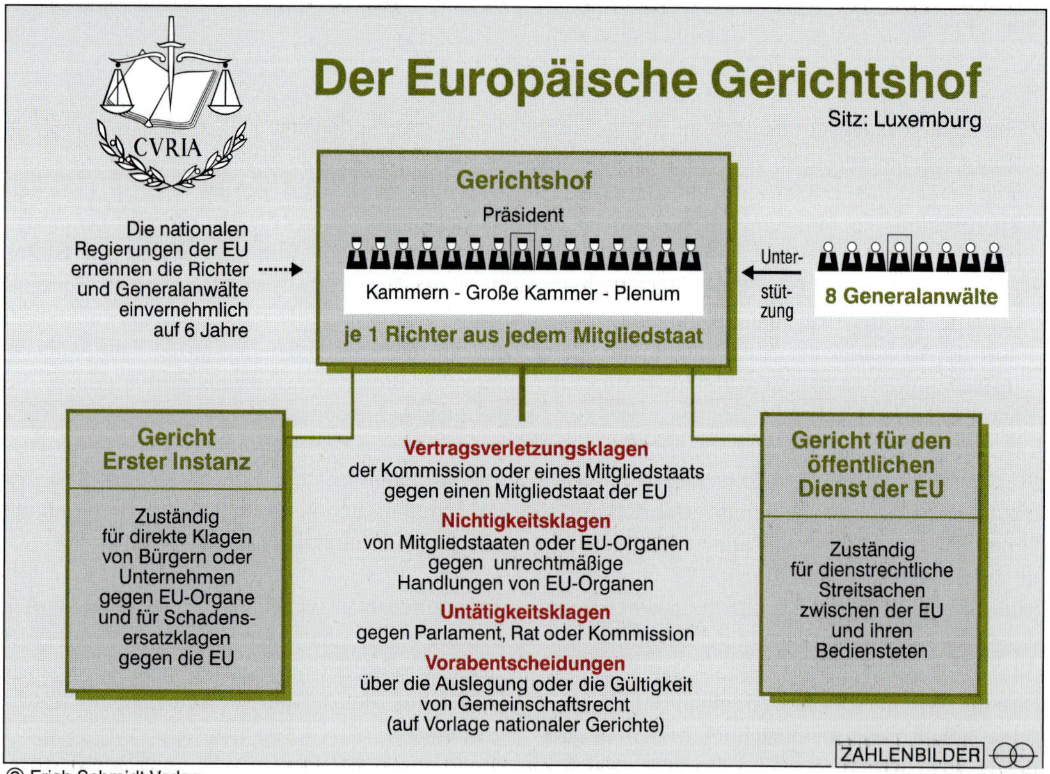

M1 Was bringt der Vertrag von Lissabon?

Es ist keine kleine Schraubendrehung, die der Vertrag [von Lissabon] an der europäischen Integration vornimmt. Es ist ein qualitativer Schritt. So viel Macht haben Staaten noch nie auf eine supranationale Instanz verschoben. Der Lissabon-Vertrag werde Europa effzienter und demokratischer machen, lautet die Brüsseler Werbeparole. Effizienter macht er die EU-Gesetzgebung sicherlich. Die größte Neuerung besteht grob gesagt darin, dass die 27 EU-Mitgliedsländer sämtliche Politikbereiche mit Ausnahme der Außen- und Steuerpolitik einer Mehrheitsentscheidung im Ministerrat unterwerfen. Das bedeutet, dass künftig Staaten für andere Staaten Gesetze machen können. Und zwar in Feldern, die bisher streng der nationalen Souveränität vorbehalten waren. Das hat es in der Menschheitsgeschichte noch nicht gegeben. Besonders gewichtig kann sich diese Neuerung in der Justiz- und Innenpolitik auswirken. Die abgesandten Diplomaten der EU-Staaten in Brüssel beziehungsweise ihre Minister werden künftig nicht mehr nur über technische Normen, Binnenmarkt- und Verbraucherrechte entscheiden können, sondern auch über Eingriffe in Grundrechte. Wann und unter welchen Voraussetzungen zum Beispiel Personen, die illegal Dateien aus dem Internet herunterladen, der Netzzugang gesperrt werden kann, wird künftig auf EU-Ebene entschieden.

Wird dieser Machtzuwachs durch einen Zuwachs an demokratischer Kontrolle ausgeglichen? Formal ja, denn das Europaparlament erhielt auf den sensiblen Gebieten Mitbestimmungsrechte. Die Frage lautet aber, ob das Europaparlament dieselbe demokratische Kontrollqualität besitzt wie etwa der Bundestag. Davon kann keine Rede sein. Das Europaparlament wählt und kontrolliert keine Regierung. Seine Mitglieder kommen aus 27 Staaten, sie sind also nicht einer Öffentlichkeit und einer Wählergemeinschaft verantwortlich, sondern de facto nur der jeweils ihren. Im Europaparlament finden sich die nationalen Parteien zudem zu europäischen Bündelfraktionen zusammen. In ihnen werden die gewohnten nationalen Parteienprofile und -positionen oft verwischt. Die checks and balances, wie sie aus der nationalen Demokratie gewohnt sind, funktionieren im Europaparlament also nur sehr begrenzt.

Die zweite große Neuerung des Lissabon-Vertrages soll darin bestehen, dass die EU mehr Gewicht und mehr Gesicht auf der Weltbühne erlangt. Dafür sollen ein permanenter EU-Ratspräsident sowie ein EU-Außenminister mitsamt einem 6.000 Mann starken diplomatischen Dienst sorgen. Bisher ist allerdings nicht klar, wie sich die Kompetenzen zwischen diesen beiden Top Jobs genau voneinander abgrenzen sollen. Zudem zögern die großen Mitgliedstaaten, dem neuen Europäischen Auswärtigen Dienst nennenswerte Kompetenzen zu übertragen.

Das Wichtigste am Lissabon-Vertrag dürfte letztlich nicht das sein, was er Europa bringt. Sondern das, was Europa durch ihn verliert. Es verliert die Ausrede, sich zunächst einmal an Haupt und Gliedern straffen zu müssen, bevor es schlagkräftiger in der Welt wirken kann. Die Zeit der Vertragsdebatten ist endgültig vorüber. Die Europäische Union muss jetzt zeigen, was sie kann – und vor allem will. Bisher deutet allerdings nichts darauf hin, dass das Lissabon-Europa zu neuer Form findet.

Jochen Bittner, auf: Zeit online vom 04.11.2009

M2 Demokratiedefizit in Brüssel? Die Angst vor dem Superstaat

Die Angst vor einem undemokratischen, unkontrollierbaren europäischen Superstaat ist eines der Hauptargumente gegen Europa. Vielen Bürgern ist der Gedanke nicht geheuer, nationale Souveränitätsrechte nach „Brüssel" abzugeben, wo ihrer Meinung nach eine ausufernde Bürokratie auf undurchschaubaren Wegen Entscheidungen trifft, die jeglicher demokratischer Kontrolle entzogen sind. Was ist dran an diesen Vorwürfen?

Um ihnen auf den Grund zu gehen, hilft ein Vergleich zwischen den Rechten des Deutschen Bundestages und des Europäischen Parlaments. Der vom Volk frei gewählte Bundestag ist das Herz der bundesdeutschen Demokratie. Gemäß der klassischen Gewaltenteilung hat der Bundestag die beiden demokratischen Kernrechte, Gesetze vorzulegen und zu verabschieden, sowie die Regierung zu kontrollieren. Im europäischen Parlament, das von allen wahlberechtigten Bürgern Europas frei gewählt wird, sieht das hingegen ganz anders aus.

Das EU-Parlament hat in beiden genannten Bereichen nur sehr eingeschränkte Kompetenzen. Im Gegensatz zum Bundestag hat es nicht das Recht, Gesetze vorzulegen. Und: Viele EU-Gesetze müssen noch nicht einmal vom Parlament abgesegnet werden. Die Zustimmung der europäischen Volksvertretung ist bisher bei ungefähr 70 Prozent aller Gesetze notwendig. Würde [der Vertrag von Lissabon] in [seiner] jetzigen Gestalt angenommen, müsste die Zustimmung des Parlaments immerhin bei über [95] Prozent der Gesetze eingeholt werden. Entscheidungen, die die gemeinsame Außen- und Sicherheitspolitik angehen, würden aber auch weiterhin außen vor bleiben. [...]

Die Nationalstaaten entscheiden auch, wen sie als Kommissar zur EU-Kommission (eine Art Regierung der EU) nach Brüssel schicken. Das Parlament kommt erst wieder ins Spiel, wenn die Kommission bereits fertig geformt ist. Denn das Parlament hat immerhin das Recht, die Kommission abzulehnen, was es im vergangenen Jahr [...] auch getan hat. Würde der [Vertrag von Lissabon] in Kraft treten, bekäme das Parlament das Recht, den Kommissionspräsidenten zu wählen. Zwar würde die Person immer noch vom Europäischen Rat vorgeschlagen werden. Das Gremium müsste aber auf die Mehrheitsverhältnisse im Parlament Rücksicht nehmen. Diese Änderung ist dem Europa-Abgeordneten Martin Schulz sehr wichtig. „Die Bürger haben dann bei der Europa-Wahl endlich direkten Einfluss", sagte er [...]. „Wenn ich einen sozialdemokratischen Kommissionspräsidenten haben will, wähle ich die SPD in Deutschland oder die Labour-Party in England." [...]

Im Ergebnis kann man also sagen, dass die einzige, von den EU-Bürgern direkt gewählte Einrichtung, das EU-Parlament, nicht annähernd die Macht hat, die einer Volksvertretung zukommen sollte. Im Interview bringt der CSU-Politiker Gerd Müller die Entparlamentarisierung der europäischen Gesetzgebung auf den Punkt: „Auf der einen Seite ist der Bundestag nicht mehr als Gesetzgeber tätig, hat auch keine ausreichenden Kontrollmöglichkeiten. Und auf der anderen Seite kommt das Recht zur Gesetzgebung nicht beim europäischen Parlament an." Der Vorwurf, die EU habe ein Demokratiedefizit und sei vom Parlament nur eingeschränkt zu kontrollieren, ist insofern berechtigt.

Doch wie kann man Europa demokratischer und kontrollierbarer machen? Die Antwort ist vergleichsweise einfach: Das EU-Parlament müsste endlich die vollen de-

mokratischen Rechte einer Volksvertretung bekommen. Doch das geht nur, wenn die Nationalstaaten viel mehr Kompetenzen an Europa abgeben, als sie es bisher tun. Die Tatsache, dass die Zustimmung des EU-Parlaments nur bei 70 Prozent aller Gesetze notwendig ist, ist dem Umstand geschuldet, dass sich die Nationalstaaten vom EU-Parlament möglichst wenig in ihre Entscheidungen hineinreden lassen wollen. Denn die wirklichen Entscheidungen trifft die EU im Rat der Staats- und Regierungschefs und in den Ministerräten - und da haben allein die Nationalstaaten das Sagen. Deshalb werden die Gesetze auch von den Ministerräten beschlossen und von der Kommission ausgearbeitet - nicht etwa vom EU-Parlament. [...]

Die Situation ist also paradox: Die Bürger haben Angst vor einem undemokratischen Superstaat Europa und wollen deshalb möglichst wenig Rechte an die EU abgeben. Doch Europa hätte nur eine Chance auf wirkliche Demokratisierung, wenn eben dies geschähe: wenn man das demokratisch gewählte Europäische Parlament mit allen notwendigen Kontrollrechten gegenüber der Kommission und den nationalstaatlich geprägten Gremien (EU-Rat, Ministerräte) ausstatten würde. Die Regierungen der Einzelstaaten haben wenig Interesse daran, ihre Bürger über dieses Paradox aufzuklären, denn sie definieren es als ihr Interesse, in allen wichtigen Politikbereichen voll handlungsfähig zu bleiben.

Fazit: Europa hat ein Demokratiedefizit. Dies hat aber zunächst nicht so sehr viel mit „Brüssel" zu tun, sondern mit den Nationalstaaten. Entgegen der Ansicht vieler Bürger kann man dieses Defizit nur beseitigen, wenn die Nationalstaaten sehr viel mehr und nicht etwa weniger Kompetenzen an die EU abgeben.

Sabine Klein, auf: http://www.tagesschau.de/ausland/meldung118708.html (14.07.2008).

Aufgaben

1. Erstellen Sie eine Synopse der wichtigsten EU-Organe (Bestellung, Zusammensetzung, Aufgaben).
2. Stellen Sie in einer Tabelle einen Vergleich des Regierungssystems der EU mit dem der Bundesrepublik Deutschland dar (Gewaltenteilung, Kontrolle, Bürgerbeteiligung).
3. Überlegen Sie, wie das diagnostizierte Demokratiedefizit vermindert werden könnte.
4. Bewerten Sie die Veränderungen durch den Lissabon-Vertrag. Funktioniert die EU aus Ihrer Sicht nun demokratisch(er)?

3.2 Strukturen und Entscheidungsprozesse

Leitfragen	Was bedeutet das Subsidiaritätsprinzip?	In welchem Verhältnis stehen Nationalstaat und EU?	Wie verläuft der Gesetzgebungsprozess in der EU?

Wer darf was machen? – Das Grundprinzip der Subsidiarität

Die Geschichte der Europäischen Gemeinschaft ist auch die Geschichte der fortschreitenden Vergemeinschaftung politischer Entscheidungen. Die Mitgliedstaaten verzichten dort, wo die EU gemeinschaftlich Probleme besser lösen kann, auf ihre Souveränität – z. B. in der Geld- und Währungspolitik –, und übertragen die Zuständigkeiten auf die Gemeinschaftsorgane der EU. Die Europäische Union basiert auf dem **Grundsatz der Subsidiarität**: Subsidiarität ist ein politisches und gesellschaftliches Prinzip, nach dem Aufgaben und Entscheidungen auf die niedrigstmögliche administrative und politische Ebene verlagert werden sollen. In der EU regelt das Prinzip der Subsidiarität die Aufgabenverteilung zwischen den Mitgliedstaaten und der Union; es soll bürgerfernen Zentralismus vermeiden und **ein bürgernahes Europa fördern.**

Gesetze und Regeln dürfen nur dann auf europäischer Ebene erlassen werden, wenn die damit verbundenen Ziele nicht von den Mitgliedstaaten allein in ausreichendem Maße erreicht werden können und ein gemeinsames Handeln nachweislich bessere Ergebnisse verspricht. Entsprechend dem Subsidiaritätsprinzip unterscheiden sich je nach Politikfeld die Verteilung der Zuständigkeit und damit die Formen der Zusammenarbeit zwischen den Mitgliedstaaten und der EU. Bei der Aufgabenverteilung spielt auch eine Rolle, inwie-

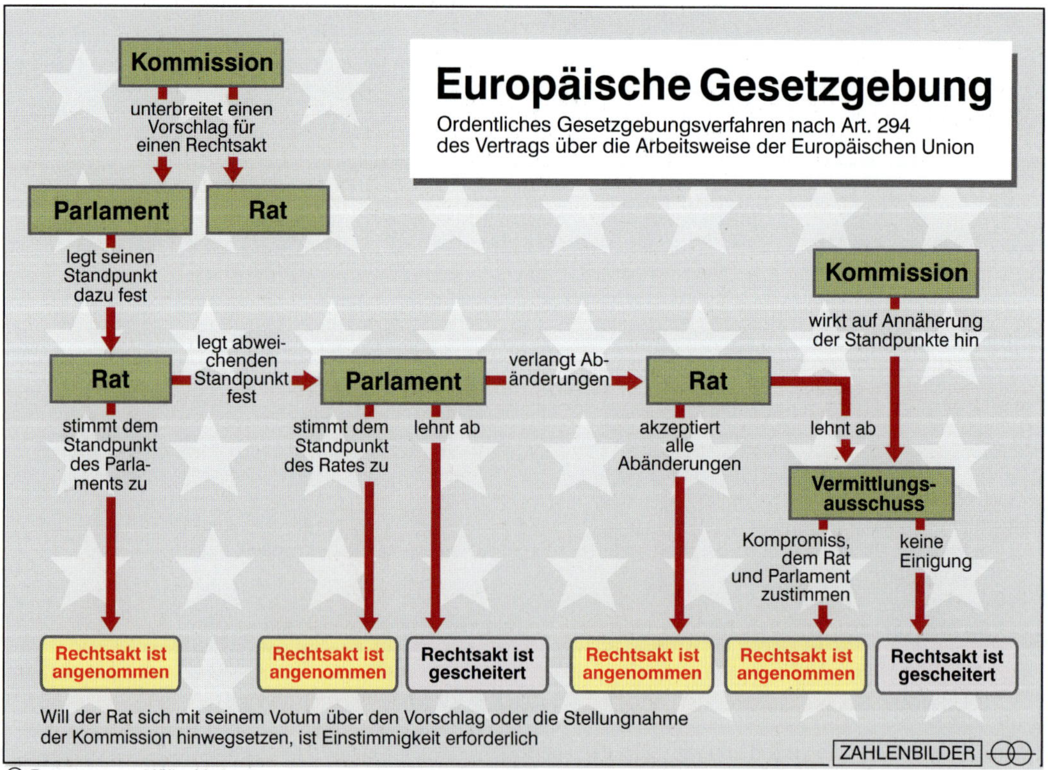

 715 420

weit die Staaten bereit sind, ihre nationalen Souveränitätsrechte zu teilen. Alle Aufgaben und Verfahren der EU sind in Verträgen festgelegt, die von den Mitgliedstaaten freiwillig und demokratisch vereinbart wurden. Aus den Verträgen leitet sich ab, in welchen Politikfeldern die Organe der Gemeinschaft allein tätig werden können, in welchen die Gemeinschaft und die Regierungen der Mitgliedstaaten gemeinsam zuständig sind und in welchen die Staaten nach wie vor für sich allein Politik machen oder nur auf Regierungsebene zusammenarbeiten.

In einigen Bereichen (wie z.B. Agrarpolitik, Außenhandel, Zollpolitik) sind die Organe der EU ganz oder weitgehend allein zuständig. Sie erlassen Gesetze, die in allen Mitgliedstaaten gelten. Diese können dort allein nicht mehr tätig werden.

In anderen Politikbereichen (wie z.B. Umwelt, Verbraucherschutz, Entwicklungspolitik) liegt die Zuständigkeit zu Teilen bei der Union, zu Teilen bei den Mitgliedstaaten. Die Mitgliedstaaten können weiterhin viele Gesetze unabhängig von der Union annehmen und die Politik selbst gestalten. In einigen Politikbereichen handelt es sich um eine zwischen der Union und den Mitgliedstaaten geteilte Zuständigkeit; so können in diesem Bereich sowohl die Union als auch die Mitgliedstaaten tätig werden und verbindliche Rechtsakte erlassen.

Der Vertrag von Lissabon ermöglicht es den Staaten, bei vermeintlichen Verstößen gegen das Subsidiaritätsprinzip sowohl eine Rüge auszusprechen als auch Klage vor dem Europäischen Gerichtshof zu erheben. Bundestag und Bundesrat erhalten mit dem Vertrag von Lissabon mehr Mitwirkungsrechte in EU-Angelegenheiten.

Gesetzgebung in der Europäischen Union

Grundprinzip der komplexen Entscheidungsverfahren ist eine abgestufte Machtteilung und gegenseitige Kontrolle der EU-Organe. Die Gesetze werden in der EU in der Regel im sog. Mitentscheidungsverfahren erlassen. Alleiniges Gesetzesinitiativrecht hat die Kommission, das Europäische Parlament wird aber zunehmend am Gesetzgebungsprozess beteiligt (→ Kapitel 5.3.1). Das Mitentscheidungsverfahren wird mit dem Lissabon-Vertrag zum Regelfall und wird im Vertrag als **ordentliches Gesetzgebungsverfahren** bezeichnet.

Das Mehrebenensystem der EU

Ihren besonderen Charakter erhält die EU durch die Verflechtung verschiedener politischer Handlungsebenen (europäisch, national und mit Einschränkungen regional) zu einem komplexen politischen Entscheidungssystem, in dem eine Vielzahl von unterschiedlichen Interessen den politischen Prozess bestimmen.

Die Entscheidungsgewalt im politischen System der EU geht also nicht von einem politischen Zentrum aus, sondern ist auf verschiedene Ebenen und Institutionen verteilt. Dieses System wird als **dynamisches Mehrebenensystem** bezeichnet (→ S. 360).

Rechtsakte der EU

- **Verordnungen:** Allgemeine Geltung, sind in allen Teilen verbindlich und gelten unmittelbar.
- **Richtlinien:** Verbindlich für jeden Mitgliedstaat hinsichtlich des zu erreichenden Ziels. Der Mitgliedstaat hat bei der Umsetzung die Wahl der Form und Mittel.
- **Beschlüsse:** Sind in allen Teilen verbindlich. Sind Beschlüsse an bestimmte Adressaten gerichtet, so sind sie nur für diese verbindlich.
- **Empfehlungen und Stellungnahmen:** Sind rechtlich nicht bindend.
- **Rahmenbeschlüsse:** Werden zur Angleichung der Rechts- und Verwaltungsvorschriften der Mitgliedstaaten herangezogen. Sie werden von einem Mitgliedstaat oder von der Kommission vorgeschlagen und müssen einstimmig angenommen werden. Sie sind für die Mitgliedstaaten hinsichtlich des zu erreichenden Ziels bindend, lassen ihnen jedoch die Wahl der Form und der Mittel und haben deshalb große Ähnlichkeiten mit Richtlinien.

Das Europäische Mehrebenensystem

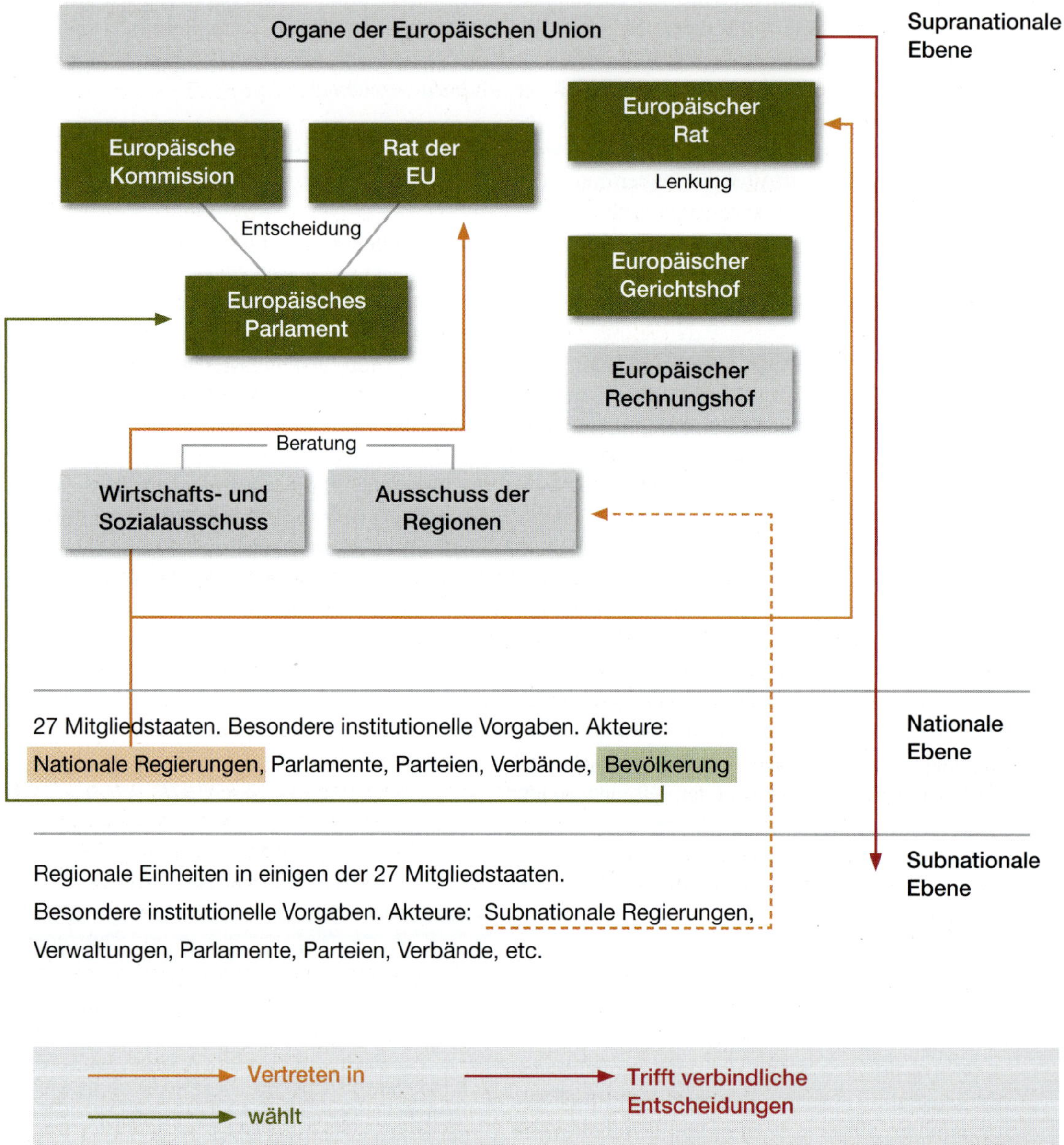

Nach: www.dadalos.org

M Höhlen EU-Gesetze den deutschen Rechtsstaat aus?

Der Fall mag einmal als besondere Ironie in die Rechtsgeschichte eingehen. Ausgerechnet ein mutmaßlicher al-Qaida-Mann, könnte es dereinst heißen, habe das Bundesverfassungsgericht darauf aufmerksam gemacht, dass eine Demokratie sich nicht selbst demontieren sollte.
Darf die Bundesregierung weite Teile ihrer Souveränität an die Europäische Union abgeben? Darf ein Staat entscheiden, dass er sich in wesentlichen Fragen nicht selbst bestimmen will? Was tun, wenn die Regierung ihre eigenen Bürger entrechtet? Um derart fundamentale Fragen geht es in einem Verfahren, das den Zweiten Senat des Bundesverfassungsgerichts seit Wochen beschäftigt wie nur wenige Fälle zuvor. Es geht, vordergründig, um den Europäischen Haftbefehl. Dieser erleichtert die Auslieferung von Verdächtigen zwischen sämtlichen 25 EU-Mitgliedsländern. Brüsseler Sicherheitspolitikern gilt er als unverzichtbares Instrument im Kampf gegen Terrorismus und Organisierte Kriminalität. Doch der Haftbefehl und sein Zustandekommen dienen den Karlsruher Richtern um den als konservativ geltenden Udo di Fabio als willkommener Anlass, Europas Machtfülle grundsätzlich unter die Lupe zu nehmen. [...] Geht es bei der Rechtssetzung der Europäischen Union mit rechtsstaatlichen Dingen zu?
Genau daran lässt einige Richter der Fall des Mamoun Darkazanli zweifeln. Darkazanli, mutmaßlicher Finanzhelfer des Terrornetzwerks al-Qaida, saß am 24. November vergangenen Jahres schon in der startklaren Abendmaschine von Berlin nach Madrid. In Spanien will der Ermittlungsrichter Baltazár Garzón dem Deutsch-Syrer den Prozess machen. Garzón hat sich zu einer Art europäischem Chef-Terroristenjäger gemausert. Das spanische Recht erlaubt es ihm, härter, schneller, effektiver anzuklagen als Staatsanwälte in anderen Ländern. Immer wieder verschicken deshalb EU-Staaten ihre Terrorverdächtigen nach Spanien. Seit August 2004 geht das recht einfach; seitdem gilt auch in Deutschland der Europäische Haftbefehl. Er erlaubt es, auf langwierige Auslieferungsverfahren zu verzichten. Wer sich eines von 32 aufgelisteten Delikten verdächtig macht, kann ohne weitere Prüfung an einen EU-Mitgliedstaat überstellt werden, sofern dieser um Auslieferung ersucht hat.
Doch möglicherweise verstößt dieses neue supranationale Fließbandverfahren gegen fundamentale Prinzipien der deutschen Verfassung. Die Richter in Karlsruhe jedenfalls ließen sich durch die eilends eingereichte Verfassungsbeschwerde des Darkazanli-Anwalts Michael Rosenthal alarmieren. Sie stoppten per einstweiliger Anordnung im letzten Moment die Auslieferung des deutschen Staatsbürgers. Die Iberia-Maschine hob ohne ihn ab.
Es ist nicht irgendein Grundrecht, das die Richter bedroht sehen, sondern eines, das an den Staat als Werte- und Schutzgemeinschaft gemahnt. Artikel 16 Absatz 2 des Grundgesetzes bestimmt: „Kein Deutscher darf an das Ausland ausgeliefert werden." Fünfzig Jahre lang galt dieser Schutz vorbehaltlos. Doch seit Ende 2002 bestimmt ein ergänzender Satz 2, dass Deutsche an einen Mitgliedstaat der Europäischen Union ausgeliefert werden dürfen, soweit – und das ist das Entscheidende – „rechtsstaatliche Grundsätze gewahrt sind". Daran nun bestehen aus mehreren Gründen Zweifel, und zwar formale wie inhaltliche.
Die formalen Zweifel richten sich auf die Art, wie Rechtsakte in Brüssel zustande kommen. Der Europäische Haftbefehl wurde im Juni 2002 durch einen so genannten Rahmenbeschluss des EU-Ministerrates eingeführt. Rahmenbeschlüsse sind für die Mitgliedstaaten hinsichtlich des Ziels verbindlich. Das aber bedeutet im Klartext: Eine Riege von Ministern gibt den nationalen Parlamenten vor, was sie zu beschließen haben – ein Verstoß gegen den Gewaltenteilungsgrundsatz, nach dem nicht die Regierung Gesetze erlassen darf, sondern nur die Parlamente? [...]

Ein Spruch des Bundesverfassungsgerichts auf dieser hohen formalen Ebene könnte im europäischen Integrationsgefüge so einschneidend wirken wie eine Kettensäge im Fachwerkhaus. Zwei volle Verhandlungstage haben die Richter zur mündlichen Erörterung angesetzt – so viel Zeit nehmen sie sich sehr selten. Zudem verrät die Wortwahl der Verhandlungsgliederung, wie hoch die Verfassungsrichter den Fall hängen. Darüber, wo die „Integrationsgrenzen" der EU liegen, wollen sie sprechen, ja, ob nicht der „Harmonisierungsdruck" zu einer „schrittweisen Entstaatlichung" führe, und zwar durch die „Übertragung von Kernkompetenzen". Das ist schweres rhetorisches Geschütz.

Doch auch unterhalb dieser Schwelle könnten die Karlsruher Europa in seine Schranken weisen. Es bliebe nämlich die Frage, ob es nicht längst zu einem fahrlässigen Ausverkauf von nationalen Hoheitsrechten an die Brüsseler Gesetzesschmiede gekommen sei. Im Maastricht-Urteil von 1993 stellten die Richter klar, dass „Aufgaben und Befugnisse von substanziellem Gewicht" weiterhin Sache des Bundestages bleiben müssten. Sind sie das in der Praxis noch?

Nein, behaupten die Beschwerdeführer. Durch den EU-Haftbefehl werde es denkbar, dass ein Staatsbürger für eine Handlung in seinem Heimatland bestraft werde, obwohl das entsprechende Verhalten dort gar nicht strafbar sei. Damit werde der eherne Rechtsstaatsgrundsatz „Nulla poena sine lege" („Ohne Gesetz keine Strafe") verletzt, will sagen: Bestrafen darf der Staat nur Taten, die er selber als Unrecht definiert hat. Abtreibung beispielsweise ist in Irland ein Tötungsdelikt. Müssen deutsche Ärzte nun damit rechnen, in Dublin verurteilt zu werden? In Großbritannien ist Stierkampf verboten, Transaktionen mit Einkünften aus diesem Geschäft gelten daher als Geldwäsche – muss sich der Torero aus Sevilla mithin bald in London verantworten? [...]

Dagegen vertritt der Anwalt der Bundesregierung im aktuellen Karlsruher Streitfall eine eher sture Rechtsauffassung. Deutschland, heißt es in der Erwiderung auf die Verfassungsbeschwerde, habe sich nun einmal völkerrechtlich verpflichtet, EU-Beschlüsse umzusetzen, Schluss, aus. Beim Europäischen Haftbefehl handele es sich um „zwingendes europäisches Recht, zu dessen Umsetzung die Bundesrepublik bedingungslos und unabhängig von ihrer Verfassung unionsrechtlich verpflichtet ist". Die Regierung agiert also neuerdings unabhängig vom Grundgesetz? Solche Töne dürften den Verfassungshütern in Karlsruhe die Zornesröte ins Gesicht treiben.

Bisher gingen die Richter davon aus, die Grundrechte seien in Europa ganz gut aufgehoben. Der grundrechtliche Standard der EU sei dem in Deutschland „im Wesentlichen gleichzuachten", schrieben sie in ihrer berühmten „Solange II-Entscheidung"«. Doch das war 1986 – und damit lange vor dem 11. September 2001. Seit den Terrorattacken hat sich einiges verändert im europäischen Rechtsdenken – siehe etwa Großbritannien, wo Richter schon Folter und zeitlich unbegrenzte Haft ohne Anklage für hinnehmbar halten. Zugleich erklärt die Bundesregierung in ihrem Schriftsatz ohne Umschweife, dass „die nationalstaatliche Schutzpflicht gegenüber dem eigenen Staatsangehörigen [...] zugunsten einer europäischen Zusammenarbeit zurückgenommen" wird [...].

Jochen Bittner, in: Die Zeit vom 06.04.2005

2005 erklärte das Bundesverfassungsgericht die Regelungen zum europäischen Haftbefehl für nichtig. Daraufhin musste der Bundestag ein neues Gesetz formulieren.

Aufgaben

1. Erklären Sie das Mehrebenensystem der EU.

2. Erläutern Sie den Rechtsstreit um den europäischen Haftbefehl und zeigen Sie, inwieweit es dabei um die Abgrenzung von Kompetenzen zwischen Nationalstaat und EU geht (M).

4 Perspektiven und Probleme der europäischen Integration

Leitfragen

Welche Chancen und Probleme sind mit Erweiterungen verbunden?

Was ist die Europäische Union und was will sie werden?

Ökonomische und haushaltspolitische Folgen der Osterweiterung

Die **Erweiterungen** um zehn ehemalige Ostblockstaaten sowie um Malta und den griechischen Teil Zyperns stellen eine Zäsur in der Entwicklung der EU dar. Die Aufnahme von zwölf Staaten hat nicht nur wirtschaftliche und finanzpolitische Fragen aufgeworfen, es wurden auch Fragen nach der Funktionsfähigkeit und der künftigen Gestalt der EU sowie ihren Grenzen dringlicher.

Das **sozioökonomische Entwicklungsgefälle** der Beitrittsländer gegenüber den alten EU-Staaten ist z.T. sehr groß. Das Bruttosozialprodukt pro Kopf erreichte zwei Jahre nach dem Beitritt im Durchschnitt nicht einmal die Hälfte des Durchschnitts der alten EU. Allerdings ist das Wirtschaftswachstum in allen neuen EU-Ländern deutlich höher. Die Folgen für die alte EU sind vielfältig:

- Die **Absatzchancen** der Wirtschaftsunternehmen sind wegen des Nachholbedarfs im Osten größer geworden.
- Wegen der neu entstehenden Märkte und der geringeren Produktionskosten werden **Arbeitsplätze** in die neuen EU-Staaten verlagert. Dies wird durch die dort geltenden niedrigen Sätze für Unternehmenssteuern sowie durch die Förderung der Industrieansiedlung aus dem EU-Haushalt verstärkt.
- Im Rahmen der durch die alten EU-Staaten zugelassenen Freizügigkeit wandern nach Ablaufen der in einigen Ländern gültigen Sperrfristen **Arbeitskräfte** aus den neuen EU-Ländern in die Arbeitsmärkte. Dies bedeutet in Ländern mit großem Arbeitskräftebedarf eine Entspannung, kann aber in Staaten mit hoher Arbeitslosigkeit als problematisch empfunden werden, wenn die Zuwanderer bereit sind, ihre Leistungen deutlich unter dem hier üblichen Preis anzubieten.
- Die Anpassung der Infrastruktur, die Förderung der Industrieansiedlung sowie Hilfen für die oft wenig leistungsfähige Landwirtschaft binden große Mittel aus dem **EU-Haushalt**. Die Leistungsfähigkeit und -willigkeit für weitere Erweiterungen ist daher begrenzt.

Der Türkei, Kroatien und Mazedonien wurde der Status eines Beitrittskandidaten verliehen, den anderen Nachfolgestaaten des ehemaligen Jugoslawien wurde die Perspektive eines EU-Beitritts in Aussicht gestellt. Auch Staaten der ehemaligen Sowjetunion, vor allem die Ukraine, sowie Island streben eine EU-Mitgliedschaft an. Angesichts dieser Wünsche wird nun die Frage der **Aufnahmefähigkeit** der EU und der **geografischen Grenzen** des integrierten Europa dringlicher. Vor allem am geplanten Beitritt der Türkei entzündet sich die Diskussion um die von der EU vertretenen Werte und die europäische Identität (→ Kapitel 5.1.2).

Zukunftsperspektiven der EU

Fünf Jahrzehnte wurde die europäische Integration zwischen Erweiterung und Vertiefung vorangetrieben, ohne dass ein angestrebtes Ziel für die

Gestalt des integrierten Europa definiert worden wäre.

Als mögliche **Grundmodelle** für eine künftige Organisationsform gelten „Bundesstaat" und „Staatenbund".

- **Bundesstaat**

Ein Bundesstaat – etwa nach dem Muster der Bundesrepublik Deutschland – stellt einen Zusammenschluss mehrerer Staaten zu einem übergeordneten Gesamtstaat dar. Sowohl der Bund als auch die Gliedstaaten verfügen über eigenständige Kompetenzen und die Gliedstaaten sind gegenüber dem Bund zur Bündnistreue verpflichtet.

- **Staatenbund**

Ein Staatenbund ist ein Zusammenschluss von Staaten, die sich zum Ziel gesetzt haben, eine begrenzte Anzahl von Aufgaben gemeinsam wahrzunehmen. Dabei bleibt die Souveränität der einzelnen Mitgliedstaaten stets unberührt.

Die heutige Europäische Union ist ein Gebilde, das sich grundlegend von diesen Staats- und Bündnisformationen unterscheidet. Juristisch und politisch betrachtet ist die EU mehr als ein Staatenbund, denn die Europäische Union hat beispielsweise in bestimmten Politikbereichen das Recht, Gesetze zu erlassen, die für den Einzelnen verbindlich sind und die auch Vorrang vor nationalem Recht beanspruchen können. Dennoch kann die Europäische Union nicht als Staat oder Bundesstaat bezeichnet werden, da die Mitgliedstaaten der EU ihre Souveränität nicht verloren haben und sie somit nicht zu bloßen Gliedstaaten im „Bundesstaat Europa" herabgestuft worden sind. Das Bundesverfassungsgericht hat für dieses Gebilde daher den neuen Begriff **Staatenverbund** geprägt.

Mit der Erweiterung der EU auf 27 Mitglieder ist auch die Meinungsvielfalt in der Frage des Integrationszieles größer geworden. In etlichen EU-Staaten betont man heute die Bedeutung der nationalen Souveränität und möchte nicht über den erreichten Stand der Integration hinausgehen. Es werden die Vorteile der wirtschaftlichen Integration gesehen, man möchte aber vitale nationale Interessen nicht Gemeinschaftsorganen ausliefern. Im **Vertrag von Lissabon** wurde daher festgelegt, dass eine Gruppe von EU-Staaten auch ohne Zustimmung der anderen weitergehende Integrationsschritte vereinbaren kann (→ Kapitel 5.1.1). Mit der verstärkten Zusammenarbeit soll verhindert werden, dass das weitere Zusammenwachsen Europas durch einige wenige Staaten blockiert wird. Mit diesem Beschluss sind Voraussetzungen für die Szenarien Gravitationsraum Europa oder Kerneuropa geschaffen (→ M1).

Europa der zwei Geschwindigkeiten / DIE ZEIT, Murschetz

M1 Zukunftsszenarien für Europa

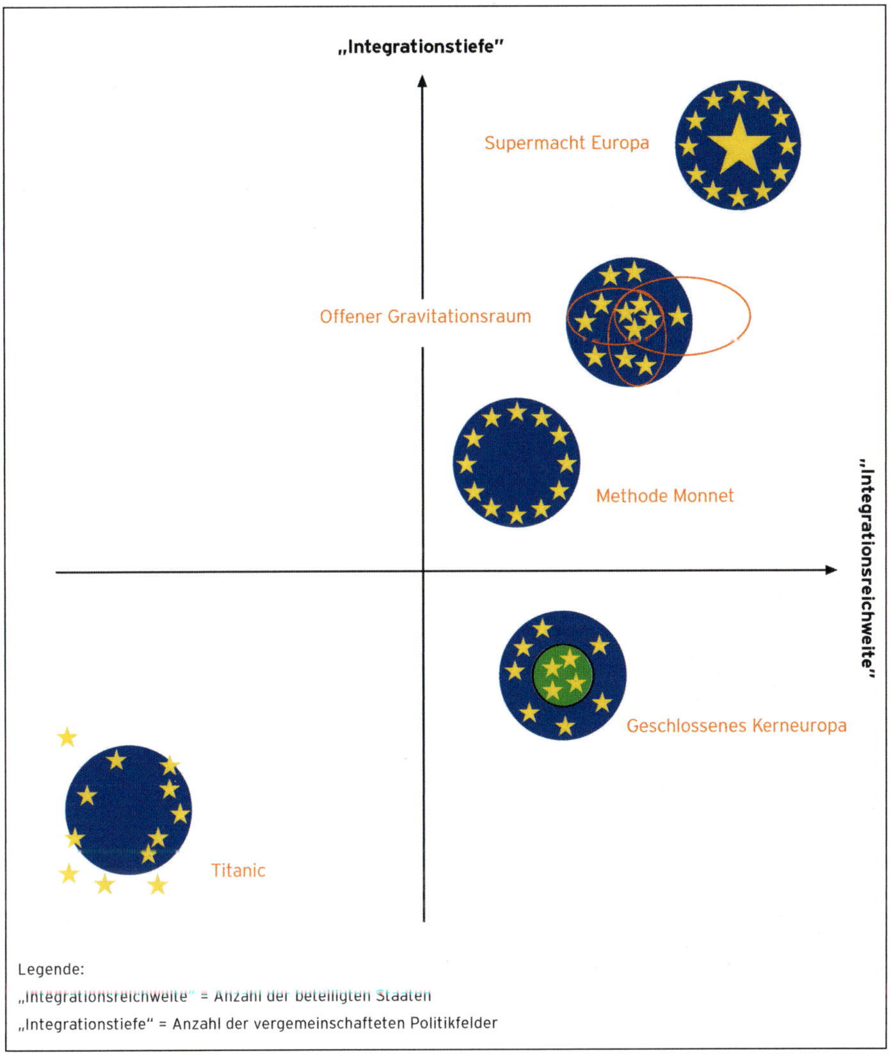

Erläuterungen zu den einzelnen Szenarien:

Titanic: Das Titanic-Szenario beschreibt eine wesentliche Gefährdung bis hin zur Auflösung der europäischen Integration. Die Europäische Union ist nach dem Szenario nicht fähig, den inneren und äußeren Herausforderungen gerecht zu werden. Innerhalb der Union nehmen die Interessenunterschiede und die Leistungsunterschiede der Mitgliedstaaten insbesondere durch die Erweiterung immer weiter zu. Die Verteilungskämpfe werden schärfer und die Wertvorstellungen der einzelnen Mitgliedstaaten scheinen unüberbrückbar. Die bestehenden Strukturen und Institutionen der EU erweisen sich als ungeeignet für die große Zahl von Mitgliedstaaten. Sie führen zu tiefen Rissen und schließlich zur totalen Handlungsunfähigkeit. Infolge dessen bemühen sich die Mitgliedstaaten nicht nur, keine Kompetenzen mehr an die EU zu übertragen, sondern bereits an die EU abgetretene Kompetenzen wieder zurückzuerhalten. Das Modell der EU ist gescheitert.

Kerneuropa: Dieses Szenario basiert auf der Annahme, dass die Mitgliedstaaten sich über den gemeinsamen Binnenmarkt und den grenzenlosen Reiseverkehr hinaus nicht mehr auf ein gemeinsames Ziel hinsichtlich der zukünftigen Entwicklung der Europäischen Union einigen können. Der Gedanke einer großen, föderativen politischen Union aller Mitgliedstaaten geht verloren. In einigen Staaten nehmen Nation und Region in ihrer identitätsstiftenden Bedeutung wieder zu. Diese blockieren aufgrund ihres Mitspracherechts in den europäischen Institutionen eine weitergehende Integration. Schließlich entschließt sich eine überzeugte Gruppe von Mitgliedstaaten zur Zusammenarbeit außerhalb der Strukturen der Europäischen Union.

Methode Monnet: Dieses Szenario schreibt das Muster des Einigungsprozesses der vergangenen Jahre fort. Nach dem Scheitern der Verfassung erweist sich die ständige Suche nach einem kleinsten gemeinsamen Nenner als das beherrschende Prinzip des Integrationsprozesses, der flickenhaft und unvollständig bleibt. Trotz ihrer institutionellen Schwächen und den unterschiedlichen Interessen der Mitgliedstaaten zerfällt die Union nicht. Die bisherigen Erfolge (Frieden, Binnenmarkt, Schengen-Region) halten die Union so zusammen, dass immer wieder Kompromisse und kleine Fortschritte möglich sind.

Offener Gravitationsraum: Wesentliches Merkmal dieses Szenarios ist eine Gruppe von Mitgliedstaaten, die sich dem Ziel einer kontinuierlichen Integrationsvertiefung verpflichtet haben. Die ganzheitlichen Reformbemühungen scheitern an den unterschiedlichen Interessen der Mitgliedstaaten. Dennoch hält eine Mehrheit der Mitgliedstaaten am grundsätzlichen Ziel der Fortentwicklung der EU in Richtung einer politischen Union fest. Sie wählt mit Duldung der anderen Mitgliedstaaten den Weg weiter vertiefter Kooperation, jedoch wird den anderen Mitgliedstaaten die Möglichkeit der Teilnahme an der vertieften Zusammenarbeit zu einem späteren Zeitpunkt gegeben.

Supermacht Europa: Die Staaten sind bereit, der EU immer weiterreichende Kompetenzen in zentralen Politikbereichen zu übertragen (Innen-, Außen-, Verteidigungs-, Wirtschafts- und Sozialpolitik), weil sie davon ausgehen, dass sich die Nationalstaaten nur über den Zusammenschluss in der EU im internationalen Wettbewerb behaupten können. Eine Europäische Verfassung führt zu einer klaren Abgenzung der Kompetenzen der EU und der Mitgliedstaaten. Wirtschaftliche Leistungsfähigkeit, Rechtsstaatlichkeit, ein Wertesystem mit großer internationaler Ausstrahlungs- und Anziehungskraft und erweiterte militärische Fähigkeiten verschaffen der EU eine beachtliche Handlungsbasis. Auf der Grundlage eines sich immer stärker ausprägenden „Wir-Gefühls“ entwickelt sich die EU in Richtung eines europäischen Bundesstaates mit eigener Staatsqualität.

Nach: Franco Algieri u. a., Centrum für angewandte Politikforschung, München

M2 Aufbruch in eine neue Welt

[Es ist die] Frage nach dem Kern des Europäischen, der nicht nur die Franzosen, sondern auch die 26 anderen Nationen umtreiben müsste – jetzt, da der Vertrag von Lissabon die Geschicke Europas regelt. Die Gemeinschaft der Europäer hätte also allen Anlass, über ihren Platz in der Welt und ihre Sehnsüchte nachzudenken, die sie als wirtschaftsmächtigste Gruppe auf dem Planeten in den kommenden Jahren erfüllt sehen möchte.

Aber Europa denkt nicht nach. Europa fühlt nicht. Europa spürt kaum eine Identität. 500 Millionen Menschen, zusammengeführt in einer historisch einmaligen Gemeinschaft, ökonomisch von bislang nicht zu übertreffender Schlagkraft, diesen 500 Millionen Menschen ist der Gemeinsinn abhandengekommen. [...] Vielleicht ist der Gemeinsinn gar nicht endgültig verschwunden, vielleicht liegt er verschüttet, vielleicht muss er sich nur von einer Erschöpfung erholen. Denn die politischen Anführer in diesem Europa haben ihren 500 Millionen etwas zugemutet, das in Apathie münden musste. Wenn [...] der Vertrag von Lissabon in Kraft tritt, dann endet nach acht Jahren die wohl ehrgeizigste politische Operation, die je an einem lebendigen Gemeinwesen durchgeführt wurde. [...]

„Lissabon“ ist dabei zum Gruselbegriff der Politsprache verkommen. Wer den Vertrag nur erwähnt, kann sich seiner Einsamkeit sicher sein. Gestartet als Reforminitiative im Jahr 2001, emporgestiegen in einem Konvent als Verfassungsprojekt, abgestürzt über zwei Referenden, wiederbelebt in mühsamer Bürokratenarbeit, wieder und wieder getestet, modifiziert, verworfen und schließlich akzeptiert, von Gerichten durchleuchtet und von Populisten missbraucht – diesem Vertrag wohnt kein Segen inne. Er war Beweis einer reformerischen Selbstüberschätzung, so wie die Mega-Erweiterung der Europäischen Union im Jahr 2004 zum Beleg für überschätzte Integrationskraft wurde. Europa leidet daran, dass es sich in der vergangenen Dekade zu viel zugemutet hat. Deswegen ist es nicht weiter verwunderlich, dass heute keine Freude an einer Identitätsdebatte entstehen mag, dass politische Erschöpfung und gestalterische Einfallslosigkeit den Kontinent zeichnen. Erstmals seit Gründung der Gemeinschaft steckt in einem Vertragswerk nicht bereits die Saat für die nächste Reform, erstmals seit 52 Jahren fehlt ein Projekt, das Europa den nächsten Schub verpassen könnte. Diese Post-Lissabon-Depression ist verständlich, aber nicht unheilbar. Denn wenn die Erschöpfung gewichen sein wird, dann lassen sich sowohl mit den Hebeln des Vertrags als auch durch die Konstellation der Akteure in aller Welt Chancen erkennen, die Europa zu seiner Bürger Gunsten nutzen kann. Dazu aber muss sich die Europäische Union ein für allemal ihrer Identität, ihres Charakters sicher sein. [...]

[Die EU] ist der Zusammenschluss von 27 Staaten, mit dem Ziel, einen unheilvollen Machtzuwachs zugunsten einer Nation auf dem Kontinent abzuwehren. Europa ist kein Bundesstaat, sondern ein Staatenverbund mit einem teilsouveränen Charakter [...]. Zwei Klarstellungen sind nötig. Erstens: Die Europäische Union braucht keinen starken Präsidenten, sie braucht einen starken Moderator, weil sie ihre Kraft nicht aus der Machtfülle einer einzelnen Person bezieht (wie die USA), sondern aus der Bündelung ihrer Kräfte. Wer diese historische Erfahrung ignoriert, zerstört die EU. Klarstellung zwei: Der Vertrag von Lissabon ist kein Instrument zur Entdemokratisierung, sondern eine – wenn auch komplizierte - Gebrauchsanweisung, um die Gemeinschaft der 27 effektiver und kontrollierbarer zu machen. Dazu können nun in fast allen Bereichen der Politik (bis auf Steuern und das Außengeschäft) Entscheidungen mit Mehrheit

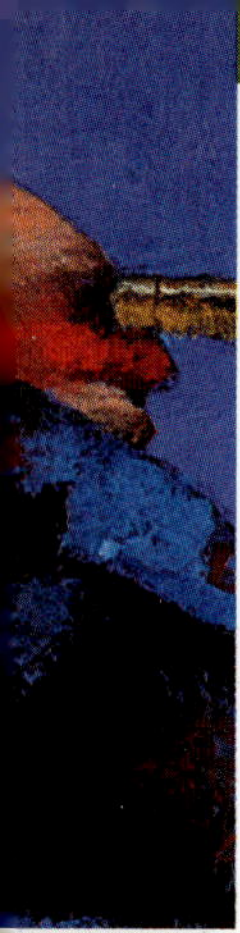

getroffen werden. Und in fast all diesen Bereichen bestimmt das Europäische Parlament mit, weshalb man diesem Parlament künftig kräftig auf die Finger schauen muss. Schließlich werden zwei wichtige Posten geschaffen: der Präsident des Rats, also der Versammlung aller Staats- und Regierungschefs; er wird nur so stark sein, wie es diese Staats- und Regierungschefs wünschen. Und der Außenbeauftragte, der in seiner Person den bisherigen Hohen Repräsentanten für Außenpolitik und den Außen-Kommissar vereint. Er wird im Zweifel die wichtigere Person sein, wenn es um Europas Macht in der Welt geht. [...]

Europa hat also die richtigen Mittel, um die Post-Lissabon-Depression zu vertreiben. War bisher die Raison d'être der Gemeinschaft, von einer Vertragsreform zur nächsten zu springen, so ist die EU nun gezwungen, ihre Instrumente vernünftig anzuwenden und nach außen zu schauen. Ging es bisher um Struktur und Ordnung, so geht es jetzt um Inhalt: Mehr Wachstum und Soziales, weniger Protektionismus und Intransparenz, Attraktivität für potentielle Neumitglieder an den Grenzen, Einfluss in der Welt.

Stefan Kornelius, in: Süddeutsche Zeitung vom 31.10.2009

Aufgaben

1. Analysieren Sie in Gruppenarbeit jeweils eines der in M1 abgebildeten Zukunftsszenarien. Diskutieren Sie die Auswirkungen der einzelnen Modelle auf Weg und Ziel der Integration, die Organisationsstrukturen, Erweiterungsmöglichkeiten sowie die Außenwirkung der EU.

2. Begründen Sie, welches Modell Ihnen am ehesten geeignet erscheint, um die aktuellen Herausforderungen der europäischen Integration zu meistern (M1).

3. Diskutieren Sie: Wo liegen nach dem Lissabon-Vertrag neue Entwicklungschancen für die EU (M2)?

4. Was bedeutet für Sie persönlich die Europäische Union?

6 Internationale Politik

1 Merkmale der heutigen Weltordnung

1.1 Das internationale System zu Beginn des 21. Jahrhunderts

Leitfragen | Wie hat sich das Staatensystem in den vergangenen Jahrzehnten verändert? | Welche Akteure wirken heute in der internationalen Politik mit?

Internationale Beziehungen

Internationale Politik meint die Beziehungen, Institutionen und Normen, welche die Staaten und die internationalen staatlichen Organisationen unterhalten und entwickeln. Internationale Politik wird heute von einer Vielzahl unterschiedlicher Akteuren betrieben. Nationalstaaten - zu Beginn des 20. Jahrhunderts beinahe die alleinigen Akteure - prägen zwar auch heute noch durch ihre unterschiedliche Machtfülle, ihre Bündnisse, Feindschaften und Konkurrenzbeziehungen die Struktur des internationalen Systems, geben aber zunehmend Souveränitätsrechte an internationale Organisationen ab. Die Beziehungen zwischen den Staaten sind durch völkerrechtliche Grundsätze geregelt (→ Kapitel 6.5).

Die bipolare Weltordnung bis 1990

Die ersten fünf Jahrzehnte nach dem Zweiten Weltkrieg waren bestimmt durch den **ideologischen Gegensatz** zwischen den Supermächten USA und Sowjetunion. Viele andere Staaten gehörten freiwillig oder gezwungenermaßen den jeweiligen Blöcken an.

Die übrigen Staaten, vor allem jene der sogenannten Dritten Welt, versuchten, eine bewusst „blockfreie" Politik zu verfolgen oder gerieten in den Einflussbereich einer der beiden Supermächte. Die gesamte Weltpolitik wurde so durch den Gegensatz der beiden Supermächte geprägt. Diese Weltordnung wird deshalb als **bipolar** bezeichnet.

Die bipolare Weltordnung des Ost-West-Konflikts

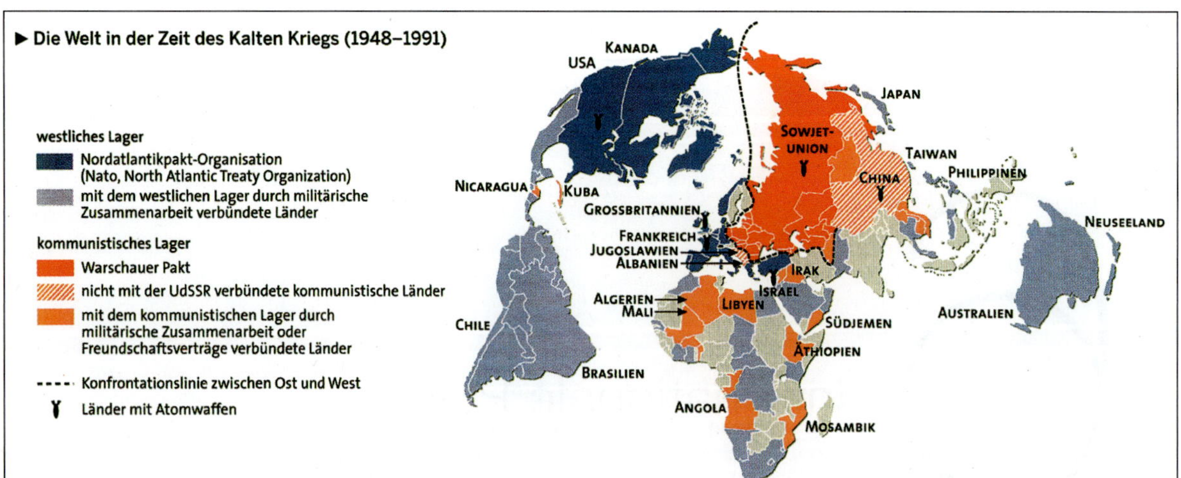

Atlas der Globalisierung, Berlin 2006, S. 53

Die multipolare Weltordnung zu Beginn des 21. Jahrhunderts

Russland als größter Erbe der zerfallenen Sowjetunion ist zwar eine bedeutende militärische und politische Macht geblieben, konnte aber die frühere Supermachtrolle nicht aufrechterhalten. Die USA sind seither allen anderen Staaten in militärischer und wirtschaftlicher Hinsicht weit überlegen und neigen dazu, die Weltordnung nach ihrem Willen zu gestalten. Die Grenzen dieser Entwicklung zu einer **unipolaren Ordnung** wurden aber rasch sichtbar:

- Die USA erkennen, dass sie zur Lösung vieler Weltprobleme auf andere Mächte angewiesen sind (z. B. zur Begrenzung der iranischen Atompolitik auf Russland und China).

- Es haben sich neue regionale Machtzentren gebildet, die sich zwar noch nicht auf Augenhöhe mit den USA befinden, aber durchaus das Potenzial zu einer künftigen Weltmachtrolle besitzen (etwa Indien und China).

- Die Situation in Krisenregionen wie Afghanistan lässt vermuten, dass die USA auch militärisch an die Grenzen ihrer Macht stoßen.

Trotz der gegenwärtigen Vormachtstellung der USA ist durch den Aufstieg von Staaten wie Indien und China die Tendenz zu einer **multipolaren Weltordnung** erkennbar, die durch ein Nebeneinander mehrerer global wirksamer Machtzentren gekennzeichnet ist.

Das heutige System internationaler Akteure

Zentrale Akteure auf internationaler Ebene sind die Regierungen der Nationalstaaten. Sie betreiben die jeweilige Außenpolitik ihres Landes und gestalten zusammen betrachtet die internationale Politik.

Neben die Staaten ist in den vergangenen Jahrzehnten eine Vielzahl von Akteuren der internationalen Politik getreten – von internationalen Organisationen, die von Staaten gebildet werden (z. B. Vereinte Nationen) bis hin zu transnationalen Unternehmen und Nichtregierungsorganisationen wie etwa Amnesty International oder Attac. Die internationalen Beziehungen werden also durch verschiedene Akteure geprägt. Diese wirken in unterschiedlichen Aktionsformen mit mehreren Handlungsmöglichkeiten.

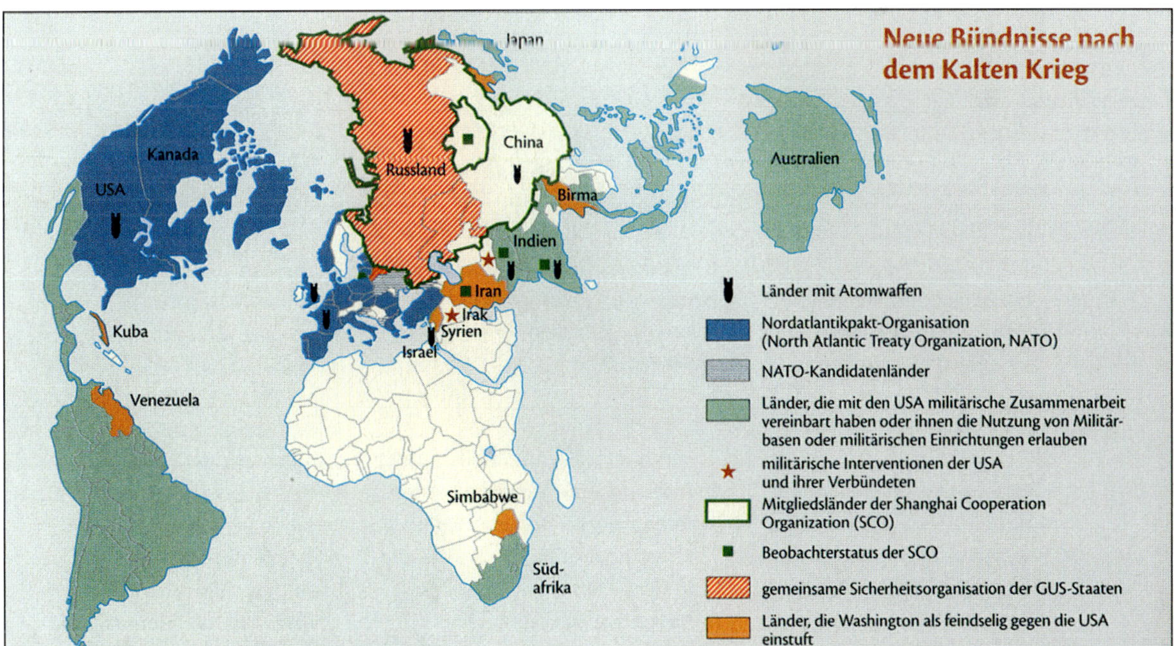

nach: Atlas der Globalisierung, a.a.O.

Akteure in der internationalen Politik

Akteure	Aktionsformen und Handlungsoptionen	Beispiele
Alle Akteure	internationale Beziehungen	Gesamtheit der politischen, wirtschaftlichen, kulturellen Beziehungen auf internationaler Ebene
Supranationale (übernationale, überstaatliche) Einrichtungen	supranationale Politik und Verfahren (Wahrnehmung von Weisungs- und Strafbefugnissen gegenüber Staaten und Personen)	• Internationaler Strafgerichtshof • Kriegstribunale • Streitschlichtungsverfahren der WTO
Staatenverbund	supranationale und zwischenstaatliche Politik (Integration als regionale Friedens- und Wertegemeinschaft, auf Problemlösungen orientiert)	• Europäische Union
Staatengruppen **Internationale Organisationen** **Bündnisse**	internationale Politik (Gestaltung der Beziehungen zwischen den Staaten und den internationalen staatlichen Organisationen)	• G8 (Gruppe der führenden Industrieländer) • UNO, Weltbank, IWF, OSZE • NATO, Rio-Pakt
Einzelne Regierungen	Außenpolitik (Wahrnehmung der allgemeinpolitischen, wirtschaftlichen, militärischen und soziokulturellen Interessen eines Staates in seinem internationalen Umfeld)	• amerikanische Irak-Politik • deutsche Entwicklungspolitik • australische Einwanderungspolitik
Einzelressorts, substaatliche Verwaltungseinheiten	transstaatliche Politik (grenzüberschreitende Kooperation mit Einrichtungen anderer Staaten)	• Zusammenarbeit von Ministern verschiedener Staaten in EU-Fachministerräten • Städtepartnerschaften
Nationale Zivilgesellschaft (innergesellschaftliche Organisationen, Verbände, soziale Bewegungen)	außenpolitische Einflussnahme (durch Lobbyarbeit oder Mobilisierung der öffentlichen Meinung)	Haltungen von • Gewerkschaften • Industrieverbänden • Friedensgruppen zum Einsatz der Bundeswehr in Krisenregionen
Internationale Zivilgesellschaft (Parteien, Kirchen, Interessengruppen, soziale Bewegungen)	transnationale Politik (grenzüberschreitende Einflussnahme auf Entscheidungsträger in der internationalen Politik – begrenzte Handlungsmöglichkeiten)	• Internationale Industrie- und Handelskammer • Greenpeace oder Amnesty International • NGO-Gegenkonferenzen zu Wirtschaftsgipfeln

Schülerduden Politik, Berlin 2004, S. 275

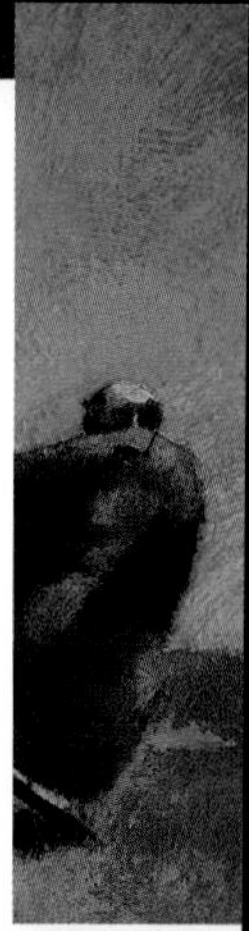

M Das Ende unserer Weltordnung

Die Welt, ihre Ordnung und ihre Bewegungsrichtung werden sich im nächsten halben Jahrhundert ebenso rapide und rasant ändern wie in den zurückliegenden fünf Jahrzehnten. [...] Es wird, wie stets in der Geschichte, auch in der vor uns liegenden Epoche Überraschungen geben; das Unvorhergesehene, Unvorhersehbare wird die Zeitläufe mindestens so stark prägen wie das Erwartbare. Keine Langfristprognose hat den Zusammenbruch des Sowjetimperiums vorausgesagt, die Eruption des islamischen Dschihad-Terrorismus, den heraufdräuenden Klimawandel, die rasche Ausbreitung der Informationstechnik und den Siegeszug von Computer, Internet und Handy. [...] Mit einiger Sicherheit lässt sich sagen, dass drei Faktoren die nächsten Jahrzehnte bestimmen werden: die Demografie, die fortdauernde Globalisierung und – ewig unverändert – die Frage nach Krieg und Frieden.

Der demografische Faktor [...] Der demografische Wandel vollzieht sich in den alten Industrienationen schneller als in den Entwicklungsländern. Dort leben heute acht von zehn Erdenbürgern; in 20 Jahren werden es neun von zehn sein: 7,2 von 8 Milliarden Menschen im Jahre 2025, davon allein 4,7 Milliarden in Asien und 1,3 Milliarden in Afrika. Das heißt: Der Westen schrumpft. [...] Im Jahre 1900 machen die Europäer – im weitesten geografischen Sinn – 20 Prozent der Menschheit aus, ein stolzes Fünftel. Inzwischen ist ihr Anteil auf gerade noch 11 Prozent gesunken. Und er wird weiter fallen: auf knapp 7 Prozent im geografischen Europa zur Mitte des 21. Jahrhunderts und ganze 4 Prozent bis zu seinem Ende. [...] Im Jahre 1900 machten Europäer und Nordamerikaner fast ein Viertel der Weltbevölkerung aus. 200 Jahre später werden es nur noch ein Neuntel sein. 500 Millionen Europäer und ebenso viele Nordamerikaner werden 8 Milliarden Menschen in der übrigen Welt gegenüberstehen. Zugleich werden die EU-Bürger älter; das Durchschnittsalter steigt auf 44,5 Jahre. Unverkennbar wird Europa zahlenmäßig an den Rand gedrängt – paradoxerweise in einem historischen Augenblick, wo die Europäer zivilisatorisch und kulturell auf der ganzen Linie gesiegt haben; denn was wäre die Globalisierung in Wahrheit anderes als der Siegeslauf des europäischen way of life rund um den Globus? [...] Europa wird all seinen Genius, sein Integrationsvermögen und seinen Überlebenswillen aufbieten müssen, wenn es sich in der heraufdämmernden Welt von morgen behaupten will. Der demografische Faktor nagt nicht nur an unserer Rentenformel, er schwächt unsere Weltstellung. Was den Europäern an Masse abgeht, werden sie künftig durch Artgewicht, Dynamik und Einfallsreichtum ersetzen müssen. Vor allem aber: durch forcierte Willenseinheit.

China und Indien Nun zur Globalisierung. In ihrem Zeichen wird die Weltwirtschaft in den nächsten Jahrzehnten weiter wachsen – unaufhaltsam, wiewohl regional ungleich. Die vier größten Schwellenländer – die sogenannte BRIC-Gruppe: Brasilien, Russland, Indien und China – werden am stärksten von der Entwicklung profitieren, daneben in Asien Malaysia, Thailand, Vietnam, Indonesien und Korea, in Lateinamerika Mexiko, Chile, Argentinien. Hingegen hinkt Schwarz-Afrika nach wie vor zurück. Seine 5 bis 6 Prozent Wachstum in jüngster Zeit sind sehr uneben verteilt; sie begünstigen vor allem die rohstoffreichen Staaten. Überall südlich der Sahara behindern kleine Märkte, mangelhafte Infrastruktur, niedrige Sparraten die Entwicklung. Die dortigen Nationalökonomien gründen zumeist auf Rohstoffen und deren Preisen auf dem Weltmarkt; wirtschaftliche Diversifizierung findet kaum statt; der private Sektor hat wenig Entfaltungsmöglichkeiten. Dazu kommen vielerorts die Pest der Korruption, bad governance – katastrophale Regierungsführung – und löchrige Bildungssysteme. Nur Südafrika darf dank seiner gut entwickelten Infrastruktur und dem soliden Geschäftssinn seiner Unternehmer ein besseres Abschneiden als die übrigen Länder

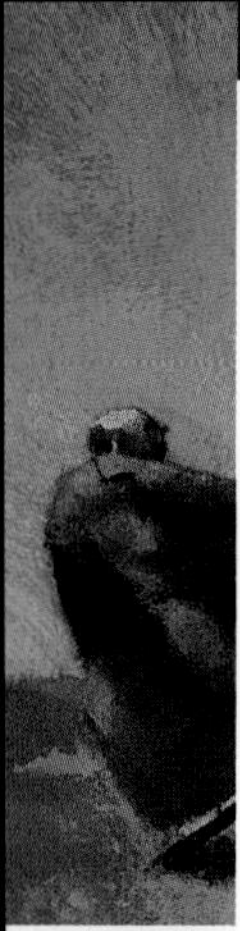

erhoffen, in denen die Bevölkerungsexplosion – in Afrika auf 2 Milliarden Menschen bis zur Jahrhundertmitte – allen wirtschaftlichen Fortschritt zu untergraben droht. Die Musik wird in den nächsten Jahrzehnten in Asien spielen, zumal in China und Indien. Das amerikanische National Intelligence Council prognostiziert, dass China 2025 die zweitgrößte, Indien die viertgrößte Nationalökonomie der Welt sein wird. Asiens Anteil am Weltsozialprodukt, in Kaufkraftparität berechnet, wird bis 2030 von 24 Prozent im Jahr 2000 auf 38 Prozent ansteigen, während der Anteil der OECD-Länder von 55 auf 40 Prozent zurückgeht. [...] Wiederum erhebt sich hier die Frage: Wo bleiben angesichts des rasanten asiatischen Aufschwungs die alten Industriestaaten? [...]

Krieg und Frieden Bleibt die Schicksalsfrage nach Krieg und Frieden im 21. Jahrhundert. [...] Es wird Kriege geben, Bürgerkriege, auch Umstürze, Revolutionen, Staatszerfall, Anarchie. [...] Nach dem Zusammenbruch des Sowjetimperiums droht Europa keine Gefahr mehr von irgendeinem auf Expansion und Vorherrschaft erpichten Staat. An die Stelle der sowjetischen Bedrohung ist der grenzüberschreitende Dschihad-Terrorismus getreten, aber doch nur partiell. Er wird uns noch einige Zeit in Atem halten, mit sporadischen Attentaten und Attacken, deren Umfang und Tödlichkeit durchaus zunehmen mögen. Aber er wird nicht in gleicher Weise das Überleben unserer Nationen bedrohen wie ehedem der atombewehrte Systemkonflikt zwischen Ost und West. Das Gleiche gilt für Amerika. Die Vereinigten Staaten sind keiner existenziellen Bedrohung mehr ausgesetzt, die von einem Staat ausgeht. Russland und China betreiben Großmachtpolitik, nicht Konfrontationspolitik. Sie werden ihre Interessen verteidigen und durchzusetzen suchen, wie dies Großmächte seit jeher getan haben, und dies wird auch nicht ohne Friktionen abgehen. Doch strebt weder Moskau noch Peking die Weltherrschaft an. Washington aber? Die sich heute schon abzeichnende Multipolarität wird der Allmacht der USA Schranken setzen. Indes bleiben sie militärisch wie wirtschaftlich ein Schwergewicht. Sie werden nicht mehr viel im Alleingang durchdrücken können, aber keines der großen Weltprobleme wird sich ohne sie lösen lassen. [...] Der Westen wird an Einfluss verlieren, die Welt nicht mehr dem weißen Mann gehören. Gewiss auch werden die nicht-westlichen Kulturkreise ihre eigenen Werte und Prinzipien gegenüber dem Universalismus-Anspruch des westlichen Wertesystems herauskehren. Aber dass es deswegen zu einem Kampf der Kulturen kommen müsste, ist keineswegs gesagt. Sehr viel mehr Wahrscheinlichkeit als der Huntington'sche Krieg der Zivilisationen hat der Krieg innerhalb der Zivilisationen für sich.

Theo Sommer, in: Die Zeit vom 03.01.2008

Aufgaben

1. Referieren Sie zu folgendem Thema: Der Aufstieg Indiens/Chinas zur globalen Großmacht.

2. Erörtern Sie, unter welchen Voraussetzungen die europäischen Staaten eine Chance haben könnten, in der Weltpolitik eine zentralere Rolle einzunehmen.

3. Erarbeiten Sie aus dem Text, welche Entwicklungen der Weltordnung sich derzeit abzeichnen. Welche Faktoren für die Weltmachtstellung eines Staates werden genannt (M)?

4. Diskutieren Sie, was der Autor mit der Notwendigkeit „forcierter Willenseinheit" der Europäer gemeint haben kann (M)!

1.2 Globalisierung als Bedingung der internationalen Politik

Leitfragen	Was ist unter Globalisierung zu verstehen?	Unter welchen Voraussetzungen konnte sich Globalisierung entwickeln?	Worin liegt die Bedeutung der Globalisierung für die Politik?

Was bedeutet Globalisierung?

In Politikerreden, Zeitungsartikeln und wissenschaftlichen Aufsätzen hat der Begriff Konjunktur: **Globalisierung.** Die Suchmaschine Google bietet unter diesem Begriff über vier Millionen Einträge. Doch was ist mit dem Begriff gemeint?

„Die **Globalisierung** bedeutet, dass Ereignisse in einer Region der Erde sich auch auf andere Regionen auswirken, da sich Ideen und Wissen, Güter und Dienstleistungen, Kapital und Menschen leichter über Grenzen bewegen. Epidemien haben sich zwar noch nie von Grenzen aufhalten lassen, aber mit der Zunahme des globalen Reiseverkehrs breiten sich Infektionskrankheiten schneller aus. In den Industriestaaten produzierte Treibhausgase verursachen die globale Erwärmung, die sich überall auf der Erde bemerkbar macht. Auch der Terrorismus ist global geworden. Mit zunehmender Verflechtung wächst außerdem die wechselseitige Abhängigkeit. Und eine stärkere wechselseitige Abhängigkeit erfordert zunehmend kollektives Handeln zur Lösung gemeinsamer Probleme."

Joseph Stiglitz, Die Chancen der Globalisierung, Bonn 2006, S. 348

Dabei lassen sich verschiedene Aspekte von Globalisierung unterscheiden.

- **Wirtschaftliche Globalisierung:** Angetrieben von weltweit agierenden **transnationalen Unternehmen,** die ihren Hauptsitz in den großen Industrieländern haben, kommt es zu einer immer intensiveren Verflechtung von räumlich oft weit getrennten Regionen (→ Kap. 2.6). So hat sich der internationale **Warenaustausch** in den vergangenen 25 Jahren doppelt so schnell wie die weltweite Gesamtproduktion entwickelt,

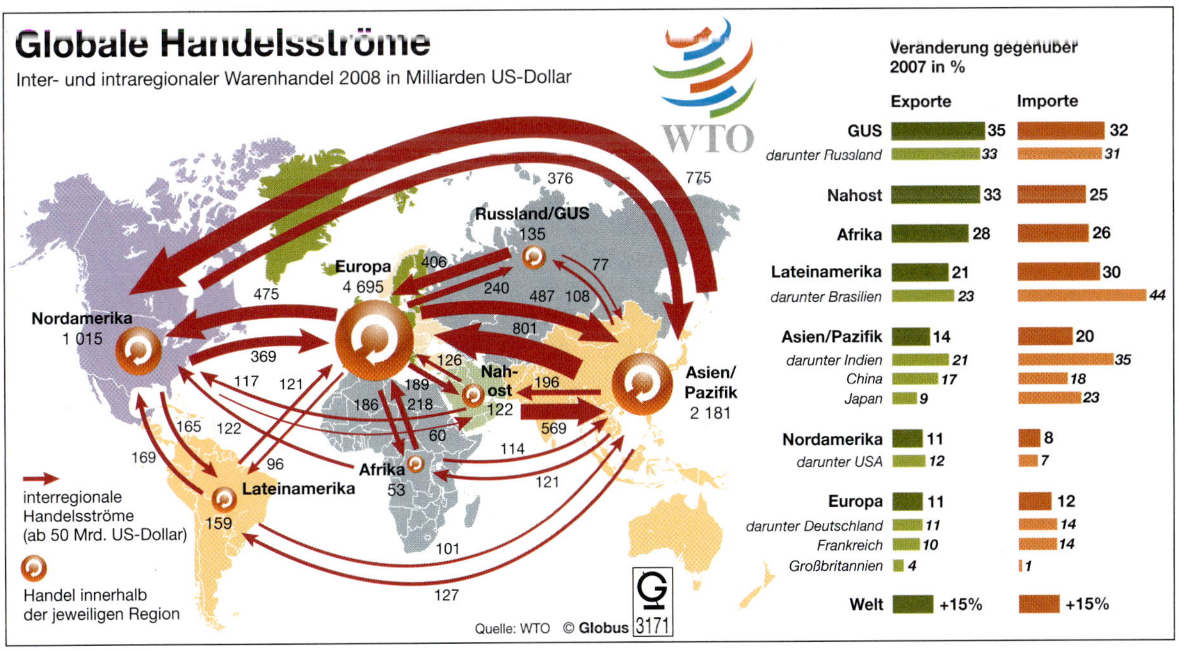

Transport- und Kommunikationskosten

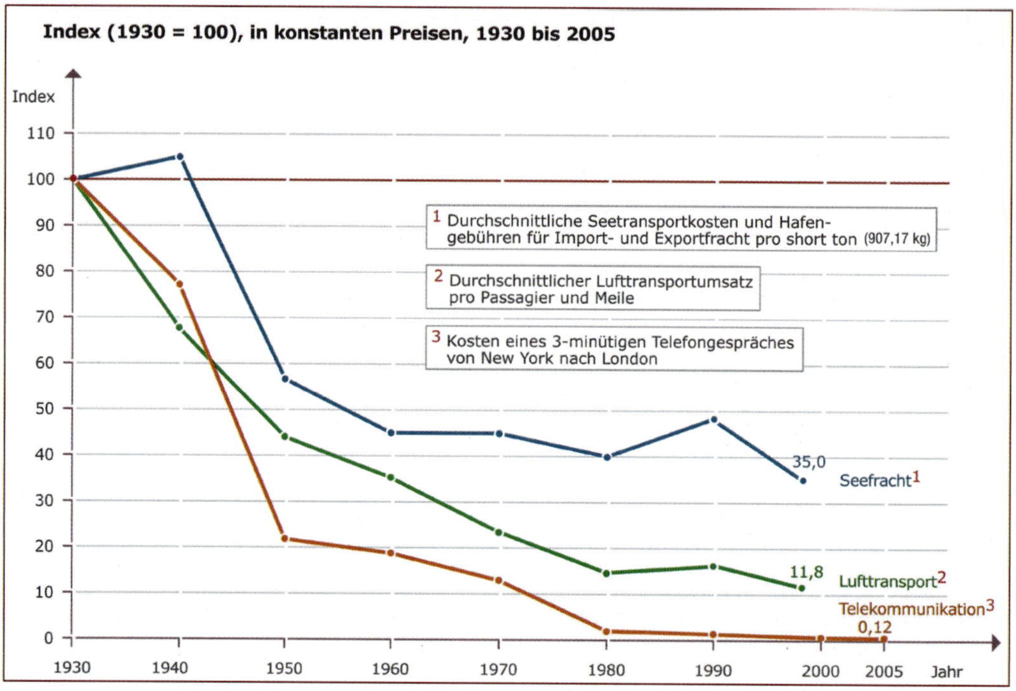

Bundeszentrale für politische Bildung, www.bpb.de/files/YFCXFT.pdf (02.04.2010)

während die **Kapitalströme** auf ein Vielfaches davon gewachsen sind. Im internationalen Devisenhandel wurden im Jahr 2007 täglich im Durchschnitt 3,2 Billionen Dollar umgesetzt. Transnationale Unternehmen steuern Investitionen und Produktion an Standorten in vielen Ländern der Erde und vermarkten ihre Produkte weltweit. Sie nutzen Kostenvorteile, günstige Standortbedingungen und Absatzchancen, sodass zumindest theoretisch die gesamte Welt zu ihrem möglichen Produktionsstandort und Absatzmarkt wird. Die einzelnen Produktionsstufen vieler Produkte sind heute auf mehrere Länder aufgeteilt.

- **Kulturelle Globalisierung:** Begleitet wird die ökonomische Seite der Globalisierung von einer Angleichung der Konsumwünsche, des Freizeitverhaltens, des Lebensstils. Angehörige der Mittelschicht in Hongkong, Bangkok und New York bevorzugen den gleichen Bekleidungsstil, hören dieselbe Musik, sehen dieselben Filme und träumen von der gleichen Art von Urlaub. Das Bild der asiatischen, europäischen und amerikanischen Metropolen wird durch die gleichen Bürohochhäuser, Leuchtreklamen und Schaufenster bestimmt. Die Tendenz zu einer – vor allem durch die USA geprägten – globalen Konsum- und Popkultur wird auch als **„McDonaldisierung“** bezeichnet. Der damit verbundene Verlust von regional geprägter Identität kann jedoch u. U. zu Gegen- und Abwehrbewegungen führen, die in religiösen Fundamentalismus bis hin zu Terrorismus münden können (→ Kapitel 6.2).

- **Globalisierung der Bedrohungen:** Besonders deutlich wird die weltweite Wirkung von Gefahren im Bereich der **Ökologie.** So gefährdet die durch die Nutzung fossiler Energieträger vor allem in den industriellen und städtischen Ballungsräumen verursachte Erwärmung der Erdatmosphäre das Leben auf dem gesamten Globus. Aber auch **Kriege** oder **terroristische Bewegungen** können die Sicherheit weit entfernter Regionen berühren (→ Kapitel 6.2, 6.3).

Voraussetzungen der Globalisierung

Ermöglicht wird Globalisierung u.a. durch deutlich **gesunkene Transportkosten,** die es erlauben, Einzelteile eines in Europa oder den USA montierten und angebotenen Endprodukts in weit entfernten Regionen mit niedrigen Arbeits- und Umweltkosten zu produzieren. Zwischen 1980 und 1998 sanken auch die Rohölpreise und somit die **Energiekosten,** was steigende Wachstumsraten und den Warenhandel zusätzlich begünstigte. Einen entscheidenden Schub erhielt die Globalisierung zudem durch die Revolution der **Kommunikationstechnologie,** die Nachrichten und Bilder zu drastisch gesunkenen Kosten jederzeit weltweit verfügbar macht. So verbindet das Internet weltumspannend seine Nutzer und erlaubt es Unternehmen überall auf der Welt, in Sekundenschnelle zu kommunizieren. Damit können auch komplexe Dienstleistungsaufgaben wie etwa die Software-Entwicklung in Länder mit niedrigen Produktionskosten und hoch qualifizierten Arbeitskräften verlagert werden.

Die Globalisierung wird auch beschleunigt durch die **Liberalisierung der internationalen Märkte** für Industriegüter und Kapital in den Jahrzehnten seit dem Zweiten Weltkrieg. Mit der Senkung von Zöllen, dem Wegfall von Handels-, Investitions- und Kapitalverkehrsbeschränkungen sind die politischen Rahmenbedingungen für die Aktivitäten weltweit tätiger Unternehmen geschaffen worden. Die **kulturelle** Globalisierung wird u. a. durch die weltweite Verbreitung ähnlicher Unterhaltungsserien und von Werbung für global tätige Markenanbieter im Fernsehen vorangetrieben.

Bedeutung der Globalisierung für die internationale Politik

Wirtschaftliche Aktivitäten sind heute kaum mehr durch nationale Grenzen behindert. Es hat sich deshalb zwischen den Staaten ein Wettbewerb um Investitionen und Kapital entwickelt, der die nationale Politik zwingt, dafür günstige Rahmenbedingungen zu bieten. So haben die Staaten z. B. bei der Gestaltung der Steuern für Unternehmen und auf Kapitalerträge sowie bei der Höhe der Sozialabgaben und bei Umweltauflagen einen Teil ihrer Souveränität eingebüßt. Auch bei der Lösung grenzüberschreitender Probleme, wie z. B. Umweltgefährdungen, internationaler Terrorismus oder Verbreitung von Massenvernichtungswaffen sind Nationalstaaten allein meist überfordert. Somit erzwingt – und ermöglicht – Globalisierung verschiedene Formen internationaler Kooperation und Regelungen in Wirtschaft, Politik und Recht, was in den vergangenen Jahren die Zahl und Bedeutung internationaler Organisationen und Netzwerke deutlich anwachsen ließ (→ Kapitel 2.6).

Globalisierung – Zusammenhänge im Überblick

[1] s. Kapitel 6.5

VERTIEFEN UND PROBLEMATISIEREN

M Die Bedeutung der Globalisierung – zwei Meinungen

Der Kritiker

Prof. Dr. Ernst Ulrich von Weizsäcker war von 1999-2002 Vorsitzender der Enquete-Kommission „Globalisierung der Weltwirtschaft" des Bundestages. Vor seiner Tätigkeit im Bundestag leitete Weizsäcker von 1991 bis 2000 das renommierte Wuppertal-Institut für Klima, Umwelt, Energie. Er ist Mitglied im Club of Rome, einem „Think Tank" zu Umweltfragen, und Ko-Vorsitzender des International Panel for Sustainable Resource Management.

fluter: Herr Weizsäcker, welche Chancen und Risiken liegen in der Globalisierung?
von Weizsäcker: Die Globalisierung ist ein zweischneidiges Schwert. Es gibt Verlierer und Gewinner dieses Prozesses. Sie beschert uns zum Beispiel eine riesige Warenauswahl, aber die Vielfalt an Saatgut und Nutzpflanzen hat dramatisch abgenommen. Es gibt zwar gelbe, rote und orangene Maiskolben – aber die kommen alle vom selben Labor. Insgesamt ist es so, dass die Schwachen wenig von der Globalisierung haben und die Starken von ihr profitieren.

Welche Auswirkungen hat die Globalisierung auf den Staat?
Die Rolle des Staates hat sich nach dem Ende des Ost-West-Konflikts dramatisch verändert. Durch Wanderungsbewegungen und Drohgebärden der Wirtschaft wurden Staaten zunehmend veranlasst, Steuerentlastungen zugunsten der Reichen durchzuführen. Früher mussten Millionäre prozentual mehr Steuern zahlen als Mittelverdiener. Nun sehen wir eine systematische Senkung aller Steuern, die mit Kapital und Unternehmen zusammenhängen, während gleichzeitig Verbrauchssteuern sowie die Versteuerung von weniger bezahlten Arbeiten zugenommen haben. Das ist ein ganz erheblicher Einschnitt.

... bringt die Globalisierung auch Positives für den Staat?
Im Bereich der Demokratisierung und Pressefreiheit sind wir durch den Prozess der Globalisierung ein paar Schritte vorangekommen.

Kann man von einem Legitimationsdefizit sprechen, wenn Wirtschaftsvertreter durch ihren Einfluss Politik mitbestimmen und gewählte Mandatsträger beeinflussen?
Das kann man in der Tat. Hinzu kommt, dass oftmals dieselben Menschen zwischen Wirtschaft und Staatsdienst hin- und herwechseln und man nicht sicher sein kann, dass sie im Staatsdienst frei von Wirtschaftsinteressen handeln. Dieses Phänomen nennt man das Revolving-Door-Prinzip, das auch in den USA mittlerweile sehr kritisch betrachtet wird.

Ist das auch die Kritik der zahlreichen Globalisierungsgegner, die auf den Straßen von Seattle, Prag, Göteborg und Genua protestiert haben?
Die Globalisierungskritiker haben richtig diagnostiziert, dass einzelne Staaten der geballten Macht der Finanzmärkte wenig entgegenzusetzen haben. Viele Globalisierungskritiker empfinden ganz massiv, dass Staaten die Interessen der schwächeren Gesellschaftsmitglieder nicht mehr vertreten.

Wie könnten die negativen Folgen eingedämmt werden?
Sicherlich kann eine bessere Zusammenarbeit der Staaten untereinander helfen. Dies wird auch als Global Governance bezeichnet. Somit können Regeln aufgestellt werden, die auch von der internationalen Wirtschaft respektiert werden müssen. Das

Vermeiden von Steueroasen, internationale Regeln gegen Dumping, Maßnahmen zur Achtung der Menschenrechte, die Einhaltung von Kern-Arbeitsnormen – all dies können wir über internationale Organisationen und eine bessere Zusammenarbeit der Staaten untereinander erreichen. Die UNO, die WTO und die Internationale Arbeitsorganisation machen dies schon in manchen Bereichen. Wir müssen ihrem Beispiel auf sehr viel breiterer Basis folgen.

Der Euphoriker

Prof. Dr. Hans-Olaf Henkel war bis 2000 Präsident des Bundesverbandes der Deutschen Industrie (BDI). Henkel sitzt in mehreren Aufsichtsräten und war bis 2005 außerdem Präsident der Wissenschaftsgemeinschaft Gottfried Wilhelm Leibniz, ein Zusammenschluss von 79 Forschungsinstituten in Deutschland.

fluter: Herr Henkel, was bedeutet für Sie Globalisierung?

Henkel: Für mich ist die Globalisierung nach der Aufklärung und der Erklärung der Menschenrechte die größte gute Nachricht für die Menschheit überhaupt. Globalisierung bedeutet ja nicht nur, dass Waren, Güter und Dienstleistungen um die Welt gehen. Sie beinhaltet vielmehr einen Austausch der besten Ideen.

Welche Chancen und Risiken birgt die Globalisierung?

In der Regel werden die Risiken der Globalisierung überschätzt und es gibt leider massenhaft Bestseller, die die Globalisierung in schwarzen Farben malen. Die Vorteile sind das, was ich als magisches Dreieck bezeichnen würde: Demokratie, Menschenrechte und Soziale Marktwirtschaft. Diese Ideen haben durch die Globalisierung einen wahren Siegeszug um die Welt gefeiert.

Ist die deutsche Wirtschaft für die Globalisierung gerüstet?

Die deutsche Wirtschaft ist als zweitgroßter Exporteur der Welt an die Verhältnisse der Globalisierung durchaus gewöhnt. Neu ist für uns, dass sich immer mehr Länder an der Globalisierung beteiligen wollen und uns damit Konkurrenz machen. Und wenn Deutschland auf diese Konkurrenten nicht eingeht, dann wird es zu einem Globalisierungsverlierer.

Die Globalisierungsgegner kritisieren, dass der Staat an Macht verliert. Welche Aufgabe hat der Staat in Zeiten der Globalisierung?

Jeder Staat muss garantieren, dass die Menschen an der Globalisierung teilhaben und von ihr profitieren können. Wir müssen aber auch verstehen, dass die Wirtschaft nicht nur Nutznießer einer gesellschaftlichen Entwicklung ist, sondern erheblich zu ihr beträgt. Um ein Beispiel zu nennen: Der südafrikanische Präsident Thabo Mbeki hat mir kürzlich versichert, dass es ohne die Präsenz ausländischer Unternehmen heute noch immer die Apartheid in Südafrika geben würde.

Allerdings setzen Unternehmen die Politik ja auch unter Druck und drohen mit dem Abzug von Arbeitsplätzen und der Verlagerung von Produktionsstätten ins Ausland.

Auf den ersten Blick mag dies so aussehen. Aber wir dürfen nicht vergessen, dass Firmen selbst bedroht werden, nämlich von Konsumenten. Und wir erleben immer wieder, dass der Konsument letztendlich über große Bereiche der Unternehmenspolitik entscheidet. Signalisiert der Konsument etwa, dass er in Deutschland hergestellte Waren nicht mehr kauft, weil sie ihm zu teuer sind, dann hat ein Unternehmer nur zwei Handlungsmöglichkeiten: Er kann Politiker auffordern, Rahmenbedingungen zu verbessern, oder er geht gleich ins Ausland.

Kritiker sprechen mittlerweile von einem Legitimationsdefizit, wenn Wirtschaftsvertreter die Entscheidungen von Volksvertretern beeinflussen – zu Recht?
Was heißt hier Legitimationsdefizit? Es sind doch gewählte Regierungen, die Gesetze verabschieden, die wiederum jedes Unternehmen zu beachten hat. [...]

Wie erklären Sie sich denn, dass immer mehr Menschen gegen die Globalisierung auf die Straße gehen?
Ich habe mich mit diesen Gruppen in den letzten Jahren intensiv auseinandergesetzt und es ist schwer, sie alle über einen Kamm zu scheren. Ich habe immer wieder im Dialog mit vernünftigen und nachdenklichen Menschen erlebt, dass man tatsächlich eine Einigung erzielen kann. Sie stimmen in der Regel mit mir überein, dass die Globalisierung etwas Tolles ist und dass sie der Menschheit hilft. Die so genannten Verlierer der Globalisierung, die armen Menschen in Afrika und islamischen Ländern zum Beispiel, nehmen nicht an den Früchten der Globalisierung teil und leiden darunter. Sie leiden nicht unter der Globalisierung als solcher, vielmehr wird ihnen der Zugang zur Globalisierung durch feudalistische und diktatorische Regime verwehrt.

Ist das nicht eine sehr individuelle und beschönigende Sichtweise?
Nein, wir sollten mit den Globalisierungskritikern Arm in Arm gegen die feudalen Systeme in Afrika, Asien und Lateinamerika demonstrieren. Auf die Amerikaner und die Wirtschaft zu schimpfen, bringt hingegen nichts.

Aus: fluter Nr. 9 „Total global", Juli/August 2002. Die Gespräche führte Oliver Schilling.

Aufgaben

1. Stellen Sie Beispiele kultureller Globalisierung zusammen.

2. Überprüfen Sie anhand eines konkreten Länderbeispiels, inwieweit die These eines „weltweiten Siegeszugs von Demokratie, Menschenrechten und Sozialer Marktwirtschaft" durch die Globalisierung zutrifft.

2 Globale Risiken und Herausforderungen

2.1 Der internationale Terrorismus

Leitfragen	Was versteht man unter Terrorismus?	Was sind die Merkmale des islamistisch-fundamentalistischen Terrorismus?	Wo liegen mögliche Ursachen für die Entwicklung terroristischer Bewegungen?

Was versteht man unter Terrorismus?

Bei einer Analyse terroristischer Aktionen ergeben sich folgende Merkmale:

- Es handelt sich um Anschläge von meist relativ kleinen, **nicht-staatlichen Gruppierungen**, die im Untergrund operieren.
- Die Anschläge richten sich gegen Zivilisten und sollen allgemeine **Verunsicherung, Angst und Schrecken** erzeugen.
- Es werden damit **politische Ziele** angestrebt, wodurch sich Terrorismus von „gewöhnlicher" Kriminalität unterscheidet.

Terrorismus als eine Form politisch motivierter Gewaltanwendung reicht weit in die Geschichte zurück. Bis in die 1980er Jahre waren terroristische Gruppierungen dominierend, die sich dem linksextremen politischen Spektrum zuordnen ließen, wie z. B. die RAF, und Organisationen, deren Ziel die nationale Autonomie bzw. der „nationale Befreiungskampf" ist oder war (etwa die ETA in Spanien, die IRA in Nordirland). Seit Beginn der 1980er Jahre gewinnt neben diesem national orientierten Terrorismus zunehmend der internationale Terrorismus an Bedeutung. Gegenwärtig sind **drei Erscheinungsformen** des Terrorismus wesentlich: nationaler, internationaler und transnationaler Terrorismus (→ S. 382).

Heute setzen Terroristen oft auf die publikumswirksame „Inszenierung" von Anschlägen und auf die Verbreitung von Drohungen durch Massenmedien, um die psychologische Wirkung zu verstärken. Durch allgemeine Angst und Verunsicherung bei der betroffenen Bevölkerung sollen die Mächtigen (Regierung, Wirtschaftsführer) zu einer Verhaltensänderung gezwungen werden. Außerdem hofft man, dass Gleichgesinnte durch breite Berichterstattung zur Beteiligung an terroristischen Aktionen motiviert werden können.

Die Abgrenzung des (negativ bewerteten) Terrorismus vom (positiv bewerteten) Freiheitskampf gegen einen unterdrückenden Staat ist international umstritten. Auch in der UNO konnte man sich bisher nicht auf eine Definition einigen, da manche Staaten den „legitimen Kampf für Selbstbestimmung" nicht als Terrorismus bezeichnen wollen. So werden Anschläge palästinensischer Selbstmordattentäter auf israelische Zivilisten je nach politischem Standpunkt als legitimer Kampf gegen die israelische Regierung verteidigt oder als kriminelles Handeln von Terroristen verurteilt. Häufig lässt sich eine Vermischung und Überschneidung der Ziele und Begründungen beobachten. Palästinensische terroristische Gruppen wie Hisbollah („Partei Gottes") oder Palästinensischer Islamischer Dschihad (meist übersetzt mit „Heiliger Krieg", ursprünglich „Anstrengung, Streben") etwa verfolgen vorrangig das politische Ziel der Vernichtung Israels, verbunden mit der Vorstellung, dass der zu errichtende palästinensische Staat auf der Grundlage der Scharia, also auf islamischem Recht, beruhen soll.

Formen des Terrorismus

nationaler Terrorismus	internationaler Terrorismus	transnationaler Terrorismus
Anwendung von Gewalt innerhalb eines Staates – Täter und Opfer unterliegen der gleichen staatlichen Autorität; zielt auf die Veränderung einer nationalen Ordnung	Anschläge auf Bürger oder das Territorium eines anderen Staates – Täter und Opfer gehören verschiedenen Staaten an; zielt auf die Veränderung einer nationalen Ordnung	Agieren in transnationalen Netzwerken und Räumen – ohne lokale Verortung; der Westen (bes. Weltmacht USA) ist erklärter Gegner; zielt auf Veränderung der internationalen Ordnung
„Klassische“ Form des Terrorismus, bildete sich im 19. und 20. Jh. heraus; stand/steht im Zusammenhang mit antikolonialen Befreiungsbewegungen, sozialrevolutionären Ideologien, ethnonationalem Separatismus oder religiösem Fundamentalismus; ist weltweit vorherrschend	• Bilden von Außenstellen, ohne Stammsitz aufzugeben • Kooperation zwischen Terrorgruppen, z. B. beim OPEC-Attentat 1975 in Wien • Arbeitsteilung zwischen Kommandostrukturen und rekrutierten Attentätern • Internationalisierung der Finanzierung und Logistik	• transnationale Ideologie • dezentrale, netzwerkartige Organisationsformen • Leitungsebene, „Operateure“, Terrorzellen mit kooperierenden Terrorgruppen verbunden • multinationales Unternehmen mit zahlreichen Finanzierungsformen
Typische Beispiele für die Zeit nach 1945: • baskische ETA • kurdische PKK • deutsche RAF • nordirische IRA	Beispiele: • palästinensische Hamas • libanesische Hisbollah jeweils mit weltweiten Verbindungen bis nach Lateinamerika und Westafrika	Prototyp: transnationales Netzwerk Al-Qaida (Attentat auf das World Trade Center 2001)

Schülerduden Politik, Berlin 2004, S. 329

Der islamistisch-fundamentalistische Terrorismus

Mit Beginn der 1990er Jahre und dem Auftreten des Terrornetzwerks Al-Qaida hat der religiös-fundamentalistische Terrorismus eine neue Qualität erreicht hinsichtlich seiner Ziele, Mittel und Motive.

- **Ideologie:** Sie gründet sich auf entsprechend interpretierte religiöse Lehren und gipfelt in der Errichtung eines Gottesstaates. Der islamistische Terrorismus wendet sich gegen eine „Verwestlichung“ islamischer Weltregionen und ruft zum „Heiligen Krieg“ gegen die „Ungläubigen“ auf.

- **Strategie:** Mögliche Ziele von Terroranschlägen sind Einrichtungen westlicher Staaten in den islamischen Ländern (z. B. Botschaften, Büros von Hilfsorganisationen) oder Symbole der Macht in westlichen Ländern wie etwa das World Trade Center 2001. Zudem zielen die Anschläge zunehmend auf „weiche“ Ziele wie Bahnhöfe oder Diskotheken. Der „neue“ Terrorismus operiert transnational, indem er sich alle Möglichkeiten der globalisierten Weltgesellschaft zunutze macht (moderne Kommunikationstechnik, globale Finanzgeschäfte).

- **Organisation:** Der islamistisch-fundamentalistische Terrorismus bedient sich transnationaler, dezentraler Netzwerke; Leitungsebene und Terrorzellen sind unterschiedlich eng miteinander verknüpft.

- **Durchführung der Anschläge:** Typisch für den Terrorismus neuartiger Qualität sind koordinierte und zeitlich aufeinander abgestimmte Anschlagsserien; kennzeichnend für den religiös-fundamentalistischen Fanatismus ist auch die große Zahl von Selbstmordanschlägen.

Terrorismus und seine Folgen

Obwohl die Opferzahlen durch terroristische Aktionen im Vergleich etwa zu Verkehrstoten relativ gering sind, hat der internationale Terrorismus wesentliche Auswirkungen auf die **internationalen Beziehungen** und **wirtschaftliche sowie psychologische Folgen**. Der internationale „Kampf gegen den Terror" ist zu einem wichtigen Faktor der Weltpolitik geworden.

Strategien gegen den Terrorismus

Die **Terrorbekämpfung** steht sowohl auf nationaler als auch auf internationaler Ebene vor neuen Herausforderungen. Konzepte und Strategien, die im Kampf gegen den Terror in den vergangenen Jahrzehnten angewendet wurden, sind weitgehend bedeutungslos geworden. So kann das transnationale Terrornetzwerk mit vielen teilweise nur lose verknüpften lokalen Untergruppen kaum mit militärischen Mitteln bekämpft werden. Ein offener Krieg bleibt wirkungslos, da die Terroristen kein klar identifizierbarer, greifbarer Gegner sind. Langfristige Strategien erfordern neben anderem

- eine **verstärkte internationale Zusammenarbeit** von Polizeien, Geheimdiensten und Justiz;
- eine Bekämpfung des **Waffenhandels**;
- die Stabilisierung fragiler Staaten bzw. die **Befriedung von Konfliktregionen** und
- Maßnahmen gegen die **Finanzquellen** der Terrornetzwerke.

Folgen des internationalen Terrorismus

Wirtschaftliche Folgen	Politische Folgen	Psychologische und diskursive Folgen
Direkte Anschlagsschäden	Verschärfung, weitere Destabilisierung und Internationalisierung von Regionalkonflikten; Schwächung lokaler Regime	Zusätzliche Belastung der westlich-muslimischen Beziehungen
Indirekte Folgekosten	„Krieg gegen den Terrorismus" und dessen Auswirkungen	Verhärtung internationaler Diskurse, größere Glaubwürdigkeit und Betonung von Sicherheitsargumenten
Zusätzliche Sicherheitskosten	Indirekte Folge: Schwächung von UN und Völkerrecht	

Tobias Debiel u.a. (Hg.), Globale Trends 2007, Bonn 2006, S. 115

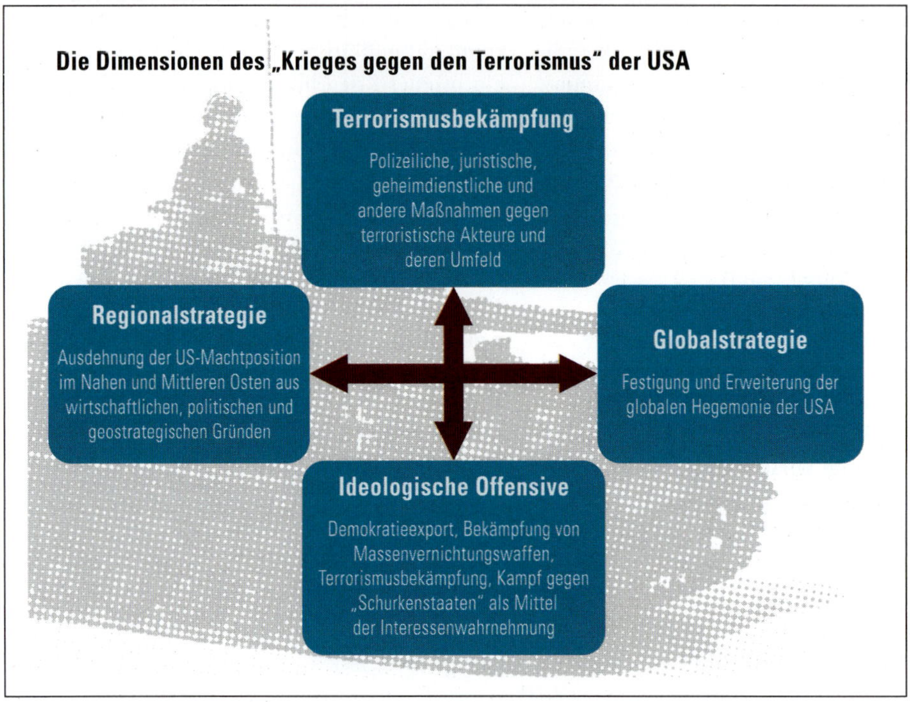

Tobias Debiel u. a., a. a. O., S. 120

Zahl der Terroranschläge 2007

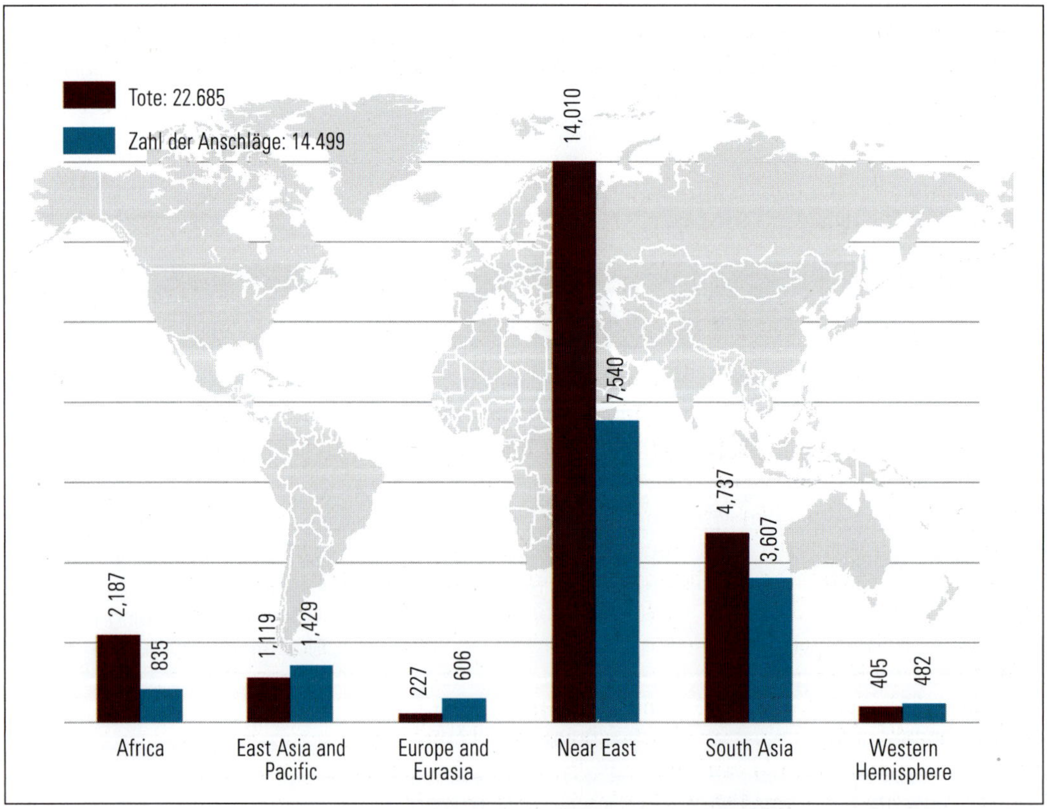

National Counterterrorism Center, 2007 Report on Terrorism, 30. April 2008

M1 Merkmale des „neuen“ Terrorismus

Die Anschläge des 11. September 2001 bedeuten eine Zäsur in der Geschichte des Terrorismus. Sie sind der dramatische Ausdruck eines „neuen“ Terrorismus, der sich sukzessive im Laufe der 1990er Jahre entwickelt hat. [...] Wie läßt sich dieser „neue“ Terrorismus beschreiben und verstehen? Wie unterscheidet er sich von anderen, bekannten Typen des Terrorismus sowie von verwandten Formen politischer Gewalt? Worin bestehen seine besonderen Charakteristika und Strukturen? Welche Konsequenzen ergeben sich daraus für die nationale und internationale Terrorbekämpfung? Der „neue“ Terrorismus, der eine Weiterentwicklung des herkömmlichen nationalen / internen Terrorismus sowie des international operierenden Terrorismus der 1970er und 1980er Jahre darstellt, wird [...] transnationaler Terrorismus genannt. Erst der transnationale Terrorismus, paradigmatisch verkörpert durch das islamistische Netzwerk Al-Qaida, erreicht ein globales Gefährdungspotential, während der nach wie vor virulente Terrorismus „alten“ Typs im wesentlichen lokale oder regionale Probleme aufwirft. Der transnationale Terrorismus unterscheidet sich von seinen Vorläufern in folgenden Aspekten:

- Er verfolgt die Zielsetzung, primär die bestehende internationale Ordnung – [keine] spezifische nationale Ordnung – zu attackieren, weshalb sich dieser Terrorismus in erster Linie gegen jene richtet, die eine Vormachtstellung in der Welt ausüben.
- Er setzt als einigendes Band auf eine transnationale Ideologie, die es ermöglicht, Kämpfer und Attentäter mit unterschiedlichem nationalem, ethnischem, kulturellem oder sprachlichem Hintergrund zu einer handlungsfähigen (Glaubens-)Gemeinschaft zusammenzuschweißen.
- Seine spezifische Organisationsform sind dezentrale, netzwerkartige Strukturen, die sich über den gesamten Globus erstrecken, wenn auch mit regionalen Schwerpunkten. Dabei sind Leitungsebene, „Operateure“, Terrorzellen sowie assoziierte und „befreundete“ Terrorgruppen in unterschiedlicher Intensität miteinander verbunden. Auszugehen ist von einem Modell, bei dem mehrere Knotenpunkte hochgradig miteinander vernetzt sind, während andere Teile des gesamten Netzwerkes halbautonom agieren [...].
- Beim transnationalen Terrorismus handelt es sich zudem um ein multi-nationales Unternehmen, wie sich an der weltweiten Rekrutierung von Personal zeigt.
- Er verfügt über mehrere legale oder illegale Finanzquellen und nutzt zahlreiche Finanzierungswege und wird zudem vorrangig von nicht-staatlichen Akteuren unterstützt. Seine taktische Vorgehensweise versetzt ihn in die Lage, mehrere Anschläge parallel zu planen und zeitgleich an unterschiedlichen Orten durchzuführen.
- Das Zerstörungspotential ist deutlich höher als bei herkömmlichen Terrorgruppen. Dies betrifft sowohl die Bereitschaft als auch die operativen Fähigkeiten zur Zerstörung. Einkalkuliert werden dabei nicht nur eine hohe Zahl an Todesopfern, sondern auch ökonomische, soziale und psychologische Folgen.

Dieses Profil des transnationalen Terrorismus erschwert in mehrfacher Hinsicht die nationale und internationale Terrorbekämpfung und stellt Erfahrungen der Vergangenheit auf den Prüfstand. Die wichtigsten Herausforderungen bestehen darin, auf ein verändertes Tatprofil [...], auf ein verändertes Täterprofil, auf dezentrale Netzwerkstrukturen, auf eine Diversität an Finanzquellen, auf schwer greifbare, nicht-staatliche Unterstützer und Förderer sowie auf die besonderen taktischen Fähigkeiten reagieren zu müssen. Erforderlich sind Maßnahmen der operativen wie auch der strukturellen Terrorbekämpfung. Erstere setzen auf die repressive Bekämpfung bestehender, manifester Terrorgruppen und die Verhinderung von Anschlägen, letztere auf die Bekämpfung von Ursachen und begünstigenden Rahmenbedingungen.

Ulrich Schneckener, in: SWP-Studie 2002/42, Dezember 2002

M2 Ursachen des Terrorismus

Die Ursachen des Terrorismus sind vielfältig. Terrorismus an sich ist keine attraktive politische Option, die sich immer anböte oder von breiteren Kreisen leichtfertig gewählt würde. Dazu sind die Nachteile zu groß: Er ist oft mit hohem persönlichen Risiko verbunden, wird in der Regel von den meisten Menschen [...] abgelehnt, erfordert (ab einem bestimmten Niveau der Planung und Organisation) signifikante Geldmittel und Infrastruktur, und der Ausstieg aus einer terroristischen Karriere ist oft schwierig oder unmöglich. Dies alles gilt für den nicht-staatlichen Terrorismus in noch stärkerem Maße als für den staatlichen.

Eine notwendige – aber nicht hinreichende – Grundvoraussetzung des Terrorismus besteht meist in einer allgemeinen wirtschaftlichen und politischen Dauerkrise. Ohne einschneidende Krisenerfahrung wird die Schwelle zum Terrorismus oft nicht oder nur punktuell überschritten, weil er als „zu radikal“ empfunden wird. Dabei bedeutet „Krise“ aber nicht unbedingt das Vorhandensein bestimmter objektivierbarer Faktoren (etwa wirtschaftlicher Art, also einen bestimmten Prozentsatz an Arbeitslosigkeit oder Inflation, oder ein bestimmtes Maß an Repression), sondern ist ein oft subjektiver Faktor: Es geht also um die Wahrnehmung, das Erleben einer Krise, nicht die bloße Verschlechterung objektiver Daten.

Armut Häufig wird Armut als eine zentrale Ursache politischer Gewalt allgemein und des Terrorismus insbesondere genannt. Ein solcher Zusammenhang erscheint einleuchtend, ist auch nicht prinzipiell falsch – aber funktioniert doch eher indirekt und über einige Zwischenschritte. Armut an sich ist [...] nicht notwendigerweise ein direkter Auslöser oder eine Ursache von Gewalt. Wenn allerdings krasse Armutsunterschiede vorhanden sind, eine Gesellschaft z. B. tief in Arm und Reich gespalten ist, wenn dann diese Armutsdifferenz in erkennbare Bewegung gerät, sich also etwa vermindert oder verbreitert – dann kann die Gewaltwahrscheinlichkeit tatsächlich steigen. Armut kann also einen Leidensdruck produzieren, der unter bestimmten Umständen in gewaltsame Reaktionen umschlagen kann, wie er auch in Apathie, Selbsthass, Kriminalität, Entpolitisierung, individuelle Überlebensstrategie und anderes münden kann, aber nicht muss. Armut ist also ein Rohstoff der Gewaltentwicklung, aber nicht mehr als das. Sie führt nicht automatisch zur Gewalt, und Gewalt kann auch ohne sie zustande kommen. Trotzdem: Gerade Veränderungen in der Armutsstruktur (also beispielsweise die Pauperisierung* der Mittelschichten, eine massive Vergrößerung oder Verkleinerung des Armutsgefälles, oder die bloße Gefahr bisher privilegierter Gesellschaftssektoren, abzusinken und gegenüber anderen ins Hintertreffen zu geraten) können wichtige Faktoren einer gesellschaftlichen Gewaltdynamik sein. Ob die Gewaltschwelle dabei tatsächlich überschritten wird, ob dies punktuell oder systematisch, spontan oder organisiert, durch kleine Gruppen oder auf Grundlage einer breiten sozialen Bewegung, durch den Staat oder nicht-staatliche Akteure, durch Sachbeschädigung, Bürgerkrieg oder Terrorismus geschieht – das wird von dem konkreten Kontext und Konfliktverlauf, der Geschichte, Kultur, den wirtschaftlichen und politischen Rahmenbedingungen eines Landes abhängen.

Demokratiedefizite Ähnliches gilt für den Faktor „Demokratie“. Die Verweigerung politischer Freiheits- und Partizipationsrechte und politische Unterdrückung können zu mächtigen Faktoren werden, die politischen Widerstand provozieren und schließlich zu auch gewaltsamem Widerstand führen. [...] Aber der Zusammenhang zwischen politischer – auch terroristischer – Gewalt und dem Fehlen von Demokratie mag zwar existieren, ist aber kompliziert und indirekt. Es gibt zahlreiche Diktaturen, die mit

einem bemerkenswert niedrigen Grad an politischer Gewalt auskommen, während umgekehrt in manchen Demokratien oder Halbdemokratien ein beträchtliches Maß an politischer Gewalt existieren kann – Indien und Pakistan (vor der Machtübernahme General Musharrafs) mit ihren internen ethnischen und religiösen Konflikten und der Konkurrenz um Kaschmir sind Beispiele. Auch Kolumbien, die Türkei oder Indonesien sind Länder mit Wahlen und einem gewissen Grad an Demokratie, aber leiden durchaus unter politischer Gewalt im großen Stil. Demokratische Staaten können Terrorismus hervorbringen, wie die Bundesrepublik Deutschland und Italien in den siebziger Jahren erfahren mussten. Umgekehrt existieren zahlreiche autoritäre Regime oder Diktaturen, die das Gewaltniveau nach innen und außen relativ niedrig halten können. Demokratie und die Geltung demokratischer Freiheitsrechte können tatsächlich gewaltsamer Konfliktaustragung und terroristischer Gewalt vorbeugen, indem sie einmal bestimmte Widerstandsgründe beseitigen, zugleich politische Mechanismen bereitstellen, die eine friedliche Konfliktregulierung erlauben. Dies gilt allerdings nur prinzipiell und langfristig. Kurzfristig können Demokratisierungsprozesse das Gewaltpotential sogar noch erhöhen, indem die repressiven Instrumente der Gewaltvermeidung geschwächt werden, die konsensualen aber noch nicht ausreichend entwickelt sind, oder eine Phase der Instabilität mit massiven Verschiebungen der Machtgleichgewichte eintritt. Trotz dieser Einschränkungen lässt sich feststellen, dass insbesondere in Bezug auf terroristische Gewalt funktionsfähige und entwickelte demokratische Gesellschaften [...] tendenziell weniger anfällig sind und – falls Terrorismus doch auftritt – dieser eher isoliert bleibt. Andererseits werden harte Diktaturen, die andere, zivile Mechanismen der Konfliktregulierung nicht zulassen, eher einen terroristischen Widerstand hervorbringen – allerdings fast immer nicht allein wegen ihres diktatorischen Charakters, sondern weil dieser Faktor sich mit anderen, wirtschaftlichen, sozialen, religiösen, politischen verbindet.

Wahrnehmung Ein wichtiges Element des Entstehens eines Gewaltpotentials besteht im Auseinanderklaffen der Erwartungen und Hoffnungen eines Großteils der Bevölkerung mit den gesellschaftlichen Realitäten. Nicht die Armut der Bevölkerung oder der Mangel an Demokratie an sich sind direkt und automatisch für politische Gewalt verantwortlich – auch extrem arme Gesellschaften können bemerkenswert friedfertig sein. Aber wenn diktatorische Verhältnisse oder Armut von der Bevölkerung nicht mehr akzeptiert werden, weil die Menschen mehr Wohlstand und Freiheit für erstrebenswert und möglich halten – und beides ihnen verweigert wird, dann entsteht ein Konfliktpotential mit möglicher Gewaltkomponente. Ob und in welcher Form und in welchem Maße sich die Gewalt tatsächlich äußern wird, hängt von vielen Faktoren ab, unter anderem von den rechtlichen und politischen Möglichkeiten friedlicher Opposition. Gewalt wird umso wahrscheinlicher, je stärker gewaltlose Ausdruckformen von Opposition und gewaltlose Konfliktregelungsmechanismen fehlen oder blockiert sind. In einer ganzen Reihe von Ländern des Nahen und Mittleren Ostens bestehen chronische Krisen der Gesellschaften, die zunehmend durch Hoffnungslosigkeit und Wut geprägt sind. Korrupte und unfähige Regierungen verweigern der eigenen Bevölkerung grundlegende politische Rechte und sind zugleich nicht in der Lage, eine wirtschaftliche Zukunftsperspektive zu bieten. Massive Jugendarbeitslosigkeit, eine schamlose Spaltung der Gesellschaften zwischen Arm und Reich [...] und ein starkes Auseinanderklaffen der öffentlichen Werte und Normen einer Gesellschaft und der sozialen Realität sind Warnsignale.

Jochen Hippler, in: Friedensgutachten 2002, Münster 2002

** Pauperisierung: Verarmung*

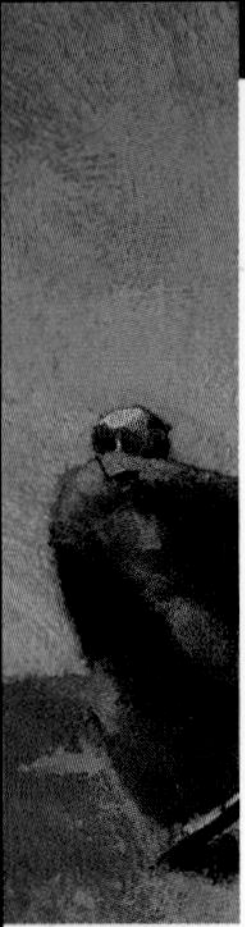

Aufgaben

1. Überlegen Sie, inwiefern sich von einer „Globalisierung des Terrors“ sprechen lässt!
2. Erstellen Sie eine kurze Einschätzung, inwiefern sich die Weltlage seit den Anschlägen vom 11. September 2001 verändert hat.
3. Diskutieren Sie, welche Vorgehensweise gegen den weltweiten Terrorismus Ihnen wirkungsvoll erscheint.
4. Beschreiben Sie in eigenen Worten, was den transnationalen Terrorismus von bisherigen Erscheinungsformen terroristischer Gewalt unterscheidet (M1).
5. Erörtern Sie die aufgeführten möglichen Ursachen für die Entstehung terroristischer Gewalt (M2). Gibt es weitere Faktoren, die in dem Zusammenhang wichtig sein können? Erläutern Sie mögliche Gründe an aktuellen Beispielen.

2.2 Die Verbreitung von Massenvernichtungswaffen

Leitfragen	Was macht die internationale Verbreitung von Massenvernichtungswaffen so bedrohlich?	Was versteht man unter Rüstungskontrolle?	Kann Rüstungsbegrenzung mehr Sicherheit bewirken?

Gefahr durch Atomwaffen

Die Verbreitung von Massenvernichtungswaffen (Proliferation) – Atomwaffen, chemische und biologischen Waffen (**ABC-Waffen**) – bedeutet eine überregionale Gefährdung. Seit nach dem Ende des Ost-West-Konflikts eine höchst unübersichtliche, komplexe Bedrohung von Frieden und Sicherheit in der Welt entstand (→ Kapitel 6.3.1), ist die Frage brisant geworden, welche Staaten und gesellschaftlichen Gruppen in den Besitz von Massenvernichtungswaffen gelangen können. Während chemische und bakteriologische Waffen eine verheerende, aber in der Regel regional begrenzte Bedrohung darstellen, ist die **Verbreitung von Atomwaffen** heute eines der größten globalen Risiken.

Im Vertrag über die Nichtverbreitung von Kernwaffen (**Atomwaffensperrvertrag** von 1968, in Kraft seit 1970) verpflichten sich die Atommächte, keine atomaren Waffen oder Technologien zu deren Herstellung weiterzugeben, während die Nichtkernwaffenstaaten auf den Besitz verzichten. Die Atompolitik der Staaten wird durch die Internationale Atomenergieagentur (IAEA) überwacht. Sie ist weltweit die einzige Organisation, der die Staaten Einblick in ihre Nuklearprogramme geben. Ihre Kontrollen sind verpflichtend für alle Unterzeichnerstaaten des Atomwaffensperrvertrags, für andere Staaten sind sie freiwillig.

Trotz relativ klarer internationaler Vereinbarungen hat sich die Verbreitung von Kernwaffen in den vergangenen Jahren zu einem ernsten internationalen **Sicherheitsproblem** entwickelt, drohen doch Kernwaffen in besonders gefährdeten Risikozonen die jeweiligen Konflikte eskalieren zu lassen:

- Die langjährigen Konfliktparteien **Indien und Pakistan** sind beide im Besitz von Atomwaffen, was jede Verschärfung des Konflikts um die Grenzregion Kashmir zu einer überregionalen Gefahr macht.
- Die islamisch-fundamentalistische Theokratie **Iran**, deren Präsident Mahmud Ahmadinedschad mehrmals öffentlich die Vernichtung Israels forderte, beugt sich bisher nicht der Forderung der Vereinten Nationen, die Urananreicherung und damit die Herstellung von waffenfähigem Material zu beenden. Eine Atommacht Iran würde eine dramatische Verschärfung der Situation im konfliktgeladenen Nahen Osten bedeuten.
- Es besteht die Gefahr, dass sich **islamistische Terrorgruppen** über die Atommächte Pakistan und Iran nukleares Material beschaffen und damit Bevölkerungszentren der westlichen Welt bedrohen könnten.
- Der totalitäre kommunistische Staat **Nordkorea**, der durch unberechenbare Politik nach außen und brutale Unterdrückung und Gleichschaltung der eigenen Bevölkerung zum internationalen Außenseiter wurde, ist wohl heute schon im Besitz von Atomwaffen.

Rüstungskontrolle und Abrüstung – ein Weg zu mehr Sicherheit

Seit Waffen mit immer größerem Vernichtungspotenzial produziert werden – beginnend mit dem Einsatz von Giftgas im Ersten Weltkrieg –, verstärken sich die Bemühungen um mehr Sicherheit durch **vertragliche Rüstungsbegrenzung**. Ein zentrales Problem solcher Arrangements besteht darin, die Einhaltung der Vereinbarungen auf der jeweiligen Gegenseite zu kontrollieren.

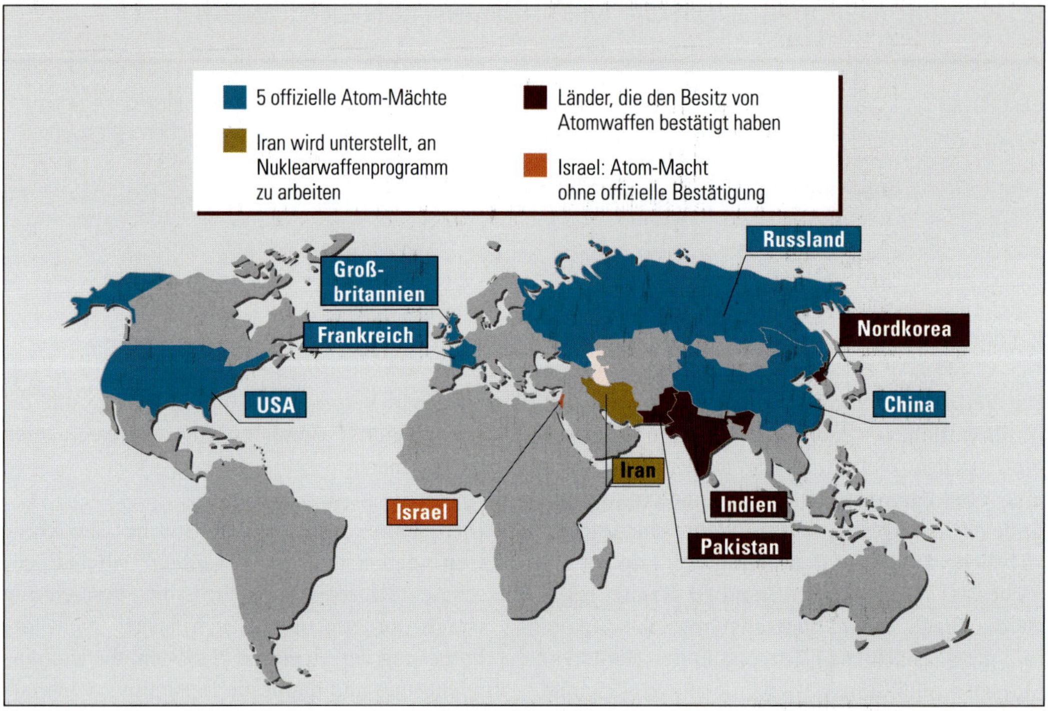

Rüstungskontrollpolitik im Ost-West-Konflikt

Als während des Ost-West-Konflikts die Aufrüstung der beiden Supermächte USA und Sowjetunion zu immer höheren volkswirtschaftlichen Kosten führte und die gewaltigen Vernichtungspotenziale die Befürchtung eines Einsatzes wachsen ließen, gelang es, durch Vereinbarungen zur Begrenzung und später zur Reduktion der Atomwaffen tragenden Interkontinentalraketen den **Rüstungswettlauf** zu verlangsamen. Im Laufe der Jahre konnten über weitere Vereinbarungen zur Rüstungsbegrenzung und deren gegenseitiger Kontrolle die Spannungen langsam vermindert und eine begrenzte Zusammenarbeit erreicht werden. Zentrale Zielsetzung war es, die Gefahren zu entschärfen, welche von den sich feindlich gegenüberstehenden Militärmächten ausgingen.

Begriffe

- **Abrüstungspolitik** hat das Ziel, die Verbreitung von Massenvernichtungswaffen zu stoppen und Rüstungswettläufe zu verhindern. So sollen etwa Waffenbestände vernichtet, die Entwicklung und Produktion von ABC-Waffen, Personenminen etc. verboten und Rüstungsbudgets reduziert werden.
- **Rüstungskontrollpolitik** will durch Rüstungsbegrenzung und -kontrolle ein militärisches Gleichgewicht herstellen oder erhalten. Das geschieht z. B. durch die Festlegung von Höchstgrenzen in Waffenproduktion und -besitz, den Abbau von Überkapazitäten oder Testverbote für Atomwaffen.

Rüstungskontrolle heute

Eine Vereinbarung zur Reduzierung der weitreichenden Atomwaffen gelang erstmals 1991 im **START-I-Vertrag** (Strategic Arms Reduction Treaty). 1993 einigten sich Russland und die USA im **START-II-Vertrag** auf eine deutliche Verringerung der Nuklearpotenziale und beendeten damit den nuklearen Rüstungswettlauf. Rüstungskontrollpolitik versucht heute vor allem die Bedrohungen zu verringern, die von Massenvernichtungswaffen in der Hand von nicht oder schwer kontrollierbaren Gruppen oder Staaten ausgehen. Daneben bestehen Konfliktpunkte bezüglich des globalen strategischen Gleichgewichts zwischen dem Westen und Osteuropa, das Russland durch die Politik des Westens teilweise gefährdet sieht (Pläne der NATO-Erweiterung in Osteuropa, US-Pläne zum Aufbau von Raketenabwehrstützpunkten in Osteuropa).

Die Erfahrungen der vergangenen Jahre haben erhebliche Zweifel an der Wirksamkeit des Nichtverbreitungsregimes aufkommen lassen:

- **Nordkorea und Pakistan** konnten Atomwaffen und die entsprechenden Trägersysteme entwickeln beziehungsweise erwerben und bieten heute selbst solche Technologien auf dem internationalen Rüstungsmarkt an.

- Der **Iran** strebt – unbeeindruckt von internationalem Druck – nach der Beherrschung der Urananreicherung und damit der Fähigkeit zum Bau von Atomwaffen.

- Die Verfügbarkeit von nuklearen Materialien und dem entsprechenden Wissen wurde durch den **Zerfall der Sowjetunion** und die damit verbundene **Auflösung von Sicherheitskontrollen** sowie durch die dramatisch verschlechterte materielle Lage der sowjetischen Atomwissenschaftler wesentlich begünstigt, die so teilweise anfällig für die teuer bezahlte **Weitergabe geheimer Informationen** wurden.

Wichtige Rüstungskontroll- und Abrüstungsvereinbarungen

- **1970** NVV (Nuklearer Nichtverbreitungsvertrag): Kernwaffenstaaten verpflichten sich, keine Nuklearwaffen an Nichtkernwaffenstaaten weiterzugeben oder diese bei Erwerb und Herstellung zu unterstützen. Nichtkernwaffenstaaten verpflichten sich, sämtliches spaltbares Material unter Kontrolle der Internationalen Atomenergieagentur (IAEA) zu stellen (derzeit 188 Teilnehmerstaaten).

- **1972 ABM-Vertrag** (Begrenzung von Raketenabwehrsystemen): ein Vertrag zwischen den USA und der UdSSR zur Begrenzung von Anti-Ballistic Missiles (ABM). Am 13. Juni 2002 traten die USA einseitig vom Vertrag zurück.

- **1975** BWÜ (Verbot bakteriologischer und Toxinwaffen): Verbot von Entwicklung, Herstellung, Besitz, Weitergabe und Einsatz biologischer Waffen; 156 Unterzeichnerstaaten.

- **1987 INF-Vertrag** (Intermediate-Range-Nuclear-Forces): weltweite Beseitigung nuklearer Mittelstreckenraketen mit einer Reichweite von 500 bis 5.500 km; Teilnehmer: USA und Russland.

- **1991/1993/2010** START (Strategic Arms Reduction Treaty): Begrenzung der see- und landgestützten Interkontinentalraketen und deren Gefechtsköpfe sowie Begrenzung der strategischen Bomber und ihrer Zuladung, Reduzierung nuklearer Sprengköpfe; Teilnehmer: USA, Russland, Ukraine, Kasachstan, Weißrussland.

- **1992** KSE (Konventionelle Streitkräfte in Europa): Erreichen eines konventionellen Gleichgewichts in Europa, Obergrenzen für Kampfpanzer, gepanzerte Fahrzeuge, Artilleriewaffen, Kampfflugzeuge und Angriffshubschrauber; derzeit 30 Vertragsparteien. (Der Vertrag wurde im Dezember 2007 vom damaligen russischen Präsidenten Wladimir Putin als Reaktion auf die geplante US-Raketenabwehr in Mitteleuropa einseitig gekündigt.)

- **1997** CWC (Chemical Weapons Convention, Chemiewaffenübereinkommen); Vernichtung und Verbot aller chemischen Waffen; 188 Unterzeichnerstaaten (2009).

Weitere Maßnahmen zur Begrenzung von Massenvernichtungswaffen

Transparenz: Die IAEA führt regelmäßig Kontrollen bei ihren Mitgliedern durch, um den militärischen Missbrauch ziviler Atomtechnologie zu verhindern.

Nationale Sicherheitsarchitektur: nationaler Raketenschutzschild der USA gegen Interkontinentalraketen so genannter „Schurkenstaaten", die bereits im Weltraum abgefangen und zerstört werden sollen.

Präemptive Verteidigung: Mit der gewaltsamen Intervention im Irak im Mai 2003 und der Beseitigung des Saddam-Regimes durch die USA sollte ein Staat, dem unterstellt wurde, Massenvernichtungswaffen zu besitzen und Terroristen zu unterstützen, kampfunfähig gemacht werden, bevor er selbst zuschlagen kann. Trotz intensiver Suche konnten jedoch im Irak keine derartigen Waffen gefunden werden.

M1 Was macht es so schwer, die Verbreitung von Atomwaffen zu verhindern?

Der Misserfolg von Exportkontrollen und multilateralen Maßnahmen im Falle des Iraks, Nordkoreas, Pakistans und vermutlich auch Irans haben schmerzhaft erkennbar werden lassen, dass das internationale System der nuklearen Nichtverbreitung keinerlei Regelungen für den Fall enthält, dass einzelne Staaten ihren Verpflichtungen nicht nachkommen oder dass Staaten von außerhalb des Systems dieses durch Exporte von Technologien zur Herstellung von Massenvernichtungswaffen und Trägersystemen unwirksam werden lassen. Dies hat dazu geführt, dass sich in den 90er Jahren der Sicherheitsrat der Vereinten Nationen stärker mit Fragen der nuklearen Nichtverbreitung und anderen Nichtverbreitungsthemen befasst hat als je zuvor in seiner Geschichte. Der Sicherheitsrat der VN hat unter dem System der kollektiven Sicherheit die primäre Verantwortung für den internationalen Frieden, und von daher war es folgerichtig, dass er derartige Aufgaben übernahm. In erster Linie ist auf das Sonderregime für den Irak hinzuweisen, welches der Sicherheitsrat 1991 als Teil der Waffenstillstandsresolution „SR 687“ verhängt hat. [...]

Aber auch in anderen Bereichen wurde der Sicherheitsrat der Vereinten Nationen seinen Anforderungen nicht gerecht. Obwohl 1993 deutlich war, dass Nordkorea den NVV gebrochen hatte, fand der Sicherheitsrat – wegen eines angedrohten chinesischen Vetos – keine scharfen Worte der Kritik an Nordkorea und konnte sich auch zu keinen konkreten Maßnahmen oder Drohungen durchringen. Auch im Falle der Nukleartests Pakistans und Indiens im Frühjahr 1998 gab es keine irgendwie geeigneten Maßnahmen des Sicherheitsrates sowie im Falle Irans und später Libyens, die beide geheime Waffenprogramme betrieben haben.

Die mangelnde Effizienz der vertraglichen Grundlagen sowie die weitgehende Unergiebigkeit des Systems kollektiver Sicherheit haben dazu geführt, dass die USA sich mehr als einmal zu unilateralem politischen oder auch militärischen Handeln veranlasst sahen, damit überhaupt irgendetwas geschieht. Dies hat dazu beigetragen, dass in den USA die Kritiker der multilateralen Nichtverbreitungs- und Abrüstungsdiplomatie an Boden gewannen und seit dem Amtsantritt George W. Bushs im Januar 2001 die entsprechende Politik der USA dominieren. Die Folgen waren ein zunehmender Unilateralismus in der amerikanischen Nichtverbreitungspolitik sowie die vermehrte – keinesfalls ausschließliche und auch nicht prioritäre – Nutzung militärischer Instrumente in der Nichtverbreitungspolitik (Counterproliferation). [...] Im Falle Nordkoreas haben die USA versucht, die Verantwortung für den politischen Verhandlungsprozess nicht alleine zu tragen, sondern die – aus verständlichen Gründen zögerliche – internationale Gemeinschaft (insbesondere den Sicherheitsrat) in die Bemühungen einzubinden, Nordkorea zur Vernunft zu bringen. Im Falle Pakistans haben die USA eher den Weg der stillen Diplomatie gewählt, um die Verbreitung von Technologie durch dieses Land zu unterbinden bzw. die frühere Verbreitung derartiger Technologien rückgängig zu machen. Die Reaktionen in Europa auf diese Politik des Unilateralismus und der Counterproliferation waren zumeist negativ und angesichts der Raubeinigkeit der Diplomatie der Bush-Administration auch verständlich, dennoch bleibt festzustellen, dass die europäische Politik des Umgangs mit diesen Fällen eher durch Eskapismus* und Problemverschiebung gekennzeichnet war und ist.

Joachim Krause, Stichwort Rüstungskontrolle, in: W. Woyke (Hg.), Handwörterbuch Internationale Politik, Bonn 2004, S. 439f.

** Eskapismus: Ausweichhaltung, Problemflucht*

M2 Iran und die Bombe

Es war eine besondere politische Dummheit, Iran und Irak auf dieselbe Achse des Bösen zu setzen. Alle damit konstruierten Parallelen sind falsch. Weder ist Iran nach innen und außen vergleichsweise geschwächt wie der Irak vor der Invasion der USA, noch ist das Land militärisch bezwingbar. Der größte Unterschied aber liegt darin: Im Gegensatz zum Irak ist Iran tatsächlich eine Bedrohung für die Region und die Welt.

Seine Ambitionen auf Massenvernichtungswaffen sind echt, seine politischen Drohungen nicht hohl und sein Einfluss auf den dschihadistischen Terror ist real. Es wäre ein schlimmer Fehler, das Regime und seine atomaren Ambitionen zu unterschätzen oder gar eine neuerliche amerikanische Hysterie zu vermuten. Diesmal geht tatsächlich eine Bedrohung von Teheran aus, und nach Lage der Dinge bleiben nur ganz wenige Optionen, die Gefahr zu bannen. [...] Sollte die Anreicherung glücken – für eine erfolgreiche Testphase braucht es nach Einschätzung von Experten etwa ein halbes Jahr –, dann steht den Ambitionen nichts mehr im Weg. Eine großflächige Anreicherungs-Anlage, etwa 50.000 hintereinander geschaltete Zentrifugen, könnte binnen kurzer Zeit aus angereichertem Uran hochangereichertes Uran herstellen. Damit lassen sich Atomsprengköpfe bestücken. Iran wird diese Anreicherung meistern. Offenbar hat Iran auch Baupläne für atomare Sprengköpfe und Zünder aus dem illegalen Versandhandel des pakistanischen Dr. Seltsam, Abdul Qadeer Khan.

Und schließlich haben amerikanische Geheimdienste Baupläne für modifizierte iranische Langstreckenraketen abgefangen, mit deren Hilfe ein nuklearer Sprengkopf montiert werden kann. Diese Raketen haben eine Reichweite bis in den Süden Deutschlands. Allen gegenteiligen Beteuerungen zum Trotz besteht nur eine geringe Wahrscheinlichkeit, dass die Mächtigen in Teheran das Uran ausschließlich für friedliche Zwecke nutzen wollen. Gegen diese These spricht das Verhalten der Regierung in den vergangenen Jahren.

Lange Zeit wurde das Atomprogramm geheim gehalten, Inspektoren entdeckten nur durch Zufall die Anreicherungs-Versuche. Jedes wohlmeinende Angebot aus Russland etwa oder den EU-Staaten zur friedlichen Kooperation wurde zwei Jahre lang konsequent abgelehnt, zur taktischen Verschleppung missbraucht oder ignoriert. Der Chef der Atomenergiebehörde, Mohammed el Baradei, kann nach drei Jahren intensiver Arbeit in Iran „die friedfertige Absicht des Programms" nicht bestätigen. Sollte Iran in einem halben Jahr die Technologie zum Waffenbau im Griff haben und nach weiteren zwei Jahren die ersten Sprengköpfe montieren können, dann ändert sich nicht nur das strategische Gleichgewicht am Golf und im Nahen Osten, dann verfügen auch die geistigen Väter des Dschihad-Terrors über ein Erpressungspotenzial, dem der friedliebendere Teil der Welt wenig entgegenzusetzen hat. Iran strebt nach der Bombe, um das in seinen Augen strategische Ungleichgewicht in der Region – die Nuklearmächte USA, Russland und Pakistan stehen quasi vor der Haustür – auszubalancieren. Mit der Atommacht Iran würde aber auch ein neues Ungleichgewicht geschaffen. Saudi Arabien, die Türkei, Syrien und vor allem Israel würden sich unmittelbar bedroht fühlen und selbst eine stärkere Abschreckung anstreben.

Wer in diesem Zusammenhang behauptet, Israel habe die atomare Gleichung mit seinem Waffenprogramm als Erstes aus dem Lot gebracht, der irrt. Anders als im Fall Iran besteht bei Israel kein Zweifel am defensiven, abschreckenden Charakter. Mehr noch: Iran und sein Volkstribun-Präsident Mahmud Ahmadinedschad lassen keine

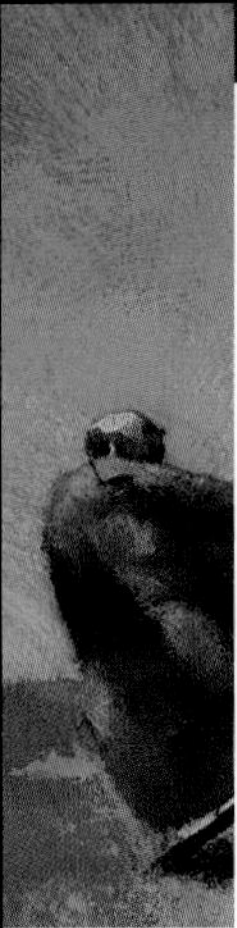

Gelegenheit aus, ihren Vernichtungswillen gegenüber Israel zu bestärken. Eine Bombe auf Tel Aviv reicht, um den Staat Israel weitgehend zu zerstören. Wer den Selbstmordterror einer Hamas über Jahre gezüchtet und unterstützt hat, der wird auch einen nuklearen Gegenschlag nicht fürchten. Abschreckung wie im Kalten Krieg gibt es im Zeitalter des Terrors nicht.

Deswegen also muss Iran gestoppt werden. Aber wie? Die Einbindungs-Strategie der EU ist gescheitert, die Konfrontations-Strategie wird nur begrenzt helfen. Aber sie muss versucht werden. Der einzige nicht-militärische Weg zur Neutralisierung der Gefahr liegt in Sanktionen und in der politischen Isolation. Die iranische Gesellschaft strebt nach Modernität und Wohlstand. Der Staat will Anerkennung und politisches Gewicht. Nur wenn eine Mehrheit im Lande spürt, dass der Kurs der klerikalen Führung und der Regierung Ahmadinedschad Verderben verheißen, werden sie aufbegehren.

Ein Krieg gegen Iran wäre töricht, gezielte Luftschläge versprechen wenig Erfolg. Angesichts der realistischen Bedrohung durch einen atomar bewaffneten Iran bleiben deswegen nur harte politische Entscheidungen. Wer sie jetzt scheut, wird später vor schlimmeren Alternativen stehen.

Stefan Kornelius, in: Süddeutsche Zeitung vom 17.1.2006

Aufgaben

1. Führen Sie in Ihrem Kurs eine Umfrage durch zur Frage: „Fühlen Sie sich durch Atomwaffen bedroht?“ Diskutieren Sie das Ergebnis.
2. Diskutieren Sie folgende Ansicht: Warum sollten nicht weitere Staaten Atomwaffen besitzen dürfen, wenn schon mehrere große Länder darüber verfügen?
3. Erarbeiten Sie aus dem Text, warum eine Atommacht Iran eine besondere Bedrohung für den Weltfrieden darstellen würde (M2).
4. Welche Möglichkeiten der Verhinderung einer Atomrüstung des Iran werden im Text angedeutet (M2)? Analysieren Sie die Entwicklung dieser Bemühungen (durch die UNO, die IAEA, die EU, USA, Russland ...) anhand der aktuellen Berichterstattung.
5. Beschreiben Sie, welche Hindernisse einer Durchsetzung der Nichtverbreitung von Atomwaffen im Wege stehen (M1).

2.3 Klimawandel

Leitfragen	Wodurch macht sich der Klimawandel bemerkbar?	Welche Auswirkungen hat die Erderwärmung?	Was hat die internationale Klimapolitik bisher erreicht?

Globale Umwelttrends

Die weltweiten Umweltveränderungen durch den zunehmenden Umweltverbrauch werden immer deutlicher. Der Klimawandel ist eine der wichtigsten globalen Herausforderung dieses Jahrhunderts. **Zwei Entwicklungen** bestimmen gegenwärtig die Problemlage:

- Der **erste globale Umwelttrend** beinhaltet den weltweit steigenden Verbrauch natürlicher Ressourcen (Wasser, Erdöl...) sowie die zunehmende Verschmutzung von Luft, Gewässern und Böden (→ Kapitel 6.2.4).

- Der **zweite globale Umwelttrend** bezieht sich auf die Umweltbelastungen, die u. a. von dem nachholenden Wirtschaftswachstum großer Schwellenländer ausgehen, hier insbesondere Indien und China. Sollten sich das enorme Wirtschaftswachstum und der Umweltverbrauch dieser Staaten so fortsetzen, wird sich die Belastung des Ökosystems weiter verschärfen.

Ursachen und Folgen des Klimawandels

Nach heftigen Kontroversen um Ursachen und Wirkungen des seit etwa 100 Jahren beobachteten weltweiten Anstiegs der Durchschnittstemperaturen gilt heute die **Erderwärmung** als überwiegend vom Menschen verursacht (anthropogen). Der natürliche **Treibhauseffekt**, der das Leben auf der Erde erst ermöglicht, wurde seit Beginn der Industrialisierung durch eine zunehmende

Treibhausgas-Emissionen als Wohlstandsindikator

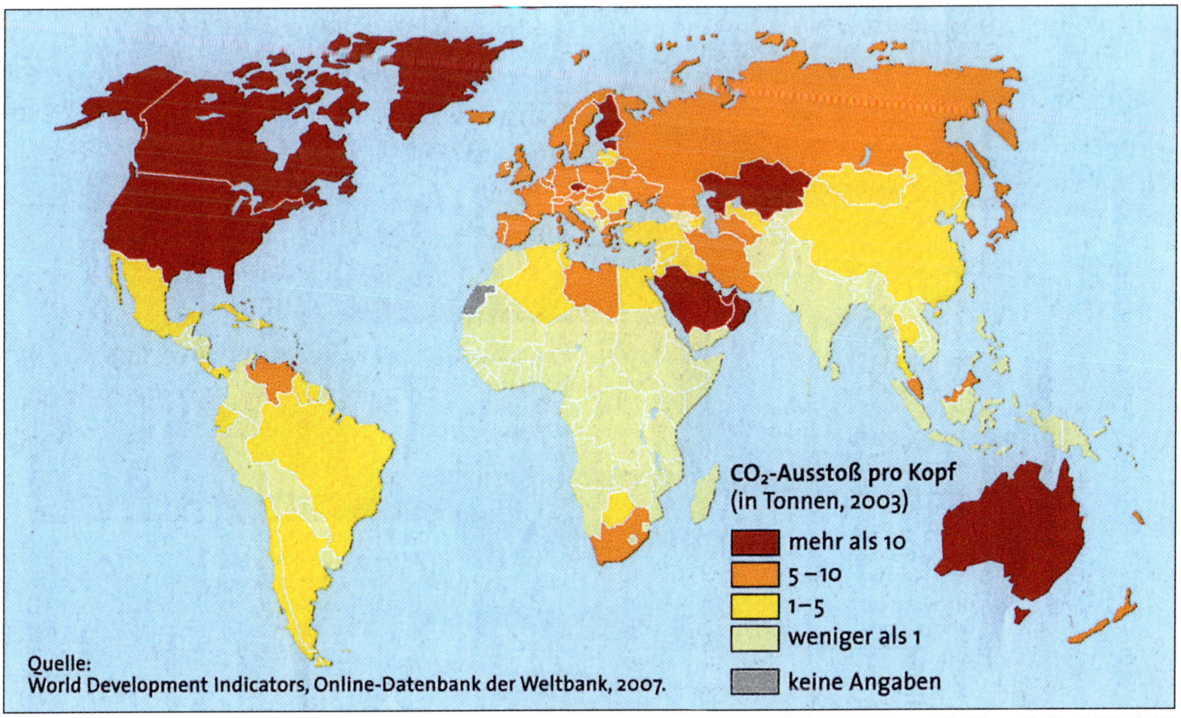

Le Monde diplomatique, Atlas der Globalisierung spezial: Klima, Berlin 2008, S. 21

Freisetzung von Gasen – vor allem aus der Verbrennung fossiler Energieträger – derart verstärkt, dass die globale Durchschnittstemperatur seit Mitte des 19. Jahrhunderts um etwa 1° C zugenommen hat.

Die Aussagesicherheit der für Prognosen verwendeten Klimamodelle wurde in den vergangenen Jahren so weit verbessert, dass sich Vorhersagen bis zum Jahr 2100 machen lassen. Mit folgenden Entwicklungen wird gerechnet:

- **Erhöhung der globalen Durchschnittstemperatur** in diesem Jahrhundert zwischen 1,4°C (im Falle wirksamer Klimapolitik) und 6,4°C (bei klimapolitischer Untätigkeit).

- **Abschmelzen der Gletscher** und polaren Eiskappen, **Abtauen der Permafrostböden** in Nordamerika und Nordrussland.

- **Anstieg des Meeresspiegels** von durchschnittlich ca. 21 bis 28 cm, regional bis zu über einem Meter.

Die Auswirkungen dieser Veränderungen auf den menschlichen Lebensraum stellen sich schleichend ein, bedeuten aber große Gefahren für die Bewohnbarkeit großer Gebiete. Treten die oben genannten klimatischen Veränderungen ein, ist mit folgenden Wirkungen zu rechnen:

- Die **Verschiebung von Klimazonen** könnte so schnell erfolgen, dass sich Vegetation und Tierwelt nicht rechtzeitig anpassen können (**Artensterben**).

- Der **Anstieg des Meeresspiegels** bedroht niedrig gelegene, dicht besiedelte Regionen (z. B. Bangladesh, Nildelta) und kann zum Untergang von Atoll-Inseln im Pazifik und Indischen Ozean führen (z. B. den Malediven).

- **Naturkatastrophen und extreme Wetterlagen nehmen zu:** Während in einigen Gebieten Überschwemmungen und intensive Regenfälle häufiger werden, haben andere Regionen mit geringen Niederschlagsmengen bzw. lang anhaltenden Dürreperioden und Hitzewellen

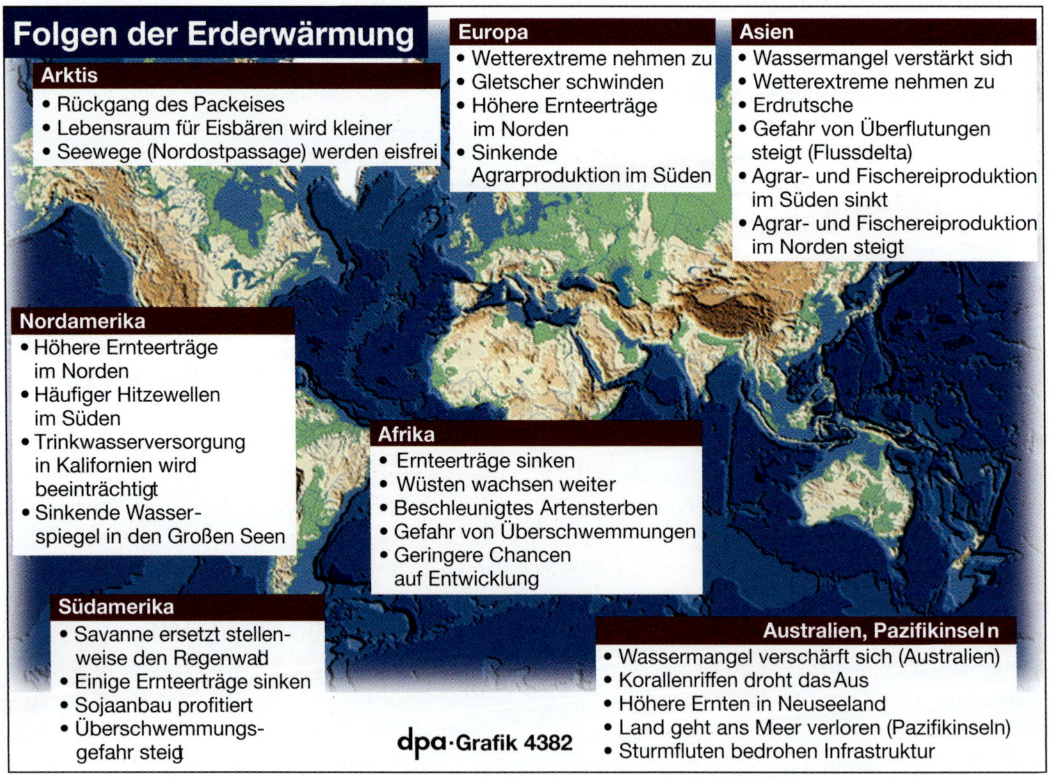

zu kämpfen. Diese bedingen **Ernteausfälle** und Probleme bei der Wasserversorgung sowie Veränderungen ganzer Lebensräume. Es kommt zu vermehrter **Wüstenbildung** (Desertifikation) und zu verschärftem **Süßwassermangel**.

Insgesamt wird eine globale **Zunahme von Verteilungskonflikten** erwartet, vor allem zwischen besonders stark betroffenen Entwicklungsländern des Südens und den Industrieländern, die technisch und wirtschaftlich eher mit den Problemen umgehen können. Der Nord-Süd-Gegensatz wird durch den Klimawandel weiter vertieft, und globale Flüchtlingsbewegungen infolge klimatischer Veränderungen werden zunehmen (→ S. 410f.).

Meilensteine internationaler Umweltpolitik

- **1972:** Stockholmer Umweltkonferenz: Gründung des Umweltprogramms der Vereinten Nationen (UNEP) mit Sitz in Nairobi. Seit 1972 kann man von internationaler Umweltpolitik sprechen.
- **1979:** Genfer Übereinkommen gegen weiträumige grenzüberschreitende Luftverschmutzung in Europa (mit nachfolgenden Protokollen zur Schadstoffminderung)
- **1983:** Weltkommission für Umwelt und Entwicklung. Ihre Leiterin Gro Harlem Brundtland prägte den Begriff „Nachhaltige Entwicklung („sustainable development"), der bis heute die internationale Diskussion bestimmt.
- **1985/87:** Wiener Übereinkommen und Montrealer Protokoll zum Schutz der Ozonschicht
- **1992:** Konferenz der Vereinten Nationen über Umwelt und Entwicklung in Rio de Janeiro, Verabschiedung der Klimarahmenkonvention
- **2002:** Weltgipfel für Nachhaltige Entwicklung in Johannesburg
- **2005:** Kyoto-Protokoll tritt in Kraft

Internationale Klimapolitik

Nach einer Reihe von weitgehend ergebnislos gebliebenen Anläufen zu einer international abgestimmten Politik zur Verringerung der CO_2-Emissionen wurde schließlich auf der **UNO-Konferenz in Rio de Janeiro 1992** eine Klimarahmenkonvention verabschiedet. In dieser wurden die Gefahren der Emission von Treibhausgasen anerkannt und als Ziel eine für das Klima ungefährliche Konzentration von Treibhausgasen festgeschrieben. Außerdem wurden Regeln beschlossen, nach denen künftig **verpflichtende Vereinbarungen zur Reduktion der CO_2-Emissionen** erarbeitet werden sollten.

Erst 1997 einigten sich die Vertragsstaaten in einer Nachfolgekonferenz im japanischen Kyoto auf das völkerrechtlich verbindliche Ziel der CO_2-Reduktion um ca. 5% bis 2012 gegenüber dem Stand von 1990 (**Kyoto-Protokoll**). Das Kyoto-Protokoll konnte erst Anfang 2005 in Kraft treten, nachdem 141 Staaten, welche mehr als 55% des CO_2-Gases ausstoßen, das Abkommen ratifiziert hatten. Die UN-Klimakonferenz im indonesischen Bali im Dezember 2007 sollte weitergehende Klimaschutzziele für die Zeit nach der ersten Kyoto-Periode (bis 2012) verbindlich festlegen; die Ausarbeitung des **Kyoto-Nachfolgeprotokolls** wurde aber bis 2009 verschoben. Auf dem „Klimagipfel" von Kopenhagen im Dezember 2009 gelang es jedoch nicht, verbindliche Ziele zur Fortschreibung des Kyoto-Protokolls auszuarbeiten. Die Delegierten der UN-Konferenz nahmen lediglich eine völkerrechtlich nicht bindende politische Vereinbarung zur Kenntnis, derzufolge die Erderwärmung auf weniger als 2 °C im Vergleich zum vorindustriellen Niveau begrenzt werden soll. Verbindliche Zielvorgaben zur Verringerung der CO_2-Emissionen wurden nicht beschlossen. Die Industrieländer sollen nationale Klimaschutzziele vorlegen, kurz- und langfristige Finanzhilfen der reicheren Staaten für die Entwicklungsländer sind vorgesehen, bindende Verpflichtungen für aufstrebende Staaten wie China oder Indien hingegen nicht. Das ursprünglich geplante Nachfolgeabkommen für das 2012 auslaufende Kyoto-Protokoll soll nun auf der 16. Vertragsstaatenkonferenz in Mexiko-Stadt vom 29. November bis 10. Dezember 2010 beschlossen werden.

Die Ergebnisse von Kopenhagen wurden in der Weltöffentlichkeit fast einhellig als Rückschritt charakterisiert; festzuhalten ist aber, dass über die sich verschärfende Problematik des Klimawandels ein umfangreicher Diskussionsprozess in Gang gesetzt wurde und an der gemeinsamen Lösung des Problems gearbeitet wird. Kritiker verweisen zwar darauf, dass dieser Prozess zu langsam voranschreite und er immer wieder durch nationale Sonderinteressen sowie durch den Einfluss starker Lobbys behindert werde. Dies spiegelt jedoch die Normalität internationaler Politik bzw. politischer Prozesse überhaupt wider, alternative Vorgehensweisen erscheinen nicht möglich. Notwendig ist allerdings aus der Sicht der Kritiker eine aktive Politik weltweit tätiger Nichtregierungsorganisationen wie Greenpeace oder WWF, um die Verhandlungsprozesse zu begleiten und voranzutreiben. Insofern stellt die Entwicklung der internationalen Umweltpolitik ein Beispiel für die Herausbildung von Global Governance dar (→ Kap. 6.5.1). Zudem wird auch infolge der zähen internationalen Verhandlungen die Notwendigkeit von Aktivitäten einzelner Gruppen auf lokaler und regionaler Ebene wie auch das Umweltverhalten der einzelnen Bürger betont.

Die **Kosten** für den Kampf gegen den Klimawandel werden selbst für die ehrgeizigsten Szenarien auf weniger als 0,12 Prozent des weltweiten jährlichen Bruttoinlandsprodukts (BIP) geschätzt. Selbst im teuersten Fall würden bis zum Jahr 2030 weniger als 3 Prozent des BIP aufgewendet.

Folgende Probleme lassen an der Wirksamkeit internationaler Vereinbarungen zweifeln und zeigen, wie schwierig Klimapolitik angesichts massiv vertretener nationaler Interessen ist:

- Die Reduktionsziele verpflichten **nur die Industrieländer**, nicht aber die wachstumsstarken Schwellenländer (z. B. China, Indien), in denen die Emission von Treibhausgasen am raschesten zunimmt. Gegen die Interessen von Schwellen- und Entwicklungsländern, die bisher jegliche Behinderung ihrer wirtschaftlichen Entwicklung ablehnen, ist eine wirksamere Vereinbarung nicht möglich.
- Die USA als größer Produzent von Treibhausgasen haben bisher **das Abkommen nicht ratifiziert**.
- Nur **wenige Staaten** haben bisher ihre Verpflichtungen aus dem Kyoto-Protokoll erfüllt.

Plaßmann / CCC,www.c5.net

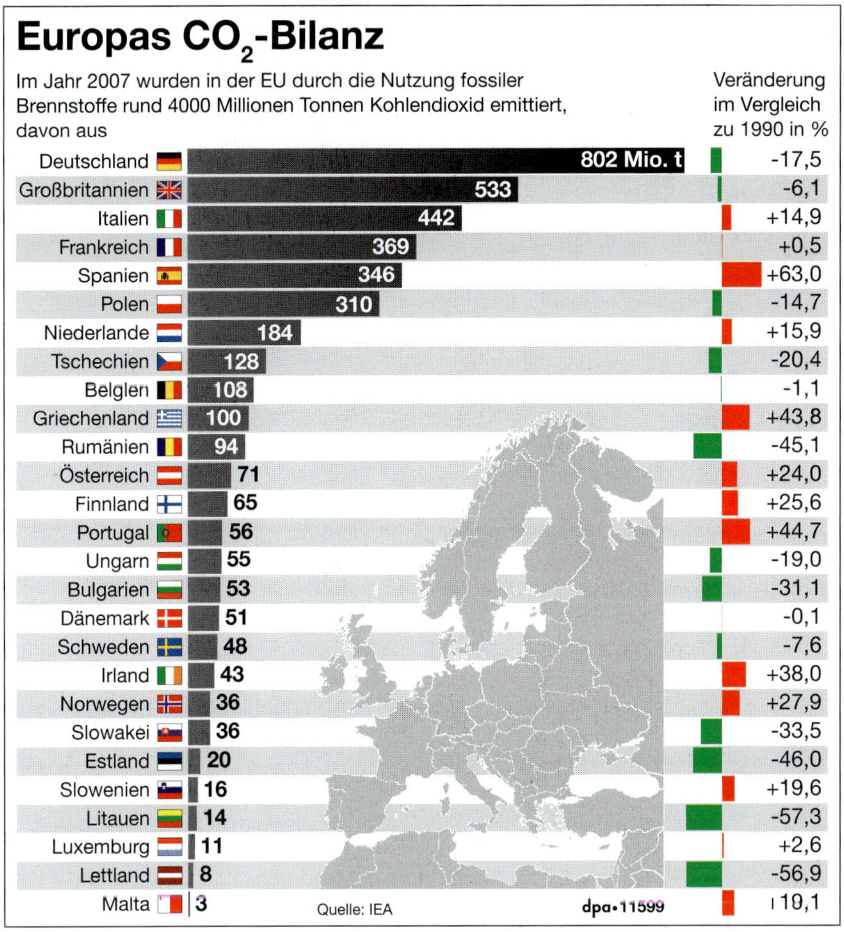

Europas CO_2-Bilanz
Im Jahr 2007 wurden in der EU durch die Nutzung fossiler Brennstoffe rund 4000 Millionen Tonnen Kohlendioxid emittiert, davon aus
Veränderung im Vergleich zu 1990 in %
Deutschland 802 Mio. t -17,5
Großbritannien 533 -6,1
Italien 442 +14,9
Frankreich 369 +0,5
Spanien 346 +63,0
Polen 310 -14,7
Niederlande 184 +15,9
Tschechien 128 -20,4
Belgien 108 -1,1
Griechenland 100 +43,8
Rumänien 94 -45,1
Österreich 71 +24,0
Finnland 65 +25,6
Portugal 56 +44,7
Ungarn 55 -19,0
Bulgarien 53 -31,1
Dänemark 51 -0,1
Schweden 48 -7,6
Irland 43 +38,0
Norwegen 36 +27,9
Slowakei 36 -33,5
Estland 20 -46,0
Slowenien 16 +19,6
Litauen 14 -57,3
Luxemburg 11 +2,6
Lettland 8 -56,9
Malta 3 +19,1
Quelle: IEA
dpa•11599

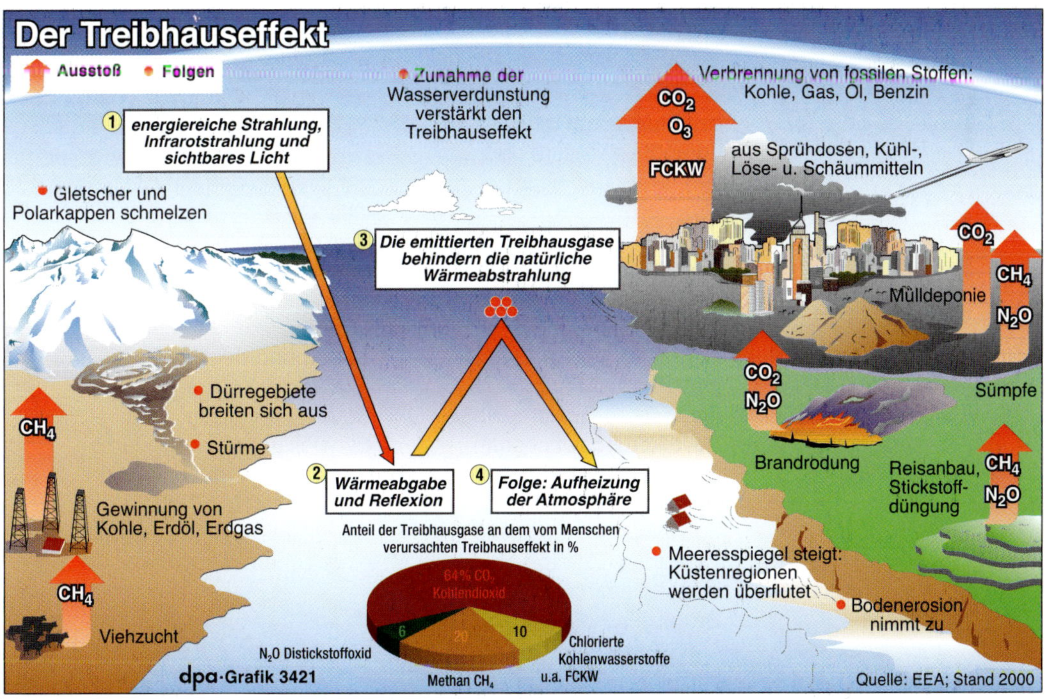

Der Treibhauseffekt
Ausstoß
Folgen
1 energiereiche Strahlung, Infrarotstrahlung und sichtbares Licht
Zunahme der Wasserverdunstung verstärkt den Treibhauseffekt
Verbrennung von fossilen Stoffen: Kohle, Gas, Öl, Benzin
CO_2
O_3
FCKW
aus Sprühdosen, Kühl-, Löse- u. Schäummitteln
Gletscher und Polarkappen schmelzen
3 Die emittierten Treibhausgase behindern die natürliche Wärmeabstrahlung
CO_2
CH_4
Mülldeponie
N_2O
CO_2
N_2O
Sümpfe
Dürregebiete breiten sich aus
Stürme
CH_4
2 Wärmeabgabe und Reflexion
4 Folge: Aufheizung der Atmosphäre
Brandrodung
Reisanbau, Stickstoff-düngung
CH_4
N_2O
Gewinnung von Kohle, Erdöl, Erdgas
Anteil der Treibhausgase an dem vom Menschen verursachten Treibhauseffekt in %
Meeresspiegel steigt: Küstenregionen werden überflutet
Bodenerosion nimmt zu
CH_4
Viehzucht
64% CO_2 Kohlendioxid
6
20
10
N_2O Distickstoffoxid
Methan CH_4
Chlorierte Kohlenwasserstoffe u.a. FCKW
dpa-Grafik 3421
Quelle: EEA; Stand 2000

Umweltprobleme und Herausforderungen

Handlungsbereiche	Umweltprobleme	Folgen/Gefährdungen
Schutz der Atmosphäre und der Ozonschicht	• Erhöhung der CO_2-Emissionen und anderer Treibhausgase in der Atmosphäre • Schädigung der Ozonschicht durch FCKW (Ozonloch)	• Erhöhung der mittleren globalen Lufttemperatur bis 2100 um 1,4°C bis 5,8°C und des Meeresspiegels um 10 bis 90 cm • Zunahme von Hautkrebs, grauem Star u. a. Erkrankungen durch schädliche UV-B-Strahlen • Gefahr der Überflutung ganzer Landstriche, Häufung von Wirbelstürmen und Dürren
Schutz der Wälder und der Erhalt der biologischen Vielfalt	• Bedrohung und Zerstörung der Wälder durch Luftverunreinigung (saurer Regen) und großflächige Abholzung • Verlust von Tier- und Pflanzenarten und ihrer Lebensräume	• Veränderung der Atmosphäre (z. B. Temperaturanstieg) • Zunahme der Bodenerosion, Abnahme der Bodenfruchtbarkeit, wachsende Überschwemmungsgefahr • Verlust der biologischen Vielfalt • Bedrohung der Lebensgrundlage der Menschen durch Zerstörung der Ökosysteme
Schutz der Meere	• Belastung der Ökosysteme der Meere durch Schad- und Nährstoffe aus der Luft und von Flüssen durch Schifffahrt, Erdöl- und Ergasförderung sowie Fischerei	• Gefährdung einer wichtigen Nahrungsquelle der Menschen durch Abnahme der Weltfischbestände
Schutz und nachhaltige Nutzung der Süßwasserressourcen	• sinkendes Wasserangebot in verschiedenen Regionen der Erde durch Bevölkerungswachstum und verschwenderischen Umgang	• Zugang zu sauberem Trinkwasser ist für immer weniger Menschen gesichert (das betrifft heute schon 1,2 Mrd. Menschen vor allem in den Entwicklungsländern) • Bedrohung der regionalen Stabilität durch Streit um knappe Süßwasserressourcen
Schutz des Bodens und Bekämpfung der Wüstenbildung	• Degradierung von Böden (dauerhafte Minderung agrarischer Qualität) durch Bevölkerungswachstum und unsachgemäßen Umgang (Überweidung, Entwaldung, industrielle Belastung, Zerstörung des Wasserhaushalts durch Bewässerungsanlagen)	• Bedrohung der Nahrungs- und Existenzgrundlage großer Bevölkerungsteile in zahlreichen Entwicklungsländern durch Verlust landwirtschaftlicher Nutzflächen (ein Drittel der Böden ist bereits heute nur noch eingeschränkt nutzbar)

Schülerduden Politik, Berlin 2004, S. 418

M Sind die Menschen noch zu retten?

Der Weltuntergang steht nicht bevor. Doch dürfte die Erde unwirtlicher werden. Womöglich werden viele verhungern und flüchten. Vor Stürmen, Fluten und vor Dürren. Wollen die knapp 6,6 Milliarden Erdbewohner das? Oder sind sie bloß unfähig, das Ungemach zu verhindern – geben sie sich zwar Mühe, aber mit wenig Aussicht auf Erfolg?

Viele fragen das heute. Schließlich hat sich die These, dass der Planet sich unmäßig aufheizt, zur Gewissheit verdichtet, schließlich sind vielerorts die ersten Folgen des Klimawandels bereits zu erkennen, schließlich hat Nicholas Stern, der frühere Chefökonom der Weltbank, gerade vorgerechnet, dass Klimaschutz die Menschheit deutlich billiger käme als Klimafrevel. Obendrein weiß die Menschheit von ihren Wissenschaftlern heute ziemlich genau, was sie tun müsste. Auch die Berechnungen von Kosten und Nutzen gehen in eine klare Richtung: Klimaschutz heute kostet wenig und nutzt morgen viel. Derweil sitzen Tausende Diplomaten in Nairobi bei der Weltklimakonferenz beisammen – und beschließen: nichts. Jedenfalls nichts, was die Erde vor immer mehr Kohlenstoff bewahren würde. Dabei macht allein die immer weiter wachsende Last dieser Substanz fast die Hälfte des zu großen menschlichen „Fußabdrucks" aus. Doch der Verhandlungsprozess, sagt ein Mitglied der deutschen Delegation über das zähe Gefeilsche in Nairobi, „ist, wie er ist".

Der „Prozess", die Rettungsaktion, beginnt 1972. Die Vereinten Nationen rufen nach Stockholm zur ersten Weltumweltkonferenz, gründen eine Ökobehörde – und Dennis Meadows, ein junger Forscher aus den USA, publiziert mit Kollegen eine aufsehenerregende Studie: Die Grenzen des Wachstums. Damals gibt es noch nicht in jedem Arbeitszimmer einen PC. Meadows & Co. müssen einen der wenigen existierenden Großrechner mit ihren Daten und Formeln füttern, um ihre Botschaft formulieren zu können: In einigen Jahrzehnten, vermutlich nach dem Jahr 2030, droht der globale Kollaps, wenn die Menschheit weiter so wächst und wirtschaftet wie bisher. Heute hat die Realität nicht nur die Klimaprognose überholt; die Menschheit hat auch bewiesen, dass sie lernfähig ist. 189 Staaten haben die Klimakonventionen ratifiziert, auf die sich die Staats- und Regierungschefs 1992 beim Erdgipfel in Rio de Janeiro einigten. 166 Nationen stehen hinter dem Kyoto-Protokoll, das drei Dutzend Industriestaaten verpflichtet, ihren Ausstoß von Treibhausgas zu begrenzen. In Bonn arbeitet ein Klimasekretariat – und jedes Jahr trifft sich die Völkergemeinschaft zur Weltklimakonferenz. Viel ist geschehen. Aber nicht annähernd genug, so eine gerade zu Ende gegangene Wissenschaftlerkonferenz in Peking. Die 1.000 Experten aus aller Welt sehen die Erde unter „ernsthafter Bedrohung".

Wie dehnbar die Begriffe der Klimadiplomaten sind, hat Hans-Jochen Luhmann akribisch untersucht. Der Mathematiker und Ökonom in Diensten des Wuppertal Instituts hat sich das Kyoto-Protokoll genau angeschaut – und ist ernüchtert: Diverse Schlupflöcher in der Abmachung [...] und die wachsenden Emissionen in China und Indien ließen den Ausstoß von Treibhausgas geradezu explodieren – bis Ende 2012, wenn das Kyoto-Protokoll seine Gültigkeit verliert, um rund 40 Prozent gegenüber 1990! Das soll Ergebnis konsequenter Umweltpolitik sein? Es ist die Konsequenz symbolischer Politik. [...] Mittlerweile ist klar, dass die Industriestaaten allein das Klima nicht werden retten können. Schwellenländer wie China, Indien und Brasilien müssen beim Klimaschutz mitmachen; allein Chinas Treibhausgas-Ausstoß steigt mit beängstigender Geschwindigkeit und wird schon in Kürze höher sein als derjenige des größten Luftverschmutzers: der Vereinigten Staaten. Nur stimmt eben auch, dass der bisher zu kurz gekommene Teil der Menschheit so gut wie nichts zur bereits messbaren Erderwärmung beigetragen hat. China & Co. verlangen deshalb zu Recht Vorleistungen der altindustrialisierten Länder. Doch genau diese Vorleistungen bleibt man, von wenigen Ausnahmen abgesehen, bisher schuldig. Die USA [...] haben das Kyoto-Protokoll nicht einmal ratifiziert, die Europäer sind mit ihren Verpflichtungen fast hoffnungslos in Rückstand. Diese Verteilungsfragen sind der eigentliche Grund für den Stillstand der internationalen Klimapolitik. Manche haben viel, andere fast nichts zur Erwärmung beigetragen. Manche haben viel zu verlieren, andere weniger. Die Bewohner flacher Meeresinseln fürchten um ihren Lebensraum. Die Nordamerikaner fürchten um ihre Lebensweise. Und die Öllländer um ihren Export. Fast ist es erstaunlich, dass es trotz dieser Gemengelage Klimapolitik überhaupt gibt.

Zumal ihr die Interessen mächtiger Konzerne – und Gewerkschaften – entgegenstehen. Die der Energiewirtschaft und der Autoindustrie zum Beispiel. Regierungen, die sich anschicken, den Managern ins Geschäft zu pfuschen, lassen sich in Zeiten der Globalisierung leicht abstrafen; ein kleiner Hinweis auf drohende Jobverluste reicht oft schon aus. Von einem regelrechten „Verhinderungskartell" spricht Hermann Ott vom Wuppertal Institut. Tatsächlich haben sich selbst für deutsche Regierungen, die sich stets als klimapolitische Avantgarde empfunden haben, schon Kleinigkeiten wie die Kennzeichnung des CO_2-Ausstoßes von Autos als Politikum erwiesen. [...] Immerhin, einmal schon schaffte es die Völkergemeinschaft, globale Umweltrisiken zu bannen: Sie rettete die Ozonschicht. Deren Zerstörung durch das Spraydosengas FCKW und andere Stoffe kann Hautkrebs und Augenkrankheiten begünstigen. Dank des 1987 geschlossenen Montrealer Protokolls sind Produktion und Verbrauch der Schadsubstanzen bis heute um mehr als 90 Prozent gesunken. Zwar wird es voraussichtlich noch lange dauern, bis sich die Ozonschicht vollständig regeneriert haben wird; dennoch gilt das Ozonreglement als eine der größten Erfolgsgeschichten der internationalen Umweltpolitik.

Wird die Menschheit nur aus Schaden klug? Schocks haben den Politikern schon öfter Beine gemacht. Mal waren es tote Fische im Rhein, mal war es die Reaktorkatastrophe von Tschernobyl. Irgendwann, so viel ist sicher, wird auch der Klimaschock politische Wirkung zeigen. Bleibt nur die Frage, was dann noch zu retten ist.

Fritz Vorholz, in: Die Zeit vom 16. und 17.11.2006

Aufgaben

1. Recherchieren Sie über Ergebnisse von Nachfolgekonferenzen des Erdgipfels von Rio de Janeiro. Welche Ziele wurden erreicht, welche nicht?
2. Erklären Sie, warum wirksame internationale Vereinbarungen zur Reduktion von Treibhausgasen so schwer zu erreichen sind (M).
3. Erläutern Sie die jeweilige Interessenlage verschiedener Ländergruppen beim Umgang mit dem Klimawandel (M).

2.4 Ressourcenknappheit

Leitfragen	Was sind Ursachen und Folgen des Wassermangels?	Wie lange werden die wichtigsten Ressourcen für den Lebensstil der Industrieländer reichen?	Wodurch können Verteilungskonflikte entstehen?

Verknappung wichtiger Ressourcen

In dem 1972 erschienenen Buch „Die Grenzen des Wachstums" wurde erstmals deutlich die Unvereinbarkeit von ungebremstem Wirtschaftswachstum und der Endlichkeit der vorhandenen Ressourcen thematisiert (→ Kapitel 2.7). Im Mittelpunkt der Diskussion stehen seither

- die **Verknappung** von fossilen Energieträgern (Erdöl, Erdgas...) und mineralischen Rohstoffen,
- die **Verschmutzung und Übernutzung von Gewässern,**
- die **Verschlechterung von Böden** (Degradation) und
- der **Süßwassermangel** für immer mehr Menschen.

Die internationalen Bemühungen um eine Lösung der Probleme sind allerdings aufgrund von Interessengegensätzen innerhalb der Staatengemeinschaft in Ansätzen stecken geblieben. Während die gesicherte Versorgung mit Wasser und meist auch die Erhaltung der Bodenfruchtbarkeit regional begrenzte Probleme darstellen, wird die Verknappung der Erdöl- und Erdgasvorräte als mögliche Ursache für **globale Verteilungskonflikte** gesehen. In der wissenschaftlichen und politischen Diskussion besteht weitgehende Einigkeit darüber, dass diese Probleme zumindest mittelfristig globale Sicherheitsfragen berühren. Die Erweiterung des Sicherheitsbegriffs ist eine Reaktion auf die neue Wahrnehmung der ökologischen Risiken (→ Kapitel 6.3.1).

Wassermangel

Der weltweite Wasserverbrauch hat sich in den vergangenen 100 Jahren fast verzehnfacht. Die Globalisierung erhöht den Wasserverbrauch durch ökonomisches Wachstum und durch die Verbreitung verbrauchsintensiver Lebensstile.

Ursachen der Wasserknappheit sind:

- die erhöhte Nachfrage durch rasante **Zunahme der Weltbevölkerung;**
- der **Anstieg des Wasserverbrauchs;**
- **klimatische Veränderungen;**
- fehlende oder mangelhafte Trinkwassersysteme infolge von **Armut;**
- **Übernutzung** des Angebots an erneuerbarem Wasser;
- **Nutzungskonkurrenz** bzw. gegenläufige Interessen der Wasserverbraucher (Wasser für die Landwirtschaft fehlt andernorts als Trinkwasser).

Die Schere zwischen den steigenden Nutzungsansprüchen durch intensivierte Landwirtschaft und Bevölkerungszunahme einerseits sowie den verfügbaren Vorräten (Gewässer, fossile Grundwas-

Einige Fakten zum Wasser

- Bis zum Jahr 2050 wird voraussichtlich mindestens ein Viertel der Weltbevölkerung mit chronischem oder immer wiederkehrendem Süßwassermangel leben.
- In ca. 50 Ländern der Erde herrscht bereits Wasserknappheit.
- Über eine Milliarde Menschen weltweit haben weniger als 20 Liter Wasser pro Tag zur Verfügung.
- Rund zwei Milliarden Menschen haben keinen Zugang zu sauberem Trinkwasser und sind auf Flüsse, Seen, Tümpel oder Wasserlöcher angewiesen.
- Der größte Wasserverbraucher (und Verschwender) ist die Landwirtschaft, die knapp zwei Drittel aller Reserven verbraucht.
- Durch ineffiziente Bewässerung gehen weltweit rund 60 Prozent des Wassers verloren.
- Die zunehmende Verschmutzung des Oberflächen- und Grundwassers verschärft die Wasserkrise.

Angaben der Welthungerhilfe: www.welthungerhilfe.de (24.06.2008)

Zu wenig Wasser für zu viele Menschen

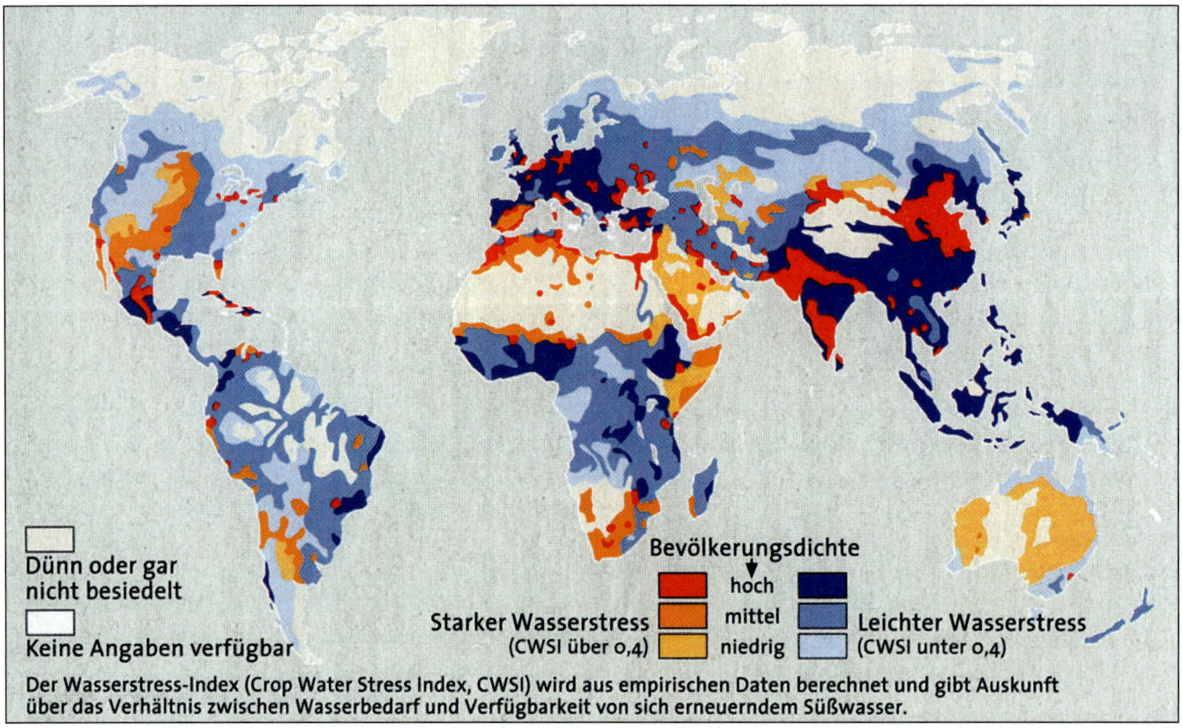

Cécile Marin, Atlas de lòcéan mondial, Autrement, 2007, nach dem Weltwasserbericht der UNO, in: Atlas der Globalisierung spezial, a.a.O., S. 49

servorräte) andererseits öffnet sich immer weiter und ist in Wassermangelregionen des Nahen und Mittleren Ostens bereits heute eine wesentliche **Konfliktursache.**

Weitere **Folgen** des Wassermangels sind:

- **Krankheiten und Todesfälle:** Nach Angaben der Weltgesundheitsorganisation WHO sterben jährlich rund 2,2 Millionen Menschen an den Folgen unsauberen Trinkwassers;
- **Zerstörung von Ökosystemen:** Die häufige Übernutzung der Wasservorkommen kann Ökosysteme beschädigen oder zerstören (z. B. Austrockung von Flüssen und Feuchtgebieten);
- der Anteil der **Wasserflüchtlinge** an den Umweltflüchtlingen nimmt zu (→Kapitel 6.2.5).

Verknappung der Erdölvorräte

Das Leben in der heutigen Welt ist ohne Energieträger, die relativ billig und bequem zur Verfügung stehen, nicht vorstellbar. Mobilität per Flugzeug oder PKW ist unverzichtbare Lebensqualität in der industrialisierten Welt geworden, Güter aus entferntesten Regionen gehören zum selbstverständlichen Konsumbedarf, Unternehmen wählen die kostengünstigsten Produktionsstandorte und nehmen dazu Transporte um die halbe Welt in Kauf. Erdöl ist zum **Schmiermittel des Wirtschaftswachstums** geworden, es scheint als Energiequelle und Rohstoff für die chemische Industrie unverzichtbar. Die Weltbevölkerung verbraucht in wenigen Jahrzehnten, was in Jahrmillionen der Erdgeschichte entstand – die fossilen Energieträger Erdöl, Erdgas und Kohle.

Obwohl sich die westlichen Industrienationen als abhängige Verbraucherländer seit der Ölkrise von 1973 um die Nutzung alternativer Energiequellen bemühen, bleibt das „schwarze Gold" auch im 21. Jahrhundert von großer wirtschaftlicher und sicherheitspolitischer Bedeutung. Mehr als zwei Drittel der weltweit erkundeten Erdölvorkommen befinden sich in Staaten des Nahen und Mittleren Ostens; damit ist diese Region für den Westen von großem strategischen Interesse. Durch Interessenkonflikte zwischen den Förderländern und den Verbraucherstaaten wird der Raum um den Persischen Golf wohl auch zukünftig eine Konfliktregion bleiben.

Fachleute rechnen angesichts des rasch wachsenden Energieverbrauchs in China und Indien sowie in anderen Schwellenländern damit, dass zwischen 2035 und 2045 die wirtschaftlich rentabel zu erschließenden Vorräte zur Neige gehen werden. Ab dem Zeitpunkt, an dem die Förderung die Nachfrage nicht mehr decken kann – lange vor dem endgültigen Ende der Förderung – droht eine Preisexplosion.

Angesichts der Verknappung des Erdöls und der weltweit dramatisch steigenden Nachfrage muss mit **global wirkenden Konflikten** um die Beherrschung der Lagerstätten gerechnet werden. Die Gefahren vergrößern sich durch die Tatsache, dass die ergiebigen Erdöllagerstätten fast ausschließlich in **politisch instabilen Regionen** liegen.

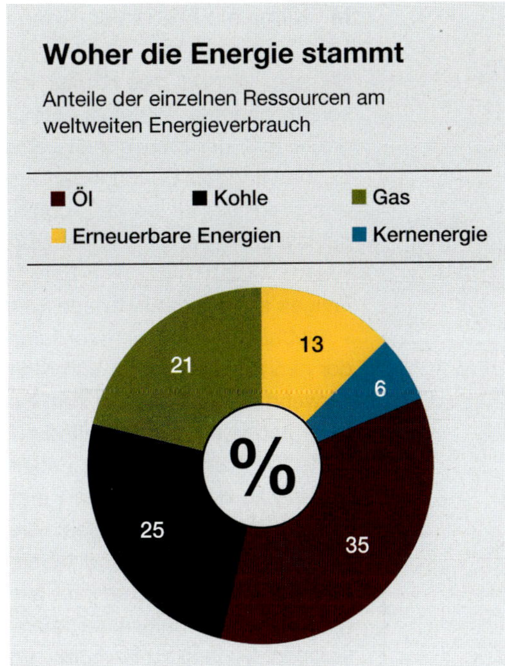

ZEIT-Grafik, Wolfgang Sischke, in: Die Zeit vom 23.10.2008

Verteilung und Verbrauch der Erdölreserven

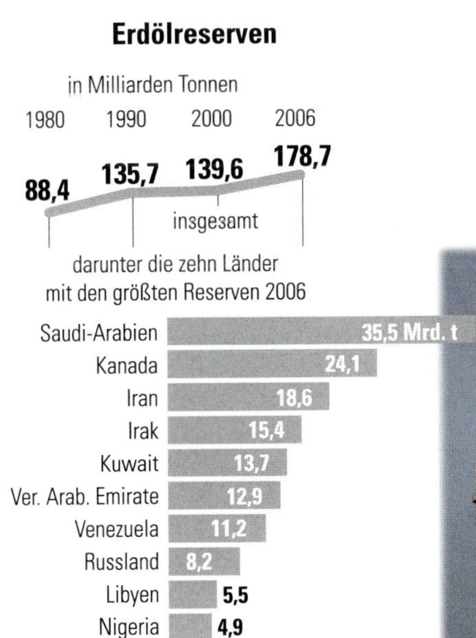

dpa Grafik 4516

Die zehn größten Erdölverbraucher

Rang	Land	1990	2000	2004
		in Mio. t		
1	USA	779,0	887,8	927,3
2	VR China	116,6	219,8	308,6
3	Japan	247,7	255,0	250,5
4	Russland	198,8	123,5	131,8
5	Deutschland	125,6	129,4	123,2
6	Indien	57,9	98,0	115,3
7	Brasilien	58,4	100,1	101,7
8	Kanada	78,4	93,0	100,1
9	Südkorea	49,5	99,3	99,1
10	Frankreich	89,4	95,2	95,2
	Welt	3.130,2	3.539,2	3.780,1

Quelle: BP 2005

M Klima als Frage von Krieg und Frieden

Mit dem Wandel des Klimas verändern sich auch die Lebensbedingungen auf unserem Planeten. Wenn die Umweltexperten Recht behalten, wird sich die Lage für große Teile der Menschheit verschlechtern. Angesichts der bereits jetzt vielerorts zu beobachtenden Spannungen entlang politischer, ökonomischer, sozialer, ethnischer oder religiöser Linien befürchten manche Fachleute und Politiker eine Zunahme von gewaltsamen Auseinandersetzungen.

Einiges spricht dafür. Kriege werden in der Regel aus einfachen Gründen begonnen – unabhängig von allen vordergründigen Rechtfertigungen und Erklärungen: Entweder nimmt eine Gruppe von Menschen das Recht auf etwas in Anspruch, das ihnen verwehrt ist. Das können zum Beispiel natürliche Ressourcen sein, die sich im Besitz einer anderen Gruppe befinden. Oder aber man sieht sich genötigt, seinen Besitz, seinen Wohlstand, seinen Lebensstil zu verteidigen – auch präventiv. Nun sind der Zugang zu den Ressourcen dieses Planeten und die Möglichkeiten, sie zu nutzen, bereits jetzt extrem ungleich verteilt. Während die Bürger der Industriestaaten in relativ großem Wohlstand leben, mangelt es großen Teilen der Bevölkerung in den Entwicklungsländern an fast allem, was im Westen für selbstverständlich gehalten wird: sauberes Trinkwasser, ausreichende Nahrungsmittel, adäquate Gesundheitsversorgung, Zugang zu Bildung – vom Luxus eines Kühlschranks oder eines Autos ganz zu schweigen.

Für viele Menschen ist die eigene Umwelt lebensfeindlich. Jedes Jahr sterben drei Millionen Menschen an den Folgen von verschmutztem Wasser, berichtete kürzlich die UN-Umweltbehörde Unep. 850 Millionen Menschen sind unterernährt. Ströme von afrikanischen Flüchtlingen suchen bereits jetzt ihr Heil in der europäischen Fremde, in der Hoffnung auf ein besseres Leben – oder überhaupt ein Überleben. Fast 40 Millionen Menschen befinden sich derzeit weltweit auf der Flucht. Bislang ist offen, was geschehen wird, wenn aufgrund des Klimawandels mancherorts das Trinkwasser ausgeht – dies droht beispielsweis 500 Millionen Asiaten, weil die Gletscher im Himalaja wegschmelzen. Was geschieht, wenn sich in Afrika die fruchtbaren Böden zunehmend in Wüsten verwandeln? Wenn etliche Pazifikinseln in den steigenden Fluten versinken? Werden die Nachbarn, die verschont geblieben sind, ihren Lebensraum und ihre Rohstoffe mit den Flüchtlingen teilen, die vielleicht auch noch einer anderen ethnischen oder religiösen Gruppe angehören? Oder werden sie ihren Besitz verteidigen – notfalls mit Waffengewalt? Einige Politiker und Militärs äußern sich hier sehr pessimistisch. „Wenn wir nicht handeln", warnte Bundeskanzlerin Angela Merkel [...], „wird das Auswirkungen auf Fragen von Krieg und Frieden haben." Auch Außenminister Steinmeier bezeichnete die Erwärmung der Erde als eine zunehmende Gefahr für den Weltfrieden.

Bereits im April hatten sich ehemalige US-Generäle zu Wort gemeldet. In ihrer Studie „Die nationale Sicherheit und die Bedrohung durch den Klimawandel" warnten sie, dass die zunehmende Erderwärmung zumindest in politisch instabilen Regionen „Bedingungen schaffen könnte, die den Krieg gegen den Terrorismus verlängern", erklärte etwa Admiral a. D. Joseph Lopez, der ehemalige Oberkommandierende der US-Seestreitkräfte in Europa. Verteilungskämpfe, Rebellionen und Flüchtlingsströme, so die Militärs, seien zu erwarten.

Auch die Befürchtungen, die der Wissenschaftliche Beirat der Bundesregierung Globale Umweltveränderung (WBGU) in seiner Studie „Sicherheitsrisiko Klimawandel"

im Juni veröffentlicht hat, klingen bedrohlich. Zwar wollen die Experten nicht gleich von einer erhöhten Kriegsgefahr durch den Klimawandel sprechen. Sie befürchten aber ebenfalls „innerstaatliche Zerfalls- und Destabilisierungsprozesse" an etlichen Brennpunkten der Welt, die mit der klassischen Sicherheitspolitik nicht zu bewältigen seien. [...]

UN-Generalsekretär Ban Ki Moon vermutet sogar, der erste gewaltsame Konflikt aufgrund des gegenwärtigen Klimawandels habe bereits Hunderttausende Tote gefordert – und zwar in Darfur. „Neben verschiedenen sozialen und politischen Ursachen begann der Darfur-Konflikt als ökologische Krise, die zumindest teilweise auf den Klimawandel zurückgeht", erklärte Ban im Juni in der Washington Post. Die Wüste im Sudan, so Ban, breite sich aus. Im Norden Darfurs wären die Lebensbedingungen für die Kamel-Nomaden in den letzen Jahrzehnten so schlecht geworden, dass sie nach Süden zogen. Die dort lebenden Bauern hätten zwar früher ihre Brunnen mit ihnen geteilt. Inzwischen aber litten alle unter der Trockenheit. Nahrungs- und Wassermangel hätten schließlich zu den Kämpfen geführt, „die sich im Jahr 2003 zur vollen Tragödie ausweiteten, die wir heute erleben." Eine Ausweitung, die natürlich auch damit zusammenhängt, dass die Regierung in Khartum die nomadischen Reitermilizen ausgerüstet hat und sie mit Kampfflugzeugen und -hubschraubern unterstützt. Für den Zusammenhang zwischen dem Massenmord und dem Klima spricht übrigens auch ein Bericht des UN-Umweltprogramms Unep: Demnach gab es in den letzten 77 Jahren mehr als 30 Konflikte um Boden und Wasser in Darfur. In den letzten drei Jahrzehnten aber haben sich die Auseinandersetzungen gehäuft. Zugleich kam es im Norden der Region in diesem Zeitraum zu großen Dürren und Hungersnöten. Nicht alle Experten sind überzeugt von diesem direkten Zusammenhang zwischen Klima und Krieg. So erklärte kürzlich Halvard Buhaug vom International Peace Research Institute im norwegischen Oslo, es gebe noch keine wissenschaftlichen Belege für wirklich robuste systematische Zusammenhänge.

Das sieht Marc Levy von der Columbia University in New York anders. Der Forscher hat rückblickend eine Reihe von Bürgerkriegen untersucht und eine interessante Entdeckung gemacht. Bleibt der Regen in einer Region aus, berichtete er im Wissenschaftsmagazin New Scientist, verdoppele sich die Gefahr, dass ein bereits schwelender Konflikt im folgenden Jahr zum Bürgerkrieg eskaliert. [...] Es ist noch schwer abzusehen, wie dramatisch die Folgen des Klimawandels tatsächlich sein werden. Dass die Veränderungen des Klimas jedoch einen Effekt auf Krieg und Frieden haben werden, ist unter Experten unstrittig. Oder, wie die frühere britische Außenministerin Margaret Beckett erklärte, ist es „einfach nicht vorstellbar, dass es keine tiefen und möglicherweise verheerenden Auswirkungen auf unsere kollektive und individuelle Sicherheit geben wird".

Markus C. Schulte von Drach, auf: www.sueddeutsche.de vom 14.11.2007

Aufgaben

1. Entwickeln Sie am Beispiel eines aktuellen Konfliktes ein Lösungsszenario für die Nutzungskonkurrenz ums Wasser.

2. Benennen Sie die Gefahren für Frieden und internationale Sicherheit, die von Klimawandel und Ressourcenverknappung ausgehen (M).

3. Diskutieren Sie, inwiefern die These vom „Krieg ums Wasser" zutreffend ist (M).

2.5 Bevölkerungswachstum und Migration

Leitfragen
- Welche Folgen hat das anhaltende Bevölkerungswachstum?
- Was sind die wesentlichen Ursachen für Migration?

Die Entwicklung der Weltbevölkerung

Für die ökologischen Bedrohungen werden vorwiegend der Lebensstil und die Wirtschaftsweise der industrialisierten Länder verantwortlich gemacht. Ein Vergleich des durchschnittlichen Wasser- und Energieverbrauchs in den USA oder Europa mit jenem in Afrika macht deutlich, wie wohlbegründet dieser Vorwurf ist. Allerdings zeigt ein Blick auf manche Entwicklungsländer (z.B. Nepal oder Bangladesh), dass dort das rasante Bevölkerungswachstum ökologische Probleme wie Waldzerstörung, Verschmutzung der Gewässer und Zerstörung der Bodenfruchtbarkeit verstärkt.

Die Entwicklung der Weltbevölkerung hat erhebliche Auswirkungen auf die Verfügbarkeit von Ressourcen, das ökologische Gleichgewicht, die Lebensqualität der Menschen und damit auch auf den Weltfrieden.

Wuchs die Menschheit bis zum Jahre 1800 auf eine Milliarde an, so war die zweite Milliarde bereits nach weiteren 125 Jahren erreicht. Inzwischen wächst die Weltbevölkerung in etwa zwölf Jahren um jeweils eine weitere Milliarde und beträgt aktuell mehr als 6,8 Milliarden Menschen (2010). Prognosen zufolge wird diese Zahl bis 2050 auf 9,3 Milliarden ansteigen. Das Bevölkerungswachstum wird bis zum Jahre 2050 in den verschiedenen Weltregionen höchst unterschiedlich verlaufen. 2050 werden voraussichtlich knapp 90% der Bevölkerung in heute weniger entwickelten oder besonders armen Ländern leben.

Ursachen des Bevölkerungswachstums in den Entwicklungsländern

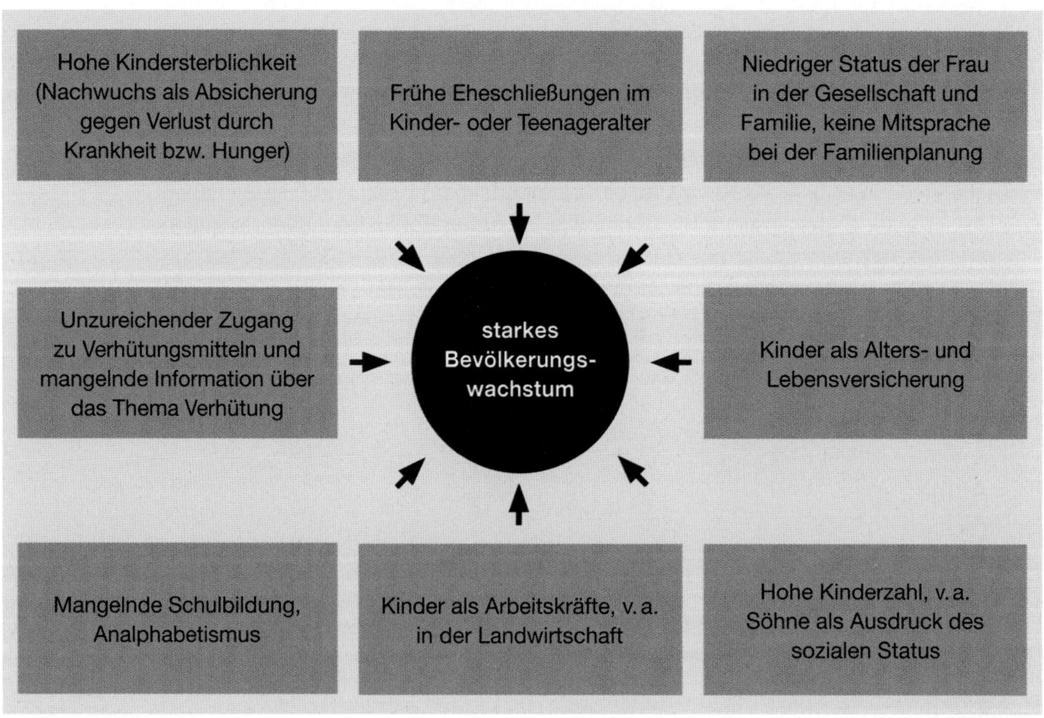

Auswirkungen des Bevölkerungswachstums

Durch die rasante Zunahme der Bevölkerung wird das globale Gleichgewicht zwischen den menschlichen Nutzungsansprüchen und den begrenzten natürlichen Ressourcen gestört – die Umweltbelastung nimmt zu.

- Der Bedarf an Energieträgern und sonstigen Rohstoffen sowie an nutzbaren Flächen und Wasser steigt und bedingt **Ressourcenknappheit** (→Kapitel 6.2.4).
- Es kommt zu steigenden **Emissionen**, zu wachsenden **Müllbergen** und **Abwässern**.
- Infolge des Bevölkerungswachstums, zunehmender Wüstenbildung und Ressourcenknappheit wird es schwieriger, für **Ernährungssicherheit** zu sorgen; die Anforderungen an moderne Landwirtschaft, Düngung und gerechte Verteilung steigen.
- Die zunehmende **Abholzung der Wälder** führt zu weiterer Beeinträchtigung des Klimas und z.T. zu schlechter nutzbaren Böden.

Urbanisierung und Megastädte

2005 zählte die UNO weltweit erstmals 20 Megastädte (Städte mit mehr als zehn Millionen Einwohnern), 15 davon in Schwellen- und Entwicklungsländern. Die Welt wird städtisch: Seit 2007 leben genauso viele Menschen in Städten wie auf dem Land. Diese urbanen Riesen bedeuten Heimat, Zukunft, Chance auf Arbeit wie auch Elend: Manche Megastädte sind zunehmend von Chaos, Armut und Umweltproblemen geprägt. Doch zugleich absorbieren sie einen Großteil der Bevölkerungsexplosion in Ländern wie Nigeria oder Bangladesh. Und eine effektive Infrastruktur für große Menschenmengen ist noch am ehesten in Städten möglich.

Nach: www.bpb.de, Dossier Megastädte (25.06.2008)

- Infolge oft schwieriger Lebensbedingungen auf dem Land kommt es zu verstärkter **Landflucht** und Zuwanderung in die Städte; die Zahl der „Megastädte“ nimmt zu (Trend zur **Verstädterung/Urbanisierung**).
- Bevölkerungswachstum, rasch wachsende Städte mit z.T. großen Armutsvierteln, ungenügenden Versorgungsstrukturen und Ernährungsunsicherheit sind **„demografische Stressfaktoren“**, welche die Wahrscheinlichkeit für **soziale Konflikte** erhöhen.

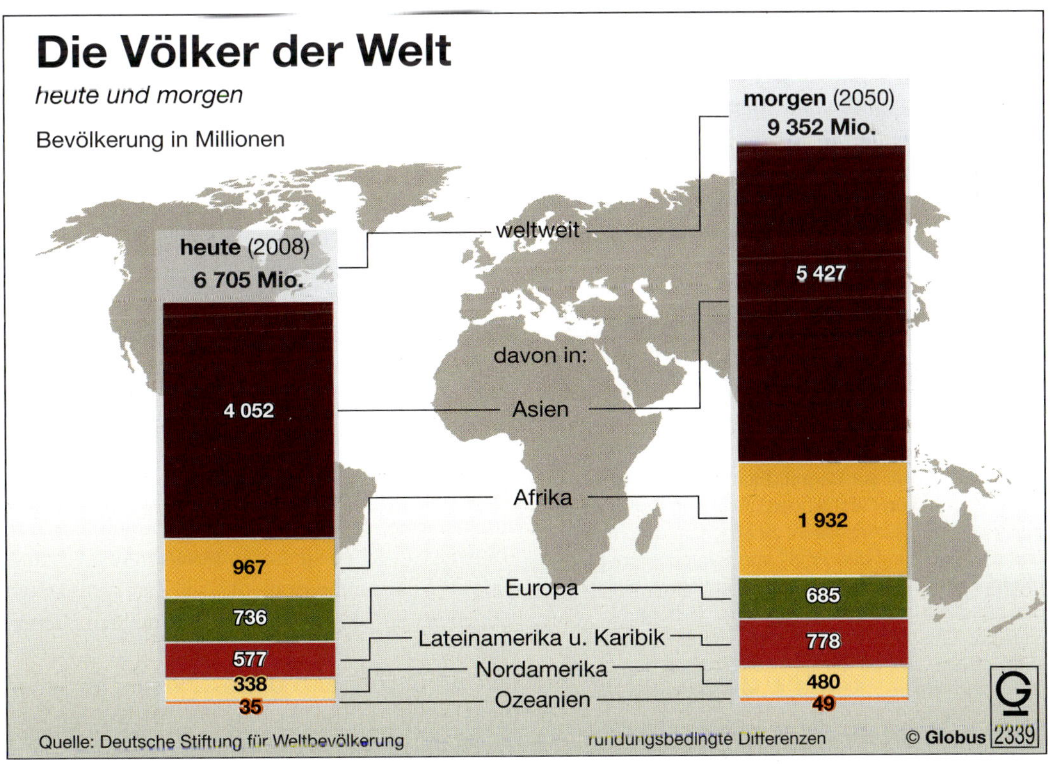

Migranten/Flüchtlinge

Migration umfasst alle Formen räumlicher Mobilität von Individuen und Gruppen. Migrationsprozesse können z. B. aufgrund von Arbeitssuche ausgelöst werden und sich als Land- und Stadtflucht (Binnenmigration) oder Ein- bzw. Auswanderung (Immigration, Emigration) vollziehen. Ein Migrant verlässt seine Heimat meist freiwillig und genießt bei einer Rückkehr i.d.R. weiterhin den Schutz seiner Regierung.

Flüchtlinge sind Personen, die aufgrund z. B. ihrer ethnischen Zugehörigkeit, Religion oder politischen Meinung in ihrem Heimatstaat verfolgt werden bzw. aufgrund der sozialen, wirtschaftlichen oder politischen Bedingungen bzw. eines (Bürger-)Krieges ihr Heimatland verlassen mussten. Schätzungen gehen davon aus, dass die Zahl der entwurzelten, z. B. auch innerhalb der eigenen Länder Vertriebenen (Binnenflüchtlinge) ca. 40 Mio. Menschen beträgt.

Nach: Klaus Schubert/Martina Klein: Das Politiklexikon. 4., aktual. Auflage, Bonn 2006

Migration

Die genannten Faktoren fördern Fluchtbewegungen in andere Landesteile (Binnenflucht) oder Staaten mit dem Risiko von Verteilungskonflikten zwischen Migranten und einheimischer Bevölkerung. Die zunehmenden Flucht- und Migrationsbewegungen sind wesentlich durch ökologische, soziale und wirtschaftliche Probleme in den Heimatregionen bedingt. Das Gros der Wanderungs- und Fluchtbewegungen geht in die jeweiligen Nachbarräume, findet also innerhalb der Entwicklungsländer statt. Schätzungsweise rund 10 % der Migranten fliehen in andere Kontinente, Schwerpunkte der weltweiten Flüchtlingsbewegungen sind jedoch hauptsächlich Krisenregionen in Afrika und Südwestasien sowie Bürgerkriegsgebiete.

Die Genfer Flüchtlingskonvention

Die von 141 Staaten unterzeichnete Genfer Flüchtlingskonvention von 1951 bildet die Grundlage des internationalen Flüchtlingsrechts. Sie definiert, was der Begriff „Flüchtling" bedeutet, und bestimmt die Rechte von Flüchtlingen, zu denen Religions- und Bewegungsfreiheit sowie das Recht zu arbeiten, das Recht auf Bildung und das Recht auf den Erhalt von Reisedokumenten gehören. Ein Kernprinzip der Konvention ist das Verbot, einen Flüchtling in ein Land zurückzuweisen, in dem er Verfolgung fürchten muss (Non-Refoulement). Sie nennt zudem Personen oder Gruppen von Personen, denen kein Schutz nach der Genfer Flüchtlingskonvention zusteht (z. B. Kriegsverbrecher).

Nach: www.unhcr.de

Ursachen für Flucht und Migration

Die Migrationsgründe liegen einerseits in Not- oder Zwangssituationen in den Herkunftsländern, andererseits in sog. Sogwirkungen bestimmter Ziel- bzw. Aufnahmeländer. Ein wichtiger Faktor sind Umweltprobleme: Bereits heute fliehen mehr Menschen vor Umweltkatastrophen als vor Kriegen. Die UNO schätzt, dass im Jahr 2010 mehr als 50 Millionen Menschen aufgrund von Wüstenbildung, Überschwemmungen oder anderen ökologischen Katastrophen ihre Wohngebiete verlassen werden.

Es gibt vielfältige Gründe, die Menschen dazu bewegen, ihre Heimat zu verlassen. Oft sind sie auf komplexe Weise miteinander verbunden. Ob Menschen aufgrund von Krieg, Armut oder Umweltkatastrophen fliehen oder schlicht auf der Suche nach Lebensumständen sind, die das Überleben sichern, ist nicht immer eindeutig zu klären. Weder der Begriff des „politischen Flüchtlings" noch der des „Wirtschaftsflüchtlings" wird dieser Komplexität immer gerecht.

Migrationspolitik

Die Balance zwischen der wirtschaftlich als notwendig erachteten Öffnung für Zuwanderer und der häufig von den Einheimischen geforderten Begrenzung der Einwanderung zu finden fällt vielen Staaten schwer: Unternehmen drängen auf eine Ausweitung der Zuwanderung, um Arbeitsmarktengpässe auszugleichen, während die Sorge der Bevölkerung um zusätzliche Konkurrenz auf dem Arbeitsmarkt wächst.

Die Industriestaaten versuchen einerseits, ihre nationalen Handlungsmöglichkeiten auszubauen und die Wanderungsbewegungen zu kontrollieren. Andererseits erstreben sie gemeinsame Regelungen, indem sie die regionale Zusammenarbeit z. B. im Rahmen der Gemeinsamen Innen- und Justizpolitik der EU vertiefen (→ Kapitel 5.2.3). Teilweise arbeiten sie mit internationalen Organisationen zusammen, an die sie Zuständigkeiten abgeben. So haben in den vergangenen Jahren der UN-Hochkommissar für Flüchtlinge (UNHCR) und die International Organization for Migration (IOM) neue Aufgaben in der Betreuung von Flüchtlingen und Migranten übernommen.

Ursachen für Flucht und Migration

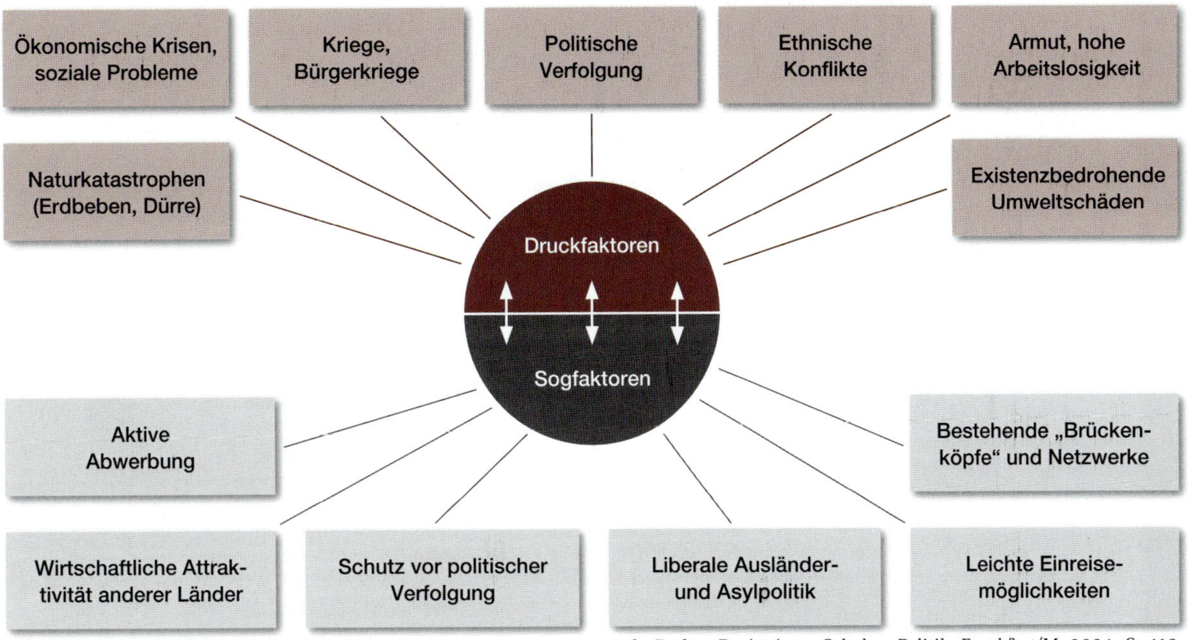

nach: Duden, Basiswissen Schule – Politik, Frankfurt/M. 2004, S. 412

Klimatische Veränderungen als Auslöser für Fluchtbewegungen

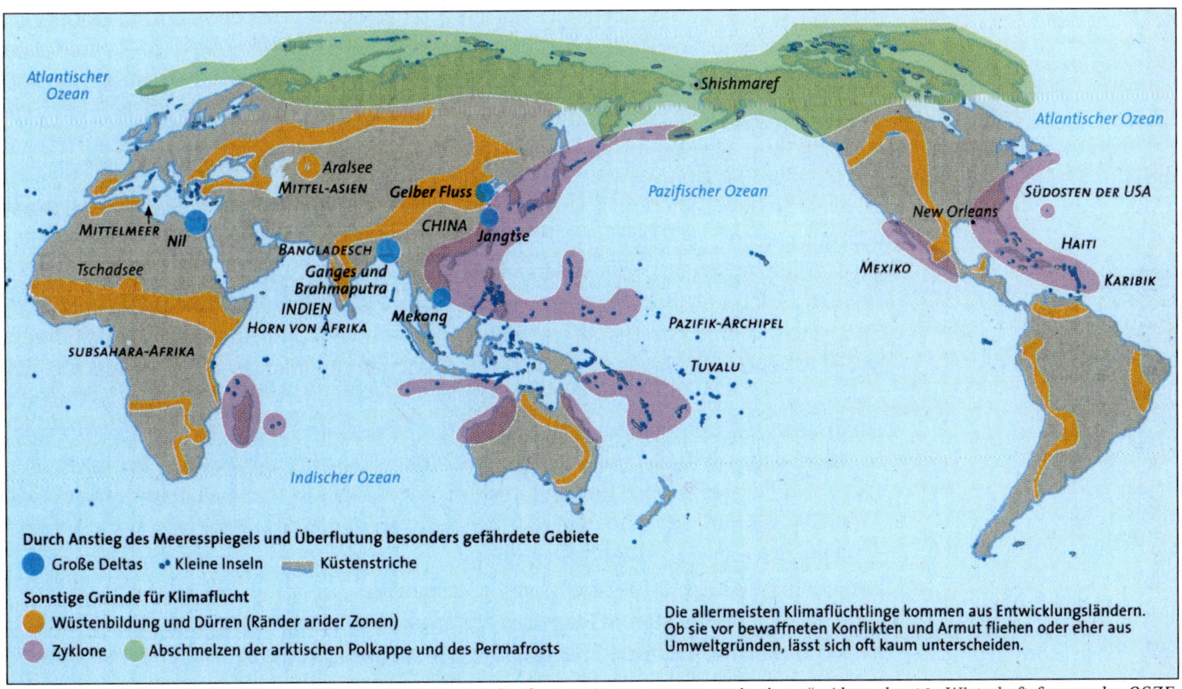

Norman Myers, „Environmental refugees: An emergent security issue", Akten des 13. Wirtschaftsforums der OSZE, Prag, Mai 2005; Millennium Ecosystem Assessment, 2005; Liser, 2007, in: Atlas der Globalisierung spezial, a.a.O., S. 43

M1 Migration weltweit

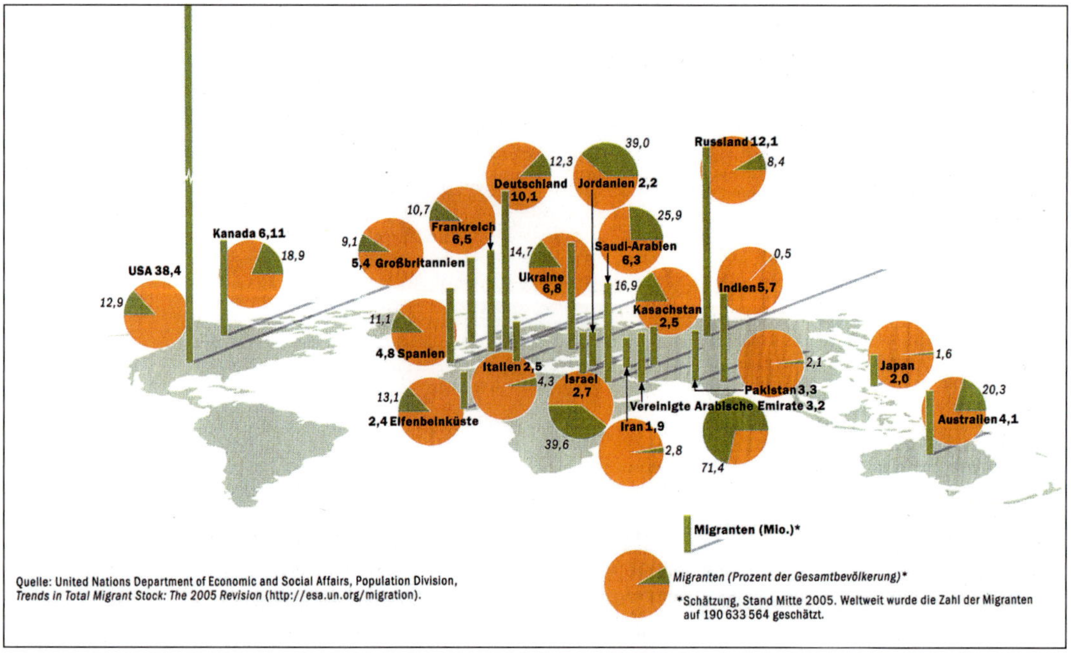

Le monde diplomatique, Immer der Arbeit nach. Migration im Zeitalter der Globalisierung, Berlin, Edition No. 4 / 2008, S. 22

M2 UN für weltweite Wanderung

Zahlreiche Studien belegen die Vorteile der Bevölkerungswanderung. Der UN-Chef [Kofi Annan] fasste sie zuletzt im Mai in seinem Bericht „Migration und Entwicklung“ zusammen. Nutznießer der grenzüberschreitenden Beschäftigung sind danach gleichermaßen die Migranten, ihre Herkunftsländer und die Gesellschaften, die sie aufnehmen. Auch in Deutschland, wo die Bevölkerung wegen der niedrigen Geburtenrate schrumpft, sehen viele im Zuzug von Ausländern einen Weg zum Beispiel zur Rettung der gefährdeten Sozialsysteme. [...]

Weltweit haben 2005 rund 191 Millionen Menschen außerhalb ihrer Heimatländer gearbeitet, davon 115 Millionen in Industrieländern und 75 Millionen in Entwicklungsländern. Sie schicken 167 Milliarden Dollar (130 Milliarden Euro) aus dem Ausland in ihre Heimat. Solche Gelder haben früheren Auswanderländern wie Irland, Griechenland, Spanien und Südkorea zum Wirtschaftsboom verholfen und ermöglichen ihnen, heute selbst Arbeitskräfte ins Land zu holen. So beschäftigt Irland derzeit mehr als 300.000 Polen. Landarbeiter aus Guatemala, Belize und Honduras ersetzen jene Mexikaner, die in den USA nach einem besseren Verdienst suchen. In Südafrika ist jeder zweite Minenarbeiter ein Ausländer. Auch andere afrikanische Länder wie die Elfenbeinküste, Gabun und Libyen stellen Zuwanderer ein. Sie „befruchten“ ihre Heimat, wenn sie mit neuen Fähigkeiten und wertvollem technologischem Know How aus dem Ausland zurückkehren. Diesem Prozess verdanke zum Beispiel Indien seine Software-Industrie, schreibt Annan in seinem Bericht. „Migration kommt in unzähligen Variationen vor“, heißt es dort weiter: In Form des chinesischen Geschäftsmannes, der in Algerien ein Import-Export-Unternehmen startet; der schwangeren Jugendlichen aus Sudans Krisenregion Darfur, die im Tschad Unterschlupf findet [...]. In den USA überschreiben altersmüde Farmer ihr Land immer häufiger an Migranten aus Asien und Latein-

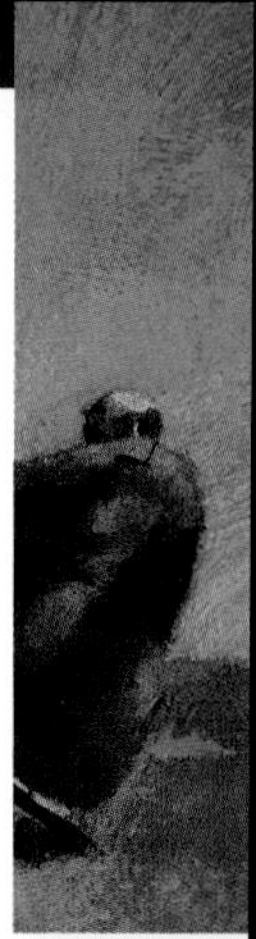

amerika. In Frankreich gehen mehr und mehr Läden in die Hand von Einwanderern aus Nordafrika. Und in Deutschland boten Ende der 90er Jahre mehr als 51.000 Geschäftsleute türkischer Abstammung 185.000 Jobs an, von denen jeder fünfte von einem deutschen Arbeitnehmer ausgefüllt wurde [...].
Migration kann aber nur dann Früchte tragen, wenn der Gastgeber seine Aufgaben erfüllt, sagt der Leiter für Bevölkerungspolitik bei den Vereinten Nationen in New York, Barry Mirkin. Zuwanderer brauchen Schutz vor Diskriminierung und Rassismus sowie Hilfe am Arbeitsplatz und bei der neuen Sprache. Vor allem müssten Regierungen verhindern, dass „Opportunisten die Ängste der Bevölkerung ausschlachten", sagte Barry. „Migranten waren schon immer und sind auch weiterhin ein unabkömmlicher Faktor für den Wohlstand vieler Länder. Deshalb haben ihre Führer die Pflicht, sich dafür einzusetzen, dass ihre Bevölkerung diesen Zusammenhang versteht."

Gisela Ostwald, in: Saarbrücker Zeitung vom 17.08.2006

M3 Fluchtursachen

Insgesamt wird die Diskussion über die „Neue Völkerwanderung" im Westen meist von Unsachlichkeiten und dem Eindruck geprägt, als würden jetzt schon alle Flüchtlinge und Arbeitsmigranten der Welt in die reichen Industrienationen strömen. Aber das Gegenteil ist richtig: Höchstens ein bis zwei Prozent aller Flüchtlinge kommt in Europa an. Die weltweiten Migrations- und Asylprobleme spielen sich vor allem auf der südlichen Halbkugel ab. Die armen und ärmsten Länder tragen die Hauptlast dieser Wanderungsbewegungen. Nur wenige erreichen die reichen Wohlfahrtsinseln wie die Bundesrepublik Deutschland. Die wichtigsten Migrationsfaktoren zu Beginn des 21. Jahrhunderts sind kriegerische Auseinandersetzungen, Menschenrechtsverletzungen, wirtschaftliche Probleme, Hunger, Umweltkatastrophen und der Anstieg der Weltbevölkerung. Die Ungleichheit zwischen Arm und Reich klafft immer weiter auseinander. Gelingt es einem „Gastarbeiter" aus Bangladesch, eine Woche lang in Japan zum Durchschnittslohn bzw. zwei Wochen zur Hälfte des Durchschnittslohns zu arbeiten, so hat er so viel verdient, wie in seinem Heimatland in zwei Jahren. Eine Krankenschwester bekommt auf den Philippinen 146 Dollar im Monat. In den Golfstaaten sind es 500 Dollar und in den Vereinigten Staaten sogar 3.000 Dollar. Als Folge dieser Gehaltsunterschiede, aber auch der besseren beruflichen Aufstiegschancen und Arbeitsbedingungen sind aus den Philippinen in den letzten Jahrzehnten mehr als 3.000 qualifizierte Krankenschwestern pro Jahr ausgewandert.

Der Bürger im Staat. Zuwanderung und Integration, Heft Nr. 4/2006, hg. von der Landeszentrale für politische Bildung Baden-Württemberg, S. 262f.

Aufgaben

1. Fassen Sie in eigenen Worten die Aussagen der Karte zusammen (M1). Recherchieren Sie in Gruppen Ursachen für die unterschiedliche Situation in den einzelnen Weltregionen/Ländern und präsentieren Sie Ihre Ergebnisse. Was hat Sie überrascht, was kam Ihnen bekannt vor?

2. Erklären Sie einerseits die positiven Faktoren der Migration und überlegen Sie, worin andererseits die Konfliktträchtigkeit von Migration und Flucht liegen kann (M2, M3).

3. **Projektvorschlag:** Vielleicht kennen Sie Menschen, die aus ihrer Heimat geflohen sind. Erstellen Sie ein biografisches Porträt dieses Menschen über seine Fluchtmotive und seine Erfahrungen auf der Flucht, in seinem Herkunftsland und hier in Deutschland.

3 Frieden und Sicherheit im 21. Jahrhundert

3.1 Gefahren für die Sicherheit nach dem Ost-West-Konflikt

Leitfragen	Welche Faktoren gefährden heute die globale Sicherheit?	Welche Ursachen liegen den häufigsten Konflikten zugrunde?	Was sind die Voraussetzungen für Frieden?

Sicherheitspolitik im „Kalten Krieg"

Sicherheitspolitik beruhte in den Jahren des Ost-West-Konfliktes vor allem auf gegenseitiger **Abschreckung** (Gleichgewicht des Schreckens). In der Logik dieses Sicherheitskonzeptes setzten die beiden feindlichen Supermächte USA und Sowjetunion den Wettlauf um einen substanziellen Rüstungsvorsprung in Gang, der zu immer höheren volkswirtschaftlichen Kosten führte und die Gefahr eines unkontrollierten atomaren Zusammenstoßes immer größer werden ließ.

Angesichts dieser Gefahren erkannten beide Seiten die Notwendigkeit, Sicherheit auch durch **Entspannungspolitik** zu fördern. Durch die Verfolgung gemeinsamer Interessen (z.B. die Nichtverbreitung von Atomwaffen) und die vertragliche Vereinbarung von Rüstungsbegrenzung und -reduzierung gelang es zumindest zeitweise, die Spannungen zwischen den beiden Supermächten abzubauen. Rasche Fortschritte machten die Entspannungsbemühungen erst, als mit dem Generalsekretär der KPdSU Michail Gorbatschow ein Mann an die Spitze der Sowjetunion trat, der nach außen eine wesentlich flexiblere Politik verfolgte als seine Vorgänger.

Kriege und Konflikte weltweit

Die Hoffnungen auf eine friedlichere Welt nach dem Ende der ideologisch-politischen Feindschaft zwischen Ost und West zerstoben allerdings rasch. In der sich auflösenden Sowjetunion und im zerfallenden Jugoslawien flammten ethnisch-kulturelle Konflikte auf, die vorher durch die Dominanz der kommunistischen Ideologie und den staatlichen Machtapparat unterdrückt worden waren und die teilweise in brutal geführte **Bürgerkriege** mündeten. Damit war mit dem Wegfall der Bedrohung durch den nuklearen Overkill der Krieg als Mittel der Politik wieder nach Europa zurückgekehrt.

Daneben treten vor allem in Afrika und Asien viele gewaltsam ausgetragene Konflikte auf. Kriegerische Konflikte und die sog. „Failing states" sind zu Beginn des 21. Jahrhunderts große Herausforderungen. Zwar ist die Zahl der Kriege seit den 1990er Jahren rückläufig, die Vielzahl von **innerstaatlichen Kriegen, Regionalkonflikten** und **instabilen Staaten** bedeutet aber eine unmittelbare Gefährdung der menschlichen Sicherheit und stellt neue Anforderungen an die Außen-, Entwicklungs- und Sicherheitspolitik.

Kriege finden heute fast ausschließlich in wirtschaftlich schwach entwickelten Regionen statt und werden meist als innerstaatliche Kriege geführt, als Kampf einer gesellschaftlichen Gruppe gegen eine andere oder gegen die Regierung (häufig geführt von einer anderen ethnischen Gruppe), oft mit dem Ziel einer Abspaltung vom Staat bzw. der Gewinnung von mehr Autonomie. Neben Staaten bzw. reguläre Streitkräfte als zentrale Konfliktparteien sind weitere Gewaltakteure wie Rebellengruppen und Milizen getreten, wobei die Übergänge zu kriminellen Banden in manchen Fällen fließend sind.

Als **Ursachen** solcher Konflikte sind oft einige der folgenden Faktoren erkennbar:

- mangelnde Gleichberechtigung von gesellschaftlichen Gruppen,
- weit verbreitete Armut/geringes Pro-Kopf-Einkommen der Bevölkerung,
- eine schwache, oft korrupte Staatsführung, häufig in der Hand einer Ethnie,
- Konkurrenz um knappe Ressourcen (Wasser, Erdöl, fruchtbarer Boden...),
- Territorialansprüche (Konflikte um Grenzverläufe),
- Herrschaftsansprüche (Konflikte um die Vormachtstellung in einer Region),
- ein hohes Vorkommen „plünderbarer" Ressourcen (Diamanten, Edelhölzer, Öl...),
- wirtschaftliche Interessen einzelner Akteursgruppen (Entstehung von Kriegsökonomien).

Das **Versagen des Staates** bei Erfüllung seiner zentralen Aufgaben, eine soziale Grundversorgung zu sichern sowie äußere und innere Sicherheit zu garantieren, kann sich durch solche Konflikte bis zum **Staatszerfall** entwickeln („failing states" →Kapitel 3.2.2).

Zwar gibt es Konflikte, vor allem in Afrika, die von der industrialisierten Welt kaum wahrgenommen werden (z. B. der Völkermord in Ruanda, wo 1994 fast eine Million Angehörige der Tutsi-Minderheit durch das Mehrheitsvolk der Hutu ermordet wurden, ohne dass die Weltgemeinschaft einschritt); durch die meisten Konflikte sind je-

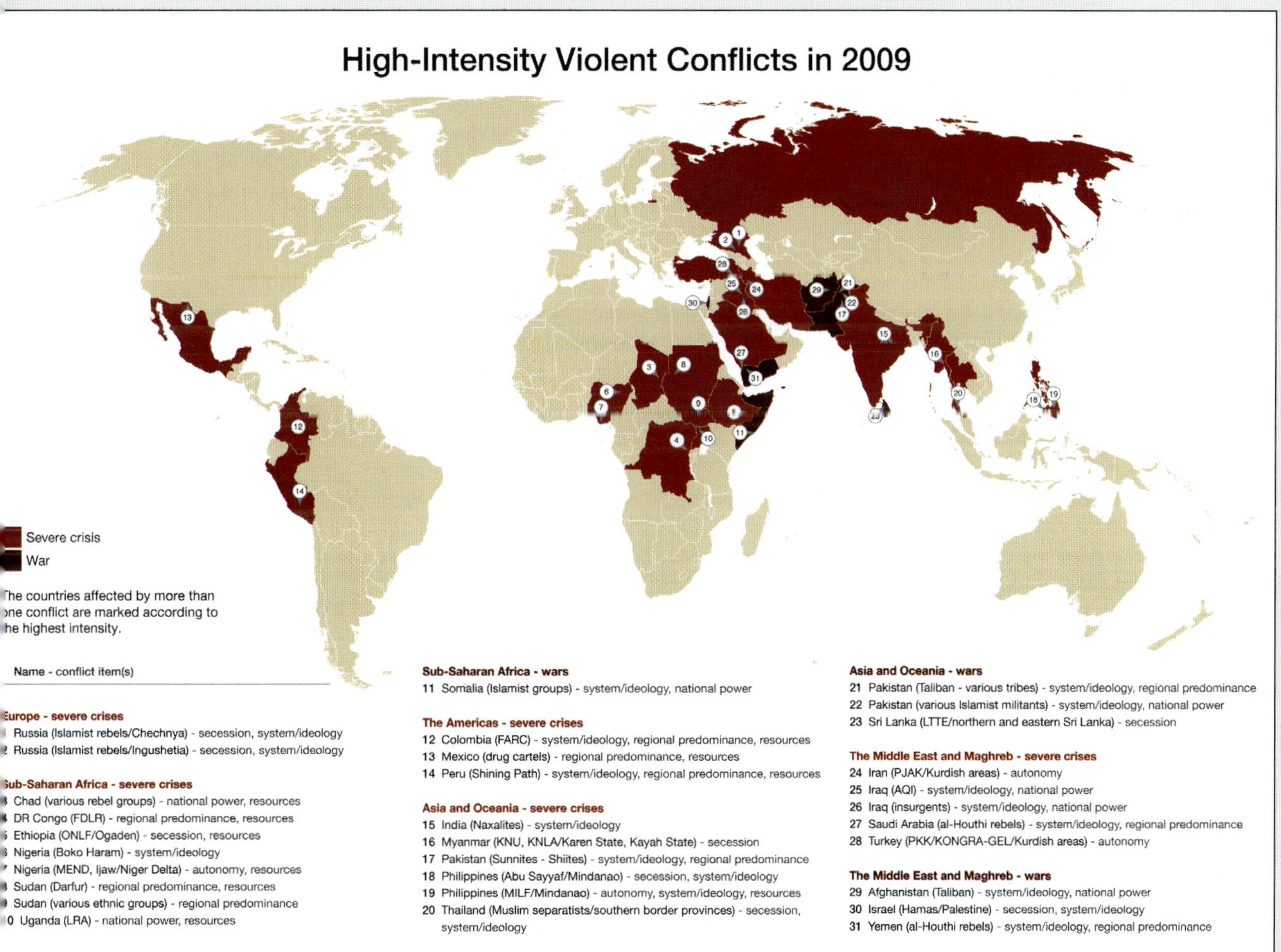

Heidelberger Institut für internationale Konfliktforschung, Konfliktbarometer 2009, Heidelberg 2009

doch **Sicherheitsinteressen der Industrienationen** berührt, indem sie

- Rohstoff- oder Energiequellen bedrohen (z. B. Persischer Golf),
- wichtige Handelswege stören (z. B. Suezkanal) oder
- in strategisch wichtigen Regionen (z. B. Afghanistan) bzw. in der Einflusssphäre einer Großmacht (z. B. ehemalige sowjetische Kaukasusrepubliken) stattfinden.

Auch die in Kapitel 2 dargestellten Probleme (z. B. Terrorismus, Verbreitung von Atomwaffen, Klimawandel) wirken sich auf die Sicherheit der Industrienationen aus. Insofern ist es berechtigt, von einer **Globalisierung der Sicherheit** zu sprechen.

Der erweiterte Sicherheitsbegriff

Die vielfältigen Bedrohungen der Sicherheit lassen sich nicht ausschließlich mit militärischer Stärke eindämmen, sie erfordern vielmehr eine Kombination von diplomatischen, politischen, wirtschaftlichen, entwicklungspolitischen, umweltpolitischen und militärischen Instrumenten. Auch die Tatsache, dass Gefahren nicht mehr nur von Staaten, sondern zunehmend von nicht klar identifizierbaren gesellschaftlichen Akteuren ausgehen (asymmetrische Konflikte), verlangt eine grundlegende Veränderung von sicherheitspolitischen Strategien: Internationale Zusammenarbeit und vor allem bereits die Konfliktprävention (Vorbeugung) sind notwendig.

Ein Plan für eine „Architektur des Friedens"

Der bekannte Friedensforscher Dieter Senghaas entwickelte ein Modell für die Entstehung eines dauerhaften Friedens – bestehend aus sechs Forderungen für eine Zivilisierung der inner- und zwischengesellschaftlichen Beziehungen („zivilisatorisches Hexagon").

1. Mit einer Durchsetzung des **Gewaltmonopols des Staates** wären Bürgerkriege ausgeschlossen (wie z. B. im zerfallenden Jugoslawien oder im Libanon). Zwischenstaatliche Kriege könnten durch das Gewaltmonopol bei überstaatlichen Institutionen wie der UNO verhindert werden.

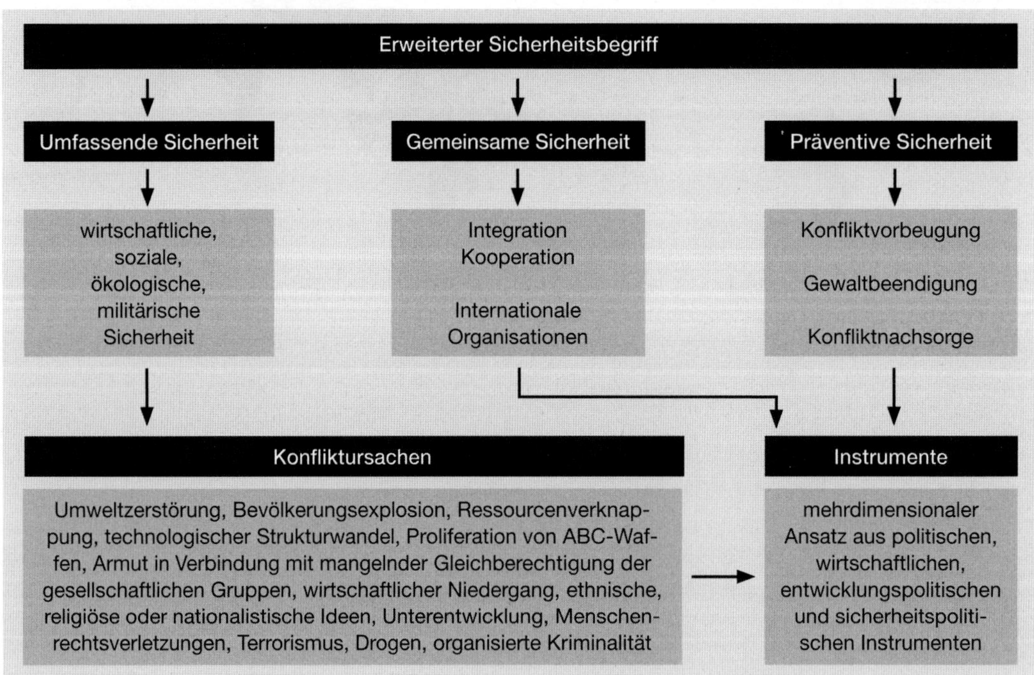

Jochen Hippler, USA und Europa: unterschiedliche Sicherheitspolitiken, in: Globale Trends 2004/2005, hg. von Ingomar Hauchler, Frankfurt/M. 2003, S. 300

2. Das Gewaltmonopol des Staates muss durch **Rechtsstaatlichkeit**, das heißt vor allem durch die Bindung des Staates an eine freiheitlich-demokratische Verfassung zivilisiert werden, um diktatorische Regime zu verhindern.

3. Die **demokratische, gleichberechtigte Teilhabe** aller gesellschaftlichen Gruppen, einschließlich religiöser oder ethnischer Minderheiten, verhindert, dass sich Teile der Bevölkerung von politischen Entscheidungen ausgeschlossen und diskriminiert fühlen und ihre Interessen im äußersten Falle gewaltsam vertreten.

4. Das Ziel der **sozialen Gerechtigkeit** im Sinne von Chancen- und Verteilungsgerechtigkeit sowie einer Sicherung der Grundbedürfnisse muss politisch verfolgt werden, um zu verhindern, dass sich Teile der Gesellschaft ausgegrenzt und chancenlos fühlen. Sozialpolitik ist somit eine Bedingung für die Erhaltung des inneren Friedens.

5. Die friedliche Austragung von Konflikten im Rahmen von Regelungsinstitutionen (z. B. Gerichten) muss getragen sein von einer Sozialisation, deren Ziel **Selbstbeherrschung und Affektkontrolle** bei den Konfliktparteien ist. Es muss also die Bereitschaft in der Gesellschaft vorherrschen, sich auf die institutionalisierte Konfliktregelung zu verlassen und nicht sein vermeintliches Recht gewaltsam zu verfolgen.

6. Die **Bereitschaft zur Kompromisssuche bei Konflikten** sowie **eine tolerante Grundhaltung** muss in der Gesellschaft selbstverständliche Orientierung sein und die politische Kultur prägen. Die rechtsstaatlichen Regeln und demokratischen Institutionen des Gemeinwesens werden so getragen von einer positiven emotionalen Einstellung der Bürger.

Nach: Dieter Senghaas, Frieden als Zivilisationsprojekt, in: ders. (Hg.), Den Frieden denken, Frankfurt/M. 1995, S. 198ff.

Frieden

Verbreitung hat vor allem die Unterscheidung zwischen „negativem" / „positivem" und „stabilem" / „instabilem" Frieden gefunden.

Negativer Friede	Positiver Friede	Instabiler Friede	Stabiler Friede
Nicht-Krieg, Abwesenheit organisierter militärischer Gewaltanwendung	Abwesenheit physischer und struktureller Gewalt, Zustand der Gewaltfreiheit und Gerechtigkeit	Möglichkeit der Gewaltanwendung durch Kampfverbände besteht	Wechselseitiger Einsatz von Kampfverbänden grundsätzlich ausgeschlossen

Beide Friedensbegriffe sind statisch und benennen Zustände. Die folgende Grafik zeigt die Entwicklung vom Kriegszustand zu einem negativen (instabilen) Frieden und schließlich zu einem positiven (stabilen) Frieden als Prozess, bei dem sich abnehmende Gewalthaltigkeit und zunehmende Gerechtigkeit (Stabilität) gegenüberstehen.

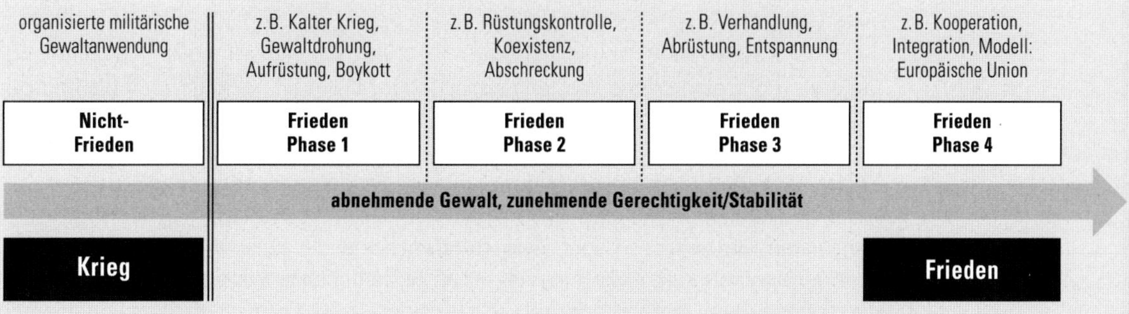

nach: Bernhard Zangl, Michael Zürn, Frieden und Krieg, Frankfurt/M. 2003, Grafik nach www.dadalos-d.org/frieden/grundkurs_2/frieden.htm

M Perspektiven für den Weltfrieden

Prof. Dr. Dieter Senghaas, geb. 1940, ist ein deutscher Friedensforscher. Er lehrt am Institut für Interkulturelle und Internationale Studien der Universität Bremen.

sueddeutsche.de: Ist Weltfrieden eine Utopie?
Dieter Senghaas: Wenn man ihn als einen flächendeckenden Frieden quer über die Welt definiert, dann ist das eine schöne Idee – aber diese Idee hat keine Chance, in absehbarer Zeit, also in den nächsten Jahrzehnten, realisiert zu werden.

Keine Chance – warum nicht?
Weil die Problemlagen in der Welt, die derzeit gegen Frieden sprechen, sehr ausgeprägt sind. Weil die Klüfte, die es in der Welt gibt, sehr groß sind: Interessendifferenzen, Identitätsdifferenzen; und insbesondere die sozialen Umbruchsituationen sind quer durch die Welt dramatisch – und sie vertiefen sich.

Wann spricht man von Frieden?
Zunächst einmal: Wenn die Waffen schweigen. Das ist aber nur eine wichtige, keine zureichende Voraussetzung. Einen nachhaltigen Frieden gibt es dort, wo die Beteiligten mit dem Ziel einer konstruktiven Konfliktbearbeitung ihre kontrovers bewerteten Probleme lösen.

In Europa funktioniert die konstruktive Konfliktbearbeitung in den vergangenen Jahrzehnten sehr gut – hat die EU als Friedensordnung Modellcharakter?
Die Antwort ist ein uneingeschränktes Ja. Wenn man die Geschichte Europas betrachtet, dann ist dieses Europa ein zerstrittener Kontinent gewesen. Heute ist aus dem Bewusstsein der Europäer der Gedanke völlig beseitigt, dass man irgendwelche Identitäts- oder Interessenkonflikte noch mit der Androhung oder gar dem Einsatz von militärischer Gewalt zu lösen beabsichtigt. Der zweite Fortschritt ist, dass große Länder wie Deutschland und kleine Länder wie die Benelux-Staaten kooperieren, ohne dass der Verdacht besteht, die Großen könnten die Kleinen manipulieren. Modellcharakter hat die EU-Erweiterung: Jene Gesellschaften der EU-Erweiterung, die nicht auf der ökonomischen Höhe der anderen EU-Länder sind, sind in diesem größeren Verbund aufgehoben und haben dadurch bessere Chancen für eine nachholende Entwicklung. Das alles wird überall in der Welt auch so wahrgenommen.

Was kann Europa sonst noch zum Weltfrieden beitragen? Ist es sinnvoll, Soldaten in Krisengebiete zu schicken?
Es hängt sehr davon ab, um welche Fälle es sich handelt. Wir haben ja die Erfahrung mit den friedenserhaltenden Truppen der UN. Es gibt Beispiele, wo das nützlich war, wie in Zypern oder zum Teil auf dem Sinai. Ich denke, in den kommenden Wochen wird der Kosovo ein einschlägiger, akuter Fall sein. Wenn der Kosovo sich unabhängig erklärt, droht eine offene Bürgerkriegssituation. Dann ist wichtig, dass die Truppen, die im Augenblick vorhanden sind, vor Ort bleiben, um die Situation zu stabilisieren.

Aber ist es Ihrer Meinung nach immer ratsam, Soldaten zu entsenden?
Es gibt Situationen, wo das abwegig ist, zum Beispiel: Wir haben Erfahrungen in Afghanistan, da verlassen sehr viele Truppen – wie die Italiener oder die Deutschen – ihre Kasernen kaum. Die Amerikaner im Süden schonen ihre eigenen Truppen und versuchen dann, ihre militärischen Ziele aus der Distanz durch Luftoperationen durchzusetzen.

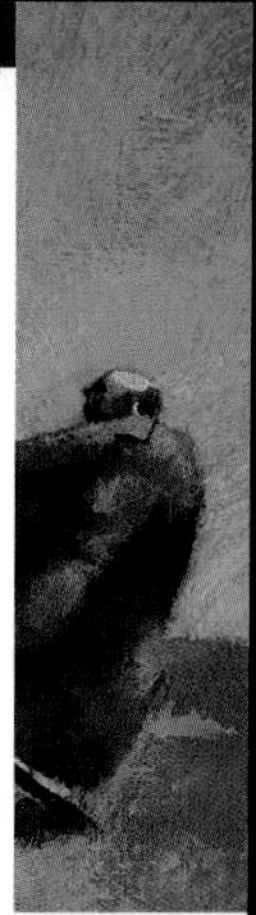

Welche Folgen hat dieses Vorgehen?
Letzteres fordert unglaublich viele Zivilopfer, und ist damit völlig kontraproduktiv gemessen an dem, was man eigentlich erreichen will. Und dieses Vorgehen schafft bekanntlich eine breitenwirksame Grundlage für Antiamerikanismus in diesem Teil von Afghanistan. Letztlich können nur die Afghanen selbst für eine konstruktive Weiterentwicklung Afghanistans sorgen.

Wie können die Afghanen beim Aufbau ihres Landes in anderer Form unterstützt werden?
Zivilmissionen sollten viel stärker genutzt werden. Ländern wie Afghanistan fehlt es an Infrastruktur: an Straßen, am Gesundheitssystem, an Schulen, an Ausbildung für Fachkräfte, an Ausbildung von öffentlichen Ordnungskräften wie Polizei und Verwaltungsbeamten. Das alles ist dort nicht mehr intakt – weil es bürgerkriegsbedingt zusammengebrochen ist oder durch Korruption aufgefressen wird. Für eine solche Aufbauleistung braucht man allerdings einen langen Atem.

Haben die USA die Schlüsselstellung im Kampf um internationalen Frieden?
In den USA spricht man derzeit über „military primacy". Man glaubt, man verfüge auf dieser Grundlage damit auch über die politische Erstrangigkeit in der Welt – eine ganz große Illusion. Sicherlich sind die USA die größte Militärmacht der Welt – aber diese Macht lässt sich nicht in eine Politik übersetzen, die vor Ort erfolgreich wird, nur weil man fähig ist, Militär einzusetzen. Wir beobachten das Gegenteil: Dort, wo US-Soldaten eingesetzt sind, sind die Folgen politisch besonders kontraproduktiv.

Gilt das auch, wenn Europa sich in Konflikte militärisch einmischt?
Europa mischt sich ja wenig ein. Die Europäer sagen, wir müssten eigentlich politisch und/oder militärisch gemeinsam etwas machen, aber sie können sich nicht auf konkrete Maßnahmen einigen. Außer bei kleinen Projekten wie vor kurzem im Kongo, wo man Truppen hingeschickt hat zur Sicherung der Wahl – und wo nach wenigen Wochen die Truppen abgezogen werden, egal was passiert. Das sind letztendlich symbolische Aktionen.

Welche Rolle spielt die Nato für den Weltfrieden?
Im Grunde genommen hat die Nato sich in ihrem Auftrag überlebt. Sie hatte einst einen klaren Auftrag und Stellenwert im Rahmen des Ost-West-Konfliktes. Seit es den nicht mehr gibt, ist sie auf der Suche nach einer Mission. Realistisch betrachtet: Die Nato lebt eben so dahin und verfolgt jetzt merkwürdige Pläne, zum Beispiel die Aufnahme Georgiens. [...] All das soll einfach dazu beitragen, dass die Nato im Gespräch bleibt – eine Strategie, die einem politischen Überlebenskrampf gleicht.

Können die Vereinten Nationen die große Friedensmacht sein?
Die UN haben zumindest die Legitimität hierfür. Ob sie die Kraft haben, hängt von den Staaten ab, die sie tragen, nicht von den UN als Organisation selbst.

Was müsste sich verändern, damit sie diese Kraft bekommt?
Wichtig wäre, dass der Sicherheitsrat nicht nur ein Organ der fünf Vetomächte ist, die dort ihre jeweils egoistische nationale Politik verfechten. Dadurch wird das, was der Sicherheitsrat beschließt, relativ willkürlich. Ich bezeichne diese Lage als „neoabsolutistisch": Die Sicherheitsratsmitglieder beanspruchen für sich, das internationale Recht zu sein, egal was sie entscheiden. Der wichtige Punkt ist, dass gleiche Fälle gleich behandelt werden müssen. Der Sicherheitsrat jedoch tut bei dramatischen Menschenrechtsverletzungen manchmal gar nichts, gibt jedoch im anderen Fall ein

Mandat zur Intervention – und redet schließlich drittens über einen Fall lange und ausschweifend ohne praktische Folgen – insgesamt betrachtet ein skandalöses Verhalten, das jedem Rechtsempfinden widerspricht.

Haben Sie dafür Beispiele?
Die gibt es am laufenden Band! Schauen Sie sich die Fälle Darfur in Afrika oder jetzt Birma an: Alles wird immer ganz unterschiedlich behandelt. Der Sicherheitsrat käme jedoch nur zu einem allgemein akzeptierten Standing, wenn er gleiche Fälle gleich behandelt und dadurch kalkulierbar wird – ein Grundsatz jeder intakten Rechtsgemeinschaft. Er müsste sich also an bestimmte Normen halten, zum Beispiel an die Anti-Genozid-Konventionen.

Sehen Sie Chancen, dass sich die Staaten im Sicherheitsrat dazu durchringen können?
Im Augenblick nicht. Und das bedeutet natürlich eine deutliche Schwäche der Vereinten Nationen.

Es wird befürchtet, dass in Zukunft immer mehr Kriege um Ressourcen geführt werden.
Es wird weiter das geben, was wir heute in Afrika beobachten: Kriege zwischen Nomaden und sesshaften Bauern um Ressourcen. Wann immer es Klimaveränderungen gegeben hat, hat es solche Auseinandersetzungen gegeben. Es wird sicher auch Streit geben über Wasserressourcen. Ob die in kriegerische Konflikte umschlagen, ist schwer zu prognostizieren.

Wie kann man verhindern, dass solche Auseinandersetzungen kriegerisch geführt werden?
Es handelt sich im letzteren Beispiel ja meist um bilaterale Konflikte. Da ist es notwendig, dass es zu bilateralen Konsultationen, Gesprächen, Absprachen kommt, und zwar zum frühest möglichen Zeitpunkt. Ganz sicher ist hier die internationale Diplomatie besonders wichtig – sei es der EU, der Regionalorganisationen oder der UN.

Wie geht man mit Akteuren um, die gar nicht am Frieden interessiert sind – beispielsweise, weil sie am Krieg verdienen? Wie zum Beispiel im Kongo?
Von außen hat man da die Chance, dass man die Quellen des Verdienens eliminiert. Wenn zum Beispiel der Profit der Kriegsherren auf dem Verkauf von Blutdiamanten oder Edelhölzern beruht, dann sind die Absatzmärkte in der Regel bei uns. Meist gibt es keine Möglichkeit, vor Ort mit Aussicht auf Erfolg zu intervenieren, zum Beispiel im Ostkongo – aber wenn die Nachfrage für die Produkte in unseren Ländern unterbunden wird und damit die Erlösquelle versiegt, hat das eine starke Rückwirkung. Diese wesentliche Möglichkeit der indirekten Intervention, um zum Frieden beizutragen, wird viel zu wenig genutzt.

Stimmt die These, dass der Weltfrieden sicherer wird in dem Ausmaß, in dem sich ökonomisches Gleichgewicht einstellt?
Weltfrieden hat etwas zu tun mit dem Frieden innerhalb von Staaten – und nicht nur zwischen den Staaten. In einer Gesellschaft, die im Umbruch ist – mit sozialer Aufwärtsmobilität von Menschen und Status-quo-Eliten, die dagegenwirken – spielt die soziale Frage eine ganz sensible Rolle. Das Gleichgewicht des Besitzes hat sich als eines der zentralen Friedensprobleme herausgestellt: Zunächst innergesellschaftlich, und immer mehr auch zwischen den Gesellschaften, weil die Kluft zwischen Arm und Reich sich in der Welt in den letzten Jahren akzentuiert hat [...].

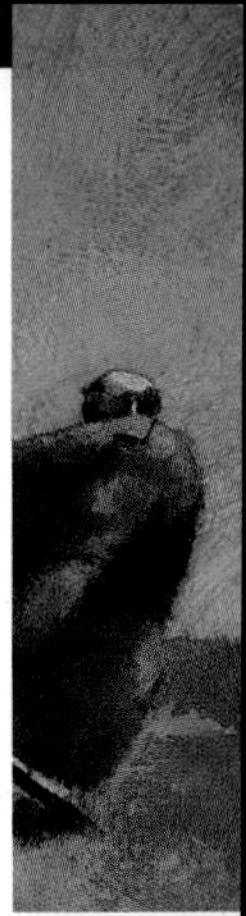

Welche Schritte führen zu einem nachhaltigen Frieden?
Die Konflikte müssen zuallererst vor Ort friedlich gelöst werden, in den einzelnen Gesellschaften. Zunächst einmal ist ein staatliches Gewaltmonopol Voraussetzung für Frieden. Wir sehen an vielen Stellen in der Welt, zum Beispiel im Libanon oder im Ostkongo, dass sich die Bürger wieder bewaffnen, wo das Gewaltmonopol zerbröselt oder gar zusammenbricht. Man braucht zweitens eine rechtsstaatliche Kontrolle dieses Gewaltmonopols. Die entscheidende Frage ist: Gelingt diese rechtliche Einhegung, beispielsweise durch Gewaltenteilung? Weiterhin ist, drittens, eine flächendeckende Ökonomie wichtig, mit der daraus resultierenden weiträumigen Arbeitsteilung.

Warum ist das wichtig?
Weil die Menschen in einer solchen Gesellschaft gleichzeitig in viele Rollen eingegliedert sind: in Familie, Arbeitswelt, Vereine. Man ist Staatsbürger. Man ist in vielfältige Interdependenzen eingebunden, und das hat eine unglaubliche Bedeutung für die erforderliche Affektkontrolle. Wo diese Einbindungen verlorengehen, kommt es zur Affektexplosion – die steht immer am Beginn eines Bürgerkrieges: Die Affekte wirken dann gegen die Vernunft. Und, viertens, ist die demokratische Teilhabe sehr wichtig – die Chance, sich produktiv in öffentliche Angelegenheiten einbringen zu können. Der fünfte Punkt wäre die Bemühung um soziale Gerechtigkeit. Wenn das alles zusammenkommt, dann besteht – sechstens – die Chance auf eine politische Kultur konstruktiver Konfliktbearbeitung. Unter diesen Vorzeichen kann man dann von einem stabilen, nachhaltigen Frieden ausgehen.

Ist solcher Frieden selbsttragend?
Wichtig ist, dass zwischen den von mir genannten sechs Faktoren oder Bausteinen positive Rückkopplungen zustande kommen. Denn nur dann ist gesichert, dass unvermeidliche Konflikte verlässlich zivilisiert bearbeitet werden.

Wenn in allen Ländern diese Punkte beachtet würden – hätten wir dann Weltfrieden?
Es wäre der wesentliche Schritt in Richtung Weltfrieden. Wenn bestimmte Dinge nicht berücksichtigt werden, zum Beispiel Bemühungen um soziale Gerechtigkeit ausbleiben, dann bricht ein solches Arrangement, das möglicherweise auf Zeit eine gewisse Garantie bot, Konflikte nachhaltig friedlich zu bewältigen, leicht zusammen. Diese Erkenntnis ist übrigens auch in unseren demokratisch verfassten Gesellschaften enorm wichtig, wo es im Augenblick keine Anzeichen von Bürgerkrieg gibt. Denn auch hier gilt: Einmal erreichter Frieden bleibt immer rückfallgefährdet. Der Frieden ist kein Selbstläufer; es bedarf der ständigen und ernsthaften Bemühungen, um ihn zu erreichen, und auch, um ihn zu bewahren.

„Europa ist ein Modell für den Frieden", auf: www.sueddeutsche.de vom 23.11.2007. Das Gespräch führte Sarina Märschel.

Aufgaben

1. Informieren Sie sich 14 Tage lang über aktuelle Gefahren für Sicherheit und Frieden weltweit. Sammeln Sie entsprechende Daten und Materialien und fertigen Sie daraus eine Collage.
2. Präsentieren Sie diese Ihren Mitschülern und gehen Sie dabei auf die beteiligten Staaten, die Art des Konflikts, wichtige Akteure und die Konfliktursachen ein.
3. Wie beurteilen Sie die Kriterien von Senghaas für die Chance auf Frieden (M)? Fallen Ihnen weitere Faktoren ein, die wichtig sein können, um dauerhaft Frieden zu sichern?

3.2 Die Vereinten Nationen

Leitfragen	Warum gibt es die Vereinten Nationen (UNO)?	Wie ist die UNO organisiert?	Was bedeutet kollektive Friedenssicherung durch die UNO?	Wo liegen künftige Herausforderungen für die UNO?

Gründung, Organisation und Ziele

Die Gründung der UNO

Am 24. Oktober 1945 wurden die Vereinten Nationen (UNO = United Nations Organization) von 51 Staaten begründet. Sie entstanden unter dem Eindruck der Katastrophe des Zweiten Weltkriegs mit dem Ziel, durch eine globale Organisation künftig **Frieden und Sicherheit in der Welt** zu gewährleisten, wobei man damals vor allem an die Verhinderung von zwischenstaatlichen Kriegen dachte. Die Gründungsurkunde nennt als Hauptziel, „künftige Geschlechter vor der Geißel des Krieges zu bewahren".

Die UNO beruht auf dem Prinzip der **gleichberechtigten Zusammenarbeit souveräner Staaten** (multilaterale intergouvernementale Zusammenarbeit). Es werden im Gegensatz zur EU keine Souveränitätsrechte an die UNO abgetreten, sondern in den Gremien der UNO verhandeln und beschließen Vertreter der beteiligten Staaten. Allerdings verpflichten sich die Mitgliedstaaten, ihr Verhalten an den in der Charta der Vereinten Nationen festgelegten Prinzipien zu orientieren. Für die **Sicherung des Friedens** besonders wichtig sind hier die Verpflichtung zur Beilegung von Streitfällen mit friedlichen Mitteln und das Verbot der Androhung oder Anwendung von Gewalt.

Die UN-Charta: Ziele und Prinzipien

Artikel 1

Die Vereinten Nationen setzen sich folgende Ziele:

1. den Weltfrieden und die internationale Sicherheit zu wahren und zu diesem Zweck wirksame Kollektivmaßnahmen zu treffen, um Bedrohungen des Friedens zu verhüten und zu beseitigen, Angriffshandlungen und andere Friedensbrüche zu unterdrücken und internationale Streitigkeiten oder Situationen, die zu einem Friedensbruch führen könnten, durch friedliche Mittel nach den Grundsätzen der Gerechtigkeit und des Völkerrechts zu bereinigen oder beizulegen;
2. freundschaftliche, auf der Achtung vor dem Grundsatz der Gleichberechtigung und Selbstbestimmung der Völker beruhende Beziehungen zwischen den Nationen zu entwickeln und andere geeignete Maßnahmen zur Festigung des Weltfriedens zu treffen;
3. eine internationale Zusammenarbeit herbeizuführen, um internationale Probleme wirtschaftlicher, sozialer, kultureller und humanitärer Art zu lösen und die Achtung vor den Menschenrechten und Grundfreiheiten für alle ohne Unterschied der Rasse, des Geschlechts, der Sprache oder der Religion zu fördern und zu festigen;
4. ein Mittelpunkt zu sein, in dem die Bemühungen der Nationen zur Verwirklichung dieser gemeinsamen Ziele aufeinander abgestimmt werden.

Artikel 2

Die Organisation und ihre Mitglieder handeln im Verfolg der in Artikel 1 dargelegten Ziele nach folgenden Grundsätzen:

1. Die Organisation beruht auf dem Grundsatz der souveränen Gleichheit aller ihrer Mitglieder.
2. Alle Mitglieder erfüllen, um ihnen allen die aus der Mitgliedschaft erwachsenden Rechte und Vorteile zu sichern, nach Treu und Glauben die Verpflichtungen, die sie mit dieser Charta übernehmen.
3. Alle Mitglieder legen ihre internationalen Streitigkeiten durch friedliche Mittel so bei, daß der Weltfriede, die internationale Sicherheit und die Gerechtigkeit nicht gefährdet werden.
4. Alle Mitglieder unterlassen in ihren internationalen Beziehungen jede gegen die territoriale Unversehrtheit oder die politische Unabhängigkeit eines Staates gerichtete oder sonst mit

den Zielen der Vereinten Nationen unvereinbare Androhung oder Anwendung von Gewalt.

5. Alle Mitglieder leisten den Vereinten Nationen jeglichen Beistand bei jeder Maßnahme, welche die Organisation im Einklang mit dieser Charta ergreift; sie leisten einem Staat, gegen den die Organisation Vorbeugungs- oder Zwangsmaßnahmen ergreift, keinen Beistand.
6. [...].
7. Aus dieser Charta kann eine Befugnis der Vereinten Nationen zum Eingreifen in Angelegenheiten, die ihrem Wesen nach zur inneren Zuständigkeit eines Staates gehören, oder eine Verpflichtung der Mitglieder, solche Angelegenheiten einer Regelung auf Grund dieser Charta zu unterwerfen, nicht abgeleitet werden [...].

Charta der Vereinten Nationen, verabschiedet am 26. Juni 1945
http://www.documentarchiv.de/in/1945/un-charta.html

Organisation der UNO

Das im Laufe der Jahre entstandene, äußerst komplexe **UNO-System** besteht aus den **Hauptorganen** und den durch die UNO geschaffenen **Hilfsorganisationen** (z.B. Kinderhilfswerk UNICEF, Entwicklungsprogramm UNDP) sowie den durch Abkommen an die UNO gebundenen **Sonderorganisationen** (z.B. die UNESCO oder der Internationale Währungsfonds IWF). Die UNO hat 192 Mitgliedstaaten (2008); diese haben ihre Tätigkeitsbereiche inzwischen auf alle Weltprobleme ausgeweitet – von der Bekämpfung von Armut und Hunger über den Klimawandel bis zu Kinderarbeit und Bildungsprogrammen.

Die Hauptorgane

- Die in der Regel einmal jährlich tagende **Generalversammlung** ist offiziell das zentrale Beratungsorgan der UNO. Jedes Mitglied hat in ihr eine Stimme. Die Generalversammlung wählt für jeweils fünf Jahre einen Generalsekretär, der die laufenden Geschäfte führt. Neben Wahlen für weitere UN-Organe beschränkt sich die Tätigkeit der Generalversammlung darauf, Resolutionen zu verabschieden, die für die Mitglieder aber nicht verbindlich sind.

- Der **Sicherheitsrat** verfügt über weit mehr Macht und ist besonders im Hinblick auf die

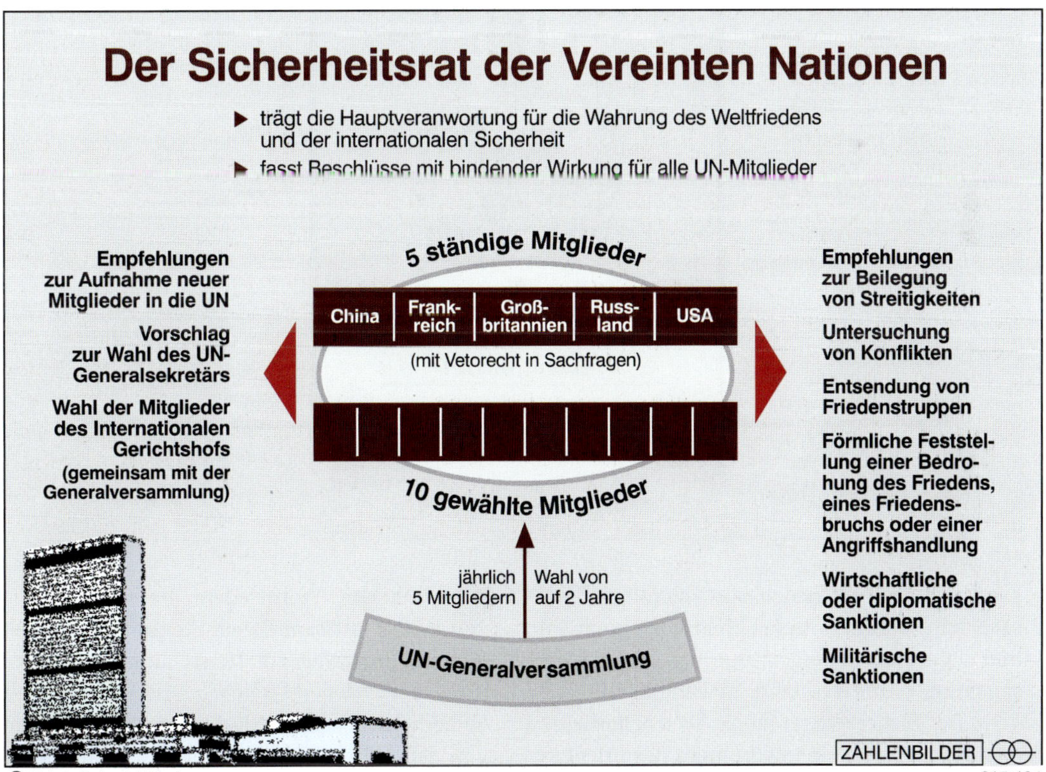

© Erich Schmidt Verlag 615 124

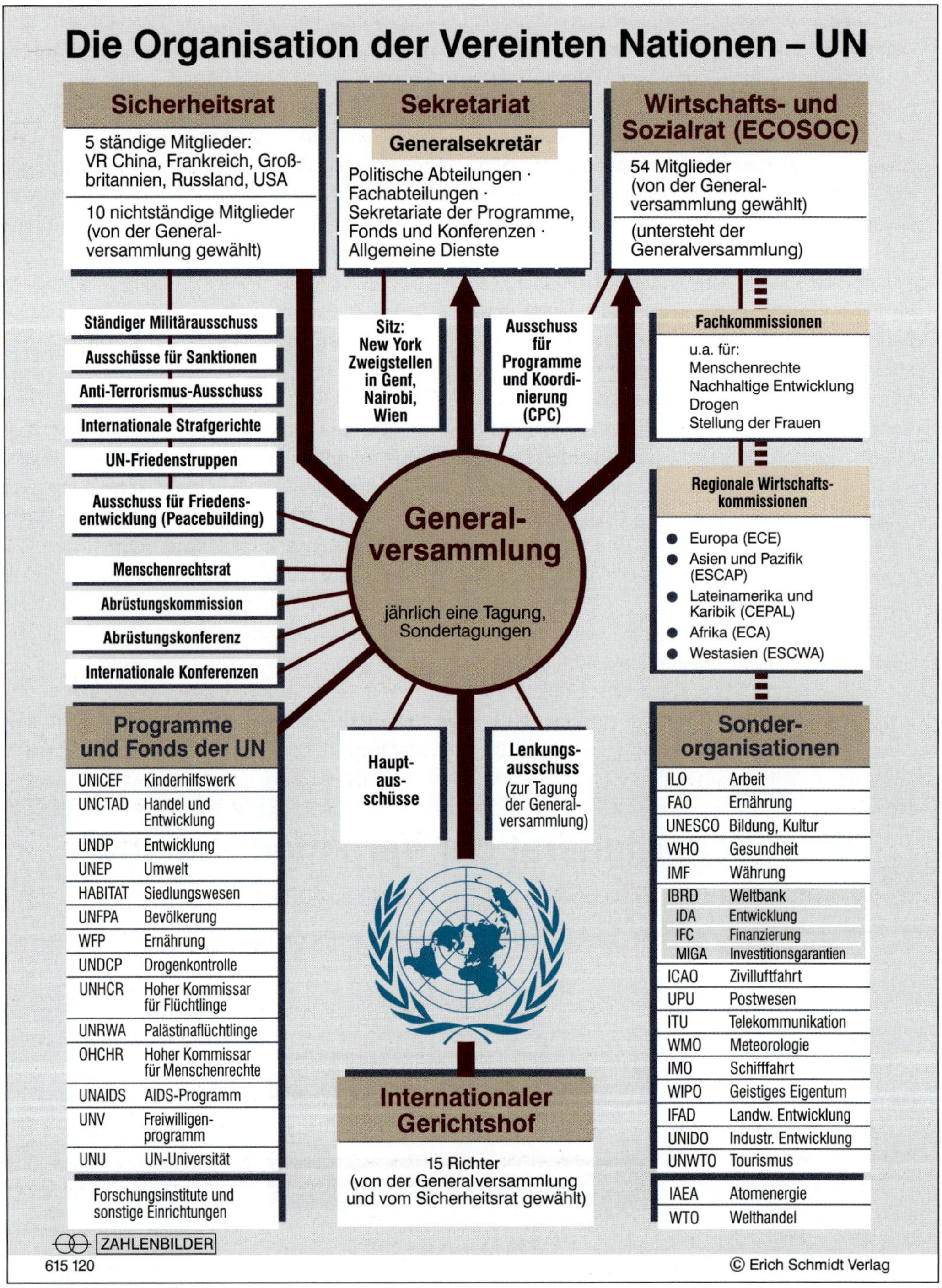

Erhaltung des Weltfriedens das eigentliche Entscheidungsorgan. Er besteht aus fünf ständigen und zehn nichtständigen, von der Generalversammlung auf zwei Jahre gewählten Mitgliedern. Der Sicherheitsrat (auch: Weltsicherheitsrat) stellt fest, ob eine Bedrohung des Friedens vorliegt, und kann **Zwangsmaßnahmen zur Wahrung des Weltfriedens** beschließen, die von Wirtschaftssanktionen bis zur Anwendung von Waffengewalt zur Herstellung und Sicherung des Friedens reichen. „Beschlüsse des Sicherheitsrats [...] bedürfen der Zustimmung von neun Mitgliedern einschließlich sämtlicher ständigen Mitglieder" (Art. 27 UN-Charta). Es kann also jedes ständige Mitglied mit seinem **Vetorecht** Beschlüsse verhindern. Die UNO-Mitglieder sind verpflichtet, die Resolutionen des Sicherheitsrats umzusetzen; bei militärischen Einsätzen ist die UNO allerdings immer darauf angewiesen, dass von den Mitgliedstaaten ausreichend Streitkräfte zur Verfügung gestellt werden.

- Der **UNO-Generalsekretär** (Ban Ki-Moon, Südkorea, seit 2007) leitet die gesamte Verwaltung der UNO, ist also der höchste Verwaltungsbeamte und Repräsentant der Weltorganisation. Er wird auf Vorschlag des Sicherheitsrates von der Generalversammlung für fünf Jahre gewählt, mit der Möglichkeit einer einmaligen Wiederwahl. Ihm steht ein ganzes **Bündel an Kompetenzen** im politischen Bereich zu. Der Generalsekretär der Vereinten Nationen kann

  - „die **Aufmerksamkeit des Sicherheitsrates** auf jede Angelegenheit lenken, die nach seinem Dafürhalten geeignet ist, die Wahrung des Weltfriedens und der internationalen Sicherheit zu gefährden“ (Artikel 99, UN-Charta),
  - eigenständig wichtige Aufgaben im Bereich der **präventiven Diplomatie** wahrnehmen und
  - **Impulse** für alle anderen Arbeitsbereiche der Vereinten Nationen geben.

Zentral ist seine Rolle außerdem bei der **Koordinierung der Aktivitäten** im gesamten UNO-System. Wesentliche Kompetenzen des Generalsekretärs sind ferner die ihm durch andere Hauptorgane – vor allem durch die Generalversammlung und den Sicherheitsrat – übertragenen Aufgaben. Die **Leitung der UN-Friedensmissionen** nimmt darunter eine herausragende Stellung ein.

Kollektive Friedenssicherung

Friedenssicherung durch die UNO

In der UN-Charta wurden wichtige **Prinzipien für die Friedenserhaltung** festgelegt:

- Verpflichtung aller Staaten zur friedlichen Beilegung von Konflikten;
- Verbot der Androhung und Anwendung von Gewalt;
- Beistandsverpflichtung aller UN-Mitglieder für Maßnahmen der UNO.

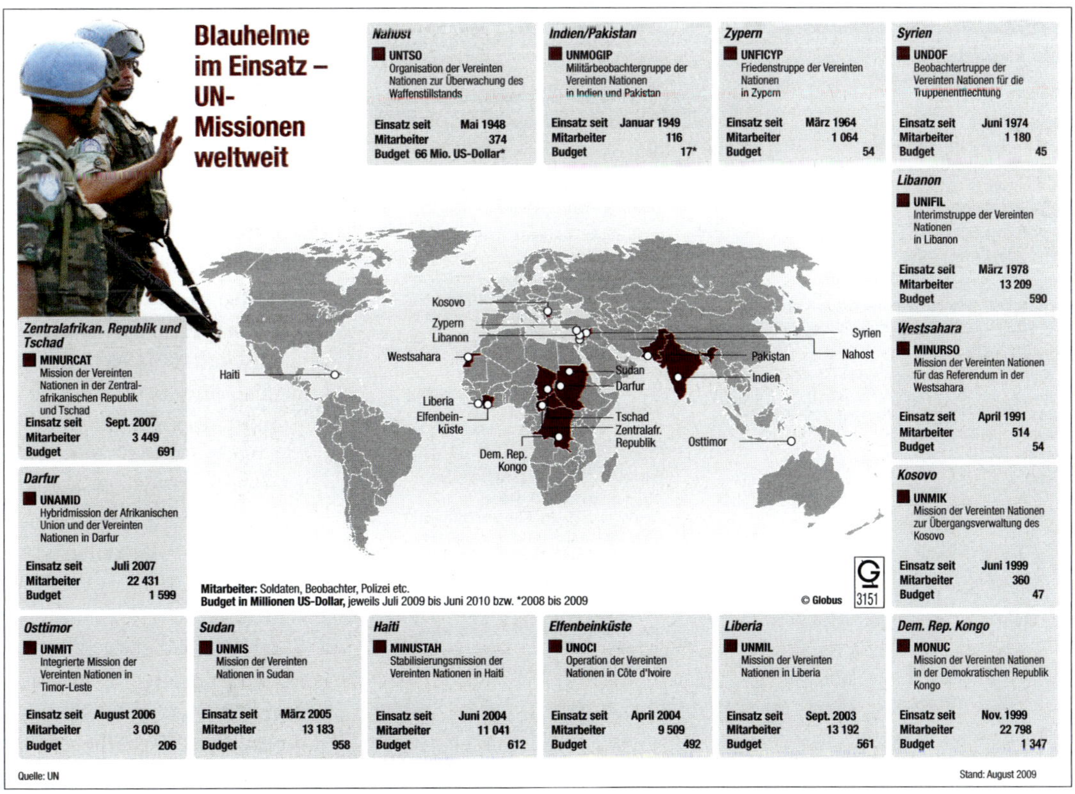

Nur der UN-Sicherheitsrat ist befugt, im Falle einer Friedensbedrohung Zwangsmaßnahmen, Sanktionen oder Militäraktionen zu beschließen. Es wird unterschieden zwischen einem **„weichen Mandat“** (Kapitel VI der UN-Charta), das nur friedliche Mittel zur Konfliktlösung vorsieht, und einem **„robusten Mandat“** (Kapitel VII der UN-Charta), das UNO-Blauhelmen auch den Einsatz von Waffengewalt gestattet.

Die **Friedenseinsätze** der Vereinten Nationen haben sich zu einem wichtigen Instrument des UN-Sicherheitsrats bei der Wahrnehmung seiner Verantwortung für den Frieden entwickelt. Ende des Jahres 2007 waren mehr als 83.000 Uniformierte – also Soldaten, Zivilpolizisten und Militärbeobachter – sowie etwa 20.000 Zivilpersonen für friedenserhaltende oder friedensstiftende Maßnahmen der UNO im Einsatz.

Agenda für den Frieden

Vorschläge des UN-Generalsekretärs Boutros Ghali zur Friedens- und Sicherheitspolitik der Vereinten Nationen

1. Vorbeugende Diplomatie

ZIEL Das Entstehen von Streitigkeiten zu verhüten, den Ausbruch offener Konflikte zu verhindern oder Konflikte, die bereits ausgebrochen sind, rasch wieder einzugrenzen

MITTEL Diplomatische Gespräche; vertrauensbildende Maßnahmen; Frühwarnsysteme, die rechtzeitig auf Spannungen hinweisen; formelle Tatsachenermittlung; vorbeugender Einsatz von UN-Truppen; vorsorgliche Einrichtung entmilitarisierter Zonen

2. Friedensschaffung

ZIEL Nach Ausbruch eines Konflikts die feindlichen Parteien zu einer Einigung zu bringen

MITTEL

Friedliche Mittel
z.B. Vermittlung, Verhandlungen, Schiedsspruch, Entscheidungen durch den Internationalen Gerichtshof

Gewaltlose Sanktionen
z.B. Wirtschafts- und Verkehrsblockade, Abbruch der Beziehungen

Friedensdurchsetzung
durch speziell ausgebildete, ständig abrufbereite bewaffnete UN-Truppen

Militärische Gewalt
zur Aufrechterhaltung oder Wiederherstellung des Weltfriedens und der Internationalen Sicherheit, wenn alle friedlichen Mittel versagen

3. Friedenssicherung

ZIEL Die Lage in einer Konfliktzone zu entschärfen oder zu stabilisieren; die Einhaltung der Vereinbarungen zwischen den Konfliktparteien zu überwachen und durchzusetzen

MITTEL Entsendung von Beobachtermissionen; Einsatz von UN-Friedenstruppen zur Untersuchung von Grenzverletzungen, zur Grenzkontrolle, zur Beobachtung von Wahlen, Überwachung von Waffenstillstands- und Friedensvereinbarungen, Bildung einer Pufferzone zwischen gegnerischen Mächten, Wahrnehmung von Polizeiaufgaben, Sicherung humanitärer Maßnahmen usw.; umfassendes Konfliktmanagement

4. Friedenskonsolidierung

ZIEL Den Frieden nach Beendigung eines Konflikts zu konsolidieren; die Konfliktparteien zum friedlichen Wiederaufbau anzuhalten

MITTEL

Nach einem Konflikt innerhalb eines Landes
z.B. Entwaffnung der verfeindeten Parteien, Wiederherstellung der öffentlichen Ordnung, Einsammeln der Waffen, Minenräumung, Repatriierung von Flüchtlingen, Ausbildung und Beratung von Sicherheitskräften, Wahlüberwachung, Schutz der Menschenrechte, Reform oder Neuaufbau staatlicher Institutionen

Nach einem internationalen Krieg
z.B. gemeinsame Projekte, die der wirtschaftlichen und sozialen Entwicklung dienen und das gegenseitige Vertrauen stärken (Landwirtschaft, Energie- und Wasserwirtschaft, Verkehr usw.); Abbau der Schranken zwischen den Nationen durch Kulturaustausch, Reiseerleichterungen, gemeinsame Jugend- und Bildungsprogramme

ZAHLENBILDER 615 500

Die **Zielsetzung** der Einsätze hat sich in den vergangenen Jahren gewandelt: Noch zu Beginn der 1990er Jahre ging es meist darum, Frieden zu schaffen. Heute tendiert der Sicherheitsrat vor allem wegen der Rückschläge in Somalia, Ruanda und dem ehemaligen Jugoslawien zum klassischen Mandat der **Friedenserhaltung**, bei dem die Konfliktparteien ihr Einverständnis erteilen.

Die **Bilanz** der Sicherung des Weltfriedens durch die UNO ist angesichts von mehr als 200 kriegerischen Konflikten seit 1945 zwiespältig. Zwar ist die Zahl der **Friedensmissionen** nach dem Ende des Ost-West-Konflikts deutlich gestiegen, aber immer wieder ruft zögerliches und halbherziges Reagieren der Weltgemeinschaft auf Verbrechen gegen eine Bevölkerungsgruppe bis hin zum Genozid (z.B. 1994 Ruanda, seit 2003 Darfur/Westsudan) Empörung und Zweifel an den Fähigkeiten der UNO hervor.

Einen wesentlichen Beitrag zur verbesserten Konfliktregelung stellt die 1992 im Auftrag des Sicherheitsrats vom damaligen Generalsekretär Boutros-Ghali erstellte **Agenda für den Frieden** dar, da die hier enthaltenen Ansätze einer präventiven Sicherheitspolitik sowie von Maßnahmen zur Stabilisierung nach dem Konfliktende die Erfolgschancen von Friedenseinsätzen erhöhen.

Als neues Konzept für die internationale Staatengemeinschaft wurde 2005 die „**Responsibility to protect**" (Schutzverantwortung) in das Abschlussdokument des UNO-Weltgipfels aufgenommen. Dabei geht es um den Schutz vor vier Bedrohungen: Völkermord, ethnische Säuberungen, Kriegsverbrechen und Verbrechen gegen die Menschlichkeit. Die internationale Gemeinschaft soll in diesen Fällen geeignete diplomatische, humanitäre und andere friedliche Mittel gemäß Kapitel VI und VIII der UN-Charta ergreifen, um den Schutz der Bevölkerung vor diesen Bedrohungen zu gewährleisten.

Probleme der Friedenssicherung

Doch es behindern eine Reihe von **strukturellen Problemen** die Effizienz der kollektiven Friedenssicherung.

- Trotz der in der Charta der Vereinten Nationen verankerten Gleichberechtigung der Mitgliedstaaten besteht ein deutliches **Machtgefälle durch das Vetorecht** der fünf ständigen Mitglieder des Sicherheitsrats sowie durch die Möglichkeit der wirtschaftlich und militärisch starken Staaten, durch Einbehalten von fälligen Beitragszahlungen oder Verweigerung der Hilfe bei Friedensmissionen die UNO zu erpressen. Die Vetomächte verhindern erfahrungsgemäß Beschlüsse des Sicherheitsrats durch ihr Veto, soweit sie eigenen Interessen zuwiderlaufen würden. So wird eine wirksame Arbeit des Sicherheitsrats häufig blockiert.

- Für den Einsatz von Friedensmissionen ist die UNO auf die **freiwillige Beteiligung** von Mitgliedstaaten angewiesen, die meist von deren Interessenlage abhängig ist. Dieses Problem wird noch verschärft durch die Tatsache, dass nur relativ wenige Staaten über die nötigen finanziellen und militärischen Ressourcen für aufwendigere Missionen verfügen.

- Im Laufe der Jahrzehnte haben sich die kriegerisch ausgetragenen Konflikte immer mehr von der zwischen- auf die innerstaatliche Ebene verlagert. Bei möglichen Interventionen geraten damit **Prinzipien der UN-Charta** miteinander in Konflikt: Einerseits besteht das Verbot, sich in innerstaatliche Angelegenheiten einzumischen (**Interventionsverbot**, Achtung der staatlichen Souveränität), andererseits ist etwa der **Menschenrechtsschutz** in der Charta verankert. Bei schwersten Menschenrechtsverletzungen durch staatlich legitimierte Gewalt und bei extremen humanitären Notlagen behalf man sich im Sicherheitsrat oft damit, eine über die Grenzen hinausreichende Bedrohung des

Ziele und Grundsätze der Charta	Politische Realität
• souveräne Gleichheit aller Mitgliedstaaten • Erfüllung der mit der UN-Charta übernommenen Verpflichtungen • Verpflichtung zur friedlichen Streitbeilegung • allgemeines Gewaltverbot • Weltfrieden und internationale Sicherheit als kollektive Aufgabe aller Mitgliedstaaten • Verbot der Einmischung in innere Angelegenheiten der Mitgliedstaaten	• ausgeprägtes Machtgefälle zwischen Staaten und Regionen • Verweigerungen von Beiträgen und Leistungen je nach nationaler Interessenlage • allgegenwärtige Gewalt im internationalen System • praktiziertes Recht einzelner Staaten auf unilaterale Gewaltanwendung • Interessendominanz der Industriestaaten und vergessene Konflikte in Entwicklungsländern • Globalisierung grundlegender Probleme erzwingt Erosion staatlicher Souveränität

Kosten der Friedenseinsätze

Die Finanzierung der Einsätze obliegt allen Mitgliedern der UN. Die ständigen Mitglieder des UN-Sicherheitsrats müssen sich wegen ihrer Gesamtverantwortung im UN-System jedoch stärker an der Finanzierung beteiligen. Das Budget für die Friedenseinsätze betrug für den Zeitraum 2007/08 6,8 Milliarden US-Dollar. Zwischen 1948 und Mitte 2006 wurden insgesamt gut 41 Milliarden US-Dollar für die Friedenseinsätze ausgegeben.

www.bpb.de, www.un.org

Weltfriedens zu konstatieren und so eine rechtliche Basis für eine Intervention zu bekommen. Solche Beschlüsse waren immer wieder durch das Veto von ständigen Mitgliedern bedroht, welche selbst mit ähnlichen inneren Konflikten zu tun hatten (z.B. China mit Tibet, Russland mit Tschetschenien).

Die Zukunft der Vereinten Nationen

Die Gefahr des US-amerikanischen Unilateralismus

Nach dem Zusammenbruch der Sowjetunion sind die USA die einzig verbliebene Weltmacht, allen anderen Staaten in wirtschaftlich-technologischer und militärischer Hinsicht überlegen. Bereits in den 1990er Jahren war in der amerikanischen Politik eine Tendenz zum **Unilateralismus** zu beobachten, zu einer Politik also, die ausschließlich die eigene Interessenlage berücksichtigt, ohne auf internationale Regelwerke Rücksicht zu nehmen oder internationale Institutionen einzubinden.

Diese Tendenz verstärkte sich massiv, als die USA am 11.09.2001 durch islamistische Terroristen in ihrem politischen und ökonomischen Zentrum angegriffen worden waren und den „Krieg gegen den Terror" ausriefen. Als sich 2002/2003 im Sicherheitsrat keine Mehrheit für einen militärischen Einsatz zum Sturz der von den USA als Gefahr eingeschätzten Diktatur im Irak fand, führten sie mit einer „Koalition der Willigen" ohne Mandat des Sicherheitsrats den Krieg und stürzten damit die UNO in eine tiefe Krise, wurden doch damit alle wesentlichen Prinzipien einer kollektiven Sicherheitspolitik verletzt. Die USA machen seitdem die Erfahrung, dass ein militärischer Sieg relativ leicht, Stabilität oder gar Frieden im Irak dagegen nur sehr schwer alleine zu erreichen ist. Möglicherweise werden die USA daher zukünftig die UNO verstärkt einbeziehen (z.B. beim Konflikt um die Atomrüstung des Iran und Nordkoreas).

Die Diskussion um Reformen der UNO

Die im Irakkonflikt sichtbar gewordene Krise des multilateralen Sicherheitssystems der UNO förderte die Diskussion um notwendige Reformen. Neben den hohen **Zahlungsrückständen der Mitgliedstaaten** steht auch die **Reform des Sicherheitsrats** nach wie vor aus. Seit 1993 laufen innerhalb der UNO Bemühungen, den Sicherheitsrat zu reformieren. Als weitgehend konsensfähig gilt eine Erweiterung auf 25 Mitglieder, darunter fünf neue ständige Mitglieder. Diese Zahlen würden es erlauben, sowohl die bislang nicht vertretenen Weltregionen Afrika, Lateinamerika und Südasien mit ständigen Sitzen auszustatten als auch zwei weitere politische bzw. ökonomische Schwergewichte zu berücksichtigen.

Außerdem sollten Aufnahmekriterien für den als Ablösung der UN-Menschenrechtskommission 2006 neu gegründeten **UN-Menschenrechtsrat** verhindern, dass diktatorische Regime wie Libyen oder der Sudan dort Sitz und Stimme haben; auch dieser Reformversuch ließ sich nicht konsequent umsetzen. **Korruptionsskandale**, wie sie z.B. beim Programm „Öl für Lebensmittel" im Irak aufgedeckt wurden, sollten künftig durch bessere Kontrollen und Strafmaßnahmen verhindert werden. Die Generalversammlung konnte sich im September 2005 nicht auf Reformen einigen; die Krise der UNO besteht weiter fort. Auch drohen die USA mit der Einstellung ihrer Beitragszahlungen, um Reformen nach ihren Vorstellungen zu erzwingen, was die Konflikte zwischen den Mitgliedstaaten noch verschärft.

Insgesamt gilt es möglichst rasch die Kluft zwischen dem Anspruch der Gründungscharta und der politischen Wirklichkeit zu verringern; nur so kann die Glaubwürdigkeit der Organisation wiederhergestellt werden. Angesichts der Vielzahl und Komplexität globaler Probleme ist die UNO als politisches Weltforum unverzichtbar.

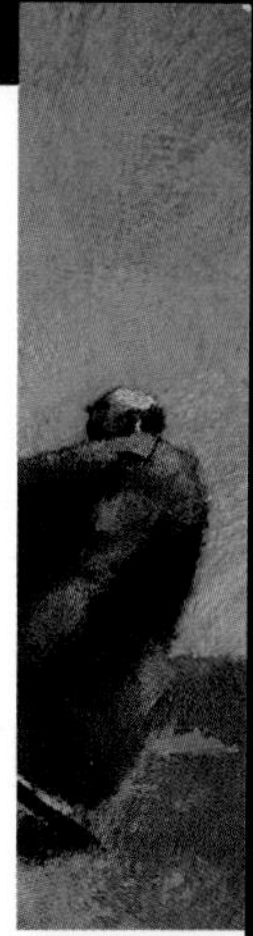

M1 Unternehmen Weltfrieden

„Wir, die Völker der Vereinten Nationen – fest entschlossen, künftige Geschlechter vor der Geißel des Krieges zu bewahren“: So beginnt die Präambel der UN-Charta. In Artikel 1 haben sich die Vereinten Nationen als höchstes Ziel gesetzt, „den Weltfrieden und die internationale Sicherheit zu wahren und zu diesem Zweck wirksame Kollektivmaßnahmen zu treffen, um Bedrohungen des Friedens zu verhüten und zu beseitigen [...]“. So hat es die Gründungsversammlung am 26. Juni 1945 in San Francisco beschlossen. Die Siegermächte des Zweiten Weltkrieges wollten die Lehren aus dem großen Völkersterben ziehen. Vier Jahre vorher, im August 1941, hatten der amerikanische Präsident Franklin D. Roosevelt und der britische Premier Winston Churchill in der Atlantikcharta ihre Kriegsziele verkündet, darunter auch den Aufbau eines kollektiven Sicherheitssystems. [...]

Frieden schaffen! Ein alter Menschheitstraum, vielleicht der älteste und erhabenste überhaupt. Die großen Philosophen und Religionslehrer haben den Frieden in den Mittelpunkt ihres Denkens gerückt. Den Frieden Gottes und den Frieden auf Erden. Aber Frieden herrschte selten unter den Menschen, Krieg war über Jahrtausende der Normalzustand, als offener Raub- und Eroberungskrieg oder als „gerechter Krieg“, als Angriffs- wie als Verteidigungskrieg, als Missionierungskrieg und als Vernichtungskrieg. „Der Friedenszustand unter Menschen [...] ist kein Naturzustand“, schrieb Immanuel Kant in seinem vielleicht wirkungsmächtigsten Werk *Zum ewigen Frieden* (1795). Der Frieden müsse vielmehr „gestiftet werden“, es müsse „einen Bund von besonderer Art geben, den man den Friedensbund nennen kann“. Der Königsberger Philosoph setzte auf eine Politik, die dadurch, dass sie sich der Idee des Rechts unterordnet, den Frieden unter den Menschen ermöglicht. Ähnlich sagt es heute die christliche Friedenslehre. [...]

Aber was ist das überhaupt: Frieden? Bernhard Zangl und Michael Zürn unterscheiden in ihrem Buch *Frieden und Krieg* zwischen „negativem“ und „positivem“ Frieden. „Der negative Frieden ist durch die bloße Abwesenheit physischer Gewalt durch Kampfverbände gekennzeichnet. Der positive Frieden zeichnet sich hingegen durch die Abwesenheit sowohl physischer als auch struktureller Gewalt, mithin durch Gewaltfreiheit und Gerechtigkeit aus.“ Zur Gerechtigkeit gehört das Recht auf Entwicklung, eines der fundamentalen Menschenrechte. „Es kann keinen beständigen Frieden ohne Entwicklung geben“, schrieb der damalige UN-Generalsekretär Boutros Boutros-Ghali 1995 in seiner *Agenda for Peace*, so wenig wie es Entwicklung ohne ein stabiles, friedliches Umfeld geben könne. Wirtschaftliche Entwicklung aber fördert politische Teilhabe, schafft die Voraussetzungen einer funktionierenden Demokratie. Nichts wiederum ist dem Frieden zuträglicher. Denn: Demokratien führen keine Kriege gegen Demokratien [...].

Allein, die Welt besteht nicht nur aus Demokratien. Wie also den Frieden erzwingen? Im nationalen Rahmen sorgt das Machtmonopol des Staates dafür, dass die Menschen in ihren Leidenschaften und bösen Absichten einander nicht an die Kehle gehen. Die Staatenwelt kennt ein solches Gewaltmonopol nicht. Das Völkerrecht, dieser „gentle civilizer of nations“ (Martti Koskenniemi, Rechtsprofessor), ist nicht im gleichen Maße verbindlich wie das Strafrecht. Eine Justiz, die es durchsetzt, gibt es – mit dem Internationalen Strafgerichtshof in Den Haag – erst in Ansätzen. Aber auch zwischen Staaten gilt das Gewaltverbot als „die Grundnorm allen Rechts“, als die „Quelle“ des Völkerrechts, schreibt Reinhard Merkel, Professor für Strafrecht und Rechtsphilosophie in Hamburg. Die Instanz, die das Recht erzwingen, den Frieden sichern soll, ist heute der UN-Sicherheitsrat. Die Charta hat ihm die institutionelle Stärke gegeben, die dem Völkerbund fehlte. Die Großmächte, in Gestalt der Sieger des Zweiten Weltkrieges, gehören ihm als Ständige Mitglieder mit Vetorecht an. Vor allem aber sind seine Entscheidungen, anders als die unverbindlichen Resolutionen der UN-Generalversammlung, für alle Mitgliedstaaten verbindlich. In der Generalversammlung wird debattiert, im Sicherheitsrat entschieden. [...] Demokratisch geht es im Sicherheitsrat nicht zu. Jeder hat eine Stimme, die von fünf Ländern aber wiegt schwerer. Ohne die – USA, Russland, China, Frankreich, Großbritannien – läuft nichts. Seit Jahren wird über eine Reform des Rates gestritten, nach dem Motto: „Ohne Repräsentativität keine Legitimität!" Aber der bisher letzte Reform-Versuch, den Rat um Brasilien, Deutschland, Indien, Japan und mindestens ein afrikanisches Land als Ständige Mitglieder zu erweitern, scheiterte 2005. Indiens Botschafter Nirupam Sen [...] ist wegen der Reformstarre frustriert: „Der Sicherheitsrat kann noch nicht einmal kleine Probleme lösen. Seine Resolutionen werden ignoriert, ja mit Verachtung gestraft." [...]

Manchem ist die Macht des Sicherheitsrates viel zu groß. Nicht zuletzt, weil er auch legislative Befugnisse wahrzunehmen beginnt. Seine Beschlüsse binden alle Regierungen, etwa wenn es darum geht, die Finanzquellen des internationalen Terrorismus auszutrocknen. Wichtiger aber ist etwas anderes. Die meisten Konflikte sind heute innerstaatlicher Natur, nicht mehr Kriege zwischen Staaten. Auf diese „neuen Kriege" (Herfried Münkler, Politikwissenschaftler) muss sich der Sicherheitsrat einstellen. In Gefahr gerät dabei die uneingeschränkte Souveränität der Staaten, seit dem Westfälischen Frieden von 1648 eines der Prinzipien des Völkerrechts. Die souveräne Gleichheit aller Staaten, ihre territoriale Unverletzlichkeit sind durch Artikel 2 der UN-Charta verbrieft. Aber unter Staatsrechtlern herrscht heute weitgehend Konsens: Völkermord, schwerste Kriegsverbrechen, Verbrechen gegen die Menschlichkeit sind keine „inneren Angelegenheiten". Eine Regierung, die sich solcher Verbrechen schuldig macht oder nicht in der Lage ist, ihre Bürger zu schützen, muss mit dem Eingreifen der Staatengemeinschaft rechnen. Ruanda und Srebrenica haben ein Umdenken ausgelöst. [...] In einer großen Rede vor der UN-Vollversammlung hat Papst Benedikt XVI. das Gebot der „humanitären Intervention" verteidigt. „Eine solche Intervention sollte nie als unerwünschte Einmischung oder als eine Beschränkung der Souveränität betrachtet werden, vorausgesetzt, sie erfolgt nach den Prinzipien der internationalen Ordnung. Im Gegenteil, Scheitern oder Passivität richten wirklich Schaden an." [...] Viele in New York sehen in den Worten des Papstes eine moralische Unterstützung für eine Institution, die endlich jene Aufgabe wahrzunehmen beginnt, für die sie geschaffen wurde: den Weltfrieden zu bewahren. „Es gibt zum Sicherheitsrat keine Alternative", sagt Michael Brzoska, Direktor des Hamburger Instituts für Friedensforschung und Sicherheitspolitik. Seit Mitte der neunziger Jahre habe die Zahl der Kriege deutlich abgenommen. Der Sicherheitsrat sei seit dem Ende des Kalten Krieges viel handlungsfähiger geworden, die Großen machten kaum noch von ihrem Vetorecht Gebrauch. „Ohne den Sicherheitsrat wäre die Welt weniger friedlich." „Aber", sagt ein französischer Diplomat, „es steht nicht in Stein gemeißelt, dass die Welt die Entscheidungen der UN immer akzeptieren wird." Es gibt Konkurrenz, die Treffen der G8 etwa, bei denen längst alle wichtigen Themen der Weltpolitik verhandelt werden: der Terrorismus, der Klimawandel, die Unterentwicklung ebenso wie die Weltfinanzkrise. „Die großen Probleme schaffen sich für ihre Lösung die Institutionen selbst, wenn die UN nicht wahrgenommen werden als das am besten geeignete Instrument, diese Krisen zu bewältigen", sagt der deutsche UN-Botschafter Thomas Matussek. Können die Vereinten Nationen noch zu dem von Kant ersehnten „Friedensbund" werden? In reiner Form gewiss nicht. Und doch. „Wir sind jetzt im 63. Jahr der UN, das ist schon außerordentlich", sagt Edward C. Luck [...]. „Die Welt ist ein gefährlicher Ort", fügt er hinzu. Wenn es in ihr ein wenig sicherer zugehe, dann sei dies auch den UN zu verdanken.

Matthias Naß, in: Die Zeit vom 15.05.2008

M2 Erfolge und Grenzen von Friedensmissionen

Was folgt aus dieser parallelen Diagnose des relativ hohen Erfolgs von Friedensmissionen in der Sicherung von Waffenstillständen einerseits und der Probleme der Nachkriegskonsolidierung [...] andererseits? Eine mögliche Antwort wäre, auf Friedensmissionen ganz zu verzichten oder sie doch auf ein Minimum zu reduzieren. Damit wäre der seit Anfang der 1990er Jahre messbare Rückgang der Kriegshäufigkeit gefährdet, und es könnte wieder schwieriger werden, Friedensschlüsse zwischen einander misstrauenden Kriegsparteien auszuhandeln. Darüber hinaus würde die internationale Gemeinschaft ihre Glaubwürdigkeit strapazieren. Im September 2005 wurde [...] die reponsibility to protect als Verpflichtung für die internationale Staatengemeinschaft aufgenommen. Diese Selbstverpflichtung der VN-Mitgliedstaaten hat sich der Sicherheitsrat in der Resolution 1674 vom 28. April 2006 zur Frage des Schutzes von Zivilisten in bewaffneten Konflikten ausdrücklich zu Eigen gemacht.

Eine andere Alternative wäre, [...] nur dann zu intervenieren, wenn dadurch ein unmittelbarer Beitrag zur Sicherung eines bereits ausgehandelten Friedensschlusses vor Ort geleistet werden könnte. Friedenseinsätze würden wieder – wie vor der Ausweitung des Aufgabenspektrums – vor allem zur Sicherung eines Waffenstillstandes durchgeführt. Ausländische Truppen würden so bald wie möglich wieder abgezogen, auch ohne Stabilisierung der politischen und gesellschaftlichen Strukturen. Die Kosten für Friedensmissionen lassen sich so begrenzen, aber die Gefahr eines Rückfalls in den Kriegszustand ist hoch. Die betroffenen Länder würden nicht aus der Konfliktfalle herauskommen, und die internationale Gemeinschaft müsste möglicherweise bald wieder über die Entsendung einer Friedensmission diskutieren. Auch könnten die abziehenden Truppen eine Nachkriegsordnung hinterlassen, die den Wertvorstellungen der westlichen Geberländer nicht entspricht. Beispiel Afghanistan: Ein Abzug der ausländischen Truppen könnte zu einem neuen Krieg führen oder auch zur Errichtung einer Herrschaft von Kriegsfürsten, die sich um Menschenrechte nicht scheren. Das muss jedoch nicht so sein; auch Mischformen traditioneller und demokratischer Herrschaft können dauerhaften Frieden schaffen. Schließlich sollten Friedensmissionen so ausgestattet und so lange durchgehalten werden, bis die wirtschaftliche und gesellschaftliche Konsolidierung des Friedens erreicht ist. Die dafür notwendigen Veränderungen dauern im günstigsten Fall viele Jahre, in der Regel eher Jahrzehnte. So lange müssten externe Akteure für die Sicherheit im Lande verantwortlich bleiben und darüber hinaus versuchen, die Entwicklung einer florierenden, nicht von illegalen und kriminellen Aktivitäten abhängigen Wirtschaft zu befördern. Die Kosten für diese Alternative wären hoch, in finanzieller wie personeller Hinsicht.

Keine dieser Alternativen ist optimal. Sie schließen sich aber auch nicht gegenseitig aus; die internationale Gemeinschaft kann in einem Falle so und in einem anderen anders verfahren. Auch können verschiedene internationale Organisationen unterschiedlich vorgehen, in einer Art Arbeitsteilung, die immer üblicher wird. Allerdings ist die Kenntnis über die besten Strategien externer Akteure in Nachkriegssituationen nicht sehr groß. Politische Entscheidungen darüber, wann eine extern geförderte umfassende Transformation zur langfristigen Friedenskonsolidierung notwendig ist, wann darauf verzichtet werden kann und wann sie sogar kontraproduktiv sein könnte, beruhen häufig auf einer sehr dünnen Informationsbasis. [...]

Friedensmissionen sind ein beschränkt erfolgreiches Instrument der Konflikteindämmung. Sie können einen wichtigen Beitrag zur Friedenssicherung leisten, sowohl in der Phase unmittelbar nach Beendigung eines Konfliktes als auch bei der langfristigen Sicherung des Friedens in einer Nachkriegsgesellschaft. Aber während Erfolge in der ersten Phase unmittelbar nach einem Krieg relativ einfach zu erzielen sind, stellt die langfristige Friedenskonsolidierung Anforderungen an Friedensmissionen, die diese in

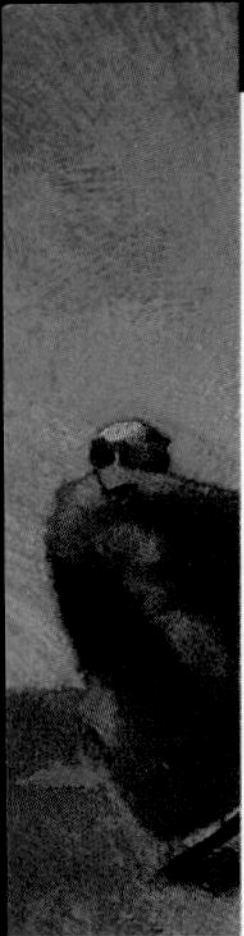

der Vergangenheit nur in etwa der Hälfte der Fälle erfüllen konnten. Ein Grund dafür ist, dass die kurzfristige Sicherung des Friedens oft als vorrangig militärische Aufgabe organisiert werden kann, während für die langfristige Friedenskonsolidierung militärische Aspekte in der Regel eine untergeordnete Bedeutung haben. Die unbefriedigende Erfolgsrate von Friedensmissionen für die Schaffung von Frieden spiegelt daher vor allem den weiter bestehenden Mangel an Kenntnissen darüber wider, wie Friedenskonsolidierung im konkreten Einzelfall von außen wirkungsvoll unterstützt werden kann, sowie die begrenzten zivilen Kapazitäten, die dafür zur Verfügung gestellt werden.

Langfristig erfolgreiche Friedenskonsolidierung erfordert einen Mitteleinsatz, den aufzubringen die internationale Gemeinschaft zukünftig vermutlich nur in Einzelfällen bereit sein wird. Soldaten dürften stärker im Krisenmanagement, insbesondere zur unmittelbaren Absicherung einer Friedensvereinbarung, zum Einsatz kommen. Deshalb ist es umso mehr geboten, zivile Instrumente der Friedenskonsolidierung besser auszustatten und zum Einsatz zu bringen.

Michael Brzoska, in: Aus Politik und Zeitgeschichte Nr. 16–17/2007

Aufgaben

1. „Ihr gebt mir ständig neue Mandate, aber nicht die Mittel, diese zu erfüllen." Diesen Vorwurf machte der ehemalige UN-Generalsekretär Boutros Boutros-Ghali den Mitgliedstaaten der UNO. Diskutieren Sie, auf welches Problem genau er sich bezog! Suchen Sie nach aktuellen Beispielen für diese Diskrepanz zwischen Auftrag und Möglichkeiten der UNO.

2. Untersuchen Sie die UN-Charta daraufhin, an welchen Wertvorstellungen sich die UNO orientiert.

3. Recherchieren Sie anhand eines aktuellen Konfliktes – z. B. in Darfur – die Möglichkeiten und Probleme der UNO, diesen Konflikt zu beenden.

4. Sehen Sie die Rolle der Vereinten Nationen im 21. Jahrhundert geschwächt oder gestärkt? Erläutern Sie Ihre Einschätzung.

5. „Mächtige Nationen sind selten gute Mitglieder eines internationalen Clubs, der dafür eingerichtet ist, die Ausübung nationaler Macht einzugrenzen." Erläutern Sie, was der Historiker Paul Kennedy damit in Bezug auf die Organisation der Vereinten Nationen gemeint hat.

6. Formulieren Sie in eigenen Worten, welchen Herausforderungen sich die UNO zukünftig stellen muss. Wie könnten Reformen aussehen, mit denen die UNO diese Probleme besser bewältigen könnte?

7. Der Autor spricht von „zivilen Elementen der Friedenskonsolidierung". Erläutern Sie, was damit gemeint ist. Worin liegen die Chancen eines verstärkten Einsatzes dieser Elemente (M2)?

8. Diskutieren Sie, welche Faktoren zum Scheitern, welche zum Gelingen von Friedensmissionen beitragen (M2).

3.3 NATO und OSZE

Leitfragen	Ist die NATO heute noch für unsere Sicherheit von Bedeutung?	Wie hat die NATO auf die neuen Bedrohungen reagiert?	Worin besteht die sicherheitspolitische Aufgabe der OSZE?

Die NATO

Gründung und Ziele

Nach dem Zweiten Weltkrieg entstand als Reaktion auf die gewaltsame Expansion des sowjetischen Machtbereichs in Ost- und Mitteleuropa die NATO (North Atlantic Treaty Organization) als **Verteidigungsbündnis des Westens.** Gründungsmitglieder waren 1949 zehn europäische Staaten sowie die USA und Kanada. Die Bundesrepublik Deutschland trat der NATO 1955 bei. Seit 2009 gehören 28 Staaten der NATO an. Die Mitgliedsländer gehen eine **gegenseitige Beistandsverpflichtung** für den Fall eines bewaffneten Angriffs auf ein Mitglied ein, wobei allerdings der Beistand nicht automatisch in militärischer Form zu leisten ist. Die NATO versteht sich über das **Militärbündnis** hinaus als **Wertegemeinschaft**: Alle Mitglieder verpflichten sich zur Bewahrung der freiheitlich-demokratischen Ordnung im Innern und gegen Angriffe von außen.

Der Nordatlantikvertrag (Auszug)

Kernelemente des Nordatlantikvertrags sind Art. 1 sowie Art. 5. In Art. 1 verpflichten sich die Vertragsparteien, „in Übereinstimmung mit der Satzung der Vereinten Nationen, jeden internationalen Streitfall, an dem sie beteiligt sind, auf friedlichem Wege so zu regeln, dass der internationale Friede, die Sicherheit und die Gerechtigkeit nicht gefährdet werden, und sich in ihren internationalen Beziehungen jeder Gewaltandrohung oder Gewaltanwendung zu enthalten, die mit den Zielen der Vereinten Nationen nicht vereinbar sind.“

In Art. 5 vereinbaren die Vertragsparteien, „dass ein bewaffneter Angriff gegen eine oder mehrere von ihnen in Europa oder Nordamerika als ein Angriff gegen sie alle angesehen wird; sie vereinbaren daher, dass im Falle eines solchen bewaffneten Angriffs jede von ihnen in Ausübung des in Artikel 51 der Satzung der Vereinten Nationen anerkannten Rechts der individuellen und kollektiven Selbstverteidigung der Partei oder den Parteien, die angegriffen werden, Beistand leistet, indem jede von ihnen unverzüglich für sich und im Zusammenwirken mit anderen Parteien die Maßnahmen, einschließlich der Anwendung von Waffengewalt, trifft, die sie für erforderlich erachtet, um die Sicherheit des nordatlantischen Gebiets wiederherzustellen und zu erhalten. [...] Die Maßnahmen sind einzustellen, sobald der Sicherheitsrat (Anmerkung: der Vereinten Nationen) diejenigen Schritte unternommen hat, die notwendig sind, um den internationalen Frieden und die internationale Sicherheit wiederherzustellen und zu erhalten.“

www.nato.int

Aufbau der NATO

Diesem doppelten Charakter des Bündnisses – Militärbündnis und Wertegemeinschaft – entspricht die Zweiteilung der Organisationsstruktur in einen zivilen und einen militärischen Bereich. Entscheidungsorgan ist der NATO-Rat, in dem die Staats- und Regierungschefs oder die Außen- bzw. Verteidigungsminister regelmäßig zweimal im Jahr zusammentreten. Damit ist der Primat (Vorrang) der Politik über das Militär gesichert; das Militär berät im Militärausschuss den Rat in allen militärischen Fragen. Alle Entscheidungen im NATO-Rat müssen einstimmig getroffen werden, so dass kein Mitglied gegen seinen Willen zu verteidigungspolitischen Festlegungen gezwungen werden kann. Der vom NATO-Rat gewählte Generalsekretär – seit August 2009 der Däne Anders Fogh Rasmussen – vertritt die NATO bei Verhandlungen mit anderen internationalen Akteuren und versucht, bei Meinungsverschiedenheiten zwischen den Mitgliedern Kompromisse zu finden. Militärische Einsätze der NATO werden durch integrierte Kommandobehörden geplant und geleitet.

Herausforderungen nach dem Ende des Ost-West-Konflikts

Neue Aufgaben

Mit der Auflösung des Warschauer Paktes in der Folge der Umwälzungen im sowjetischen Machtbereich verlor die NATO ihren Gegner und damit ihren zentralen Organisationszweck. Ehemalige Ostblockstaaten strebten die Mitgliedschaft in der NATO an, um sich gegenüber eventuellen künftigen Hegemoniebestrebungen Russlands abzusichern. So wurden 1999 Polen, Tschechien und Ungarn, 2004 Bulgarien, Estland, Lettland, Litauen, Rumänien, die Slowakei und Slowenien sowie 2009 Kroatien und Albanien aufgenommen. An die Stelle der Bedrohungen durch die sowjetische Militärmacht traten rasch **neue Gefahren für Frieden und Sicherheit**, die ein militärisches Eingreifen erforderlich machen können (→ Kapitel 6.3.1). In den vergangenen Jahren engagierte sich die NATO mit Militärinterventionen in Bosnien-Herzegowina, im Kosovo und in Afghanistan, wobei es jeweils um die Erzwingung und **Sicherung des Friedens** in innerstaatlichen Konflikten geht. In der Folge der Terroranschläge auf die USA am 11.09.2001 wurde zum ersten Mal der Bündnisfall nach Artikel 51 des NATO-Vertrags festgestellt. Die Bekämpfung des Terrorismus durch den Sturz des Taliban-Regimes in Afghanistan wollten die USA durchführen, ohne das Bündnis einzubeziehen. Durch Friedenssicherung in Afghanistan und Überwachung wichtiger Seewege im Mittelmeer und im Indischen Ozean beteiligen sich aber nun NATO-Verbände an der **Terrorismusbekämpfung.**

Das neue strategische Konzept

Die völlig neuen Aufgaben zur Bewahrung der Sicherheit im euro-atlantischen Raum erforderten ein neues sicherheitspolitisches Konzept. Nach-

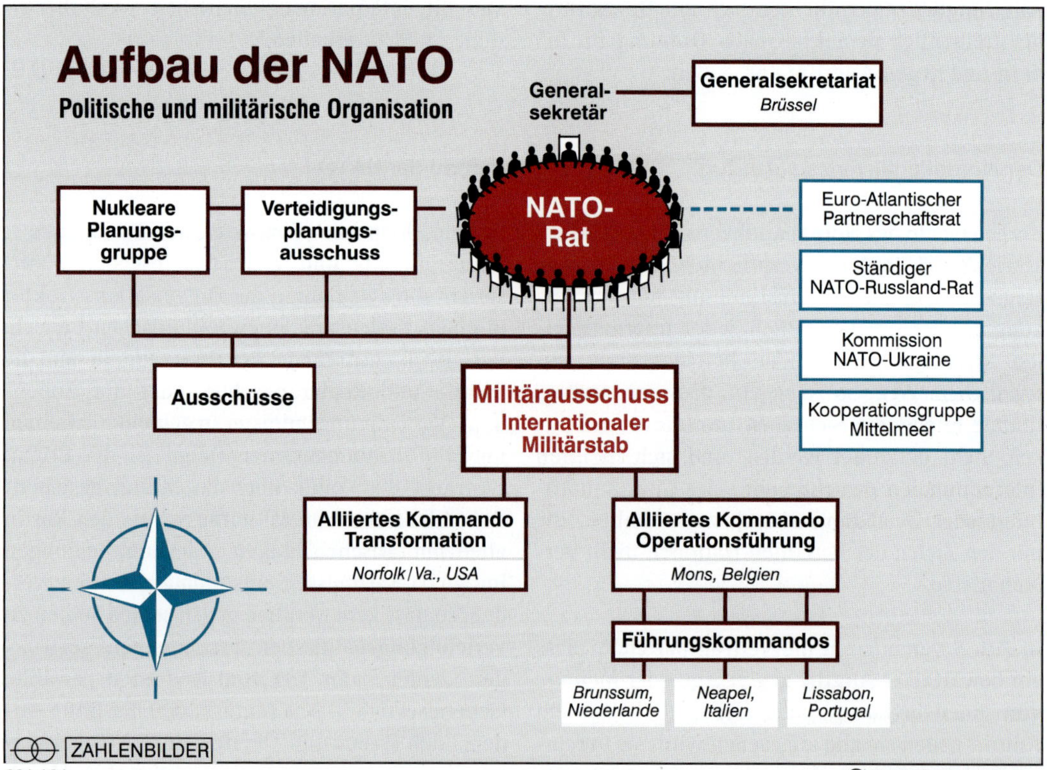

621 101

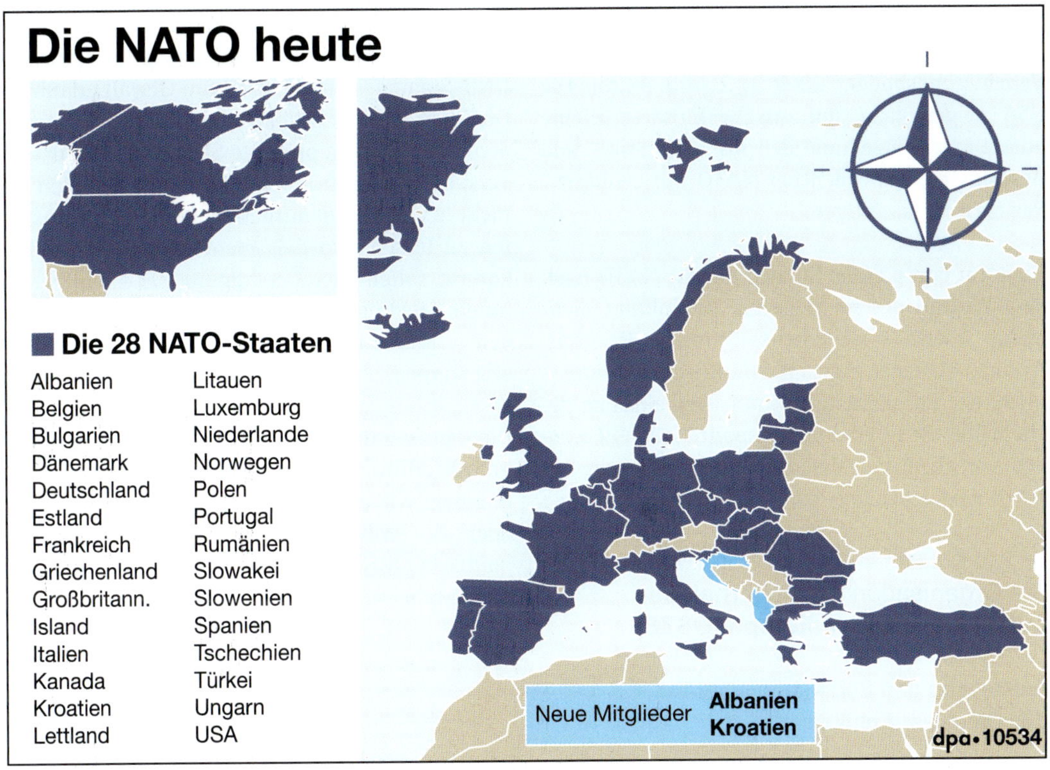

dem die NATO bereits in den 1990er Jahren durch die Interventionen im zerfallenden Jugoslawien über ihren ursprünglichen Verteidigungsauftrag hinausgegangen war, einigte man sich schließlich 1999 im NATO-Rat auf ein **neues strategisches Konzept**. Neben die klassische Aufgabe der Verteidigung des Bündnisgebietes tritt nun die Bewältigung von Krisen, die unmittelbar oder mittelbar die Sicherheit der Mitgliedstaaten bedrohen. Damit können seither auch folgende Einsätze zu den NATO-Aufgaben zählen:

- **Kampfeinsätze oder friedenssichernde Einsätze** im Rahmen eines Mandats des UN-Sicherheitsrats;
- militärische Einsätze zur **Verhinderung von humanitären Katastrophen** auch ohne UN-Mandat (z. B. Kosovo-Krieg);
- **friedenssichernde Einsätze**, wenn die betroffene Regierung oder die Konfliktparteien darum ersuchen (z. B. in Mazedonien).

Damit kann das Bündnis auch außerhalb des NATO-Gebietes aktiv werden (Einsätze **„out of area"**). Den neuen Aufgaben muss auch die Truppenstruktur entsprechen. Große, stehende Streitkräfte sind sinnlos geworden. Die NATO benötigt vielmehr in allen Teilen der Welt rasch einsetzbare, mit modernsten Waffen ausgerüstete Einheiten. Deshalb wurde 2002 auf Druck der USA die Schaffung einer mobilen Eingreiftruppe (NATO Response Force), bestehend aus amerikanischen und europäischen Verbänden, beschlossen.

Das transatlantische Verhältnis

Die Kriege im ehemaligen Jugoslawien zeigten, dass die europäischen NATO-Partner ohne US-amerikanisches Eingreifen bedrohlichen Konflikten selbst unmittelbar „vor ihrer Haustür" weitgehend hilflos gegenüberstehen. Die ungleichen militärischen Fähigkeiten und die oft unterschiedliche Einschätzung von Gefahren und geeigneter Gegenmaßnahmen innerhalb der Bündnispartner bedrohen das westliche Bündnissystem. Während die USA ihr Verteidigungsbudget vor allem nach den Terroranschlägen des 11.09.2001 weiter aufstockten (2009 umgerechnet ca. 307 Mrd. Euro) und finanziell in der Lage sind, nahezu jede militärische Aufgabe alleine zu bewältigen, zeigen sich die europäischen Staaten nur begrenzt fähig, ihren militärischen Beitrag zur gemeinsamen Sicherheit zu leisten (z.B. betrug das deutsche Verteidigungsbudget 2009 31,2 Mrd. Euro). Die USA neigen dazu, militärische Einsätze alleine oder unter Umgehung der Konsultations- und Beschlussmechanismen der NATO mit „willigen" Partnern zu bewältigen.

Auch für europäische Staaten hat die NATO nach dem Wegfall der sowjetischen Bedrohung nicht mehr höchste sicherheitspolitische Priorität; Ansätze zu einer eigenen militärischen Komponente der Europäischen Union (Gemeinsame Sicherheits- und Verteidigungspolitik, GSVP) werden vor allem von den USA als Konkurrenz zur NATO eingeschätzt (→ Kapitel 5).

Die Organisation für Sicherheit und Zusammenarbeit in Europa (OSZE)

Entstehung und Bedeutung während des Ost-West-Konflikts

Die Schlussakte der Konferenz für Sicherheit und Zusammenarbeit in Europa (KSZE), die von allen Warschauer Pakt-Staaten, allen NATO-Mitgliedern und allen neutralen europäischen Staaten im Jahre 1975 unterzeichnet wurde, bildete eine Brücke zwischen den Gegnern im Ost-West-Konflikt und verlieh den Entspannungsbemühungen einen entscheidenden Schub, der in den folgenden Jahren weiterwirkte und wesentliche Fortschritte vor allem auf dem Gebiet der Rüstungskontrolle ermöglichte.

Die heutige Bedeutung der OSZE

Nach dem Ende des Ost-West-Konflikts musste die KSZE, die 1995 in „Organisation für Sicherheit und Zusammenarbeit in Europa" (OSZE) umbenannt wurde, eine neue Rolle finden. Als einzige Sicherheitsorganisation, die alle europäischen Staaten einschließlich der Nachfolgestaaten der Sowjetunion und Jugoslawiens sowie die USA und Kanada umfasst, schien sie einerseits besonders geeignet, die im zerfallenden Ostblock aufbrechenden Konflikte zu bearbeiten. Andererseits erschwert die große Zahl von 55 Mitgliedern die für Entscheidungen notwendige Einstimmigkeit von Beschlüssen (Konsensprinzip).

Zudem kann sie zur Beendigung von Konflikten weder selbst Streitkräfte einsetzen noch – wie die UNO-Staaten – den Einsatz von Gewalt erlauben. Die OSZE betreibt deshalb eine unspektakuläre, in den Medien kaum präsente Sicherheitspolitik. Sie versucht, Krisen frühzeitig zu entschärfen, um sie nicht in gewaltsam ausgetragene Konflikte ausarten zu lassen. Wo dies nicht verhindert werden konnte, sollen nach Beendigung der Kampfhandlungen Bedingungen für ein konfliktfreies Neben- und Miteinander von Gesellschaften verbessert werden.

Diese **präventive und nachsorgende Sicherheitspolitik** erfordert ein breites Spektrum von Maßnahmen, wie etwa die Beobachtung von Wahlen oder die Früherkennung gesellschaftlicher und politischer Missstände (z.B. eine diskriminierende Behandlung von gesellschaftlichen Minderheiten).

M Friedensstifter oder Fachidiot?

Die Allianz ist zerstritten, es fehlt an Ausrüstung, ihre Militäreinsätze sind in manchen Mitgliedstaaten innenpolitisch schwer vermittelbar: Ist die NATO ein überfordertes Relikt des Kalten Krieges, das bald verschwinden wird? Oder passt sie sich den Herausforderungen an und bleibt angesichts grenzüberschreitender Bedrohungen unverzichtbar?

Die NATO schwindet dahin ...
... weil sie keine Lösungen für neue Bedrohungen anbieten kann

Peter van Ham

Die Organisation hat den Interessen des Westens im Kalten Krieg und unmittelbar danach gute Dienste geleistet, doch sie verliert langsam aber sicher ihre Bedeutung als zentrales Instrument für die Herausforderungen der transatlantischen Sicherheit. Dafür gibt es vier Gründe:

1. Es gibt zu viel zu tun

Die NATO wird überhäuft mit neuen Aufgaben, Mitgliedern und Einsätzen und hat ihre Strukturen und Mittel nicht entsprechend angepasst. Während die EU ihre Entscheidungsprozesse rundum erneuert hat, um nach der Erweiterung reibungslos Politik machen zu können, hält die NATO an der Einstimmigkeit fest, so dass jedes Mitglied jede Entscheidung blockieren kann. Während des Kalten Krieges waren die USA willens und in der Lage, als Schlichter aufzutreten, um ihre Ziele zu erreichen. Aber heute ist Washington offenbar nicht nur unfähig, sondern es hat auch keine Lust, den 26 NATO-Mitgliedern Einstimmigkeit aufzuzwingen. Das führt zu regelmäßigen Blockaden, und folglich werden viele wichtige Themen in der NATO gar nicht erst diskutiert. So lassen sich weder eine gemeinsame transatlantische Linie zum Atomprogramm des Iran entwickeln noch die Beziehung der NATO zur EU klären. Das Bündnis hat die wichtigsten Sicherheitsbelange seiner Mitglieder nicht mehr im Griff. Gleichzeitig ist die politische Agenda der NATO ein Abladeplatz für nahezu alle Herausforderungen und Bedrohungen, mit denen der Westen sich konfrontiert sieht. Zu ihren Aufgaben zählen inzwischen territoriale Verteidigung und Friedenssicherung ebenso wie Proliferationsfragen, Energiesicherheit, Raketenabwehr und Cyber-Terrorismus. Angesichts dieser Vielfalt könnte man meinen, dass die NATO noch immer im Mittelpunkt der transatlantischen Sicherheits- und Verteidigungsdebatte steht. Aber in ihrer Multifunktionalität sieht sie immer mehr aus wie ein Schweizer Taschenmesser, an dem alle Werkzeuge ausgeklappt sind. In diesem unhandlichen Zustand taugen Taschenmesser, obwohl sie eigentlich alles können, bekanntlich gar nichts. Ohne ausreichende Mittel und eindeutige Bestimmung ist die Vielseitigkeit der NATO eher ein Zeichen von Schwäche denn von Stärke. Das Bündnis hat einfach weder die Mittel noch die Instrumente, mit allen Aufgaben fertig zu werden. [...]

2. Solidarität zählt nicht mehr

[...] Die Mitgliedstaaten entscheiden nach ihrem jeweiligen Ermessen, ob sie den verschiedenen NATO-geführten Missionen Truppen und Ressourcen zur Verfügung stellen. Viele Staaten stehlen sich aus der Verantwortung, während einige Wenige die ganze Bürde der Einsätze auf dem Balkan, in Afghanistan und anderswo tragen. Im Moment fühlen sich die NATO-Staaten, die in Afghanistan die Hauptlast tragen, von ihren Bündnispartnern im Stich gelassen. Die USA, Frankreich, Kanada und die Niederlande kämpfen im gefährlichen Süden des Landes und leiden unter dem gegenwärtig vorherrschenden Motto „Wer akzeptiert, muss bezahlen". Kosten teurer NATO-

Operationen werden nicht gemeinsam getragen und es hat sich als sehr schwierig erwiesen, die Teilnahme an Missionen ebenso wie die Verantwortung gerecht zu verteilen – all das straft das Konzept der strategischen Solidarität Lügen. Jedes Mal, wenn Nato-General-Sekretär Jaap de Hoop Scheffer durch die Hauptstädte reist und um Truppen, Ausrüstung und Geld bettelt, sind die Schwächen des Bündnisses für jeden sichtbar. [...]

3. Allumfassende Sicherheit?

Sowohl in Afghanistan als auch im Kosovo hat die NATO feststellen müssen, dass außer militärischer Stärke auch ökonomische, finanzielle und humanitäre Unterstützung über den Erfolg einer Mission entscheiden. [...] Aber während die EU ein Alleskönner mit einer großen Bandbreite an wirtschaftlichen, zivilen und militärischen Instrumenten ist, bleibt die NATO Fachidiot: Sie hat außer militärischer Stärke nichts zu bieten. [...] In der komplexen globalisierten Welt wirkt die NATO-Werkzeugkiste mit ihren vielen militärischen Instrumenten archaisch. Das Wenigste kann sie selbst machen. Während die EU eine glaubwürdigere Verteidigungspolitik entwickelt, wird das Bündnis immer unwichtiger. Es scheint nur eine Frage der Zeit zu sein, bis die EU die NATO als Garant für Sicherheit und Verteidigung in Europa ablöst.

4. Flexible Bündnisse

US-Verteidigungsminister Donald Rumsfeld schlug vor ein paar Jahren vor, „Koalitionen der Willigen und Fähigen" den statischen und lahmen internationalen Organisationen vorzuziehen. [...] Statische und formale Verteidigungsbündnisse sind veraltet und werden künftig durch flexiblere Ad-hoc-Zusammenschlüsse gleichgesinnter Staaten ersetzt werden. Und da alle Kriege auf Entscheidungen beruhen werden, wird die NATO unweigerlich zu einer Abrechnungsstelle für wechselnde Koalitionen werden und ihre Rolle als klassisches Militärbündnis aufgeben. [...]

Übersetzung: Dina Stratenwerth

Die NATO ist nötiger denn je ...
... weil nur sie den Rahmen für multilaterale Einsätze bieten kann
Karl Kaiser

Die NATO bleibt aus mannigfachen Gründen unentbehrlich. Zuerst einmal sind mehrere ihrer „klassischen Funktionen" in der sicherheitspolitischen Landschaft des 21. Jahrhunderts eher noch wichtiger geworden. [...] Ist schon die Fortführung der [...] Funktionen aus der Vergangenheit ein guter Grund, trotz des Wegfalls der sowjetischen Bedrohung die NATO zu erhalten, so gilt dies noch mehr, wenn eine Antwort auf die nach dem Ende des Ost-West-Konflikts entstandenen sicherheitspolitischen Herausforderungen gesucht wird. Sie gruppieren sich um vier Problemfelder:

- Erstens die aus dem Zerfall von Staaten, Bürgerkriegen und ethnischen Konflikten rührenden Entwicklungen, die unmittelbar die Sicherheit von Bündnismitgliedern berühren und die deshalb gemeinsames Handeln erfordern. Die Konflikte auf dem Balkan sind hierfür ein Beispiel, wo NATO- (und EU-)Präsenz stabilisierend und staatsaufbauend wirken.

- Zweitens können – meist in Verbindung mit zerfallenden Staaten – Operationsräume und Rückzugsbasen für Terroristen entstehen, die, wie am 11. September 2001, Angriffe auf Ziele in westlichen Ländern durchführen, und wo gemeinsames Handeln erforderlich wird, um diese zu zerstören oder eine Wiedererstarkung zu verhindern. Afghanistan und der Einsatz von NATO-Kräften – neben Beiträgen anderer Institutionen und Länder – ist hierfür ein Beispiel.

- Drittens erfordert die Verbreitung von Massenvernichtungswaffen, vor allem wenn eine Verbindung mit Terroristen besteht oder entstehen kann, gemeinsames Handeln des Bündnisses.
- Viertens schließlich kann die massive Verletzung von Menschenrechten, wie sie in ethnischen Vertreibungen und Genoziden geschieht, Maßnahmen der internationalen Gemeinschaft erfordern, die von der NATO durchgeführt werden oder an denen sie sich beteiligt.

Keine dieser Aufgaben kann von einem Staat allein, selbst nicht von den USA, mit Aussicht auf Erfolg in Angriff genommen werden; aber kein Staat von Bedeutung und mit Ressourcen ausgestattet wie Deutschland kann sich auch einer Mitwirkung entziehen, denn in einer Welt transnationaler Verflechtung und relativ offener Grenzen werden alle Bündnismitglieder von den potenziell verheerenden Folgen der neuen Bedrohungen betroffen.

Aus: Internationale Politik, Ausgabe März 2008

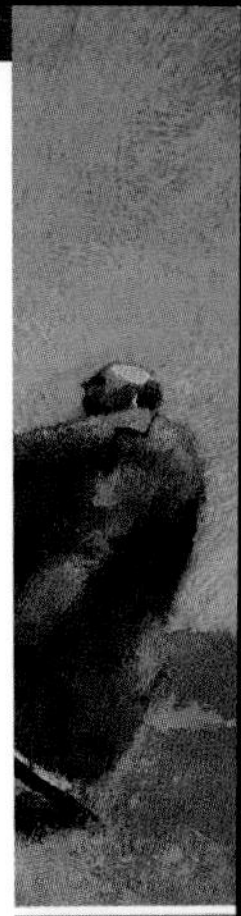

Aufgaben

1. Recherchieren Sie über die aktuellen militärischen Einsätze der NATO und zeigen Sie, inwiefern diese den Grundsätzen des neuen strategischen Konzepts entsprechen.
2. Legen Sie dar, welche grundlegenden Veränderungen ihrer Aufgaben der Zerfall des Ostblocks für die NATO bewirkt hat. Diskutieren Sie die verschiedenen Schlussfolgerungen, die man aus dieser Veränderung ziehen kann (M).
3. Erörtern Sie die Aussage, ein einzelner Staat sei heute ebenso wenig wie eine einzelne Organisation in der Lage, die gegenwärtigen Herausforderungen allein zu bewältigen (M). Beziehen Sie sich möglichst auf aktuelle Beispiele.

3.4 Merkmale deutscher Außen- und Sicherheitspolitik

Leitfragen

Welches sind die Aufgaben und Ziele deutscher Außenpolitik?

Wie wurde auf den weltpolitischen Wandel nach 1990 reagiert?

Aufgaben und Instrumente deutscher Außenpolitik

Außenpolitik meint die Gestaltung der Beziehungen eines Staates zu anderen Staaten und zu internationalen Organisationen, besonders die Herstellung zweiseitiger (bilateraler) oder mehrseitiger (multilateraler) politischer, militärischer, wirtschaftlicher, rechtlicher oder kultureller Beziehungen. Bestimmende Faktoren der Außenpolitik sind die geografische Lage und Größe eines Staates, seine Wirtschaftskraft, Geschichte und politische Verfasstheit. Die **grundlegenden Ziele** deutscher Außenpolitik sind vom Grundgesetz vorgegeben; zu den zentralen Interessen zählen gemäß dem Weißbuch zur Sicherheit der Bundesrepublik Deutschland von 1994:

- die Bewahrung von Freiheit, Sicherheit und Wohlfahrt der Bürger Deutschlands und der Unversehrtheit des Staatsgebiets;
- die Integration in die Europäischen Union;
- das dauerhafte, auf eine Wertegemeinschaft und gleichgerichtete Interessen gegründete transatlantische Bündnis mit den USA;
- auf Ausgleich und Partnerschaft bedachte Beziehungen zu den östlichen Nachbarstaaten, ihre Heranführung an westliche Strukturen und die Gestaltung einer neuen kooperativen Sicherheitsordnung für Europa;
- die weltweite Achtung des Völkerrechts und der Menschenrechte;
- eine auf marktwirtschaftlichen Regeln basierende gerechte Weltwirtschaftsordnung.

Instrumente der Außenpolitik umfassen

- die Pflege diplomatischer Beziehungen,
- internationale Verträge und Bündnisse,
- die Mitgliedschaft in internationalen Organisationen und Gerichtshöfen,
- Außenwirtschaftspolitik,
- die Unterstützung multilateraler Konfliktbearbeitung (Auslandseinsätze).

Akteure der Außenpolitik

Akteure der Außenpolitik sind die mit der Wahrnehmung der auswärtigen Angelegenheiten betrauten Staatsorgane, internationale und supranationale Organisationen sowie Nichtregierungsorganisationen (NGOs). In Deutschland wird Außenpolitik vor allem vom **Außenminister** – unterstützt vom Auswärtigen Amt – und vom **Bundeskanzler** – unterstützt von der außenpolitischen Abteilung des Kanzleramts – betrieben. Daneben sind auch viele Aktivitäten anderer Ministerien, wie etwa des Verteidigungsministeriums oder des Ministeriums für wirtschaftliche Zusammenarbeit und Entwicklung, der Außenpolitik zuzuordnen. Außenpolitik ist also im Wesentlichen **Aufgabe der Regierung**; der Bundestag debattiert zwar häufig über außenpolitische Fragen, seine Entscheidungskompetenzen sind aber eng begrenzt.

Bedingungen deutscher Außenpolitik

Die Rolle Deutschlands ist geprägt durch Bedingungen, die sich aus seiner Lage, Größe und seinen historischen Erfahrungen ergeben.

- Deutschland ist mit rund 82 Millionen Einwohnern das bevölkerungsreichste Land Europas und liegt in dessen Zentrum, ist also von Nachbarstaaten umgeben, für die das Deutsche Reich eine unmittelbare Bedrohung darstellte. Während des Ost-West-Konflikts war Deutschland durch die Grenze zwischen den beiden Blöcken zweigeteilt; heute liegt es an der „Wohlstandsgrenze" zu den ehemaligen Ostblockstaaten und unterhält **freundschaftliche Beziehungen** zu allen Nachbarstaaten.

- Als rohstoffarmes Land ist Deutschland besonders stark auf sichere und stabile Rohstoff- und Energiemärkte sowie auf Exporterfolge angewiesen, somit auf gut funktionierende **Außenhandelsbeziehungen**.

- Deutschland hat in der Vergangenheit durch nationalistische Macht- und Expansionspolitik und durch Verfolgung von Minderheiten ein großes Maß an Unglück über die Welt gebracht. Manche der Politiker, welche Deutschland nach dem Zweiten Weltkrieg wieder in die internationale Staatenwelt zurückführen konnten, hatten selbst die Schrecken der totalitären Gewaltherrschaft erfahren müssen und vertraten die Werte **Freiheit, Menschenrechte und Demokratie** aus tiefster Überzeugung – eine Haltung, die nach wie vor deutsche Außenpolitik bestimmt. Auch die besondere Verantwortung Deutschlands gegenüber Israel ist eine Konsequenz aus der Vergangenheit.

Aufgaben der Bundeswehr

Das Aufgabenprofil der Bundeswehr hat sich seit Ende der bipolaren Weltordnung geändert; als zentrale Anforderung ist die Unterstützung der internationalen Krisenprävention und -bewältigung hinzugekommen. Aufgabenfelder sind

- Verteidigung Deutschlands und Schutz der deutschen Staatsbürger;
- Unterstützung von Bündnispartnern (NATO, UNO ...);
- Rettung und Evakuierung;
- Sicherung von Frieden und Stabilität im europäischen Raum;
- Förderung des Weltfriedens und der internationalen Sicherheit im Einklang mit der UN-Charta;
- Hilfe bei Katastrophen und Notlagen, Unterstützung bei humanitären Missionen.

Reaktionen auf neue Rahmenbedingungen

Die Vereinigung der beiden deutschen Staaten 1990 und das Ende der bipolaren Weltordnung bedeuteten für Deutschland einen Zuwachs an außenpolitischer Bedeutung und Verantwortung. Deutschland wurde zur größten europäischen Regionalmacht und musste neue Verpflichtungen im Rahmen der veränderten NATO-Strategie sowie der Krisenbearbeitung durch die UNO übernehmen, was auch die **Beteiligung der Bundeswehr an internationalen Friedenseinsätzen** einschließt. Diese Neuorientierung löste heftige Debatten aus; 1994 bestätigte das Bundesverfas-

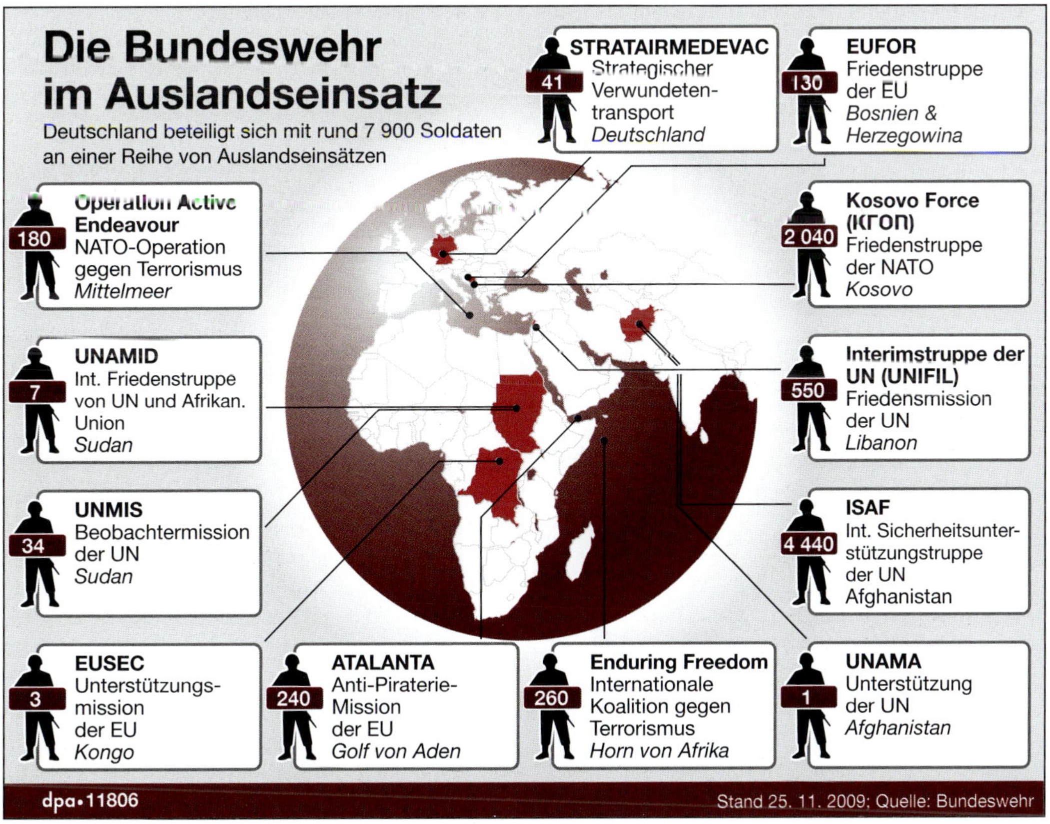

sungsgericht jedoch die Verfassungsmäßigkeit internationaler Einsätze der Bundeswehr, sofern diese mit Zustimmung des Bundestages stattfinden. Rein humanitäre Missionen hingegen bedürfen auch weiterhin keiner Billigung durch das Parlament. Dieses Grundsatzurteil des Bundesverfassungsgerichts bekräftigte den Charakter der Bundeswehr als einer **„Parlamentsarmee"**. Das Karlsruher Urteil verschaffte der Regierung einen größeren Handlungsspielraum, um den internationalen Verpflichtungen Deutschlands gerecht werden zu können. Schwerpunkt deutscher Außenpolitik bleibt aber nach wie vor der Einsatz für Verhandlungen und von nichtmilitärischem Druck (Sanktionen, Embargen...) zur Lösung von internationalen Konflikten, vor allem im Rahmen der Initiativen von EU und UNO.

Bereiche deutscher Außenpolitik

Neben den genannten Feldern gibt es weitere Kompetenzbereiche und Interessen:

- **Außenwirtschaftsbeziehungen:** Deutschland ist stark mit der Weltwirtschaft verflochten und von ihrer Entwicklung abhängig. Mehr als jeder vierte Euro wird im Export von Waren und Dienstleistungen verdient, mehr als jeder fünfte Arbeitsplatz hängt vom Außenhandel ab. Der Export von Waren und Dienstleistungen ist deshalb ein zentraler Faktor der deutschen Konjunktur. Es ist Aufgabe der deutschen Außenpolitik, deutsche Wirtschaftsinteressen zu fördern und darüber hinaus zur weiteren Entwicklung einer gerechten und nachhaltigen globalen Wirtschaftskooperation beizutragen.

- **Internationale Rechtsbeziehungen:** Hierzu zählen etwa die Mitgliedschaft Deutschlands in internationalen Gerichtshöfen und die Unterzeichnung völkerrechtlicher Verträge (→ Kapitel 6.5).

- **Auswärtige Bildungs- und Kulturpolitik:** Sie soll die kulturellen Beziehungen zwischen Deutschland und anderen Staaten stärken und die internationale Zusammenarbeit im Bereich Forschung und Hochschule fördern. Akteure der Auswärtigen Kultur- und Bildungspolitik sind insbesondere die Goethe-Institute und die deutschen Auslandsschulen, ein Schwerpunkt ist die Vermittlung und Förderung der deutschen Sprache im Ausland.

Einflussfaktoren auf die deutsche Außenpolitik

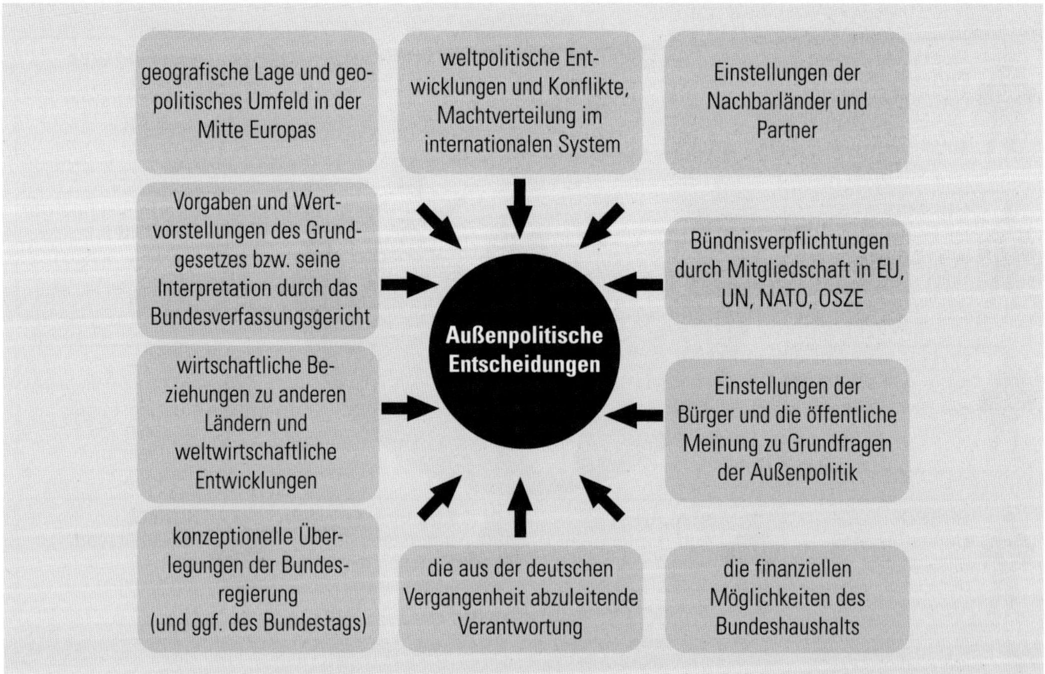

M Außenpolitik, süßsauer

Der Ärger um den Besuch des Dalai Lama bei Angela Merkel zieht immer weitere Kreise. Im Kern geht es um eine der wichtigsten Fragen der deutschen Diplomatie: Wie verhält man sich gegenüber einer wirtschaftlich starken Diktatur?

Es geht darum, wie die Bundesrepublik mit einer Diktatur umgehen soll, die ihre attraktiven Seiten hat. Es geht um ein Rezept für eine Außenpolitik, die scheinbar Widersprüchliches so verbinden kann wie die süßsauren Gerichte der chinesischen Küche. Für China spricht die enorme Wirtschaftskraft, die sich langsam mit politischer Macht paart. Und es geht auch um deutsche Exporte und um einen möglichen Verbündeten für Krisen und internationale Verhandlungen. China wird gebraucht, das spricht ebenso für einen freundlichen Umgang. Aber China hat auch böse Züge, legt keinen besonderen Wert auf die Menschenrechte und unterdrückt brutal die Tibeter, deren religiöses Oberhaupt der Dalai Lama ist. Deutschland ist Exportweltmeister und zieht einen wachsenden Teil seines Wohlstands aus China. Aber Deutschland ist auch eine Demokratie und steht damit immer vor der Frage, ob es Demokratie und Menschenrechte in anderen Ländern fördern soll, für die Menschen dort, aber auch aus Selbstachtung. Ein Dilemma dieser Art blieb der Bundesrepublik bisher erspart. Den sozialistischen Diktaturen fehlte die wirtschaftliche Kraft, die China heute hat. Es geht also darum, in einer neuen Weltordnung den eigenen Standpunkt zu finden. Und hinter dem Gezänk, das vor allem macht- und parteipolitisch motiviert ist, haben sich längst zwei verschiedene Positionen zu den Grundfragen herausgebildet, eigentlich Stoff für eine wirklich interessante und wichtige Debatte.

Die eine Position vertritt Außenminister Frank-Walter Steinmeier, der die Auffassung vom Wettbewerb eines westlich-demokratischen mit einem asiatisch-autoritären Modell ablehnt. Er sieht zwar die Herausforderung durch Asien, erhofft aber die Lösung eher in einer friedlichen Koexistenz als in der Konfrontation. „Wir können nicht mehr mit derselben Selbstverständlichkeit davon ausgehen, dass die westlich-europäische Kultur selbstverständlich als allgemeingültige Richtschnur akzeptiert wird", sagte er [...]. Er warnt davor, Interessenkonflikte mit China zum Beispiel über den Schutz des geistigen Eigentums zu „Kulturkonflikten" zu erklären; das verschärfe nur das „Eskalationsrisiko". In der Tradition der Sozialdemokratie plädiert er für Entspannung und relativiert den globalen Führungsanspruch der westlichen Welt: „Weder an der Weltmacht SPD noch am deutschen Außenminister noch an einer deutschen Kanzlerin wird das Wesen der Welt genesen", sagte er im Juli in der SPD-Zentrale in Berlin. Den Zwang zur Behutsamkeit leitet Steinmeier aus den globalen Machtverhältnissen ab, die sich gerade dramatisch veränderten: „Europäische Werte und Vorstellungen sind nicht mehr ganz von selbst – und das gilt es zu begreifen – in anderen Teilen der Welt so durchzusetzen, wie dies in manchen Phasen der Vergangenheit möglich war." Er warnt davor, dass Deutschland seine Kräfte überschätzt. Die aufstrebenden Mächte Asiens teilten nicht die Werte und die Weltanschauungen des Westens – und seien auch nicht durch den Westen zu belehren. Das heißt nicht, dass Steinmeier in Asien einen Bogen um sensible Themen wie den Schutz der Opposition macht. Bei einer Reise durch Zentralasien vor einem Jahr startete er in allen fünf Hauptstädten einen Disput mit den postsowjetischen Machthabern über die Achtung der Menschenrechte, die Vorzüge bürgerlicher Freiheiten und die Verlockungen einer Öffnung nach Westen. Er legte Listen mit Namen von Gefangenen vor, und er stellte Bedingungen für die Aufnahme von EU-Hilfen. Aber er bevorzugt einen sanften Modus mit wenig Presse. Steinmeier will seinen Gesprächspartnern „die Nase im Gesicht" lassen. Was

Merkel tut, öffentliche Kritik und einen Termin mit dem Dalai Lama, hält Steinmeier für „Schaufensterpolitik", wie er es auf dem Parteitag nannte. In Potsdam im September formulierte er noch schärfer: „Ich jedenfalls glaube nicht, dass sich die chinesische Realität nach dem Applaudimeter der deutschen Presse richtet."

Das Problem seiner Haltung ist, dass Politik, die leise ist, auch von Regimekritikern kaum wahrgenommen wird. Sie aber hoffen auf die westlichen Demokratien und deren Öffentlichkeit. Und die Bürger in den Demokratien müssen sich fragen, was Menschenrechte wert sind, wenn sich wichtige Politiker ihrer Länder nicht lautstark für Menschenrechte anderswo einsetzen. Für das Grundgesetz ist die Würde des Menschen unantastbar, nicht die Würde des Deutschen. Schon im Wort „Menschenrechte" liegt ein universalistischer Anspruch. Es kommen ohnehin schwere Prüfungen auf die Demokraten zu. Europas Geschichte lehrt, dass es einen Drang zur Demokratie gab, weil das Bürgertum, sobald es leidlich wohlhabend war, auch Rechte für Sicherheit und Teilhabe einforderte. Muss das in China auch so sein? Ist nicht denkbar, dass die Chinesen eines Tages zu der Einsicht kommen, dass ihnen eine Diktatur mehr Wohlstand erlaubt als eine Demokratie? Plötzlich wären die demokratischen Staaten in einer ganz anderen Weise herausgefordert als jetzt. Sie kämen aus der Offensive – mehr Menschenrechte, mehr Demokratie – in die Defensive und müssten den eigenen Bürgern erklären, warum sie im Wettlauf um Wohlstand zurückfallen. [...]

Als Angela Merkel im Spätsommer in Asien war, sprach sie auf dem Flug vom chinesischen Nanjing nach Tokio über ihre Sorgen, was das Verhältnis von Demokratie und Diktatur betrifft. Ihr sei klar, dass die Demokratien unter Druck geraten könnten, wenn sich ein Land wie China wirtschaftlich weiterhin prächtig entwickele. Nicht jedem Deutschen sei das Wahlrecht so wichtig wie Wohlstandszuwachs. Stärker als Steinmeier sieht sie die Systemkonkurrenz und hat dafür breiten Rückhalt in ihrer Partei. In einem Strategiepapier zu einer neuen Asienpolitik der Unionsfraktion heißt es: „China stellt dem Westen die Systemfrage." Europa müsse zusammen mit den USA verhindern, dass die Kombination von autoritärer Regierung und frühkapitalistischem Wirtschaftssystem sich verbreite. Der Westen müsse wissen, dass der Aufstieg Chinas die Anziehungskraft westlich-liberaler Ordnungsprinzipien mindere. [...]

Peking verdächtigt Merkel, das Ruder in der deutschen Außenpolitik herumwerfen zu wollen, so wie es die Neokonservativen in Amerika vorgemacht hätten. Nicht mehr nur Handel und Investitionen, nicht mehr nur Freundschaft und Austausch sollen die Maxime sein, sondern auch Ideologie. So wie Washington einen Kreuzzug für die Demokratie führe, wolle Berlin im Fernen Osten „das westliche Wertemodell durchsetzen", schrieb die chinesische Zeitschrift „Ausblick". In diesem Weltbild, so wird geargwöhnt, sei China kein „strategischer Partner" mehr, sondern Konkurrenz und Bedrohung. Das ist das Problem von Merkels Weg. Wer die Stärken des eigenen Systems gegenüber der Konkurrenz betonen will, muss laut werden, muss ins Schaufenster treten – und handelt sich Ärger ein, weil die eigenen Stärken meist die Schwächen des anderen sind. So ist Steinmeiers Weg der nach außen friedlichere. Die Debatten finden mehr in den Demokratien selbst statt. Wie viel Samtpfotigkeit ist mit der Staatsräson einer Demokratie verträglich?

Ralf Beste, Dirk Kurbjuweit, Andreas Lorenz, Ralf Neukirch, in: Der Spiegel Nr. 48/2007

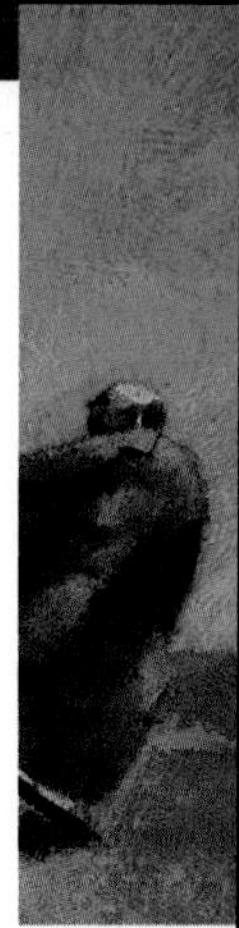

Aufgaben

1. Wählen Sie eine aktuelle Herausforderung der deutschen Außenpolitik und zeigen Sie anhand dieses Beispiels, wie die dargestellten Einflussfaktoren und weitere Interessen die deutsche Politik bestimmen.

2. Recherechieren Sie den gegenwärtigen Stand der Debatte um den Afghanistan-Einsatz der Bundeswehr. Was spricht aus Ihrer Sicht für eine Verlängerung des Mandats, was dagegen?

3. Die Achtung der Menschenrechte ist als eine Leitlinie deutscher Außenpolitik festgeschrieben. Inwiefern sollte demnach die Menschenrechtssituation in autoritären Staaten bei der Gestaltung der Außenpolitik berücksichtigt werden? Diskutieren Sie auch auf Basis des Textes die Argumente, die jeweils für und gegen eine deutliche Positionierung der deutschen Regierung gegenüber diktatorischen Regimen sprechen (M). Wie können weitere Formen der Einflussnahme auf diese Staaten aussehen?

4 Globale Verteilung von Armut und Reichtum

4.1 Das Nord-Süd-Gefälle

Leitfragen			
	Wie entwickelt sich die Kluft zwischen armen und reichen Gesellschaften in der Welt?	Wo liegen die Ursachen für Armut und Unterentwicklung?	Wie wirkt sich die Globalisierung auf die Entwicklungsländer aus?

Armut und Reichtum in der Welt

Armut beschreibt allgemein einen Mangel an Gütern, die zum Überleben benötigt werden. Es wird unterschieden zwischen absoluter und relativer Armut: Als **absolut arm** gelten Menschen, die in einer existenzbedrohenden Mangelsituation leben (Mangel an Gütern wie Wasser, Nahrung, Kleidung und Wohnung). **Relative Armut** bezeichnet einen Zustand, in dem zwar das physische Existenzminimum gesichert ist, der Lebensstandard aber erheblich unter dem Durchschnitt der eigenen Gesellschaft liegt (soziokulturelles Existenzminimum). Relative Armut ist auch in Industrieländern verbreitet, absolute Armut ist vor allem ein Problem in Entwicklungsländern. Dort besteht eine enge Wechselwirkung zwischen Hunger und Armut. Für UNO und Weltbank gelten Menschen als absolut arm, wenn sie weniger als den Gegenwert

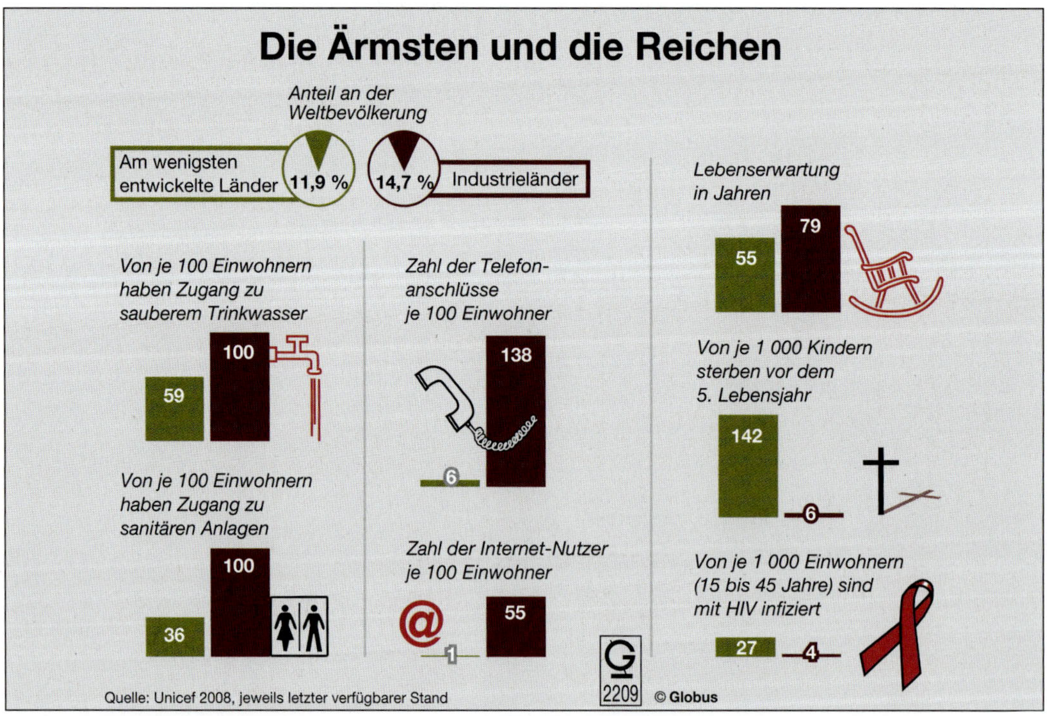

eines **US-Dollars am Tag** zur Verfügung haben. Dies trifft UN-Angaben zufolge auf 1,2 Milliarden Menschen zu, also etwa auf 15 Prozent der Weltbevölkerung (2008). Der Interessengegensatz, der sich aus der unterschiedlichen ökonomischen Lage zwischen dem reichen Norden (vor allem Europa, Japan, Nordamerika) und dem armen Süden (vor allem Afrika, Südasien) ergibt, bestimmt auch die politischen Beziehungen und wird als **Nord-Süd-Konflikt** bezeichnet. Dabei umfasst der „Norden" die industrialisierten Länder, während der „Süden" die Entwicklungsländer meint.

Die Kluft zwischen Arm und Reich

Der weltweiten Armut steht ein extremer, globaler Reichtum gegenüber: Laut Forbes erhöhte sich das Nettovermögen der Milliardäre von Anfang 2005 bis Anfang 2006 um 18 Prozent auf 2,6 Billionen US-Dollar. Die Zahl der Personen, die über ein Vermögen von über einer Milliarde US-Dollar verfügen, ist in nur zwanzig Jahren von 140 auf 793 gestiegen. Die zehn Reichsten dieser Welt haben ein Vermögen von etwa 275 Milliarden US-Dollar. Die ärmsten 40 Prozent der Weltbevölkerung beziehen dagegen nur fünf Prozent des weltweiten Einkommens. Die reichsten 10 bzw. 20 Prozent verfügen hingegen über 54 bzw. 74 Prozent des weltweiten Einkommens; die Schere zwischen Arm und Reich öffnet sich weltweit.

Nach: www.bpb.de, Dossier Globale Armut (30.06.2008)

Merkmale der Entwicklungsländer

Gemeinhin kann als Charakteristikum gelten, dass Entwicklungsländer nicht in der Lage sind, für große Teile ihrer Bevölkerung grundlegende Existenzbedürfnisse zu befriedigen. Untenstehende Kriterien sind in unterschiedlicher Ausprägung in den meisten Entwicklungsländern anzutreffen, wenngleich über die Gewichtung der Merkmale in der Wissenschaft kein Konsens zu verzeichnen ist. Eine genauere Betrachtung zeigt große Unterschiede im Ausmaß und in der Entwicklung absoluter Armut. Die Probleme konzentrieren sich auf Afrika südlich der Sahara und Südasien, während es vor allem den ostasiatischen Ländern zu gelingen scheint, bittere Armut allmählich zu verrin-

Merkmale der Entwicklungsländer

Ökonomische Merkmale	Geringes durchschnittliches Pro-Kopf Einkommen verbunden mit extrem ungleicher Einkommensverteilung, niedrige Spar- und Investitionsrate, geringe Produktivität, unzulängliche Infrastruktur, dominanter, teilweise auf Selbstversorgung orientierter traditioneller Sektor sowie außenwirtschaftliche Abhängigkeit von wenigen, auf die Märkte der Industrieländer orientierten Exportprodukten – zumeist Rohstoffe und eine hohe Auslandsverschuldung.
Soziodemografische Merkmale	Vergleichsweise niedrige Lebenserwartung vor dem Hintergrund weit verbreiteter Gesundheitsmängel und schlechter medizinischer Versorgung, hohe Analphabetenquote und schlechter Ausbildungsstand, sehr hohes Bevölkerungswachstum, starke Wanderungsbewegungen in Ballungsräume.
Ökologische Merkmale	Armutsbedingter ökologischer Raubbau und Zerstörung besonders anfälliger Ökosysteme.
Soziokulturelle und politische Merkmale	Orientierung an Primärgruppen wie Großfamilie bzw. ethnischen Gruppen, verbunden mit geringer Loyalität gegenüber institutionellen Strukturen wie dem Staat, geringe Mobilität, autoritärer und zugleich schwacher Staat, schwache politische Legitimation der Führung und unzureichender Menschenrechtsschutz, mangelnde Umsetzbarkeit politischer Programme und hohe Korruptionsrate, oftmals gewaltsame Konfliktaustragung nach innen und außen.

Nach: Sven Bernhard Gareis/Johannes Varwick, Die Vereinten Nationen, Opladen 2002, S. 215f.

gern. Mit Entwicklungspolitik befasste internationale Institutionen haben solche Unterschiede im Entwicklungsstand mit Untergliederungen der Entwicklungs- und Schwellenländer berücksichtigt. So verwendet das UN-Entwicklungsprogramm (UNDP = United Nations Development Programme) einen **„Human Development Index“** (HDI), in den Lebenserwartung, Alphabetisierungsgrad und Pro-Kopf-Einkommen der Bevölkerung unter Berücksichtigung der Kaufkraftunterschiede eingehen.

Von den Vereinten Nationen als besonders benachteiligt und deshalb als entwicklungspolitisch besonders förderungswürdig eingestuft sind demnach die least developed countries (LDCs) mit sehr niedrigem Pro-Kopf-Einkommen, sehr geringem Industrieanteil am Bruttoinlandsprodukt und sehr geringer Lebensqualität (untersuchte Faktoren: Lebenserwartung, Kalorienverbrauch pro Kopf, Rate des Schulbesuchs, Alphabetisierungsrate bei Erwachsenen).

Ursachen der Unterentwicklung

Die Diskussion um die Ursachen der Armut in Entwicklungsländern und der Kluft zwischen Reich und Arm in der Welt wird kontrovers geführt, schließt die jeweilige Antwort doch auch gravierende Vorwürfe an politische und wirtschaftliche Akteure ein.

Aus unterschiedlichen Erklärungsansätzen der Unterentwicklung entstanden **verschiedene Theorien** und Lösungsmodelle: Für manche sind die Folgen des Kolonialismus (Ausbeutung von Bodenschätzen, willkürliche Grenzziehungen ...) und die fortwährende Ausnutzung der schwächeren ökonomischen Position der Entwicklungsländer durch die Industrieländer ursächlich für die Armut (Kernthese der **Dependenztheorie**), andere sehen die Ursachen vor allem in den ungenügenden gesellschaftlichen, politischen und wirtschaftlichen Bedingungen in den Entwicklungsländern und fordern die Modernisierung deren gesellschaftlicher und wirtschaftlicher Strukturen (Kernthese der **Modernisierungstheorie**).

Die Ursachen für Unterentwicklung und Armut sind vielschichtig, meist miteinander verflochten, bedingen sich oft gegenseitig und lassen nicht in jedem Falle eine trennscharfe Unterscheidung zwischen äußeren und inneren Faktoren zu. Allgemein kann man folgende Entwicklungshemmnisse nennen.

Interne Faktoren: Bedingungen in den Entwicklungsländern

- **Kriege und Bürgerkriege, Staatszerfall:** In betroffenen Ländern (z.B. Demokratische Republik Kongo, Somalia) wird seitens der Regierung, der Verwaltung und/oder der Konfliktparteien nicht nur jeglicher Fortschritt verhindert, sondern auch die ohnehin meist schlechte Infrastruktur (Verkehrswege, Gesundheitswesen, Schulen) zerstört. Zugleich lösen sich staatliche Strukturen auf, so dass selbst ein Mindestmaß an staatlicher Daseinsvorsorge und Sicherheit unmöglich wird.

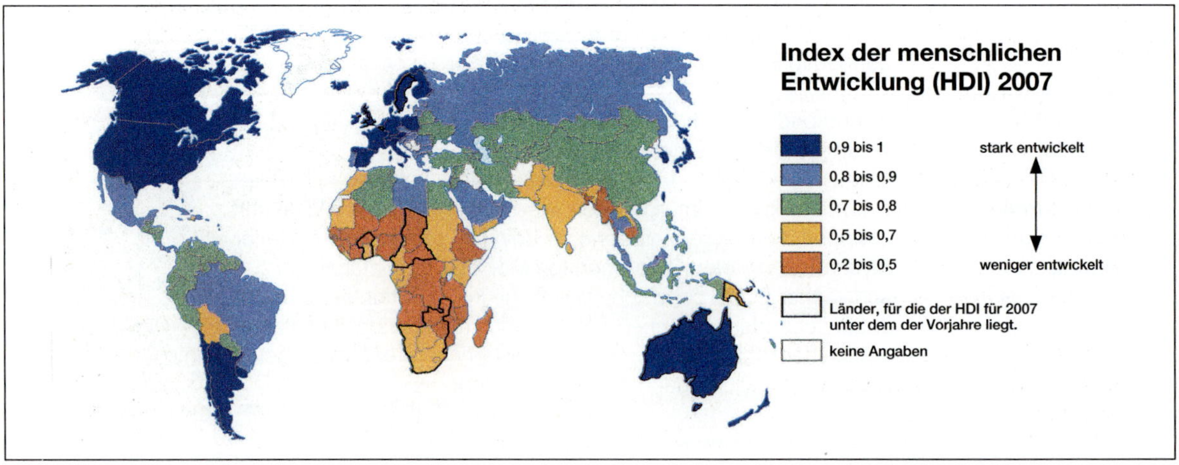

nach: Atlas der Globalisierung, Berlin 2008

- **„Bad Governance“:** In vielen Staaten vor allem Afrikas verhindern Demokratiedefizite, Korruption, Misswirtschaft und Selbstbedienungsmentalität in der staatlichen Führung und Verwaltung, dass Hilfe von außen wirksam eingesetzt werden kann; dies lähmt häufig auch die ökonomische Aktivität innerhalb der Gesellschaft.

- **Bevölkerungsanstieg und Umweltzerstörung:** Die in besonders armen Gesellschaften oft rasante Zunahme der Bevölkerungszahl verhindert häufig, dass wirtschaftliche Fortschritte zu einem Anstieg des Pro-Kopf-Einkommens führen. Es erweist sich meist als unmöglich, für die zunehmende Anzahl von Jugendlichen entsprechende Ausbildungs- und Arbeitsmöglichkeiten zu schaffen. Zugleich verstärkt der Anstieg der ländlichen Bevölkerung eine Überbeanspruchung und Zerstörung der natürlichen Produktionsgrundlagen (Wasser, Wald, Böden).

- **Extreme soziale Ungleichheit:** In manchen Regionen besteht eine stark ungleiche Land- und Einkommensverteilung (wenige Großgrundbesitzer gegenüber zahlreichen Landlosen). Die extrem ungleichgewichtigen Besitzverhältnisse stören den sozialen Frieden und verhindern gesamtgesellschaftliche Entwicklung.

- **Benachteiligung der Frauen:** In vielen Ländern erweist sich die Benachteiligung der Frauen (kaum Chancen auf Schulbildung für Mädchen, Festlegung auf die innerfamiliäre Rolle) als wichtiger Hinderungsgrund für positive wirtschaftliche und soziale Entwicklungen.

Modernisierungstheorien	
Ursachen der Unterentwicklung	**Entwicklungsempfehlung**
interne Faktoren in den Entwicklungsländern: • traditionelle Wirtschafts- und Gesellschaftsstrukturen • technischer und wirtschaftlicher Rückstand • ungenügende Einbindung in den Weltmarkt	**Orientierung am Modell der westlichen Industrieländer:** • nachholende Entwicklung durch technische, wirtschaftliche und soziale Modernisierung • Veränderung der inneren Strukturen und der ökonomischen Dynamik zum einen und Gewinn am Wachstum zum anderen durch Einbindung in den Weltmarkt (exportorientierte Entwicklung)
Dependenztheorien	
Ursachen der Unterentwicklung	**Entwicklungsempfehlung**
Externe Faktoren: • Durch den Kolonialismus wurden den Entwicklungsländern wichtige Entwicklungspotenziale geraubt • Entwicklung ist zu sehr auf Weltmarktproduktion (nach außen) und zu wenig auf Eigenbedürfnisse orientiert – die eigene Entwicklung wird blockiert • Nach der formalen staatlichen Unabhängigkeit bleibt die strukturelle Abhängigkeit bestehen	**Autozentrierte Entwicklung:** • zeitweilige „Abkopplung“ vom Weltmarkt und binnenwirtschaftliche Entwicklung • kollektive Eigenständigkeit (collective self-reliance) der Entwicklungsländer als Gruppe

Terms of trade

(engl.: Handelsbedingungen): Terms of trade bezeichnen das in einer (meist der einheimischen) Währung gemessene Austauschverhältnis zwischen dem Import und dem Export eines Landes, d.h. sie geben an, welche Menge an Gütern eine Volkswirtschaft importieren kann, gemessen an der Gütermenge, die exportiert wird (reale Austauschverhältnisse). So kann bspw. bei gleichbleibender Exportmenge mehr importiert werden, wenn die heimischen Produkte im Ausland teurer werden, die Preise für Importprodukte aber konstant bleiben.

Aus: Klaus Schubert/Martina Klein, Das Politiklexikon. 4., aktual. Aufl., Bonn 2006

Externe Faktoren: Einflüsse des Welthandels

- **Internationale Rohstoffproduzenten** beuten vielfach die Bodenschätze in Entwicklungsländern aus, ohne einen entsprechenden Anteil ihrer Gewinne dort zu belassen.

- Durch die **Abschottung heimischer Märkte** hindern die Industrieländer gerade die Entwicklungsländer daran, ihre Exportchancen wahrzunehmen (**Protektionismus**): Durch **Subventionen der Industrieländer** für die eigene Landwirtschaft (Agrarprotektionismus) gehen den Entwicklungsländern nach Berechnungen der Weltbank jährlich über 60 Milliarden US-Dollar verloren.

Insbesondere Produkte mit einem hohen Verarbeitungsgrad werden in den Industrieländern mit hohen Zöllen belastet. Das führt dazu, dass die meisten Entwicklungsländer hauptsächlich **Rohstoffe** exportieren (z.B. Kakao-, Kaffeebohnen, Baumwolle) und von teilweise nur einem Exportprodukt abhängig sind.

Diese **einseitig ausgerichtete Handelsstruktur** führt bei Preisverfall des jeweiligen Rohstoffes auf dem Weltmarkt zu erheblichen Devisenverlusten für die Entwicklungsländer. Die Entwicklungsländer müssen heute z.B. doppelt so viel Kaffee exportieren, um die gleiche Menge z.B. an Dünger zu importieren wie etwa noch vor zwei Jahrzehnten, d.h. die wirtschaftlichen Austauschverhältnisse – die so genannten **Terms of trade** – haben sich zum Nachteil der Entwicklungsländer verändert.

Protektionismus

Viele Industrieländer schützen sich durch hohe Zölle und weitere Zugangshürden vor der wirtschaftlichen Konkurrenz aus Schwellen- und Entwicklungsländern. Diese Schutzmaßnahmen der inländischen Industrie vor ausländischer Konkurrenz umfassen **tarifäre Handelshemmnisse** (z.B. Zölle) und **nichttarifäre Handelshemmnisse** (Einfuhrquoten, Ein- und Ausfuhrverbote, Genehmigungsvorschriften, Subventionen für heimische Unternehmen). Innerhalb des europäischen Binnenmarktes sind protektionistische Maßnahmen verboten. Von Drittstaaten werden die „Zollmauern" der EU als Verstoß gegen den Freihandel kritisiert, insbesondere die Abschöpfungen im Agrarbereich.

Nach: Bruno Zandonella, Pocket Europa, Bundeszentrale für politische Bildung, Bonn 2007

Folgen der Globalisierung für Entwicklungsländer

Die Konsequenzen der Globalisierung für die wirtschaftliche Lage in den Entwicklungsländern werden gegensätzlich beurteilt. Internationale Institutionen wie etwa der Internationale Währungsfonds, Regierungen der Industrieländer und die Mehrheit der Wirtschaftsfachleute betonen die Vorzüge und Chancen für alle beteiligten Länder; Globalisierungskritiker sehen hingegen als Ergebnis eine wachsende Kluft zwischen Nord und Süd.

Die Kluft zwischen Arm und Reich hat sich in den Jahren verstärkter Globalisierung einerseits vergrößert. Andererseits verzeichnen einige Regionen deutliche Fortschritte bei der Armutsreduzierung. Weltweit sinkt der Anteil der absolut Armen, wobei große Unterschiede zwischen den Weltregionen auffallen.

Folgende **Auswirkungen der Globalisierung** auf Entwicklungsländer sind weitgehend unbestritten:

- Länder, die sich gegen internationale Wirtschaftsbeziehungen abschotten, bleiben in ihrer ökonomischen Entwicklung gegenüber der globalisierten Welt zurück.

- Gleiches gilt für Länder, welche wegen ihrer inneren Probleme und/oder wegen des Mangels an exportfähigen Produkten bisher vom internationalen Warenaustausch ausgeschlossen sind.

- Im Zuge der Globalisierung wachsen die Wohlstandsunterschiede sowohl zwischen den Staaten als auch innerhalb der Entwicklungs- und Schwellenländer.

- Inwieweit Entwicklungsländer von der Globalisierung profitieren können, hängt auch davon ab, ob der ökonomische Strukturwandel durch staatliche Maßnahmen abgefedert und die Qualität der öffentlichen Infrastruktur verbessert werden (Bildungs- und Gesundheitssystem, Verkehrswege, öffentliche Verwaltung und Rechtssystem).

- Einige Schwellenländer vor allem in Süd- und Ostasien haben das weltweit höchste Wirtschaftswachstum, sind also eindeutig Gewinner der Globalisierung. Der durchschnittliche Wohlstand der Bevölkerung wächst, allerdings bei oft extrem ungleicher Verteilung der Einkommen und bestehender Armut großer Bevölkerungsschichten.

Die Lebenschancen bleiben weltweit ungleich verteilt

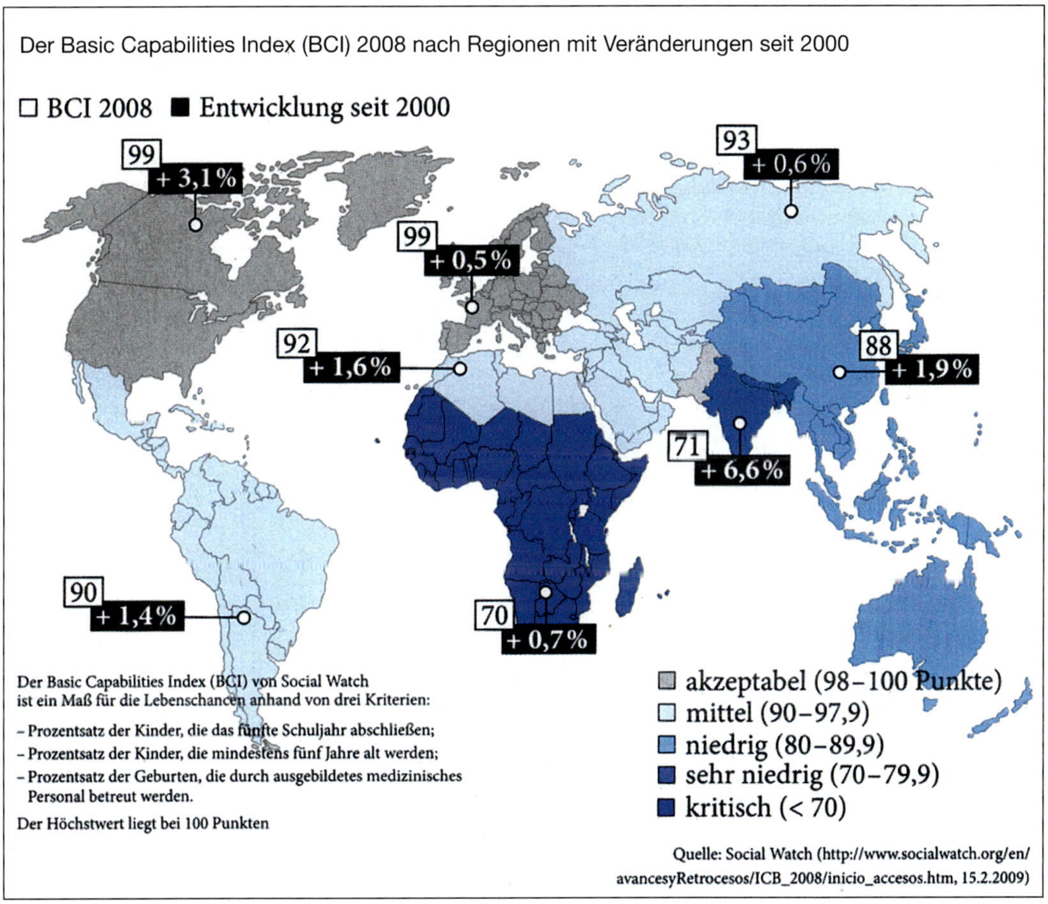

Tobias Debiel u.a., Globale Trends 2010, Frankfurt/M. 2010, S. 159

M Chancen und Risiken der Globalisierung für Entwicklungsländer

Trotz der insgesamt unverändert schlechten Situation für die Dritte Welt gibt es aber Länder, die die Chancen der Globalisierung nutzen können. China ist ein Beispiel, aber auch weitere Staaten in Ostasien wie Südkorea und Singapur. Selbst einige wenige afrikanische Länder wie Botswana oder Uganda entwickeln sich gut.

Diese wirtschaftlichen Erfolge sind zunächst durch die strikte Orientierung am Weltmarkt möglich. Bei dem Versuch, sich dem Wettbewerb auf dem Weltmarkt zu stellen, haben allerdings insbesondere die erfolgreichen asiatischen Länder den eigenen Binnenmarkt durch Zölle und andere Maßnahmen vor ausländischer Konkurrenz geschützt. Weitere wichtige Erfolgsfaktoren sind Investitionen in Bildung und Infrastruktur, Rechtsstaatlichkeit und nicht zuletzt „gutes Regierungshandeln" (Good Governance). Unter Letzterem sind unter anderem politisch-strukturelle Reformen wie die Effizienzsteigerung der öffentlichen Verwaltung und die Bekämpfung von Korruption zu verstehen.

Auf der Seite der Verlierer finden sich auch Länder, die auf den ersten Blick gute Chancen für eine erfolgreiche wirtschaftliche Entwicklung gehabt hätten. [Manche Staaten] verfügen über enorme Bodenschätze: Nigeria und Kasachstan vor allem über Erdöl, Südafrika und das frühere Zaire über mineralische Bodenschätze. Bei den Gewinnern findet sich, abgesehen von Botswana, das über reiche Diamantenvorkommen verfügt, hingegen kein ausgesprochen rohstoffreiches Land. Damit zeigt sich, dass die landläufige Annahme, eine gute Ausstattung mit Rohstoffen sei hilfreich bei einer erfolgreichen wirtschaftlichen Entwicklung, nicht bestätigt werden kann. In Nigeria und Südafrika ist die nationale Wirtschaftspolitik und nicht die Globalisierung für die schlechte wirtschaftliche Entwicklung verantwortlich. So ist in der nigerianischen Gesellschaft Korruption weit verbreitet. Die nigerianischen Regierungen der letzten Dekaden haben dies entweder toleriert oder selbst praktiziert. Der Elitenwechsel in Südafrika nach Ende der Apartheid hat zwar zur Entstehung einer neuen schwarzen Mittelschicht geführt, aber zugleich nahmen Korruption und Vetternwirtschaft zu.

Für den wirtschaftlichen Erfolg oder Misserfolg eines Landes sind also weder die Globalisierung noch die Ausstattung mit natürlichen Rohstoffen entscheidend, sondern neben Weltmarktorientierung und Bildung vor allem handels- und finanzpolitische Weichenstellungen, die es ermöglichen, die jeweilige Volkswirtschaft in angemessener Weise an den Weltmarkt heranzuführen. In der Handelspolitik hat sich eine Exportorientierung, kombiniert mit einer selektiven Öffnung auf der Importseite, als aussichtsreich erwiesen.

Japan hat diese Strategie als erstes asiatisches Land angewendet: Seine Unternehmen mussten sich auf dem Weltmarkt bewähren, aber auf dem japanischen Binnenmarkt wurden sie vor ausländischer Konkurrenz geschützt. Im Grunde haben die erfolgreichen Volkswirtschaften Ostasiens, mit Ausnahme der Stadtstaaten Singapur und Hongkong, diese handelspolitische Strategie kopiert. Die Binnenmärkte wurden erst dann geöffnet, als die eigenen Unternehmen auf den internationalen Wettbewerb vorbereitet waren.

Heribert Dieter, in: Informationen zur politischen Bildung. Globalisierung, Bonn 2003

Aufgaben

1. Zeigen Sie am Beispiel eines Entwicklungslandes, inwiefern hier die auf Seite 445 genannten Merkmale der Entwicklungsländer zu beobachten sind (evtl. in Zusammenarbeit mit Geografie).

2. Erläutern Sie an einem Länderbeispiel den Zusammenhang von einer oder mehrerer der genannten Ursachen für Armut und Unterentwicklung.

3. Führen Sie auf der Grundlage der Texte ein Streitgespräch über die Wirkungen der Globalisierung auf die Entwicklungsländer (z. B. Podiumsdiskussion).

4. Formulieren Sie in eigenen Worten, worauf (ausbleibende) Entwicklungserfolge einzelner Entwicklungsländer zurückgeführt werden (M).

4.2 Entwicklungspolitik

Leitfragen	Was motiviert die Industrieländer zur Entwicklungszusammenarbeit?	Was sind die Ziele der Entwicklungspolitik?	Welche entwicklungspolitischen Strategien helfen bei der Bekämpfung von Armut und Unterentwicklung?

Motive für Entwicklungszusammenarbeit

Seit den 1960er Jahren gibt es Versuche der Industrieländer, ärmere Staaten bei der ökonomischen und gesellschaftlichen Entwicklung zu unterstützen. Der lange Zeit gebräuchliche Begriff „Entwicklungshilfe" wurde später durch den neutraleren Begriff der **Entwicklungspolitik** ersetzt. Um zu verdeutlichen, dass Erfolge sowohl Bemühungen der unterstützenden als auch der zu entwickelnden Staaten benötigen, wird heute vielfach von **Entwicklungszusammenarbeit** oder **Entwicklungspartnerschaft** gesprochen.

Die dargestellte Kluft zwischen den Gesellschaften der Industrieländer und dem armen Teil der Welt bedeutet eine politische und moralische Herausforderung für die Staatengemeinschaft, gerade wenn man angesichts globaler Bedrohungen die Weltbevölkerung als Schicksalsgemeinschaft betrachtet (→ Kapitel 6.2).

- Der Gegensatz zwischen Arm und Reich wird als Ungerechtigkeit gesehen, die aus **ethisch-moralischen Gründen** die reichen Gesellschaften zur Hilfe verpflichtet, zumal die Politik der Kolonialzeit eine Grundlage für etliche Fehlentwicklungen gebildet hat (Grenzziehungen, Ausbeutung von Bodenschätzen ...).

- Es gibt ein **Eigeninteresse der Industrieländer** an einer Verbesserung der Situation in den Entwicklungsländern: Die zunehmenden Migrationsbewegungen sollen durch verbesserte Lebensbedingungen in deren Heimatländern verringert werden. Verbreitete Armut und Perspektivlosigkeit in den Entwicklungsländern kann unter Umständen auch die Unterstützung in der Bevölkerung für terroristische Bewegungen bzw. radikale Regierungen erhöhen und gilt dementsprechend als Sicherheitsrisiko.

- Daneben spielen **wirtschaftliche Motive** eine Rolle: Die inzwischen erfolgreichen Schwellenländer vor allem Asiens sind für die Industrieländer nicht nur zu Konkurrenten geworden, sondern entwickeln sich auch zu wichtigen Absatzmärkten.

Ziele und Strategien

Während das grundlegende Ziel von Entwicklungspolitik – eine Verbesserung der wirtschaftlichen Lage – über die Jahre gleichgeblieben ist, haben sich die bevorzugten Strategien zum Erreichen dieses Ziels gewandelt.

Die Grundbedürfnisstrategie

Versuchte man in den 1960er Jahren, Entwicklung vor allem durch wirtschaftliches Wachstum zu erreichen und damit dem Vorbild der Industrieländer nachzustreben (Zuführung von Kapital, Einbindung in den Weltmarkt), setzte man angesichts deutlicher Misserfolge bei der Bekämpfung der Massenarmut ab Mitte der 1970er Jahre auf die Befriedigung der Grundbedürfnisse der Bevölkerung.

Mit der so genannten **Grundbedürfnisstrategie** wollte man erreichen, dass alle Menschen Zugang zu lebenswichtigen Gütern und Dienstleistungen bekommen und so die Versorgung mit Nahrung, Wasser, Bildung, Kleidung und Wohnung gesichert wird. Ziele waren folgerichtig die Förderung der Landwirtschaft, die Durchsetzung von Landreformen und der Ausbau der Infrastruktur (Gesundheitsversorgung, Bildungseinrichtungen, Verkehrssysteme ...).

Die Millenniumsziele

Bei der UN-Vollversammlung im September 2000 – dem so genannten Millenniums-Gipfel – wurden angesichts der nach wie vor unbefriedigenden Situation in einem großen Teil der Entwicklungsländer acht so genannte **Millenniumsziele** proklamiert:

- Halbierung des Anteils der Weltbevölkerung, die an extremer Armut und Hunger leiden;
- Gewährleistung der Grundschulbildung für alle Kinder;
- Förderung der Gleichstellung der Geschlechter und Stärkung der Frauenrechte;
- Senkung der Kindersterblichkeit;
- Verbesserung der Gesundheit von Müttern;
- Bekämpfung von HIV, Malaria und anderen übertragbaren Krankheiten;
- Sicherung der ökologischen Nachhaltigkeit, verstärkter Umweltschutz;
- Aufbau einer weltweiten Entwicklungspartnerschaft.

Eine Verwirklichung dieser Ziele **bis zum Jahr 2015** wird angestrebt.

Aktuelle Leitmotive

Die heutige Entwicklungspolitik ist durch folgende Grundideen geprägt:

- Prinzip der **„Hilfe zur Selbsthilfe"**: Ohne Einbindung der lokalen Bevölkerung und Berücksichtigung der jeweiligen natürlichen und gesellschaftlichen Rahmenbedingungen ist erfolgreiche Entwicklung nicht möglich. Es müssen Techniken entwickelt und angewandt werden, die auf Dauer von der ansässigen Bevölkerung genutzt werden können. Damit sollen Möglichkeiten einer langfristigen eigenständigen Erzielung von ausreichenden Erträgen aufgezeigt werden – sei es zur Selbstversorgung oder zur Vermarktung.

- **Nachhaltige Entwicklung** muss auch in ökologischer Hinsicht gewahrt sein. Alle Projekte müssen auf Ressourcenverbrauch und Umweltverträglichkeit hin überprüft und Hilfen zur Vermeidung der armutsbedingten Vernichtung natürlicher Ressourcen (z.B. Abholzung von Wäldern) geleistet werden.

- Ein wichtiger Faktor ist der **Kampf gegen Analphabetismus**, um die Bildungschancen breiter Bevölkerungsschichten zu erhöhen.

- Zentral für verbesserte Lebensbedingungen sind die **Förderung von Frauen** und ein Ende ihrer Diskriminierung in vielen traditionellen, vor allem islamischen Gesellschaften. Erfahrungen zeigen, dass die verstärkte Einbeziehung der Frauen erst die Voraussetzung für den Erfolg vieler Entwicklungsprojekte schafft.

- Die negativen Wirkungen von **„bad governance"** werden stärker als früher bedacht. So wird die Vergabe von Entwicklungsgeldern seit einiger Zeit auch an gute Regierungsführung in den „Empfängerländern" gebunden (Demokratisierung, Achtung der Menschenrechte). Allerdings ist der Einfluss ausländischer Entwicklungspolitik auf das Verhalten von Regierung und Verwaltung in Entwicklungsländern in der Regel begrenzt.

Nachhaltige Entwicklung

Das Konzept der Nachhaltigkeit stammt ursprünglich aus der Forstwirtschaft und bezeichnet ein Bewirtschaftungsprinzip, nach dem nicht mehr Holz geerntet wird, als nachwachsen kann. Nachhaltigkeit heißt konkret: Wir dürfen heute und hier nicht auf Kosten der Menschen in anderen Regionen der Erde und auf Kosten zukünftiger Generationen leben. Für den Umgang mit unserer Umwelt bedeutet das, dass mit Blick auf die heutigen und zukünftigen Generationen ein sorgfältiger und effizienter Umgang mit Ressourcen gepflegt werden muss.

1992 hat sich die internationale Staatengemeinschaft auf der Konferenz der Vereinten Nationen für Umwelt und Entwicklung in Rio de Janeiro auf das Leitbild der nachhaltigen Entwicklung („sustainable development") verständigt. In der Rio-Deklaration werden der gemeinsame Wille und die gemeinsame Verantwortung zum Ausdruck gebracht, die Ressourcen der Erde künftig so behutsam zu nutzen, dass alle Länder der Erde gerechte Entwicklungschancen erhalten, die Entfaltungschancen zukünftiger Generationen aber nicht geschmälert werden. Die Agenda 21, das Aktionsprogramm für das 21. Jahrhundert, enthält [...] Handlungsempfehlungen zur nachhaltigen Bewirtschaftung von Ressourcen. Adressaten der Agenda 21 sind nicht nur die Regierungen der Nationalstaaten, sondern auch die einzelnen Bürger, die Selbstverwaltungskörperschaften und die gesellschaftlichen Gruppen. Inzwischen durchzieht das Leitbild der „nachhaltigen Entwicklung" sowohl die globale als auch die europäische und deutsche Politik.

Nach: Nachhaltigkeit als Handlungsauftrag, auf: www.bmu.de (Seiten des Bundesministeriums für Umwelt, Naturschutz und Reaktorsicherheit)

Die deutsche Entwicklungspolitik hat sich **vier Leitbilder** zugrunde gelegt:

- Bekämpfung der weltweiten Armut;
- Globaler Umweltschutz;
- Frieden sichern und Demokratie fördern;
- Gerechte Gestaltung der Globalisierung.

Leitmotiv der deutschen Entwicklungspolitik ist eine global nachhaltige Entwicklung, die gleichermaßen wirtschaftliche Leistungsfähigkeit, soziale Gerechtigkeit, ökologische Tragfähigkeit und politische Stabilität beinhaltet.

Akteure der Entwicklungspolitik

- **UN-Organisationen** (z. B. UNDP, das Kinderhilfswerk UNICEF, Weltbank) sind wichtige Akteure auf dem Feld der Entwicklungszusammenarbeit. Die wichtigste internationale Organisation zur Vermittlung von Krediten für entwicklungspolitische Programme und Projekte ist die **Weltbank** (→ Kapitel 2.6). 2004 vergab die Weltbank Mittel in Höhe von insgesamt 20,1 Milliarden US-Dollar für 245 Projekte in Entwicklungsländern. Die seitens der Weltbank geleistete öffentliche Entwicklungszusammenarbeit betrug 2004 rund 6,3 Milliarden US-Dollar.
- Die **Europäische Union** unterhält eine entwicklungspolitische Partnerschaft mit den ehemaligen Kolonien der EU-Staaten (AKP-Länder; AKP= Asien, Karibik, Pazifik).
- **Kirchliche Organisationen** engagieren sich z. B. mit dem evangelischen Hilfswerk „Brot für die Welt“ oder dem katholischen Hilfswerk „Misereor“.
- **Staatliche Institutionen** wie die Gesellschaft für technische Zusammenarbeit (GTZ) oder die Kreditanstalt für Wiederaufbau (KfW) führen Entwicklungsprojekte und Programme durch bzw. unterstützen diese finanziell.
- **Freie Träger/Nichtregierungsorganisationen** wie Terre des Hommes, Ärzte ohne Grenzen oder die Deutsche Welthungerhilfe finanzieren sich

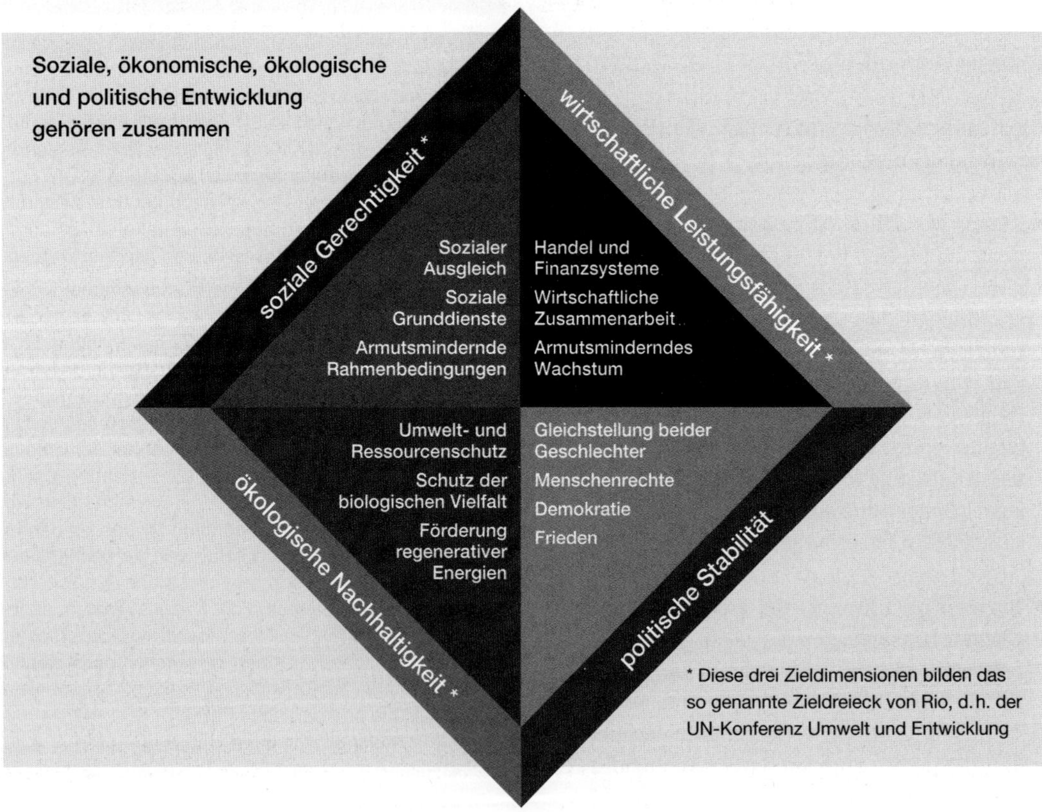

hauptsächlich über Spenden und führen zahlreiche Entwicklungshilfeprojekte durch.

- Auf nationaler Ebene ist das **Bundesministerium für wirtschaftliche Zusammenarbeit und Entwicklung** (BMZ) für die deutsche Entwicklungspolitik verantwortlich. Das BMZ entscheidet über die Förderung von Projekten und Organisationen und somit über den Einsatz der Mittel aus dem Bundeshaushalt (5,8 Milliarden Euro für das Haushaltsjahr 2010).

Entwicklungspolitik: Anspruch und Realität

Damit die Ziele der Entwicklungszusammenarbeit keine unrealistischen Wunschvorstellungen bleiben, wurde 2002 eine Konferenz der Vereinten Nationen zur Entwicklungsfinanzierung auf der Ebene der Staats- und Regierungschefs in Monterrey/Mexiko einberufen, an der auch Vertreter der Wirtschaft und der Nichtregierungsorganisationen teilnahmen.

Sie thematisierte als erste UN-Konferenz alle Grundprobleme der Entwicklungsfinanzierung: die Mobilisierung eigener Mittel in Entwicklungsländern, ausländische Direktinvestitionen, den internationalen Handel, öffentliche Entwicklungshilfe, das Problem der Verschuldung und die Regeln des internationalen Finanz- und Handelssystems. Eine Leitfrage war, wie die Erreichung der Millenniumsziele finanziert werden könne. Der „**Monterrey-Konsens**“ enthält wichtige Elemente einer effektiveren Entwicklungspolitik:

- Die Industrieländer bestätigten die Untergrenze für öffentliche Entwicklungshilfe von **0,7 % des Bruttosozialprodukts** (BSP) und sagten eine bessere Abstimmung ihrer Hilfe sowie Schuldenerleichterungen für die armen Länder und entwicklungsfreundliche Reformen der Welthandels- und Weltfinanzordnung zu.
- Die Verantwortung der Entwicklungsländer für „**good governance**“ und jene der Industrieländer für **faire weltwirtschaftliche Rahmenbedingungen** wurde bekräftigt.
- Die Zusagen mehrerer Staaten summierten sich zwar auf 16 Mrd. US-Dollar bis 2006, vorsichtige Schätzungen errechnen aber einen Finanzbedarf von mindestens 50 Mrd. US-Dollar, um die „Millenniumsziele“ bis 2015 zu erreichen.

Die UN-Vollversammlung hatte bereits 1970 das Ziel gesetzt, die Industrieländer zu einer Abgabe von 0,7 % ihres Bruttosozialprodukts für die Entwicklungszusammenarbeit zu bewegen. Hinter diesem Ziel bleiben seitdem die meisten Länder weit zurück, unter ihnen auch Deutschland.

Kritik an der Entwicklungspolitik

Angesichts der nach wie vor problematischen Lebensbedingungen in vielen Entwicklungsländern wird immer wieder Kritik an der Praxis der Entwicklungspolitik laut. Die Kritik bezieht sich vor allem auf die folgenden Aspekte:

- Die Industrieländer bleiben nach wie vor weit hinter dem Ziel zurück, 0,7% ihres BSP für öffentliche Entwicklungshilfe aufzuwenden.
- Die wirksamste Hilfe für Entwicklungsländer wäre die Chance, ihre Produkte vor allem aus der Landwirtschaft in die Industrieländer exportieren zu können. Die Industrieländer verhindern dies aber durch protektionistische Maßnahmen (→ Kapitel 6.4.1).
- Radikale Kritiker auch aus den Entwicklungsländern fordern die Einstellung der Entwicklungshilfe: Durch Hilfslieferungen würden die lokalen Märkte und Produktionsstrukturen zerstört, während Geldhilfen häufig nur der persönlichen Bereicherung von Eliten dienten.

Gerhard Mester/CCC, www.c5.net

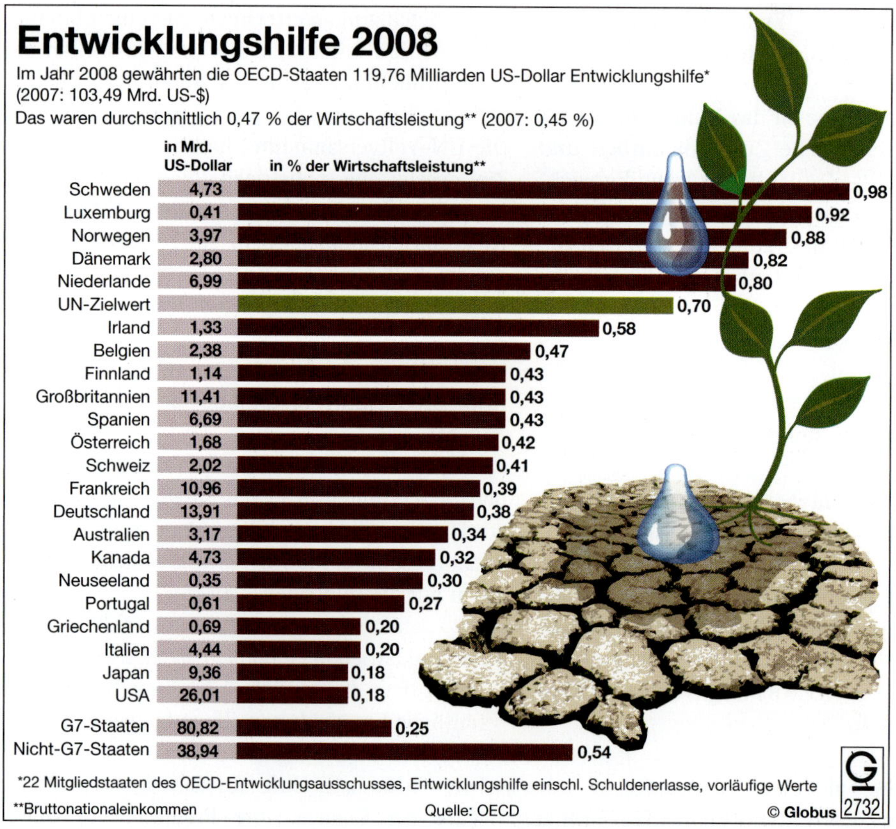

** ODA (Öffentliche Entwicklungszusammenarbeit)*
Öffentliche Entwicklungszusammenarbeit (englisch: Official Development Assistance, ODA) werden die Mittel genannt, die DAC-Länder (also die Mitgliedsländer des Entwicklungshilfeausschusses der OECD) Entwicklungsländern direkt oder durch internationale Organisationen für Entwicklungsvorhaben zur Verfügung stellen.

1) ODA-Quote = Anteil der ODA am Bruttonationaleinkommen (BNE), Quelle: BMZ

Entwicklungshilfe „Gute Absichten" ...

1969

Pearson Bericht, 1970 verabschiedet durch die UN-Vollversammlung, Resolution 1522:
„Wir empfehlen, dass jedes Geberland bis 1975 oder wenig später, jedoch spätestens bis 1980, seine Entwicklungshilfe (...) auf 0,7 Prozent des Bruttosozialprodukts erhöht."

1992

Konferenz der Vereinten Nationen zu Umwelt und Entwicklung in Rio, Vereinbarung der 172 Regierungen:
„Die Industrienationen bekräftigen ihre Verpflichtung, die UN-Vorgabe einer Entwicklungshilfe von 0,7 Prozent ihres Bruttosozialprodukts zu erfüllen (...) und erklären sich bereit, ihre Hilfsprogramme auszubauen, um dieses Ziel so schnell wie möglich zu erreichen."

2000

Millenniumserklärung, verabschiedet von der UN-Vollversammlung:
„Wir appellieren an die Industriestaaten (...), in größerem Umfang Entwicklungshilfe zu leisten."

2002

Konsens der Monterrey-Konferenz zur Finanzierung der Entwicklung, verabschiedet von der Konferenz und gebilligt von der UN-Vollversammlung:
„Wir fordern die säumigen Industrienationen auf, konkrete Anstrengungen zu unternehmen, um das Ziel der Entwicklungshilfe in Höhe von 0,7 Prozent vom Bruttosozialprodukt zu erreichen."

2004

Erklärung der Finanzminister der G7 in Washington:
„Wir bekräftigen unser Engagement zur weltweiten Armutsbekämpfung und zur Unterstützung für die Länder, damit die Entwicklungshilfeziele entsprechend der Millenniumserklärung erreicht werden. (...) Zusätzliche Finanzhilfe (...) ist erforderlich."

... und die Realität:

2003 hatten nur 5 der 22 wichtigsten Geberländer das von der UNO vorgegebene 0,7-Prozent-Ziel erreicht, darunter kein Mitglied der G7.

Entschuldung „Gute Absichten" ...

1998

G8-Gipfel in Birmingham:
„Wir verpflichten uns zu gemeinsamen internationalen Bemühungen um einen schnellen und entschlossenen Abbau der Schuldenlast zugunsten der armen Entwicklungsländer (...). Wir werden darauf hinarbeiten (...), dass die betroffenen Länder die Minderung erfahren, die sie brauchen, um ihre Schuldenprobleme dauerhaft lösen zu können."

2002

Konsens der Monterrey-Konferenz zur Finanzierung der Entwicklung, verabschiedet von der Konferenz und gebilligt von der UN-Vollversammlung:
„Maßnahmen zur Reduzierung der Schulden müssen schnell und entschlossen umgesetzt werden (...). Die rasche, wirksame und vollständige Realisierung des HIPC*-Programms [für arme, hochverschuldete Länder], das in Gänze aus zusätzlichen Ressourcen zu finanzieren ist, ist entscheidend."

2004

G8-Gipfel in Sea Island:
„Wir setzen uns dafür ein, das HIPC-Programm für die armen hochverschuldeten Länder in Gänze umzusetzen und den ärmsten Ländern zu helfen, durch einen Abbau der Schulden und die Finanzierung von Krediten die Schuldenlast zu tragen."

... und die Realität:

40 Prozent der Schulden der HIPC wurden gestrichen. Nur 14 der 42 betroffenen Länder erhielten nennenswerte Nachlässe.

** HIPC = Heavily Indepted Poor Countries, hoch verschuldete arme Länder*

Nach: Le Monde diplomatique, Atlas der Globalisierung, Berlin 2006, S. 86

M Warum schadet Entwicklungshilfe?

Seit einem halben Jahrhundert mühen sich die reichen Industrieländer mit viel Geld, immer neuen Hilfsprogrammen und guten Ratschlägen um die Entwicklung der armen Staaten. Nutzen bringt das vor allem den Geberländern: Unter der Flagge der Wohltätigkeit ist eine riesige Hilfsindustrie entstanden, die sich nahezu verselbständigt hat. Ein undurchschaubares Geflecht aus supranationalen, staatlichen, halbstaatlichen und privaten Organisationen und Unternehmen lebt von der Entwicklungshilfe, die in den Geberländern zahlreiche Arbeitsplätze schafft. Ihren Vertretern gelingt es, als Stimme der Armen aufzutreten und immer höhere Hilfszusagen und Verpflichtungen der Reichen einzufordern.

Einen vorläufigen Höhepunkt markiert das Jahr 2000. Staats- und Regierungschefs aus 189 Ländern beschlossen [...] die Entwicklungsziele für das neue Millennium. An vorderer Stelle stehen die Halbierung der extremen Armut bis zum Jahr 2015 und eine Grundschulbildung für jedes Kind. In Deutschland hat man daraufhin den Etat des Bundesministeriums für wirtschaftliche Zusammenarbeit und Entwicklung [...] kräftig aufgestockt, zuletzt um mehr als 14 Prozent auf mittlerweile rund 5 Milliarden Euro. Entwicklungshilfe darf es freilich längst nicht mehr heißen, politisch korrekt ist nur noch von „Entwicklungszusammenarbeit" die Rede. Dies soll den Eindruck fördern, hier begegneten sich zwei Partner – Geber und Empfänger – gleichberechtigt, und es treffe nicht ein auf guten Willen angewiesener Bittsteller seinen Förderer. Das entspricht aber nicht den Tatsachen.

An Statistiken der Not, die das Anliegen der Befürworter von Entwicklungspolitik eindrucksvoll stützen, fehlt es nicht. Das Entwicklungsministerium listet sie auf seiner Homepage auf: Elf Millionen Kinder sterben jährlich vor ihrem fünften Geburtstag. Eine Milliarde Menschen und damit jeder Sechste hat weniger als einen Dollar am Tag zum Leben. Auch Umweltschäden als Folge mangelnder Wirtschaftskraft alarmieren den Westen, etwa die jährliche Rodung von 20.000 Hektar Waldflächen, zweimal die Fläche von Paris. So gewaltig die Probleme, so fragwürdig sind die Versuche, ihnen mit Mitteln der Entwicklungshilfe beikommen zu wollen. Der enorme finanzielle Einsatz trägt allenfalls magere Früchte. Punktuellen oder zeitlich befristeten Erfolgen stehen grandiose Fehlschläge gegenüber. Das freilich bekümmert die Entwicklungspolitiker nicht. Weil die Lebenssituation der Menschen eines Landes von vielen Faktoren abhänge, ließen sich Entwicklungserfolge nur schwer messen und der Unterstützung einzelner Geber zuordnen, schreibt das Entwicklungsministerium. Im Klartext heißt dies: Rechenschaft über die sinnvolle Verwendung der Gelder ist gar nicht möglich. Zu einem Synonym für das Versagen der weltweiten Entwicklungspolitik ist gleichwohl mittlerweile Schwarzafrika geworden: Hier geht es vielfach gerade den Ländern am schlechtesten, die über Jahrzehnte die meiste Hilfe bekommen haben.

Die erfolgreiche wirtschaftliche Aufholjagd Chinas, Indiens oder der asiatischen Tigerstaaten in den vergangenen beiden Dekaden ist hingegen weder in erster noch in zweiter Linie Entwicklungshilfegeldern geschuldet, sondern der Einführung einer verhältnismäßig stabilen marktwirtschaftlichen Ordnung, der Öffnung für den Welthandel und der Einrichtung halbwegs tragfähiger Rechtssysteme, die das Eigentum schützen. All das sind Faktoren, die Ökonomen seit langem als zwingende Voraussetzung für wirtschaftlichen Erfolg identifiziert haben. Kapital- und Technologietransfer verpufft wirkungslos, wenn es an einem verlässlichen institutionellen Rahmen fehlt, der Investitionen schützt und Handel ermöglicht. Bis heute versucht man in den Geberländern der Erkenntnis auszuweichen, dass die Entwicklungshilfe vielen Empfängern womöglich sogar mehr schadet als nutzt – weil sie abhängig macht, Passivität fördert und die Korruption blühen lässt. Seit 1990 ist beispielsweise der Lebensstandard in weiten Teilen Afrikas südlich der Sahara gesunken, also in jenen Ländern, die bevor-

zugtes Ziel von Entwicklungsgeldern aus aller Welt sind. Dennoch wird dies nicht zum Anlass genommen, den Sinn der Hilfe als solche in Frage zu stellen. [...]

Debattiert wird stattdessen über die Höhe der Zahlungen und die Qualität sowie Konditionen der Hilfsprogramme. Dies obwohl heftige Kritik mittlerweile selbst aus den Empfängerländern kommt. Zu den schärfsten Gegnern gehört der liberale kenianische Wirtschaftswissenschaftler James Shikwati. Er wirft den Geberländern vor, dass ihre Hilfsgelder die Politik korrumpieren, den Staatssektor aufblähen und in fragwürdige Infrastrukturvorhaben fließen und so den Aufbau produktiver Industrien verhinderten. Die besten Köpfe des Landes wetteiferten um einen Anteil an der Hilfe. Die Nahrungsmittelprogramme zerstörten die Landwirtschaft, weil kein Bauer mit seinen Preisen gegen die kostenlosen Hilfslieferungen konkurrieren könne. Kleiderspenden vernichteten Arbeitsplätze in der Textilindustrie. Shikwati hält den Gebern auch vor, in erster Linie eigene Interessen zu verfolgen: den Zugang zu Rohstoffen und politischem Einfluss zu sichern und Arbeitsplätze für die eigenen Entwicklungshelfer zu schaffen. „Wer Afrika helfen will, darf kein Geld geben", verlangt der Ökonom. Unglücklicherweise seien die Europäer in ihrem Eifer, Gutes zu tun, keinerlei Argumenten mehr zugänglich. Auch der Friedensnobelpreisträger Mohamud Yunus, Begründer der Grameen-Bank, die Mikrokredite an Kleinunternehmer vergibt, macht eine bedrückende Rechnung auf: Drei Viertel der für sein Heimatland Bangladesch vorgesehenen Hilfen seien im Geberland hängengeblieben, der Rest in der öffentlichen Verwaltung seines Landes versickert. In den Industrieländern dient die Entwicklungshilfe überdies dazu, Debatten über wirksamere Maßnahmen zur Förderung der Wirtschaft in den Entwicklungsländern zu verhindern. Gegen die subventionierte Agrarproduktion der Industrieländer hat die Konkurrenz aus Entwicklungsländern einen schweren Stand, zumal oft Handelsbarrieren hinzukommen. Die sichtbaren Entwicklungsgelder wiegen den Schaden nicht auf, den die Industrieländer über öffentlich kaum wahrgenommene Subventionen und Abschottung der Märkte den schwächeren Staaten zufügen.

Doch Entwicklungsländer haben nur dann eine echte Chance aufzuholen und zu Partnern auf Augenhöhe zu werden, wenn es gelingt, sie in den Weltmarkt einzubinden und über die Arbeitsteilung Kapital und Wissen ins Land zu holen. Dann freilich werden sie den alten Industrieländern als Konkurrenten schnell bedrohlich – im Übrigen selbst in der Entwicklungspolitik. China macht es vor: In Afrika sichert sich China, obwohl es selbst noch bevorzugter Empfänger deutscher Entwicklungshilfe ist, mit Entwicklungsgeldern schon den Zugang zu Rohstoffen und Märkten.

Heike Göbel, in: Frankfurter Allgemeine Zeitung vom 23.04.2008

Aufgaben

1. Veranstalten Sie eine Umfrage (z. B. innerhalb Ihres Schülerjahrgangs) über die Einstellungen zur öffentlichen Entwicklungszusammenarbeit.

2. Recherchieren Sie über ein Projekt der öffentlichen oder privaten Entwicklungszusammenarbeit und überprüfen Sie, inwiefern dabei die heutigen Grundprinzipien der Entwicklungspolitik zum Tragen kommen.

3. „Die Mindereinnahmen, die die reichen Länder den armen Ländern durch Handelshemmnisse bescheren, sind dreimal höher als die gesamte Entwicklungshilfe, die sie leisten." Was bedeutet dieser Befund des Wirtschaftsnobelpreisträgers Joseph Stiglitz für die Ausgestaltung der Entwicklungszusammenarbeit?

4. Analysieren Sie das Diagramm auf S. 458. Worauf führen Sie die Schwankungen in den Ausgaben für Entwicklungszusammenarbeit zurück?

5. Diskutieren Sie die Argumente gegen die bestehende Form der Entwicklungshilfe für arme Staaten (M). Inwieweit stimmen Sie zu?

5 Auf dem Weg zu einer „Weltinnenpolitik"?

5.1 Global Governance – Idee und Verwirklichung

Leitfragen				
	Was wird unter Global Governance verstanden?	Wer sind die Akteure von Global Governance?	Welche Ansätze einer „Weltinnenpolitik" gibt es bereits?	Vor welchen Herausforderungen steht die Umsetzung von Global Governance?

Global Governance als Antwort auf globale Herausforderungen

In den vergangenen Jahrzehnten wurde erkennbar, dass die Nationalstaaten ihre Fähigkeit zur wirksamen Steuerung von innergesellschaftlichen und grenzüberschreitenden Entwicklungen immer mehr eingebüßt haben.

Globale Umweltprobleme, internationaler Terrorismus, weltweite Migration oder die Verbreitung von Massenvernichtungswaffen (Proliferation) stellen grenzüberschreitende Probleme dar, die einen **hohen internationalen Regelungsbedarf** haben (→ Kapitel 6.2). Grunderkenntnis ist dabei, dass sich bei globalisierten Problemlagen auch die Politik globalisieren müsse.

Global Governance meint das Zusammenwirken von staatlichen und nichtstaatlichen Akteuren von der lokalen bis zu globalen Ebene, eingebettet in eine globale Rechtsordnung. Der Begriff bedeutet ausdrücklich nicht: eine Weltregierung.

Global Governance bezeichnet den praktischen Versuch, in einem System geteilter und sich überlappender Souveränitäten politische Steuerungsfähigkeit wiederzuerlangen und Konflikte friedlich zu lösen. Diese neue „Weltordnungspolitik" zeichnet sich durch mehrere Merkmale aus:

- Eine wirksame globale Problemlösungspolitik setzt auf allen politischen Ebenen an (lokal, national, regional, global).
- Regierungsleistungen werden auf der Ebene erbracht, die dafür am besten geeignet ist (Subsidiaritätsprinzip).
- Die Vernetzung zwischen lokaler, nationaler, regionaler und globaler Ebene wird verstärkt.
- Für die Problemlösung sind neben formellen auch informelle Regelungen von Bedeutung.
- Staatliche, wirtschaftliche und zivilgesellschaftliche Akteure werden einbezogen und arbeiten zusammen.
- Im Sinne der Durchsetzung von Rechtsstaatlichkeit muss ein Konsens über menschenrechtliche Mindeststandards gefunden und von den Akteuren etabliert werden.

Im Zentrum einer Global Governance-Architektur stehen internationale Organisationen wie die Vereinten Nationen, die EU oder die WTO (World Trade Organization, Welthandelsorganisation). Darüber hinaus gewinnen unterhalb einer festen Organisationsform stabile und dynamische multilaterale Abkommen und Konferenzen (internationale Regime), Netzwerke und internationale Ordnungsprinzipien (wie das Völkerrecht) zunehmend an Bedeutung. Diese Institutionen führen zu einer stärkeren Verhaltensverlässlichkeit der Staaten. In Form von Verträgen oder allgemeinen

Normen stellen sie notwendige Regeln für die Zusammenarbeit von Staaten bereit. So können sie helfen, Kooperationshindernisse zu überwinden und den Konfliktaustrag zwischen Staaten zu zivilisieren.

Es gibt weder ein einziges Modell oder eine einzige Form der Weltordnungspolitik, noch existiert eine einzige Ordnungsstruktur. Vielmehr handelt sich um einen dynamischen und vernetzten Prozess der Entscheidungsfindung, der sich angesichts sich verändernder globaler Problemlagen ständig weiterentwickelt.

Ansätze und Akteure von Global Governance

Die internationale Politik in den Zeiten der Globalisierung zeigt eine Reihe von Entwicklungen, die wenigstens teilweise den Vorstellungen der Global Governance-Vordenker nahe kommen. Folgende Akteure gestalten Global Governance:

- **Internationale Organisationen** wurden im Laufe der Jahre für immer mehr grenzüberschreitende Probleme gegründet: von der Internationalen Atomenergieagentur IAEA bis zu den UN-Unterorganisationen für Entwicklung, Bildungsförderung oder Kinderhilfe in Armutsregionen. Ihre Tätigkeit gilt heute vielfach als unverzichtbar.
- Daneben entstanden **regionale Organisationen**, an die Souveränitätsrechte von den beteiligten Nationalstaaten abgetreten wurden und die heute – wie vor allem die EU – als wichtige Akteure der internationalen Politik auftreten.
- Wichtige Akteure sind auch die **Nichtregierungsorganisationen** (NGOs); in Vereinen, Gewerkschaften oder Verbänden organisiert sich die Zivilgesellschaft, um Einfluss auf Entscheidungsprozesse zu nehmen. Ihr Spektrum reicht von weltweit agierenden Organisationen wie Greenpeace oder Amnesty International bis zu lokalen Umweltgruppen. NGOs spielen eine wichtige Rolle im Bereich der Interessenartikulation und sind durch ihren oft niedrigen Organisationsgrad und ihre Verankerung in der Zivilgesellschaft für viele Hoffnungsträger einer mehr bürgerorientierten, demokratischeren Weltgesellschaft.
- Als institutioneller Rahmen für die Zusammenarbeit von Nationalstaaten wurden **internationale Netzwerke** geschaffen. Ein besonders bekanntes Beispiel ist der alljährlich stattfindende Weltwirtschaftsgipfel der G8-Staaten – der acht wichtigsten Industriestaaten –, bei dem im informellen Meinungsaustausch weltwirtschaftliche Probleme und drängende Sicherheitsfragen thematisiert werden. Ein Beispiel für ein Netzwerk von NGOs ist das **Weltsozialforum**, das mit seinen Aktivitäten versucht, die Öffentlich-

Internationale Institutionen im Überblick

	Internationale Organisationen	Internationale Regime	Internationale Netzwerke	Internationale Ordnungsprinzipien
internationale (zwischen Staaten)	UNO, EU, NATO, WTO	GATT, Klimaregime, Ozonregime	Weltwirtschaftsgipfel	Souveränität der Staaten, „pacta sunt servanda“
transnationale (zwischen Gesellschaften)	Greenpeace, Amnesty International, WWF	Dopingbekämpfung, Internet Corporation for Assigned Names and Numbers (ICANN)	Climate Action Network, Weltwirtschaftsforum	Toleranz der Kulturen

nach: Michael Zürn, Regieren jenseits des Nationalstaats, Frankfurt/M. 1998, S. 176

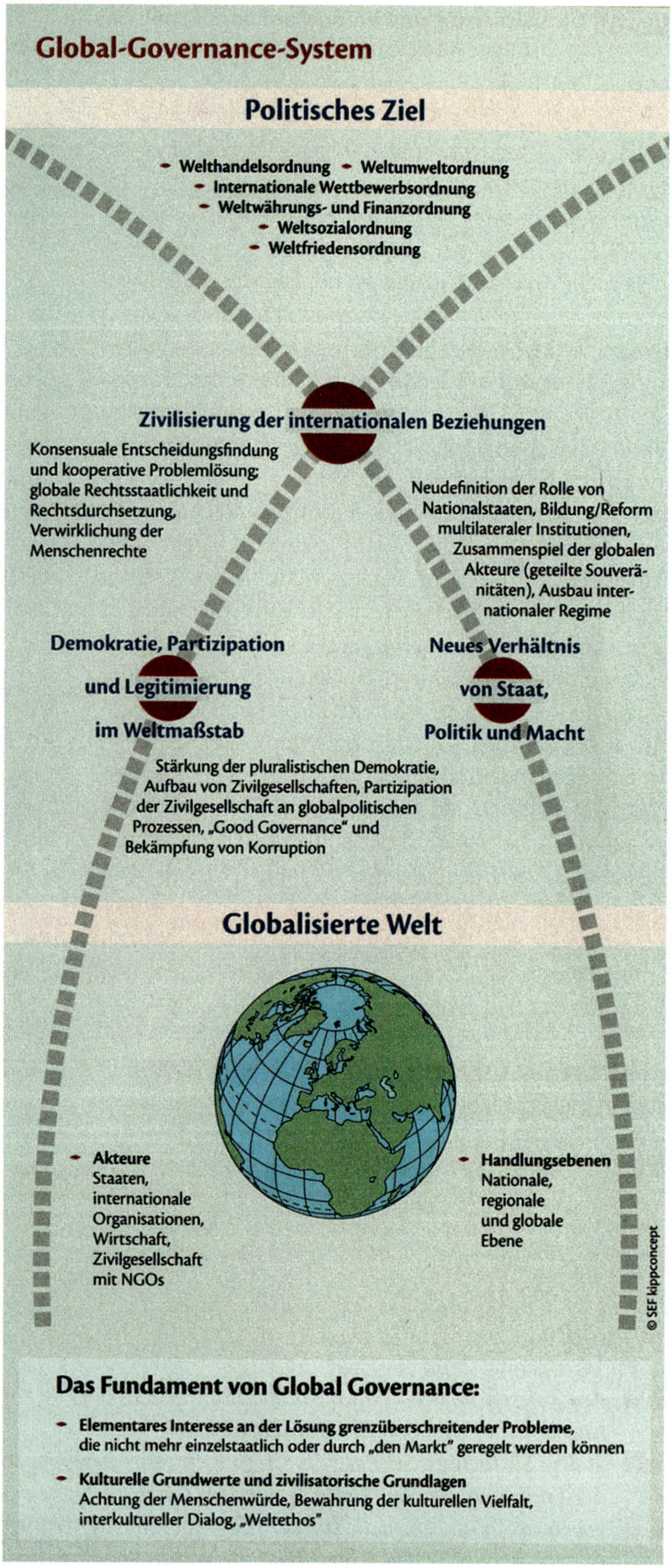

keit in den Industriestaaten für die Probleme des armen Teils der Welt zu sensibilisieren.

- Neben der Zusammenarbeit internationaler Organisationen innerhalb einer festen Organisationsform gewinnen multilaterale Konferenzen und Abkommen zunehmend an Bedeutung (internationale Regime). **Internationale Regime** entwickeln in der Zusammenarbeit der beteiligten Akteure Prinzipien, Normen, Regeln und Entscheidungsverfahren für bestimmte globale Herausforderungen wie etwa den Klimawandel (z.B. Kyoto-Protokoll) oder Abrüstung. Ein internationales Regime ist auf die Bereitschaft der Beteiligten angewiesen, die vereinbarten Verhaltensregeln anzuerkennen, weil Regime die Einhaltung dieser Regeln nicht erzwingen können.

- Ein weiterer Schritt auf dem Weg zu Global Governance ist die Entwicklung einer **internationalen Gerichtsbarkeit** (→ Kapitel 6.5.2).

- Durch den gestiegenen internationalen Handel mit Waren und Dienstleistungen und die Möglichkeiten einer modularen Produktionsweise hat sich in den vergangenen Jahrzehnten auch die Zahl und Bedeutung **multinationaler Unternehmen** stark erhöht (→ Kapitel 2.6.3). Zurzeit existieren etwa 78.000 dieser Unternehmen mit rund 780.000 ausländischen Tochterfirmen. Sie wickeln einen großen Teil des Welthandels ab und sind so zu wichtigen Akteuren im Prozess der Globalisierung geworden.

Probleme von Global Governance

Skepsis von Wissenschaftlern und Politikern im Hinblick auf die Chancen von Global Governance stützt sich sowohl auf die bisherigen Erfahrungen mit der Wirksamkeit internationaler Institutionen als auch auf grundsätzliche Erwägungen. Besonders in den „harten" Bereichen internationaler Politik, in denen vitale Interessen von Nationalstaaten berührt werden, blockieren große Mächte wie die USA, Russland oder China oft ein rasches und energisches Vorgehen von internationalen Organisationen bei der Lösung von globalen oder regionalen Problemen. So leidet die Lösungskompetenz der UNO bei internationalen Krisen an der häufigen Uneinigkeit der Vetomächte im Sicherheitsrat (→ Kapitel 6.3.2).

Zentrales Problem einer auf der Selbstkoordination der Staaten beruhenden Global Governance-Architektur bleibt einerseits der Mangel an Entscheidungsfähigkeit und andererseits die Umsetzung von Entscheidungen. So sind einstimmig zu treffende Entscheidungen in großen multilateralen Verhandlungssystemen nur schwer herbeizuführen – und die Umsetzung einmal getroffener Entscheidungen hängt ganz vom Willen der Nationalstaaten ab. Da es kein internationales Gewaltmonopol gibt, können vor allem mächtige Staaten nicht gezwungen werden, internationale Vereinbarungen auch einzuhalten. Auch die Legitimation zivilgesellschaftlicher Akteure – der NGOs – zur allgemein verbindlichen Regelung von politischen Problemen ist umstritten. Es wird kritisiert, dass besonders aktive und engagierte Vertreter sich selbst das Mandat zur Vertretung gesamtgesellschaftlicher Anliegen erteilen und nicht von der Bevölkerung legitimiert sind.

Zudem zeigt die Praxis globaler zivilgesellschaftlicher Aktivitäten wie z. B. des Weltsozialforums, dass angesichts der unübersehbaren Zahl von Teilnehmern mit unterschiedlichen Interessen und Zielvorstellungen eine einheitliche Beschlussfindung nur schwer möglich ist.

Kontrovers diskutiert: NGOs

Pro

- NGOs haben das Privileg und die Funktion, die eingespielten Routinen der Politik durch Protest und Provokation zu stören, in Bewegung zu halten, Gegenöffentlichkeit zu erzeugen und Gegenmacht aufzubauen.
- Die NGOs fungieren als Sensoren der Gesellschaft, greifen vernachlässigte Themen auf und konfrontieren das politische System mit einem Reformdruck von unten. Sie setzen die Politik unter Handlungs- und Legitimationsdruck.
- NGOs tragen zur Zerkleinerung der „großen Politik" bei und können sich leisten, über den kurzen Zeithorizont von Wahlterminen hinauszuschauen und Vorschläge zu unterbreiten, die aus machtpolitischen Gründen tabuisiert werden.
- Die NGOs konfrontieren die Welt der Sachzwänge und scheinbar unveränderbaren Systemlogiken oft mit der Welt des Wünschbaren, mit der Utopie einer besseren Welt – und können so zuweilen zumindest Nachdenklichkeit bewirken und Denkanstöße geben.
- NGOs tragen dazu bei, das soziale und moralische Kapital einer Gesellschaft zu mobilisieren; sie bringen zum Ausdruck, dass es neben Individualisierungs- und Entsolidarisierungstendenzen auch noch Bedürfnisse nach erlebbarer Gemeinschaft und kreativer Betätigung im Gemeinwesen gibt. Sie holen gewissermaßen die Politik in die Gesellschaft zurück.

Kontra

- Die NGOs greifen oft punktuell Problemfelder auf und erarbeiten sich in diesen Feldern beachtliche Sachkompetenz, berücksichtigen aber bei dieser Engführung die Interdependenzen zwischen Politik- und Problemfeldern nicht hinreichend. Auch NGOs leiden häufig an einer Kurzsichtigkeit, die sie der Politik anzulasten pflegen, weil sie die Wirkungen ihrer Aktivitäten auf andere Problemfelder ausblenden. Ihr Erfolg beruht auch auf dem Privileg, sich nicht um den Ausgleich von Zielkonflikten kümmern und Entscheidungen treffen zu müssen.
- Die NGOs haben zwar die kommunikative Infrastruktur der Gesellschaft verbreitert und zur Rückbindung der Politik in die Gesellschaft beigetragen. Manche neigen allerdings, weil sie auf die Schaffung von Öffentlichkeit über die Medienpräsenz setzen, zu einer „Skandalisierung" der Politik. Statt komplizierte Sachverhalte verständlich zu machen und Lösungswege aufzuzeigen, werden Skandale medienwirksam inszeniert.
- Größere NGOs haben innere Demokratie- und Legitimationsdefizite; statt auf Wählerfang gehen sie auf Spendenfang. Die Zustimmung zu ihrer Arbeit über Spenden hinterlässt ein Legitimationsvakuum: In wessen Namen und für wie viele Menschen sprechen die NGO-Funktionäre? Es gibt eine wachsende Gruppe professionalisierter NGOs, die kaum über aktive Mitstreiter verfügen, sondern auf der Grundlage von Spendengeldern Lobbyarbeit für dieses oder jenes Anliegen betreiben. Wie steht es um die innerorganisatorische Demokratie?

nach Franz Nuscheler: www.oneworld.at/ngo-conference/discussion/nuscheler.htm (12.12.2002)

M Regieren im Weltmaßstab

Wie aber soll Politik auf globaler Ebene organisiert werden [...] ? Seit einigen Jahren wird in diesem Zusammenhang über Global Governance diskutiert. [...] Ziel von Global Governance ist die auf Effektivität und demokratische Legitimität gerichtete Koordination der politischen Steuerungsleistungen verschiedener Akteure auf unterschiedlichen politischen Ebenen – lokal, national, regional und global.

Subsidiaritätsprinzip und Agenda 21 Akteure auf unterschiedlichen politischen Ebenen werden auf der Grundlage des Subsidiaritätsprinzips in den Regierungsprozess einbezogen. Damit ist gemeint, dass die Regierungsleistungen möglichst immer auf der Ebene erbracht werden sollen, die dafür optimal geeignet ist. Wenn es um die Ausweisung eines Naturschutzgebietes in Hessen geht, dann soll vor Ort darüber entschieden werden und nicht etwa in Brüssel. Wenn hingegen internationale Finanzströme reguliert werden sollen, macht es wenig Sinn, dass sich nur die nationale Ebene mit diesem Thema befasst. Die Formulierung und Legitimierung von Politikzielen wird demnach häufig jenseits des Nationalstaates erfolgen, die konkrete Durchführung der beschlossenen Politik hingegen vor Ort stattfinden, um die Effektivität der Umsetzung zu sichern. Beispielsweise können die Ziele einer global wirksamen Umweltschutzpolitik nur auf einer internationalen Konferenz formuliert werden. Ihre Umsetzung bedarf jedoch vieler lokaler Initiativen – Stichwort Lokale Agenda 21: Die auf der Weltkonferenz der Vereinten Nationen über Umwelt und Entwicklung (UNCED) 1992 in Rio de Janeiro verabschiedete Agenda 21 enthält eine ganze Reihe von vergleichsweise abstrakt formulierten Prinzipien und Regeln für die regionale und nationale Ebene. [...]

Staatliche und nichtstaatliche Akteure Sowohl souveränitätsgebundene Akteure, also die Nationalstaaten, als auch souveränitätsfreie Akteure, etwa supranationale Mehrebenensysteme wie die Europäische Union, Nichtregierungsorganisationen wie das Internationale Komitee vom Roten Kreuz, internationale (Regierungs-)Organisationen wie die Welthandelsorganisation oder politikfeldspezifische internationale Regime leisten einen Beitrag zu effektivem und demokratisch legitimiertem Regieren. Dabei bringen die souveränitätsgebundenen Akteure ihre Autorität und materiellen Ressourcen in den Willensbildungs- und Entscheidungsprozess ein, während souveränitätsfreie Akteure häufig das zur erfolgreichen Umsetzung nötige Wissen über die Verhältnisse vor Ort und andere nicht-materielle Ressourcen zur Verfügung stellen. So hat das Ozonregime die globale Produktion von FCKW unter Einbeziehung aller relevanten Akteure recht erfolgreich verregeln können. Oft wird überhaupt erst durch das Zusammenwirken staatlicher und nichtstaatlicher Akteure die effektive und legitime Problemregelung jenseits des Nationalstaates möglich. Beispielsweise ist eine wirksame Menschenrechtspolitik ohne die internationalen und regionalen Menschenrechtskonventionen, die von nationalen Regierungen unterzeichnet und von nationalen Parlamenten ratifiziert werden, nicht denkbar. Gleichzeitig leistet die geduldige und unparteiische Überwachung der Menschenrechte durch NRO wie Amnesty International einen wichtigen Beitrag zur schrittweisen Annäherung an das Ziel der globalen Durchsetzung der Menschenrechte.

Neudefinition von Souveränitätsrechten Zu Ende gedacht würde eine solche Arbeitsteilung die Um- und Neudefinition von Souveränitätsrechten erfordern. Vorstellbar wäre etwa, die Ausübung legitimer Regierungsgewalt und damit der Souveränitätsrechte an die Einhaltung von global anerkannten Verhaltensmaßstäben zu binden. Diese könnten beispielsweise menschenrechtliche Kriterien umfassen. Werden diese massiv und dauerhaft missachtet, könnten nach diesem Modell ge-

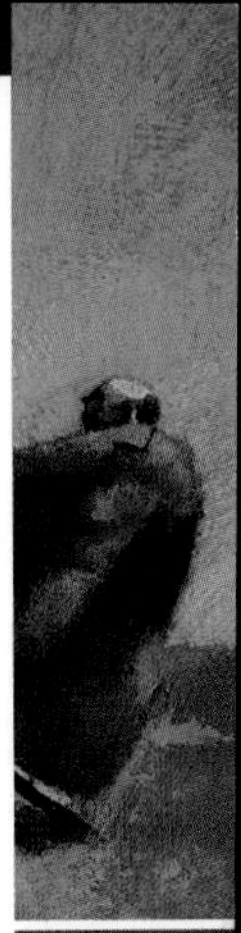

sellschaftliche Akteure und Nichtregierungsorganisationen vor Ort frühzeitig auf die Verletzungen aufmerksam machen und sie an internationale Organisationen wie die Vereinten Nationen weitermelden. Die VN würden die Meldungen prüfen und gegebenenfalls Verhaltensänderungen der betreffenden Regierung fordern. Sollten diese nachweisbar nicht erfolgen, könnten die VN der Staatengemeinschaft ein klar definiertes Mandat zum Eingreifen erteilen. Im Unterschied zur Politik der USA und Großbritanniens im Irak-Konflikt wäre dies ein von vornherein multilateral orientierter, auf globale – das heißt die Weltöffentlichkeit einschließende – Legitimation angewiesener Ansatz. Voraussetzung dafür wären allerdings grundlegend demokratisch reformierte, handlungsfähige VN [...].

Notwendige Folgeschritte An dieser Stelle wird deutlich, dass Global Governance bzw. das Regieren jenseits des Nationalstaates ein langfristig angelegtes politisches Projekt ist [...]. Folgende konkrete Schritte wären auf diesem Weg noch notwendig:

- **Akteursvernetzung:** Sie muss sowohl ober- als auch unterhalb der nationalen Ebene vorangetrieben werden. Entsprechend müssen internationale Institutionen viel stärker als bisher in politisches Entscheiden und Handeln einbezogen werden. [...] Tendenziell nimmt die Organisationsfähigkeit zu, wie etwa im Umweltbereich deutlich wird. Hier gibt es mittlerweile etliche NRO wie Greenpeace und den World Wildlife Fund (WWF), die aufgrund ihrer transnationalen Vernetzung in der Lage sind, ökologische Problemlagen frühzeitig zu erkennen und auf die globale Tagesordnung zu setzen. Auch im Bereich des Menschenrechtsschutzes gibt es vielversprechende Ansätze gesellschaftlicher Zusammenarbeit über Grenzen hinweg, wie das bereits angeführte Beispiel Amnesty International zeigt. Dazu tragen auch moderne Kommunikationsmedien wie das Internet bei, die eine schnelle und kaum noch zu kontrollierende Informationsübermittlung und Akteursvernetzung ermöglichen.
- **Rechtsstaatlichkeit:** Weiterhin sollten die vor allem in der allgemeinen Anerkennung menschenrechtlicher Mindeststandards wurzelnden Elemente globaler Rechtsstaatlichkeit gestärkt und ausgebaut werden. In Ansätzen geschieht dies bereits, wie einige Präzedenzfälle zeigen, in denen nationalstaatlich begangene Menschenrechtsverletzungen international verfolgt und geahndet wurden. Beispiele hierfür sind die internationalen Interventionen im Gefolge der Genozide im ehemaligen Jugoslawien und in Ruanda sowie die sich daran anschließenden Gerichtsverfahren. Die jüngst erfolgte Arbeitsaufnahme des permanent tagenden Internationalen Strafgerichtshofs (International Criminal Court – ICC) wird zur Verstetigung der strafrechtlichen Verfolgung nationalstaatlich begangener Menschenrechtsverletzungen auf globaler Ebene beitragen, auch wenn ihm wichtige Staaten wie die USA und China noch nicht angehören. Zwar ist der ICC dabei auf die Kooperation mit gesellschaftlichen und staatlichen Akteuren angewiesen. Dies stellt jedoch im Rahmen der Global Governance-Architektur eher einen Vorzug als einen Nachteil dar, da so die enge Abstimmung mit den verschiedenen politischen Ebenen gewährleistet bleibt.
- **Stärkung der Zivilgesellschaft:** Damit effektives und demokratisch legitimiertes Regieren jenseits des Nationalstaates möglich wird, ist die Ausbildung eines Mindestmaßes an zivilgesellschaftlicher Identität auf globaler Ebene notwendig. [...] So etwas wie eine auf allgemein geteilten ethischen Werten beruhende Erfahrungsgemeinschaft auf globaler Ebene herzustellen, ist angesichts der Vielfalt der Kulturen und Zivilisationen sicherlich die schwierigste Aufgabe, die sich einem anspruchsvollen Verständnis von Global Governance stellt. Dennoch gibt es bereits Versuche, einen Kernbestand interkulturell gültiger Normen wie beispielsweise Gerechtigkeit, Solidarität und Ehrfurcht vor dem Leben herauszuarbeiten.

Zusammengefasst bietet sich [...] ein ambivalentes Bild: Auf der einen Seite besteht offenkundig ein steigender Bedarf an global ansetzenden Verregelungen global auftretender Problemlagen. Auf der anderen Seite hinken die Lösungsvorstellungen den realen Problemlagen nach wie vor hinterher. Zwar sind seit geraumer Zeit verstärkt Tendenzen in Richtung regionaler politischer Integration festzustellen, aber wie gerade das Beispiel EU zeigt, verlaufen diese Prozesse zäh und nicht ohne Widersprüche. [...] Da nicht damit zu rechnen ist, dass die Globalisierungsprozesse an Dynamik verlieren, bleibt die Arbeit an einer effektiven und demokratisch legitimierten Global Governance-Architektur eine notwendige Aufgabe, um auch im 21. Jahrhundert politische Steuerung ausüben und gewünschte Ziele erreichen zu können.

Lars Brozus/Michael Zürn, Regieren im Weltmaßstab, in: Informationen zur politischen Bildung, Heft 280, Bonn 2003

Aufgaben

1. Recherchieren Sie Beispiele für Tätigkeit und Erfolge von NGOs (z. B. Attac, Ärzte ohne Grenzen, Human Rights Watch).
2. Diskutieren Sie Vorteile und Probleme eines zunehmenden Einflusses von NGOs auf die internationale Politik und ihre Stellung innerhalb der Global Governance-Architektur.
3. Erarbeiten Sie aus dem Text, welche Bedeutung den Vereinten Nationen im Prozess der Globalisierung zugemessen wird (M). Spielen Sie an einem konkreten Beispiel durch, welche Probleme und Chancen in der von den Autoren geforderten „Neudefinition von Souveränitätsrechten" liegen.

5.2 Gleiches Recht für alle? Das Völkerrecht

Leitfragen

- Was ist unter dem Völkerrecht zu verstehen?
- Wie kann das internationale Recht weltweit durchgesetzt werden?

Völkerrecht – das Recht der internationalen Beziehungen

Unter dem Völkerrecht versteht man jene Rechtsnormen, die das Verhältnis von Staaten, ihre gegenseitigen Rechte und Pflichten sowie die Rechtstellung internationaler Organisationen verbindlich regeln. Diese Normen haben sich aus Verträgen und internationalen Abkommen sowie aus langjähriger Praxis auf der Grundlage gemeinsamer Rechtsüberzeugungen gebildet.

Völkerrechtliche Grundsätze

- **Äußere und innere Souveränität:** Alle Staaten genießen souveräne Gleichheit. Die Unverletzlichkeit der Grenzen bzw. des Staatsgebiets und die politische Unabhängigkeit gelten gleichberechtigt für jeden Staat.
- **Interventionsverbot:** Das Prinzip der Nichteinmischung besagt, dass Staaten oder internationale Organisationen nicht das Recht haben, sich in die inneren Angelegenheiten eines Staates einzumischen. Dieser Grundsatz gerät zunehmend in Konflikt mit anderen Normen des Völkerrechts (Schutz der Menschenrechte, Verantwortung der Internationalen Staatengemeinschaft).
- **Pacta sunt servanda:** „Verträge müssen eingehalten werden“: Es gilt das Prinzip der Vertragstreue.

Besonders seit dem Zweiten Weltkrieg wurde das Völkerrecht durch verschiedene Abkommen ergänzt, die den Schutz der Menschenrechte international garantieren sollen. Das bekannteste Dokument mit dieser Zielsetzung ist die 1948 im Rahmen der Vereinten Nationen beschlossene **Allgemeine Erklärung der Menschenrechte.** Diese Erklärung hat zwar keine rechtlich bindende Wirkung, die darin verankerten Menschenrechte gelten aber qua langjähriger Praxis und gemeinsamer Rechtsüberzeugungen als Völkergewohnheitsrecht.

Das **humanitäre Völkerrecht** ist ein Sonderrecht, das für Kriegs- und Konfliktsituationen geschaffen wurde. Es beinhaltet Regeln für den Schutz von Personen, die nicht oder nicht mehr an Kampfhandlungen teilnehmen (wie Verwundete, Kriegsgefangene und Zivilisten) und legt den Konfliktparteien Beschränkungen hinsichtlich der Art und Weise der Kriegsführung auf. Kernstück des humanitären Völkerrechts sind die vier Genfer Abkommen (auch: **Genfer Konventionen**) von 1949 und ihre Zusatzprotokolle von 1977 und 2005. An die Abkommen sind fast alle Staaten der Welt gebunden: Ende 2008 waren 194 Staaten Vertragsparteien der vier Genfer Abkommen.

Internationale Gerichte als Instrumente des Völkerrechts

Im Gegensatz zum innerstaatlichen Recht fehlten lange Zeit Möglichkeiten, völkerrechtliche Normen mit Hilfe von Gerichten durchzusetzen. 1946 gründete die UNO den **Internationalen Gerichtshof** (IGH) mit Sitz in Den Haag, vor dem Staaten wegen Verletzung von Verträgen oder Abkommen klagen und verklagt werden können. Voraussetzung für die Wirksamkeit seiner Urteile ist, dass sich die Staaten seiner Gerichtsbarkeit un-

Völkerrecht

Das Völkerrecht ist eigentlich kein Recht der Völker, sondern regelt die Beziehungen zwischen den Staaten. Ansätze eines solchen „Staatenverkehrsrechts“ gab es schon in den frühen Hochkulturen und in der Antike. Mit dem Ende des Dreißigjährigen Krieges 1648 begann die Zeit des klassischen Völkerrechts; im „Westfälischen Frieden“ wird erstmals die Souveränität der Staaten betont. Seit 1919 spricht man vom „modernen Völkerrecht“, mit der Verabschiedung der Satzung des Völkerbundes.

Nach: Uli Jäger, in: Pocket global, Bundeszentrale für politische Bildung, Bonn 2004 terstellen und die Urteile akzeptieren. Mit seinen Entscheidungen trägt der IGH zur Weiterentwicklung des Völkerrechts bei.

Nachdem die UNO jeweils UN-Kriegsverbrechertribunale für die im ehemaligen Jugoslawien und in Ruanda verübten Kriegsverbrechen etabliert hatte, wurde die Gründung des ständigen **Internationalen Strafgerichtshofs** (IStGH) im Jahre 2002 als Durchbruch bei der strafrechtlichen Verfolgung schwerster Menschenrechtsverletzungen gefeiert. Grundlage seiner Arbeit ist das Statut von Rom, das bisher von 110 Staaten ratifiziert wurde (Juli 2009). Das Gericht verfolgt **Völkermord, Verbrechen gegen die Menschlichkeit und Kriegsverbrechen,** die vor nationalen Gerichten straffrei blieben. Bei ihrer Verfolgung von Verbrechen gegen die Menschlichkeit können sich die 18 Richter auf einen festen Katalog stützen, der diesen Straftatbestand genauer definiert und der von allen Unterzeichnerstaaten gebilligt wurde. Folter und Vergewaltigung fallen genauso darunter wie Verfolgung aus ethnischen oder religiösen Gründen, Deportationen oder Sklaverei. Auch „Verbrechen der Aggression" und „Terrorismus" sollen verfolgt werden, sobald sich die Mitglieder auf eine juristische Definition dieser Tatbestände geeinigt haben. Der IStGH kann keine Verbrechen ahnden, die vor dem 1. Juli 2002 – seinem offiziellen Gründungstag – begangen wurden. Die erste Anklage erhob das Gericht Ende Januar 2007 gegen den kongolesischen Milizenführer Thomas Lubanga, dem die Rekrutierung von Kindersoldaten in der Demokratischen Republik Kongo vorgeworfen wird. Im März 2009 erließ der Internationale Strafgerichtshof erstmals einen Haftbefehl gegen ein amtierendes Staatsoberhaupt: Der sudanesische Präsident Umar al-Baschir soll sich vor dem Gericht wegen Kriegsverbrechen und Verbrechen gegen die Menschlichkeit in der sudanesischen Provinz Darfur verantworten.

Der IStGH wird aufgrund einer Initiative des UN-Sicherheitsrates, der Anklagebehörde oder einer Staatenbeschwerde tätig. Voraussetzung für sein Tätigwerden ist, dass die zuständigen Staaten nicht willens oder nicht fähig sind, diese Verbrechen selbst zu ahnden. Eine Aburteilung und die Verhängung von Sanktionen sind aber nur möglich, wenn die betroffenen Staaten die mutmaßlichen Täter ausliefern und damit das Gericht anerkennen. Welcher Erfolg diesem „Meilenstein in der Geschichte des Völkerrechts" beschieden sein wird, hängt somit wesentlich von der Unterstützung der beteiligten Staaten ab.

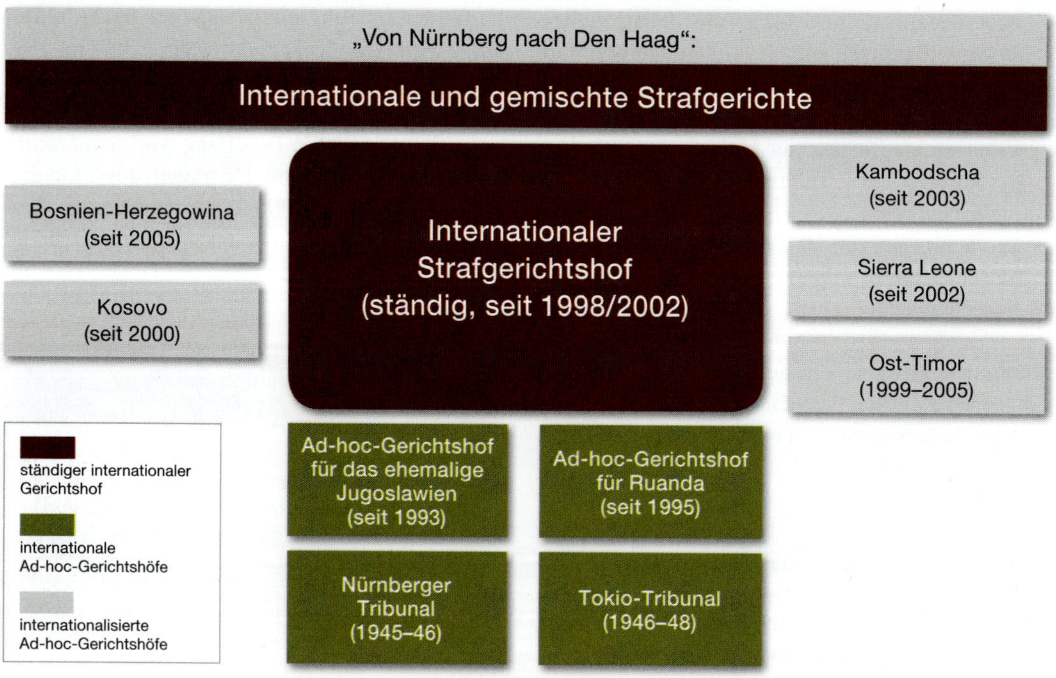

Aus: Von Nürnberg nach Den Haag. Der Weg zum Internationalen Strafgerichtshof, Nürnberger Menschenrechtszentrum, Nürnberg 2006, www.menschenrechte.org/beitraege/strafgerichtshof.htm

M1 Völkerrecht und Menschenrechte

Von besonderer Bedeutung für den Schutz und die Verwirklichung der Menschenrechte sind völkerrechtliche Verträge. Staaten treten solchen Konventionen, Pakten und Übereinkommen auf freiwilliger Basis bei und verpflichten sich durch die Ratifikation, die Vertragsinhalte in bindendes nationales Recht umzusetzen.
Neben dem Völkervertragsrecht gelten manche Rechte auch per Gewohnheit. Ein solches Völkergewohnheitsrecht setzt eine langjährige Praxis, basierend auf gemeinsamen Rechtsüberzeugungen voraus, wie sie sich z. B. in übereinstimmenden Normen nationaler Verfassungen widerspiegeln. Heute gelten bestimmte Rechte wie der Schutz des Lebens unabhängig von vertraglichen Vereinbarungen als Völkergewohnheitsrecht, d. h. sie sind auch ohne die förmliche Kodifizierung für alle Staaten bindend. Der Internationale Pakt über bürgerliche und politische Rechte (Zivilpakt) und der Internationale Pakt über wirtschaftliche, soziale und kulturelle Rechte (Sozialpakt), die beide 1976 in Kraft traten, gelten als zentrale Menschenrechtsverträge. Sie bilden zusammen mit der Allgemeinen Erklärung der Menschenrechte von 1948 die International Bill of Human Rights. Die Erklärung stellt im Prinzip ein rechtlich nicht bindendes Dokument dar. Sie ist jedoch ein Meilenstein in der Entwicklung des internationalen Menschenrechtssystems, und wichtige, darin verankerte Menschenrechte gelten heute als Völkergewohnheitsrecht. Daneben gelten auch das Übereinkommen zur Beseitigung jeder Form der Rassendiskriminierung (Anti-Rassismuskonvention), das Übereinkommen gegen Folter und andere grausame, unmenschliche oder erniedrigende Behandlung oder Strafe (UN-Folterkonvention), das Übereinkommen zur Beseitigung jeder Form von Diskriminierung der Frau (Frauenrechtskonvention) und das Übereinkommen über die Rechte des Kindes (Kinderrechtskonvention) als bedeutsame Menschenrechtsverträge. Die Verankerung der Menschenrechte in Verträgen und die Errichtung von Instrumenten zur Überwachung ihrer Einhaltung bildet die Grundlage des internationalen Menschenrechtsregimes.

Ingomar Hauchler u.a. (Hg.), Globale Trends 2004/2005, Frankfurt/M. 2003, S. 254

M2 „Wir dürfen vor Rechtlosigkeit und Gewalt nicht kapitulieren"

Der Internationale Strafgerichtshof soll Schlächtern, Despoten und Kriegsverbrechern den Prozess machen. Doch aktuell wird erst ein Fall verhandelt. Hans-Peter Kaul, einziger deutscher Richter des Tribunals, kritisiert im SPIEGEL-ONLINE-Interview: Die Ankläger werden ausgebremst, und sie haben keine Polizei hinter sich.

SPIEGEL ONLINE: Herr Kaul, zurzeit wird der erste Fall am Internationalen Strafgerichtshof in Den Haag (ICC) verhandelt. Der kongolesische Milizenführer Thomas Lubanga soll unzählige Kinder als Soldaten rekrutiert und sie in den Tod geschickt haben. Wann ist mit einem Urteil zu rechnen?
Kaul: Es gibt jede Menge Unwägbarkeiten, die zu Verzögerungen führen können.

Es kann sich noch über Jahre hinziehen?
Jahre würde ich nicht sagen. Doch ich kann mich zum laufenden Verfahren nicht äußern.

Welche Höchststrafe kann Ihr Gericht verhängen?
Das Gericht kann auf lebenslange Freiheitsstrafe erkennen. Es kann keine Todesurteile verhängen.

104 Staaten haben sich Ihrem Tribunal bisher angeschlossen. Es fehlen Länder wie Libyen, Irak, Israel und die USA. Welche Macht hat der Strafgerichtshof, wenn die einzige Supermacht nicht mitmacht?
Es steht keineswegs fest, dass die USA für alle Zeiten draußen bleiben. Es wäre wünschenswert, dass sie mitmachen oder den Strafgerichtshof als Nicht-Mitglied wenigstens dann unterstützen, wenn sie dies für richtig halten. Denken Sie an die enormen Machtmittel, die Amerika beisteuern könnte: politisch, militärisch, nachrichtendienstlich, aufklärungstechnisch. Das würde den Gerichtshof enorm stärken.

Die USA haben jedoch alles versucht, um Sie zu schwächen. Washington fürchtet, US-Soldaten könnten Opfer politisch motivierter Anklagen in Den Haag werden.
Diese Befürchtungen der USA sind unberechtigt. Wir sind ein neutrales und objektives Gericht. Die Rede vom angeblichen Risiko politisch motivierter Strafverfahren erweist sich immer mehr als haltlos.

Angenommen, die USA wären dabei: Müsste der Strafgerichtshof nicht gegen sie tätig werden – zum Beispiel wegen Abu Ghureib oder Guantánamo?
Erstens sind Verfahren vor dem Strafgerichtshof nur dann zulässig, wenn an sich zuständige Staaten unfähig oder unwillig sind, die Strafverfolgung ernsthaft zu betreiben. Zweitens haben wir grundsätzlich nur Jurisdiktion über Straftaten, die von Angehörigen von Vertragsstaaten oder auf deren Gebiet begangen wurden. Der ICC ist weder für Guantánamo noch für den Irak zuständig. […]

Im Fall des Völkermords in Darfur kann der Strafgerichtshof nur tätig werden, wenn der Weltsicherheitsrat die Angelegenheit nach Den Haag überweist. Die USA können eine Überweisung jederzeit torpedieren. Doch dieses Mal verzichteten sie auf ihr Veto. Dafür hat sich Washington ausbedungen, dass kein US-Soldat, sollte er im Sudan bei einem Blauhelmeinsatz gestellt werden, an Sie überstellt werden darf. Können Sie mit solchen Kompromissen leben?
So willkommen die Überweisung der Darfur-Situation durch den Sicherheitsrat auch war, so hat uns doch der Kompromisscharakter mancher Regelung der Resolution 1593 geschmerzt. Leider hat der Sicherheitsrat nicht alle Staaten zur Zusammenarbeit mit dem Strafgerichtshof bei der Aufklärung und Verfolgung von Verbrechen in Darfur verpflichtet. Bei den Ermächtigungsresolutionen für das Ruanda- oder Jugoslawien-Tribunal war das anders.

Auch die Kooperationsbereitschaft der Regierung des Sudan lässt zu wünschen übrig.
Hier wird eine Strukturschwäche des Gerichtshofs deutlich: Es genügt nicht, dem Strafgerichtshof Kriegsverbrechen auf den Tisch zu legen. Staaten, die dem Gerichtshof Situationen mit dem Verdacht schwerer Verbrechen überweisen, müssen auch sicherstellen, dass der Gerichtshof effektiv arbeiten kann, das heißt, dass er mit Ermittlungsteams an die Orte der Verbrechen gelangt. In Darfur können wir bisher nicht operieren, weil der Sudan die Zusammenarbeit verweigert.

Welcher Despot arbeitet auch mit einem Gerichtshof zusammen, vor dem er selbst enden könnte?
Auch ein Despot muss erkennen: Führender Politiker oder Militär zu sein, schützt prinzipiell nicht mehr vor strafrechtlicher Verantwortlichkeit. Es ist natürlich ungeheuer schwierig, die großen Täter hinter den vielen Tätern zu überführen. Denken Sie auch an Täter wie Adolf Hitler, Pol Pot, Saddam Hussein oder Slobodan Milosevic – sie haben sogar besondere Möglichkeiten, ihre Taten zu verschleiern.

Saddam und Milosevic konnten nur zur Rechenschaft gezogen werden, weil sie eine militärische Niederlage erlitten hatten.

Empirisch ist das richtig. Doch genauso wichtig ist, dass in der Rechtsüberzeugung der internationalen Gemeinschaft die Auffassung verankert ist: Titel und Ämter schützen nicht vor Strafe! Vor Nürnberg konnten sich Täter noch hinter Mauern wie der Staatenimmunität verstecken. [...]

Bisher hat sich der Strafgerichtshof auf wenige Konfliktherde konzentriert: auf die Milizen in der kongolesischen Provinz Ituri, auf die Verbrechen der Lord Resistance Army in Norduganda und auf den Völkermord in Darfur. Was ist mit den anderen: die Verfolgung der Tibeter und Uiguren durch China, die Verbrechen in Tschetschenien?

Zu den Behauptungen in Ihrer Frage kann ich nichts sagen. Tatsache ist, dass bisher weder Russland noch China dem ICC angehören. [...]

Sie ermitteln, Sie fertigen Anklagen, Sie erlassen Haftbefehle – doch Sie können niemanden festnehmen. Wann wird Ihre Minitruppe von Staatsanwälten und Ermittlern (Budget rund 80 Millionen Euro im Jahr 2006) ergänzt durch eine international agierende Polizeitruppe?

Das ist ein akutes Problem. Es reicht nicht, dass die Vertragsstaaten das Gericht gegründet haben, uns aber allein lassen mit dem Problem, die Täter zu bekommen. Sollte es so bleiben, wäre das eine gravierende Hypothek. Auf Dauer birgt dies die Gefahr, dass wir zur unwirksamen Institution werden. Gott sei Dank scheinen die Staaten dies allmählich zu begreifen. Lubanga ist beispielsweise mit einem französischen Militärflugzeug nach Den Haag gebracht worden. Langfristig gibt es Forderungen an Mitgliedstaaten, dass sie den Strafgerichtshof durch eine Sondertruppe für Festnahmen in akuten Notsituationen unterstützen. Das Problem der Festnahmen muss endlich gelöst werden. Das Jugoslawien-Tribunal hatte auch keine Festnahmebefugnisse. Die meisten Täter wurden von der Nato oder von Blauhelmen festgenommen.

In etlichen Ländern gibt es keine funktionierende Zentralgewalt. Verbrechen resultieren aus einem Geflecht von korrupten Politikern, Warlords, Drogenbaronen und militanten Fundamentalisten. Ist es nicht wie ein Tropfen auf den heißen Stein, aus diesem Sumpf einer verrohten Gesellschaft ein oder zwei Protagonisten zur Rechenschaft zu ziehen?

Und wenn es nur ein Tropfen ist – ich bin dafür, dass die Staaten dieser Erde nicht resignieren. Wir dürfen vor den deprimierenden Phänomenen der Rechtlosigkeit, der Gewalt und der drohenden Straflosigkeit schwerster Verbrechen nicht kapitulieren.

Aus: Spiegel online vom 28.02.2007. Das Gespräch führte Alexander Schwabe.

Aufgaben

1. „Der Gerichtshof kann nur so stark sein, wie die Staaten ihn machen." Erläutern Sie, was genau damit gemeint ist! Schildern Sie Schwierigkeiten und Erfolge der Arbeit des IStGH an einem Beispiel.

2. Versuchen Sie eine Bilanz der Völkerrechts-Entwicklung. Was konnte erreicht werden, wo sehen Sie noch Handlungsbedarf?

Sachregister

F

G

H

I

J

K

L

Q

R

S

Bildnachweis

Andrews McMeel Publishing, Kansas City/USA – S. 242
APA Picture Desk GmbH, Wien – S. 326
Archiv für christlich-demokratische Politik der Konrad-Adenauer-Stiftung, St. Augustin – S. 282 (5)
Archiv der sozialen Demokratie der Friedrich-Ebert-Stiftung, Bonn – S. 282 (3)
Atlas der Globalisierung Spezial: Klima, Berlin 2008 – S. 395, 404, 411, 448
Atlas der Globalisierung, Berlin 2006, S. 53 – S. 370, 371, 459

Bergmoser + Höller Verlag AG, Aachen – S. 132, 139, 147, 172, 247, 260, 279, 286, 292, 300, 308, 310, 313, 315, 334, 340, 346, 354, 358, 423, 424, 426, 434
Bertelsmann Stiftung, Gütersloh – S. 209
Bibliographisches Institut & F.A. Brockhaus AG, Mannheim – S. 220, 221
Bundesamt für Sicherheit in der Informationstechnik, Bonn – S. 96
Bundesinstitut für Bevölkerungsforschung (BIB), Wiesbaden – S. 19 (2)
Bundesministerium für wirtschaftliche Zusammenarbeit und Entwicklung, Berlin – S. 458
Bundeszentrale für politische Bildung, Bonn – S. 342, 376

Cartoon-Caricature-Contor CCC, Weilheim – S. 23, 28, 44, 54, 60, 75, 98 (2), 174, 246, 261, 268, 275, 289, 330, 347, 398, 457

DaimlerCrysler, Corporate Public Relations, Stuttgart – S. 157
Debiel, Tobias u.a., Globale Trends 2010, Frankfurt/M. 2010, S. 159 – S. 451
Der Spiegel, Hamburg – S. 153 (2)
Deutsche BP AG, Bochum – S. 405
Die Zeit / Wolfgang Sischke, Hamburg – S. 179, 405
dpa Picture-Alliance, Frankfurt – S. 98 (2)
dpa-Infografik, Hamburg – S. 51, 210, 287, 297, 353, 379, 390, 396, 399 (2), 405, 435, 441

Frankfurter Allgemeine Zeitung – Grafik: Heumann/Kross, Frankfurt – S. 350
Friedrich-Ebert-Stiftung, Bonn – S. 66
Friedrich Haun, Borken – S. 88

Getty images Deutschland / Peter Adams, München – S. 222
Getty images Deutschland / Nick Henderson, München – Einband, S. 7, 79, 181, 227, 319, 369
Globus Infografik, Hamburg – S. 22, 40, 72, 94, 101, 105, 126, 130, 131, 158, 161, 165, 166, 167, 320, 337, 352, 354, 356, 376, 400, 425, 446, 458

Heidelberger Institut für internationale Konfliktforschung, Konfliktbarometer 2009, Heidelberg 2009 – S. 415

Institut der deutschen Wirtschaft, Köln – S. 125, 335

Le monde diplomatique, Berlin Edition No 4, 2008, S. 22 – S. 412

Murschetz, Luis, München – S. 364

Nürnberger Menschrechtszentrum, Nürnberg – S. 470

SIGMA – Gesellschaft für internationale Marktforschung und Beratung mbH, Mannheim – S. 67
Statistisches Bundesamt, Wiesbaden – S. 16, 29, 125
Stuttgarter Zeitung, Stuttgart – S. 150

Ullstein-Bild, Berlin – S. 199, 200

Visum, Hamburg – S. 98

www.d@dalos.org – S. 191, 192, 322 f., 360, 417

Trotz entsprechender Bemühungen ist es uns nicht in allen Fällen gelungen, den Rechtsinhaber ausfindig zu machen. Gegen Nachweis der Rechte zahlt der Verlag für die Abdruckerlaubnis die gesetzlich geschuldete Vergütung.

Hinweise zur Bearbeitung der Aufgaben

Anforderungsbereich I (Reproduktion)	
Er verlangt in erster Linie das Wiedergeben und Darstellen von fachspezifischen Sachverhalten aus einem abgegrenzten Gebiet und im gelernten Zusammenhang unter reproduktivem Benutzen geübter Arbeitstechniken.	
Operator(en)	**Definition**
aufzählen / nennen / wiedergeben / zusammenfassen	Kenntnisse (Fachbegriffe, Daten, Fakten, Modelle) und Aussagen in komprimierter Form unkommentiert darstellen
benennen / bezeichnen	Sachverhalte, Strukturen und Prozesse begrifflich präzise aufführen
beschreiben / darlegen / darstellen	Wesentliche Aspekte eines Sachverhaltes im logischen Zusammenhang unter Verwendung der Fachsprache wiedergeben

Anforderungsbereich II (Reorganisation und Transfer)	
Er fordert das selbstständige Erklären, Bearbeiten und Ordnen bekannter fachspezifischer Inhalte und das angemessene Anwenden gelernter Inhalte und Methoden auf andere Sachverhalte.	
Operator(en)	**Definition**
analysieren	Materialien und Sachverhalte kriterienorientiert oder aspektgeleitet erschließen, in systematische Zusammenhänge einordnen und Hintergründe und Beziehungen herausarbeiten
auswerten	Daten und Einzelergebnisse zu einer abschließenden Gesamtaussage zusammenführen
charakterisieren	Sachverhalte in ihren Eigenarten beschreiben und diese dann unter einem bestimmten Gesichtspunkt zusammenführen
einordnen	Eine Position zuordnen oder einen Sachverhalt in einen Zusammenhang stellen
erklären	Sachverhalte durch Wissen und Einsichten in einen Zusammenhang (Theorie, Modell, Regel, Gesetz, Funktionszusammenhang) einordnen und deuten
erläutern	Wie erklären, aber durch zusätzliche Informationen und Beispiele verdeutlichen
herausarbeiten / ermitteln / erschließen	Aus Materialien bestimmte Sachverhalte herausfinden, auch wenn sie nicht explizit genannt werden, und Zusammenhänge zwischen ihnen herstellen
interpretieren	Sinnzusammenhänge aus Materialien erschließen
vergleichen	Sachverhalte gegenüberstellen, um Gemeinsamkeiten, Ähnlichkeiten und Unterschiede herauszufinden
widerlegen	Argumente anführen, dass Daten, eine Behauptung, ein Konzept oder eine Position nicht haltbar sind

Anforderungsbereich III (Reflexion und Problemlösung)	
Er umfasst den reflexiven Umgang mit neuen Problemstellungen, den eingesetzten Methoden und gewonnenen Erkenntnissen, um zu Begründungen, Folgerungen, Beurteilungen und Handlungsoptionen zu gelangen.	
Operator(en)	**Definition**
begründen	Zu einem Sachverhalt komplexe Grundgedanken unter dem Aspekt der Kausalität argumentativ und schlüssig entwickeln
beurteilen	Den Stellenwert von Sachverhalten oder Prozessen in einem Zusammenhang bestimmen, um kriterienorientiert zu einem begründeten Sachurteil zu gelangen
bewerten / Stellung nehmen	Wie beurteilen, aber zusätzlich mit Reflexion individueller und politischer Wertmaßstäbe, die Pluralität gewährleisten und zu einem begründeten eigenen Werturteil führen
entwerfen	Ein Konzept in seinen wesentlichen Zügen erstellen
entwickeln	Zu einem Sachverhalt oder zu einer Problemstellung ein konkretes Lösungsmodell, eine Gegenposition, ein Lösungskonzept oder einen Regelungsentwurf begründend skizzieren
erörtern	Zu einer vorgegebenen Problemstellung eine reflektierte, kontroverse Auseinandersetzung führen und zu einer abschließenden, begründeten Bewertung gelangen
gestalten	Produktorientierte Bearbeitung von Aufgabenstellungen. Dazu zählen unter anderem das Entwerfen von eigenen Reden, Strategien, Beratungsskizzen, Karikaturen, Szenarien, Spots und von anderen medialen Produkten sowie das Entwickeln von eigenen Handlungsvorschlägen und Modellen
problematisieren	Widersprüche herausarbeiten, Positionen oder Theorien begründend hinterfragen
prüfen / überprüfen	Inhalte, Sachverhalte, Vermutungen oder Hypothesen auf der Grundlage eigener Kenntnisse oder mithilfe zusätzlicher Materialien auf ihre sachliche Richtigkeit bzw. auf ihre innere Logik hin untersuchen
sich auseinander setzen / diskutieren	Zu einem Sachverhalt, zu einem Konzept, zu einer Problemstellung oder zu einer These etc. eine Argumentation entwickeln, die zu einer begründeten Bewertung führt

Aus: Einheitliche Prüfungsanforderungen in der Abiturprüfung Sozialkunde/Politik, auf: http://www.kmk.org/fileadmin/veroeffentlichungen_beschluesse/1989/1989_12_01-EPA-Sozialkunde-Politik.pdf (21.05.2010)

Die Staaten der Erde

603 655